W0089802

FRANÇOIS JAQUES
JOHN SCHEID

ROM
UND DAS REICH

STAATSRECHT · RELIGION
HEERWESEN · VERWALTUNG
GESELLSCHAFT · WIRTSCHAFT

Aus dem Französischen übersetzt
von Peter Riedlberger

NIKOL VERLAG

Titel der Originalausgabe:
F. Jaques/J. Scheid
Rome et l'intégration de l'Empire
Tome I. Les structures de l'Empire romain
44 av. J.-C.–260 ap. J.-C.
Presses Universitaires de France
1e édition: 1990/3e édition corrigée: 1996

Verfasser
François Jaques †
Ehem. Professor an der Universität Lille III

John Scheid
Professor an der École Pratique des Hautes Études, Sorbonne

Rom und das Reich
in der Hohen Kaiserzeit
44 v. Chr. - 260 n. Chr.
Die Struktur des Reiches

Genehmigte Lizenzausgabe für
Nikol Verlagsgesellschaft mbH & Co. KG
Hamburg, 2008

Covergestaltung: Thomas Jarzina, Holzkirchen
Titelabbildung: bridgeman art library, Berlin
Printed in the Czech Republic

ISBN: 978-3-86820-012-6

www.nikol-verlag.de

Vorwort zur deutschen Ausgabe

Als wir dieses Buch planten, waren François Jacques und ich darüber einig, daß eine strukturelle Darstellung der Geschichte des römischen Reiches in den neunziger Jahren notwendiger sei als eine chronologische. Nicht nur weil seit einigen Jahrzehnten viele neue Dokumente und Arbeiten erschienen sind, die wichtige Erkenntnisse zu den Institutionen, der Verwaltung oder der Regierung gebracht haben, sondern auch weil die genaue Kenntnis der Strukturen von Macht und Reich unentbehrlich ist, wenn man sich von Wesen und Werden des römischen Kaiserregimes eine klare Vorstellung machen will.

Dies gilt für die Konstruktion der kaiserlichen Macht und Figur wie für die langsame Eingliederung der Provinzen in das römische Reich. Dabei soll weder die Brutalität dieses Regimes noch die Zerstörung jeder Opposition in Rom und in den Provinzen vergessen sein. Nur kann man trotz allem das römische Kaiserreich nicht einfach als zentralisierte Monarchie und maßlosen Ausbeuter der Provinzen bezeichnen. Denn der römische Princeps ist nicht mit einem neuzeitlichen absoluten Monarchen gleichzustellen, der alles verordnet, regiert, kontrolliert, und der generell den Untergang des alten Polisregimes besiegelt. Eine solche Vorstellung erweist sich nach den Quellen als übertrieben und sogar falsch. Zuerst weil die Macht des Princeps in Rom nicht völlig neu war und erst nach zwei Jahrhunderten ausdrücklich monarchische Züge annahm. Auch wenn die Armee in der langwährenden Macht des römischen Reiches eine entscheidende Rolle spielte, beruhte andererseits der „römische Frieden" weitgehend auf der unleugbaren Unterstützung und Mitarbeit der provinzialen Eliten. Auch hat die alte Vorstellung der unaufhaltbaren Krise der Bürgergemeinden in der Kaiserzeit zur Unterschätzung der weiterhin dynamischen Rolle der *civitates* oder *poleis* als administrative Strukturen und Rahmen jedes geregelten Lebens geführt. Eben durch die Figur des Bürgers geschah, im lateinischen Westen wie im griechischen Osten, die Eingliederung der Provinzialen in das römische Ganze. Die Struktur dieser Ordnung soll in diesem ersten Band dargestellt werden. Ein zweiter Band wird unter der Leitung von Cl. Lepelley dieses Gesamtbild nach den lokalen Gegebenheiten entfalten und nuancieren.

Paris, im März 1998 John Scheid

Inhaltsverzeichnis

Abkürzungsverzeichnis

AE	*L'Année epigraphique*
ANRW	*Aufstieg und Niedergang der römischen Welt*
ARS	A.C. Johnson, *Ancient Roman Statutes*
CIL	*Corpus Inscriptionum Latinarum*
FIRA	*Fontes Iuris Romani Anteiustiniani*
IGR	*Inscriptiones Graecae ad res Romanas pertinentes*
ILAlg	*Inscriptions Latines de l'Algérie*
ILLRP	*Inscriptiones Latinae Liberae Rei Publicae*
ILS	*Inscriptiones Latinae Selectae*
RE	*Real-Encyclopädie der classischen Altertumswissenschaft*
SEG	*Supplementum Epigraphicum Graecum*
HS	Sesterzen

Im allgemeinen richten sich die Zeitschriftensiglen nach *L'Année Philologique*, die Autorensiglen nach den üblichen Standards des Lexikons der Alten Welt bzw. des Kleinen Pauly (in Einzelfällen wurde von diesen Prinzipien abgewichen, um mit ausführlicheren Abkürzungen obskurere Zeitschriften bzw. Autoren zu kennzeichnen).

1 Vom Prinzeps zum Kaiser

So, wie die Senatsherrschaft von Sulla wiederhergestellt worden war, gelang es ihr weder, die großen politischen, sozialen und wirtschaftlichen Probleme zu lösen, die Rom seit einem Jahrhundert bedrängten, noch, sich gegenüber den ehrgeizigen Männern durchzusetzen, die unerbittlich am Fundament einer neuen Herrschaftsform bauten. Das Problem der Italiker, die seit der *lex Plautia Papiria* (89 v. Chr.) zur Stadt gehörten, war immer noch nicht in seiner ganzen Komplexität und mit all seinen Auswirkungen erfaßt worden. Als die italischen Bundesgenossen das Bürgerrecht erhielten, wurde die Bürgerschaft über all das hinaus erweitert, was die Welt der Städte gekannt hatte, und so entstand ein neuartiges staatsrechtliches Problem. Nunmehr war der traditionelle Ablauf des politischen Lebens illusorisch, ja eigentlich schlichtweg unmöglich. Wie sollte denn eine so gewaltige Zahl von Bürgern an den Komitien teilnehmen? Wie sollte man dem Wunsch vieler dieser Italiker, und insbesondere ihrer Eliten, entsprechen, nicht nur am politischen Leben, sondern auch an der Regierung und den Ehrenämtern der Republik teilzuhaben, zumal der römische Adel die lokalen Eliten zumeist noch als Unterworfene betrachtete, die Konkurrenz um das Konsulat heftiger war denn je, die politischen und administrativen Ämter in keinster Weise den tatsächlichen Anforderungen entsprachen, und zudem die Mehrzahl der Bürger nicht wußte, wie das politische System traditionsgemäß funktionierte?

In Rom selbst wurde die Ignoranz dieser Elite gegenüber den wirtschaftlichen Problemen der städtischen Plebs überlagert von ihrer inneren Zerissenheit, die von dem Wettbewerb um das höchste Amt und die Statthalterposten herrührte. Eigentlich durfte ein Angehöriger der Elite hoffen, der Republik ein Jahr lang seinen Stempel aufdrücken zu können. Der Kampf hatte sich jedoch mit der Vermehrung der unteren Magistratsposten durch Sulla und der fortschreitenden Integration der italischen Eliten verstärkt. Somit verringerte sich die Chance auf das Konsulat erheblich, und das zu einer Zeit, wo die großen, darauf folgenden Kommandoposten den Ehrgeizigen den Ruhm, die materiellen Mittel und die Klienten brachten, die sie für eine dauerhafte Begründung ihrer Vormachtstellung in Rom benötigten. Die daraus resultierende Rivalität führte zum endgültigen Zerbrechen des Konsenses dieser Elite, was sich in beständigen Verstößen gegen die staatsrechtlichen Gepflogenheiten und der erfolglosen Suche nach einem ruhigen politischen Leben manifestierte. Einige wagten den gewaltsamen Griff nach der Macht, oder versuchten, durch das Volkstribunat, das nach dem sullanischen Zwischenspiel schnell wieder eingeführt worden war, oder auch durch Zweckbündnisse die Macht durch Manipulation, Einschüchterung und den Druck einer umfangreichen Klientel zu erobern. Kurzum, die römische Politik versank allmählich im totalen Chaos, und die Elite war nicht mehr in der Lage, die zahlreichen inneren und äußeren Probleme der römischen Republik zu lösen, wie sie es noch im 2. Jh. v. Chr. verstanden hatte [Meier, Res publica amissa, Frankfurt ²1980; Bringmann 149]. Gleichzeitig entwickelte sich die römische Gesellschaft und Mentalität auf etwas hin, was man einen Zustand der „Spezialisierung" und der „Professionalität" in verschiedenen Bereichen nennen könnte, insbesondere in bezug auf die Regierung. Auch suchte man in dieser Stadt, die ins Riesenhafte gewachsenen war, nach einem anderen Verständnis von Politik, so daß die politische und staatsrechtliche Krise der *res publica* auf eine tieferliegende Strömung traf, die nur zu Tage treten wollte.

Nach dem Scheitern von Sullas Entwurf war keine Beruhigung in Sicht. Zerrissener und blinder denn je sah die Elite ohnmächtig den Angriffen von Pompeius, Crassus und Caesar zu, und ihre einzigen nenneswerten Gegenmaßnamen bestanden darin, die Rivalität zwischen den Triumvirn zu schüren. Durch eine Reihe von Kompromissen gaben Senat und Volk diesen Ehrgeizigen Mittel an die Hand, sich gewaltige Klienteln zu verschaffen, in den Legionslagern oder in den Veteranenkolonien, und auch in Rom, wo ihnen ihr Reichtum, den sie durch ihre Siege erworben hatten, erlaubte, die städtische Plebs, den Träger der politischen Agitation, auszuhalten. Sie ließen das Volk andere Formen der Herrschaft erleben, oder zumindest suchen, und vor der Folie des Versagens der traditionellen Herrschaft glänzende Erfolge erleben. Nach 49 v. Chr. erreichte der Rückzug der Elite seinen Höhepunkt in der aboluten Herrschaft Caesars, der mittlerweile dem Senat erklären konnte, daß, sollte dieser sich nicht *mit ihm* um die Regierung der Republik kümmern wollen, er es verstünde, *ohne ihn* auszukommen. Caesar hatte kein umfassendes politisches Konzept, genausowenig wie seine Vorgänger, ja nicht einmal, jedenfalls nicht 49 v. Chr., den Willen zur absoluten Macht. Sobald er durch seinen Sieg Herr über Rom geworden war, leitete er ein ehrgeiziges Reformprogramm ein, über das wir sehr schlecht unterrichtet sind. Caesar und seine Parteigänger versuchten, seine eigene Stellung und die neue Staatsordnung, die die Situation erforderte, mit Hilfe des Urkönigtums, oder genauer gesagt mit dem Bild, das man sich davon im 1. Jh. v. Chr. machte, zu definieren. Diese Bezugnahme, die wohl nur *ein* Faktor in der politischen Philosophie Caesars war, führte jedoch rasch zum Ende des Diktators, ehe dieser die Prinzipien seiner Restauration der *res publica* auch nur hätte andeuten können.

Caesars Tod löste kein einziges Problem. Ganz im Gegenteil, die unüberwindlichen Gegensätze, die die Republik und ihre Elite zerfleischten, traten gleich nach dem Tyrannenmord wieder mit aller Gewalt zu Tage, und mehr denn je erschien die „Krise ohne Alternative" [Meier] zu sein. Sobald Euphorie und Illusionen der Iden des März vorüber waren, beschränkte sich die Senatselite darauf, mit denen, die auf keinen Fall das traditionelle Spiel der Institutionen respektieren wollten, den Ausgleich zu suchen, nämlich mit Marcus Antonius, Lepidus und dem jungen Caesar.

Trotz der Spannungen im Lager der Caesarianer (denn alle wollten sie sich der Klientel der Legionen und der Plebs, die dem Andenken Caesars treu ergeben war, bemächtigen), gelang es den zukünftigen Triumvirn rasch, sich in Italien zu etablieren, Caesars Maßnahmen bestätigen zu lassen und seine Vergöttlichung zu bewirken. Der Widerstand der letzten Verteidiger des alten republikanischen Ideals, oder zumindest dessen, was an seine Stelle getreten war, war kurz, und nach Philippi verschwand die traditionelle Elite endgültig von der politschen Bühne Roms.

Das Feld war frei für Caesars Erben. Sie sahen sich mit denselben Problemen wie ihre Vorgänger konfrontiert, aber zunächst waren sie mit ihren eigenen Rivalitäten beschäftigt, die wieder einmal den Wiederaufbau der Republik verhinderten. Antonius, der seit Caesars Tod im politischen Rampenlicht stand, versuchte, was Stil und unbestreitbares politsches Talent anging, sich als direkten Nachfolger von Pompeius und Caesar zu etablieren. Man weiß nicht, wie die Geschichte Roms weitergegangen wäre, hätte er den Sieg über den jungen Caesar davongetragen; sein Verhalten während der Triumviratszeit legt jedoch das Urteil nahe, daß er wohl eher die großen Probleme des Jahrhunderts perpetuiert denn gelöst hätte.

Denn Antonius widmete sich vor allem (übrigens höchst effektiv) der Wiederherstellung des Systems der Provinzen und Vassallenreiche in Kleinasien und dem Nahen Osten, und versuchte sogar die Eroberung des Partherreichs; ferner liebäugelte er mit dem Bild des hellenistischen Königs. Eine glanzvolle Politik zweifellos, die jedoch allen Opfer abverlangte und – außer indirekt – keines der großen Probleme im Inneren der *res publica* löste. Die undankbaren Aufgaben ließ Antonius seinem zukünftigen Bezwinger, Caesar Octavian, der 44 v. Chr. nur über einen Namen, einen (Adoptiv-)Vater, Anspruch auf Caesars Erbe und einen genauso scharfen wie flexiblen Verstand verfügte: etwa die Landzuteilungen an die entlassenen Veteranen, die katastrophale Auswirkungen auf die betroffenen italischen Gemeinden hatten. Er ließ so seinen jungen Rivalen mit einem riesigen Problem allein, das teilweise mit den grundlegenden Schwierigkeiten zusammenfiel, die Rom und Italien seit einem Jahrhundert erschütterten. Doch gerade während dieser entscheidenden Jahre, zwischen 43 v. Chr. und 38 v. Chr., als der junge Caesar ständig am Rand des politischen Abgrundes balancierte, nämlich dem Ausbruch eines neuen Bundesgenossenkrieges und der Erhebung der städtischen Plebs, durchschaute er die Mängel des römischen Herrschaftssystems und erkannte Wege, ihnen abzuhelfen, oder genauer gesagt: er erkannte, welche Wege dabei verboten waren. Die Gefahren dieser schwierigen Jahre ließen in ihm eine erste Vorstellung von den unerläßlichen Reformen entstehen, aber auch von den Grenzen, die nicht überschritten werden durften. Der Schrecken, den die nicht enden wollenden Bürgerkriege und, in ihrem Gefolge, die Sondersteuern allen Römern und allen Bewohnern des Reiches einflößten, half ihm dabei. Und es trug ihn die Zuneigung der caesarianischen Truppen und das Vertrauen der italischen Eliten, die er für sich einzunehmen verstand. Daher und nicht zuletzt wegen der Erschöpfung aller Kräfte nach den Gefechten von Actium (2. September 31 v. Chr.) und Alexandria (1. August 30 v. Chr.) konnte Caesar Octavian den Frieden (mit anderen Worten: den Konsens innerhalb der Elite) wiederherstellen und Kriegen, Proskriptionen und Sondersteuern ein Ende bereiten. Dann erst war es ihm endlich möglich, sich definitiv der Restauration der *res publica* zu widmen, wozu ein Plebiszit ihn, Antonius und Lepidus 13 Jahre früher beauftragt hatte. Dieser langsam voranschreitende Prozeß dauerte mehr als ein halbes Jahrhundert, bis 14 n. Chr., und führte nach vielen Versuchen zu der Herrschaftsform, die als Kaisertum oder Prinzipat bekannt ist.

Wie war dieses neue politische Regime beschaffen, dessen langes Überleben den Erfolg bezeugt? Die Genialität der augusteischen Konstruktion verschwindet ganz hinter den Schwierigkeiten, die die Beantwortung dieser Frage antiken wie modernen Historikern bereitet. Ihre Definitionen werden immer vom jeweiligen politischen Hintergrund bestimmt, damals wie heute, und betonen, je nach Neigung zur parlamentarischen Demokratie, zur Diktatur oder gar zum Führerstaat diesen oder jenen Aspekt des Prinzipats: die Realität oder die Formalität der Machtbefugnisse des Prinzeps, die Feindschaft oder das Wohlwollen der Senatselite, die Missetaten oder die Erfolge der neuen Herren, die neuen oder traditionellen Aspekte der kaiserlichen Herrschaft.

Die Realität war in Wirklichkeit viel komplexer, als manche Leute glauben wollen, und die antiken Gewährsleute waren im allgemeinen zu parteiisch und zu sehr durch die Stereotypen vom guten Herrscher oder vom Tyrann bestimmt, als daß man ihnen ohne Zögern folgen könnte [Vittinghoff 319; Scheid 317]. Daher braucht man eine zuverlässige Methodik, um die antiken Berichte verstehen und kritisieren zu können, und um das Ausmaß der Neuartigkeit oder der Illegitimität der verschiedenen Handlungen und Machtbefugnisse der Kaiser adäquat beurteilen zu können. Anstatt die von Tacitus oder Sueton gezeichneten Portraits der Kaiser zu reproduzieren oder, was im Grunde dasselbe wäre, ins Gegenteil zu verkehren, womit sich eher Ideengeschichte als Faktengeschichte schreiben ließe, ist es aus historischer Sicht wesentlich effektiver, genau den formalen Rahmen des Prinzipats zu bestimmen. Diese Frage kann man aus der Perspektive der Machtbefugnisse des Kaisers innerhalb der traditionellen Regierungsinstanzen angehen oder durch eine Untersuchung des Herrschaftsverfahrens, wie es sich in den Inschriften, Münzen und der Prosopographie der Führungsschichten zeigt. Dieser Zugang vermittelt ein viel vertrauenswürdigeres und genaueres Bild vom Kaisertum als die Lektüre der literarischen Quellen, ja, nur so kann der Historiker diese überhaupt verstehen. Dieses Verfahren zerstört auch den monolithischen und monarchischen Eindruck des Prinzipats. Denn die Analyse der formalen Aspekte der kaiserlichen Herrschaft und ihrer Entwicklung zeigt, daß dieses Regime nicht statisch aufgefaßt werden kann, als wäre es auf einen Schlag entstanden, und als wäre es eine Monarchie. Obwohl es seit den Anfängen einige unbestreitbare Konstanten gab, entwickelte sich das neue staatsrechtliche Gleichgewicht nur allmählich, nach vielen tastenden Versuchen. Und erst nach dem Ende dieser Entwicklung kann man den Prinzipat als Monarchie bezeichnen.

1.1 Die Errichtung des Prinzipats durch Augustus

Die historische und juristische Literatur zum Beginn und zur Natur des Prinzipats ist immens, und eine Darstellung aller generellen oder speziellen Ansichten der letzten 150 Jahren ist ebenso unmöglich wie überflüssig. Man kann die Standpunkte im wesentlichen in drei Haupttendenzen einteilen [Wickert 273; Castritius 249; Kienast 189].

Der erste Ansatz, auf dem alle anderen aufbauen, betrachtet die Entstehung und die Natur des Prinzipats aus staatsrechtlicher Sicht und definiert den gesetzlichen Rahmen des Prinzeps und seiner Machtausübung. Diese Perspektive wurde von Th. Mommsen in seinem Monumentalwerk „Römisches Staatsrecht“ [73] entwickelt. Für Mommsen ist der Prinzipat in gewisser Weise das Resultat des revolutionären Volkswillens [Castritius 250, S. 84ff.]. Davon ausgehend, rechtfertigt Mommsen die Position des Prinzeps als die eines außerordentlichen Magistrats (napoleonischen Typs), der seinen Ursprung und seine letzte Legitimation der Volkssouveränität verdanke [Heuss 254; Castritius 249, S. 12ff.]. *Aus formaler Sicht* sei die Regierung der *res publica* nicht als Monarchie aufzufassen, nicht einmal als gemäßigte, sondern als Dyarchie, als eine Teilung der Verantwortung zwischen Prinzeps und Senat, die im Namen des römischen Volkes ausgeübt wurde [Mommsen 73, Bd. II.2, S. 748f.]. Der Prinzipat habe sich allmählich zum Dominat entwickelt, als die Waage sich endgültig zur Seite des Kaisers hinneigte, der allmählich zu einer über dem Gesetz stehenden Rechtsquelle und zum absoluten Herrscher wurde. Mommsens Darstellung des Prinzipats geht aus von den theoretischen Machtbefugnissen und nicht, wie viele glauben, von der tatsächlichen Machtverteilung. Letztere wird von ihm eindeutig definiert als „eine durch die rechtlich permanente Revolution temperirte Aristokratie" [73, Bd. II.2, S. 1133]. Diese Theorie war deswegen um so einflußreicher, als sie zwei weitere Theorien über die Natur des Prinzipats schon ansatzweise beinhaltete. Die eine entwickelte den taciteischen Skeptizismus des liberalen Mommsen gegenüber jeder autoritären Macht weiter, die andere folgte seinen Bemühungen, die staatsrechtlichen Konturen der von Augustus restaurierten *res publica* genau zu skizzieren.

Ausgehend vom revolutionären Charakter des Prinzipats und vor allem auf die literarischen Quellen gestützt, betrachtet die zweite Erklärungsweise das neue Regime aus einem historischen und ideologischen Blickwinkel. Für die Autoren dieser Schule ist das Kaiserreich eine Militärdiktatur, eine maskierte Monarchie oder bestenfalls eine Kombination aus tatsächlicher monarchischer Macht und staatsrechtlichem republikanischem Rahmen. Daher werden die eigentlichen staatsrechtlichen Fragen – und damit die tatsächliche Tragweite der Privilegien, Befugnisse und Handlungen des Prinzeps – zugunsten der greifbaren Fakten vernachlässigt. Der Prinzeps soll mehr durch Diktate und finstre Absichten als durch den Einsatz der ihm rechtlich übertragenen Vollmachten regiert haben. Vor allem zwei Bücher, die ungefähr gleichzeitig erschienen sind, begründeten diese Theorie. In seinem posthumen Werk „Vom Werden und Wesens des Prinzpats" analysiert A. von Premerstein [172] ungeachtet der juristischen Privilegien die soziologischen Grundlagen von Augustus' Macht. Augustus habe das an sich gerissen, was in der römischen Politik die eigentliche Macht darstellte, nämlich die Gesamtheit der Klientelbeziehungen, die traditionellerweise zwischen der politischen Elite und dem Volk bestanden, insbesondere dem bewaffneten Volk. Gestützt auf die bedingungslose Unterstützung der Mehrheit der Bürger und der Legionäre, habe sich Augustus mit der *cura* und der *tutela* über die *res publica* beauftragen lassen, woraus er all seine zivilen und militärischen Befugnisse abgeleitet habe. In seinem berühmten Werk „Roman Revolution" [114], das er 40 Jahre später durch „Augustan Aristocracy" [840] ergänzte, nahm R. Syme die Prosopographie zu Hilfe, um Entstehung, Eigenschaften und Verhalten einer neuen Elite zu rekonstruieren, die bereit war, dem Triumvirn zu gewaltätigen Aktionen und bis zur Eroberung der Macht und zur Gestaltung des neuen Regimes auf Kosten der alten Senatsaristokratie zu folgen. Diese Studien fanden großen Nachhall und zahlreiche Anhänger, die diese These weiterentwickelten [vgl. z. B. De Martino 71; Flach 277; Heuss 256; Kunkel 260a; Chr. Meier, Caesar,

Berlin 1982], insbesondere die Analyse der großen ideologischen Themen, die die einzelnen Kaiser und ihre Gefolgschaft benutzten, um die Realität des neuen Regimes zu kaschieren. Zu den wichtigsten Veröffentlichungen gehören die Arbeiten von A. Magdelain [Auctoritas principis, Paris 1947] und von M. Grant [100], die aus rechtlicher bzw. numismatischer Sicht den Schlüsselbegriff *auctoritas* untersuchen, der schon von Augustus selbst [R. Gest. 34] klar als das staatsrechtliche Prinzip seiner Vorrangigkeit über alle anderen hervorgehoben wurde. J. Béranger [302] hat versucht, hinter der kaiserlichen Terminologie die diese Herrschaftsform stützenden, ideologischen Themen zu erkennen, und, wie L. Wickert [273, Sp. 2222ff.], deren hellenistische Vorbilder aufzudecken, die von Denkern wie Cicero aufgegriffen und verbreitet wurden [Ferrary 251].

Der gemeinsame Nenner der meisten dieser Studien ist, daß sie den Prinzipat als getarntes absolutes Regime beschreiben, dessen republikanische Fassade nur Täuschung und Notlüge gewesen sei, weil die Fiktion einer *res publica restituta* die notwendige und unvermeidbare Antwort auf die Strukturprobleme der römischen Republik gewesen sei und ihr erlaubt habe, die „Krise ohne Alternative" (Chr. Meier) hinter sich zu lassen, in die sie eine in völliger Auflösung begriffene Elite gestürzt habe.

In Opposition zu dieser vermeintlich hellsichtigen Position hat sich eine dritte Auffassung entwickelt, die, ohne den soziologischen Hintergrund des Prinzipats abzuleugnen, Mommsens Standpunkt rehabilitiert und weiterentwickelt, nicht aber mit Mommsen einen Kontinuitätsbruch zwischen Republik und Prinzipat annimmt. Eine wachsende Zahl von Arbeiten, die sich den formalen Aspekten der kaiserlichen Vollmachten und der Entwicklung des Prinzipats von staatsrechtlicher Seite her widmen, hat an die schon von H. F. Pelham [265, S. 31] und W. Kolbe [258, S. 72ff.] vertretenen Auffassungen angeknüpft und den von W. Kunkel [260a, S. 324ff.; S. 345ff.] gegebenen Rat befolgt, der unbefriedigenden These von der Notlüge zu mißtrauen und die Restauration der *res publica* durch Augustus als eine historische und rechtliche Realität zu betrachten. J. Bleicken [61, S. 20ff.] hat beispielsweise daran erinnert, daß für die Römer am Ende der Republik das verfassungsmäßige Gerüst im wesentlichen aus den Regeln des Staatsrechts und einem komplizierten System von Gepflogenheiten bestand. Diese Kombination aus gesetzlichen Vorschriften und Gewohnheitsregeln war weit von der Systematik moderner Verfassungen entfernt. Weil die wichtigsten Prinzipien der *res publica* ihre Entstehung dem Zufall der Ereignisse verdankten, waren sie in mancher Hinsicht lückenhaft und setzten die ideale Verfassungsordnung nicht mit der Form aristokratischer Regierung, wie sie am Ende der Republik herrschte, gleich. Da man bei der Krise, die Rom seit den Gracchen oder Sulla bis Augustus heimsuchte, kaum von einer Revolution sprechen kann (denn diese Krise bestand ja im wesentlichen aus dem Zerbrechen des Konsenses innerhalb der Elite vor dem Hintergrund drängender Strukturprobleme [Bringmann 248]), muß man die Begriffe „restaurierte Republik“ oder „Restaurieren“ dementsprechend sehen. Die Restauration der *res publica* bestand vor allem darin, die Regeln des Staatsrechts wiederherzustellen und die sie zusammenhaltenden Gewohnheiten frei spielen zu lassen, und nicht darin, die ganze Macht wieder in die Hände des Senats zu legen. Dies ist nach Bleicken das Wesen der augusteischen Restauration, die folglich in erster Linie die politische Elite, d. h. Senatoren und Ritter, betraf, ohne daß man jedoch die Rolle des Volkes völlig ignorieren dürfe. Die neue politische Ordnung des Augustus stellte sich in vielen Punkten als echte Fortsetzung des republikanischen politischen Systems dar, das durch ein neues Element ergänzt worden war: die Privilegien, die auf gesetzlichem Wege dem *princeps* zugestanden wurden, und die neuen Regeln, die sich aus ihnen ergaben [vgl. auch Millar 156]. H. Castritius [249, 250] und K. Girardet [99a] haben diese Studien von Bleicken ergänzt, indem sie zeigten, daß viele staatsrechtliche Prinzipien, die für die späte Republik charakteristisch waren, von Augustus wieder eingeführt wurden: die Wahl und die Gesetzgebung durch das Volk, das Losen der Prokonsuln, die (jedenfalls teilweise) direkte Verwaltung der Provinzen durch den Senat, auch die Prinzipien der Annuität und der Kollegialität, sogar beim Prinzeps! Cl. Nicolet [394, S. 298ff.] und K. Girardet [99a] haben die Aufmerksamkeit auf eine sehr wichtige „Reform“ gelenkt, nämlich, daß man dem Konsulat das *imperium militiae* entzog, das nun Augustus allein vorbehalten war. Der Restauration der Republik – es sei betont, daß dieser Begriff nichts mit modernen Vorstellungen von „Republik“ zu tun hat – war nach Castritius dauerhafter Erfolg beschieden, und erst gegen Ende des 2. Jhs. habe die Legitimation der Macht begonnen, aus den Händen des Senats und des Volkes zum Prinzeps selbst überzugehen.

Natürlich enthalten all diese Studien einen Teil der Wahrheit, die formale Betrachtung der Quellen, wie sie Mommsen und seine Nachfolger praktiziert haben, vermittelt jedoch das ausgewogenste Bild des neuen Regimes, sofern man der Versuchung widersteht, den Prinzipat auf eine Summe juristischer Regeln zu reduzieren, und nicht vergißt, daß diese Herrschaftsform mehr als ein Jahrhundert für ihre endgültige Ausformung benötigte. Die Prinzipien des Staatrechts sind nur Mittel und Regeln für die Regierung der *res publica* und wurden im Lauf der Ereignisse restauriert oder entwickelt. Und sie sind nicht der Ausdruck einer „Regierungspolitik“.

Das Verständnis des Prinzipats, als Herrschaftsform und als historische Realität, hängt also vom rechtlichen Rahmen der kaiserlichen Regierung ab, und wir müssen, bevor wir Macht und Befugnisse des *princeps* ins Auge fassen können, zunächst einen Blick auf die wesentlichen staatsrechtlichen Aspekte des Regierungsantritts von Augustus und der Investitur seiner Nachfolger werfen.

1.1.1 Die Triumviratszeit (44 v. Chr.–28 v. Chr.)

Auf dem Hintergrund verschiedenster Ereignisse waren die Jahre 44 v. Chr.–28 v. Chr. von Gewaltstreichen und Bewillungen von Sondervollmachten und Privilegien geprägt, die das reguläre Funktionieren des römischen Staatsrecht oft erschwerten, wenn nicht außer Kraft setzten. So wurden die Wahlen oft gestört und meistens ohnehin von den Triumvirn kontrolliert, und die wichtigen Senatsbeschlüsse waren schlicht mit Drohungen erpreßt worden. Dennoch ist eine Bestandsaufnahme der wichtigsten Maßnahmen und der gesetzlichen Befugnisse (d. h., die vom Volk bewilligt wurden) der Triumvirn notwendig, nicht um die Legitimität dieser Vollmachten zu untersuchen – wie könnte man auch im Kontext eines versteckten oder offenen Bürgerkriegs von Legitimität sprechen? –, sondern, weil in ihnen ansatzweise die staatsrechtliche Figur des *princeps* enthalten ist, wie sie nach dem Sieg Octavians nach und nach hervortrat.

Nach Monaten abwechselnder Annäherung und Konfrontation zwischen Republikanern und Caesarianern einerseits, anderseits, innerhalb des caesarianischen Lagers, zwischen dem damals mächtigsten Mann, dem Konsul Antonius, sowie dem jungen Adoptivsohn Caesars, dem zukünftigen Augustus, beschlossen die Republikaner im Dezember 44 v. Chr., nach den endgültigen Bruch mit Antonius, die Front der Caesarianer aufzubrechen, indem sie den jungen Caesar gegen Antonius ausspielten. Am 1. Januar 43 v. Chr. gewährte der Senat dem jungen Caesar, der damals erst 19 Jahre alt war, ein proprätorisches Imperium, dazu die Konsularinsignien, das Recht, im Senat unter den Quästoriern zu sitzen, mit den Konsularen das Wort zu ergreifen und abzustimmen, sowie das Recht, sich zehn Jahre vor dem gesetzlichen Mindestalter um das Konsulat zu bewerben [Liv. perioch. 118; App. civ. 3. 51; Cass. Dio 46. 29ff.]. Am 7. Januar erhielt der junge Mann Rutenbündel und Auspizien. Die Situation wandelte sich jedoch schnell; die Caesarianer sollten trotz der Probleme, die zu ihrer Konfrontation geführt hatten, sich schließlich doch verstehen: Nach der Schlacht von Mutina, in der beide amtierenden Konsuln gefallen waren, beschloß der junge Caesar eine Annäherung an Antonius. Zunächst sicherte er seine Position, indem er das Konsulat für sich beanspruchte. Am 19. August 43 v. Chr. ließ er sich unter Androhung von Waffengewalt mit Q. Pedius zum Konsul wählen. Als erste Amtshandlung legte er eine *lex curiata* zur Absimmung vor, durch die er seine Adoption durch Caesar bestätigen ließ. Q. Pedius beantragte durch eine *lex Pedia* eine außerordentliche *quaestio* zur Fahndung nach den Caesarmördern und für ihre Bestrafung. Diese wurden zusammen mit Sex. Pompeius verbannt, ihr Besitz konfisziert. Danach überstürzten sich die Ereignisse.

Nach mehreren Annäherungsversuchen trafen Antonius, der junge Caesar und Lepidus, der sich durch eine übereilte Wahl das Amt des Pontifex Maximus gesichert hatte, Ende Oktober in der Nähe von Bononia/Bologna zusammen, und beschlossen, die Macht als *tresviri rei publicae constituendae* („Dreimänner für die Konstituierung der *res publica*") in völliger Illegalität untereinander aufzuteilen. Der Titel hatte einen Anklang an die Diktaturen *rei publicae constituendae* von Sulla und Caesar – wobei allerdings ein antonisches Gesetz von 44 v. Chr., bestätigt durch ein vibisches Gesetz von 43 v. Chr., die Diktatur für immer abgeschafft hatte. Die Triumvirn teilten sich auch die Verwaltung der Provinzen; der junge Caesar und sein Kollege legten das Konsulat nieder, das zwei Freunden von Antonius übertragen wurde. Ferner wurden unter dem Druck von Antonius und Lepidus die Proskriptionslisten aufgestellt, die alle ihre Feinde ins Visier nahmen [Hinard 104]. Das war für die „Mörder" das Signal für den Beginn der Feindseligkeiten. Am 27. November 43 v. Chr. verlieh ein Plebiszit des Volkstribunen P. Titius dem Triumvirat Rechtskraft [App. civ. 4. 7]. Es übertrug den Triumvirn Antonius, Lepidus und C. Caesar für eine Dauer von fünf Jahren, wahrscheinlich vom 27. November 43 v. Chr. bis zum 31. Dezember 38 v. Chr., eine Machtstellung, die derjenigen der Konsuln gleich war, mit anderen Worten, eine fast unbeschränkte Macht für die Wiederherstellung der *res publica*, d. h. des „verfassungsmäßigen Rahmens", der angeblich massiv von den Übergriffen von Brutus und Cassius (die aber im Frühling 43 v. Chr. vom Senat legalisiert worden waren!) sowie von den Gewaltstreichen des Sex. Pompeius (dessen Kommando gleichfalls zuvor legalisiert worden war) gestört worden sei. Die Triumvirn besaßen ebenfalls das Recht, während der nächsten fünf Jahre Kandidaten für die Ämter vorzuschlagen und den Senat anzurufen [Botermann 97, S. 155ff.; Fadinger 99, S. 31–48; Millar 156, S. 51ff.]. Gallia Cisalpina und Gallia Comata gingen an Antonius, die Narbonensis und die beiden spanischen Provinzen an Lepidus, Afrika, Sizilien und Sardinien an den jungen Caesar. Italien sollte von den Triumvirn gemeinsam verwaltet werden.

Nach dem Sieg von Philippi (42 v. Chr.) wurde die Eintracht der Triumvirn einer schweren Prüfung unterzogen. Die Provinzen wurden der neuen Situation entsprechend aufgeteilt: Antonius behielt Gallia Comata und wurde damit beauftragt, die Provinzen griechischer Sprache neu zu ordnen. Lepidus erhielt die Narbonensis und Afrika, der junge Caesar die beiden spanischen Provinzen, Sardinien und Sizilien. Außerdem erhielt der junge Caesar von seinen beiden Kollegen den Auftrag, in Italien die rund 50000–60000 entlassenen Veteranen anzusiedeln, eine große Zahl, die nicht weit von den 80000 Veteranen entfernt war, die das Fundament der Macht Sullas dargestellt hatten. Die Enteignungen, die 18 italische Städte betrafen [Volponi 116, S. 85ff.; Schneider 112, S. 206ff.; Keppie 544] und die Proskriptionen in gewisser Weise fortsetzten, erzeugten höchste Unzufriedenheit und führten zu einem Aufstand, zu dessen Ausbruch allerdings auch der Konsul L. Antonius, der Bruder des Triumvirn, nachhalf. Diese Erhebung endete im Fühling 40 v. Chr. mit einem Blutbad in Perusia. Nach dieser Auseinandersetzung, die für den jungen Caesar sehr gefährlich wurde und von den Parteigängern des Antonius heimlich geschürt worden war, stand das Triumvirat kurz vor dem Bruch, aber unter dem Druck der caesarianischen Truppen versöhnten sie sich im September 40 v. Chr. in Brundisium doch wieder, und wieder wurden die Provinzen neu verteilt: Antonius behielt alle Provinzen, die östlich von Scodra (in Illyrien) lagen, Caesar Octavian bekam alle lateinischen Provinzen außer Afrika, das an Lepidus ging [App. civ. 5. 65; Cass. Dio 48. 28]. Der junge Caesar wurde beauftragt, die Raubzüge des Sex. Pompeius an die Küsten Italiens zu beenden, und Antonius sollte die Parther angreifen, um die Niederlage des Crassus zu rächen. Die Triumvirn bestimmten die Konsuln der folgenden Jahre, stellten die Verantwortunglichkeiten für die vorausgegangenen Konflikte fest und befahlen die Bestrafung der Schuldigen. Als Folge des Friedens von Brundisium erhielt der junge Caesar eine Ovation (eine mindere Form des Triumphes) und nahm den Vornamen *imperator* an. Ab diesem Zeitpunkt nannte er sich *Imperator Caesar divi filius*, „Imperator Caesar, Sohn des Göttlichen (Iulius)". (In den Quellen wird Caesar Octavian selten mit dem Familiennamen seines natürlichen Vaters, Octavius, angesprochen, er wird C. Caesar, Caesar, Augustus oder Caesar Augustus genannt, und nur manchmal Caesar Octavianus.)

Im folgenden Sommer schloß man infolge schwerer Hungerunruhen in Rom, die Sex. Pompeius mit seiner Blockade ausgelöst hatte, ein zweites Abkommen mit diesem, den sogenannten Frieden von Misenum. Sex. Pompeius erhielt Sizilien, Sardinien und Korsika, im Gegenzug verließ er all seine Stützpunkte in Italien und hob die Blockade Italiens und Roms auf. Außerdem wurden die Exilierten und Proskribierten, die sich zu Sex. Pompeius geflüchtet hatten, amnestiert, mit Ausnahme derjenigen, die wegen Mittäterschaft an der Ermordung Caesars verurteilt worden waren. Ferner legte man die ordentlichen Konsulate für vier weitere Jahre fest, und alle Unterzeichner des Abkommens besaßen das Recht, Suffektenkonsuln und Prätoren zu ernennen. Allem äußeren Schein zum Trotz hatten diese neuen Abkommen, die die Position des jungen Caesar in Italien und in den lateinischen Provinzen festigten, kaum mehr Auswirkungen als ihre Vorgänger, und die Feindseligkeiten sollten bald erneut aufflammen.

Ein weiteres Problem stellte sich mit dem 31. Dezember 38 v. Chr., da ja mit diesem Tag die Befugnisse der Triumvirn endeten. Solange sie außerhalb des Pomeriuns blieben, behielten die Triumvirn im Prinzip ihre Vollmachten, da sie dort traditionsgemäß theoretisch auf ihre Nachfolger warten konnten. Im Frühling des Jahres 37 v. Chr. trafen sich die Triumvirn in Tarent und beschlossen, ihre Befugnisse um fünf weitere Jahre zu verlängern [App. civ. 5. 94; Cass. Dio 48. 54. 6]. Es war dem jungen Caesar wichtig, daß diese Erneuerung des Triumvirats vom Volk gebilligt wurde, was dann auch im September oder Oktober 37 v. Chr. geschah [App. Ill. 28], und von diesem Zeitpunkt an führte er den Titel *triumvir rei publicae constituendae iterum*, „zum zweiten Mal". Antonius kümmerte sich anscheinend nicht darum, das Abkommen von Tarent durch das Volk bestätigen zu lassen, was nicht nur die wahre Natur des Triumvirats offenbart, sondern auch eine Auffassung von Macht, die ihn vom jungen Caesar unterschied [Fadinger 99, S. 84ff.].

Dieser widmete den Rest des Jahres der Niederwerfung des Sex. Pompeius, dem Antonius in Tarent seine Unterstützung entzogen hatte. Nach den Siegen im Sommer 36 v. Chr. gelang es dem jungen Caesar auch, das Vertrauen der Truppen des Lepidus zu gewinnen und diesen nach Circei ins Exil zu schicken, wo er bis zu seinem Tod 24 Jahre lang blieb. Nachdem der junge Caesar triumphal in Rom empfangen worden war, verkündete er das Ende der Bürgerkriege und die Aufhebung der drückendsten Steuern. Dafür erhielt der Siziliensieger eine Ovation, einen Triumphbogen, eine goldene Säule, die mit Rostren geschmückt war und auf der eine triumphale Statue von ihm stand, die Auszeichnung, immer einen Lorbeerkranz zu tragen [App. civ. 5. 130ff.; Cass. Dio 49. 15], sowie das Recht, in Begleitung seiner Frau und Kinder jedes Jahr ein feierliches Mahl zum Andenken an seinen sizilischen Sieg im Juppitertempel zu begehen. Im Gegenzug zu seinem Vorschlag, die triumvirale Gewalt niederzulegen, bewilligte ihm ein Plebiszit die Unverletzlichkeit eines Volkstribuns und das Recht, sich im Senat auf die Tribunenbänke zu setzen [App. civ. 5. 132; Cass. Dio 49. 15. 5ff.; S. 19]. Ein weiteres Plebiszit gewährte 35 v. Chr. Livia, der Gemahlin des jungen Caesar, und Octavia, seiner Schwester, dieselbe Unverletzlichkeit, das Recht, mit Statuen geehrt zu werden und die Befreiung von der Vormundschaft [Scardigli 158].

Die folgenden Jahre nutzen beide Triumvirn zum Ausbau ihrer Positionen und zur Erledigung der unmittelbar anstehenden Aufgaben. Das hieß für den einen, das Problem der Veteranenversorgung zu lösen und die öffentliche Ordnung in Italien wiederherzustellen, für den anderen, die Provinzen griechischer Sprache zu reorganisieren und einen Partherkrieg vorzubereiten. Der junge Caesar verstand es nicht nur, das Vertrauen der römischen Plebs, der Veteranen und besonders das ihrer Zenturionen (deren sozialen Aufstieg er förderte) zu gewinnen, sondern auch, sich die Unterstützung der römischen und italischen Eliten zu erwerben, deren früheres Verhalten entschuldigt und die umworben und oft mit Ehren belohnt wurden. Gleichzeitig begann er, das Ansehen von Antonius systematisch zu untergraben. Als er 36 v. Chr. das Ende der Bürgerkriege verkündete, schlug er Antonius vor, das Triumvirat zu beenden. Da er selbst Italien mit seinen treuergebenen Veteranen kontrollierte, riskierte er dabei weniger als sein Kollege. Indem dieser Bedingungen stellte, erweckte er den Eindruck, als wolle er sich diesem Vorschlag entziehen und bedrohe den Frieden. All diese Provokationen und Propagandamanöver führten schließlich zum Bruch zwischen den Triumvirn, der im Januar 33 v. Chr. vollzogen wurde.

Die zweite Triumviratsperiode endete am 31. Dezember 33 v. Chr., wie Augustus selbst sagt [R. Gest. 7]. Jedoch behauptet Appian [Ill. 28] (zu Unrecht, wie man glaubt), daß der junge Caesar am 31. Dezember 32 v. Chr. immer noch Triumvir gewesen sei. Mommsen [73, II.1, S. 720], dem Fadinger [99, S. 104ff.], Grenade [101, S. 1ff.] und Annelo [275] folgen, hat die These formuliert, daß das Amt des Triumvirn „nicht mit dem Eintritt der Frist, sondern erst durch die Abgabe von Rechts wegen zu Ende ging". Der junge Caesar habe also nach dem 31. Dezember 33 v. Chr. weiterhin seine Vollmachten innegehabt. Dagegen meinen andere Historiker [Benario 147, S. 301ff.], der junge Caesar habe ab diesem Datum nur sein Imperium in Erwartung der Benennung und Ankunft seines Nachfolgers behalten. Er sei ein *privatus cum imperio* gewesen. K. Girardet [152a und b] glaubt dagegen, daß das zweite Triumvirat sehr wohl am 31. Dezember 33 v. Chr. geendet habe [s. a. Bringmann 149a] und daß Antonius und Caesar Octavian, solange sie nicht das Pomerium überquerten, 32 v. Chr. völlig zu Recht weiter ein konsularisches Imperium innegehabt hätten. Wie dem auch immer sein mag, der junge Caesar behielt ein Imperium, denn er konnte im Januar 32 v. Chr. den Senat zusammenrufen, nachdem die neuen, Antonius-treuen Konsuln ihn aufgefordert hatten, das Amt des Triumvirn niederzulegen. Trotz der Mühen, die in der Antike und heutzutage aufgewendet wurden, um die Legitimität der Macht des jungen Caesar vor Actium festzustellen, war diese nach dem 31. Dezember 33 v. Chr. ausschließlich faktisch begründet, wie die Attacke der Antonianer deutlich zeigt. Um der Drohung zuvorzukommen, reagierte der junge Caesar mit Gewalt und Propaganda. Er berief sofort eine neue Senatssitzung ein, zu der er, umgeben von seiner Leibwache und durchaus gewaltbereiten Anhängern, kam: Er werde seine Befugnisse niederlegen, wenn Antonius nach Rom komme, um dasselbe zu tun. Diese stürmischen Senatssitzungen und die Flucht von 300 Senatoren (was einem Drittel des Senates in dieser Zeit entspricht), die die Konsuln zu Antonius begleiteten, markierten den Ausbruch der Feindseligkeiten, deren erster Paukenschlag die Affäre um das geöffnete und publizierte Testament des Antonius war. Die Verfügungen bezüglich der *res publica*, die es nach unseren, pro-augusteischen Quellen enthalten haben soll, machten einen solch tiefen Eindruck auf die Römer, daß auch die letzten neutralen Senatoren und bald auch die Freunde des Antonius begannen, sich auf die Seite von Caesars Sohn zu schlagen.

Der *consensus universorum*, der sich hier zum ersten Mal manifestierte und in der Folge zu einem von Augustus und seinen Nachfolgern stark ausgeschlachteten Thema werden sollte, fand auch darin seine Bestätigung, daß Senat und Volk einmütig beschlossen, Antonius das Konsulat, das er 31 v. Chr. bekleiden sollte, abzuerkennen, ihm jede andere Befugnis (d. h., die Stellung als Triumvir) zu entziehen und Kleopatra den Krieg zu erklären. Um über seine tatsächlich vorhandene Machtfülle hinwegzutäuschen, aber auch, um sich die Treue „seiner" Provinzen zu sichern, ließ der junge Caesar (wie übrigens auch Antonius in den östlichen Provinzen [Cass. Dio. 50. 6. 6]) den traditionellen militärischen Treueeid auf den (legitimen) Führer schwören. Nur, daß in diesem Fall die Reihenfolge der Vorgänge vertauscht und der Umfang des Eides ausgeweitet wurde. Um seiner Macht den Anschein einer extrakonstitutionellen Legitimität zu verleihen, ließ er nicht nur seine Truppen den Eid schwören, sondern „ganz Italien" und die Bewohner der von ihm kontrollieren Provinzen [R. Gest. 25. 2], die ihn alle als Anführer in diesem Krieg forderten. Dieser Schwur besaß für die Soldaten direkte militärische Bedeutung und zielte gleichzeitig darauf ab, die Loyalität der Zivilbevölkerung zu gewinnen, in der man eine notfalls mobilisierbare Reserve sah [Hermann 252, 78ff.].

Nach den Siegen von Actium (2. September 31 v. Chr.) und Alexandria (1. August 30 v. Chr.) manifestierte sich dieser Konsens wiederum in der Anhäufung von Ehren und Privilegien für den Sieger. Der Senat bewilligte ihm die Belagerungskrone und einen Triumph über Kleopatra. Triumphbogen sollten in Brundisium und Rom errichtet und der Tempel des Divus Iulius mit den Rostren von Actium geschmückt werden. Penteterische Gedenkspiele zum Wohl des Prinzeps (d. h., daß sie alle vier Jahre von den Konsuln oder einem der großen Priesterkollegien begangen wurden) und drei jährliche Feiern wurden eingerichtet, um der Jahrestage der Siege von Actium und Alexandria und des Geburtstages von Caesar Octavian zu gedenken. Außerdem formulierten die Priester bei den öffentlichen Gelöbnissen für das Volk und den Senat von nun an auch Gelöbnisse für sein Heil. Der Tag der feierlichen Rückkehr des Siegers wurde in den Festkalender aufgenommen, und ab diesem Zeitpunkt sollte man bei öffentlichen und privaten Gastmählern eine Libation für den Genius von *Imperator Caesar* darbringen. Diese Ehrungen wurden im Jahr 30 v. Chr. ergänzt, als der Senat Octavian das Recht der Patrizierernennung, ferner das *ius auxilii* der Tribunen auf Lebenszeit und das Begnadigungsrecht (das ihm erlaubte, seine Stimme zusätzlich abzugeben, wenn eine Verurteilung durch eine Stimme Mehrheit erfolgt war, und so einen Freispruch zu bewirken) verlieh, sowie die Erlaubnis, den Vornamen *Imperator* führen zu dürfen. Am 1. Januar 29 v. Chr. leisteten „alle" (d. h., die Magistrate und der Senat) den Eid, sämtliche Verfügungen, die *Imperator Caesar* getroffen hatte, anzuerkennen und zu befolgen. Neben anderen Privilegien beschloß man auch noch, seinen Namen in den Hymnus der Salier aufnehmen und ihm das Recht zu gewähren, so viele Kandidaten für die öffentlichen Priestertümer vorzuschlagen (*nominare*), wie er wollte.

Am 11. Januar 29 v. Chr. wurde der Janus-Tempel geschlossen. Der Frieden war ins Reich zurückgekehrt.

1.1.2 Der Prinzipat des Augustus (27 v. Chr.–14 n. Chr.)

Mehrmals, und noch im Jahr 32 v. Chr., hatten der zweite Caesar und Antonius feierlich versprochen, daß sie nach ihren Sieg die *res publica* in die Hände des Senats und des Volkes zurücklegen würden. Daher begann der junge Caesar ab 29 v. Chr., und ohne dabei irgendetwas von seiner Vorrangstellung abzugeben, mit dem Prozeß der Rückgabe der Befugnisse, der länger dauerte und komplizierter war, als er es sich wohl selbst gedacht hatte.

Nach dem dreifachen Triumph von 29 v. Chr. und seinem Konsulatsantritt zusammen mit Agrippa 28 v. Chr. nahm er eine Volkszählung [Jones 68, S. 21 ff.] und eine *lectio senatus* („Ergänzung des Senats") vor. Bei dieser Gelegenheit erhielt er den Titel *princeps senatus* [Cass. Dio 53. 1. 3]. Am Ende des Jahres erließ er ein Edikt, mit dem er alle ungesetzlichen Verfügungen aufhob, die er während der Triumviratszeit hatte treffen müssen [Tac. ann. 3. 28; Cass. Dio 53. 2. 5], was de facto darauf hinauslief, dem Senat die Möglichkeit zu einzuräumen, die Maßnahmen und Zusagen der Triumviratszeit zu überprüfen.

Ein paar Tage später fand die „Rückgabe" der *res publica* an Senat und Volk statt, mit anderen Worten, die Wiederherstellung des staatsrechtlichen Normalzustandes. Augustus blieb „einfacher" Konsul, der jedoch mit einem vollen Imperium ausgestattet war (*domi et militiae*, zivil und militärisch). Am 13. Januar 27 v. Chr. schlug der junge Caesar, der Konsul für das Jahr 27 v. Chr. war, dem Senat die Rückgabe all seiner Befugnisse vor. Im Anschluß daran und nach einigen, wenig bekannten Maßnahmen bewilligte ihm der Senat die Bürgerkrone (*ob cives servatos*, „für die Rettung von Bürgern"), die aus Eichenlaub bestand und über dem Eingang seines Hauses angebracht wurde. Am 15. oder 16. Januar 27 v. Chr. arbeiteten der Senat und der junge Caesar gemeinsam einen Senatusbeschluß aus, der dann durch ein Gesetz bestätigt wurde und der die Einzelheiten der Teilung der Macht und der Provinzen festlegte. Das markierte die Geburt des Kaiserreichs. Der Senat verwaltete zehn Provinzen direkt über Prokonsuln konsularischen oder prätorischen Ranges, die nach traditioneller Methode losten. Der *princeps* erhielt für zehn Jahre den Auftrag, Spanien mit der Bätika, die gallischen Provinzen und Syrien (das Zypern und Kilikien miteinschloß) zu regieren und die dort stationierten Truppen mittels seines konsularischen Imperiums zu befehligen [Cass. Dio 53. 13. 1].

Nach den Rechtsakten vom Januar 27 v. Chr. war also die *res publica* in dem Sinne wieder hergestellt, als die traditionellen Regeln der Regierung von Senat und Volk wieder galten und funktionierten. Der Prinzeps hatte die Regierung an Senat und Volk zurückgegeben; es fanden wieder Wahlen statt; die Rutenbündel der Konsuln gingen reihum, und die Magistrate hatten ihre Vorrechte wiedergewonnen, genau wie der Senat, der wieder regelmäßig zu Rate gezogen wurde und sogar einen Teil der Provinzen nach dem alten Modus regierte. Nichtsdestoweniger war die Regelung unklar und diese berühmten Senatssitzungen sowie die Vollmachten, die dem Prinzeps zur Regierung seiner Provinzen verliehen wurden, haben eine jahrhundertealte Diskussion entfacht, die regelmäßig wieder aufflammt. Aufgrund welcher Machtbefugnis regierte der Prinzeps seine Provinzen? Mit einem konsularischen Imperium, wie das vor den Reformen Sullas der Fall gewesen war, oder mit einem prokonsularischen Imperium?

In Anbetracht der Tatsache, daß Augustus explizit das sullanische System der konsularischen Provinzen bestätigt hatte [Dio 53. 13. 6], vermutete Mommsen [73, Bd. II.2, S. 845f.; S. 869ff.], daß Senat und Volk dem Prinzeps ein prokonsularisches Imperium bewilligt hätten, das ihn ermächtigt habe, alle Tuppen zu befehligen und die ihm zugeteilten Provinzen zu verwalten. Jedoch kam er zu der Schlußfolgerung, entsprechend seiner Auffassung vom revolutionären Charakter des Imperiums des Prinzeps [73, Bd. II.2, S. 840ff.; s. a. S. 767–770 und Syme 198] und der Investitur der Nachfolger von Augustus, daß der Prinzeps, nachdem er 29 v. Chr. das Recht erhalten hatte, auf Lebenszeit Titel und Insignien eines *imperator* zu führen, wie die republikanischen *imperatores* fähig war, ein *imperium* nach einem einfachen Senatsbeschluß auszuüben. Das neue System hätte die republikanische Situation in ihr Gegenteil verkehrt, da ja nun ihm der Titel die Fähigkeit zur Machtausübung verliehen hätte, anstelle ein *imperium* zu bezeichnen, das der Träger bereits besaß.

Erst jüngst hat H. Castritius [249, S. 34ff.] mit Bezug auf die Untersuchungen von Bringmann [239] (über das *imperium* der Mitregenten nach der *laudatio Agrippae*) das Problem im Sinne Mommsens wiederaufgegriffen [so auch Wickert 271, Sp. 2270ff.; Timpe 270, S. 2ff; Millar 156, S. 61ff.; Lacey 192, S. 179ff.; Kienast 169, S. 74]. Nach Castritius habe der per Gesetz ratifizierte Senatsbeschluß Augustus für zehn Jahre das militärische Kommando in den nicht befriedeten Gebieten übertragen, nämlich Spanien, Bätika, Gallien und Syrien. Gleichzeitig habe ihm dieses Gesetz ein prokonsularisches *imperium* mit einigen Zusatzklauseln bewilligt, wie dem Recht, Truppen auszuheben und vielleicht schon dem Dispens von der Regel, nach der ein prokonsularisches Imperium am Pomerium endete. Aber, wie K. Girardet [99a] jüngst gezeigt hat, besaß Augustus schon in seiner Eigenschaft als Konsul das notwendige *imperium*, um seine Provinzen zu regieren.

Mommsens Theorie wurde von Kromayer [191, S. 33ff.] und Pelham [265, S. 60ff.] kritisiert, die glaubten, daß Augustus seine Provinzen zwischen 27 v. Chr. und 23 v. Chr. als Konsul regiert und ferner über ein *imperium maius* in den senatorischen Provinzen verfügt habe. Ein weiterer Anhänger dieser These, Schulz [267, S. 18], hat sogar vorgeschlagen, daß Augustus dieses konsularische Imperium sein Leben lang besessen habe. Bei der Kritik an Sibers These [174, S. 26ff. und 268, S. 280], nach der Augustus ein bloßes und unspezifiziertes Imperium erhalten habe, entwickelte M. Gelzer [185, S. 187ff.] seine Lehre vom konsularischen Imperium: Das Gesetz von 27 v. Chr. habe Augustus ein erweitertes konsularisches Imperium verliehen, das sich 23 v. Chr., als er das Konsulat aufgab, in ein prokonsularisches Imperium plus ein prokonsularisches *imperium maius* gewandelt habe [vgl. auch Nesselhauf 194, S. 311 und von Lübtow 261, S. 371]. Neulich hat P. Brunt [295, S. 96] die These vom konsularischen Imperium wiederaufgriffen. Er vermutet, daß der junge Caesar 27 v. Chr. per Gesetz eine genaue *provincia* erhalten habe, wahrscheinlich für begrenzte Zeit, und mit einigen zusätzlichen Rechten, zumal dem der Truppenaushebung in Rom und Italien. Derzeit scheint diese Theorie in der Weiterentwicklung von K. Girardet [99a] die meistversprechende zu sein.

W. Kolbe [258] und A. von Premerstein [172, S. 225], gefolgt von Timpe [270], haben gegen die Auffassung von Kromayer, Pelham und Gelzer Stellung bezogen und sind zur Interpretation von Mommsen zurückgekehrt. A. von Premerstein hat dieser Theorie eine Variante hinzugefügt. Er gründet dieses prokonsularische Imperium, das Augustus befähigte, in allen Provinzen für Ordnung zu sorgen, auf eine hypothetische *cura et tutela rei publicae universa* [Übersetzung der Formulierung von Cass. Dio 53. 12. 1: *phrontis kai prostasia ton koinon pasa*], die ihm im Januar 27 v. Chr. bewilligt worden sei.

Diese Hypothese fand nicht die Zustimmung der Historiker, denn sie will moralischen oder ideologischen Konzepten eine juristische Dimension geben, die sie niemals besaßen [De Martino 71, S. 256; Syme 173, S. 164ff.]. Außerdem hat der ciceronianische *princeps*, der hinter diesen *curae* und hinter dem Prinzipatssystem stehen soll, sehr wahrscheinlich nie irgendeine Rolle in der Begründung der neuen Machtordnung gespielt [Ferrary 251, S. 787ff.].

Das Problem, das eine Inschrift aus Kyme (Asien) aufwirft, die sich auf einen Beschluß von 27 v. Chr. bezieht, ist wohl kaum von Relevanz für diese Diskussion [Sherk 83, Nr. 91]. Nach dem auf dem Stein wiedergegebenen Schriftstück schreibt nämlich Augustus als Konsul zusammen mit seinem Kollegen Agrippa an den Prokonsul von Asien (und vielleicht an die Statthalter der anderen griechischen Provinzen ohne Ägypten), höchstwahrscheinlich, um ihm die Einzelheiten eines Senatsbeschlusses mitzuteilen, durch den Augustus beauftragt wurde, in seiner Eigenschaft als Konsul und als Autor der *relatio*, dem/den Statthalter(n) eine Direktive zu erteilen.

Im Anschluß an den Senatsbeschluß und das Gesetz über die Provinzteilung verlieh der Senat dem *princeps* den berühmten Beinamen *Augustus*. Er war der auguralen Sphäre entliehen und mit dem Bereich der *auctoritas* verknüpft, und er bedeutete, daß sein Träger außergewöhnliche Fähigkeiten und eine glückliche Hand besaß. Dieser Beiname, den der Senat anscheinend auf Rat der Pontifices wählte [Lyd. mens. 111; Flor. epit. 2. 34. 66], bedeutete wörtlich „mit der vollen Sakralkraft ausgestattet", die zur Ausführung einer Aufgabe befähigte [Dumézil], und wurde von den Alten von *augurium* (wörtlich „Feststellung der Präsenz der vollen Sakralkraft") und *augere* („vermehren") abgeleitet [Literatur bei Kienast 169, S. 80]. Zwischen 29 v. Chr. und 27 v. Chr. soll Augustus mit dem Gedanken gespielt haben, den Beinamen Romulus anzunehmen. Am selben Tag, dem 16. Januar 27 v. Chr., gestattete ihm der Senat wahrscheinlich auch, seinen Hauseingang mit zwei Lorbeerkränzen zu schmücken, und er ließ in der Kurie neben der Viktoria-Statue und ihrem Altar, der am 28. August 29 v. Chr. geweiht worden war, einen Schild ausstellen, der seine Kardinaltugenden aufzählte (*clipeus virtutis*): die Tapferkeit im Kampf, die Tatkraft im öffentlichen Leben (*virtus*), seine Milde (*clementia*) gegenüber Besiegten und Feinden, seine Gerechtigkeit (*iustitia*) gegenüber denjenigen, die öffentliches Leben und Ordnung seit 44 v. Chr. gestört hatten, und seine Achtung (*pietas*) vor dem Volk und den Göttern [Kienast 169, S. 71 Anm. 22, S. 82ff.). Endlich bewilligte man ihm, wahrscheinlich noch 27 v. Chr., das Recht der *commendatio*, d. h., Kandidaten für die Wahlen vorschlagen zu dürfen. Alle diese Beschlüsse wurden durch ein Gesetz ratifiziert [Cass. Dio 53. 12. 1].

Die folgenden Jahre waren entscheidend. Die politische Lage blieb unruhig. Selbst in der Umgebung von Augustus wurden die Spannungen offenkundig. Die Krise brach 23 v. Chr. offen durch. Nach einer Verschwörung und der Genesung von einer schweren Krankheit beschloß Augustus im Juni, das Konsulat niederzulegen, das er jedes Jahr seit 29 v. Chr. innegehabt hatte, um so einen weiteren Schritt hin zur Errichtung einer neuen staatsrechtlichen Ordnung zu tun. Im Gegenzug gewährten Senat und Volk Augustus die tribunizische Gewalt auf Lebenszeit, zusammen mit dem Recht, den Senat zusammenzurufen [Cass. Dio 54. 3. 3] und bei jeder Senatssitzung eine *relatio* („Antrag") vorzulegen [Cass. Dio 53. 32. 5; Nicolet 349]. Des weiteren setzte er die Verwaltung seiner riesigen *provincia* fort, die ihm bis 18 v. Chr. anvertraut worden war; aber von nun an übte er seine konsularische Macht als Promagistrat aus [Girardet 99a, S. 110]. Nach Cl. Nicolet [106a] fand diese Reform schon 27 v. Chr. statt.

Es existiert eine umfangreiche und langwährende Diskussion über Beschaffenheit und Wesen der einzelnen Vollmachten, die Augustus seit 36 v. Chr. bewilligt wurden. Die erste Debatte beschäftigt sich mit den Beschlüssen bezüglich der tribunizischen Gewalt [Timpe 270, S. 5 und Wickert 273, Sp. 2284ff. für die Forschungsgeschichte]. Mommsen [73, Bd. II.2, S. 836ff.] glaubte, gestützt auf Appian [civ. 5. 132] und Orosius [6. 18], daß der junge Caesar die volle tribunizische Gewalt seit 36 v. Chr. besaß und daß diese bis zur ersten Meile ausgeweitet wurde, d. h., seiner Ansicht nach, bis zum Bereich des *imperium militiae*, das am Pomerium begann, und damit auf das ganze Reich. Von 23 v. Chr. an sei diese Gewalt zwar jährlich erneuert, aber faktisch permanent geworden. Diese These wurde von Kromayer angegriffen [191, S. 38ff., gefolgt von Schulz 267, S. 66ff.], der sich auf das Zeugnis von Cassius Dio [51. 19. 6] berief. Er kam zu dem Schluß, daß der junge Caesar 36 v. Chr. die Unverletzlichkeit und das *ius subsellii* (das Recht, bei den Tribunen zu sitzen) verliehen bekommen habe, 30 v. Chr. das *ius auxilii* (das Recht, einen Bürger vor dem Übergriff eines Magistrats zu schützen) auf Lebenszeit und 23 v. Chr. die vollständige tribunizische Gewalt. Kornemann [223, S. 48ff.] dagegen hat vermutet, daß Augustus 27 v. Chr. die volle tribunizische Gewalt erhielt, und diese ab 23 v. Chr. nur jährlich erneuert wurde. A. von Premerstein [172, S. 260–266] wollte alle antiken Zeugnisse miteinander vereinbaren: Der junge Caesar habe ab 36 v. Chr. die volle tribunizische Gewalt auf Lebenszeit besessen, die 30 v. Chr. auf die erste Meile ausgeweitet worden sei; 27 v. Chr. habe er diese Gewalt (mit Ausnahme des *ius auxilii* und der Unverletzlichkeit) abgelegt, aber 23 v. Chr. diese im ganzen Reich ausgeübt. Eine Variante dieser vermittelnden Position hat De Visscher [152] formuliert, der annimmt, daß die Plebiszite von 36 v. Chr. und 30 v. Chr. tatsächlich die volle tribunizische Gewalt bewilligt hätten, der junge Caesar sie aber nicht ausüben konnte, weil er 36 v. Chr. dann doch die triumviralen Befugnisse behielt und er ab 30 v. Chr. ununterbrochen Konsul war. Nur die Unverletzlichkeit, das *ius auxilii* und das *ius subsellii* habe er angenommen.

Heute schließen sich die Forscher zumeist der Position Kromayers an, und nehmen an, daß die Zuteilung dieser einzelnen Vollmachten nach und nach erfolgte [z. B. Wickert 273, Sp. 2284ff.; Timpe 270, S. 8; Sattler 196, S. 27; Baumann 276; Castritius 248, S. 26ff.]. Alle akzeptieren ferner das mommsensche Prinzip, daß die tribunizische Gewalt „in formaler Beziehung der rechte und volle Ausdruck der Herrschergewalt" [73, Bd. II.2, S. 873] von Augustus und seinen Nachfolgern war. Aber im Gegensatz zu Mommsen, der den monarchischen Charakter der tribunizischen Gewalt abmilderte, indem er sie in das Konzept der Magistraturen einordnete, tendieren die Historiker dazu, mit Tacitus in der tribunizischen Gewalt den Motor und das Symbol der Monarchie (*summi fastigii vocabulum*) zu sehen. De Martino [71, S. 168ff.] geht soweit, daß er im Jahr 23 v. Chr. den Beginn der Kaiserzeit sieht.

H. Castritius [248, S. 22ff.] hat diesen Standpunkt berichtigt, indem er aufzeigte, daß die tribunizische Gewalt, jedenfalls zu Beginn der Kaiserzeit, nicht den monarchischen Charakter besaß, den ihr die Historiker zuschreiben, sondern, daß sie in den Rahmen der Restauration der *res publica* paßte. Castritius greift zwei wichtige Elemente der tribunizischen Gewalt heraus, die stets in dieser Debatte diskutiert wurden, nämlich die Trennung von Gewalt und Amt und die lebenslange Dauer dieser Befugnis, um sich gegen deren monarchische Interpretation zu verwahren. Ausgehend von Werner [176, S. 288ff.] und nachdem er das alte Argument widerlegt hat, bei dieser Gewalt handele es sich nur um einen geschickten Winkelzug des Patriziers Augustus zur Erringung des Volkstribunats, weist er darauf hin, daß die Trennung von Amt und Gewalt, wenn auch zumeist nur im Krisenfall angewandt, ganz der Tradition entsprach: Sie stand in gewisser Weise hinter der *lex curiata de imperio*, der Verlängerung von Vollmachten und ganz generell hinter den Imperien, die *privati* zugebilligt wurden. Auch die Perpetuität dieser Gewalt sei nicht unrepublikanisch gewesen, denn in Wirklichkeit sei sie nicht auf Lebenszeit, sondern jährlich vergeben worden, wie Mommsen bereits betont hatte [73, Bd. II.2, S. 797]. Die 23 v. Chr. von Senat und Volk gefaßten Beschlüsse hätten Augustus ein für allemal das Recht gegeben, jedes Jahr seine Gewalt zu erneuern, ohne vor dem Volk erscheinen zu müssen. Außerdem nimmt Castritius an, daß die tribunizische Gewalt für das ganze Reich galt.

Diese Argumente, die zugegebenermaßen auch auf einer Interpretation der Quellen basieren und nicht auf expliziten Aussagen, lassen Castritius schließen, daß die Beschlüsse, die die tribunizische Gewalt betrafen, letztendlich einen weiteren Schritt in Richtung Wiederherstellung der Republik darstellten. Jedoch bleibt die Perpetuität dieser Gewalt erklärungsbedürftig: Selbst wenn die formalen Aspekte ihrer Bewilligung sowie das Prinzip der Trennung zwischen Amt und Gewalt letztendlich der Tradition entsprachen, und damit „republikanisch" waren, trifft es ebenso zu, daß außer in schweren Krisensituationen die Tradition den Rückgriff auf diese Gepflogenheiten nicht nahelegte und daß der permanente Besitz dieser Befugnisse – oder deren permanente Erneuerung – eine Neuheit darstellte, für die ähnliche Privilegien, die 48 v. Chr. Caesar zugestanden worden waren, zweifellos nicht den besten „republikanischen" Präzendenzfall abgaben. Und daß die Trennung zwischen Gewalt und Amt, wie sie in der *lex curiata de imperio* oder in den Verlängerungen von Befugnissen begegnet, der Tradition entsprach, erlaubt nur die Schlußfolgerung, daß die tribunizische Gewalt im Rahmen der Prinzipien des römischen Staatsrechts und als deren Fortentwicklung „erfunden" worden ist. Wie andere Privilegien des Augustus stellte die zur jährlichen Erneuerung bestimmte tribunizische Gewalt sehr wohl eine Neuerung dar, die zwar nicht „verfassungsfeindlich" war, aber dennoch sehr wohl darauf abzielte, ein neues Kräftegleichgewicht herzustellen.

Außerdem legten Senat und Volk fest, daß das Imperium des Augustus, das nach seinem Ausscheiden aus dem Konsulat prokonsularisch geworden war, nicht mehr verfiel, sobald er das Pomerium überschritt, und, daß es höherrangiger war als das der Provinzstatthalter. Die Wendung, die Cassius Dio benutzt [53. 32. 5], *esaei kathapax*, „auf immer, ein für allemal", muß, nach den Worten von Cassius Dio selbst, als Dispens von den Regeln aufgefaßt werden, die mit der Ausübung eines prokonsularischen Imperiums verbunden waren [Wickert 273, Sp. 2271 ff.; Timpe 270, S. 3; Castritius 248, S. 36 ff.; Girardet 99a, S. 116 Anm. 134], und nicht als Verleihung dieses Imperiums auf Lebenszeit, wie Mommsen glaubte (ihm folgten von Premerstein [172, S. 231 ff.], Siber [174, S. 280] und von Lübtow [261, S. 371]), denn ansonsten wäre man wieder bei der Theorie der Kumulation von Imperien. Jedoch ist diese Maßnahme zu diesem Zeitpunkt nur schwer zu begreifen, denn, wie von Premerstein [172, S. 281 ff.] und Timpe [270, S. 4] betont haben, ohne dieses Privileg könnte man sich die Ausübung der prokonsularischen Gewalt zwischen 27 v. Chr. und 23 v. Chr., wenn sich der Prinzeps in Rom befand, kaum vorstellen. Aber es erscheint weit hergeholt, wenn Castritius annimmt [248, S. 39], daß Cassius Dio dem Gesetz von 23 v. Chr. Elemente, die schon 27 v. Chr. präsent waren, gegeben hätte, wozu er sich durch die große Bedeutung, die er dem Arrangement von 23 v. Chr. beimaß, habe verleiten lassen. Es liegt näher zu vermuten, daß die Regelung von 23 v. Chr. (übrigens ebenfalls ein Gesetz [Kromayer 191,

S. 35 und Anm. 4]) die Einzelheiten der Ausübung des 27 v. Chr. bewilligten Imperiums in der neuen Situation festsetzte, und zwar hinsichtlich des Pomeriums und des Verhältnisses zur Gewalt der Prokonsuln.

Der zweite Bestandteil dieser Regelung, das *imperium maius* des Augustus, hat auch zu widersprüchlichen Interpretationen geführt. Nach den meisten Historikern erhielt Augustus 23 v. Chr. ein *imperium proconsulare maius*, das ihm erlaubte, in allen Provinzen einzugreifen und das an die Stelle des konsularischen Imperiums getreten sei, das er aufgab. Eine neue Auffassung verbreitet sich jedoch. J. Bleicken [61, S. 37ff.] hat bemerkt, daß im römischen Recht der Republik ein *imperium maius* im technischen Sinn fehlt. Der Gebrauch von *imperium maius* durch Historiker und Redner des augusteischen Zeitalters stellte in Wirklichkeit eine Umschreibung der tatsächlichen oder erwünschten hierarchischen Beziehungen und keine offizielle Rangordnung der Gewaltbefugnisse dar [s. a. Wickert 273, Sp. 2272]. Bringmann [239, S. 224] hat versucht, das Problem durch die Annahme zu lösen, daß man eben 23 v. Chr. eine offizielle Hierarchie der prokonsularischen Gewalten geschaffen habe, wovon jedoch nirgends die Rede ist. H. Castritius hingegen meint, wie vor ihm Bleicken, daß man die Formulierung von Cassius Dio zu Unrecht in einem engen juristischen Sinn interpretiert und zu Unrecht das Konzept des *imperium maius* an den Anfang des Prinzipats stellt, um es gleichsam als seine Grundlage auffassen. Cassius Dio stelle in Wirklichkeit die realen Machtverhältnisse zwischen einem Prokonsul und dem mit vielfältigen Vollmachten ausgestatteten Prinzeps dar, wenn nicht – Cassius Dio schreibt ja zur Severerzeit – das Ergebnis einer Entwicklung von zwei Jahrhunderten. Vielleicht sollte man einfach annehmen, daß Augustus im Jahr 23 v. Chr. ein Privileg erhielt, das auch Agrippa zugestanden wurde, daß nämlich sein Imperium keinem anderen unterlegen sei. Erinnern wir uns daran, daß nach K. Girardet [99a] die Gewalt des Augustus in Wirklichkeit immer noch eine konsularische war.

Die Regelung von 23 v. Chr. enthielt noch ein weiteres Element, das für die Wiederherstellung der Republik wie auch für die Begründung des Prinzipats entscheidend war: die Beteiligung Agrippas an der Macht, die übrigens, wie schon erwähnt, erneut die Frage nach dem prokonsularischen Imperium aufwirft. Doch liegt hinsichtlich der Befugnisse, die Agrippa übertragen wurden, eine bessere Ausgangslage vor, seit man vor kurzem die *laudatio* (Lobrede anläßlich einer Totenfeier) fand, die Augustus 12 v. Chr. beim Begräbnis Agrippas vortrug [P. Colon. inv. nr. 4701].

Der Herausgeber des Papyrus, L. Koenen [236], hat vermutet, daß Agrippa 23 v. Chr, ein prokonsularisches *imperium maius* erhielt, das ohne Kompetenz war und „ruhte“, und damit dem bloßen Imperium der Mitregenten, das Mommen so sehr betonte, nahekam. Die Kompetenzen seien durch einzelne Vollmachten erteilt worden. E. Gray [241] wollte diese Interpretation korrigieren, und nahm an, daß Agrippa 23 v. Chr. zunächst ein *imperium aequum* für fünf Jahre erhalten habe, das 18 v. Chr. erneuert worden sei und schließlich 13 v. Chr. zu einem *imperium maius* wurde. K. Bringmann [239] hat sich dieses Problems angenommen und gezeigt, daß das Fragment der *laudatio* die Zuteilung eines *imperium maius* an Agrippa nicht erwähnt: Das Gesetz, von dem Augustus spricht, bewilligte dem „Mitregenten" ein reales Imperium und bestimmt, daß kein Imperium seinem überlegen sei, in welcher Provinz auch immer er es ausübe. So habe Agrippa in der Verwaltung der Provinzen auf gleicher Stufe mit Augustus gestanden, und Bringmann kommt zu dem Schluß, daß dieses *imperium*, wie das von Augustus, ein *maius* sein müsse. In der Nachfolge Bleickens verwirft Castritius den Begriff *imperium maius* und glaubt, daß Agrippa nur ein prokonsularisches Imperium erhielt, zu dem wahrscheinlich die gleichen Privilegien hinzutraten wie zu dem von Augustus.

Castritius hebt außerdem hervor, daß auf dem Gipfel von Augustus' Macht ein anderes, großes republikanisches Prinzip wieder eingeführt wurde, nämlich das der Kollegialität, das 18 v. Chr. restauriert worden sei, als Agrippa per Gesetz ebenfalls die tribunizische Gewalt verliehen bekam [Badian 238]. Zu diesem Zeitpunkt wurden die prokonsularischen Imperien von Augustus und Agrippa für einen Zeitraum von fünf Jahren erneuert. 13 v. Chr. verlängerte man die Imperien sowie die tribunizische Gewalt Agrippas um ein weiteres Lustrum.

Die Befugnisse von Augustus veränderten sich nach dem Jahr 23 v. Chr. kaum mehr. Das prokonsularische Imperium wurde regelmäßig verlängert, 8 v. Chr., 3 n. Chr. und 13 n. Chr., und die tribunizische Gewalt jährlich verliehen. Zu diesen Vollmachten kamen einige Ehrungen und kurzfristige Aufgaben, sowie das letzte große Amt des *princeps*, das des Pontifex Maximus.

Nach einer Hungersnot und einer Seuche, die zu Unruhen in Rom geführt hatten, schlug Augustus die Diktatur, die man ihm angeboten hatte, aus und übernahm 22 v. Chr. die *cura annonae*, die Überwachung und Organisation der Getreideversorgung von Rom. Im selben Jahr drängte man ihn zur Übernahme der Zensur, doch er weigerte sich wiederum und ließ zwei Zensoren wählen. Diese zerstritten sich jedoch, und zudem starb einer von beiden während der Amtszeit. Der Versuch endete also mit einem Mißerfolg, wie die Wahlen, die zwischen 21 v. Chr. und 19 v. Chr. regelmäßig zu Agitationen führten. Daher übernahm Augustus nach seiner Rückkehr aus den griechischen Provinzen am Ende des Jahres 19 v. Chr. eine *cura legum et morum* („Aufsicht über Gesetze und Sitten") für fünf Jahre, um die guten Sitten in Gesellschaft und Politik wiederherzustellen, sowie eine *censoria potestas*, ebenfalls für fünf Jahre. Die *cura morum* hatte eine Reihe von Gesetzen zur Folge, die *leges Iuliae* von 18 v. Chr., aber Augustus betont selbst [R. Gest. 6. 1; gegenteilige Ansicht bei Suet. Aug. 27. 5 und Cass. Dio 54. 10. 5ff.], daß er die Aufgaben, die ihm der Senat stellte, mit seiner tribunizischen Gewalt erfüllte [Béranger 302, S. 207]. Gestützt auf seine *censoria potestas*, führte er ab 18 v. Chr. eine neue *lectio* des Senates durch, der auf 600 Mitglieder verkleinert wurde. In der Folge jedoch scheint Augustus die zensorische Gewalt niedergelegt zu haben, da er ja nach seinen eigenen Worten die Zensus von 8 v. Chr. und 14 n. Chr. und die *lectio senatus* von 12/11 v. Chr. mit einem konsularischen Imperium durchführte [von Premerstein 172, 160ff.]. Schließlich gewährte man ihm 19 v. Chr. die Ehrenvorrechte der Konsuln: Von diesem Zeitpunkt an schritten ihm immer und überall, also auch in Rom, zwölf Liktoren voran, und im Senat saß er auf einem kurulischen Stuhl zwischen den beiden Konsuln [Wickert 273, Sp. 2282ff.]. Insgesamt hatte man ihm so die ganze konsularische Machtfülle in ziviler wie militärischer Hinsicht gewährt. Zwar geschah dies persönlich und zeitlich begrenzt, doch in der Folgezeit erneuerte man diese Privilegien regelmäßig [Girardet 99a, S. 120].

Im Jahr 12 v. Chr. starb der Pontifex Maximus Lepidus, und am 6. März wurde Augustus triumphal zu seinem Nachfolger gewählt [R. Gest. 10. 2]. Schließlich verlieh ihm der Senat mit Zustimmung des ganzen Volkes am 5. Februar 2 v. Chr. in der Kurie den Titel „Vater des Vaterlandes" [R. Gest. 35. 1; Suet. Aug. 58].

Die Stellung von Augustus änderte sich zwar nicht mehr, doch die seiner „Kollegen" wurde mehrfach neu definiert. Nach dem Tod Agrippas im Jahr 12 v. Chr. und dem Ableben von Drusus dem Älteren, der zum Zeitpunkt seines Todes gerade das prokonsularische Imperium erhalten hatte, übertrug 8 v. Chr. ein Gesetz dem Tiberius ein prokonsularisches Imperium auf fünf Jahre [Castritius 248, S. 46ff.]. Seine Machtstellung wurde 6 v. Chr. durch die Übernahme der tribunizischen Gewalt auf fünf Jahre gestärkt. Nach Bringmann und Castritius übte Tiberius sein Imperium wirklich aus, ehe es 3 v. Chr. erlosch. Es wurde nicht erneuert, da Augustus neue Pläne hatte. Er hatte ein wohlwollendes Auge auf seine jungen Enkel Gaius und Lucius Caesar geworfen, die er nach der Abfahrt des Tiberius nach Rhodos adoptierte. Ihre Beteilung an der Macht begann mit verschiedenen Privilegien und wurde mit der Verleihung des prokonsularischen Imperiums an Gaius Caesar [Cass. Dio 55. 10. 18] im Jahr 1 v. Chr. bestätigt. In diesem Jahr endete die tribunizische Gewalt des Tiberius. Aber da Lucius Caesar und Gaius Caesar bereits in jungen Jahren starben (2 n. Chr./ 4 n. Chr.), adoptierte Augustus doch noch Tiberius am 26. Juni 4 n. Chr. und ließ ihm wiederum die Gewalten bewilligen, die er zwischen 8 v. Chr.

und 1 v. Chr. innegehabt hatte. Wie seine Vorgänger erhielt Tiberius ein prokonsularisches Imperium und die tribunizische Gewalt, Befugnisse, die mit denen des Augustus auf derselben Stufe standen; doch natürlich hatte der Prinzeps de facto den Vorrang, und sei es nur aufgrund seiner Anciennität [Castritius 248, S. 49ff.].

So sah die Verteilung der Gewalten aus, als Augustus am 19. August 14 n. Chr. starb. Mit Tiberius und der Investitur seiner Nachfolger konsolidierten sich die neuen Traditionen, die Augustus geduldig aufgebaut hatte, und entwickelten sich weiter.

1.2 Die Investitur des Prinzeps nach Augustus

Seit dem Beginn seines Prinzipats arbeitete Augustus an der Regelung seiner Nachfolge, mit anderen Worten: Er sorgte sich um das Überleben des Systems, das er unter großen Mühen aufgebaut hatte. Indem er traditionelle, familiäre und politische Elemente kombinierte, schuf er im Lauf der Zeit den Nachfolgemodus, der nach und nach selbst zu einer Tradition wurde. Der Nachfolger wurde per Gesetz zum „Kollegen" in der Ausübung der tribunizischen Gewalt oder anderer Ämter ernannt [R. Gest. 6. 2; 8. 2–4] und war ferner auf die eine oder andere Art mit der Familie des *princeps* verwandt. Zudem erhielt er Aufträge erteilt, die es ihm ermöglichten, Ansehen und Beliebtheit zu erwerben. Doch weder die Verwandtschaft, noch die Geburt, noch die politische Macht allein genügten, um einen verstorbenen Prinzeps politisch zu beerben: Regelmäßig gehorchte die eigentliche Nachfolge einer sehr genau festgelegten Prozedur.

1.2.1 Formale Aspekte der Investitur

Hinsichtlich der Bestallung gibt es zwei Theorien, die von Th. Mommsen und die von J. Kromayer, die letztendlich das Wesen des Prinzipats selbst betreffen.

Für Th. Mommsen [73, Bd. II.2, S. 881] erforderte die kaiserliche Macht, die vor allem auf dem prokonsularischen Imperium und der tribunizischen Gewalt beruhte, zwei Bestallungsakte. Das Imperium des Prinzeps rühre von der imperatorischen Akklamation durch Truppen und Senat her, und der Titel *imperator*, der so vergeben wurde und Teil der kaiserlichen Titulatur war, befähigte zur Ausübung des Imperiums. Im Gegensatz zur Akklamation siegreicher Feldherrn zur Zeit der Republik, wo ein konsularisches oder prokonsularisches Imperium sich so in den Titel Imperator verwandeln konnte, zielt die Akklamation in der Kaiserzeit vor allem auf den Besitz eines Imperiums ab. Aufgrund dieses revolutionären Aktes, der die direkte Souveränität ausdrückt, mußte das Imperium des Prinzeps, laut Mommsen, nicht mehr von den Komitien bestätigt werden. Die Verleihung der tribunizischen Gewalt fand nach dieser Akklamation statt, und wie die epigraphischen Aufzeichnungen der Arvalbruderschaft beweisen, geschah sie durch das Volk, wie es der zivilen Natur dieser Gewalt entspricht. Das Gesetz über die tribunizische Gewalt habe auch eine ganze Reihe anderer Privilegien verliehen: Kurz, all das, was in der berühmten *lex* vorkommt, die man *de imperio Vespasiani* nennt [ILS 244], oder dem Gesetz, von dem die römischen Juristen das Recht der Kaiser ableiten, bindende Weisungen zu erteilen [Mommsen 73, Bd. II.2, S. 876 Anm. 2].

Diese Theorie, die von vielen Historikern akzeptiert wird (jüngst noch von Bl. Parsi [299], P. Brunt [295], J. Bleicken [61, S. 40ff.] oder H. Castritius [248]), wurde von J. Kromayer [191, S. 23ff.] berichtigt. Ganz wie Mommsen glaubte dieser, daß der Titel Imperator die Fähigkeit ausdrückte, ein Imperium auszuüben und seinen Träger erlaubte, die Ehrenabzeichen eines Imperators zu tragen, ohne dazu verpflichtet zu sein, sie bei der Überquerung des Pomeriums abzulegen. Kromayer glaubte außerdem, die Machtfülle, zu der dieser Titel befähigte, sei *von den Komitien* übertragen worden, ganz wie die großen Sonder-Imperien der späten Republik (die von Pompeius oder Caesar [266]). Zu den Belegen für diese Interpretation [Kromayer 191, S. 35] – die Regelung von 27 v. Chr. [Dio 53. 12. 1], die von 23 v. Chr. [Dio 53. 32. 6] und die Bestimmungen von 13 n. Chr. bezüglich des Imperiums von Tiberius [Suet. Tib. 21. 1] – tritt jetzt das Zeugnis der *laudatio Agrippae*, nach der das *imperium maius* des „Kollegen" von Augustus per Gesetz verliehen wurde (*methenos... exousian meizo ⟨einai⟩... en nomoi ekurote = nullius... imperium maius ut esset... per legem sanctum est,* „es wurde durch ein Gesetz bestimmt, daß das Imperium von keinem größer sei"). Die tribunizische Gewalt sei durch ein anderes Komitialgesetz verliehen worden, das nur die Definition dieser Gewalt und den Namen des Empfängers enthalten habe. Der Position von Kromayer schloß sich auch E. Herzog an [253, Bd. II.2, S. 616ff.].

Mit aller gebotenen Vorsicht darf man heute den Standpunkt J. Kromayers übernehmen, zumal die Belege, die die mommsensche Hypothese stützen sollen, nämlich die Aufzeichnungen der Arvalbrüder, den Beweis dieser These nicht leisten können. Die Verfasser dieser Berichte (bzw. die Organisatoren der Gedenkfeiern) erwähnten (bzw. feierten) nicht systematisch alle Teile der Amtseinsetzung. Je nach Epoche nahmen sie eine unterschiedliche Auswahl vor, wobei Akklamation durch den Senat, Verleihung der tribunizischen Gewalt durch die Komitien und seltener auch Priesterwahlen, Verleihung einzelner Titel oder andere Ereignisse berücksichtigt wurden.

Vergleicht man die Ergebnisse der einzelnen Auswahlen, stellt man fest, daß die Priester (bzw. die Verfasser der Berichte) zwei Aspekte der kaiserlichen Vollmachten und zwei wesentliche Momente der Investitur immer berücksichtigten: die Akklamation durch den Senat und die tribunizischen Komitien. Die Berücksichtigung der imperatorischen Akklamation (neben der Beschließung der tribunizischen Gewalt durch die Komitien!) beweist die Wertschätzung des Titels Imperator, selbst wenn es sich dabei nur um einen schmückenden Titel handelte, der bestimmte Ehren verlieh und seinen Träger zur Übernahme eines Imperiums befähigte. Zweitens ist die Berücksichtigung der Wahl der imperatorischen Akklamation *durch den Senat* (und nicht durch die Soldaten) und die Verleihung der tribunizischen Gewalt durch die Komitien völlig logisch. Sie verweist auf die beiden wesentlichen Komponenten der kaiserlichen Macht und auf die wichtigsten Momente ihrer Verleihung. Diese Auswahl übergeht andere Aspekte, wie die Akklamation durch die Soldaten, die Senatserlasse zur Einberufung der Komitien und die Abstimmung über die Gesetze, die das Imperium und die anderen Privilegien verliehen.

Obwohl es keine direkten Belege dafür gibt, wohl aber ausdrückliche Erwähnungen von Gesetzen über das Imperium, über die tribunizische Gewalt und die Privilegien eines Prinzeps, sowie von Priester- und Konsularwahlen, läßt sich ein theoretisches Investitur-Szenario entwerfen. Zunächst akklamieren die Soldaten den zukünftigen Prinzeps, den möglicherweise schon sein Vorgänger an der Macht beteiligt hatte. Einer alten Tradition entsprechend, deren Sinn sich freilich gewandelt hatte, bestätigt der Senat dieses Vorgehen, indem er seinerseits denjenigen zum Imperator ausruft, den die Truppen bereits akklamiert haben. Im Laufe derselben Sitzung, oder aber bei späteren Sitzungen, debattiert der Senat und schlägt vor, die Komitien zusammenzurufen, um demjenigen, den man gerade akklamiert hat, die tribunizische Gewalt zu verleihen, sowie das prokonsularische Imperium und verschiedene Privilegien, die seine Vorgänger innehatten (kurz: all das, was in der *lex de imperio Vespasiani* genannt wird), ferner, ihn zum Konsul, zum Mitglied aller Priesterkollegien und zum Pontifex Maximus wählen zu lassen. Gleichzeitig konnte der Senat ihm Ehrentitel wie „Vater des Vaterlandes" bewilligen. Die antiken Historiker fassen meist alle diese Senatsbeschlüsse (*consulta* schreibt Sueton [Nero 8] bei Nero) zu sehr allgemeinen Formulierungen zusammen, die nicht verwirren dürfen. Insbesondere darf man solche Ausdrücke nicht mit dieser oder jener präzisen Klausel in Senatsbeschlüssen oder Gesetzen in Zusammenhang bringen. So ist es gewagt, hinter dem *ius arbitriumque omnium rerum*, was Caligula laut Sueton vom Senat verliehen bekam, die berühmte Ermessensklausel der *lex de imperio Vespasiani* oder aber ein einzelnes Investiturgesetz zu vermuten.

Ebenso falsch wäre die Schlußfolgerung, genau dieser Senatsakt hätte Caligula die Macht verliehen. Die suetonische Formulierung faßt nur die Gesamtheit der Senatsbeschlüsse zusammen, die eine Reihe von Abstimmungen in den Komitien zur Folge hatten, genauso, wie die Formulierung *eis pleiston hypsus [...] dia{i}ramenos*, „erhoben zur höchsten Höhe (*summum fastigium*)“, die sich in der *laudatio Agrippae* findet, die Gesamtheit der Vollmachten Agrippas bezeichnet, und nicht nur die tribunizische Gewalt, die von Tacitus ebenfalls *summum fastigium* genannt wird [Gronewald 237].

Nach diesen Senatsbeschlüssen ruft ein Magistrat die Komitien zusammen, die gesondert alle diese Befugnisse genau in dem vom Senat vorgeschlagenen Wortlaut verleihen. Ein Gesetz bewilligt dem Prinzeps ein prokonsularisches Imperium und legt höchstwahrscheinlich den genauen Amtsbereich und die Ausübungsbedingungen fest. Ein zweites Gesetz verleiht ihm die tribunizische Gewalt mit den üblichen Spezifikationen und schließlich überträgt ihm ein letztes Gesetz eine Reihe von Vorrechten, die von Augustus und den anderen Vorgängern ererbt sind und die teils seine tribunizische Gewalt (Klauseln II und III der *lex de imperio Vespasiani*), teils sein Imperium (Klauseln I, V und VI) erweitern. Schließlich wird der Prinzeps zum Konsul, zum Mitglied der großen Priesterkollegien und zum Pontifex Maximus gewählt. Gleichzeitig kooptieren ihn auch die anderen Priester. Zwischen den Entscheidungen des Senats und der Abstimmung der Komitien liegt immer ein bestimmter Zeitraum, der wohl ein traditionelles *trinundinum* (höchstwahrscheinlich 23 Tage) umfaßt (mindestens aber ein *binundinum*, das auf der Tabula Siarensis [AE 1984, 508, IIb, 29] belegt ist), und wohl deshalb bestätigt die *lex de imperio Vespasiani* sämtliche Verordnungen, die „vor der Abstimmung dieses Gesetzes“ vorgenommen wurden. Es geht hier nicht um große zeitliche Verzögerungen, die vom Krisenjahr 69 verursacht worden wären, sondern um die Wochen, die notgedrungen zwischen den Senatsbeschlüssen und der Abstimmung über die Investiturgesetze verstrichen (als Gegenmeinung, vgl. zuletzt Brunt [295]). Erst nach diesen Komitien war der Prinzeps endgültig bestallt. Dies wird dadurch bestätigt, daß nach unserer Kenntnis die *vota publica* für das Wohl des neuen Prinzeps stets deutlich später stattfinden als Akklamation und Senatsbeschlüsse: Sie fallen auf den Tag nach den Abstimmungen durch die Komitien [Scheid 460].

Dieses Prozedere beim Amtsantritt war nach unseren Quellen mindestens bis zum Beginn des 3. Jhs üblich. Für die Behauptung, die Komitien seien nicht mehr zusammengerufen worden, kann man das Zeugnis der Arvalbrüder nicht als Beweis anführen. Verschiedene Dokumente belegen das Fortbestehen dieser „Investitur-Komitien“ [Castritius 248, S. 83ff.; S. 108ff.], und noch im 3. Jh. empfingen die neuen Kaiser erst nach einer gewissen Verzögerung öffentliche Gelöbnisse [Scheid 460, S. 310ff.]. Dieses Verfahren paßte sich selbstverständlich den Gegebenheiten an, wenn etwa der verstorbene Prinzeps schon einen Nachfolger ausgewählt hatte, der – sehr wahrscheinlich auf demselben Weg – bereits die kaiserlichen Vollmachten teilweise oder vollständig erhalten hatte.

Die einzelnen Etappen des kaiserlichen Amtsantritts zeigen also, daß das Prinzipatsregime weder formal noch konzeptuell eine Monarchie war. Wie außergewöhnlich sie auch waren, die Befugnisse des Prinzeps wurden auf völlig traditionellen Wegen durch das Volk auf Vorschlag des Senats verliehen. Aus formaler Sicht folgte der Prinzeps seinem Vorgänger (und wenn es sein Vater war) nur nach, wenn Volk und Senat dies wollten: Die „Verfassung" der Kaiserzeit basiert, wie die der Republik, auf der Volkssouveränität. Natürlich liegt bei dieser Prozedur – soweit wir wissen – keine echte Wahl vor. Die vorherige Akklamation des Prinzeps durch die Truppen reicht als Beweis, daß der entscheidende Faktor bei der Bestallung eines Kaisers weder Senat noch Volk (jedenfalls nicht das Volk „in Zivil") war. Nichtsdestotrotz konnte kein Kaiser ohne die eben beschriebene, formale Investitur regieren.

Selbstverständlich veränderten sich die einzelnen Schritte der Kaisererhebung. So faßte der Senat anscheinend die Beschlüsse immer öfter gleich nach der imperatorischen Akklamation, noch in derselben Sitzung. Dies geschah zum ersten Mal im Jahr 54. Seit dem Regierungsantritt Domitians sollte dieser Ablauf üblich werden. Es stellt sich die Frage, ob die Senatsbeschlüsse und die Gesetze nicht allmählich untrennbar miteinander verschmolzen, nach Art der *lex de imperio Vespasiani*, die alle Vorrechte, die Augustus noch einzeln erhalten hatte, zusammen verleiht. Man muß diese Möglichkeit in Erwägung ziehen. Was die tribunizische Gewalt betrifft, so bewahrten die Komitien jedenfalls bis 81 ihre Selbständigkeit. Im übrigen wäre es erstaunlich, wenn die Römer durch ein einziges Gesetz so verschiedenartige Gewalten verliehen hätten. Um eine solche Entwicklung zu ermöglichen, hätten die kaiserlichen Befugnisse zu einer Einheit werden und die Figur des *princeps* derartiges Gewicht bekommen müssen, daß diese ihre einzelnen Befugnisse, deren Verleihung und die Volkssouveränität in den Hintergrund gedrängt hätte. Im Jahr 81 war es noch nicht so weit, und angesichts der Anspielungen der Juristen des 2. und des 3. Jhs., die die kaiserliche Macht weiterhin vom Volkswillen ableiten, darf man bezweifeln, daß diese Entwicklung vor dem 3. Jh. begann. Erst für diese Zeit sind offenkundige Verletzungen des Investiturablaufs belegt. Schon Septimius Severus hatte sich das Recht angemaßt, Commodus zu vergöttlichen [Cass. Dio 73. 2. 1–3; Hist. Aug. Sever. 11. 4]. Elagabal ging einen Schritt weiter, als er sich die kaiserlichen Namen, Titel und Vollmachten aneignete und führte, ehe er sie vom Senat verliehen bekommen hatte [Cass. Dio 80. 2. 2ff.; 8. 1]. Dennoch ließ er sich diese Befugnisse bei seiner Ankunft in Rom wohlweislich nachträglich bewilligen. 17 Jahre später pfiff Maximinus Thrax auf die Zustimmung des Senats. Diese Ereignisse zeigen, wie das zu Beginn unserer Zeitrechnung geschaffene System in den Stürmen vom Ende des 2. und der Mitte des 3. Jhs. rasch zusammenbrach. Aber bis zu dieser Phase, ja sogar bis Maximinus Thrax, war es unmöglich, die kaiserliche Macht anders als auf dem traditionellen Weg zu ergreifen, d. h., indem man von Senat und Volk ein Bündel von Vollmachten und Privilegien bekam, das man in seiner Gesamtheit 'die kaiserliche Macht' nennen kann.

Die Kaiser mußten keineswegs die etappenweise Verleihung ihrer Vollmachten abschaffen oder ihre Befugnisse vereinigen, um ihre Macht unbestritten ausüben zu können. Ihre Vollmachten reichten völlig aus, um ihre Vorherrschaft in Rom und im Reich auf Dauer sicherzustellen. Und die Konturen der Figur des *princeps* fixierten andere, außerhalb des Staatsrechts stehende Faktoren.

1.2.2 „Private" Aspekte der Investitur

Schon seit Caesar wurde die Übergabe der Macht bzw. der Vollmachten im privaten Bereich vorbereitet und vorweggenommen. Die Diskussion um Caesars Testament und die Adoption des zukünftigen Augustus durch den Diktator sowie der ständige Verweis von Augustus auf seine Abkunft beweisen dies. Augustus selbst begründete ein Verfahren der dynastischen Nachfolge, das trotz einiger Einschnitte und Veränderungen bis ins 3. Jh. und darüber hinaus Bestand hatte. Sein Prinzip war die Adoption des Nachfolgers, die vor oder zeitgleich mit der Verleihung von Ämtern und Sondergewalten an den Auserwählten erfolgen konnte. Aus familiären und politischen Gründen erlebte diese Prozedur eine Entwicklung, die einerseits rasch zur systematischen Adoption des zukünftigen Prinzeps führte, andererseits zu einer Konzeptualisierung, einer Politisierung der direkten Verwandtschaft zwischen den Kaisern. So wurde im Laufe einiger Jahrzehnte nach Augustus' Tod die Hausmacht in der Familie der „Caesaren" zu einem der Elemente der kaiserlichen Legitimität, die zur Machtausübung befähigte, oder zumindest dazu, die außerordentlichen Vollmachten zu einzufordern, die man seinem Vorgänger, seinem Vater, verliehen hatte.

Während Caligula, der nicht von Tiberius adoptiert worden war, nach Ansicht von Volk und Heer aufgrund seiner Abstammung dynastisch legitimiert war (denn er war ja Sohn des Germanicus und damit Enkel des verstorbenen Kaisers), konnte Claudius keine direkte Filiation vorweisen, weder eine natürliche noch eine adoptive, die ihn mit Augustus oder Tiberius verbunden hätte. Wahrscheinlich deshalb fügte er *Caesar* seinem Namen hinzu (Ti. Claudius Caesar Augustus Germanicus). Als sich 68 diese Frage noch dringlicher stellte, wurde dieses Verfahren zur Regel, denn Galba, Otho, Vitellius und Vespasian nahm alle die Beinamen *Caesar* und *Augustus* an. Ab Vespasian wird *Caesar* gleichsam zum Gentilnamen des Kaiserhauses: Von da an trug der *princeps* ganz nach Augustus' Vorbild den Vornamen *Imp(erator)* und den „Gentilnamen" *Caesar*, wozu andere Namen und Beinamen kamen, insbesondere *Augustus*, das untrügliche Zeichen für den Besitz der höchsten kaiserlichen Macht. Dieses System konsolidierte sich im Lauf des 2. Jhs., als die Adoption wieder üblich wurde, bis zur Beteiligung von Commodus an der Macht, der der (natürliche) Sohn von Marc Aurel war. Der letzte Schritt dieser Entwicklung wurde vollzogen, als Septimius Severus sich durch eine fiktive Adoption an die Kaiserfamilie anschloß, was aus ihm den Bruder von Commodus und den Sohn von Marc Aurel machte. Das Verfahren der Adoption *rei publicae causa*, um eine Formulierung von Augustus bezüglich der Adoption von Tiberius zu gebrauchen [Vell. 2. 104. 1; Suet. Tib. 21. 3], hatte sich rasch in einen politischen Akt verwandelt. Nicht nur die dahinter stehende Absicht und die sich daraus ergebenden Konsequenzen waren – natürlich – politisch, sondern auch das Adoptionsverfahren selbst wandelte sich, zumal seit Caligula, Claudius und den Nachfolgern von Nero: Immer mehr führte die Verleihung der Vollmachten zum Eintritt in die *domus Augusta*, und das Adoptionsverfahren selbst tendierte dazu, zu einer öffentlichen Handlung des Prinzeps zu werden (z. B. von Piso durch Galba, oder von Traian durch Nerva [vgl. Wickert 273a, S. 53]).

Obwohl man die öffentliche Investitur des Prinzeps nicht mit der Nachfolge an der Spitze des Kaiserhauses verwechseln darf, sollte man auch letztere nicht außer acht lassen, denn sie legte gewaltige menschliche, materielle und symbolische Ressourcen in die Hände des neuen Prinzeps oder des Kandidaten für die Investitur. Traditionsgemäß war sofort nach dem Tod des *pater familias* sein Erbe dazu berufen, die Klientelbeziehungen der Familie zu übernehmen. Nun waren im Fall des *princeps* diese „Klientelen" riesig und umfaßten nicht nur die Legionen, die ihrem *imperator* eng verbunden waren, sondern sozusagen die Gesamtheit der Bürger und Städte. Diese Machtbasis, die sich im allgemeinen gleich nach der imperatorischen Akklamation in der Leistung von Treueeiden manifestierte, stand außerhalb des öffentlichen Bereichs, konnte aber die Position eines Kandidaten für die Investitur machtvoll stützen. Genauso wichtig wie die Erneuerung der Klientelbeziehungen war das materielle Erbe. Der Prinzeps verfügte nicht nur über ein immenses Vermögen an Land und Sklaven, sondern auch über Vermögenswerte, die von zahlreichen kaiserlichen Freigelassenen und Sklaven, die der Hausmacht des Kaisers unterstanden, verwaltet wurden. All diese Ressourcen, über die er *im Prinzip* keine Rechenschaft schuldig war, wurden seinem Nachfolger vererbt und gaben diesem während der entscheidenden Tage der Investitur die Möglichkeit, seine Versprechungen einzulösen oder wenigstens für sie zu garantieren. Aufgrund dieses Kontextes ist verständlich, weswegen die Kaiser stets so früh wie möglich ihren Nachfolger an der Spitze der *domus Augusta* bestimmten und ihre Söhne den kaiserlichen „Klientelen" vorstellen wollten. Der Machtfaktor, den diese Ressourcen darstellten und der in materieller Hinsicht immer weiter wuchs, war so groß, daß seit Caligula und Claudius das kaiserliche Erbe nach allgemeiner Auffassung dem zukam, der mit den kaiserlichen Vollmachten bekleidet worden war. Caligula, der Tiberius zusammen mit Ti. Gemellus beerbt hatte, ließ das Testament des verstorbenen Kaisers annullieren und beschränkte sich darauf, Gemellus zu adoptieren, wodurch dessen Vermögen automatisch unter seine *patria potestas* fiel. Claudius wiederum scheint das kaiserliche Vermögen dadurch geerbt zu haben, daß er den „Gentilnamen" *Caesar* annahm, ob er nun zur Konfiskation der kaiserlichen Güter schreiten mußte oder ob er als nächster Verwandter des letzten Prinzeps (dessen Schwestern zu diesem Zeitpunkt ja verbannt und erbunfähig waren) das Erbe einfach angetreten hat. Nero ignorierte anscheinend das Testament von Claudius und bemächtigte sich des kaiserlichen Vermögens durch Konfiskation oder möglicherweise durch die Adoption seines jüngeren Bruders Britannicus, der nicht von der Erbfolge ausgeschlossen werden konnte [Castritius 249, S. 91ff.]. Jedenfalls wird ab Nero das Recht, über das private Vermögen des vorherigen Kaisers zu verfügen, in gewisser Weise zusammen mit den staatlichen Vollmachten verliehen: Nunmehr war das kaiserliche Privatvermögen auch zu einer Art von öffentlichem Gut geworden.

Ferner konnte der neue Prinzeps nach römischer Auffassung aufgrund seiner Geburt, seiner Adoption oder fiktiven Filiation vor oder nach seiner Investitutur zu Recht die höhere *auctoritas*, die er durch *nobilitas*, *virtutes* und die Erfolge seines Elternhauses besaß, einfordern. Mehr noch, er konnte möglicherweise diesem Prestige eine göttliche Abkunft hinzufügen, da ja sein Vater oder seine Vorfahren vergöttlicht worden waren. Diese Bezugnahme, die seit den ersten Anfängen des Prinzipats mit im Spiel gewesen war, verbürgte zwar nicht die Göttlichkeit, dokumentierte aber in jedem Fall die Außerordentlichkeit und die Überlegenheit des Abkömmlings der Familie der Caesaren.

Die Gesamtheit der privaten Aspekte der kaiserlichen Nachfolge, die möglicherweise durch andere Talente oder vollbrachte Leistungen und damit durch eine persönliche *auctoritas* ergänzt wurden (z. B. bei Tiberius,

Vespasian, Titus, Traian, Septimius Severus), sicherte und konsolidierte neben der eigentlichen Bestallung die Position des Prinzeps. Dieses Zusammenspiel zwischen privaten Eigenschaften und öffentlichen Handlungen ist an und für sich keine Neuheit in Rom, denn genauso haben die großen Familien stets ihren Vorrang oder ihre Prätentionen legitimiert. Die Proportionen zwischen den Ressourcen und der *auctoritas* einer einzigen Familie gegenüber allen anderen hatten sich jedoch verändert, ja, man bewegte sich immer weiter auseinander. Die römische Elite war weit davon entfernt, die dynastische Kür des Kandidaten für die kaiserlichen Vollmachten in Frage zu stellen; sie rechtfertigte und benützte, als die dynastische Nachfolge de facto zu einem öffentlichen Akt geworden war, besonders die Adoption als bequemes Mittel zur Wahl des Besten und zur Vermeidung politischer Krisen [Wickert 273, Sp. 2200ff.; 273a, S. 54ff.]. Die Macht dieser Einstellung und dieses Systems war so groß, daß sie regelmäßig zu gegenteiligen Ergebnissen führte, wenn es zu Blockaden und Ablehnung kam, die sich nicht gegen das Prinzip, sondern gegen die betreffende Familie richteten (in den Jahren 68, 96, 192, 217, 235).

So, wie diese kunstvolle Kombination aus dynastischen Eigenschaften und öffentlichen Investiturakten dreihundert Jahre lang praktiziert und gedacht worden war, wirft sie helles Licht auf die Originalität des Prinzipats: Die Prinzipes vererbten nicht *die* kaiserlichen Vollmachten, die ja nur Senat und Volk verleihen konnten, sondern einen Teil der kaiserlichen Macht, eine Mischung aus Ressourcen und Eigenschaften, die den Sohn des verstorbenen Kaisers dazu befähigten, die Investitur einzufordern, die er auch praktisch immer erhielt, wenn sich das System nicht in einer Krise befand. Sobald das Charisma der ersten Nachkommen von Caesar und Augustus verblaßt war, zählte im Grunde für die Römer die Fortdauer des dynastischen Kandidatenkür überhaupt mehr als der Umstand, daß sie innerhalb derselben Familie stattfand. Jede Dynastie wurde irgendwann in Frage gestellt, doch die Institution der Kaiserfamilie an sich niemals. Sie wurde allmählich zu so etwas wie einer Institution des römischen Volkes.

1.3.1 Die Macht des Kaisers

Die soziologische Grundlage des entstehenden Prinzipats bildete ein Netz von „Klientelen", das nach und nach alle Bürger und Peregrine erfaßte. Sobald er konnte, band Augustus nicht nur die Klientel der traditionell den Juliern verpflichteten Bürger und Städte an sich, sowie der Soldaten, die unter seinem Banner gedient hatten, und der von ihm gegründeten Kolonien, sondern auch die Klientelen der anderen großen senatorischen Familien, selbst wenn er anfangs so tat, als wolle er existierende Bande respektieren, wie z. B. diejenigen, die zwischen Bononia und der *gens Antonia* bestanden. Sobald er zum einzigen Herrn im politischen Spiel geworden war, baute Augustus dieses Beziehungsnetz aus, und in wenigen Jahren waren alle Soldaten, alle Bürger und alle Städte des Reiches, sogar die peregrinen, gleichsam zu Klienten des Kaisers geworden. Als Folge davon konnten er und seine „Klienten" vom traditionellen Austausch von Gefälligkeiten im römischen Klientelsystem profitieren.

Man sollte jedoch nicht die Bedeutung dieser Beziehungen überschätzen, die von Premerstein [172] zur Grundlage der kaiserlichen Regimes machen wollte. Nicht nur, weil sich keine Spur von diesen Klientelbeziehungen in den Quellen findet, sondern, weil diese universale Patronage das traditionelle Klientelsystem um seinen Sinn brachte. So entstand ein neues Prinzip. Je mehr die Konkurrenz zwischen den alten, mächtigen Familien der Republik abnahm, desto mehr gewann ein neues Klientelnetz an Einfluß, das vermittelnde Funktion besaß. Zwischen Städten, Gemeinschaften oder Einzelpersonen und senatorischen bzw. ritterlichen Familien entwickelten sich vielfältige Klientelbeziehungen [vgl. z. B. ILS 6095ff.], die keine Bedrohung darstellten, weil sie sich gegenseitig aufhoben und sich nicht auf ganze Regionen erstreckten. Diese Beziehungen wurden in gewisser Weise Teil der kaiserlichen Patronage, insofern als die neuen *patroni* eine Mittlerrolle zwischen dem Kaiser und ihren Schützlingen spielten [S. 353]. Die kaiserlichen Klientelverhältnisse wirkten nur indirekt (über die neuen *patroni*), und ihr Einfluß war nur in den Legionslagern oder in den Heimatstädten von Kaisern spürbar (Italica bei Hadrian, Lepcis Magna bei Septimius Severus), oder während der Wochen der Investitur, wenn er es ermöglichte, die Treue der Massen einzufordern, zu erlangen oder zu bewahren.

Mehr als diese vagen Klientelbeziehungen band der sehr reale Treueeid *pro salute honore victoria*, der sich vom Schwur *pro salute Caesaris* von 45/44 v. Chr. und vom berühmten Eid von 32 v. Chr. ableitete, Soldaten, Magistrate, Senatoren und Bürger an den Kaiser und seine Nachkommen, und das im Bedarfsfall sehr eng. Es handelt sich dabei um eine erweiterte

Form des militärischen Eides (und nicht um die eines angeblichen Klienteleides), die allmählich üblich wurde, so beispielsweise anläßlich der „Volljährigkeit" von Gaius Caesar (6/5 v. Chr.) und von Lucius Caesar (3/2 v. Chr.), und schließlich 14 n. Chr. beim Regierungsantritt von Tiberius. In den westlichen Provinzen griff dieser Eid eine alte Tradition auf, die auf die Kaiserfamilie angewandt wurde, während in den östlichen Provinzen die Treueide auf den Herrscher dem neuen Kontext angepaßt und mit dem Kaiserkult verbunden wurden [González 186]. Unter der Herrschaft des Tiberius beginnt, jedenfalls im Senat, die jährliche Erneuerung dieses Gelöbnisses und die Verbindung mit der Zeremonie des Eides der Magistrate *in acta principis* (der vom traditionellen Schwur *in leges* abgeleitet wurde). Diese Form des jährlichen Eides wurde nach und nach in allen Städten des Reiches üblich, und unter Traians Herrschaft war er bereits zur Routine geworden [Plin. epist. 10. 52f.; 102f.]. Man kennt die weitere Entwicklung nicht. Die (nicht sehr zahlreichen) Quellen für das 2. und 3. Jh. erwähnen solche Eide hauptsächlich anläßlich von Thronbesteigungen und Usurpationen, und zwar bei Soldaten und Senatoren. In Friedenszeiten jedenfalls stellte dieser Eid von der Bevölkerung des Reiches einen Ehrenakt für den regierenden Prinzeps dar, und nur im Fall von Unruhen oder Bürgerkriegen, wie 68/69, erhielt er zeitweilig die große militärische und politische Bedeutung, die er während der ersten Jahres des Prinzipats besessen hatte [Hermann 252].

Aufgrund seines Privatbesitzes konnte der Prinzeps in seiner Eigenschaft als Patron selbst seinen Verpflichtungen nachkommen. Seit Augustus vermehrten die Kaiser beständig ihr Vermögen, das nach einigen Jahrzehnten die Größenordnung des Vorstellbaren sprengte [S. 179]. Zu den bereits beträchtlichen Gütern der *Iulii* kamen durch Erbschaften, Konfiskationen und Eroberungskriege riesige Domänen hinzu, und die Krönung waren die gigantischen Einnahmen aus der Provinz Ägypten. Zwar sah man bald dieses Vermögen gewissermaßen als staatliches Gut an (als Eigentum des *princeps* in seiner Eigenschaft als Träger öffentlicher Gewalten), doch es erlaubte dem Kaiser natürlich weiterhin, Geschenke jeder Art zu versprechen und die Versorgung Roms – wo die Plebs bedrohlich blieb – zu gewährleisten [Yavetz 443]. Diese Ressourcen ermöglichten auch Erbauung, Unterhalt und Restauration von öffentlichen Plätzen und Bauwerken (Tempel, Thermen, Orte für Schauspiele) in Rom wie in den Städten des Reichs (vor allem in Italien), und außerdem die Organisation prächtiger Spiele. Ferner half die gigantische Größe seines Vermögens und seiner *familia* dem Prinzeps nicht nur bei der Ausübung seiner staatlichen Vollmachten, sondern auch bei der effizienten Pflege seiner „Klientelbeziehungen" im ganzen Reich.

Zu all diesen Ressourcen kam die *auctoritas* des Kaisers, die auf den außerordentlichen Verdiensten seiner Verwandten und Ahnen beruhte, auf seinen eigenen politischen Vorzügen, auf seinen Erfolgen und auf den großen Vollmachten, die er ausübte. Wie schon Augustus betonte [R. Gest. 34. 2], übertraf der Prinzeps alle, sogar seine Mitregenten, an *auctoritas*, dieser Macht, im Staat aktiv zu werden, der sich alle beugten [Literatur bei Wickert 273, Sp. 2287 ff.].

Die soziale Macht, die mit dem Amt des Kaisers und meistens auch mit seiner Person verbunden war, machte jede direkte Konfrontation gefährlich und illusorisch, und schon allein deswegen, weil die *auctoritas* des Kaisers nicht den traditionellen Grenzen dieser „Einfluß-Macht“, die man schon immer den *principes* zugestanden hatte, unterworfen war. Daher war es schwierig, der Herrschaft eines unfähigen oder verhaßten Kaisers ein Ende zu setzen. Die einzige Möglichkeit bestand darin, Armee-Einheiten in Rom (die Prätorianer) oder in einer Provinz zur Rebellion zu veranlassen und sich so öffentlicher Einkünfte zu bemächtigen, die mit denen des Kaisers mithalten konnten, sowie wichtige Teile seiner direkten „Klientel“ an sich zu reißen. Aber eben die zahlreichen „privaten“ Beziehungen zwischen Kaiser und ganzen Gemeinschaften machten Aufstände zu einer ungewissen Angelegenheit, was erklärt, weswegen Kaiser, die in Rom oder beim Senat verhaßt waren, sich an der Macht halten konnten.

So beschaffen war der Rahmen, in dem der Kaiser seine rechtlichen Vollmachten ausübte. Man sollte gewisse Klippen bei der Gesamtschau der kaiserlichen Macht meiden. Erstens muß man sich hüten, den kaiserlichen Vollmachten, die vom Volk verliehen wurden, jede Realität abzusprechen und alles auf eine Ermessensklausel oder eine schöne Fassade zu reduzieren. Der Kaiser war kein absoluter Monarch, dessen Wille Gesetzeskraft hatte. Wenn doch, dann eben aufgrund eines Gesetzes, und so absolut und unbestritten der kaiserliche Wille auch war, der Kaiser setzte ihn insgesamt mit etlichen Einschränkungen ein, die nicht zum Bild einer Autokratie passen. Ein „tyrannischer“ Kaiser gebrauchte überall Gewalt, indem er systematisch auf alle seine Privilegien zurückgriff und Druck auf Senat und Magistrate ausübte. Aber dennoch setzte er die traditionellen Regierungsmechanismen der Republik nicht außer Kraft. Normalerweise gaben sich die Kaiser damit zufrieden, durch diskreten und sanften Einsatz ihrer *auctoritas* und ihrer Privilegien gemeinsam mit dem Senat zu herrschen.

Man darf jedoch nicht ins andere Extrem verfallen, indem man den Kaiser zu einem Magistrat unter anderen macht und aus dem Prinzipat eine freie, republikanische Herrschaftsform. Obwohl man die Stellung des *princeps* als die eines Trägers von besonderen staatlichen Vollmachten charakterisieren kann – also letztendlich als die eines Magistrats –, ist es klar, daß seine Macht faktisch jede echte Konfrontation mit ihm ausschloß. Ganz ohne jeden Zweifel haben alle Kaiser, sogar diejenigen, die die staatlichen Freiheiten am meisten respektierten, das Geschick des römischen Volkes nach Gutdünken gelenkt. Sie bekamen von Senat und Volk alles, was sie wollten, nur: Sie forderten es über die traditionellen Wege ein.

1.3.2 Gewalten und Vollmachten des Kaisers

Die öffentliche Manifestation der kaiserlichen Macht war in den Traditionen und im staatsrechtlichen Apparat der *res publica* verankert, und so ist es unerläßlich zu bestimmen, wie sie genau ausgeübt wurde. Nachdem er durch Akklamtion der Soldaten, der die Zustimmung der Senatoren folgte, zum *imperator* geworden war, konnte der Kaiser auf Vorschlag des Senats durch das Volk seine staatlichen Gewalten zuerkannt bekommen. Unter diesen sind zwei zentral, das prokonsularische Imperium und die tribunizische Gewalt, zu denen eine Reihe staatsrechtlicher Privilegien, möglicherweise auch Magistraturen, sowie religiöse Befugnisse kamen [s. v. a. Mommsen 73, Bd. II.2]. Die Beschaffenheit unserer Quellen, vielleicht aber auch das Wesen dieser Herrschaftsform, erschwert häufig die Identifikation der einzelnen Vollmachten, die dieser oder jener Aktion des *princeps* zugrundelagen.

1.3.2.1 Das prokonsularische Imperium

Traditionsgemäß schloß das prokonsularische Imperium das Kommando über die Armee ein. Das vom Kaiser ausgeübte Imperium unterscheidet sich jedoch von dem der Prokonsuln der Republik dadurch, daß es auf Lebenszeit verliehen wurde, auch wenn Augustus das seinige regelmäßig erneuern ließ. Es ist auch insoweit unbegrenzt, als es von den Einschränkungen, die mit der Überquerung des Pomeriums von Rom verbunden waren, befreit war und es sich auf alle Provinzen erstreckte, nicht nur auf diejenigen, die Augustus 27 v. Chr. zugeteilt worden waren. Im Bedarfsfall galt es auch in den senatorischen Provinzen, und zwar aufgrund des Prinzips, daß kein Imperium dem kaiserlichen überlegen sein konnte [S. 22]. So war es dem Kaiser möglich, dort Truppen auszuheben oder die Aushebung von Truppen zu überwachen, den Prokonsuln Instruktionen zu erteilen [Cass. Dio 53.15.4], Sonderregelungen für senatorische Provinzen zu erlassen [z. B. CIL III 7251; FIRA I 68] oder in besonderen Fällen Entscheidungen für diese Provinzen zu fällen [z. B. ILS 6092, 7233; CIL III 7086].

Italien und Rom waren von diesem Imperium ausgenommen, und außerdem drangen die Legionen dorthin nur vor, um einen Triumph zu feiern – oder um Rom zu nehmen. Da aber das Kommando über die Flotte und das über die italischen Küsten traditionell zu den unbegrenzten gehörten, konnte Augustus permanente Kriegshäfen in Ravenna, dann in Misenum einrichten [Reddé 549, S. 489ff.]. Zum anderen besaß der Prinzeps als Imperiumsträger das Recht, sich mit einer Leibwache zu umgeben, und so konnte er nach Italien und Rom Truppeneinheiten beordern, um seine Sicherheit und die der Stadt zu gewährleisten. Aber die Prätorianergarde blieb einer Legion zahlenmäßig unterlegen, und erst als Septimius Severus die Prätorianerkohorten durch eine Legion ersetzte, die in Albanum stationierte *legio II Parthica*, wurde Italien in dieser Hinsicht einer Provinz gleich gemacht.

In dem Terriorium, in dem das prokonsularische Imperium ausgeübt wurde, war es die zivile und militärische Herrschaftsgewalt schlechthin. Sie befähigte zu Truppenaushebungen, zur Bezahlung des Soldes, zur Festlegung der militärischen Hierarchie, zur Ernennung von Offizieren, zur Kommando-Vergabe, zur Zuerkennung von militärischen Auszeichnungen, zur Vornahme von Entlassungen (*missio*), ja zur Münzprägung und sogar zur Verwaltung von Gebieten durch senatorische und ritterliche Vertreter.

Die absolute Überlegenheit des prokonsularischen Imperiums wird darin sehr deutlich, daß alle militärischen Operationen allein unter den Auspizien des Prinzeps geschahen, mit der Folge, daß nach einer kurzen Übergangszeit (bis 18 v. Chr.) nur der Kaiser (und eventuelle Mitregenten) einen Triumph feiern konnte. Zugleich ermächtigte das vom prokonsularischen Imperium herrührende Koërzitionsrecht den Kaiser zur Rechtsprechung in Zivil- und Strafsachen in erster Instanz und – aufgrund seines *imperium maius* – als Berufungsinstanz. Der Kaiser fungierte jedoch nur selten als Richter. Er tat dies vor allem bei schlimmen Verbrechen, in die Offiziere oder Angeklagte hohen Ranges verwickelt waren. Ansonsten delegierte er seine Vollmachten, ganz generell oder bei speziellen Fällen, an die Provinzstatthalter und an verschiedene Beamte in Rom, zumeist jedoch an den Stadtpräfekten oder den Prätoriumspräfekten.

1.3.2.2 Die tribunizische Gewalt

Die tribunizische Gewalt machte aus dem Kaiser keinen Volkstribunen. Seine Kollegen waren nur seine Mitregenten, die wie er eine tribunizische Gewalt ausübten. Diese Gewalt wurde dem Kaiser nur für jeweils ein Jahr gewährt, aber auf Lebenszeit, so daß sie jährlich zu einem gewissen Zeitpunkt erneuert wurde, der (höchstwahrscheinlich ab 98 oder 99) auf den 10. Dezember fiel (dem traditionellen Termin für den Amtsantritt der Volkstribunen) [Hammond, in: MAAR 19 (1949) 47ff.; gegen Mattingly, in: JRS 29 (1939) 106ff.]. Im übrigen kann man anhand der Jahre der tribunizischen Gewalt die Herrschaftsjahre zählen. Neben den Ehrenprivilegien und der Sakrosanktität, d. h. der absoluten Unverletzlichkeit seiner Person und seiner Entscheidungen, verlieh die tribunizische Gewalt dem Prinzeps eine ungeheure Machtfülle, die sich dem neuen Kontext anpaßte und insbesondere den Veränderungen, die das Komitienwesen im Kaiserreich erlebte. So kennen wir nur kaiserliche Interzessionen gegen Senatsbeschlüsse [z. B. Tac. ann. 1. 13. 4; 3. 70. 2–4; 14. 48. 3] oder gegen Entscheidungen von Magistraten, vor allem im juristischen Bereich. Die Kaiser benutzten das *ius auxilii* der tribunizischen Gewalt, um Fehlverhalten zu ahnden [R. Gest. 6. 1] und die Plebs zu beschützen [Tac. ann. 1. 2. 1; Suet. Tib. 25, 36]. Wenn Mommsen Recht hat und das *ius auxilii*, das 30 v. Chr. dem zukünftigen Augustus bis zur ersten Meile verliehen wurde, auch auf die sogenannten *imperia militiae* angewendet wurde, d. h. auch die Machtbefugnisse von Provinzstatthaltern einschränken konnte, kann man sich vorstellen, daß es über diesen Umweg allmählich zur Ausweitung der kaiserlichen tribunizischen Vollmachten auf Italien und die Provinzen kam. Jedoch ist der Text von Cassius Dio, auf dem diese Hypothese basiert, nicht klar und die Frage bleibt umstritten [Cass. Dio 51. 19. 6; Mommsen 73, Bd. I, 69ff.; dagegen Strack 291, S. 371ff.].

Die ersten Kaiser machten auch Gebrauch von den anderen tribunizischen Vollmachten, nämlich von dem Recht, den Senat zu einzuberufen, und vor allem von dem Recht, das Volk zu versammeln und ihm Gesetze vorzuschlagen. Es steht fest, daß Augustus 18 v. Chr. dem Volk die Gesetze über den Ambitus und über Ehe- und Kinderlosigkeit kraft seiner tribunizischen Gewalt vorlegte [Mommsen 73, Bd. II.2, 882f.]. Obwohl einige von Claudius eingebrachte Gesetzesvorschläge Plebiszite sind, was die Vermutung nahelegt, daß sie vom Volk beschlossen wurden, mußte im Bereich der Legislative der Rückgriff auf die tribunizische Gewalt dennoch rasch in dem Maße abnehmen, in dem sich andere Formen der Gesetzgebung entwickelten. Außerdem, und dieser Aspekt der tribunizischen Gewalt darf nicht vergessen werden, verlor die Interzession der eigentlichen Volkstribunen, die weiterhin praktiziert wurde [z. B. Tac. ann. 1. 77. 3; 6. 47. 2; 16. 26. 6], ihre gewaltige Macht, da sie gegen die tribunizische Gewalt des *princeps* nicht einschreiten konnte [Mommsen 73, Bd. II.2, S. 880].

1.3.2.3 Einzelne Privilegien

Während der Kaiser in Italien und den Provinzen über eine dauerhafte Macht ohnegleichen verfügte, besaß er in Rom selbst, wenn er nicht Konsul war – was nicht unbedingt der Fall sein mußte – nur die Befugnisse, die sich aus der tribunizischen Gewalt und bestimmten Aspekten des prokonsularischen Imperiums her ableiteten. Folglich fehlten ihm eine ganze Reihe von Vollmachten, wie z. B. die zivilen der Magistrate oder ganz allgemein diejenigen, die Volk und Senat zustanden. Ungeachtet der neuen, sich allmählichen ergebenden Gepflogenheiten, die sich von der außergewöhnlichen Stellung des Prinzeps ableiteten, vor allem von seinem *imperium maius*, verlieh man ihm Sonderprivilegien, einerseits ehrenhalber, andererseits, um mögliche Lücken in seiner Machtausstattung zu schließen (s. o. für die Augustus gewährten Privilegien). Uns ist ein Gesetz unvollständig überliefert, das Vespasian zusammenfassend die Privilegien, die teilweise schon seine Vorgänger besessen hatten, verlieh: die berühmte *lex de imperio Vespasiani* [ILS 244]. Dieses Gesetz, das als eine Aufzählung der Privilegien aufgefaßt werden muß, die man den Kaisern traditionellerweise verlieh, und nicht als genaue und zusammenfassende Beschreibung der fundamentalen kaiserlichen Befugnisse, wurde zum Gegenstand sehr vieler Studien und Diskussionen [Literatur bei Brunt 295]. Was auch immer Bezeichnung, Absicht und Ziel dieses Gesetzes gewesen sein mögen, die erhaltenen Rubriken statteten den Kaiser mit Privilegien und Dispensen aus, die in Verbindung mit der tribunizischen Gewalt und dem prokonsularischen Imperium die kaiserliche Macht beträchtlich vergrößerten, gleichzeitig aber auch genau festschrieben.

Einige Privilegien erweiterten oder ergänzten die zivilen Befugnisse des Kaisers in Rom. So erhielt er das uneingeschränkte Recht, den Senat zusammenzurufen, ihm vorzusitzen und mit ihm zu diskutieren [Nicolet 349], sowie das Recht, das Pomerium zu erweitern. Die von ihm vorgeschlagenen und unterstützten Kandidaten für Magistraturen und Verwaltungsposten sollten bei den Wahlen besondere Rücksichten erfahren. Die berühmte Ermessensklausel gewährte ihm das Recht, all das zu tun, was im Interesse von Republik und Einzelpersonen stand, kurz: das Recht, Konstitutionen zu erlassen [Mommsen 73, Bd. II.2, S. 909; Brunt 295, S. 107ff.]. Einige Gelehrte wollen die Gültigkeit dieses Gesetzes auf Ausnahmesituationen beschränken [De Martino 71, Bd. IV, S. 502] oder im Gegensatz dazu darin das Prinzip der kaiserlichen Herrschaft sehen, da der Prinzeps ja nach dem Wortlaut der Klausel seine Verfügungen durchsetzen lassen (*agere facere*) konnte [Magdelain, Auctoritas principis, Paris 1947, S. 90ff.]. Keine Interpretation ist unumstritten, und man geht besser davon aus, daß jede einen Teil der Wahrheit in sich birgt. Neben dieser Verordnungsbefugnis verfügte der Kaiser über eine Reihe rechtlicher Dispense, die bereits seine Vorgänger besessen hatten (was aber impliziert, daß er anderen Gesetzen unterworfen blieb). Diese Befreiungen bezogen sich wahrscheinlich vor allem auf Heirats-, Adoptions- und Erbverbote, aber auch auf das Gesetz über Begräbnisse oder die Gesetze gegen den Ambitus [Brunt 295, S. 108ff.].

Eine Klausel, deren Text verstümmelt ist, gab dem Kaiser das Recht, Verträge zu schließen, was eigentlich dem Senat zukam. Diese Befugnis ergänzte ein Recht, das die Kaiser besaßen, nämlich über Krieg und Frieden ohne vorherige Genehmigung entscheiden zu dürfen [Strab. 17. 3. 25; Cass. Dio 53. 17. 5; Mommsen 73, Bd. II.2, S. 955 Anm. 1; Brunt 295, S. 103 Anm. 14].

Andere Privilegien erscheinen nicht in der *lex de imperio Vespasiani*, wie z. B. das Recht, die Zenturiatskomitien zusammenzurufen (das der Kaiser zu Beginn des Prinzipats vermutlich besaß), das Recht der *nominatio* von Kandidaten für die Priesterstellen, das Recht auf Bildnisse an öffentlichen Orten und auf Münzen, und ganz allgemein alle anderen Ehrungen, die dem Kaiser und seiner Familie zukamen [Mommsen 73, Bd. II.2, S. 805ff.]. Allerdings fehlt ja bekanntlich der Anfang des Gesetzes.

Diese Privilegien, die gleichzeitig mit den Rechten und Vollmachten der tribunizischen Gewalt und des prokonsularischen Imperiums verliehen wurden, ergänzten des Arsenal der Interventions- und Kontrollmöglichkeiten des Prinzeps. Die Quellenlage erlaubt jedoch nicht, Entwicklung, Verleihung und Gebrauch dieser Privilegien zu verfolgen. Zwar beziehen sich zu Beginn des 3. Jhs. die Juristen noch auf das Investiturgesetz, insbesondere hinsichtlich des Verordnungsrechts, doch kann man unmöglich entscheiden, ob eine Anspielung vorliegt auf das Privilegiengesetz, oder auf das Gesetz, mit dem das Imperium verliehen wurde, oder auf ein Gesetz, das en bloc alle kaiserlichen Vollmachten gewährte.

1.3.2.4 Religiöse Befugnisse

Wie jeder Autoritätsträger besaß der Kaiser religiöse Befugnisse. Als Träger des prokonsularischen Imperiums hatte er das Auspizienrecht, dem aufgrund der Überlegenheit des kaiserlichen Imperiums ein solches Gewicht zukam, daß wir seit Augustus nicht mehr davon hören, daß Magistrate Auspizien vornehmen, und es gibt auch keinen Hinweis mehr auf die Streitigkeiten, die sie auslösen konnten. Das Verfahren selbst wird fortbestanden haben, war aber wohl nur zweitrangig, da letztendlich nur die Auspizien des Kaisers zählten. Durch sein Imperium besaß der Kaiser auch die Befugnis, im Bereich der Religion Handlungen im Namen des Volkes vorzunehmen, mit anderen Worten: Er konnte öffentliche Opfer vornehmen, Gelöbnisse verkünden, Votive stiften und dem Senat religiöse Fragen vorlegen. Diese Macht der religiösen Initiative, die größer war als die der traditionellen Magistrate, da sie auf Lebenszeit galt und höherrangig war, wurde durch das Prestige und den Einfluß ergänzt, über den der Prinzeps in seiner Eigenschaft als Priester verfügte. Seit Augustus wurden die Kaiser von allen öffentlichen Priesterkollegien gewählt und kooptiert, normalerweise gleich nach ihrer Thronbesteigung. Die Zugehörigkeit zu allen Priesterkollegien, insbesondere zu denen, die sich um das Sakralrecht kümmerten (die vier sogenannten großen Kollegien [S. 128]), erlaubte ihm, die priesterlichen Kooptationen und vor allem das Sakralrecht von innen zu überwachen, das dem Senat und den Magistraten bei Bedarf diktiert wurde. Außerdem erhielten alle Kaiser seit Augustus' Wahl zum Pontifex Maximus am 6. März 12 v. Chr. bei ihrer Thronbesteigung (oder wenig später) diese Würde verliehen, die ihnen die Kontrolle über das gesamte öffentliche Religionswesen gab.

Die religiöse Macht in Rom war zur Zeit der Republik als Quelle sakraler Legitimität eine Art von politischem Gegengewicht gewesen, das die Handlungsfreiheit der Magistrate eingeschränkt, die eigenen Grenzen aber in der Aufteilung der religiösen Kompetenzen gefunden hatte; doch diese flossen seit dem Beginn des Prinzipats des Augustus nach und nach in seiner Hand zusammen. „Profane" und sakrale Macht wurden in die Hände eines einzigen Mannes gelegt, nicht in dem Sinne, daß man sie einfach vermischt hätte – das waren sie in der Person eines Imperiumsträgers stets gewesen – sondern insofern, als sie in ihrer Gesamtheit *dauerhaft* vom Prinzips kontrolliert wurden und werden konnten. Ohne das traditionelle Gleichgewicht der beiden öffentlichen Handlungsbereiche oder die Regierungsverfahren zu modifizieren, hatte das kaiserliche Imperium auf Lebenszeit und die Kumulation von Priesterämtern in der Person des Prinzeps eine gewaltige Veränderung des öffentlichen Lebens zur Folge, da ja das Sakralrecht und die Priester aus einer Kontrollinstanz der „profanen" Gewalt zu Helfern des wichtigsten Machtträgers wurden.

1.4 Die Darstellung der kaiserlichen Macht

Bekanntlich erhielt Augustus viele Vollmachten und Privilegien, die er später an seine Nachfolger weitergab, dazu zahlreiche ehrende Auszeichnungen für errungenene Erfolge oder einfach für Qualitäten und Rang der Kaiserfamilie. Diese Privilegien, die allmählich zur Grundlage der kaiserlichen Macht und Regierung wurden, muß man also als Bestätigung wie als Konsequenz eines faktisch von allen anerkannten Staats betrachten. Die Auszeichnungen, die vom Kaiser oder seinen Freunden ebenso oft angeregt wie spontan vom Senat, dem Volk oder den Städten des Reiches angeboten wurden, können wohl kaum mit Tacitus einfach als geschickte und scheinheilige Verkleidungen einer absoluten Macht aufgefaßt werden. Absolute Monarchie oder Diktatur waren als Formulierungen oder Darstellungen dieser „zentralisierten" und stabilen Staatsform, die allen ideal erschien, verboten. So sahen sich die römischen Eliten, wie schon vor ihnen die hellenistischen Städte, mit einem Problem konfrontiert: Wie sollte man die neue Gestalt des Prinzeps, die vor ihren Augen und mit ihrer Beihilfe entstand, definieren? Diese höhere und dauerhafte Kontroll-, Initiativ- und Regierungsmacht paßte schlecht in die römischen Traditionen, die bei diesen Diskussionen den Rahmen darstellten, der unmöglich verlassen werden konnte. Daher haben Augustus und seine Umgebung wie auch die übrige römische Elite mit Hilfe von Privilegien, Ehrungen oder religiösen Konzepten versucht, den Begriff der kaiserlichen Macht zu definieren, wobei sie ihn nach und nach zwischen Monarchie und republikanischer Herrschaft, zwischen der Macht eines Magistrats und der eines Halbgottes auf Erden ansiedelten. Es bringt nichts, dabei allzusehr auf der Scheinheiligkeit und dem Machiavellismus derjenigen zu insistieren, die an diesem intellektuellen Unternehmen teilhatten. Zweifellos gab es Hintergedanken, aber sie erklären nicht alles. Solch ein Ansatz wird insbesondere den Formen dieser „Konstruktion" und ihren Bezugspunkten nicht gerecht.

1.4.1 Der Prinzipat zwischen Monarchie und Republik

Charakteristisch für die letzten Jahrhunderte der Republik ist die Entstehung von Machtverhältnissen, die den Rahmen der traditionellen Institutionen sprengen und die von zahlreichen Bemühungen begleitet werden, sie wenigstens symbolisch in den römischen Begriffshorizont einzuordnen. Seit den Scipionen, den Gracchen, Marius und Sulla, Pompeius und Caesar scheiterten alle diese Versuche mit den politischen Abenteuern, deren Ausdruck sie waren. Hinter all diesen ideologischen Darstellungen der Einzelherrschaft stand das Modell des hellenistischen Königtums, und ganz allgemein das politische Gedankengut des Hellenismus, wo dasselbe, im Kontext der Polis geradezu unlösbare Problem aufgetreten war [vgl. z. B. Ph. Gauthier, Les cités grecques et leurs bienfaiteurs, Athen 1988].

Nach zahlreichen Versuchen, und angesichts eines Antonius, der offen zum hellenistischen Modell gegriffen hatte, erfanden der junge Caesar und seine Umgebung eine neue Repräsentation der Ausnahmemacht. Ab ungefähr 40 v. Chr. begannen sie mit römischen Formen der Konzeptualisierung zu experimentieren, die nach dem Sieg von Actium ihre volle Dynamik entfalteten und auf große Zustimmung in der Elite und beim Volk stießen. Dieses Gedankengut vereinigte die reale und geplante Wiederherstellung der Republik mit der diskreten, aber omnipräsenten Vormacht des Prinzeps. Der Begriff der republikanischen Restauration wurde bereits betrachtet [S. 5 ff.], und uns bleibt, die anderen Teile dieses symbolischen Systems zu beschreiben.

Wohlbekannt ist folgende Tatsache: Die Partei des jungen Caesar stellte sich als Inkarnation der römischen und – was neu war – italischen Tradition dar. Der von Maecenas protegierte Dichter Vergil erhielt 36 v. Chr. den Auftrag, in einem großen Gedicht die agrarischen Tugenden der alten italischen Erde zu verherrlichen, mit anderen Worten, den Teil der römischen Welt zu feiern, der vom jungen Caesar regiert wurde: Zutiefst der alten Tradition vom mustergültigen Leben verpflichtet, nämlich dem des Bauern, der die Ordnung der Dinge kennt und akzeptiert, gab sich das vom zukünftigen Augustus regierte Rom fromm, tugendhaft und friedlich [Scheid 460]. Dieses „Manifest", das in den 29 v. Chr. fertiggestellten Georgica proklamiert wurde und im Kreis der Caesarianer ausgearbeitet worden war, wurde nach Actium zu einer Art Programm, das auch von anderen Dichtern (darunter Horaz) aufgegriffen wurde und sich rasch in den Eliten verbreitete. Mit Beginn des Prinzipats wird die Reflexion über die Vorrangstellung der kaiserlichen Macht zu einem häufigen Thema bei Historikern, Rednern und Philosophen, also bei all denen, die über den Staat und sein Funktionieren nachdachten. Ob kritisch oder nicht, dieses Gedankengut führt in gewisser Weise das von Vergil während der ersten Jahre des Prinzipats begonnene Werk fort, und anstatt darin nur die Ablehnung eines autoritären Regimes durch die letzten Republikaner zu sehen, muß man diese Überlegungen ebensosehr als Zeugnisse einer andauernden Bemühung betrachten, die neue Macht zu konzeptualisieren. Sie stellte eine Herausforderung für das römische politische Denken dar, obwohl sie in gewisser Weise den Geist des traditionellen römischen Staatsrechts sublimierte. Dieses Thema, das zwanzig Jahre später in den Reliefs der Ara Pacis wiederaufgenommen und weiterentwickelt wurde [Boyancé, in: ANRW II. 31, S. 569; Sauron 467, 468], zog sich durch die ganze Kaiserzeit und manifestierte sich im Handeln der Prinzipes.

Gleichzeitig zu dieser philosophisch-politischen Standortbestimmung suchte und funktionalisierte der junge Caesar in der römischen Tradition alles, was seinen Respekt vor den Sitten hervorheben und seine besondere Macht ausdrücken konnte. Er empfing Privilegien (oder ließ sie sich zuteilen), die für sich allein genommen der Tradition entsprachen, aber deren Kumulation ihm letztendlich eine solche Vormachts- und Rechtsposition gewährte, daß er über die Institutionen gehoben wurde, ohne dadurch die Gewohnheit mehr zu erschüttern, als dies die großen *imperatores* der Republik getan hatten.

Eine Reihe von Auszeichnungen, die seit dem Ende der Triumviratszeit verliehen worden waren, bildeten die Grundlage für die öffentliche Wirkung des Prinzeps [Mommsen 73, Bd. II.2, S. 805ff.]. Augustus erhielt nach und nach das Recht, die Kleidung eines Triumphators im öffentlichen

Leben zu tragen: Seit 36 v. Chr. hatte man ihm bewilligt, immer und überall mit dem traditionellen Lorbeerkranz aufzutreten, und ab 29 v. Chr. sogar, zu den öffentlichen Feiern mit dem goldenen Triumphalkranz, der über seinen Kopf gehalten wurde, zu erscheinen. 25 v. Chr. bekam er das Recht, am 1. Januar die Triumphaltoga – eine weiße, goldgesäumte Toga – zu tragen, wahrscheinlich, damit er dieselbe Kleidung wie die Konsuln, die an diesem Tag ihr Amt antraten, trug. Aber dann bekam er dieses Privileg auch für sein Erscheinen bei Spielen und öffentlichen Schauspielen (denen ebenfalls ein Magistrat im Triumphalgewand vorsaß) verliehen, und schließlich wurde diese Kleidung, jedenfalls auf Bildern, zum kaiserlichen Prachtgewand. Im alltäglichen öffentlichen Leben durfte der Kaiser die Toga Praetexta (mit Purpursaum) der Magistrate und Priester tragen, und bei passenden Gelegenheiten bekleidete er sich mit dem Paludamentum, einem Purpurmantel, der von einer Fibel an der rechten Schulter zusammengehalten wurde und der ihn zusammen mit dem Schwert als Imperiumsträger auswies.

Zu diesen Kleidungen, die Primat und unbeschränkte Dauer seiner gesetzlichen Vollmachten symbolisierten, kam für den Prinzeps noch das Recht hinzu, ab 19 v. Chr. immer und überall von zwölf Liktoren begleitet zu werden. Seit den Antoninen erweiterte man dieses Gefolge nach dem Vorbild einer Magistratsbegleitung um Fackelträger und einen Helfer, der Glut transportierte. Auch bei öffentlichen Anlässen besaß der Prinzeps Privilegien. Im Senat konnte er entweder auf der Tribüne der Konsuln, auf einem kurulischen Stuhl, oder unter den Volkstribunen, auf einer ihrer Bänke, Platz nehmen. Bei den Spielen saß er bei den Magistraten auf einem erhöhten und vergoldeten Sitz. Das Haus des Prinzeps besaß gleichfalls repräsentative Funktion. Seit Augustus' Wahl zum Pontifex Maximus war ein Teil der Öffentlichkeit zugänglich, und es gab eine direkte Verbindung zum Apollo-Tempel. Ferner war es durch äußere Merkmale gekennzeichnet, die auf die Großtaten und die außergewöhnlichen Vorzüge des Kaisers verwiesen: Zwei Kränze umrahmten seine Tür als Erinnerung an seine Triumphe, darüber eine Bürgerkrone aus Eichenlaub, die seine Milde gegenüber den Besiegten ehren sollte. Diese Auszeichnungen wurden Augustus zusammen mit dem berühmten *clipeus virtutis* [S. 18] im Januar 27 v. Chr. gewährt. All dies legte nicht nur den Grundstein für den zukünftigen Kaiserpalast, indem bereits in architektonischer Hinsicht auf die Vormacht des Kaisers hingewiesen wurde, sondern bildete auch das Fundament für die Verherrlichung der fast übermenschlichen Qualitäten des kaiserlichen Handelns.

Viele Kaiser machten nicht systematisch von all diesen Privilegien Gebrauch, sondern beispielsweise nur anläßlich der Eröffnungszeremonien der Spiele. Als aber „Tyrannen“ wie Caligula oder Domitian dies zu jeder

Gelegenheit taten, wurde der Pomp mit der Zeit gleichsam zum Zeichen kaiserlicher Macht, um so mehr, weil man seit Augustus einen Teil dieser Privilegien und Ehrungen auch auf Gattin und Familienmitglieder des Prinzeps ausgedehnt hatte [Mommsen 73, Bd. II.2, S. 818ff.]. Aufgrund des Bildnisrechtes des Kaisers wurde diese Darstellung des Prinzeps und seiner Familie weithin durch Statuen und Münzen verbreitet, was letztendlich allen den Glanz der kaiserlichen Macht und die Erhabenheit der Caesarenfamilie vermittelte.

Für sich allein betrachtet entsprachen diese Vorrechte der Tradition, weil auch andere große *imperatores* vor Augustus (und teilweise Caesar) diese besessen hatten, oder auch sogar Magistrate, wenn sie gewisse Aufgaben wahrnahmen. Ursprünglich waren sie deshalb Augustus zuerkannt und seinen Nachfolgern vererbt worden, damit diese niemals, nicht einmal in symbolischer Hinsicht, anderen Magistraten untergeordnet waren; sie ergaben sich also in gewisser Hinsicht aus dem Prinzip des *imperium maius* [S. 22]. Genauso aber trifft zu, daß diese Ehrenrechte, so traditionsgemäß und „logisch" sie waren, den Prinzeps letztendlich über alle anderen erhoben, zumal man den traditionellen Magistraten das volle Imperium und insbesondere die Möglichkeit des Triumphes raubte. Es verwundert kaum, daß Praktiken wie die Proskynese ab dem 1. Jh. n. Chr. Einzug halten konnten.

Neben den Beamten-Privilegien wurden andere konzeptuelle Bereiche von den Begründern des Prinzipats erkundet und genützt. Im Bereich der Geschichte hatten der Sieger von Actium und seine Parteigänger eine besondere Vorliebe für das Altertum und die Figur des Urkönigs Romulus. Diese archaisierende Phase war für die ersten Jahre von Augustus' Prinzipat so bestimmend, daß der *princeps* bis 27 v. Chr. erwog, den Beinamen Romulus anzunehmen. Dessen Taten wurden gefeiert; gerüchteweise sollen die ersten Auspizien des jungen Caesar 43 v. Chr. denselben Geierflug gesehen haben wie die berühmten Auspizien des Romulus. So erschien der Prinzeps inmitten der archaischen Arvalbruderschaft, die 29/28 v. Chr. wiederhergestellt worden war und angeblich bis auf den ersten König zurückging, als ein neuer Romulus, umgeben von seinen „Brüdern" [Scheid 460]. Obwohl der augusteische Archaismus vor allem in formaler Hinsicht durch seinen Klassizismus [vgl. Gros 463, S. 48ff.] augenscheinlich erfolgreich war und die Neugründungssymbolik unterstützte, war die ambivalente Gestalt des Romulus letztendlich doch mehr peinlich als nützlich, und der Prinzeps gab schließlich die Annäherung an den Urkönig wieder auf.

Neben diesen Bezügen auf die Urgeschichte wurde eine andere ideologische Dimension mobilisiert, die der Familie und der wohlwollenden, jedoch absoluten Autorität des römischen Familienvaters. Gleich nach der Schlacht von Actium hatte der junge Sieger das Privileg erhalten, daß man bei jedem öffentlichen oder privaten Mahl seinem Genius eine Libation darbrachte, wie man es gemeinhin für den Familienvater tat [Liebeschuetz 450, S. 69]. Als er 12 v. Chr. zum Pontifex Maximus wurde, stellte man per Senatsbeschluß einen Vesta-Altar und eine Statue dieser Göttin in Augustus' Hauskapelle auf, wo sich seine Penaten und Laren befanden. Das öffentliche Feuer Roms brannte von da an auch in Augustus' Haus, wie wenn sein häuslicher Herd zum Herd aller geworden wäre [Fraschetti 474; 475, S. 345ff.]. Von dieser Perspektive her ist es kaum verwunderlich, daß man Familienereignisse der Caesaren, Geburtstage, Hochzeiten, Geburten, Krankheiten, Gefährdungen oder Glücksfälle nach und nach mit Opferungen und öffentlichen Gelöbnissen beging, insbesondere während der julisch-claudischen Dynastie. Mit den Flaviern kam diese Tendenz zum Stillstand, und seit dieser Dynastie wurden nur Geburtstage und höchstens noch kaiserliche Hochzeiten mit öffentlichen religiösen Zeremonien gefeiert. Seit der Wiederherstellung des Kults der *Compitalia* 12 v. Chr. (es handelt sich dabei um den Kult der *vici*, der „Stadtviertel" von Rom), nannte man die *Lares compitales* (die traditionellen Gottheiten des *vicus*) *Lares Augusti* – als Adjektiv zum Namen Augustus, des „Hausherrn", und nicht in der Bedeutung „die Erhabenen", der für das Jahr 59 v. Chr. belegt ist [ILLRP 200] – und man fügte eine Statue des Genius von Augustus hinzu. So wurde der Hauskult des Prinzeps praktisch auf das gesamte Stadtgebiet Roms ausgedehnt, und die ganze Plebs hatte an ihm Anteil [Hano, in: ANRW II. 16. 3, S. 2333ff.; Fraschetti 474; 475, S. 345ff.]. Diese ideologische Kampagne erreichte ihren Abschluß, als Augustus 2 v. Chr. den Titel „Vater des Vaterlandes" verliehen bekam. Gewiß, er war nicht der erste, der diesen Titel erhielt, aber dieser gewann im beschrieben Kontext eine sehr viel größere Bedeutung. Mit Ausnahme von Tiberius, den Kaisern von 68/69 und den Flaviern haben alle Kaiser diesen Titel getragen. Ab Septimius Severus existiert ein Pendant dazu im Titel „Mutter der Lager" oder „Mutter der Lager, des Senats und des Vaterlands", der von der Kaiserin (Iulia Domna, Severa, Herennia Cupressenia Etruscilla), der Kaisermutter (Iulia Mamaea) oder des Großmutter des Kaisers (Iulia Maesa) getragen werden konnte.

1.4.2 Zwischen Mensch und Gott

Zu dem Bemühen, die kaiserliche Macht innerhalb des staatsrechtlichen Rahmens zu bestimmen, traten bald parallel dazu eine Reihe von Darstellungsformen und Ritualen, die den Prinzeps und sein Handeln in religiöser Hinsicht definieren sollten.

Schon seit den ersten Jahren des Triumvirats betonte der junge Caesar offiziell seine außergewöhnliche Abstammung: Er war Sohn eines *divus*, er war der Sohn des vergöttlichten Iulius (Caesar). Nach dem Sieg von Actium kam es in den Provinzen spontan zu verschiedenartigen Huldigungen, die von Treueschwüren bis zu Kultgründungen reichten [Price 478, v. a. S. 1ff.]. In Rom selbst, wo der Kult des vergöttlichten Iulius seinen Sitz hatte und dem Handeln des Augustus Glanz verlieh, gewährten Senat und Volk diesem religiöse Vorrechte. Einige davon erhoben ihn über alle anderen Menschen oder machten aus ihm die Entsprechung der *res publica*. So beschloß man 30 v. Chr. die Abhaltung von Spielen im Vierjahreszyklus zur Erinnerung an den Sieg von Actium, und man erweiterte die öffentlichen Gelöbnisse für das Wohl des Staats um *vota* für das Heil des Prinzeps. Außerdem rief man in zweideutiger Weise, bezugnehmend auf das 30 v. Chr. dem zukünftigen Augustus verliehene Gnadenrecht, das „Steinchen" (*calculus*) der Minerva an [s. o. S. 15]. Schließlich fügte man 29 v. Chr. seinen Namen in das Salierlied ein. Es wurde üblich, die Jahrestage seiner großen Erfolge in Feiertage umzuwandeln (*feriae* – die den Göttern vorbehalten waren), und mit religiösen Zeremonien alle Ereignisse zu feiern, die den Kaiser oder seine Familie betrafen [vgl. zum augusteischen Festkalender Gagé 209, S. 163ff.; Étienne 86, S. 128ff.]. Diese Feiern und Zeremonien galten den Göttern, sie stellten jedoch neben die Dankbarkeit für deren glückliche Hilfe die Erinnerung an außerordentliche Handlungen des Prinzeps. Das in dieser Hinsicht wichtigste Moment war die Verleihung des Titels „Augustus" an den jungen Caesar am 16. Januar 27 v. Chr., der den Prinzeps und sein Handeln in die religiöse Sphäre versetzte [S. 18]. Diese übermenschlichen Aspekte wurden durch die „heiligen" Pflanzen betont, die sein Haus schmückten, den Lorbeer Apolls und Juppiters Eiche, und durch die übermenschlichen Qualitäten, über die er verfügte und die allmählich vergöttert wurden.

Dieses ganze System von Ehrungen und Privilegien erlebte bereits unter der Herrschaft des Augustus eine rasche Entwicklung. In den Provinzen entstanden Tempel und Kulte von Roma und Augustus. In Rom förderte der unzeitige Tod von Agrippa, C. und L. Caesar, die ja Augustus hätten beerben sollen, noch vor Augustus' Ableben und seiner Apotheose die Entwicklung, posthume Ehren an Kaiser zu verleihen [Fraschetti 475, 481; Lebek 482; Arce 480]. In Rom weihte man 9 n. Chr. den ersten Altar zu Ehren von Augustus' *numen*, d. h. dem „göttlichen Willen des Augustus". Tiberius scheint dieser Entwicklung zunächst Widerstand entgegengesetzt zu haben, doch war der Prozeß nicht aufzuhalten, und um 23/27 fiel unter dem Druck von Senatoren, Volk und Städten der letzte Widerstand im Inneren des Senats und des Kaiserhauses. Seit dieser Zeit konnte sich der Kaiserkult innerhalb der theologischen Grenzen ausdrücken, die er bis zur Christianisierung des Staates behielt, wenn auch die Flavier und die

Antoninen diese Praktiken von den vorherigen Exzessen (unter der julisch-claudischen Dynastie) anscheinend gereinigt haben [S. 133].

Die großzügige Vergabe von Titeln und Ehrenrechten stellte den Kaiser auf eine Stufe mit den Göttern, oder vielmehr zwischen Götter und Menschen, und die logische Folge davon, die Vergöttlichung verstorbener Kaiser, darf nicht als plumper Opportunismus mißverstanden werden. Diese Ehrungen und die wohl noch gewagteren Überlegungen, die sich bei denen einstellten, die die offiziellen Dokumente lasen und Darstellungen sahen oder am Kult teilnahmen, waren gleichzeitig auch wichtig für das Verständnis und die Definition der kaiserlichen Macht.

Es sei bemerkt, daß diese Darstellung auch ihr Gegenbild hatte, die abstoßende Gestalt des Tyrannen, mit all seinem Gefolge aus Widerwärtigkeiten, Lastern und Verbrechen, was sich unter Umständen in staatsrechtlicher Hinsicht in der *damnatio memoriae* niederschlug [Vittinghoff 319; Scheid 317]. Ebenso wenig wie die Hymnen auf die „guten" Kaiser, die Anhäufung von Ehren oder das Feiern kaiserlicher Tugenden dürfen die in düsteren Farben gemalten Schilderungen der „schlechten" Kaiser für bare Münze genommen werden, sie sind vielmehr zunächst Mittel und Ergebnis eines oppositionellen Nachdenkens über die kaiserliche Macht.

Wie wir gesehen haben, griff diese Reflexion auf alle traditionellen Bereiche des Denkens und des Handelns zurück. Um den außerordentlichen Umfang dieser neuen Macht abzustecken und zu konstruieren, zogen die Römer alle existierenden symbolischen Register: die traditionellen Ehrenauszeichnungen, das Bild des archaischen Roms, die Struktur der häuslichen Gewalt, das philosophische und politische Gedankengut, ja auch die religiöse Sprache in all ihren Formen. Die Städte der Provinzen steuerten ein zweites Deutungsmuster bei, nämlich das ihrer Beziehungen zur römischen Macht; dies war nicht weit vom ersten entfernt, denn von jetzt an wurde Rom vor allem durch den *princeps* repräsentiert [Price 478].

Nach einer 300jährigen Entwicklung konnte die kaiserliche Macht „genaugenommen" (*akribos*) als Monarchie (*monarchia*) von Cassius Dio [52. 1. 1] beschrieben werden. Freilich bezeichnet dieser Begriff bei Cassius Dio nicht exakt „absolute Macht", er siedelt nämlich das kaiserliche Regime in den berühmten Reden von Agrippa und Maecenas, die das 52. Buch (und in seinem Geschichtswerk die Kaiserzeit) eröffnen, zwischen Demokratie und Tyrannis an. Genauso zeigt auch die Analyse der formalen Situation wie die der intellektuellen Repräsentation, daß der Prinzipat nicht immer und nicht genau das war, was wir als absolutes Regime bezeichnen würden. Natürlich besaß der Kaiser faktisch die Macht, und in staatsrechtlicher Hinsicht verfügte er über Vollmachten und Vorrechte, die ihn über alle anderen stellten, doch trifft ebenso zu, daß nur die „Tyrannen" immer und überall davon Gebrauch gemacht haben. Die Portraits der „guten" Kaiser zeigen Herrscher, die fest die Zügel des Staates in der Hand hielten, aber selten daran zogen, und sich mit dem Besitz ihrer Vorrechte zufrieden gaben, anstatt sie systematisch einzusetzen. Das bedeutet allerdings nicht zwangsläufig, daß solche Kaiser erfolgreicher gewesen wären als „Tyrannen" wie Domitian.

Ob hart oder milde, die kaiserliche Macht blieb formal dem Volk unterstellt, da sie sich von einem Gesetz herleitete und nach diesem Gesetz auf vorgeschriebenen Wegen ausgeübt wurde. Ihre Eigentümlichkeit besteht vielleicht darin, daß der Kaiser durch den Willen von Volk und Senat und durch eine ganze Reihe von Privilegien in der Ausübung seiner Macht dem Volk als Souverän ebenbürtig wurde (worin er den höchsten Beamten der Republik ähnelte): Durch rechtliches Privileg konnte er unter Umständen seine Stelle einnehmen.

Konzept und Ausübung der kaiserlichen Macht haben in zweifacher Hinsicht eine Entwicklung durchlaufen. Mit den Jahren und Regierungswechseln konsolidierte sich die staatsrechtliche Konstruktion, die Augustus, seine Umgebung und die Mehrheit der Eliten geschaffen hatten, ohne den wiedergefundenen inneren Frieden zu gefährden. Sie perfektionierte sich, überstand zwei Bürgerkriege schadlos (68/69 und 193–197) und wurde zur permanenten Herrschaftsform des Reiches. Gleichzeitig aber schwankte nach den Umständen die Ausübung der kaiserlichen Vollmachten, die Cassius Dio als gemäßigte „Monarchie" beschrieb – oder sehen wollte. Während Augustus, der innerhalb von zehn Jahren zweimal das Gleichgewicht der Gewalten modifizierte, 28/27 v. Chr. und 23 v. Chr., sie sehr vorsichtig ausübte, ebenso Tiberius, dessen vorgespielter oder echter Widerstand und dessen Maßhalten zweifellos zur endgültigen Konsolidierung des Prinzipats beitrugen, scheint die kaiserliche Macht im Lauf des 1. Jhs. stärker – oder weniger diskret – benutzt worden zu sein. Unter den Antoninen, als die augusteischen Nuancen verschwammen und der ideale Staat durch einen guten Herrscher und nicht durch eine freie Republik definiert wurde, war die kaiserliche Regierung im allgemeinen diskret und geschickt. Seit dem letzten Viertel des 2. Jhs. strapazierte man die kaiserliche Macht wieder stärker, zweifellos aufgrund der inneren Spannungen und der allgemeinen Schwierigkeiten des Reiches. Paradox ist, daß zu Beginn der finstersten Zeit für das Reich, nach der Ermordung von Severus Alexander, die erzwungenen Beziehungen zwischen Kaiser und Senat häufig ausgewogener waren als früher, und daß sich überhaupt eine Opposition der Brutalität der Soldatenkaiser in den Weg zu stellen wagte.

Es ist also schwierig, ein einheitliches und abschließendes Bild einer Macht und eines Regimes zu vermitteln, daß sich unaufhörlich weiterentwickelte, und die Römer selbst stießen stets auf Schwierigkeiten, wenn sie den Prinzipat politisch oder juristisch definieren wollten. Anstatt dies direkt zu tun, fixierten sie seine Position zwischen den Extremen Pöbelherrschaft und Tyrannis.

War nun diese Regierungsform soweit von der freien Republik entfernt? Der einzige größere Unterschied, den wir festgestellt haben, war im Grunde die Verhärtung der aristokratischen Aspekte der republikanischen Regierungsform und die dauerhafte politische Vorherrschaft einer einzigen Familie. Aber es trifft auch zu, daß die Zentralisierung und die Permanenz der kaiserlichen Initiativ-, Zwangs- und Berufungsgewalt neue staatsrechtliche Traditionen begründeten, die allmählich allgemein akzeptiert wurden, da sie den Bedürfnissen des Reiches entsprachen.

2 Der Prinzeps und die *res publica*

Den Prinzipat kann man definieren als die Restauration der traditionellen republikanischen Institutionen verbunden mit der übergeordneten Gestalt des *princeps.* Um diese Modifikationen beurteilen und die Grenzen der Wiederherstellung der *res publica* genau bestimmen zu können, ist es notwendig, die kaiserliche Macht nicht allein aus formaler und ideologischer Sicht zu betrachten, sondern auch in der Praxis, d. h. in ihren Beziehungen zu den traditionellen Institutionen des römischen Volkes. Diese Untersuchung zeigt einerseits den tatsächlichen Aktionsradius des Prinzeps auf (mit anderen Worten: die fortschreitende Konsolidierung einer starken und stabilen Zentralmacht), andererseits aber auch seine Grenzen.

2.1 Die traditionellen Institutionen des römischen Volkes

Die Errichtung des Prinzipats darf man nicht als Erfindung neuer Institutionen auffassen, genausowenig wie als Wiederherstellung von Instanzen, die jahrzehntelang inaktiv waren. Während des Triumvirats funktionierten die Institutionen recht und schlecht weiter, trotz Gewalt, Mißbrauch und der Vorrechte der Triumvirn. Wahlen wurden weiter abgehalten, und die Magistrate übten ihre traditionellen Aufgaben aus, wenn auch häufig vor einem schwierigen Hintergrund. Das Volk beschloß regelmäßig Gesetze, und der Senat beriet über die Angelegenheiten, die traditionsgemäß in seinen Zuständigkeitsbereich fielen. Vermutlich waren die Triumvirn aufgrund ihrer Rivalitäten mehr von den traditionellen Institutionen abhängig, als Augustus dies jemals sein sollte [Millar 156]. Nach Wiederherstellung des Friedens erhielten die Institutionen anscheinend sogar ihre Freiheit zurück. Frei von den Gefahren und Nöten des Bürgerkriegs begann das Treiben in den Versammlungen und der Wettkampf um die Magistraturen von neuem, und zwar so heftig, daß mehrfach die öffentliche Ordnung gefährdet schien. Der Senat spielte weiter eine wichtige Rolle und wurde in die verschiedenen Etappen der Genese des neuen Regimes eng eingebunden. Er behielt die Macht in seinen traditionellen Kompetenzbereichen, nämlich bei den öffentlichen Finanzen, der Religion und der Verwaltung der („befriedeten“) Provinzen, und übte diese Kontrolle auch während der ganzen Prinzipatszeit aus [Talbert 352]. Wie dargelegt, spielte der Senat zusammen mit dem Volk eine zentrale Rolle bei dem rechtlichen Teil der Kaiserinvestitur, und er tat dies mindestens bis zum Beginn des 3. Jhs., und wahrscheinlich noch länger, denn 238–240 hat der Senat anscheinend so unmittelbar wie noch nie zuvor in die Machtkämpfe eingegriffen [Dietz 312]. Das Durchsetzungsvermögen, zu dem er bisweilen fähig war, und das Engagement der senatorischen Geschichtsschreibung zeigen, daß der normalerweise zaghafte und ohnmächtige Senat bei der Machtlegitimation einer Rolle beanspruchte und spielte, die niemand in Frage stellte. Die Magistrate übten weiter ihre Ämter aus, und die *res publica* wurde von ihnen verwaltet. Der Prinzeps selbst bekleidete während der ersten Jahre des Prinzipats das Konsulat und regierte weitgehend aufgrund der Machtfülle, die es ihm verlieh. Auch die Verwaltung der sogenannten senatorischen Provinzen unterstand Promagistraten, die vom Senat berufen wurden und die nach wie vor Prokonsuln hießen.

Während dieses System weiterhin funktionierte und sich sogar dank der Rückkehr des inneren Friedens und der Stabilität der höchsten Macht konsolidieren konnte, wurden seine Hauptinstanzen langsam zu einem Teil der Verwaltung. Die Macht von Magistraten, Promagistraten und Senat war stets der Einmischung des Prinzeps unterworfen, da er ihre Beschlüsse kraft seiner tribunizischen Gewalt angefechten konnte. Außerdem vermochte eine Berufung beim Kaiser durch Bürger oder Gemeinwesen die Arbeit der traditionellen Instanzen jederzeit zu blockieren oder annullieren. Man darf diesen Faktor jedoch nicht überbewerten. Der Eindruck der Ohnmacht von Senat und Magistraten gegenüber dem Kaiser rührt daher, daß wir nur einen Bruchteil der täglichen Aktivität der römischen Institutionen kennen, und es sich dabei fast ausschließlich um höchst bedeutende Angelegenheiten handelt, die zu weithin bekannten Konflikten führten. Bei alltäglichen Belangen behielten die republikanischen Instanzen ihre Unabhängigkeit und arbeiteten etwa genauso wie zur Zeit der Republik, und sei es nur, weil eine Kontrolle aller Angelegenheiten durch den Prinzeps und seine Umgebung unmöglich war. Um diese Entwicklung zu skizzieren, betrachten wir die wichtigsten Institutionen des römischen Volkes.

2.1.1 Die Komitien

Trotz der Vorrechte und der Einmischungen der Triumvirn funktionierten die Komitien während des Bürgerkriegs weiter. Wahlen fanden statt [Millar 156, S. 51ff.], und man kennt rund 40 Gesetze, die zwischen März 44 und dem Jahr 32 v. Chr. angenommen wurden. Zwar waren seit Caesar die Wahlen dahingehend modifiziert worden, daß man ihm (und später den Triumvirn) das Recht verlieh, einen Teil oder sogar alle Kandidaten zu ernennen. Aber nach 27 v. Chr. erhielten die Komitien, so die Quellen, ihre Vorrechte zurück [Suet. Aug. 40. 2; Cass. Dio 53. 21. 6f.]. Die regelmäßig abgehaltenen Wahlen führten 22 v. Chr. und 19 v. Chr. sogar zu Unruhen [Vell. 2. 92; Cass. Dio 54. 6. 1; 54. 10. 1].

Wir besitzen fast keine Informationen über die Arbeit der Tributkomitien während der Kaiserzeit, aber die Entwicklung der Zenturiatkomitien, die die Magistrate mit Imperium (Konsuln und Prätoren) wählten, kennen wir recht gut. Unser Wissen basiert auf zwei Inschriften, die in Heba (Etrurien) [die *Tabula Hebana*, Ehrenberg 89, Nr. 94a] bzw. bei Sevilla (Bätika) [*Tabula Siarensis*, AE 1984, 508, mit frz. Übersetzung; 483] gefunden wurden. Sie geben den Text eines Senatsbeschlusses wieder, der die posthumen Ehren für Germanicus betrifft. In den für uns relevanten Teilen enthalten diese Inschriften eine *rogatio*, die zusammen mit einem Senatsbeschluß im Jahr 20 n. Chr. dem Volk vorgelegt wurde.

Dieses Gesetz mit Namen *Valeria Aurelia* ergänzte eine erste Reform des Komitienwesens aus dem Jahr 5 n. Chr. (*lex Valeria Cornelia*, die im Kontext der posthumen Ehren für Gaius und Lucius Caesar erlassen worden war). Schließlich komplettierte im Jahre 23 n. Chr. ein weiteres Gesetz die beiden vorausgegangenen, anläßlich der posthumen Ehren für Tiberius' Sohn Drusus [Tac. ann. 4. 9. 2; CIL VI 31200]. Bis zum Jahr 5 war das System der Zenturiatkomitien (wahrscheinlich noch immer 193 Zenturien in fünf Klassen [Nicolet, Le métier de citoyen, Paris 1976, 299–303]) offenbar unverändert geblieben, wenn man davon absieht, daß Augustus gemäß einem Privileg von 27 v. Chr. jedes Jahr einen Teil der Kandidaten vorschlug, was ab 7/8 n. Chr. sogar durch öffentlichen Aushang geschah [Suet. Aug. 56. 1 ff.; Cass. Dio 55. 34. 2].

Traditionellerweise verlief die Wahl so: Zunächst wurde aus der ersten Klasse die *centuria praerogativa* ausgelost, die als erste abstimmte und deren Wahlverhalten üblicherweise den Gesamtausgang festlegte. Danach wählte die gesamte erste Klasse (die Senatoren), dann die 18 Zenturien der Ritter, und nach ihnen die anderen Klassen in der Reihenfolge. Sobald eine Mehrheit von 97 Stimmkörpern (97 Zenturien von 193) erreicht war, brach man die Abstimmung ab. Dieses System wurde durch die neuen Regelungen aus den Jahren 5, 19/20 und 23 verändert: Man wählte aus dem Senat bzw. aus den Rittern, die den Gerichtsdekurien [S. 84 ff.] angehörten, Mitglieder für neue Nominierungszenturien aus. Es gab 5 n. Chr. zunächst zehn solche Zenturien, die nach Gaius und Lucius Caesar benannt waren, dazu kamen 19 n. Chr. fünf weitere Zenturien mit dem Namen des Germanicus und 23 n. Chr. noch einmal fünf, die nach Drusus hießen. So sollte den verstorbenen Prinzen gleichsam ein Empfehlungsrecht über den Tod hinaus eingeräumt werden. Diese zehn bis 20 Zenturien stimmten vor den Komitien ab, die zusammengezählten Stimmen jeder einzelnen Zenturie entsprachen einem Ja- oder Nein-Votum, und die Kandidaten, die die meisten dieser zehn oder 20 Voten auf sich vereinigen konnten, gewannen. Die siegreichen Kandidaten wurden dann dem Volk vorgeschlagen, um formal gewählt zu werden [vgl. dazu mit Literatur Frei-Stolba 329, S. 120ff.; Demougin 883, S. 392ff.].

Wenn auch einige Details über das Verhältnis dieser Nominierungszenturien zu den anderen Zenturien noch unklar sind, so ist jedenfalls sicher, daß das Votum jener Zenturien für das Volk verbindlich war. Allerdings verhinderten verschiedene Faktoren das Funktionieren dieses Systems, und schon 7 n. Chr. zog Augustus vor, anstatt der Nominierungszenturien selbst *alle* Kandidaten für die Magistraturen vorzuschlagen [Frei-Stolba 329, S. 116ff.]. Wir wissen jedoch nicht, ob hier ein einmaliger Eingriff vorliegt oder dies jedes Jahr wieder geschah. Tiberius nahm 14 n. Chr. eine weitere Veränderung vor. Die zehn Nominierungszenturien existierten weiter, ihre Zahl wurde in den Jahren 19 und 23 insgesamt verdoppelt, aber tatsächlich nahm ihre Bedeutung, wie die des Volkes, ab. Im Jahr 14 n. Chr. nominierte Tiberius zwölf Kandidaten für die Prätur, von denen er vier dem Volk „empfahl"; die restlichen Kandidaten ernannte offensichtlich der Senat [Tac. ann. 1. 14. 4–15. 1]. Man weiß nicht, ob und wann dieses Verfahren auf die Konsulswahlen ausgedehnt wurde. Für die Prätorenwahlen zumindest wurde die Abstimmung der Nominierungszenturien zur reinen Formsache, da es nur eine Einheitsliste gab, die von Prinzeps und Senat erstellt worden war. Am Ende der Regierungszeit von Tiberius waren Nominierungszenturien und Zenturiatsversammlung anscheinend endgültig politisch bedeutungslos, denn laut Cassius Dio [58. 20. 3–5] und einer Inschrift [ILS 944] wurden die Kandidaten von Kaiser und Senat aufgestellt, und die Volksversammluing bzw. vielleicht vorher die Nominierungszenturien beschränkten sich darauf, die vorgeschlagene Auswahl gutzuheißen und zu akklamieren [Demougin 883, S. 425ff.]. Die Tributkomitien haben wohl eine ähnliche Entwicklung durchlaufen. Der einzige für uns verfügbare Hinweis betrifft eine spezielle Aufgabe dieser Komitien, die Wahl der Priester der großen Priesterkollegien. Sie stand früher 17 (von 35) Tribus zu, die man vor der Abstimmung ausloste. Ab Tiberius wurden die Priester vom Senat ausgewählt, was dann durch die Komitien der 17 Tribus bestätigt wurde [Scheid 460, S. 201ff.]

Das traditionelle Komitiensystem (vielleicht ohne die offiziellen Listen und ohne das Eingreifen der Nominierungszenturien und des Senats), scheint kurzfristig beim Regierungsantritt von Caligula wiedergestellt worden zu sein. Aber es blieb beim Versuch, und die Verhältnisse, die am Ende der Herrschaft des Tiberius galten, wurden zur Regel [Demougin 883, S. 431ff.]. Geht man von den Zeugnissen über ihre Wahl- und Gesetzgebungsaktivitäten aus, existierten die Komitien mindestens bis zum Beginn des 2. Jhs., und vielleicht sogar bis zum Anfang des 3., wenn der Begriff *lex regia*, den Ulpian für die kaiserliche Investitur gebraucht [S. 25 ff.], keine spätere Interpolation ist. Allerdings steht außer Zweifel, daß die Komitien nicht länger ein Ort der Ausübung der freien Volkssouveränität waren, denn sie beschränkten sich ja darauf, durch ihre Abstimmung (oder vielleicht sogar Akklamation) die vom Kaiser und dem Senat erstellten Listen zu bestätigen.

Die Volksversammlungen waren also innerhalb weniger Jahrzehnte zu „Organen obligatorischer Zustimmung" [S. Demougin] geworden. Was aber hatte sich letztlich im Vergleich zur Zeit der Republik geändert? In den Zenturiatkomitien besaß im Grunde nur die erste Klasse echte Wahlfreiheit, ja oft wählte sie faktisch allein, denn die Wahl endete ja, sobald die Mehrheit von 97 Zenturien erreicht war. Da nun die erste Klasse zuerst abstimmte und 98 Zenturien umfaßte, wurde die zweite Klasse nur dann gerufen, wenn die erste Klasse in sich uneins war. So wählten in den Zenturiatkomitien ausschließlich Senatoren und Ritter. Die Tributkomitien, die die niederen Magistrate wählten und in denen häufig Gesetze beschlossen wurden, waren weitaus weniger aristokratisch geprägt. So konnte das Gewicht des Volkes hier für die römische Elite zu einer Bedrohung werden, was die römische Geschichte seit den Gracchen zeigt, weswegen wohl nur wenige Senatoren und Ritter ihr politisches Verkümmern bedauert haben werden. Das neue Verfahren für die Komitien richtete sich also nicht gegen die römische Elite, jedenfalls weniger als die Initiativ-, Herrschafts- und Kontrollbefugnisse des *princeps*. Nur bei den alten politischen Traditionen und Symbolen, wie der Mitsprache des Ritterstandes bei wichtigen Entscheidungen, kam es zu drastischen Veränderungen. Doch formal hielt man die Institution der Komitien aufrecht, ohne daß die Frage nach dem Nutzen, ja der Legitimität von Versammlungen gestellt wurde, an denen drei Viertel der Bürger physisch nicht teilnehmen konnten. Im übrigen erreichten die Ritter und zumal ihre Söhne leichter als früher den Rang eines Senators [S. 390], und erhielten außerdem nach und nach immer mehr Regierungsverantwortung. Offenbar blieb in den Augen der Elite das Wesentliche erhalten, und das Volk verlor nur das, was es nie besessen hatte. Am Beispiel der Komitien kann man die Grenzen der politischen Freiheit in Rom sowie die langsame Veränderung der Traditionen seit den Reformen von der Zeitenwende illustrieren. Nur das bindende Empfehlungsrecht des Prinzeps stellte eine echte Neuerung dar, da es die freie Wahl des Volkes, oder zumindest die der Senatoren und besonders der Ritter (die ja allmählich als Stand von der Vorauswahl der Kandidaten ausgeschlossen wurden) beschränkte. Diese Mechanismen ermöglichten eine Kontrolle der Komitien und damit ihre Erhaltung. Man konnte so die stets gefährliche städtische Plebs sedieren, denn man behielt ja die Symbole ihrer Freiheit bei. Die Komitien und ihre Vorrechte gehörten zu den unantastbaren Strukturen Roms, deren Abschaffung die Plebs herausgefordert hätte. Aus diesem Grunde ist keineswegs auszuschließen, daß die Komitien bis tief ins 3. Jh. in dieser oder jener Weise weiter stattgefunden haben.

2.1.2 Die Magistrate

Die Magistraturen haben eine ähnliche Entwicklung durchlaufen. Alle traditionellen Magistraturen wurden aufrechterhalten, aber vor allem als Elemente eines Bezugssystems, das Rom definierte und das das neue Rom mit seiner Vergangenheit verband. Auch erlaubten die Magistraturen der zunehmend außerrömischen und sogar außeritalischen Elite, sich in eine historische Kontinuität einzureihen. Dem Kaiser lieferten sie eine Anzahl hoher Würdenträger, deren Autorität von keinem Römer angezweifelt wurde und die ihrerseits kaum gefährlich waren, da ihre Befugnisse durch Kollegialität, Annuität und Diskontinuität begrenzt waren. Die Magistraturen wurden bis zum Beginn der Krise des 3. Jhs., teilweise auch darüber hinaus, weiter besetzt und versehen. Sie zerfielen in zwei Gruppen, je nachdem ob sie vom Volk oder vom Kaiser bestimmt wurden. Unterstanden sie direkt dem Volk, wählte oder bestimmte man sie im Senat für die Funktionen, die zwischen den Stufen des *cursus* ausgeübt wurden. Wenn sie im Dienst des Kaisers standen, als Statthalter einer bestimmten Zahl von Provinzen, wurden sie direkt von ihm ernannt und kontrolliert. Da alle diese Ämter zum selben senatorischen *cursus* gehörten, wollen wir sie gemeinsam betrachten.

Die traditionellen öffentlichen Ämter waren in einem *cursus* hierarchisch angeordnet, und standen Senatoren, deren Söhnen und jungen Rittern offen, wenn sie sich um eines der ersten Ämter des *cursus honorum* bewarben, sowie denjenigen, die vom Kaiser in die Gruppe der Senatoren, die dieses oder jenes Amt ausgeübt hatten, berufen („adlektiert") worden waren [S. 390]. Zunächst funktionierte das System der Magistraturen genauso wie am Ende der Republik, mit anderen Worten: die traditionelle Abfolge der Magistraturen, die auf die sullanischen Gesetze zurückging, wurde ständig durch Gesetze und Dispense durcheinandergebracht [Nicolet 54, S. 405ff.]. Außerdem hatte der Bürgerkrieg die Anzahl der Magistratsposten zum Teil beträchtlich vergrößert. Seit seinem Sieg widmete sich Augustus der Reform der senatorischen Karriere, doch die Entwicklung verlief langsam, und erst unter Nero, vor allem aber unter den Flaviern fand das Konstrukt der öffentlichen Ämter zu einem Gleichgewicht, das in dieser Form bis zur Mitte des 3. Jhs. weiterbestehen konnte. Da keine Gewalt, weder *imperium* noch *potestas*, diejenige des Kaisers übertreffen konnte, und die Ausübung der traditionellen Staatsämter also nicht mehr, wie zu Zeiten der Republik, ein Faktor des freien politischen Spiels war, liegt die Vermutung nahe, daß die alten Magistrate nach und nach fast zu „Verwaltungsangestellten" des Prinzeps wurden; nicht deswegen, weil es zum ersten Mal Grenzen für ihre Machtausübung gegeben hätte (denn solche Grenzen hatten auch zur Zeit der Republik in der Annuität, der Kollegialität, der möglichen Interzession existiert), oder weil aus den „freiwilligen" und unbesoldeten Ehrenämtern fest vergütete Anstellungen geworden wären, sondern weil die Ehrenämter immer weniger politische Aufgaben umfaßten, dafür aber immer mehr Verwaltungstätigkeiten [Mommsen 73, Bd. II.1; Eck 868; Alföldy 858, S. 7ff.; Christol 610, S. 13ff.]. Unter dem Prinzipat wurde die *res publica* von Magistraten und Promagistraten regiert, doch diese Männer lenkte der Prinzeps.

2.1.2.1 Das Vigintivirat

Der Zugang zur senatorischen Laufbahn wurde zu Beginn des Prinzipats von Augustus geregelt, vielleicht im Jahr 20 v. Chr., in jedem Fall vor dem Jahr 13 v. Chr. [Chastagnol 861, S. 186]. Seitdem mußte man vor der Bewerbung um die Quästur eine der Funktionen des damaligen Vigintisexvirat innegehabt haben; mit dem Beginn unserer Zeitrechnung und dann zwei Jahrhunderte lang trugen diese Ämter den Namen Vigintivirat. In republikanischer Zeit wurde man zu den niederen Magistraturen gewählt. Man nimmt an, daß ihre Inhaber seit dem Beginn der Kaiserzeit vom Prinzeps ernannt wurden [z. B. Talbert 352, S. 13], aber im Grunde wissen wir darüber gar nichts. Vermutlich fanden die Nominierungen und die Berufungen, wenn nicht das ganze Auswahlverfahren, im Senat statt. Die 20 Ämter des Vigintivirats umfaßten die *triumviri capitales*, die *triumviri monetales*, die *quattorviri viarum curandarum* und die *decemviri stlitibus iudicandis*.

Seitdem die *triumviri capitales* unter Augustus ihre Hauptaufgabe an den Präfekten der *vigiles* verloren hatten, nämlich „Polizei" und „Feuerwehr" von Rom zu organisieren, standen sie den Konsuln und den Prätoren, vor allem dem *praetor urbanus*, bei der Ausübung ihrer gerichtlichen Aufgaben zur Seite. Sie waren für die Überwachung von Häftlingen und die Vollstreckung von Todesurteilen zuständig. Die *triumviri monetales auro argento aere flando feriundo* (kurz: *a. a. a. f. f.*) gab es wieder seit der Rückgabe der Münzprägestätte von Rom in die Hände des Senats (man schlug in ihr Gold und Silber nach 27 v. Chr. und Kupfer nach 19 v. Chr.). Diese Beamten besaßen sicher eine weniger große Verantwortung als ihre Vorgänger, da ihre Namen von den Edelmetallmünzen ab 12 v. Chr. verschwanden, von den Bronzemünzen um 2 v. Chr. (mit einer ephemeren Wiederkehr 11/12 n. Chr.), ohne daß die Magistratur selbst abgeschafft worden wäre.

Offensichtlich hatte sich ihre Zuständigkeit auf den Betrieb der Münzstätte von Rom verringert [Kienast 169, S. 324ff.; Wallace-Hadrill 412]. Die *quattuorviri viarum curandarum* sorgten unter Aufsicht der Ädilen für die Straßenreinigung in Rom. Die letzte Gruppe der niederen Magistrate, die *decemviri stlitibus iudicandis*, verlor unter Augustus ihre Kompetenz, Prozesse über die Freiheit zu entscheiden, erhielt aber unter der Leitung eines Prätors (des *praetor hastarius*) den Vorsitz beim Gerichtshof für Erbprozesse (die *iudicia* der Zentumvirn).

2.1.2.2 Die Quästur

Die folgende Stufe des *cursus honorum*, die Quästur, verlieh bereits weitreichende Verantwortung. Augustus verringerte die Zahl der Quästoren auf 20 (unter Caesar waren es 40 gewesen). Ihre Kompetenzen erstreckten sich teils auf Rom, teils auf Italien und die Provinzen, und die verschiedenen Aufgaben teilten nach der Wahl der Kaiser, die Konsuln und das Los zu. Die Quästoren traten ihr Amt am 5. Dezember an. Die erste Aufgabe, die Augustus den Quästoren kollektiv zugeteilt hatte, war die Verantwortung für die Bepflasterung der Straßen Roms, was auf die Zahlung eines Geldbetrags hinauslief. Claudius ersetzte dies durch die Verpflichtung zur Organisation von Gladiatorenspielen, und erst im 3. Jh., unter Severus Alexander, wurde sie gelockert; seitdem mußten nur die Quästoren, die Kandidaten des Kaisers gewesen waren [S. 79], Spiele komplett aus eigener Tasche finanzieren, während die anderen Beihilfen aus der Staatskasse erhielten. Nachdem die beiden Quästuren für Italien unter Claudius abgeschafft worden waren, gab es jährlich folgende Quästorenämter: zwei Quästoren des Kaisers, zwei städtische Quästoren, vier Quästoren der Konsuln (zwei pro Konsul), und zehn oder elf Provinzquästoren (genannt proprätorische Quästoren), je einen pro senatorischer Provinz (für Sizilien vielleicht zwei). 28 v. Chr. verloren die städtischen Quästoren ihren traditionellen Aufgabenbereich, die Verwaltung der Saturnskasse (*aerarium Saturni*), den sie irgendwann zwischen 44 und 56 zurückerhielten; in der Zwischenzeit wurde das *aerarium* für jeweils drei Jahre von zwei Quästoren verwaltet, die man unter allen Quästoren eines Jahres auswählte. Ab 56 übertrug man schließlich diese Verantwortung endgültig Präfekten prätorischen Ranges [Corbier 418, S. 633ff.]. Dafür führten die städtischen Quästoren die Hauptarchive des römischen Volkes weiter (die auch im *aerarium* lagerten), und 11 v. Chr. hatte sie Augustus zudem mit der Aufbewahrung der Senatsbeschlüsse betraut. Die Provinzquästoren, die ihr Amt jeweils gleichzeitig mit den Prokonsuln am 1. Juli antraten, verwalteten die öffentlichen Kassen in den senatorischen Provinzen. Welche Kompetenzen die Quästoren der Konsuln hatten, ist kaum bekannt. Man weiß lediglich, daß sie den Konsuln beim Vorsitz im Senat zur Seite standen und die Senatsbeschlüsse, die unter der Leitung ihres Konsuls gefällt wurden, den Betroffenen übermittelten. Die Quästoren des Prinzeps verlasen im Senat die Anträge (*relationes*) des (anwesenden oder abwesenden) Kaisers und halfen ihm bei der Ausübung seiner öffentlichen Funktionen. Seit Domitian wurde einer der ausscheidenden Quästoren, gewöhnlich ein städtischer Quästor, mit dem Titel *ab actis senatus* für ein Jahr mit der Verwaltung der Senatsarchive betraut. Er hatte außerdem in den Ausschüssen mitzuarbeiten, die die Senatsbeschlüsse abfaßten, und den abwesenden Kaiser über die Diskussionen und Entscheidungen des Senats zu informieren [Talbert 352, S. 310ff.].

2.1.2.3 Die Ädilität und das Volkstribunat

Nach rund zwei Jahren bewarben sich die gewesenen Quästoren (Quästorier) um die Ädilität oder das Volkstribunat, wenn sie keine Patrizier waren; letztere nämlich waren von dieser Stufe befreit, weil sie ja auf keinen Fall Volkstribunen werden konnten. Den sechs Ädilen (zwei kurulische Ädilien, zwei *aediles Ceriales*, zwei plebejische Ädilien) oblag bis 11 v. Chr. die Verwaltung der Archive des römischen Volkes, die im *aerarium* lagerten. Seit dem Ende der Republik hatten sie ihre Kompetenzen bei Strafprozessen eingebüßt und während des Prinzipats bestand ihre Hauptfunktion in der Aufsicht über das öffentliche Leben in Rom. In erster Linie hatten sie den öffentlichen Handel zu beaufsichtigen, d. h. sie mußten Gewichte, Maße sowie Handelsgeschäfte (verbotene Güter, Sklaven- und Viehmärkte) kontrollieren und die Preise wie die Qualität der Waren, insbesondere beim Korn, überwachen. Außerdem hatten sie staatliche Beschlüsse auszuführen, die Lebensmittellieferungen auf Kosten der *res publica* oder die Verwaltung der öffentlichen Kornspeicher betrafen. Aber die Verwaltung der Kornversorgung wurde ihnen schon von Augustus abgenommen und den *praefecti frumenti dandi* übertragen, ehe sie der Kaiser, der sich vom Präfekt der Annona vertreten ließ, selbst übernahm [Pavis d'Escurac 439]. Ihre polizeilichen Befugnisse gingen immer mehr auf den Städtpräfekten über. Die zweite Funktion der Ädilen betraf die Überwachung von Straßen, Plätzen und Bauwerken (Tempel, öffentliche Gebäude, der Öffentlichkeit zugängliche Privatgebäude). Sie hatten gegenüber den Anwohnern öffentlicher Orte gewisse Verpflichtungen einzufordern und alle Aktivitäten zu überwachen, die sich an solchen Orten zutragen konnten, wobei ihnen die niederen Magistrate, die für den Erhalt der Straßen zuständig waren, halfen. Daher besaßen die Ädilen eine Koërzitionsgewalt, die aber zumindest für die plebejischen Ädilen unter Nero eingeschränkt wurde [Tac. ann. 13. 28. 4]. Freilich hatte die Einrichtung der 14 augusteischen Regionen, die jeweils einem Leiter unterstanden, der unter den Ädilen, Volkstribunen und Prätoren ausgelost wurde [Band II] und die Erweiterung der Befugnisse des Stadtpräfekten bereits vorher zu einem Rückgang der Kompetenzen der Ädilen geführt. Dazu traten religiöse Aufgaben. Die Feier der *ludi Romani* am 15. September war den kurulischen Ädilen anvertraut, und die der *ludi plebei* am 15. November wurde von den plebejischen Ädilen durchgeführt. 22 v. Chr. ging die Organisation aller öffentlicher Spiele, die mit religiösen Feiern zusammenhingen, an die Prätoren über (aber natürlich nicht die Spiele, die dem Volk von Magistraten zum Amtsantritt geboten wurden). Die zehn Volkstribunen büßten durch das Prinzipat am meisten Macht ein. Durch Interzessionsrecht, Verbietungsrecht und ihr Recht, mit dem Volk und sogar mit dem Senat zu verhandeln, hatten sie ein nicht zu unterschätzendes Gegengewicht in der *res publica* dargestellt, als ein Machtfaktor, der die anderen Magistrate erheblich behindern oder stoppen, ja sogar selbst die Initiative ergreifen konnte. Sie waren durch die tribunizische Gewalt des Kaisers, gegen die sie nichts ausrichten konnten, nunmehr neutralisiert. So verschwanden Interzessionen gegen Gesetzesabstimmungen völlig. Sie wurden jedoch gegen Senatsbeschlüsse unter den Flaviern und wohl auch später noch weiter praktiziert, natürlich jedoch mit Zustimmung des Kaisers [Tac. hist. 4. 9; Cass. Dio 57. 15. 9]. Interzessionen gegen Entscheidungen von Magistraten sind bis Nero eindeutig belegt [Tac. ann. 13. 28], kamen aber wahrscheinlich auch später noch vor [Plin. epist. 1. 23], insbesondere bei Zivilprozessen und als Kassationsinstanz. Trotz der Beschränkungen von 56 (viermonatiger Aufschub für die Vollstreckung von Geldstrafen und Möglichkeit, bei den Konsuln Berufung einzulegen [Tac. ann. 13. 28]) blieb das Volkstribunat bis ins 3. Jh tätig. Die tribunizische Gesetzgebung verschwand allerdings anscheinend seit Beginn des Prinzipats. Das letzte belegte Plebiszit stammt aus dem Jahr 8 v. Chr. [*lex Pacuvia* über den Monat Sextilis (= August), vgl. Macr. Sat. 1. 12. 35; Cass. Dio 55. 6. 6f.], aber laut Macrob ging ihm ein Senatsbeschluß voraus (wie in Sullas System, oder um den Konsens hervorzuheben?). An die Stelle dieser überaus bedeutsamen Befugnisse traten einige neue, harmlose Kompetenzen, wie die Mitverantwortung für die Überwachung der Begräbnisse, die Leitung der Regionen Roms (ab 7 v. Chr.) und sogar kurzzeitig die Organisation der Feier der *Augustalia*.

2.1.2.4 Die Prätur

Bei der nächsten Stufe, der Prätur, fielen einige der jungen Senatoren, die eine öffentliche Karriere angestrebt hatten, heraus, denn nur 18 (und sogar davon nur die Hälfte zu Beginn der Kaiserzeit) der 20 ehemaligen Vigintivirn bzw. Quästoren (wozu außerdem noch die kamen, die in eine der vorherigen Stufen adlektiert worden waren) konnten zu diesem Amt gewählt werden, sofern sie überhaupt das Alter von 30 Jahren erreicht hatten. Im Laufe der ersten Jahrzehnte des Prinzipats schwankte die Zahl der Prätoren: 8 (anfänglich), dann 16 (gegen Ende) unter Augustus, 15 unter Tiberius und Caligula, 14 bis 18 unter Claudius, 17 zwischen Titus und Nerva, dann endgültig 18. Die Prätoren, die ein Imperium besaßen, hatten alle rechtlichen Vollmachten für Prozesse zwischen Privatleuten (aber nicht für solche zwischen dem Volk und einem einzelnen Bürger), mit Ausnahme der beiden *praetores aerarii*, die bis Claudius den Staatsschatz verwalteten. Die verschiedenen Gerichtsbarkeiten, die bis ins 3. Jh. überlebten, wurden im Losverfahren zugeteilt; aber aufgrund der Bevorzugung von Verheirateten und Vätern oder aber aufgrund eines speziellen Privilegs konnten einige Prätoren vor der Auslosung wählen. Die wichtigsten Präturen waren die städtische und die peregrine Prätur. Die Prätoren veröffentlichten jährlich zu ihrem Amtsantritt ein Edikt, das die allgemeinen Grundsätze darlegte, nach denen sie in ihrem Amtsbereich Recht sprechen würden. Diese Edikte wurden zur Grundlage der Kodifikation des römischen Privatrechts [S. 83ff.]. Der städtische Prätor sprach Recht bei Streitfällen zwischen Bürgern, der peregrine Prätor in solchen Fällen, die in Rom unter Peregrinen oder auch zwischen Peregrinen und Bürgern auftraten. Außerdem hatten alle Prätoren weiterhin den Vorsitz bei den Sondergerichten (*quaestiones*) inne, und erhielten darüber hinaus neue Kompetenzen. Auf die Verwaltung des Staatsschatzes durch zwei Prätoren zwischen 23 v. Chr. und Claudius wurde schon hingewiesen, ebenso auf den *praetor hastarius*, der wahrscheinlich schon seit Augustus das Gericht der Hundertmänner (*centumviri*), das in Erbprozessen entschied, leitete. Prozesse über Anfechtungen von Fideikomissen wurden unter Claudius auf zwei Prätoren aufgeteilt, seit Titus einem einzigen *praetor fideicomissarius* anvertraut. Nerva wies einem weiteren Prätor den Vorsitz über die Gerichte zu, die in Prozessen zwischen dem kaiserlichen Fiskus und Privatleuten entschieden. Marc Aurel übertrug einem *praetor tutelarius* die Bestallung von Vormündern, und schließlich erhielt zu einem unbekannten Zeitpunkt, wahrscheinlich eher spät, ein *praetor de liberalibus causis* die Leitung von Prozessen um die persönliche Freiheit. Auch erstellten die Prätoren Geschworenenlisten für die Dauer ihrer Amtszeit, aber sie konnten die Kandidaten nur einer vorab vom Kaiser aufgestellten Liste entnehmen. Die Prätoren und vor allem der städtische Prätor konnten ferner dieselbe Exekutivgewalt wie die Konsuln auf deren Befehl hin oder in deren Abwesenheit ausüben; kraft dieser Befugnis konnten sie die *res publica* leiten und mit Volk und Senat verhandeln – wenn der Prinzeps nichts dagegen hatte. Dazu kam noch eine Mitverantwortung für die

Regionen Roms sowie religiöse Kompetenzen. Manche davon nahmen sie in Vertretung der Konsuln wahr, andere selbständig, wie z. B. die Festlegung des *Compitalia*-Datums oder des Zeitpunkts für die jährliche Feier des Herkules-Opfers durch den städtischen Prätor an der Ara Maxima, oder (seit 22 v. Chr.) die Aufgabe, alle öffentlichen Feiern und die damit zusammenhängenden Spiele zu organisieren.

2.1.2.5 Die Prätorier

Zwischen der Prätur und dem Konsulat lag eine mehr oder weniger große Zeitspanne (meistens mindestens 10 Jahre; Konsul wurde man als Plebejer in einem Alter von rund 40 Jahren). Man nutzte die Verfügbarkeit der gewesenen Prätoren (genannt Prätorier) in dieser Phase und ihre Konkurrenz untereinander, indem man ihnen administrative Aufgaben und Kommandoposten zuwies. Im allgemeinen bekleidete ein ehemaliger plebejischer Prätor drei oder vier dieser Funktionen, manche auch mehr; die Patrizier dagegen erreichten normalerweise im unmittelbaren Anschluß an die Prätur, schon mit 32 Jahren, das Konsulat.

Die prätorischen Aufgaben zerfielen in zwei Kategorien. Einige Funktionen übertrug man bereits kurz nach der Prätur; andere wurden erst gegen Ende der prätorischen Karriere wahrgenommen und führten im allgemeinen sofort zum Konsulat. Ganz unten auf der Skala standen zivile Aufgaben. Einige Ex-Prätoren (man findet aber auch Ex-Quästoren) begleiteten als Adjutant (*legatus*) einen Prokonsul in eine senatorische Provinz, um ihm dort vor allem bei seinen juristischen Aufgaben zur Seite zu stehen. Während die Legaten der angesehensten Prokonsuln, nämlich der von Asien (drei Legaten) und Afrika (zwei Legaten [Chastagnol 609a]), zur senatorischen Elite gehörten, verfügten die Legaten der anderen Prokonsuln (je ein Legat pro Provinz) im allgemeinen über keinen sehr großen Rückhalt. Andere Prätorier waren Kuratoren der Straßen Italiens, zwei von ihnen Präfekten für die öffentliche Getreideverteilung [*praefecti frumenti dandi ex s(enatus) c(onsulto)*]. Diese Ämter gab es wahrscheinlich zwischen Claudius und Nerva nicht mehr; zwischen Commodus und Elagabal in *praefecti Miniciae* umbenannt, wurden sie unter Severus Alexander und Gordian III. wieder zu *praefecti frumenti dandi*, ehe sie ab Philippus Arabs endgültig *praefecti Miniciae* hießen. Einige wurden sogar Stadtkuratoren [S. 289ff.]. Angesehener war das Amt eines Adjutanten (*iuridicus*) eines *legatus Augusti propraetore* (Statthalter einer kaiserlichen Provinz), zumal wenn es sich um eine der großen Provinzen Syrien, Tarrakonensis oder Britannien handelte; wie ihr Name andeutet, assistierten die *iuridici* in der Rechtsprechung. Die wichtigste Aufgabe überhaupt für einen jungen Senator, deren Ausübung über Tempo und

Erfolg seiner Karriere entschied, war das Kommando über eine Legion (als Legionslegat). Man konnte ihm ein solches Kommando zu jedem Moment seiner prätorischen Karriere übertragen, sofort nach seiner Prätur (wenn er gute Verbindungen hatte) oder erst als zweiten, dritten oder vierten Posten. Und je später er dieses Kommando erhielt, desto länger wurde seine prätorische Karriere. In jedem Fall folgten auf dieses Kommando noch verantwortungsvollere Tätigkeiten, die das Ende der prätorischen Karriere bildeten. Erhielt ein Prätorier eines der acht Prokonsulate in den senatorischen Provinzen, gehörte er normalerweise nicht zu den begabtesten oder einflußreichsten Jungsenatoren. Denn üblicherweise mußte er dann vor seiner Bewerbung um das Konsulat mindestens noch ein weiteres Amt verwalten: das Kommando über eine Legion (sofern dies noch nicht innegehabt hatte), die Statthalterschaft in einer kaiserlichen Provinz, die *cura* von einigen alten Straßen (via Appia, via Flaminia, via Aurelia) oder eine Finanzpräfektur. Die drei Präfekten der Militärkasse (*praefecti aerarii militaris*, zusammen mit dieser Kasse 6 n. Chr. geschaffen) gelangten ebenfalls nicht direkt zum Konsulat, im Gegensatz zu den beiden Präfekten des *aerarium Saturni* (*praefecti aerarii Saturni*, im Jahr 56 zuerst berufen, und kurzfristig 69 n. Chr. von Prätoren ersetzt); dieses Amt stand in der Hierarchie gleichwertig neben der bedeutendsten prätorischen Funktion, der Verwaltung einer kaiserlichen Provinz prätorischen Ranges. Als *legatus Augusti propraetore* konnte der junge Senator zum ersten Mal die ganze Machtfülle eines Imperiums ausüben, selbst wenn er dem *princeps* unterstellt blieb, der gemäß der Regelung von 27 v. Chr. der nominelle Statthalter dieser Provinzen war. In Provinzen wie Judäa, Arabien, Unterpannonien und später Numidien oder Dakien hatte er nicht nur eine Provinz unter sich, sondern auch eine Legion samt deren Legaten.

Diese Ämter wurden entweder vom Prinzeps oder (solche „des Volkes“) vom Senat verliehen und dauerten meist mehr als ein Jahr. Deswegen gelangten nicht alle gewesenen Prätoren zu einem Posten, sondern nur die, die aus diesem oder jenem Grunde vom Prinzeps bevorzugt wurden oder Rückhalt in der Elite hatten. Zwar kann man schwerlich von einer Spezialisierung sprechen [Campbell 860], aber natürlich entschied sich auf der prätorischen Stufe der Erfolg (oder Mißerfolg) einer Karriere. Hier konnten die jungen Senatoren zum ersten Mal ihre Fähigkeiten beweisen und in relativer Selbständigkeit echte Verantwortung ausüben, insbesondere an der Spitze einer Legion. Mit der Zeit wurde die prätorische Stufe für die plebejischen Senatoren immer umfangreicher. So wurden unter Marc Aurel die Juridikate der italischen Regionen eingerichtet, ein Richteramt, das nur kurze Zeit ausgeübt wurde und am Beginn einer prätorischen Karriere, vor dem Legionskommando, stand. Ebenfalls seit Marc Aurel wurden die Prätorier regelmäßig als Stadtkuratoren berufen (besonders in Italien). Diese Funktion erscheint seit dem Ende des 2. Jhs. regelmäßig in den Kursus und wird sofort nach der Prätur abgeleistet. Im 3. Jh., in dem die „kurzen" Karrieren von Nicht-Patriziern ganz verschwinden, findet diese Entwicklung ihren Abschluß. Während die Statthalter der großen, konsularischen kaiserlichen Provinzen normalerweise auch dann noch auf der prätorischen Stufe ihrer Laufbahn eine Legion und/oder eine kaiserliche Provinz unter sich gehabt hatten, wurde die prätorische Laufbahn doch allmählich für die meisten eine lange Aneinanderreihung von juristischen oder finanziellen (als Stadtkurator) Funktionen. Dies verweist bereits auf die Veränderungen unter Gallienus.

2.1.2.6 Das Konsulat

Von denen, die eine senatorische Karriere eingeschlagen hatten, erreichte nur jeder zweite aufgrund seiner Leistung oder seiner Abkunft das Konsulat, und auch das zumeist bloß als Suffekt; das ordentliche Konsulat war Kaisern, zwei- oder mehrfachen Konsuln, Patriziern und Konsularensöhnen vorbehalten. Das Konsulat hatte seine alte Spitzenstellung eingebüßt, nicht nur wegen der Augustus verliehenen Privilegien, sondern auch, weil die Zahl der Suffektenkonsuln beständig anstieg. Die ordentlichen Konsuln, die ihr Amt am 1. Januar antraten, wurden ein paar Monate später von Suffekten abgelöst; der monatliche Wechsel der *fasces*, den Augustus wieder eingeführt hatte [Gell. 2. 15], könnte auf einen monatlichen (!) Konsulswechsel hindeuten. Ab der zweiten Hälfte des Prinzipats des Augustus blieben die Konsuln ein halbes Jahr im Amt, die Zahl der Suffekten stieg; dies führte dazu, daß unter den Flaviern die Zahl der Konsuln zwischen sechs und zehn, unter Traian zwischen sechs und acht schwankte. Unter Hadrian betrug sie zumeist acht, unter Antoninus Pius acht oder zehn, unter Marc Aurel zehn; den Höhepunkt bildeten die 25 Konsuln des Jahres 190 (24 Privatpersonen und der Kaiser). Unter den Severern pendelte sich ihre Anzahl bei etwa zwölf ein. Dazu kommt, daß schon seit den Flaviern Konsuln häufig ihr Amt antraten, während sie noch eine Provinz regierten. Die Folge der Vergrößerung der Zahl der Konsuln und der häufigen Übernahme des Konsulats in Abwesenheit war das Ende dieser Magistratur als mächtiges und einflußreiches Amt. Selbst wenn sich die Konsuln in Rom aufhielten, dem einzigen Ort, an dem sie ihre Macht ausüben konnten, hatten sie kaum die Zeit zur Einrichtung eines *officium* („Behörde"), das imstande gewesen wäre, alles zu verwalten und vorzubereiten, was sie zur Kenntnis nehmen mußten.

Theoretisch behielten die Konsuln von ihren großen Befugnissen nur das Interzessionsrecht gegen Prätoren in Zivilprozessen und gegen die von Volkstribunen verhängten Strafen, sowie das Recht, als Berufungsinstanz zu fungieren. Augustus hatte die Strafrechtssprechung durch die Konsuln ausgeweitet; seitdem konnte man jeden Prozeß vor den Konsuln und dem Senat austragen, wobei letzterer in gewisser Weise als Jury für die Konsuln fungierte. Faktisch aber [S. 80ff.] beschränkte sich diese Gerichtsbarkeit auf Fälle, bei denen Senatoren oder Ritter betroffen waren und es um politische Delikte oder Verstösse von Magistraten ging. Gleich zu Beginn des Prinzipats erhielten die Konsuln die Kompetenz zurück, unter ihrer Leitung und der ihrer Quästoren in Rom Todesurteile zu verkünden und diese von ihren Liktoren vollstrecken zu lassen. Sie behielten das Recht, im Rahmen der dem Komitienwesen unter den Prinzipat gesetzten Grenzen mit Senat und Volk zu verhandeln, ebenso die Verfügung über den Staatsschatz und die öffentlichen Ländereien. Dazu traten ihre religiösen Aufgaben, wie die Feier der *vota publica*, zahlreicher Opfer und Feste, kurz: aller religiösen Akte, die im Namen des Volkes vollzogen wurden und nicht Priestern oder anderen Magistraten anvertraut waren. Ferner lagen polizeiliche Aufgaben in der Kompetenz der Konsuln (insbesondere was Rom angeht), wobei ihnen die niederen Magistrate halfen. Doch mit der Einrichtung der Stadtpräfektur entglitt ihnen nach und nach diese Funktion.

2.1.2.7 Die Konsularen

Obwohl das Konsulat sein Prestige behielt, war es doch teilweise wie Prätur oder Tribunat zu einer mehr oder weniger spezialisierten Magistratur geworden, die die Senatoren für die Übernahme der wichtigsten Staatsaufgaben qualifizierte. So setzten sich die Karrieren einiger Konsulare – der begabtesten, der einflußreichsten, der Freunde des Kaisers – über diese Stufe hinaus fort. Und genau wie die Ämter auf der prätorischen Stufe fanden diese konsularischen Funktionen bald zu einer festen und geregelten Ordnung. Einige zivile Ämter in Rom wurden kurz Zeit nach dem Konsulat bekleidet, wie *cura* der geweihten Gebäude und der öffentlichen Plätze, die *cura* des Bettes und der Ufer des Tibers (sie wurde 15 n. Chr. eingerichtet und erstreckte sich ab Traian auch auf die Kloaken Roms), die *cura* der Aquädukte, deren Kompetenzen zwischen Commodus und Elagabal, später wieder ab Philippus Arabs sogar noch auf die oberste Aufsicht über die Getreideverteilung ausgeweitet wurden. Die *curae*, deren Vollmachten sich zugleich aus den alten zensorischen Kompetenzen und denen der traditionellen Magistrate herleiteten, wurden seit dem Beginn des Prinzipats nach und nach eingerichtet. Diese genau definierten Ämter waren von unterschiedlicher Dauer und erlaubten ihnen Inhabern, die Prätexta zu tragen, auf einem kurulischen Stuhl zu sitzen und außerhalb Roms von zwei Liktoren begleitet zu werden. Der Kaiser wählte die Kuratoren aus und legte ihre Namen dem Senat zur Zustimmung vor.

Nachdem ein Konsular ein solches Amt bekleidet hatte (selten mehr als eines), und vielleicht noch Stadtkurator gewesen war, konnte er mehrere Jahre lang mit dem Titel eines *legatus Augusti propraetore* an die Spitze einer kaiserlichen Provinz gestellt werden. Es gab eine Hierarchie zwischen den Provinzen, die sich aus Anciennität und Garnisonsstärke ergab. So wurden alte Provinzen wie die Tarrakonensis und solche mit starker Truppenpräsenz wie Syrien oder Britannien normalerweise erprobten Konsularen anvertraut, während z. B. die germanischen Provinzen oder Pannonien von jüngeren Konsularen verwaltet wurden. Neben den üblichen Aufgaben eines Legaten, die alle administrativen, juristischen und militärischen Kommandofunktionen, möglicherweise sogar die Leitung eines Krieges umfaßten, konnten diese Konsularen mit Volkszählungen beauftragt werden. Vierzehn oder fünfzehn Jahre später durften die Konsularen, die erfolgreich genug und noch am Leben waren, an der Verlosung der beiden senatorischen Provinzen Afrika und Asien teilnehmen. Diese Prokonsulate, bei denen es mehr um Prestige als um tatsächliche Macht ging, stellten gewöhnlich das Ende einer senatorischen Laufbahn dar.

Einige dieser Prokonsuln gelangten jedoch nach einer weiteren Pause von fünf bis zehn Jahren zur Stadtpräfektur, die der große Messala Corvinus 26 v. Chr., als sie eingerichtet wurde, noch für wenig bürgerlich gehalten hatte [*incivilis*; Syme 840, S. 211 ff.]. Die Stadtpräfektur, von Augustus und anfänglich von Tiberius nur mit Unterbrechungen besetzt, wurde ab 27 n. Chr. zur Dauereinrichtung und galt zumindest im 3. Jh. als Magistratur. Der Stadtpräfekt wurde vom Kaiser bestellt, und ein guter Kaiser wie Severus Alexander soll dem Senat ein Vorschlagsrecht eingeräumt haben [dies allerdings nach einer zweifelhaften Quelle: Hist. Aug. Alex. Sever. 19. 1]. Die Städtpräfektur zog allmählich alle polizeilichen Kompetenzen an sich, die eigentlich Konsuln, Prätoren und Ädilen zukamen. So überwachte der Präfekt die öffentlichen Schauspiele, die Märkte und den Handel, der sich auf den öffentlichen Plätzen abspielte. Generell sprach er Recht bei allen Strafsachen, bei denen das öffentliche Interesse Schaden nehmen konnte; dies geschah in einem Sondergericht, wo er allein und ohne Jury entschied. Im Gegensatz zu der relativ zurückhaltenden Rolle dieses Tribunals im Lauf des 1. Jhs. wurde es unter den Severern zum wichtigsten Strafgericht für Rom und Italien. Ins Zivilrecht griff der Stadtpräfekt eigentlich kaum ein, doch im 3. Jh. entschied er in Vertretung des Kaisers über derartige Berufungen an diesen. Ferner standen ihm seit Tiberius die drei in Rom stationierten *cohortes urbanae* zur Aufrechterhaltung der Ordnung zur Verfügung.

2.1.2.8 Das Verwaltungspersonal der Magistrate

Wenn ein Magistrat oder Promagistrat sein Amt antrat, fand er sich nicht an der Spitze einer funktionierenden Behörde (*officium*) mit Beamten (*officiales*), die ihm die Erfüllung seiner Aufgaben hätten ermöglichen können. Wie zur Zeit der Republik konnte er nur auf seine Legaten zählen, wenn er Prokonsul war, oder auf einige aus der Staatskasse bezahlte Schreiber und Apparitoren. Normalerweise halfen ihm eigene Freigelassene und Freunde (wenn möglich Juristen), die ihn bei den Gerichtssitzungen als *consilium* berieten. Dazu gehörten auch seine Kollegen (in Rom) bzw. seine Legaten und Quästoren (außerhalb von Rom). Die Konsuln konnten natürlich auch den Senat oder auch eines der vier großen Priesterkollegien befragen, um mögliche Probleme zu lösen. Für einfachere Aufgaben standen den Magistraten Apparitoren zur Seite. Diese waren Freie, wurden aus der Staatskasse bezahlt und waren in Kollegien eingeteilt (*decuriae apparitorum*); zu ihnen traten oft die persönlichen Freigelassenen des Magistrats. Die städtischen Magistrate, der Kaiser und die neuen Magistrate (Kuratoren, Stadtpräfekt) besaßen feste Apparitoren. Die wichtigsten davon sind die Schreiber, die Liktoren und die *viatores*. Die Schreiber (*scribae*) waren von höherem Sozialrang, nahe dem Ritterstand, und standen den meisten Magistraten und Promagistraten zur Seite. Unter der Oberaufsicht der beiden städtischen Quästoren waren sie bei der Staatskasse für die Finanzbuchhaltung und die Führung der öffentlichen Archive verantwortlich. Ferner hatte jeder Prokonsul neben seinem Quästor zwei Schreiber, die die Buchhaltung für die ihm aus der Staatskasse bewilligten Summen erledigten. Auch alle Magistrate mit Ausnahme der Konsuln verfügten über einen Schreiber. Man weiß recht wenig über ihren Tätigkeitsbereich, aber er wird wohl dem der Schreiber der Prätoren geähnelt haben, die bei Gerichtsverhandlungen mitschrieben, Dekrete vorbereiteten und die Verlesung der Akten vor den Gerichtshöfen besorgten. Die praktische Schreibtätigkeit wurde wohl subalternen Kopisten übertragen, die wahrscheinlich Staatssklaven waren. Die Liktoren waren gewöhnlich Freigelassene und trugen die Rutenbündel, das Symbol der Gewalt eines Imperiumsträgers. Sie marschierten diesen voran, trieben die Menge auseinander und sorgten dafür, daß dem Magistrat Ehre erwiesen wurde; er konnte durch sie Verhaftungen vornehmen, ja sogar Hinrichtungen vollziehen lassen. Die Zahl der Liktoren für Magistrate und

Prokonsuln hatte sich seit der Republik nicht verändert [Nicolet 54, Tabelle III], man erweiterte jedoch das System. Nachdem Augustus am 1. Januar 28 die 24 Rutenbündel verloren hatte, die ihn als Triumvir begleitet hatten, und er 23 v. Chr. beschlossen hatte, das Konsulat nicht mehr zu bekleiden, erhielt er 19 v. Chr. eine ständige Begleitung von zwölf Liktoren in Rom und außerhalb [Cass. Dio. 54. 10. 5, S. 24]. Unter Domitian kam der Prinzeps wieder zu den 24 Rutenbündeln, dem Symbol der Totalität seiner Macht [Cass. Dio. 67. 4. 3]. Die neuen Ämter prätorischen und konsularischen Ranges waren möglicherweise mit zwei Rutenbündeln ausgestattet, wenn ihre Inhaber Funktionen außerhalb von Rom verrichteten (Straßenkuratoren; Präfekten der Stadt, der Saturn- und der Militärkasse). Die *legati Augusti propraetore* jeden Ranges hatten nur fünf *fasces*, da sie ja (im Gegensatz zu den Prokonsuln, die von sechs Liktoren begleitet wurden) lediglich eine übertragene Macht innehatten. Die Legaten der Prokonsuln und die Provinzquästoren besaßen dementsprechend vermutlich auch weniger als sechs Rutenbündel. Ferner hatten alle Beamte prätorischen oder konsularischen Ranges (also auch der Kaiser und die neuen Magistrate) *accensi* („Amtsdiener"). Sie fungierten mehr als Vertrauensleute denn als Apparitoren und wurden so häufig unter den persönlichen Freigelassenen des Magistrats ausgewählt. Alle Magistrate hatten außerdem in Rom *viatores*. Deren Aufgaben entsprachen denen der Liktoren, vor allem bei Beamten ohne Imperium und damit ohne Liktorenbegleitung. Man setzte sie z. B. ein, um den Senat zusammenzurufen, gerichtliche Vorladungen zu überbringen, Personen gewaltsam vorzuführen oder auch um Beschlagnahmungen vorzunehmen. Die meisten *viatores* waren Freigelassene. Außerdem verfügten die meisten Magistrate über einen Herold (*praeco*) und, damit sie ihren kultischen Aufgaben nachkommen konnten, über einen Opferschlachter, einen Eingeweideschauer, einen Hühnerwärter und einen Flötenspieler (*tibicen*). Zu diesem Stab, der an der Spitze des *officium* eines Magistrats stand, kamen noch einige Helfer niedrigeren Ranges, die sich um die praktischen Aufgaben der Kanzlei kümmerten. Da diese jedoch häufig weniger dem *officium* als vielmehr den Abteilungen zugeordnet waren, die die Magistrate verwalteten (wie Staatsschatz oder Aquädukte), werden wir auf sie bei der Beschreibung der kaiserlichen Verwaltung zurückkommen.

Die Betrachtung der öffentlichen Ämter hinterläßt einen zweifachen Eindruck. Erstens hatten sämtliche Magistrate und Promagistrate unleugbar ihre althergebrachte Autonomie verloren und wurden unterstützt wie kontrolliert von der Macht des Kaisers. Die Magistrate behielten ihre Handlungsfreiheit eigentlich nur bei der Erledigung alltäglicher Aufgaben. Doch selbst dabei wurden sie allmählich der Oberaufsicht von Kuratoren und Präfekten unterstellt, die ihnen nach und nach ihre Befugnisse nahmen. Am meisten Macht verloren die Tribunen und die Konsuln: jene wurden zu einer Art römischer „Lokalbeamten", diese zu hohen Würdenträgern, die sich die Qualifikation für die wichtigsten Posten erwarben. Gleichzeitig hinterläßt die große Zahl der Suffektenkonsuln und die Möglichkeit des Konsulats in absentia den Eindruck, daß deren Befugnisse recht diffus und überhaupt wenig effizent waren, zumal wenn man die Machtfülle der mehrjährigen, nicht-kollegialen Posten (wie *curae* oder Stadtpräfektur) danebenstellt. Die Verwaltungs- und Regierungsvollmachten erscheinen in gewisser Weise spezialisiert und konzentriert. Da die niederen Magistraturen nicht länger als politische Instrumente zur Eroberung der Macht angesehen wurden, konnten sie effektiver als früher ihren eigentlichen Aufgaben in der Verwaltung nachkommen. Auch die vom Volk bestellten Promagistrate (d. h. die Statthalter der sog. senatorischen Provinzen) hatten ihre Eigenständigkeit verloren, obwohl sie über reale Regierungs- und Verwaltungsmacht verfügten. Echte Macht besaßen allein die Inhaber derjenigen senatorischen Posten, die vom Kaiser vergeben wurden, also die Legaten, die Kuratoren, die Stadtpräfekten. Obwohl die traditionellen Ämter so allmählich zu qualifizierten Verwaltungsposten degradiert wurden, bleibt als Faktum, daß die Kaiser sie nicht abgeschafft haben. Größtenteils erledigten *sie* die Verwaltung Roms, Italiens und der Provinzen. Das Überleben der alten Magistraturen trotz aller Veränderungen zeigt, wie sehr in Rom und in den Augen aller römischen Bürger das alte Bild der Stadt lebendig geblieben war. Solange diese Vorstellung, die mehr in der Vergangenheit als in der Realität verankert war, weiterlebte, mußten die Magistraturen fortbestehen, sollte dieses Bild nicht zerstört werden. Und vor Gallienus' Zeit zog man dies nicht ernstlich in Erwägung.

Die zweite Auffälligkeit ist, wie klein die Zahl derer war, die im Reich wirklich große Verantwortung trugen. In Italien und Rom lassen sich im Lauf des 2. Jhs. im Schnitt wenig mehr als 70 Würdenträger senatorischen Ranges zählen, zu denen man noch die Vigintivirn und die senatorischen Militärtribunen hinzufügen könnte; dazu kommen noch rund 84 Posten in den Provinzen [für Einzelheiten Eck 868, S. 227 ff.]. Da es nur geringfügige Schwankungen gab, kann man davon ausgehen, daß die Zahl der Senatoren (oder angehenden Senatoren) mit verantwortungsvollen Posten unter Augustus bei jährlich 180, unter Traian bei jährlich 206 und unter Septimius Severus bei jährlich 215 Personen lag. Wenn wir auch dabei die hohen Würdenträger aus dem Ritterstand sowie Senatoren mit Sondermissionen unberücksichtigt gelassen haben, ist diese Zahl winzig für ein Reich, das den gesamten Mittelmeerraum und einen großen Teil Westeuropas umfaßte; sie zeigt, daß man von vornherein Begriffe wie römische „Macht", „Präsenz", „Herrschaft" oder „Verwaltung" differenziert zu gebrauchen hat. Das Reich war zwar „römisch", doch darf man es sich nicht wie die modernen Kolonien vorstellen. Die Handlungsmöglichkeiten der kaiserlichen oder senatorischen Zentralmacht waren anders und deutlich eingeschränkter als die von Kolonialverwaltungen der Neuzeit.

2.1.3 Der Senat

Wie die übrigen großen republikanischen Einrichtungen spielte der Senat in der Prinzipatszeit weiter seine traditionelle Rolle. Seine Kompetenzen wurden sogar um einige Bereiche erweitert. Unbestreitbar jedoch war die Zeit der absoluten Vormacht des Senats vorbei, und das schon längst, nämlich seit dem Zeitpunkt, als der zukünftige Augustus seine Sondervollmachten niederlegte und mit Senat und Volk eine neue Regierungsordnung aushandelte. Seitdem gibt es fast keine Belege mehr dafür, daß die Senatoren sich geweigert hätten, den Vorschlägen des Prinzeps zu folgen. Das bedeutet aber nicht, daß der Kaiser allein regiert hätte, wie moderne Historiker manchmal schreiben [Brunt 345]. Wie die Magistraturen und wohl auch die Komitien war der Senat Teil der kaiserlichen Regierung, und der Prinzeps bediente sich der Kompetenzen dieses in der *res publica* so tief verwurzelten Rates ebensosehr aus politischem Kalkül wie aus Pragmatismus [Talbert 352].

Der Senat bestand aus allen ehemaligen Magistraten und den *adlecti* [S. 390]; er zählte etwa 600 Mitglieder, nachdem der spätere Augustus im Jahr 29 v. Chr. die aus Caesars Zeit und den Bürgerkriegen ererbte Liste von 900 Senatoren überarbeitet hatte [Cass. Dio 52. 42. 2]. Weitere Revisionen fanden 13/11 v. Chr. und 4 n. Chr. statt; nach den letzten bekannten Revisionen, die bei den Zensus von Claudius (48) bzw. von Vespasian und Titus (73/74) durchgeführt wurden, ergänzte man die Reihen des Senats durch die jährliche Aufnahme der ausscheidenden Quästoren sowie durch Adlektion [Talbert 352, S. 131ff.].

Die ständige Abwesenheit der Senatoren war ein altes Problem, dem Augustus abzuhelfen versuchte. 11 v. Chr. hob er eine Regelung auf, nach der kein Senatsdekret gefaßt werden konnte, wenn weniger als 400 Senatoren anwesend waren. 9 v. Chr. brachte er ein Gesetz (*lex Iulia de senatu habendo*) zur Abstimmung, das den Ablauf der Senatssitzungen regelte oder vielmehr die gültigen Gepflogenheiten kodifizierte. Von diesem Gesetz kennen wir nur Einzelregelungen, die Sitzungen zu festgelegten Daten fixierten, Quoren festlegten und die Strafen für Fehlen verschärften [Cass. Dio 55. 3. 1ff.; Suet. Aug. 35; Chastagnol 346; Talbert 352, S. 222ff.]. Der Senat versammelte sich zweimal im Monat, an den Kalenden (1.) und an den Iden

(13. oder 15., je nach Monat), und an diesen Tagen durfte kein Gericht und keine Versammlung, wo die Anwesenheit von Senatoren nötig war, zusammentreten. Der Senat tagte also mindestens 24mal pro Jahr, wobei die Sitzungen manchmal mehrere Tage lang dauerten. Dazu dürften noch ein paar außerordentliche Sitzungen gekommen sein. Während der „Ferien" im September/Oktober war wohl nur eine Gruppe von ausgelosten Senatoren in Rom anwesend. Diese Regel galt vielleicht auch für die traditionellen „Ferien" im April/Mai. Augustus und seine Nachfolger verboten in derselben Intention den Senatoren, Italien ohne Erlaubnis zu verlassen. Claudius vergrößerte die Zone, in der sich die Senatoren ohne Genehmigung bewegen durften; insbesondere konnten sie jetzt ihre Besitzungen auf Sizilien oder in der Narbonensis besuchen. Wahrscheinlich aufgrund der langsamen Veränderung des Verfahrens und der soziologischen Zusammensetzung des Senats wurde trotzdem wieder mehr geschwänzt, was z. B. Septimius Severus und Caracalla dazu veranlaßte, den Radius, in dem ein Senator eine Vormundschaft ausüben konnte, auf 200 Meilen um Rom einzugrenzen [Talbert 352, S. 143; vgl. Cass. Dio. 77. 20. 1]. Die Zahl der Fehlenden schwankte auch nach Jahreszeit. Zu Beginn des Jahres, wenn die Magistrate ihr Amt antraten, die feierlichen Gelöbnisse für das Wohl des Staates und des Kaisers gesprochen und die Eide auf die Verfügungen der Kaiser (*in acta Caesarum*) geleistet wurden, befanden sich viele Senatoren in Rom. Ab April nahm dagegen wegen der traditionellen Ferien und der Abreise der angehenden Provinzstatthalter die Zahl der Senatoren in Rom und in der Kurie deutlich ab.

Meistens versammelte sich der Senat auf dem Forum oder in der *curia Iulia*, aber er konnte auch an jedem anderen „inaugurierten" Ort (solch einen Platz nannte man *templum*, d. h. er war rituell von einem Augur abgesteckt) im Umkreis von einer Meile zusammentreten. So tagte man auch im Juppiterheiligtum auf dem Kapitol, im Mars-Ultor-Tempel auf dem Augustus-Forum, in der Bibliothek, die im heiligen Bezirk (*templum*) des Apollo-Tempels auf dem Palatin stand, oder auf dem Marsfeld in einem Gebäude der *saepta Iulia* (in dem für die Volksversammlungen „inaugurierten" Bereich). Die Senatoren saßen auf Bänken, die Konsuln (und der Kaiser), die den Vorsitz innehatten, thronten auf einer Tribüne, in deren Nähe die Bänke der Prätoren und Volkstribunen standen. Die *curia Iulia* beherbergte berühmte Kunstwerke, vor allem die Viktoria-Statue samt Altar, die Augustus am 28. August 29 v. Chr. zur Erinnerung an seine Triumphe gestiftet hatte [Cass. Dio. 51. 22. 1f.]. Dort konnte man auch den berühmten Schild mit den Tugenden von Augustus [*clipeus virtutis*, S. 18] und verschiedene Kaiserstatuen und -bildnisse bewundern.

2.1.3.1 Das Verfahren

Zwar konnte sich der Senat durchaus auch informell und selbständig versammeln, doch er durfte nur dann Entscheidungen fällen, wenn er von einem hohen Magistrat (Konsul, Prätor, Tribun) oder dem Kaiser zusammengerufen worden war. Dies geschah schriftlich (durch Briefe, die die *viatores* des Magistrats zustellten) oder durch öffentliche Ausrufung (was der *praeco* besorgte). Die Sitzung begann bei Sonnenaufgang, sobald der versammelnde Magistrat eingetroffen war. Normalerweise endete sie spätestens mit Sonnenuntergang [zur Länge von Senatssitzungen, vgl. Talbert 352, S. 502ff.], aber in bestimmten Fällen, insbesondere bei gerichtlichen Anhörungen, konnten die Sitzungen mehrere Tage lang dauern. Es kam auch vor, daß der Senat am selben Tag zweimal zusammengerufen wurde. Die Senatssitzungen waren öffentlich; die Türen des Versammlungsortes mußten geöffnet bleiben, was zahlreiche Zuschauer nutzten. Die Senatsversammlungen folgten einer Art Kalender. Zu Jahresbeginn, wenn die ordentlichen Konsuln, die Prätoren und die Ädilen ihre Ämter antraten, fanden im Senat einige Reden sowie Eidesleistungen der Magistrate und Senatoren „auf die Verfügungen der Caesaren" statt; auch erfolgten die Gelöbnisse für das Wohl des Staates und des Kaisers. Dann wählte der Senat gemäß den neuen Gewohnheiten, die im 1. Jh. entstanden, verschiedene Beamte. Nach Talbert [352, S. 202ff.] bestimmten die Senatoren seit den Flaviern im Januar, wahrscheinlich am 12., die Suffektenkonsuln für das laufende Jahr, sowie die Tribunen und Quästoren, die ihr Amt am 10. bzw. 5. Dezember antreten würden, und auch Prätoren und Ädilen für das nächste Jahr. Bald danach wird man die Verlosungen der Prokonsulate durchgeführt haben. Neben diesen regelmäßigen Wahlsitzungen gab es bei Bedarf Priesterernennungen oder Konsultationen über die Nominierung von diesem oder jenem Kurator durch den Prinzeps.

Die Senatssitzungen folgten komplizierten Verfahrensregeln, die teilweise durch die *lex Iulia* von 9 v. Chr. [S. 72] kodifiziert worden waren. Die Sitzung begann mit einem Weihrauch- und Weinopfer der Senatoren für die Gottheiten, die die Hausherren ihres Versammlungslokals waren [Suet. Aug. 35. 3; Cass. Dio 54. 30. 1] oder, falls die Sitzung in der Kurie stattfand, für Viktoria [Herodian. 5. 5.7]. Vorher scheint der Magistrat, der den Senat zusammengerufen hatte, geopfert und Auspizien vorgenommen zu haben [Cass. Dio. 74. 13. 3; 14. 4]. Wenn niemand Danksagungen an den Senat oder an den Prinzeps richtete und wenn kein Senator den vorsitzenden Magistrat darum bat, die Versammlung mit einer unvorgesehenen Angelegenheit befassen zu dürfen, schrieb die Tradition vor, daß der vorsitzende Magistrat dem Senat die ihm notwendigen Anträge, beginnend mit religiösen Fragen, unterbreitete. Der Prinzeps besaß das Privileg des ersten Antrags (*relatio*), das man anscheinend auf Mitregenten ausweitete [Nicolet 349]. Sobald der Vorsitzende das Problem dargelegt hatte, befragte er die Senatoren (*interrogatio*) gewöhnlich in der Reihenfolge ihrer Anciennität, den Kaiser aber (sofern er anwesend war) als ersten. Amtierende Magistrate durften jederzeit das Wort ergreifen. Befragungen und Abstimmungen liefen wie zur Zeit der Republik ab [Nicolet 54, S. 386ff.]. Sobald man einen Senatsbeschluß gefaßt hatte, mußte er von einem Ausschuß von etwa sechs Senatoren schriftlich niedergelegt und im *aerarium Saturni* archiviert werden; jedoch konnte sogar noch zu diesem Zeitpunkt ein Senatsbeschluß durch den Widerspruch des Kaisers (kraft seiner tribunizischen Gewalt) oder theoretisch auch durch den eines Volkstribunen annulliert werden. Manche Senatsbeschlüsse wurden den Betroffenen durch Apparitoren zur Kenntnis gebracht oder (bei Gemeinden) durch ein kaiserliches Schreiben mitgeteilt (z. B. die Edikte von Kyrene). Sie wurden wahrscheinlich nicht immer publiziert, ausgehängt oder gar in Bronze geschnitten. Die *Tabula Siarensis* legt vielmehr die Vermutung nahe, daß der Senat die Entscheidung, einen Beschluß verbreiten und aushängen (*proponere*) zu lassen, jedes Mal ausdrücklich fassen mußte. Manchmal hängte man auch Kaiserreden aus (z. B. die Tafel von Lyon), und außerdem konnten verschiedene Auszüge durch die „Tagesakten des römischen Volks", einer Art Zeitung, in Umlauf kommen. Trotzdem: Die Senatsbeschlüsse wurden nicht systematisch publiziert, und die eigentlichen Debatten, die man mit tironischen Noten erfaßte (d. h. mitstenographierte), blieben gänzlich unveröffentlicht.

Ganz wie Kaiser und Statthalter delegierte der Senat praktisch nie seine Befugnisse weiter, weswegen nur selten Ausschüsse gebildet wurden [einige Beispiele bei Talbert 352, S. 286ff.]. Zu einem unbekannten Zeitpunkt versuchte Augustus ein beratendes Gremium einzurichten, das ihm sechs Monate lang bei der Voruntersuchung von Angelegenheiten helfen sollte, die er dem Senat vorlegen wollte [Suet. Aug. 35. 3; Cass. Dio 53. 21. 4f.]. Dieser Rat – der nicht mit dem „Kaiserrat" (*consilium principis*) verwechselt werden darf, den der Prinzeps völlig nach Belieben bilden konnte und in dem sich auch Ritter fanden – ist explizit in der Einleitung des *senatus consultum Calvisianum* erwähnt [Girard 65, S. 416]. Er bestand aus den Konsuln, je einem Mitglied aller anderen Magistratskollegien und 15 ausgelosten Senatoren. Im Jahr 13 erhielt dieser Rat sogar das Recht, Entscheidungen mit der Kraft eines Senatsbeschlusses zu fällen. Zum gleichen Zeitpunkt schaffte man die Auslosung ab, und der Prinzeps erhielt das Recht, für diesen Rat (in dem auch Angehörige der Kaiserfamilie saßen) weitere Mitglieder zu benennen. Doch seit Beginn der Regierungszeit des Tiberius wurde dieser Rat ungebräuchlich, und nur der Kaiserrat existierte weiter, der sich aus „Freunden“ (*amici* und *comites*) und Beratern (hohe Präfekten, Leiter der großen Zentralbehörden, seit Marc Aurel auch Juristen, die *consiliarii*) zusammensetzte und dem Stab ähnelte, mit dem sich alle Magistrate und Promagistrate umgaben. Der Kaiserrat spielte bei der Vorbereitung von Senatsdebatten und -beschlüssen keine Rolle [379; 386; 387].

Das Verfahren des Senats wandelte sich im Lauf des 2. Jhs. ein wenig, doch ist das Quellenmaterial zu dürftig, als daß man alle Details dieser Entwicklung darstellen könnte. Zunächst zeigt sich eine deutliche Veränderung bei der Abfassung der Senatsbeschlüsse, denn die erhaltenen Schriftstücke [z. B. AE 1977, 801] beschränken sich anscheinend darauf, entweder die *relatio* des Kaisers (genannt *oratio*, „Rede“) oder die zuerst abgegebene Ansicht zu zitieren. Weniger bedeutsame Anträge verabschiedete man gewöhnlich ohne Debatte. Jedoch hat es anscheinend – nach der eingehenden Untersuchung von Talbert [352, S. 292ff.] – bei umstrittenen Themen echte Diskussionen gegeben, ob es sich nun um einen Antrag vom Kaiser oder von Magistraten handelte [vgl. z. B. ILS 5163, Z. 27ff.; engl. Übers. bei Talbert 352, S. 291ff.]. Juristen der Hohen Kaiserzeit, die jedes kaiserliche Edikt als Gesetz betrachteten, zitieren neben kaiserlichen *orationes* auch Senatsbeschlüsse, und manchmal sogar an deren Stelle. Wir haben kein klares Bild vom Umfang der Senatsdebatten und ihren realen Auswirkungen; jedenfalls sollte uns ihre Existenz davor warnen zu glauben, daß der Senat seine traditionelle Rolle ab den Flaviern (oder Hadrian) eingebüßt hätte. Die Passivität des Senats war eine alte Krankheit des *ordo*, und schon Augustus und Claudius hatten sie gegeißelt [Suet. Aug. 35; Girard 65, S. 313ff.]; dies allein reicht nicht aus, um die Verachtung der Kaiser für die Meinung der Senatoren zu beweisen. Auch hat Talbert [352, S. 297ff.] gezeigt, daß keine Quelle die allmähliche Einstellung von Wahlverfahren zugunsten serviler Akklamationen belegt. Akklamationen, ob nun inszeniert oder spontan, sind seit dem Beginn unserer Zeitrechnung belegt, aber sie blieben anscheinend stets informell.

2.1.3.2 Die Kompetenzen des Senats

So, wie sich die Verfahrensweise des Senats relativ wenig gewandelt hatte, blieben auch die traditionellerweise dem Senates vorbehaltenen Bereiche weiter in seiner Zuständigkeit [Talbert 352, S. 372ff.]. Der Senat bekam sogar zunächst einige administrative Aufgaben zusätzlich übertragen, die eigentlich Magistraten, Präfekten oder Kuratoren zufielen. Die Kaiser waren nämlich dazu übergegangen, den Senat bei Fragen aus diesen Verwaltungsbereichen zu konsultieren (Lebensmittelverteilungen, italische Straßen, Aquädukte, Tiber-Ufer, Kloaken, öffentliche Gebäude). Aber die Rolle des

Senats beschränkte sich bald auf die Zustimmung zu den Kandidaten des Kaisers für diese Magistraturen, und so entglitt ihm der Einfluß auf die Auswahl der Verantwortlichen und die Verwaltung dieser Bereiche. Dagegen blieben die Finanzen der *res publica* in der Zuständigkeit des Senats. Zwar wurde die kaiserliche Kasse immer mehr zur eigentlichen Staatskasse, weswegen dem Kaiser die reale Autorität in Finanzfragen zukam, doch das alte *aerarium Saturni* und die öffentlichen Gelder verwaltete weiterhin der Senat. Er hatte Einfluß auf die Ernennung der Verantwortlichen für die Staatskasse, entschied über Verfahrensfragen [Talbert 352, S. 375ff.], und außerdem wurde er von den Kaisern bei wichtigen Finanzfragen konsultiert, wie bei der Einrichtung des *aerarium militare*, Steuernerhöhungen oder der Vergabe von Krediten. Der Senat legte auch weiterhin die Summen fest, die Magistraten, Prokonsuln und manchmal sogar dem Kaiser zur Verfügung gestellt wurden. So etwas wie einen Staatshaushalt war ihm jedoch fremd – nur die Kaiser stellten ein Budget auf und verwalteten es. Wie zu Zeiten der Republik (aber ohne die fünfjährige Kontrolle der Zensoren, an deren Stelle bald die kaiserliche Verwaltung getreten war) verwalteten der Senat und die Verantwortlichen des *aerarium Saturni* die täglichen Ein- und Ausgänge der Staatskasse, die öffentlichen Archive und alle damit zusammenhängenden Vorgänge. „Ich sitze vorn auf meinem Tribunal, mache Anmerkungen zu Eingaben, verfertige Rechnungen, und schreibe zahllose, doch ungemein literaturferne Schriftstücke" – so faßt Plinius der Jüngere sein Amt als Schatz-Präfekt zusammen [epist. 1.10.9]. Dem *aerarium Saturni* fehlten häufig die Mittel, um effizient arbeiten zu können. Während der julisch-claudischen Zeit gewährten ihm die Kaiser mitunter Darlehen oder bezahlten seine Ausstände [z. B. Tac. ann. 13.31; 15.18], doch allmählich ließen diese Bemühungen zur Unterstützung des Staatsschatzes nach, und die Grenze zwischen den Privatfinanzen des Kaisers und dem Geld, das er im Namen des Staates verwaltete, begann zu verschwimmen [S. 107].

Die Kompetenzen des Senates bei der Münzprägung sind unklar. Die Numismatiker streiten noch immer über die Bedeutung der Buchstaben *ex s. c.* oder *s. c.* (*ex senatus consulto*, „kraft Senatsbeschluß"), die auf den Bronzemünzen zu lesen sind (As, Dupondius und Sesterz). Die Rolle des Senats bei der Bronzeprägung zu bestimmen, ist schwierig; mit Sicherheit hatte der Kaiser auch in diesem Bereich das Sagen [Bay 397; Sutherland 43, S. 11; Burnett 398; Kunisz 407, S. 16; Giard 40, Bd. I, S. 7ff.]. Vermutlich bezogen sich diese Markierungen auf einen Senatsbeschluß, der diese Münzen gegenüber Lokalprägungen autorisierte. Da lokale Autoritäten nur Bronzemünzen ausgeben durften, trugen die römischen Edelmetallmünzen nicht die Marke *S. C.* [Wallace-Hadrill 412].

Der Senat behielt auch bei Fragen der inneren Sicherheit in Rom und Italien, zumindest bis zum Ende des 1. Jhs., den größten Teil seiner direkten Kompetenzen. Er bekam dabei allerdings immer mehr Konkurrenz durch den Kaiser, der die einzelnen Magistrate und die jeweils Verantwortlichen überwachte. Gleichwohl beweisen zahlreichen Senatsbeschlüsse, die religiöse Gruppierungen, die die innere Sicherheit gefährdeten, verboten, die lokale Konflikte regelten und öffentliche Spiele, Schauspieler und Kollegien kontrollierten [z. B. Tac. ann. 2. 85; 14. 17; Ios. ant. Iud. 18. 83], daß er weiterhin mit dieser Aufgabe zu tun hatte. Der Senat wurde auch in jeder Frage konsultiert, die die öffentliche Religion betraf. Auch beschloß er über die posthumen oder göttlichen Ehrungen für verstorbene Kaiser. Die *Tabula Hebana* und die *Tabula Siarensis* [AE 1984, 508] liefern ein detailliertes Beispiel für die Aktivität des Senats zu Ehren des verstorbenen Germanicus (19/20). Der Senat wurde gleichfalls bei der Einführung neuer Feiern, der Organisation von Opfern, Gelöbnissen oder außerordentlichen Zeremonien ins Benehmen gesetzt und kontrollierte die Priesterkollegien. Natürlich war auch in diesem Bereich der Wille der Kaisers letztlich entscheidend, doch galt, wie es der Vorsitzende des Kollegiums der Quindezimvirn im Jahr 203 bezüglich der Säkularspiele ausdrückte: „Die (vorsehende) Initiative gehört den Kaisern, die Erfüllung den Senatoren" [*pro[vi]dentia principalis est, p[atrum] cu[ra]*; Pighi, De ludibus saecularibus, Amsterdam ^{2}1965, S. 140, Z. 7].

Die Verwaltung der senatorischen Provinzen durch die im Senat ausgelosten Prokonsuln fiel im Prinzip unter die Kontrolle des Senats. Aber die Realität war nicht ganz so einfach, denn der Kaiser konnte den Prokonsuln Instruktionen geben, und diese durften sich ihrerseits an ihn wenden [Plassart, Fouilles de Delphes, III. 4. 3, Paris 1970, Nr. 286; Oliver 351]. Allerdings blieb die Zahl der senatorischen Provinzen bis zum Ende des 2. Jhs. konstant (trotz Änderungen in der Aufteilung [S. 182]), und die senatorische Gesetzgebung erstreckte sich auf alle Provinzen. Der Senat entschied bei Anklagen wegen Amtsmißbrauch; der Kaiser leitete oft Provinzalangelegenheiten, die ihm angetragen worden waren, an den Senat weiter und bezog ihn durch die Veranlassung von Senatsbeschlüssen häufig mit ein (z. B., um den Status einer Provinz zu ändern). Die Intention des Kaisers, den Senat an der Regierungstätigkeit teilhaben zu lassen, wird auch aus den zahlreichen Botschafterdelegationen deutlich, die der Senat empfing. Selbst wenn die Zahl dieser Gesandtschaften seit dem Beginn des Prinzipats abgenommen hatte, gab es sie das ganze 1. Jh. über [z. B. Tac. ann. 2. 35; 12. 58 und 62ff.; AE 1959, 13]; noch im 3. Jh. beweisen einige Quellen implizit ihre Existenz [AE 1966, 436; Reynolds 700, Nr. 48, 1. 19ff.]. Nero versuchte, die diplomatische Aktivität des Senats auf die senatorischen Provinzen zu beschränken [Tac. ann. 15. 22], aber diese Maßnahme griff anscheinend nur kurze Zeit. Allerdings wandten sich die meisten Gesandtschaften unabstreitbar an den Kaiser, und diese Tendenz vergrößerte sich noch am Ende des 2. Jhs. Nachzutragen bleibt, daß der Senat den ganzen militärisch-strategischen Bereich und zumal das Recht, über Krieg und Frieden zu entscheiden, fast völlig an den Prinzeps verlor.

Solch bedeutende Kompetenzen gingen zwar verloren, doch wurden die Befugnisse des Senats in anderen Bereichen erweitert, nämlich bei den Wahlen, der Rechtsprechung und der Gesetzgebung. Oben haben wir bereits die Rolle des Senats bei der Kaiserinvestitur dargelegt. Weit weniger bedeutend, aber immerhin faktisch vorhanden war die prädominante Rolle, die der Senat seit Tiberius bei der Wahl der Magistrate und der öffentlichen Priester spielte. Die Beteiligung des Senats an der Auswahl der Kandidaten, die man dann von den Komitien formell wählen ließ, wurde bereits erwähnt. Wir kennen den Ablauf dieses Auswahlverfahrens innerhalb des Senats nicht im Detail. Man weiß lediglich, daß der Kaiser eine Liste mit freien Posten und möglichen Kandidaten aufstellte. Wen der Prinzeps empfahl (*commendatus*), wurde in jedem Fall gewählt. Die restlichen Stellen besetzte man mit Senatoren. Am Tag der Komitien traten die Kandidaten vor dem Senat auf, hoben ihre Verdienste heraus und baten einige der älteren Senatoren, für sie zu sprechen [Plin. epist. 3. 20]. Nach dieser Vorstellung wählten die Senatoren vermutlich en bloc. Doch laut Plinius war der Wettstreit und das Chaos in diesen Sitzungen zu Beginn des 2. Jhs. so groß geworden, daß man auf Geheimabstimmungen zurückgreifen mußte, um den Einfluß der Patronage einzudämmen; wir wissen nicht, wie dauerhaft diese Reform war. Jedenfalls existiert noch im 3. Jh. der Tag der Komitien [Cass. Dio 78. 14. 2], obwohl man annehmen muß, daß zu dieser Zeit der Einfluß des Kaisers allentscheidend war [zuletzt Holladay 330].

Neben den zahlreichen Auslosungen von Senatoren oder Magistraten für verschiedene Aufgaben [Talbert 352, S. 347 ff.] wählte der Senat allein (d. h. ohne Bestätigung durch die Komitien) die neuen Magistrate, die seit dem Beginn des Prinzipats eingerichtet worden waren. Das Verfahren bei diesen „Wahlen" war unterschiedlich: Die *praefecti frumenti dandi* loste man unter Kandidaten aus, die von den einzelnen Magistraten vorgeschlagen worden waren [Cass. Dio 54. 17. 1]. Den *curator aquarum* und die *curatores operum publicorum* ernannte der Kaiser, wahrscheinlich nach einem Senatsvorschlag [Frontin. aqu. 100, 104]. Die Kuratoren des Tiberbetts wurden ausgelost. Der Senat könnte auch an der Auswahl des Stadtpräfekten beteiligt gewesen sein, wenn man das der Historia Augusta glauben will [Alex. Sever. 19]. Die Vorphase der Priesterwahlen fand seit Tiberius im Senat statt. Die Mitglieder der vier großen Priesterkollegien gaben jedes Jahr prophylaktisch Kandidaten für vakant werdende Stellen bekannt. Sobald eine Vakanz erklärt wurde, wählten die Senatoren unter den Kandidaten des Jahres einen aus, den sie dann wahrscheinlich den Priesterkomitien präsentierten. Jedenfalls versammelten sich diese noch im 1. Jh., um den Kaisern die großen Priestertümer zu übertragen [S. 27].

Zur Zeit der Republik waren die Senatsbeschlüsse (*senatus consulta*) Meinungsäußerungen an ratsuchende Magistrate. In der Kaiserzeit erhielten die Senatsbeschlüsse allmählich Gesetzeskraft [Gaius inst. 1. 4; Ulp. Dig. 1. 3. 4]. Diese Entwicklung war nicht wirklich neu. Sie basierte auf der Tradition, daß es in gewissen Bereichen (Finanzen, Außenpolitik, Provinzenverteilung, öffentliche Ordnung [vgl. Nicolet 54, S. 382ff.]) als verpflichtend betrachtet wurde, den Senat um seine Meinung zu bitten und dieser dann auch Folge zu leisten, wenn auch die Senatsbeschlüsse erst durch die Autorität eines Magistrats Gesetzeskraft erlangten. In der Kaiserzeit garantierte in gewisser Weise der Prinzeps die Verwirklichung der Senatsbeschlüsse, was nur aufgrund des Rückgangs, ja Verschwindens der Gesetzgebung durch das Volk verständlich wird. Soweit wir es auf der Grundlage der Liste der kaiserzeitlichen Senatsbeschlüsse [Talbert 352, S. 438ff.] beurteilen können, war der Senat in der Gesetzgebung bis weit ins 3. Jh. hinein sehr produktiv, insbesondere wenn man in Betracht zieht, daß wir vielleicht nur einen kleinen Bruchteil aller Senatsbeschlüsse kennen und daß sich unser Wissen meist auf ein oder zwei „Artikel“ pro Senatsbeschluß beschränkt. Gewisse Rechtsgebiete erscheinen besonders häufig, nämlich der persönliche Rechtsstatus (besonders von Sklaven und Freigelassenen), Erbschaften und die Aufrechterhaltung der öffentlichen Ordnung. Doch ist unklar, weswegen die Kaiser bestimmte Fragen im Senat regeln ließen, andere aber nicht.

Der Senat erhielt ferner einen neuen Zuständigkeitsbereich [für frühere Ansätze, s. Nicolet 54, S. 377ff.]. Nach Beendigung der Bürgerkriege wirkte der Senat an der Verurteilung der Verschwörer gegen den zukünftigen Augustus mit [App. civ. 3. 95], und solange Augustus herrschte, konnte der Senat bei Majestätsverletzungen und Verschwörungen mitreden [z. B. 26 v. Chr., Cass. Dio. 53. 23. 7]. Aber die Quellen sind vage, und gewöhnlich wurde der Fall vor einem traditionellen Gerichtshof verhandelt [Cass. Dio 53. 23. 7]. So ist es also schwierig zu entscheiden, ob der Senat per Gesetz oder einfach durch eine Weiterentwicklung seiner Kompetenzen zu dieser judikativen Zuständigkeit kam [Talbert 352, S. 463ff.]. Die ersten Belege für Fälle, die vom Senat verhandelt wurden, stammen aus den Jahren 8/12 und 13 n. Chr. [Tac. ann. 1. 72. 4; Cass. Dio 56. 27. 1; Tac. ann. 3. 68. 1]. Während Piso, der mutmaßliche Mörder von Germanicus, 19 n. Chr. erwartete, vor dem Gerichtshof für Vergiftungen (*quaestio de veneficiis*) angeklagt zu werden, beschloß Tiberius, diesen Fall vor den Senat zu bringen [Tac. ann. 2. 79]. Seit diesem Zeitpunkt bestand das Senatsgericht. Die judikative Funktion war mit Sicherheit die wichtigste Kompetenz des kaiserzeitlichen Senats. Sie beanspruchte bis weit ins 3. Jh. hinein, trotz des wachsenden Einflusses der kaiserlichen Rechtsprechung, einen großen Teil der Sitzungen. Die senatorische Rechtsprechung bildete keine Konkurrenz zu den traditionellen Gerichtshöfen. Sie untersuchte nur besondere Fälle, wie Unterschlagung durch Statthalter (Fälle *de repetundis* oder *repetundarum*), Majestätsverletzung (*maiestas*), unerlaubte öffentliche Gewalt (*vis publica*), Ehebruch oder Verleumdung bei Senatoren, kurz: sämtliche Fälle von großem allgemeinem Interesse [z. B. Tac. ann. 4. 15; Suet. Tib 30; Tac. ann. 4. 62f.]. Die traditionellen Gerichtshöfe hörten zwar bald auf, große Staatsaffären zu bearbeiten, wie Unterschlagung oder *maiestas*, aber aufs Ganze gesehen führte die senatorische Rechtsprechung nicht sofort zu wesentlichen Veränderungen im Rechtswesen: In julisch-claudischer Zeit konnten die Volksgerichte ohne weiteres über Senatoren richten, gleichzeitig urteilte der Senat über Personen niederen Ranges. Der Senat wurde normalerweise dann aktiv, wenn Senatoren in einen Fall verwickelt waren oder wenn eine Affäre einen großen Skandal verursachte. Die Quellen sind für die darauffolgende Zeit dünn, und so ist es schwierig, die Entwicklung der senatorischen Rechtsprechung zu verfolgen. Offensichtlich hat der Senat diese Zuständigkeit behalten, obwohl in Strafsachen immer öfter der Kaiser urteilte. Der Umfang der Senatsrechtsprechung blieb wohl unverändert, jedenfalls betreffen die wenigen einschlägigen Quellen nur Fälle von Unterschlagung, Majestätsverletzung und Denunziation. Ein einziges neues Element taucht auf, das sich mindestens bis ins 3. Jh. hinein hielt [Cass. Dio 78. 12 und 52. 31. 3ff.]: Seit Nerva befolgten die Kaiser das Prinzip, daß kein Senator ohne Prozeß im Senat zum Tod verurteilt werden konnte (auch nicht durch das Kaisergericht). Im übrigen stärkte Hadrian die rechtlichen Kompetenzen des Senats dadurch, daß er Berufungen gegen senatorische Urteile verbot [Cass. Dio 59. 18. 2; Ulp. Dig. 49. 2. 1. 2].

Das Senatsgericht besaß einen schlechten Ruf, insbesondere bei den Städten des Reiches. Obwohl der Senat nicht zwangsläufig auf der Seite der angeklagten Senatoren stand – zahlreiche harte Urteile beweisen das Gegenteil – verfügten Kläger niederen Sozialranges selten über die notwendigen Mittel und den erforderlichen Rückhalt, um ihren Prozeß effektiv vorbereiten und führen zu können [Brunt 607; Garnsey 813, S. 103]. Der Kaiser ließ dem Senat bei Fällen von Unterschlagung freie Hand, bei Majestätsverletzung dagegen wurde er sofort aktiv. Bei diesen Fällen leitete normalerweise der Kaiser die Voruntersuchung ein und verwies sie dann erst an den Senat weiter. Dabei legte der Prinzeps den Senatoren seine Meinung dar in der Erwartung, daß sie respektiert werde.

Der Senat liefert ein indirektes Zeugnis über Beschaffenheit und Entwicklung des kaiserlichen Regimes. Seine Geschichte ist (wie die der traditionellen Magistraturen und Priestertümer) gleichzeitig von Kontinuität und tiefgreifendem Wandel geprägt. Kontinuität insofern, als der Platz des Senats und der Senatoren an der Spitze des römischen Staates nicht in Frage gestellt wurde. Dies geschah vor Gallienus nicht ernsthaft, und die lange Geschichte von Unterdrückung und Widerstand des Senats besagt das Gleiche. Der Senat wurde stets an der Regierungsarbeit beteiligt. Insbesondere trug er direkt zu den Reformen des Prinzipats bei (selbst zu denen, die ihn eigene Kompetenzen kosteten). Auch seine zentrale Rolle *in formaler Hinsicht* bei den Kaiserinvestituren darf nicht vergessen werden. Obwohl der Senat immer ein Staatsorgan blieb, durch das und mit dem der Kaiser seine Macht ausübte, ist doch klar, daß faktisch ein Kapitel zu Ende gegangen war. 27 v. Chr., wahrscheinlich schon früher, nämlich am Ende der Bürgerkriege, verlor der Senat die Vormachtstellung, die er in den letzten drei Jahrhunderten der Republik eingenommen hatte. Die Zunahme seiner Kompetenzen, der Respekt vor den Formen und die Beteiligung zahlreicher Senatoren an der Reichsregierung können nicht darüber hinwegtäuschen, daß der Senat nur mehr ausnahmsweise der Ort war, wo große Politik gemacht wurde und wo die großen Entscheidungen fielen. Der Senat wurde wieder zu dem, was er eigentlich sein sollte: ein Rat. Die wirklichen Entscheidungen fielen in der Umgebung des Kaisers, und der Senat wurde nur hinzugezogen, wenn dies dem Prinzeps nützlich erschien. Je öfter die Kaiser im Reich unterwegs waren, um so häufiger war der Senat vom Machtzentrum abschnitten, da er ja nur in Rom tagen konnte.

Fraglich ist, ob die Römer oder gar die Senatoren diesen Zustand bedauerten. Nach dem Aussterben der alten, mächtigen Familien forderte man im Grunde keine Neuverteilung der Macht ein. Vielmehr kritisierte man die Schikanen, denen man sich innerhalb des kaiserlichen Regimes ausgesetzt sah. Das mußte allen klar sein, und Tiberius nahm kein Blatt vor den Mund, als er deutlich machte, daß das Reich nicht mehr wie zu Zeiten der Republik verwaltet werden könne. Das alte System, mit einem allmächtigen Senat, der Mandate sowie Provinzen- und Gewaltengrenzen je nach Lage der Dinge, den unmittelbaren politischen Interessen entsprechend, definieren und umdefinieren konnte, mochte für ein eroberndes Rom gut sein, das sich wenig um die Interessen Italiens und der Provinzen scherte. Doch seit es um die Integration der italischen Städte, dann des Reiches ging, mußte sich die Rolle des Senats gleichzeitig mit den Regierungsstrukturen und -bedürfnissen wandeln. Die Stabilität und die Einheit der Regierungsgewalt scheinen deswegen rasch akzeptiert worden zu sein, weil der Senat diese Reformen unterstützte und er und vor allem die Senatoren letztendlich in gewisser Hinsicht doch ein unentbehrliches Rädchen im Getriebe der Reichsregierung blieben. Abschließend sei bemerkt, daß diese neue Situation für die meisten Senatoren keine große Veränderung mit sich brachte, denn im Grunde hatten zur Zeit der Republik nur die Mitglieder der alten, mächtigen Familien tatsächlich von ihrer Senatorenbank aus große Politik gemacht. Doch waren diese Familien ein Jahrhundert nach Actium praktisch sämtlich verschwunden.

2.1.4 Die Justiz

Am Beispiel der Justiz kann die staatsrechtliche Entwicklung genau verfolgt werden. Zunächst schien alles unverändert, doch dann läßt sich die langsame Entwicklung neuer Instanzen und Verfahrensweisen entdecken, die schließlich, ab dem 3. Jh., die juristischen Traditionen nachhaltig verändern sollten. Die neue senatorische Rechtsprechung wurde bereits angesprochen, die des Kaisers wollen wir später betrachten. Aber dies waren nicht die einzigen Neuerungen: Die wachsende Zahl der Prozesse im Reich, die nach dem römischen Recht verhandelt wurden, und die damit immer wichtiger werdende Rolle der Provinzstatthalter, sowie die des Kaisers, ließen neben einer „privaten" Justiz unter der Kontrolle eines Magistrats eine staatliche Justiz entstehen, die ganz in den Händen von richterlichen „Beamten" lag. Dies ist mit Sicherheit eine der wesentlichen Entwicklungen der kaiserlichen Justiz, die ihren Abschluß unter den Severern fand.

2.1.4.1 Die Organisation der Justiz

Um die Entwicklung der juristischen Institutionen richtig verstehen zu können, muß man sich die wesentlichen Züge der traditionellen römischen Justiz vergegenwärtigen. Die römischen Magistrate, insbesondere die Prätoren, waren mit der Justiz eng verbunden. Sie genehmigten und überwachten Prozesse, bestimmten die Strafen und vollzogen sie, doch selten urteilten sie selbst. Im Zivil- wie im Strafrecht überließ man die Initative zur Anklage und zum Urteil Privatleuten, während sich der Magistrat auf die Zulassung des Prozesses beschränkte (diese Phase wurde *in iure* genannt). Diese bestand in der Definition der einschlägigen juristischen Formulierung für jede Klage. Gestand der Beklagte sofort, vollzog der Magistrat die Strafe. Ansonsten organisierte er einen Prozeß, aber nur, wenn der Beklagte sich hatte äußern können und die Fakten bestritten hatte. Richter in Zivilsachen war ein einzelner, gewöhnlich eine Persönlichkeit senatorischen oder ritterlichen Ranges, die von den Klägern ausgewählt worden war, außer wenn der Fall in den Zuständigkeitsbereich der Zentumvirn („die Hundertmänner“) fiel. Bei schweren Strafsachen verwies der Magistrat den Prozeß an einen der dafür zuständigen Gerichtshöfe, denen üblicherweise ein Prätor vorsaß, wo aber Anklage, Verteidigung und Urteil zumeist auch Privatpersonen überlassen blieb. Bei minder schweren Fällen und solchen, die Leute niederen Ranges betrafen, fand der Prozeß vor untergeordneten Gerichten und niederen Magistraten statt. Es gab keinen Staatsanwalt, das Urteil wurden von Richtern gesprochen, die unter den Mitgliedern der drei Richterdekurien (eine Dekurie der Senatoren, zwei der Ritter, mit je 1000 Mitgliedern) ausgewählt worden waren. Diese Prozeßphase nannte man *in iudicio*. Bei dieser Prozeßart gab es im Prinzip keine Revisionsmöglichkeit. Ferner unterschied sich das römische Rechtssystem darin von dem Unsrigen, daß die Klage vor dem Recht kam: Gab es keine Klageform, die aus einer gegebenen Situation heraus entstanden war, dann existierte das Recht nicht. Daher gab es kein Gesetzbuch, sondern nur eine Liste aller Klageformen, aller Rechtswege und aller Fälle, bei denen sich die Magistrate bereit fanden, einen Prozeß in die Wege zu leiten. Diese Liste aller möglichen Fälle, die man ‘Edikt des Prätors’ nannte, wurde jedes Jahr vom städtischen Prätor veröffentlicht (und für spezielle Gebiete von kompetenten Magistraten, z. B. in Handelsfällen [FIRA I 60]). Dieses Edikt wurde auf dem Forum ausgehängt und war, um eine Formulierung von M. Humbert [67, S. 425] zu gebrauchen, ein Vorrat aller Klageformen, die Klägern zur Verfügung standen.

So sah das System am Ende der Bürgerkriege aus, und so blieb es mindestens bis zum Ende des 2. Jhs. Neben diesen römischen Gerichtspraktiken existierte in jeder Stadt Italiens und des Reiches ein eigenes Rechtssystem, das entweder nur eine Kopie des römischen Systems war oder aber eigenen Gesetzen gehorchte [vgl. S. 287 und Band II]. Wir wollen hier nur das Rechtssystem in Rom, im Zentrum der Macht, betrachten, insofern es die römischen Bürger und die *res publica* des römischen Volkes betraf. Allerdings muß man im Gedächtnis behalten, daß die meisten Fälle außerhalb Roms entschieden wurden, in den Städten Italiens und der Provinzen, unter Umständen vor den Statthaltern. In Rom verhandelte man nur noch Fälle, in die Ritter oder Senatoren verwickelt waren, solche, die den Staat, den Kaiser oder die Verwaltung betrafen, Berufungen, besonders schwere Fälle sowie die „lokalen“ Fälle Roms.

Die Ziviljustiz an sich erfuhr in der Kaiserzeit keine besondere Entwicklung, abgesehen davon, daß Augustus eine archaische Verfahrensform, die sog. Legisaktionen (*legis actiones*), per Gesetz endgültig abschaffte und durch die (bereits geschilderten) Formelprozesse ersetzte [Gaius 4. 30ff.]. Außerdem verbreitete sich das römische Zivilrecht über das gesamte Reich und stellte schließlich im 3. Jh. das Recht aller Gemeinden des Reiches dar (oder wenigstens benutzten es alle). Im 2. Jh. kam es zu einer Neuerung, durch die sich für die Römer selbst nicht viel änderte, die aber bedeutsam wurde für die Fixierung und Überlieferung des römischen Rechts. Wie bereits erwähnt, galt das Edikt des Prätors nur ein Jahr lang, jeder neue Prätor mußte ein eigenes veröffentlichen. Nun beschränkten sich die neuen Amtsinhaber darauf, das Edikt ihres Vorgängers auf den neuesten Stand zu bringen und zu ergänzen, wenn sie es nicht gleich vollständig unverändert übernahmen. So wurde in den ersten Jahrzehnten des 2. Jhs. das prätorische Edikt wohl aufgrund der Konkurrenz zwischen senatorischer und kaiserlicher Gesetzgebung festgeschrieben. Hadrian zog daraus die Konsequenz und beauftragte den Juristen Salvius Iulianus, dem Edikt eine endgültige Form zu geben, das ab diesem Zeitpunkt *edictum perpetuum* („ewiges Edikt") hieß [FIRA I 59; Guarino, in: ANRW II. 13, S. 63ff.].

Prozesse über Besitzstreitigkeiten, große Erbschaften oder solche von allgemeinem Interesse wurden von den zuständigen Magistraten an das Gericht der Zentumvirn weiterverwiesen. Augustus übertrug den Vorsitz dieses Gerichtshofs an die „Dezemvirn zur Entscheidung von Rechtsfällen" (*decemviri stlitibus iudicandis*), Tiberius dagegen unterstellte ihn wahrscheinlich dem sogenannten *praetor hastarius*, der seinen Titel nach dem eingerammten Speer (*hasta*, Zeichen der öffentlichen Macht) trug, vor dem sich die Prozesse abspielten. Zur Zeit der Republik wählte ein Magistrat, wohl der städtische Prätor, die Zentumvirn aus den 35 Tribus aus (3 je Tribus), doch in der Kaiserzeit wurden sie ausgelost. Traian erhöhte ihre Zahl auf 180. Das Gericht der Zentumvirn war zu Beginn des 2. Jhs. in vier Kammern gegliedert und tagte öffentlich. Dieser Gerichtshof ist bis in die Severerzeit belegt, der letzte bekannte *praetor hastarius* bekleidete sein Amt um 220 [ILS 1160; Kunkel 70, S. 89, Nr. 39].

18/17 v. Chr. ließ Augustus im Rahmen seiner Aufsicht über Sitten und Gesetze (*cura morum et legum*) eine Reihe von Gesetzen zur Reform der Justiz beschließen, insbesondere die beiden julischen Gesetze über öffentliche Prozesse bzw. private Prozesse [Bringmann 353].

Das julische Gesetz über öffentliche Prozesse richtete eine weitere Richterdekurie ein [Demougin 883, S. 443ff.]. Die Richter waren nach dem Zensus gestaffelt. Die erste Dekurie bestand aus den Senatoren, die nächsten beiden aus Rittern. Die vierte, neue setzte sich aus Männern mit einem Mindestzensus von 200000 Sesterzen zusammen. Da jede Dekurie 1000 Mitglieder hatte, befanden sich nach den Senatssäuberungen zu Beginn der Kaiserzeit in der ersten Dekurie wahrscheinlich auch Ritter. Caligula fügte im Jahr 40 eine fünfte Dekurie hinzu, und diese Organisation blieb bis ins 3. Jh. unverändert. Nun tagten die Senatoren selten, und so nahmen vor allem die Ritter und die Mitglieder der beiden letzten Dekurien die Rechtsprechung wahr. Nachdem die Auswahl der Richter kurzfristig durch eine Kommission geschehen war [Tac. ann. 3.30.1; Suet. Aug. 37], stellte der Kaiser anläßlich einer Zensur, meist aber kraft seiner zensorischen Gewalten die Richterliste auf. Um in diese Liste aufgenommen zu werden, mußte man den vorgeschriebenen Zensus besitzen, mindestens 25 Jahre alt sein und aus einer ehrbaren Familie stammen. Seit Claudius sind Bürger aus den Provinzen belegt, und seit Domitian hatten sogar Neubürger Zugang zu diesen Posten.

Die Dekurien arbeiteten nicht alle gleichzeitig. Die Ritterdekurien wurden jährlich abwechselnd aufgerufen. Derselbe Turnus galt vielleicht auch für die vierte und die fünfte Dekurie. Zu Jahresbeginn versammelte man die Mitglieder der aktiven Dekurien in Rom zu einer Zensus-Kontrolle, die man nicht ohne triftigen Grund versäumen durfte. Nachdem man die endgültige Liste erstellt hatte, wurde eine bestimmte Anzahl von Leuten aus den in der Liste erfaßten ausgelost. Diese „ausgewählten" Richer (*iudices selecti*) stellten die Jurys für die Gerichte, die auf dem Forum tagten. Die genaue Zahl der Richter pro Gerichtshof ist unbekannt, aber das 1. Edikt von Kyrene [Girard 65, S. 410ff.] und Plinius [nat. 29.18] legen die Vermutung nahe, daß eine Jury aus mindestens 45 Geschworenen bestand. Vermutlich waren die Richter der ersten Dekurien wichtigeren Gerichtshöfen zugeordnet als die der beiden letzten.

Die julischen Gesetze über die Prozesse ergänzte man mit Gesetzen, die für jeden Bereich des Strafrechts ein Dauergericht (*quaestio perpetua*) einrichteten und Zuständigkeiten wie Strafen festlegten. Es handelt sich dabei um das julische Gesetz über Wahlbetrug (*de ambitu*), das julische Gesetz über die Bekämpfung von Ehebruch (*de adulteriis coercendis*), das auch Zuhälterei und Beischlaf mit unverheirateten ehrbaren Frauen unter Strafe stellte, das julische Gesetz über die Versorgung (*de annona*), das Störungen der Versorgung Roms und Spekulation mit Lebensmitteln bekämpfte, das julische Gesetz über öffentliche und private Gewalt (*de vi publica et privata*, Mißbrauch öffentlicher Gewalt, Gehorsamsverweigerung, Übergriffe von *actores* und Soldaten, Bildung von Verbrecherbanden etc.), das julische Gesetz über Majestätsverletzung (*de maiestate*, Hochverrat, Verschwörung, Ungehorsam, Machtmißbrauch) und das julische Gesetz über Unterschlagung und Falschmünzerei (*de peculatu*). Von den alten Gerichten blieben nur das für Mord und Giftmord (*de sicaris et veneficiis*), das von Sulla geschaffene für Fälschungen (*de falsis*) sowie die zwei Höfe, die bei Caesars Justizreform eingerichtet worden waren: das wichtige Ausbeutungsgericht, vor das nun jeder zitiert werden konnte, der eine öffentliche Funktion ausübte (*de repetundis*) und das für Wucher (*de modo credendi possidendique in Italia*).

2.1.4.2 Das Verfahren

Den Vorsitz bei den Gerichtshöfen führten Prätoren, deren Zahl also zunahm. Die Klagen mußten mündlich vor dem Prätor vorgebracht werden (*deferre nomen*, daher *delatio* und die *delatores*, „Denunzianten"). Seit dem 2. Jh. wurden sie regelmäßig von einer schriftlichen Eingabe begleitet (*libellus inscriptionis*). Nahm der Prätor die Klage an, d. h., hatte er den Beklagten angehört und dieser die Beschuldigungen zurückgewiesen, verwies er den Fall an das zuständige Gericht. Wurde ein Magistrat mit schwierigen Fällen konfrontiert, konsultierte er seinen „Privatrat". Wenn der Beklagte bei der Voranhörung durch den Magistrat das Verbrechen eingestand, verkündete dieser die vorgesehene Strafe und ließ sie unverzüglich vollziehen. Solange ein Beklagter nicht vor dem Prätor erschien, konnte dieser keinen Prozeß in die Wege leiten. Sobald ein Gericht mit dem Fall betraut wurde, mußte der Kläger eine Voruntersuchung einleiten und Beweismaterial sammeln. Nach einer Rede von Claudius [Girard 65, S. 56ff.], die vielleicht Bestandteil einer großen Rede im Zusammenhang mit einer Gerichtsreform war [Stroux 373], konnte der Prätor dem Kläger die für Falschanklage (*calumnia*) vorgesehenen Strafen auferlegen, wenn die Voruntersuchung länger als erlaubt dauerte oder der Kläger nicht zum Prozeß erschien.

Während des Prozesses konnten sich Beklagter und (was neu war) auch Kläger von Rechtsanwälten unterstützten lassen. Beide Parteien mußten physisch anwesend sein. Traditionsgemäß begann der Prozeß mit zwei Plädoyers, die den ganzen Fall zusammenfaßten. Danach präsentierten Klage und Verteidigung in oft nicht enden wollenden Anhörungen ihre (vereidigten) Zeugen. Erwies sich das vorgebrachte Beweismaterial nicht als zwingend, konnte der Prozeß unterbrochen werden; wenn die Kläger neue Beweise hatten, durften sie wieder vor die *quaestio* treten. Diese Prozedur namens *ampliatio* trug viel zur Überlastung und Ohmacht der Gerichte des Forums bei. Der Magistrat, der der *quaestio* vorsaß, lernte den Fall gleichzeitig mit den Geschworenen kennen, und seine Rolle beschränkte sich auf die Leitung der Diskussion; allerdings konnte er natürlich die Jury beeinflussen und so den Prozeß in eine bestimmte Richtung lenken. Zweifellos spielten bei dieser Art von Prozeß (ohne Staatsanwalt und ohne professionelle Richter) die Anwälte die entscheidende Rolle, und es kam gänzlich auf den Verlauf des Prozesses an. Waren die Zeugenvernehmungen vorbei und gab es keinen Grund, das Urteil aufzuschieben, forderte der Magistrat die Jury zur Entscheidung auf (*mittere in consilium*). Die Geschworenen stimmten schriftlich ab (*a[bsolvo]*, „ich spreche frei", *c[ondamno]*, „ich verurteile", Enthaltungen galten als Freispruch). Dann verkündete der Magistrat das Urteil, ermittelte die vorgesehene Strafe und ließ sie von seinen Liktoren vollziehen. Wie erwähnt, erhielten die Magistrate in der Kaiserzeit die Möglichkeit zurück, unter gewissen Umständen auch in Rom die Todesstrafe zu verhängen. Als die Strafzumessungen jedoch härter wurden und ab der Mitte des 2. Jhs. die Todesstrafe alle Schwerverbrecher bedrohte, wurde das Recht, diese zu verhängen, auf die Gerichte des Senats, des Stadtpräfekten und des Kaisers beschränkt. Wurde ein Angeklagter freigesprochen, durfte er ein Verfahren wegen Falschanschuldigung (*calumnia*) anstrengen. Gegen jede Entscheidung eines Magistrats konnte man bei einem Kollegen gleichen oder höheren Ranges, bei einem Volkstribun oder natürlich beim Kaiser Berufung eingelegen. So konnte die Eröffnung eines Prozesses oder die verkündete Strafe revidiert werden, nicht aber das Urteil selbst. Im übrigen teilte ein Magistrat im Zweifelsfall seine Entscheidung dem Kaiser mit, wenn der sich nicht schon von selbst des Falles angenommen hatte.

2.1.4.3 Die Entwicklung der traditionellen Justiz

Aus der Tatsache, daß die *iudices selecti* bis zu den Severern belegt sind, kann man schließen, daß die Quästionenhöfe bis weit ins 3. Jh. hinein existierten, obwohl politische Prozesse (*de maiestate, de repetundis, de peculatu*) und solche, in die Senatoren oder Ritter verwickelt waren, immer häufiger vor dem Senat entschieden wurden. Jedenfalls war die Zahl der anstehenden Fälle so groß, daß weder die alten noch die neuen Gerichte den Ansturm bewältigen konnten. Cassius Dio erwähnt, daß er als Konsul (im Jahr 200) bei der Kontrolle der Prozeßlisten nicht weniger als 3.000 laufende Ehebruchsprozesse vorfand [Cass. Dio 76. 16. 4]. Diese Aussage kann aller Wahrscheinlichkeit nach nur die traditionellen Gerichtshöfe betreffen und ist ein beredtes Zeugnis für die Probleme der römischen Justiz. Man muß dies berücksichtigen, wenn man die Entwicklung der neuen Gerichte in der Kaiserzeit, das des Stadtpräfekten und das des Kaisers und seiner Vertreter, fair beurteilen will. Abschließend sei bemerkt, daß selbiger Cassius Dio dem Augustus von Maecenas empfehlen läßt, Strafsachen außer Mord den alten Tribunalen vorzubehalten und Kapitalverbrechen an den Stadtpräfekten weiterzuleiten [Cass. Dio 52. 20f.]. So hat anscheinend die Verteilung in der Severerzeit am Ende einer sehr langen Entwicklung ausgesehen.

Ehe es zu so etwas wie einer systematischen Zuteilung der Fälle kam, scheint die Regel gegolten zu haben, daß ein Prozeß von dem Tribunal entschieden wurde, vor das er zuerst gebracht worden war. Vor diesem Hintergrund muß man die von Augustus neu geschaffenen Gerichte sehen. Scheinbar waren sie eine Konkurrenz zu den Gerichtshöfen der Prätoren und ersetzten diese auch teilweise – aber erst ein, wenn nicht sogar zwei Jahrhunderte später. Es geht hierbei um die Gerichte von Senat, Stadtpräfekt, Kaiser und einigen neuen Magistraten. Wie die senatorische Gerichtsbarkeit funktionierte, wurde bereits skizziert, die des Kaisers betrachten wir später. Ehe wir einen Blick auf die Tribunale des Stadtpräfekten und der neuen Magistrate werfen, sei die große Neuerung erwähnt, die diese Gerichtsbarkeiten mit sich brachten, nämlich die außerordentliche Untersuchung (*cognitio extra ordinem*). Dieses Verfahren, das außerhalb Roms häufig von Provinzstatthaltern angewendet wurde, führte ein Magistrat ganz allein durch; es gab keine Ankläger und auch keine Jury. Der Magistrat ergriff bei der Befragung die Initiative, konnte aber auch Denunziationen als im voraus abgegebene Zeugenaussagen gelten lassen. Der Beklagte durfte sich nur soweit verteidigen, wie es der Magistrat erlaubte. Der Prozeß konnte nach dem Belieben des Magistrats vertagt oder wieder aufgenommen werden. Dieser verhängte das Urteil, nachdem er sich mit seinen persönlichen Beratern (unter denen sich Juristen fanden) abgesprochen hatte. Dieses Ausnahmeverfahren hatte großen Einfluß auf die Entwicklung des römischen Rechts. Nach diesem Verfahren, das aus den polizeilichen und repressiven Befugnissen der Magistrate entstanden war, wurden z. B. die meisten Christenprozesse in Rom und in den Provinzen durchgeführt.

2.1.4.4 Die Gerichte des Stadtpräfekten und der *iuridici*

Der Stadtpräfekt sprach nach diesem beschleunigten und erschreckend effektiven Verfahren Recht, und manchmal sogar unter Ausschluß der Öffentlichkeit. Er konnte sich sowohl mit Zivil- als auch mit Strafsachen befassen, doch interessierten ihn erstere nur, wenn der öffentliche Friede in Gefahr war. Er war hauptsächlich für die Strafjustiz zuständig und urteilte immer häufiger bei schweren Fällen, die vor die Leiter der großen Verwaltungsbehörden (Annona-Präfekt, Präfekt der *vigiles*), vor niedere Magistrate oder vor städtische Gerichte in Italien gebracht worden waren. Unter Umständen konnte er die Prätoren-Gerichte entlasten [vgl. jedoch zu Machenschaften in diesem Bereich Tac. ann. 14. 41]. Außerdem nahm er Denunziationen entgegen. Dieses Gericht, das, wie gesehen, unter den Severern zum höchsten öffentlichen Strafgericht Roms und Italiens wurde, konnte auch jeden Bewohner Roms, ob Senator oder Knecht, ob Freien oder Sklaven, verhören und rasch über ihn ein Urteil fällen. Sogar Sklaven niederster Stellung durften sich an den Präfekten wenden, um sich z. B. über die schlechte Behandlung zu beklagen, die sie von ihrem Besitzer erfuhren.

Dieselbe Art von Gerichtsbarkeit besaßen auch die neuen Prätoren für Fideikommiß bzw. Vormundschaften, vor allem aber die *iuridici* der Regionen Italiens. In der Regel hatten die Munizipien und Kolonien Italiens in zivilrechtlichen und zu Beginn der Kaiserzeit sogar in strafrechtlichen Fällen selbst geurteilt [S. 287 sowie Band II]. Hier kam es zu einer Veränderung, deren Entwicklung im einzelnen schwer zu verfolgen ist. Wir wissen nur, daß die italischen Städte ab den Severern nicht einmal mehr die Todesstrafe über Sklaven verhängen durften [Ulp. Dig. 2. 1. 12]. Strafsachen wurden immer häufiger nach Rom verwiesen, vor einen Prätor, vor den Stadtpräfekten, ja sogar vor den Senat oder den Kaiser. Auch bei Zivilsachen war die Weiterleitung nach Rom Pflicht, wenn der Streitwert eine bestimmte Summe überstieg. Möglicherweise variierten die Grenzen je nach Stadt, und vielleicht konnten bestimmte Fälle vor den Gerichten einer größeren Nachbarstadt verhandelt werden. Um 165 gab es eine Reform, die bereits Hadrian durch die Einsetzung von vier Konsularen vorbereitet hatte: Man ernannte vier *iuridici*, je einen für jeden der vier italischen Gerichtssprengel; unter Caracalla kam ein fünfter hinzu. Rom selbst und das Gebiet im Umkreis von 100 Meilen um die Stadt (die städtische Diözese) blieben der Rechtsprechung der Prätoren unterstellt [Corbier 626; Eck 628, S. 247ff.; Band II]. Trotz vieler Unklarheiten steht fest, daß die *iuridici* im wesentlichen richterlichen Tätigkeiten nachgingen [Eck 628, S. 256ff.], doch kann man ihre Kompetenzen leider kaum genauer angeben. Wir wissen, daß die *iuridici* an der Bestallung von Tutoren und Kuratoren beteiligt waren [vgl. Jacques 757, S. 270], die über das Gebiet einer Stadt hinausgingen, und daß sie bei diesen Fällen als Berufungsinstanz gegen Entscheidungen von städtischen Stellen fungierten. Außerdem konnte man vor einem *iuridicus* rechtsgülitge Freilassungen und Adoptionen vornehmen, und die *iuridici* entlasteten den Prätor für Fideikomisse. Andererseits wissen wir fast überhaupt nichts über ihre Kompetenz bei Strafsachen [Eck 628, S. 260ff.]. Die *iuridici* besaßen keine Helfer und auch keine Zentrale oder feste Standorte für ihre Verhandlungen. Wahrscheinlich publizierten sie bei ihrem Amtsantritt ein Edikt, in dem sie den Sitzungskalender ihres Gerichts veröffentlichten und reisten dann in ihrem Bezirk umher.

2.1.4.5 *honestiores* und *humiliores*

Ein letzter Punkt bleibt zu betrachten, nämliche die wachsende Ungleichheit der Bürger vor Gericht. Die *honestiores* (die „Ehrbaren“: Senatoren, Ritter, Soldaten, Veteranen, städtische Dekurionen und deren Kinder) besaßen nämlich Vorrechte, die die anderen, die *humiliores* (die „Niederen“), nicht hatten. So konnte man über einen *honestior* nur im Fall von Verwandtenmord oder Majestätsverletzung die Todesstrafe verhängen. Nach der allgemeinen Verschärfung der Strafen in der Mitte des 2. Jhs. konnten die Provinzstatthalter *honestiores* erst nach Bestätigung durch den Kaiser zu diesen

Strafen verurteilen. Außerdem blieben dieser sozialen Gruppe die entehrenden Strafen erspart (Kreuzigung, Tod in der Arena, Zwangsarbeit, z. B. in den Bergwerken), und wenn sie ein Magistrat verhörte, durfte er sie weder schlagen noch foltern lassen. Diese Ungleichheit entwickelte sich langsam, und erst in der Mitte des 2. Jhs. trat sie offen zu Tage. Doch erste Anzeichen finden sich bereits unter Augustus und Tiberius, als man Zwangsarbeit auf einfache Leute beschränkte. Es sei noch angemerkt, daß jeder Bürger, der von einer Körperstrafe oder der Todesstrafe bedroht war, das Recht auf einen Prozeß in Rom besaß, und zwar vor einer der regulären Instanzen (d. h. insbesondere vor dem Kaiser). Doch während dieses Prinzip im 1. Jh. systematisch befolgt wurde (vgl. die Geschichte des Apostels Paulus), wurde es später allmählich eingeschränkt. Aufgrund der Masse der Berufungswünsche delegierte der Kaiser die Rechtsprechung über Leben und Tod bei Bürgern immer öfter weiter. Dieses Delegationsverfahren beschränkte sich im 1. Jh. auf die Legaten von Provinzen mit Garnison, wurde aber im 3. Jh. auf alle Statthalter ausgeweitet. Das Privileg, bei Kapitalstrafen nur in Rom verurteilt werden zu können, blieb in der Praxis letztendlich nur den *honestiores* [Garnsey 812].

Betrachtet man das Rechtssystem im ganzen, zeigt sich – trotz der unübersehbaren Kontinuität – ein tiefer Wandel, insbesondere die Neuschaffung oder Wiederbelebung von Instanzen. Die *quaestiones* büßten ihre Vorrangstellung zugunsten der Gerichte von Senat, Stadtpräfekt und Kaiser ein, da sie sich letztendlich nur noch mit unbedeutenden Fällen und auch dies nur innerhalb genau definierter geographischer Grenzen beschäftigen konnten. Offensichtlich wurden ferner Strafen und Methoden der Justiz schärfer. Obwohl die Todesstrafe faktisch (nicht aber rechtlich) schon abschafft war, wurde sie ab Caesar wieder verhängt, und hundert Jahre später war sie die übliche Bestrafung für jedes Schwerverbrechen. Gleichzeitig wurde die Folter eine der Verhörmethoden der *cognitio*, und die Ungleichheit der Bürger bei der Bestrafung nahm zu. Diese Brutalisierung (doch ob sich für den kleinen Mann wirklich etwas änderte, ist fraglich) wurde jedoch, wenn man so will, durch eine effizientere Justiz ausgeglichen. Die traditionellen Gerichte auf dem Forum vermitteln in der Kaiserzeit keinen positiven Eindruck. Trotz Reformen und der Ernennung neuer Prätoren als Vorsitzende waren sie überlastet, wurden von unerfahrenen Jungpolitikern geleitet, die lediglich ein Jahr im Amt blieben, und tagten außerdem nur 230 Tage im Jahr (unter Marc Aurel). Im Grunde konnten geschickte, einflußreiche Prozeßparteien mit guten Anwälten die Verhandlungen leichter als je zuvor zu endlosen Winkelzügen verkommen lassen und letztendlich der Justiz entgehen. Es verwundert nicht, daß die Gerichte von Stadtpräfekt und Kaiser so gefürchtet waren, denn sie konnten alle Fälle an sich ziehen und ließen, zumindest anfänglich, wenig Raum für Tricks. Fraglos verlangten die inneren Spannungen und die Zunahme der Bürger (und der Streitfälle) nach einer Reform. Die Kaiser, aber auch Senat und Volk, zogen die Einrichtung neuer Instanzen vor, die im Eilverfahren richteten. Das entsprach genau den Anforderungen der Situation, schmälerte aber auch die Rechte der Bürger, zumindest die der *humiliores*. Genauso gut hätte man die Zahl der Gerichte und Richter erhöhen oder die Volksjustiz dezentralisieren können. In gewissem Rahmen geschah dies auch. Doch es gelang nicht, eine Justizbürokrate aufzubauen oder auch nur zu entwerfen, die fähig gewesen wäre, eine größere Zahl von Gerichtshöfen zu verwalten. Dies und tiefverwurzelte zensitäre und Rom-zentrierte Vorstellungen lenkten die Maßnahmen der Gesetzgebung in eine andere Richtung.

Stellte diese Entwicklung hin zu einem wirksameren, aber strengeren System einen Bruch dar? Wahrscheinlich nicht, denn im Grunde wurde nur die allererste Verringerung der Volkssouveränität im Rechtswesen prolongiert, nämlich die Verdrängung der Komitienprozesse durch die permanenten Gerichtshöfe [Nicolet 54, S. 426ff.]. Als diese Gerichtshöfe ihrerseits durch die enorme Zunahme der Bürgerzahlen überlastet waren, kam es zu einer weiteren Spezialisierung im Justizwesen. Eigentlich behielten die Gesetzgeber von den althergebrachten Akteuren nur den Magistrat bei, wohl weil dies die einzige traditionelle Institution war, die sich der neuen Realität anpassen konnte. Man darf jedoch nicht übersehen, daß die traditionellen Gerichte Roms und die der römischen und peregrinen Städte des Reiches weiterhin Tag für Tag einen großen Teil, vielleicht sogar die Mehrheit der Fälle verhandelten. Genaugenommen traten nur bei der Justiz, die für schwerwiegende Delikte zuständig war, Probleme und Veränderungen auf. Außerdem dauerte diese Entwicklung wenigstens 200 Jahre und fand erst unter den Severern ihren Abschluß. Die kaiserliche Justiz war hart und scherte sich wenig um die Rechte des einfachen Bürgers, und trotzdem scheint sie die Mehrheit der Bürger zufriedengestellt zu haben, und vor allem, was wohl ihr größtes Verdienst ist, hat sie das bewundernswerte Corpus des römischen Rechts fixiert, ausgearbeitet und der Nachwelt überliefert.

2.2 Der Kaiser und die Regierung der *res publica*

Cassius Dio [69. 6. 3, zitiert von Millar 355, S. 3] erwähnt, daß Hadrian auf einer Reise von einer Frau angeprochen wurde, die ihn um eine Audienz bat. Als der Kaiser antwortete, daß er keine Zeit habe, schrie sie: „Dann sei nicht Kaiser!“. Diese Anekdote illustiert sehr schön die Rolle des Kaisers und zeigt, daß seine Tätigkeit keine Sinekure war. Man darf sich nicht von der (höchst politischen) Darstellung von ganz ihrem Vergnügen frönenden Kaisern täuschen lassen. In Wirklichkeit bedeutete das Kaiseramt ständige Verfügbarkeit, endlose Audienzen aller Art und Teilnahme an den traditionellen Diskussionen und politischen Entscheidungen, ohne die Leitung zahlreicher religiöser Zeremonien und die Arbeit mit den Helfern und Sekretären zu vergessen.

Wir haben die Befugnisse des Kaisers schon im einzelnen dargestellt und viele Male sein Eingreifen in die Regierung des Staates angesprochen. De facto war die Anteilnahme des Kaisers an der Regierung noch komplexer, denn sehr bald war er physisch nicht mehr in der Lage, seine Rolle zu spielen, alles zu leiten und alles zu kontrollieren. Folglich umgaben sich die Kaiser nach und nach mit einer Art von Verwaltung, die staatlich und privat zugleich war und an die sie ihre Befugnisse und Kompetenzen delegierten. Spricht man über den Kaiser, muß man sich also auch fragen, wie er seine Befugnisse in der Praxis ausübte: aktiv als „Magistrat" oder, wie F. Millar [355] meint, passiv, indem er gleich einem hellenistischen König nur auf Anfragen antwortete. Ein detaillierter Blick auf den bürokratischen Apparat ist auch deswegen nötig, um zu untersuchen, wie groß und wie effizient er war und zu welchen Veränderungen er in der Verwaltung der römisches Reiches führte.

2.2.1 Der Kaiser, das öffentliche Leben und die Reichsverwaltung

Wie bereits erwähnt, besaß der Kaiser Befugnisse, die denen eines Magistrats entsprachen, und sein politisches Handeln geschah weitgehend gemäß und durch die traditionellen Institutionen, jedenfalls bis zur Mitte des 3. Jhs. Daher darf man sich den Kaiser nicht als einen absoluten Monarchen, einen Diktator oder einen Präsidenten vorstellen. Er konnte die *res publica* nicht direkt regieren; das kam den traditionellen Magistraten zu. Der Kaiser beschränkte sich auf die Kontrolle des Laufs der Dinge und griff nur auf Anfrage eines Einzelnen, einer Gemeinde oder eines Magistrats hin ein, oder aber, wenn es sich um wichtige Angelegenheiten handelte. So befehligte er die Provinzen mit Garnison, gewährleistete die öffentliche Ordnung und nahm sich jeder Sache an, die ihm aus diesem oder jenem Grund als wichtig erschien. Der Kaiser war eng verbunden mit Senat und Volk von Rom. Er hatte zugleich als Senator und kraft seiner Befugnisse Anteil an den meisten Diskussionen und allen Entscheidungen des Senats [Talbert 352, S. 163ff.; Brunt 345]. War er in Rom, besuchte er den Senat so oft wie möglich und nutzte seine Vorrechte, um Diskussionen zu initiieren und zu lenken. Später konnten die Kaiser, selbst wenn sie in Rom waren, nicht mehr regelmäßig an den Senatssitzungen teilnehmen. Trotzdem waren sie weiterhin durch Korrespondenz, durch ihre Quästoren oder den *ab actis senatus* [S. 61] an den Entscheidungen beteiligt. Schon seit Augustus korrespondierten die Kaiser häufig mit dem Senat, und ihre Briefe begannen mit derselben Formel wie die der Prokonsuln der Republik [„An die Konsuln, Prätoren, Tribunen und an den Senat", Cass. Dio 72. 15. 5]. Offensichtlich hat dieses System die Debatten nicht beschleunigt und auch nicht zur Verstärkung des Einflusses des Senats beigetragen, weder zu Beginn der Kaiserzeit, als die neue Regierungsweise noch nicht zur Routine geworden war, noch im 2. Jh., als sich die Kaiser immer öfter von Rom entfernten.

2.2.1.1 Der Kaiser im Senat

Jedenfalls kamen die Kaiser im 1. Jh. bereitwillig ihrer Rolle als Senator nach. Alle „guten" Kaiser der drei Jahrhunderte, die uns hier interessieren, sind dafür bekannt, ihre Anträge (soweit möglich) mündlich gestellt zu haben. Vespasian beispielsweise besuchte die Kurie regelmäßig, und als ihn das Alter daran hinderte, sandte er seine Söhne, damit sie seine *relationes* verlasen [Cass. Dio 66. 10. 5f.]. Antoninus Pius gab bei einer Gelegenheit sein Recht auf den vierten Antrag an einen designierten Konsul weiter [FIRA I 49, Z. 15; Nicolet 349], und Marc Aurel arbeitete als Caesar im Ausschuß zur Abfassung der Senatsbeschlüsse mit [ebenda]. Im Gegensatz zu amtierenden Magistraten durfte der Kaiser mitabstimmen. So kennt man nicht nur Abstimmungen, bei denen Tiberius überstimmt wurde, sondern sogar eine, bei der er – buchstäblich – ganz alleine stand [Suet. Tib. 31. 1].

Jedoch nahm das Ungleichgewicht zwischen Kaiser und Senat kaum merklich zu. Letztmalig unter Vitellius ist Widerstand gegen die Meinung eines Kaisers belegt [Tac. Hist. 2. 91. 3]. Dieser Fall zeigt sehr schön die subtilen Mechanismen, mit denen die Kaiser ihre Meinung durchsetzten. Als ein designierter Prätor eine Vitellius zuwiderlaufende Ansicht geäußert hatte, bat dieser die Volkstribunen, die Mißachtung seiner Befugnisse zu untersagen. Danach beschränkte sich Vitellius darauf, den Vorfall als Meinungsverschiedenheit zwischen zwei Senatoren anzusehen. Übrigens ist dies auch das letzte Mal, daß ein Kaiser sich als einfacher Senator darstellt. Zwei andere Vorkommnisse sollen die weitere Entwicklung illustieren: Während Claudius die Konsuln und den Senat um das Recht bat, Märkte auf seinem Privatbesitz organisieren zu dürfen [Suet. Claud. 12. 2], verlieh Probus (276–282) dieses Recht direkt [AE 1903, 243]. Zweitens sind bis zur Mitte des 2. Jhs. Gesandtschaften der Städte des Reiches an den Senat bekannt [die letzte belegte ist die der Inschrift AE 1959, 13], was beweist, daß der

Senat noch bis zu diesem Zeitpunkt seiner traditionellen Rolle in gewissem Rahmen (die meisten Missionen gingen nämlich an den Kaiser) nachkommen konnte.

2.2.1.2 Der Kaiser und das Gesetz: Edikte und Konstitutionen

Einer der Bereiche, wo der Kaiser auf Vorrechte von Volk und Senat vordrang, war die Gesetzgebung; hier konnte er mit Edikten, Konstitutionen und Reskripten einseitig legislatorisch tätig werden [Mommsen 73, Bd. II. 2, S. 905ff.; Millar 355, S. 240ff.]

Die Edikte (*edictum*, wörtlich „Ausgesprochenes", und so durch die Formulierung „Der Imperator Caesar ... sagt" charakterisiert) konnten auf Anfragen antworten oder auch nicht und fanden insgesamt wenig Verwendung. Sie wurden in der Residenz angeschlagen und vom Kaiser gesiegelt. Es dauerte mehrere Monate, bis sie bekannt wurden. Caracallas Edikt, das Exilierte amnestierte, wurde am 11. Juli 212 in Rom ausgehängt, am 29. Januar 213 in den alexandrinischen Amtsstellen des Präfekten von Ägypten kopiert und am 10. Februar angeschlagen [Millar 355, S. 254]. Ehe ein Kaiser ein Edikt verkündete, sprach er sich mit seinem Rat ab, doch im Prinzip verfaßte er das Dokument selbst. Während das Edikt sich aus einer Befugnis ableitete, die jedem Magistrat zustand, ruht das Recht, Konstitutionen (*constitutiones*) auszugeben auf „dem Recht und der Gewalt, alles, was er als nützlich und ehrbringend für den Staat ansehen wird, bei göttlichen und menschlichen, öffentlichen und privaten Angelegenheiten zu betreiben und zu tun" [sog. *lex de imperio Vespasiani*, ILS 244]. Die äußerliche Form der Konstitutionen war belanglos, es konnten Urteile, Entscheidungen, Verleihungen von Privilegien oder kaiserliche Briefe mit Anweisungen (*mandata*) an Promagistrate (die direkt vom Kaiser abhingen oder auch nicht) sein. Die Konstitutionen (auch *acta* genannt) sammelte man in Form von Niederschriften (*commentarii*), die unter Juristen und Magistraten umliefen. Die rechtliche Gültigkeit der Konstitutionen wurde nicht nur durch das Investiturgesetz, sondern auch durch den jährlich von Magistraten und Senatoren abgeleisteten Eid *in acta Caesarum* garantiert [Coriat 363; Nörr 371].

Bei Urteilen oder als Antwort auf Anfragen, die man an sie gerichtet hatte, lieferten die Kaiser häufig Interpretationen zu rechtlichen Details, die dann für alle juristischen Stellen verpflichtend wurden. Die Kaiser teilten die Kompetenz, rechtlich bindende Interpretationen zu liefern, mit den Juristen, die „das Recht, öffentlich zu antworten" (*ius respondendi publice*, ein Vorrecht, das auf Augustus zurückging), besaßen. Die Kaiser antworteten häufig auf schriftlich gestellte Fragen. Eine solche Antwort, die man Reskript (*rescriptum*) nannte, wurde dann an einem öffentlichen Platz der Stadt ausgehängt, in der sich der Kaiser gerade aufhielt, oder vor seiner Residenz. Die Veröffentlichung verlieh ihr Gesetzeskraft. Die Reskriptenpraxis, bereits seit Augustus und schon vorher belegt, entwickelte sich in der Kaiserzeit stark. Einzelpersonen oder Gemeinden richteten eine Anfrage (*libellus*, „Büchlein") an den Kaiser, auf die er seine Antwort notierte (*subscriptio*, „Unterschrift", mit Datum und Ort der Ausgabe und der Veröffentlichung [Williams 375–378]). Nach papyrologischen Quellen zum Alexandria-Aufenthalt von Septimius Severus und Caracalla im Jahr 200 „unterschrieben" die Kaiser mindestens vier bis fünf *libelli* pro Tag. Sicher haben sie häufig ihre Freunde und die Juristen ihres Gefolges konsultiert, doch mehr als Edikt oder Konstitution ist das Reskript eine persönliche Entscheidung des Kaisers. Wahrscheinlich wurde der Akt des Schreibens selbst einem Sekretär anvertraut, während der Kaisers sich auf die Bestätigung des Textes mit den Formeln *rescripsi, recognovi* („ich habe geantwortet", „ich habe überprüft") beschränkte.

Trotz der rasanten Entwicklung dieser Praktiken darf man ihre Bedeutung nicht überschätzen. Denn diese Edikte, Konstitutionen oder Reskripte konnten durch einfache Kaiserentscheidung annulliert werden und wurden auch mit dem Ableben des Kaisers ungültig, sofern sie sein Nachfolger nicht bestätigte. Außerdem betrafen diese Eingriffe im allgemeinen konkrete Fälle und wurden nicht immer systematisch publiziert (zumal nicht im 1. Jh.), was dazu führte, daß man sie nicht als allgemein gültig ansah. So schrieb Mommsen: „Thatsächlich aber sind die Uebergriffe des Princeps in die Sphäre der eigentlichen Legislation, wenn auch nicht unbedeutend, doch nicht so ausgedehnt wie man erwarten sollte und vielleicht beschränkter, als die des Stadtprätors der Republik" [73, Bd. II, S. 914]. Aus diesem Grunde zogen es die Kaiser stets vor, auf die Komitien und vor allem auf den Senat zurückzugreifen, um neue Gesetze zu erlassen, während Edikte, Konstitutionen und Reskripte ihnen vor allem dazu dienten, Einzelfälle zu regeln, Recht und Gesetze zu interpretieren und neue Verwaltungsregeln aufzustellen.

2.2.1.3 Der Kaiser und die Justiz

Die Reskripte waren eines der gebräuchlichsten Mittel des Kaisers, um in die Ziviljustiz einzugreifen; seine Bescheide lösten häufig umstrittene Fälle. Ferner fungierten die Kaiser häufig als Richter. Nach den Quellen [Millar 355, S. 528ff.] scheint dies eine ihrer zivilen Hauptbeschäftigungen gewesen zu sein. So überrascht es wenig, daß ihr Einfluß auf das Rechtssystem beträchtlich war. Er vollzog sich auf mehreren Wegen. Der Kaiser griff in die Nominierung der Richter für die *quaestiones* ein, besaß ein Begnadigungsrecht bei Verurteilungen, die mit einer Stimme Mehrheit ergangen waren, und nahm an den Sitzungen des Senatsgerichts teil. Wir wissen auch, daß der Kaiser zu Beginn des Prinzipats öfters bei Quästionenprozessen als Anwalt auftrat [Cass. Dio 55. 4. 2] und sogar als Geschworener fungierte [Suet. Aug. 33, nach der Interpretation von Kelly 360, S. 12ff.]. Außerdem hätte er theoretisch kraft seiner tribunizischen Gewalt gegen Magistrate oder gegen senatorische Urteile einschreiten können, doch gibt es dafür kein Beispiel. Angesichts dieser Kontrollbefugnisse über den traditionellen Justizapparat entwickelten die Kaiser wohl auf Betreiben der Kläger eine eigene Gerichtsinstanz. Dieses Tribunal sprach nicht nur in erster Instanz Recht, sondern konnte auch Berufungen entgegennehmen [Mommsen 73, Bd. II. 2, S. 958ff.; Millar 255, S. 516ff.; Bleicken 344; Kelly 360; Pieler 361].

Der Ursprung des Kaisergerichts ist umstritten. Mommsen [73, Bd. II. 2, S. 959, insb. Anm. 3] leitete es aus einem Privileg ab, das Augustus 30 v. Chr. verliehen worden war, nämlich, als Berufungsinstanz richten zu können. Andere haben an die julischen Gesetze über öffentliche Prozesse als Grundlage für die außerordentliche *cognitio* des Kaisers gedacht [Jones 348; s. a. Butti, ANRW II. 14, S. 29ff.]. Heute vermutet man mit Kelly [360] und Bleicken [344] eher eine allmähliche Genese dieses Gerichts aus den verschiedenen kaiserlichen Befugnissen und Privilegien, die vielleicht schon Magistrate der Republik teilweise besessen hatten [Millar 355, S. 517ff.]

Im Zivilrecht ist das Eingreifen des Kaisers leichter zu erklären. Wie jeder Magistrat konnte der Kaiser von Klägern zur Untersuchung ihres Falles aufgefordert werden, mit dem kleinen Unterschied, daß er selbst urteilte, während seine Kollegen einen Privatmann als Richter befaßten. Aber es scheint so, als hätten einige Promagistrate der späten Republik bereits schon derart gehandelt [Millar 355, S. 517ff.]. Hierher gehört auch, daß Freilassungen, Adoptionen und Emanzipationen, die eigentlich vor Magistraten zu geschehen hatten, auch vor dem Kaiser stattfinden konnten. Die gravierendste Veränderung läßt sich bei der Strafrechtssprechung in Rom feststellen: Hier richtete der Kaiser allein, unterstützt von seinem persönlichen Rat, über Verbrechen, mit denen er sich selbst befaßt hatte oder vor ihm im Rahmen der außerordentlichen *cognitio* zur Anzeige gebracht worden waren. Der Ursprung dieses Verfahrens, das bei der Entstehung des Kaisergerichts eine zentrale Rolle spielt, liegt im Dunkeln. Für die Provinzen gibt es diesbezüglich kein Problem, denn dort galt das prokonsularische Imperium des Kaisers, das zu allen Zeiten von den Magistraten in den Provinzen oder Promagistraten verwandt worden war und das für Bürger ganz genauso wie für Peregrine Geltung besaß. Da die Kaiser bei der Überschreitung des Pomeriums ihr Imperium nicht ablegen mußten, konnten sie in Rom natürlich Provinz-Fälle verhandeln. Das Problem besteht nun darin, wie man dasselbe Verfahren auf Fälle anwenden konnte, für die nicht die italischen oder provinzialen Gerichte, sondern die von Rom zuständig waren. Ob sich die strafrechtliche Jurisdiktion des Kaisers in Rom nun aus besonderen Privilegien (z. B. des Investiturgesetzes) oder aus dem prokonsularischen Imperium entwickelt hat: Jedenfalls brauchte sie einige Zeit, um sich etablieren zu können. Wohl bis zu den Severern begnügte sich der Kaiser damit, die Richterauswahl und die senatorische Rechtsprechung zu kontrollieren und dadurch auf die römische Justiz Einfluß zu nehmen.

Ferner fällte der Kaiser bei Strafsachen selten ein erstinstanzliches Urteil, jedenfalls während der beiden ersten Jahrhunderte des Prinzipats. Gewöhnlich kamen solche Fälle vor die Quästionen oder den Senat. Gleichwohl scheinen die Kaiser seit Claudius verstärkt selbst aktiv geworden zu sein, insbesondere bei Majestätsverletzungsprozessen, doch seit dem Ende des 1. Jhs. achteten sie darauf, daß nur der Senat über Senatoren richtete. Generell verhandelte das Kaisergericht anscheinend nur Fälle, in die Zenturionen oder kaiserliche Prokuratoren verwickelt waren oder die sehr schwerwiegend waren und Ritter bzw. Senatoren betrafen. Bei diesen Prozessen galten die Regeln des normalen Strafverfahrens (Klassifizierung der Verbrechen, Beweisverfahren, Strafzumessungen). Doch in der Praxis konnte der Kaiser aufgrund seiner Privilegien davon abweichen. Im Gegensatz zu den Gerichten der Prätoren und des Senats war das Kaisergericht nicht auf Rom beschränkt und konnte richten, wo immer sich der Kaiser befand. In Rom wurde entweder auf dem Forum oder einem anderen öffentlichen Platz oder sogar im Privatwohnsitz des Kaisers Recht gesprochen. Seit den Severern urteilte der Kaiser im *auditorium* des Kaiserpalastes (*domus Augusta*). War der Kaiser in Italien oder im Reich unterwegs, richtete er auf öffentlichen Plätzen (Foren, Portiken, geweihte Bezirke) oder in seiner Residenz (*praetorium*) [Millar 355, S. 229ff.].

Zivilrechtlich konnte der Kaiser durch eine Anfrage befaßt werden oder sich von selbst des Prozesses annehmen. Diese Verfahrensform wurde jedoch zu Beginn der Kaiserzeit nur selten angewandt. Wie bei Strafsachen darf nicht der Eindruck entstehen, der Kaiser hätte den Magistraten (Prätoren) und den existierenden Gerichten (z. B. dem der Zentumvirn) Konkurrenz gemacht. Das kaiserliche Eingreifen, das man immer häufiger durch schriftliche Konsultationen veranlaßte, betraf vor allem Fälle, bei denen die vorhandenen Gesetze unzureichend waren. In diesem Rahmen verlieh Augustus Fideikomissen bindende Kraft und Claudius schuf eine höhere Autorität für Vormundschaften.

Es wäre illusorisch anzunehmen, der Kaiser hätte sich aller Prozesse annehmen können, oder auch nur, er hätte alle Fälle entscheiden oder alle

Anfragen beantworten können, mit denen er sich befaßte oder die man ihm antrug. Der Kaiser verwies Anfragen, denen er nicht stattgeben wollte, zumeist an die traditionellen Gerichtshöfe weiter. So sortierte er die Fälle und wählte die Gerichte aus, die ihm geeignet schienen. Zur Verhandlung der Fälle, die ihm in seine Zuständigkeit zu fallen schienen, vergab er spezielle oder allgemeine Delegationen. Generelle Delegationen verlieh er an die Provinzstatthalter für die Strafverfolgung von Nichtbürgern und (außer bei Kapitalverbrechen) von Bürgern. Aber trotz dieser Bevollmächtigungen wurde man der Flut von Klagen nicht Herr, und man konnte nicht alle Anklagen auf Leben und Tod gegen römische Bürger nach Rom weiterverweisen. Daher delegierte der Kaiser die Blutgerichtsbarkeit (das sog. „Schwertrecht", *ius gladii*), an alle Statthalter, Prokonsuln und Legaten [Liebs 614], manchmal sogar an Prokuratoren [Pflaum 621, S. 117ff.]. Dem Kaisertribunal blieben nur Kapitalklagen gegen Senatoren, Ritter, hohe Offiziere und städtische Dekurionen vorbehalten. In Rom und Italien delegierte der Kaiser seine Gewalt an den Stadtpräfekten und bei weniger bedeutenden Fällen an die Präfekten der Annona und der *vigiles*. Die Prätoriumspräfekten griffen lange Zeit nur mit besonderer Delegation und nur in Italien ein, ehe sie am Ende des 2. Jhs. die allgemeine Kapitalrechtsprechung mit dem Stadtpräfekten teilten. Die strafrechtliche Jurisdiktion des Stadtpräfekten betraf das ganze Territorium im Umkreis von 100 Meilen, die der Prätoriumspräfekten das italische Gebiet jenseits dieser Grenze. In der zivilen Jurisdiktion delegierte der Kaiser seine Befugnisse entweder an speziell dafür Bevollmächtigte oder (normalerweise) an einen Magistrat, wie z. B. an die neuen Prätoren für Fideikomisse und Vormundschaften [S. 63], an den Stadtpräfekten oder an die Provinzstatthalter.

Zu dieser direkten Rechtsprechung trat das Recht, als Berufungsinstanz zu fungieren, das die Kaiser nicht nur gegenüber ihren Bevollmächtigten besaßen [Millar 355, S. 512ff.], sondern auch ganz generell [Cass. Dio 51. 19. 7]. Bis zum 3. Jh. war die Berufungspraxis nicht genau festgelegt. Theoretisch konnte man gegen die Dekrete aller Magistrate und Promagistrate, die Richter oder Jurys bestellten, Berufung beim Kaiser einlegen. Allerdings kennt man fast kein Beispiel dafür, daß eine Berufung von einem römischen Gerichtshof weg akzeptiert worden wäre. Die Kaiser respektierten die Vorrechte dieser Tribunale und wirkten ja auch aktiv an der Rechtsprechung des Senats mit. So verwies man Berufungen regelmäßig an die kompetenten Stellen zurück und beschränkte sie allmählich. Übrigens waren Berufungen gegen Urteile nicht möglich, außer wenn der den Gerichtsvorsitz führende Magistrat es für nichtig erklärte (z. B. wegen Bestechung der Richter) und den Prozeß zur erneuten Beurteilung vor dieselbe oder eine andere Jury, den Senat oder den Kaiser verwies. Wohl unter diesem Blickwinkel muß man die Erwähnung der Kassierung eines Urteils der Zentumvirn durch Domitian verstehen [Suet. Dom. 8. 1]. Aus den Provinzen kamen lange Zeit nur wenige Berufungsanträge an den Kaiser, wohl aufgrund der großen Entfernungen oder deswegen, weil man vor Ort kompetente Promagistrate vorfand. Nichtbürger hatten keine Berufungsmöglichkeit, der Kaiser ließ allerdings mitunter doch eine Berufung gegen peregrines Recht zu [Millar 355, S. 512]. Die Bürger mußten so schnell wie möglich nach dem Dekret des Promagistrats Rechtsmittel einlegen. Insgesamt wurden natürlich nur wenige Berufungen angenommen, zumal der Promagistrat sie übermitteln mußte. Daher kommen die verschiedenen kaiserlichen Regelungen, die die Statthalter zur Annahme von Appellationen verpflichteten [Dig. 49. 1. 7, 25; Millar 355, S. 514]. Obwohl es also Hindernisse gab, konnte ein hartnäckiger Mann, der die nötigen Mittel besaß, um sich Unterstützung zu verschaffen und den Kaiser aufzusuchen, mit seiner Berufung durchkommen. Ein einfacher Mann hatte allerdings wenig Chancen. Über die Berufungspraxis in den ersten beiden Jahrhunderte des Prinzipats sind wir schlecht informiert. Ein recht ausführliches Beispiel, die Geschichte des Apostels Paulus [Apg. 22. 25ff; 25.10ff.], schweigt leider über die römische Phase der Berufung [Millar 355, S. 511].

Im 3. Jh. nahm die Zahl der Appellationen beträchtlich zu, weil viel häufiger delegiert wurde und die meisten Peregrinen das römische Bürgerrecht erhalten hatten. Daher organisiere man das Berufungssystem zum ersten Mal systematisch. Die Chronologie dieser Reformen ist unbekannt, doch in der Mitte des 3. Jhs. empfing der Prätoriumspräfekt alle Berufungen von Zivil- und Strafsachen, die ansonsten vor die Provinzstatthalter gekommen wären. Sein Gericht wurde damit zur obersten Instanz für die Provinzen. Der Stadtpräfekt erhielt die Berufungen von den römischen Magistraten. Auch sah man die Präfekten nicht länger als Bevollmächtigte des Kaisers an (der so gleichsam eine weitere, höhere Instanz darstellte), sondern als seine Vertreter. Sie konnten ihrerseits ihre Jurisdiktion delegieren, was die Entstehung des späteren Rechtsystems vorbereitete.

2.2.1.4 Der Kaiser und die Verwaltung des Staates

Neben Anhörungen, der Teilnahme an der Senatsarbeit, Richtsprüchen und Reskripten gehörten direkte Verwaltungsaufgaben zu den Pflichten des Kaisers, darunter wichtige zensorische Verantwortlichkeiten. Augustus hatte 29/28 v. Chr. die Zensur wiederbelebt, die ein halbes Jahrhundert vorher außer Gebrauch gekommen war. Er bekleidete sie in diesem Jahr zusammen mit Agrippa, seinem Kollegen im Konsulat. Nach dem Scheitern der Wiedereinführung der Zensur (22 v. Chr.) führte er selbst in fünf- oder zehnjährigen Abständen Gesamt- oder Teilzählungen durch, und zwar 18, 12/11, 8, 4 v. Chr. sowie 4 und 14 n. Chr. [Nicolet 594, S. 144ff.]. Claudius versah 47/48 die Zensur, ebenso Vespasian und Titus 73/74. Doch dann verschwand die Zensur als Magistratur. Seit 84 führte Domitian den Titel eines *censor perpetuus*. Zwar mied man diesen Titel (der an den Tyrannen erinnerte), doch hatten Domitians Nachfolger weiterhin dauerhaft die zensorischen Vollmachten inne. Diese Befugnisse betrafen in erster Linie die Zählung des römischen Volkes, d. h. die Vollbürger und die Inhaber des latinischen Rechts. Ab dem 2. Jh. v. Chr. hatte sich der Zensus verändert, denn seit 167 v. Chr. mußten Bürger keine direkten Steuern mehr entrichten und außerdem machte die Rekrutierung von Freiwilligen für die Legionen die Zensuslisten teilweise überflüssig, in denen die Bürger ja nach verschiedenen Kriterien und im Hinblick auf die Lastenverteilung, vor allem im Heer, eingeteilt waren. Augustus zog die letzte Konsequenz aus dieser Entwicklung. Von da an nahm man die Zählungen dezentral auf Provinzebene vor und ließ die Durchführung von den Beamten der einzelnen Städte besorgen. Diese verzeichneten Personenstand sowie Vermögen und übersandten Kopien der Zensuslisten nach Rom. Nicht nur Bürger, sondern auch „verbündete", „freie", „föderierte" oder unterworfene Städte und Völker wurden gezählt. Die Zensuslisten wurden durch die Registrierung von Geburten und Todesfällen aktualisiert. Ob diese Listen systematisch nach Rom weitergeleitet wurden, ist nicht sicher. Jedenfalls sammelte man in Registern (*commentarii*) die Namen all derer, die das Bürgerrecht persönlich erhalten hatten. Die allgemeinen Volkszählungen und die Fortschreibungen, zu denen weitläufige Kadastrationen kamen, dienten wahrscheinlich vor allem zur Erstellung von Steuerpflichtigenverzeichnissen für Tribut (Nichtbürger, Provinziale) und für indirekte Steuern (z. B. den Zwanzigsten auf Erbschaften) [Nicolet 594, S. 134ff.]. Ein weiteres Ergebnis war ein Gesamtüberblick über das Reich, eine Abschätzung seiner Bevölkerungszahl und seiner finanziellen Möglichkeiten.

In Rom (und auch in anderen Städten) verfolgten einige Zählungen ganz traditionelle Zwecke, insbesondere die Definition einer zensitären Elite. So nahmen die Kaiser den Zensus der Ritter vor und stellten die Senatoren-Liste auf. Seit dem Zensus 8 v. Chr. trennte man diese Operationen vom allgemeinen Zensus der Bevölkerung ab. Wer zu den Ritterzenturien gehörte oder in sie eingeschrieben werden wollte, wurde unter Augustus nominell alle fünf Jahre vom Kaiser überprüft. Zu dieser Zensus-Liste kam die große, alljährliche Parade der Ritter am 15. Juli, die dem Kaiser erlaubte, alle Inhaber eines öffentlichen Pferdes zu inspizieren. Nach und nach beschränkte sich diese Waffenschau auf die Ritter im dienstfähigen Alter (die *iuniores*) und die Ritter, die noch nicht ihren militärischen Abschied genommen hatten (die *seniores*) [Demougin 883, S. 150ff.; S. 214ff.]. Eine neue Entwicklung zeichnete sich unter Tiberius ab (vor allem nach dessen Rückzug nach Capri): Die Ergänzung des Standes hörte faktisch auf. Caligula führte wohl 38 eine Untersuchung und Erneuerung der Listen durch. Claudius stellte 47/48 die traditionelle Kontrolle und Rekrutierung wieder her, aber wir hören in den Quellen nichts mehr von einer Parade des Ritterstandes vor der Zensur Vespasians. Unter Nero traten wahrscheinlich jährliche Paraden der *iuniores* an die Stelle der fünfjährigen Schauen des ganzen Standes.

Die Erstellung der Liste der Senatoren und (ab 18 v. Chr.) des Senatorenstandes [Chastagnol 861] erlebte eine ähnliche Entwicklung. Zunächst geschah dies regelmäßig im Rahmen des Zensus. Augustus forderte 29/28 v. Chr. einige Senatoren zum Rücktritt auf, um den Senat zu verkleinern und zu säubern. Doch dieses Ziel erreichte er erst 18 v. Chr. durch eine originelle Prozedur [Cass. Dio 54. 13ff.; Demougin 883, S. 158]. Aber so wurde die Ergänzung des Senats allmählich vom Zensus abgetrennt, und nach der augusteischen Neuorganisation geschah der Eintritt in den Senat gewöhnlich durch die Quästorenwahlen oder durch direkte, kaiserliche Ernennung (Adlektion), nicht durch einen regelmäßigen Zensus. Parallel dazu gab die *lex Saenia* dem Kaiser das Vorrecht, Senatoren zu Patriziern ernennen zu dürfen. Die Patrizier brauchte man zur Besetzung einiger traditioneller Funktionen, insbesondere für die Priestertümer der Flamines und der Salier. Zunächst fanden die Patrizier-Ernennungen nur im Rahmen der Zensuren statt, doch ab Domitian konnten sie jederzeit erfolgen. Allmählich kontrollierten die Kaiser regelmäßig, d. h. jährlich, die beiden Stände, und entschieden über Aufnahmegesuche in den Ritter- oder Senatorenstand. Der Zensus, einst Grundlage der Organisation von Volk und Stadt, war in rund hundert Jahren zu einer bürokratischen Aktion geworden, der höchstens noch eine hübsche Parade Glanz verlieh.

Zur Zeit der Republik umfaßten die Aufgaben des Zensors auch die Verwaltung des staatlichen Besitzes, insbesondere die Verantwortung für das Tiberbett, die öffentlichen Gebäude und Plätze, die Aquädukte Roms und die großen Straßen Italiens; ferner vergab er die großen Bauvorhaben, die Zulieferungsverträge und die Steuerpacht. Die großen Bauvorhaben und die Ausschreibungen kamen in die Zuständigkeit anderer Magistrate (zunächst der Konsuln, später der Verwalter des Staatsschatzes) und vor allem des Kaisers, der sich auch um den Erhalt der Gebäude, Plätze etc. kümmerte. Dieser Wandel erfolgte in den ersten Jahrzehnten der Regierung des Augustus. Ausgangspunkt war die Verleihung der *cura annonae* an ihn anläßlich der Hungersnot von 22 v. Chr. [Pavis d'Escurac 439; Kienast 169, S. 131]. Der Kaiser sollte die Versorgung Roms, insbesondere die Getreideversorgung, organisieren und überwachen, um Not und Spekulation zu verhindern. Die *cura annonae* war eine Säule der ambigen Beziehungen zwischen dem Kaiser und der römischen Plebs, die ebenso begeisterungsfähig wie gefährlich war. Diese Aufgabe wurde zum dauerhaften Bestandteil der kaiserlichen Macht [Yavetz 443; Virlouvet 442; Nicolet 435]. Ab dem Jahr 20 v. Chr. übernahm Augustus die Verantwortung für das italische Straßennetz (*cura viarum*), 11 v. Chr. die Kontrolle und Wartung der römischen Aquädukte (*cura aquarum*) und wenig später die Aufsicht über die öffentlichen Bauten und Plätze (*cura operum locorumque publicorum*) [Eck 628, S. 25ff.; Heinzmann 433; Palma 289]. Parallel dazu organisierte er eine ständige Feuerwehr. 21 v. Chr. stellte er eine Sklaventruppe auf, die gegen die chronischen Feuersbrünste in Rom vorgehen sollte. Als es 6 v. Chr. wiederum zu schweren Bränden kam, ersetzte er die Sklaven durch die sieben Kohorten der *vigiles*, die aus Freigelassenen bestanden und von denen jede einzelne zwei Regionen der Stadt zu überwachen hatte [430; 430a; 441]. Tiberius begründete schließlich die letzte große kaiserliche *cura*, die von Tiberufer und -bett (*cura riparum et alvei Tiberis*), in deren Zuständigkeit später auch die Kanalisation Roms fiel [Le Gall 434, S. 134ff.].

Mit diesen Funktionen wachten die Kaiser über das Wohlergehen der Bevölkerung Roms und verhinderten so potentielle Volkserhebungen. Gleichzeitig raubten diese *curae* den traditionellen Magistraten (und damit möglichen Konkurrenten) einige höchst politische Aufgaben. Auf alle Fälle erhielt Rom zum ersten Mal ein Verwaltungs- und Präventionssystem, das diesen Namen verdiente, und man muß diese Reformen trotz ihrer ganz offensichtlich politischen Intention als Zeugnis für Augustus' Willen ansehen, die Verwaltung und das Leben in Rom zu verbessern [s. a. Band II].

2.2.1.5 Priesterliche Ämter

Der Kaiser besaß auch priesterliche Vollmachten. Er gehörte allen römischen Priesterkollegien an, insbesondere war er Pontifex Maximus. So mußte und konnte er bei der Erfüllung der rituellen Pflichten der Priester mitwirken und bei der Ergänzung der Priesterkollegien und ihren Beschlüssen mitentscheiden. Dabei ging es um priesterliche Angelegenheiten im engeren Sinn, um die Organisation der großen Zeremonien (z. B. der Säkularspiele) oder auch um die Beantwortung von Fragen, die Bürger an die Priester gerichtet hatten. In den Zuständigkeitsbereich der Pontifizes fiel es, über Umgestaltungen von Nekropolen und Gräbern zu entscheiden, und eine regelmäßige Korrespondenz zwischen Pontifizes und Bürgern ist gut belegt. Als Pontifex Maximus gingen den Kaiser diese Anfragen prinzipiell an, ebenso als (z. B.) Quindezimvir, wenn eine kultische Rückfrage gerade in den

Zuständigkeitsbereich dieses Kollegiums fiel. Aber natürlich konnte er die getroffenen Entscheidungen nur summarisch kontrollieren. Er erteilte direkte Antworten, „Subskriptionen“, auf Fragen, die die Priester ihm stellten oder an ihn weiterleiteten. Ob er hierbei als Priester, Pontifex Maximus oder kraft seiner kaiserlichen Befugnisse agierte, ist schwer zu entscheiden.

In all diesen Bereichen des zivilen Lebens waren die Kaiser in gewisser Weise passiv, sieht man einmal ab von ihrer gesetzgeberischen Aktivität, der Kontrolle der Wahlen und Zensus und ihren Initiativen zur Verbesserung der Lebensqualität in Rom. Sie reagierten eher auf Anfragen, anstatt diesen zuvorzukommen. Die Selektion jedoch, die sie zwangsläufig vornehmen mußten, stellte ihrerseits ein aktives Handeln dar. Somit relativiert sich das Bild des Kaisers, der seinen Mitbürgern immer zur Verfügung steht. Andererseits gab es gewisse Bereiche, in die der Kaiser nicht nur eingriff, um die Situation im Griff zu behalten, sondern auch, um unliebsamen Überraschungen vorzubeugen. Dabei handelt es sich um die Finanzen, die Aufrechterhaltung der Ordnung, vor allem aber um den militärischen Oberbefehl und die Kontrolle der kaiserlichen Provinzen.

2.2.1.6 Der Kaiser und die Wirtschaft

Wie die Magistrate und der Senat der Republik kannten die Kaiser einige monetäre Prinzipien und hatten eine gewisse Vorstellung von der „Zahlungsbilanz“. Gleichwohl folgten ihre Eingriffe weniger wirtschaftlichen Zielsetzungen als vielmehr politischen, versorgungstechnischen oder steuerlichen Intentionen, führten aber mitunter auch zu wirtschaftlichen Auswirkungen [Nicolet 394].

Das zentrale wirtschaftliche Ziel der Kaiserzeit war die Sicherung der Versorgung Roms. Die Kaiser mußten über genügend Korn verfügen, um den 200000 Empfängern „öffentlichen Getreides“ ihre kostenlose Ration geben und die ausreichende Versorgung der Märkte zu vernünftigen Preisen gewährleisten zu können. Dieses Bemühen führte zur systematischen Kontrolle der Reserven, der Versorgungswege und der Transporteure, ja sogar zu Großprojekten, wie dem Bau des Hochseehafens von Ostia unter Claudius und Traian. Gleichzeitig wirkte sich dies auf die landwirtschaftliche Produktion einiger Provinzen aus, die in das wirtschaftliche Zwangssystem der römischen Annona integriert wurden. Die *cura annonae*, die vor allem Rom, aber auch (in geringerem Ausmaß) andere Großstädte des Reiches betraf, war von zentraler Bedeutung, denn die Sicherheit Roms und damit der Kaiser, ihrer Paläste und der ganzen kaiserlichen Verwaltung hing von ihr ab. Dazu kam die Wartung der Aquädukte, die nicht nur Trinkwasser lieferten, sondern auch die öffentlichen Thermen versorgten.

Der zweite wirtschaftliche Bereich, in dem der Kaiser eine aktive Rolle spielte, war die Münzprägung. Wie bereits erwähnt, lag fast die gesamte Münzprägung des römischen Volkes in seinen Händen. Doch kann man das Vorgehen des Kaisers in monetären Fragen nicht mit der Geldpolitik eines modernen Staates vergleichen. Schließlich war die römische Wirtschaft nur teilweise eine Geldwirtschaft, es gab keine effektiven Kontrollmöglichkeiten und die Wirtschaft entwickelte sich in den einzelnen Provinzen zudem sehr unterschiedlich. Dennoch belegen einige monetäre Maßnahmen der Kaiser, daß sie bisweilen doch direkt in die wirtschaftlichen Mechanismen eingriffen, um den wachsenden Bedürfnissen des Staates zu begegnen oder um größere wirtschaftliche Schwierigkeiten zu lösen [Callu 400; Crawford 401; 402; Corbier 420, 421; Nicolet 394]. Die traditionellen Wertverhältnisse zwischen den einzelnen römischen Münzen blieben den ganzen Prinzipat über konstant (16 Asse aus Bronze = 4 Sesterzen aus Bronze = 1 Denar aus Silber; 1 Aureus aus Gold = 25 Denare). Allerdings kam es unter Nero und unter Septimius Severus zu planmäßigen Abwertungen der Basis-Münze, des Denars (daneben gab es heimliche Abwertungen ab Tiberius und unter den letzten Antoninen). Im Jahr 64 ermöglichte eine neue, kleinere Denar-Größe, wesentlich mehr Münzen auszugeben (96 Stück anstelle von 84 aus einem Pfund Silber). 194/195 ließ man den Umfang des Silbergeldes durch die Verringerung des Edelmetallanteils anwachsen [Corbier 420, 421]. Diese Interventionen wurden bewußt oder unbewußt durch lange Perioden heimlicher Abwertung vorbereitet, was auf eine sorgfältig kontrollierte Geldpolitik hinzuweisen scheint. Zu den Abwertungen kommt noch die Einführung des Antoninian unter Caracalla (215/218), eines Doppeldenars, der faktisch jedoch nur eineinhalb Denare wert war. Nach 222 wurde seine Prägung bis 238 eingestellt, danach aber wurde der Antoninian zur häufigsten Münze.

Obwohl man die Geldprobleme anscheinend in den Griff bekommen hat, läßt sich hinter diesen Eingriffen keine systematische Politik auf irgendeiner theoretischen Grundlage erkennen. Die kaiserliche Regierung reagierte auf momentane Probleme und versuchte nicht, ihnen vorzubeugen, oder eine „gesunde" und rationelle Wirtschaft aufzubauen. Noch weniger griff man in die privaten Wirtschafts- und Finanzmechanismen ein, außer wenn die Versorgung oder die Steuern betroffen waren, oder wenn eine schwere Krise die Zahlungsfähigkeit des Staates oder die öffentliche Ordnung bedrohte. Sieht man von den Angelegenheiten ab, die mit der Annona zusammenhingen, konzentrierten sich die finanzpolitischen Aktionen auf zwei Probleme. Erstens mußte der Kaiser, wie etwa Tiberius 33, regelmäßig Kreditkrisen lösen [Nicolet 394, S. 187] oder Schulden beim Staat erlassen, wie es von Alters her in Rom üblich war. Zweitens gingen die Kaiser (auch wenn sie wie Tiberius derartige Verhaltensweisen für unkontrollierbar hielten) diskret gegen übermäßige Ausgaben von privater oder staatlicher Seite vor, indem sie regelmäßig Höchstpreise festlegten [Nicolet 394, S. 187ff.; Oliver 350; Girard 65, S. 325ff., Nr. 15]. Doch handelt es sich hierbei um isolierte Maßnahmen, die nur einen begrenzten Teil der Bevölkerung betrafen und keinesfalls für eine globale Politik gehalten werden dürfen. Eine solche ist nur bei den öffentlichen Ausgaben und den Einnahmen aus direkten und indirekten Steuern erkennbar.

Nach den ersten turbulenten Jahren des Triumvirats mußten nur noch die Provinzen direkte Steuern (den Tribut, *tributum*) bezahlen; ausgenommen waren die Städte mit „italischem Recht" (d. h. Befreiung von der direkten Steuer) und solche, die „frei" und *immunes* waren. Die Steuern wurden unter der Oberaufsicht des Statthalters und den Finanzbeamten seiner Umgebung (Quästoren und Prokuratoren) von örtlichen Stellen oder staatlichen Pächtern erhoben. Neben den direkten Steuern gab es für alle Einwohner zahlreiche indirekte Steuern, die auf die Preise aufgeschlagen wurden, wie Zölle, Straßenbenutzungsgebühren und Steuern auf Weidenutzung, Freilassung (5% [Bradley 415]) und Sklavenverkauf (4%). Dazu konnten noch Frondienste (Transporte, Straßenbauten, Einquartierungen) kommen. Die kaiserliche Regierung bemühte sich um eine effektive und nicht allzu brutale Eintreibung dieser Steuern, doch nur allmählich griffen die Kontrollen wirklich, als man unter Hadrian die Steuerverpachtung durch Direktverwaltung ersetzte. Man wollte das Anwachsen der Staatsausgaben nicht nur durch „Inflation" decken, sondern auch durch Erhebung neuer Steuern. Das berühmteste Beispiel ist die Steuer auf den Zwanzigsten von Erbschaften (*vicesima hereditatium*, 5%). Sie betraf nur römische Bürger und nur Vermächtnisse und Erbschaften in indirekter Linie, die einen bestimmten Betrag überschritten. Ferner gab es eine einprozentige Steuer auf Versteigerungen. Der Ertrag aus diesen Abgaben floß in die 6 v. Chr. geschaffene Militärkasse (*aerarium militare*) zur Bezahlung der Ruhestandsprämien für Legionäre [Corbier 421]. Die einprozentige Auktionssteuer wurde im Jahr 17 auf die Hälfte gesenkt [Tac. ann. 2. 42. 4], gegen Ende der Regierung des Tiberius aber wieder auf die ursprüngliche Höhe gebracht, doch von Caligula für Italien ganz abgeschafft. Nero führte sie wieder in allen Reichsteilen ein, und der Jurist Ulpian erwähnt sie noch im 3. Jh. Die Höhe des Zwanzigsten blieb bis zum 3. Jh. konstant, allerdings wurde die Zahl der Betroffenen unter Traian verkleinert. Caracalla erhöhte diese Steuer auf 10%, doch schon unter Macrinus kehrte man zum alten Satz zurück. Auf alle Fälle stiegen die Erträge dieser Steuern mit dem ständigen Anwachsen der Bürgerzahlen immer weiter an.

Diese Beispiele zeigen, daß sich die Kaiser darum bemühten, ihren Haushalt möglichst gut zu verwalten, indem sie Ausgaben durch die Einführung neuer Steuern ausglichen. Dies war ihre budgetäre Hauptaktivität. Die steuerlichen Erträge aus „ihren" Provinzen, die Gewinne der Bergwerke sowie die Steuern der Staaten, die mit dem Reich vereint waren, wie z. B. Ägypten, lagen in ihren Händen. Auch zahlten die Kaiser alle Summen für die Zuständigkeitsbereiche aus, die in ihrer Verantwortung standen (Sold und Aufwendungen für das Heer, Besoldung der Legaten und Prokuratoren, die römischen *curae*, Subventionen für die senatorische Staatskasse). Die Ausgaben wurden von der kaiserlichen Kasse (*fiscus*) bestritten, in die alle vom Kaiser kontrollierten Einnahmen flossen. Der Fiskus, den Augustus eingerichtet hatte, wurde bald zur wichtigsten römischen Staatskasse. Ab Claudius gingen ihm fast alle wichtigen Staatseinnahmen zu, so daß seine Bedeutung in Rom und in den Provinzen immer weiter zunahm [Brunt 416; Boulvert 918, S. 44ff.]. Neben dem Fiskus verwaltete der Kaiser auch das *patrimonium*, sein immenses Privatvermögen, das regelmäßig durch Konfiskationen und Vermächtnisse wuchs. Dazu kam seit Antoninus Pius und Septimius Severus die *res privata* (Privatbesitz), kaiserliche Domänen mit betont privatem Charakter [413; 414; 417; 422; 425].

2.2.1.7 Der Kaiser und das Heer

Die Errichtung und Leitung der hierarchisch aufgebauten Verwaltung, die dem Prinzeps bei der Verwaltung seines Vermögens helfen sollte, vermittelt nicht das Bild eines passiven Kaisers. Auch in den militärischen Aktivitäten des Prinzeps findet diese Vorstellung keine Bestätigung. Als Oberbefehlshaber der meisten Einheiten (seit Caligula: aller Einheiten) nahmen die Kaiser Beförderungen, Entlassungen und Aushebungen vor, zahlten den Sold sowie eventuell Prämien aus und kümmerten sich um die Versorgung der Standlager (was nicht gerade einfach war), arbeiteten ferner Defensiv- und Offensivstrategien für die gewaltigen Grenzen des Reiches aus und hielten die Ordnung in Rom und im Reich aufrecht. Obwohl die römische Armee (gemessen an modernen Heeren) numerisch nicht sehr bedeutend war, stellte schon in Ruhezeiten die Verwaltung dieser 300000 Männer, ihrer Laufbahnen, ihres Solds (rund 445 Millionen Sesterzen [Hopkins 1023, S. 124f.]) und der anderen Aufwendungen von Rom oder jedem beliebigen anderen Residenzort aus eine höchst schwierige Aufgabe dar. Der Kaiser brauchte in den „politischen" Beziehungen zu „seiner" Armee viel Fingerspitzengefühl. Zu den Gerichtsverhandlungen, zu den Aufgaben in der Stadt Rom und dem Kommando über die Armee kam für den Kaiser noch die Verwaltung der kaiserlichen Provinzen. Das Führungspersonal mußte ernannt, seine Arbeit überwacht werden, und manche Angelegenheit erforderte direktes Eingreifen. Wie die (erhaltene) Korrespondenz von Plinius zeigt (Buch 10: 61 Briefe in eineinhalb Jahren, von denen 48 beantwortet wurden), fand der Kaiser in der Flut der ankommenden Briefe zahlreiche Berichte, Anfragen und Rechtfertigungen seiner Statthalter vor. Auf alle mußte der Kaiser antworten, entweder durch eine „Subskription" oder durch entsprechende Maßnahmen. Man kann sich vorstellen, wie dieses System in Krisenzeiten funktionierte.

Alles bisher Dargelegte betrifft das institutionelle und administrative Wirken des Kaisers. Man darf aber nicht vergessen, wie K. Hopkins [357] betont hat, daß der Kaiser auch noch anderes zu erledigen hatte: Er war nicht nur ein „Magistrat", der sich bieder und ernsthaft (oder auch nicht) der Pflichten seines Amtes annahm, er zog auch die Fäden in der Politik. „Den Wolf bei den Ohren fassen" – dieser berühmten Formulierung von Tiberius gemäß kontrollierte der Kaiser seine Standesgenossen und wachte darüber, niemals die politische Initiative an die anderen Akteure des politischen Kräftespiels des Kaiserzeit (wie Senatoren, Armee, die gefährliche römische Plebs und die erstarkenden Provinzen und ihre Eliten) zu verlieren. Endziel war nicht nur, sich an der Macht zu halten, sondern auch, die kaiserliche Macht an einen Erben weiterzugeben, den man vor dem eigenen Ableben ausgewählt, geformt und eingesetzt hatte. Diese Aufgaben waren erdrückend, und *princeps* zu sein, war wohl nicht so angenehm, wie es sich die meisten heute vorstellen.

2.2.2 Die kaiserliche Verwaltung

Allein diese summarische Darstellung der kaiserlichen Befugnisse und Pflichten beweist, daß selbst der autoritärste Kaiser gezwungenermaßen seine Aufgaben nicht allein erfüllen konnte. Die allmähliche Konsolidierung der Gestalt des *princeps* mußte zwangsläufig mit der Errichtung einer eigenen kaiserlichen Verwaltung einhergehen, die ihm direkt unterstellt war und ihm bei der Erledigung seiner Arbeit half. Diese Verwaltung entstand langsam, was beweist, daß die Fortentwicklung weg von den republikanischen Traditionen nur Schritt für Schritt vor sich ging [Eck 390].

Man kann zwei Verantwortungsgrade und zwei Arten von Helfern bei der Ausübung der öffentlichen Vollmachten des Kaisers unterscheiden. Kommando-Aufgaben und die Ausübung von Autoritätsämern lagen nach einer anfänglichen Phase, in der kaiserliche Freigelassene aus der engsten Umgebung des Prinzeps zu hoher Verantwortung gelangten, in den Händen von Senatoren und Rittern. Doch selbst in der Anfangszeit wurde, wann immer es um die Ausübung von Macht über Bürger, die Stadt Rom oder eine Provinz ging, ein Senator oder ein Ritter vom Kaiser beauftragt. Die Macht im „Generalstab" des Kaisers lag lange Zeit in den Händen seiner Freigelassenen, die allmählich Rittern untergeordnet wurden. Diese Entwicklung fand ihren Abschluß erst unter den Severern, als man die letzte große Behörde (*a cognitionibus*) einem ritterlichen Prokurator unterstellte. Doch bei allen kaiserlichen Dienststellen wurden subalterne Exekutivaufgaben oder „Domestikendienste" stets von kaiserlichen Freigelassenen oder Sklaven wahrgenommen [382–393; 429; 606].

2.2.2.1 Senatorenständische Helfer

Oben war bereits von den *quaestores Augusti* und den Senatoren im Kaiserrat die Rede. Doch gab es noch viele andere Helfer aus dem Senatorenstand. Der *ab actis senatus* wurde erwähnt, ebenso die Kuratoren der italischen Straßen und die Stadtkuratoren. Auf einem höheren Niveau delegierte der Kaiser die Verantwortung für die Verwaltung Roms und Italiens an die großen Kuratoren, an die *iuridici* Italiens und vor allem an den Stadtpräfekten weiter. In den Provinzen erhielten Senatoren Militärkommandos (*legatus Augusti* einer Legion) oder Regierungsverantwortung (*legatus Augusti propraetore* einer Provinz). Diese Ämter waren sämtlich neu, insofern sie ohne zeitliche Begrenzung waren und so die traditionellen Regeln für Magistraturen verletzten (insbesondere die Ämter der Kuratoren und die Stadtpräfektur) und weil ihre erweiterten Befugnisse nicht unter der Kontrolle des Senats standen. Gleichwohl kann man sie im großen und ganzen als Ergänzung zu den traditionellen (Pro-)Magistraturen auffassen, die den Ablauf der öffentlichen Verwaltung verbessern sollte.

2.2.2.2 Ritterständische Helfer

Wesentlich neuartiger war der Einsatz von ranghohen Rittern für Verwaltungsaufgaben, was schon seit Augustus geschah. Sie trugen die Titel „Prokurator" oder „Präfekt". Diese Titel waren an sich nicht neu, ursprünglich bezeichneten sie Privatangestellte, die in enger Beziehung zu ihrem Chef standen und dem Staat zur Verfügung gestellt wurden. Neu ist, daß sich diese „Beauftragten" zu permanenten kaiserlichen Beamten entwickelten [Demougin 881, S. 712ff. mit Literatur]. Ein Prokurator war vor allem ein Finanz- oder Vermögensverwalter, ein Präfekt eher ein Kommandant oder Behördenleiter. Einige von ihnen, wie die Kuratoren oder die senatorischen Präfekten, besaßen die Stellung von Quasi-Magistraten. Der Kaiser konnte die Ritter, die ihre Funktionen oft lange Zeit über bekleideten, ganz nach Belieben ernennen und abberufen. Es finden sich ritterliche Prokuratoren und Präfekten in Rom, in den Zentralbehörden des kaiserlichen „Kabinetts", in Spezialabteilungen wie der Prätorianergarde oder den *vigiles*, oder auch in kaiserlichen Provinzen. Die Prokuratoren verwalteten dort die Finanzen oder dienten in neuen Provinzen bzw. besonderen Bezirken als Statthalter, aber stets (abgesehen von Ägypten) unter der Kontrolle eines Senators, der seine Macht im selben Bereich ausübte [Demougin 881, S. 723].

Schon unter Augustus etablierte sich das System der ritterlichen Prokuratoren und Präfekten, jedoch zuerst nur teilweise und oft ohne die spätere hierarchische Organisation [Demougin 881, S. 725ff.]. Außerdem betrachtete man einige große Behörden lange Zeit als Teil der Privatverwaltung des Kaisers, weshalb sie von Freigelassenen geleitet wurden, so insbesondere die großen Kanzleien (Korrespondenz, Finanzen, Bittschriften). Erst seit den Flaviern gingen diese Behörden endgültig in die Hände von Rittern über [Boulvert 606, S. 252]. Die „ritterliche" Verwaltung fand langsam zu einer Organisation, die aber erst am Ende des 1. Jhs. klare Konturen gewann. Ihre Hierarchie beruhte auf der Staffelung der bezogenen Gehälter. Die Klassen und Stufen dieses prokuratorischen Kursus bildeten sich am Ende des 1. Jhs. heraus [Demougin 881, S. 733ff.]. Danach nahm die Zahl der Prokuratoren zu. Von Augustus bis Domitian verdoppelte sie sich, unter Hadrian war sie dann dreimal und unter Septimius Severus fünfmal so groß. Parallel dazu wurde eine Laufbahn eingerichtet, die sich an den vier Gehaltsklassen orientierte: Die *procuratores sexagenarii* (60000 Sesterzen Jahresgehalt), *centenarii* (100000 Sesterzen), *ducenarii* (200000 Sesterzen) und *tricenarii* (300000 Sesterzen) [s. für Tabellen, Beförderung und Abstufungen Pflaum 621, 623].

Den Umfang dieser ritterlichen Verwaltung darf man nicht überschätzen. Während ihrer größten Ausdehnung im 3. Jh. erreichte sie die Zahl von 182 Posten. Das könnte heißen, daß zu Beginn des 2. Jhs. jährlich 10 bis 15 neue Prokuratoren ernannt werden mußten, oder 20 im 3. Jh. Diese Schätzung würde bedeuten, daß in einer Generation rund 600 ritterliche Familien im Dienst des Kaisers stehen konnten, und wahrscheinlich waren es noch weniger, wenn man die Tendenz zu erblichen Weitergabe dieser Stellung mitberücksichtigt. Deswegen ist die Ansicht falsch, daß alle Ritter in der Kaiserzeit Verwaltungsaufgaben ausgeübt hätten [Eck 389; Alföldy 874]. Diese Abschätzung erweist auch das Klischee, daß unter den Severern Zenturionen die hohen Verwaltungsbeamten gestellt hätten, als Übertreibung.

Pflaums Rekonstruktion der Laufbahnen dieses Systems, seiner Klassen und Stufen sowie seiner Beförderungskriterien nach Dienstalter und Rang [Pflaum 623] sind als zu starr kritisiert worden [Brunt 380, S. 124ff.; 381, S. 42ff.; Saller 835, S. 44ff.]. Seine Gegner behaupten, der Eintritt in die Laufbahn und Beförderungen hätten vor allem von Patronage, Empfehlungen und dem Wohlwollen des Kaiser abgehangen. Diese Kritik bedarf ihrerseits der Korrektur. Unabhängig von der Flexibilität, die dieses System gekannt haben wird, und der unbezweifelbaren Bedeutung von Empfehlungen und kaiserlichen Eingriffen bieten einige Quellen wohl den Nachweis für die Existenz von Beförderungsregeln und regelmäßigen Versetzungen, wie sie auch für andere Karrieren belegt sind [Demougin 881, S. 739ff.]. Es darf auch nicht übersehen werden, daß sich der Kaiser schwerlich um alle Einstellungen und Beförderungen kümmern konnte, für die er zuständig war (Armee, senatorischer und ritterlicher Kursus, Freigelassene und Sklaven seiner *familia*). Es stand ihm natürlich frei, Günstlinge und empfohlene Kandidaten persönlich zu befördern, aber Entscheidungen über Einstellungen und Versetzungen bei den niederen Posten dürfte er doch (wie manches andere) an bestimmte Helfer, also letztlich an die Verwaltung selbst, weiterdelegiert haben. Die meisten Karrieren wurden wohl von den kaiserlichen Behörden nach bestimmten Regeln verwaltet, und der Kaiser selbst griff nur manchmal behutsam ein. Abschließend sei darauf hingewiesen, daß diese Differenzierungen die Rekonstruktion der prokuratorischen Postenhierarchie nicht in Frage stellen sollen.

Man findet die Pyramide der Prokuratorenstellen und ihre Entwicklungsgeschichte im wesentlichen in den Werken von H. G. Pflaum [854, Bd. III, S. 1018ff.; 621, S. 108ff.; 623, S. 9ff.]. Die Posten selbst haben O. Hirschfeld [393] und G. Boulvert [606] beschrieben. Wir wollen uns hier auf einen summarischen Überblick über die Ritterstellen seit Ende des 1. Jhs. beschränken. In die *sexagenarius*-Besoldungsstufe gehören die Prokuratoren der kleinen Provinzen (Korsika, Zypern und Thrakien, wo der Prokurator anfänglich als Statthalter fungierte), die Verantwortlichen für bestimmte Bezirke von Alexandria und Ägypten, die Kommandanten der kleineren Flotten (Mösien, Pannonien, Alexandria, Syrien), die stellvertretenden Kommandanten der beiden großen Flotten (Unterpräfekten der Flotten von Misenum und Ravenna), die Leiter diverser Verwaltungen in Rom (Annona in Ostia, Getreideversorgung in Rom, Verwaltung der *alimenta* in Italien, *bibliotheca Ulpia*, Gladiatorenkasernen mit ihren Ablegern in den Provinzen, stellvertretende Leiter bestimmter Abteilungen wie der des Zwanzigsten auf Erbschaften oder der für öffentliche Bauten) oder außerhalb der Hauptstadt (Prokuratoren für die Erhebung der indirekten Steuern, für die Unterabteilungen des Fiskus, für das Patrimonium, für die öffentlichen Transporte in diesem oder jenem Gebiet). Die meisten dieser untergeordneten Posten waren doppelt besetzt. Ab dem *centenarius*-Niveau saßen Prokuratoren in wichtigen Positionen in einer Provinz oder einer Verwaltungsbehörde in Rom. In Rom findet man in dieser Gehaltsklasse den Leiter der Münzprägung, die ritterlichen Mitglieder des Kaiserrates (*consiliarii*) und die *advocati fisci*. Dazu kamen im 3. Jh. der Leiter der Kommentarien (Archive) des Prätoriumspräfekten und ein *a studiis* (juristische und literarische Studien). *Centenarii* in den Provinzen waren die ritterlichen Statthalter von Epeiros, der drei Alpenprovinzen, und, ab dem 3. Jh., der Osroëne; die Finanzprokuratoren der oberdakischen Provinzen, von Makedonien, Großarmenien, Galatien, Kilikien und Zypern; und schließlich, ab dem 3. Jh., der Finanzprokurator von Dacia Porolissensis sowie der Verantwortliche für die Steuer des Vierzigsten der gallischen Provinzen. *Centenarii* sind ferner in Ägypten die Leiter der Diözesen Alexandria, Neapolis und des Alexander-Mausoleums sowie die Präfekten der Flotten von Britannien, Germanien und Pontos. Auf dem *ducenarius*-Niveau stehen die Chefs der großen zentralen oder römischen Behörden: die Bibliotheksdirektoren, der Verantwortliche für den Zwanzigsten auf Erbschaften und der für die griechische Korrespondenz, der *a studiis Augusti*, der *a voluptatibus Augusti* (zuständig für die Freizeitgestaltung des Kaisers), die Verantwortlichen für Volkszählungen, für Erbschaften des Kaisers, für das Patrimonium, ferner der stellvertrende Chef der kaiserlichen Finanzen und der Kommandant der großen Gladiatorenkaserne. Alle diese Stellen wurden im 2. Jh. geschaffen. *Ducenarii* außerhalb von Rom waren die Flottenkommandanten von Ravenna und Misenum, die Finanzprokuratoren der wichtigsten kaiserlichen Provinzen (Narbonensis, Lugdunensis und Aquitanien, Belgien, beide Germanien, Britannien, Tarrakonensis, Syrien etc.), die Prokuratoren, die die kaiserlichen Interessen in senatorischen Provinzen wie Asien oder der Bätika vertraten, ferner einige hohe Beamte in Ägypten (Idios Logos, *iuridicus* von Alexandria, Hohepriester von Alexandria und ganz Ägypten, Dioiket). An der Spitze dieser Rangpyramide standen die Leiter der Zentralbehörden. Sie bildeten das kaiserliche „Kabinett": der *a rationibus* (Finanzen), der *a declamationibus Latinis*, der *a declamationibus Graecis* (lateinische bzw. griechische Reden des Kaisers), der *a memoria* (seit Hadrian; Zentralkanzlei), der *a libellis* (Bittschriften), der *a censibus* (Zensus), der *a cognitionibus* (ab den Severern; Kaisergericht), die *ab epistulis Graecis* bzw. *Latinis* (Korrespondenz), der Verwalter der *ratio privata* (Privatvermögen des Kaisers) und, ab Philippus Arabs, der *rationalis* von Ägypten. Seit Marc Aurel bezogen alle diese Beamte ein Gehalt von 300000 Sesterzen jährlich.

Über diesen Finanz- und Verwaltungsposten standen die großen Ritterpräfekturen, die Magistraturen oder Promagistraturen ähnelten. Ab dem 1. Jh. waren diese Präfekturen hierarchisch geordnet. Der Präfekt der *vigiles*, der die sieben Kohorten der römischen Feuerwehr kommandierte, war der rangmäßig Niedrigste. Der Annona-Präfekt, der das Versorgungssystem Roms organisierte, besaß jedenfalls einen höheren Rang. Der Präfekt von Ägypten war der Statthalter dieses Landes und Oberbefehlshaber aller dort stationierten Truppen. Angesichts der Bedeutung Ägyptens als Privateigentum des Kaisers und Kornkammer von Rom ist es nicht verwunderlich, daß dieser Posten zu den höchsten gehörte und im 1. Jh. manchmal sogar als die wichtigste Ritterstelle überhaupt angesehen wurde. Doch ab den Flaviern galten die Kommandanten der Prätorianergarde mehr, die Prätoriumspräfekten (oder auch Prätorianerpräfekten). Gewöhnlich ernannten die Kaiser zwei Prätoriumspräfekten. Zu gewissen Zeiten jedoch war nur ein Präfekt im Amt (z. B. Seian oder Burrus) oder auch drei (unter Commodus). Nicht selten übten kaiserliche Favoriten diese Ämter und Posten über lange Jahre aus und durchliefen einen Kursus, der sie (z. B.) von der Annona-Präfektur über die Ägyptens letztendlich zur Prätoriumspräfektur führte. Derartige Beförderungen, vor allem die letzte, hingen selbstverständlich von der Gunst und dem Vertrauen des Kaisers ab, und nicht unbedingt vom Dienstalter.

2.2.2.3 Die Exekutiv-Beamten

Sieht man einmal von den großen Präfekturen ab, bestanden die prokuratorischen Posten vor allem in der Leitung einer provinzialen oder römischen Verwaltungsbehörde. Jedem Prokurator stand mehr oder weniger zahlreiches Personal zur Verfügung, je nach Art der von ihm geleiteten Abteilung. Wie bereits erwähnt, wuchs die Bedeutung dieser Behörden und die Zahl ihres Personals beständig an. Freigelassene Prokuratoren unterstellte man nach und nach ritterlichen Prokuratoren.

Ab dem 2. Jh. waren die kaiserlichen Freigelassenen regelmäßig Helfer eines Prokurators oder aber Leiter untergeordneter Behörden, beispielsweise in den Provinzen [Verzeichnis und Kategorien der freigelassenen Prokuratoren bei Boulvert 606, S. 151]. Diese Ämter verwalteten in Dekurien eingeteilte kaiserliche Freigelassene und Sklaven. Zwischen den Prokuratoren und der eigentlichen Behörde standen die *adiutores* oder *proximi*, die als Behördenleiter fungierten und ein Jahresgehalt von 40000 Sesterzen bezogen. Im Gefolge eines Prokurators fand sich gleichfalls ein Archivar (*a commentariis*). Die eigentliche Behörde umfaßte eine Finanzabteilung (*ratio*) und eine Kanzlei (*officium*, *scrinium*) mit Standorten (*statio*) in Rom oder in den Provinzen. Die wichtigsten Subalternbeamten (*officiales*) waren die *tabularii* (Buchhalter), die einem *praepositus* (Chef) unterstanden. Bei allen diesen Beamten handelte es sich um Freigelassene.

Auf der untersten Ebene arbeiteten in den Zahlstellen die *dispensatores* (Schatzmeister) mit ihren *arcarii* (Kassierer), und außerdem die Helfer all dieser Beamten (*adiutores*), die Sekretäre (*librarii*, *notarii*) und die Briefboten (*tabellarii*). Auf lokaler Ebene gab es *actores* (Geschäftsführer), *villici* (Gutsver-

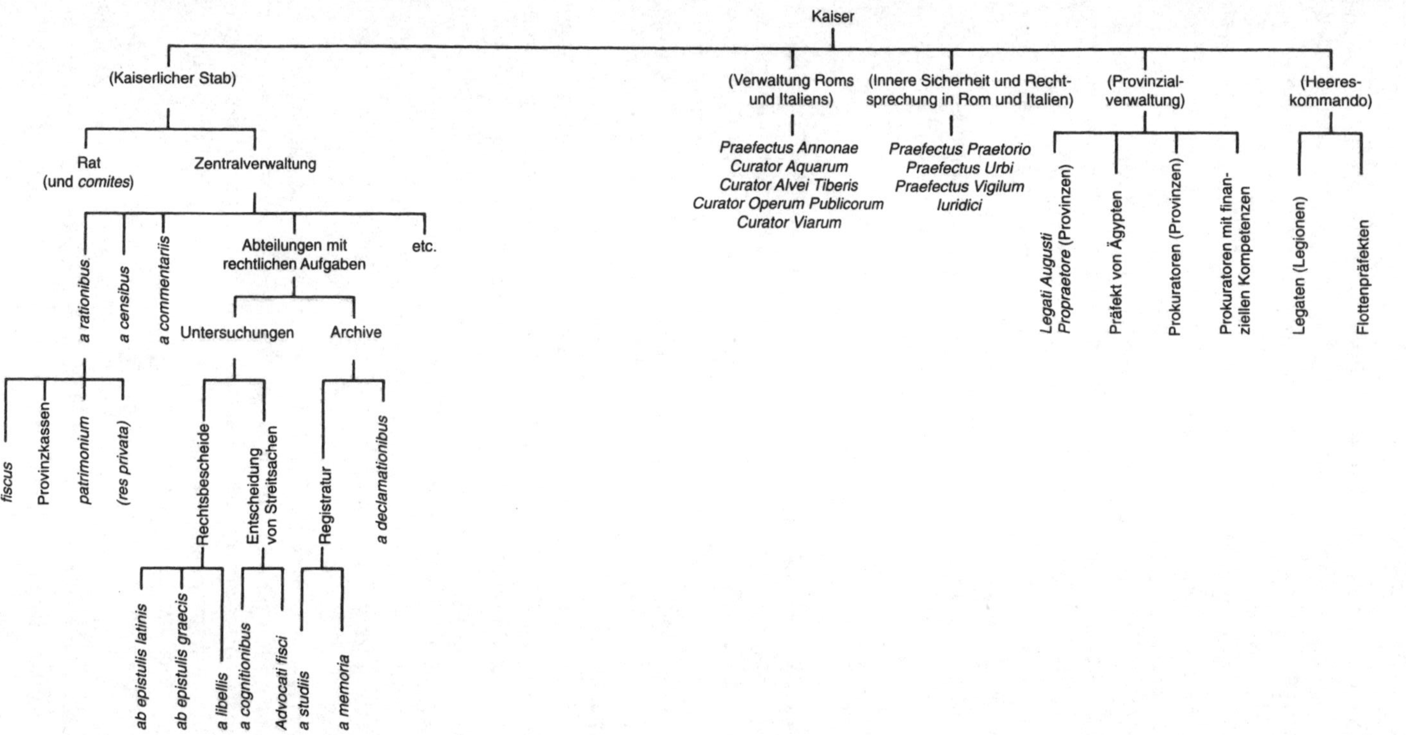

Die Posten in der kaiserlichen Verwaltung (Ende 1.–3. Jh.)

walter), *exactores* (Steuereintreiber), *contrascriptores* (Zollbeamte) und unter Umständen verschiedene Arbeiter. Das gesamte Subalternpersonal bestand aus Sklaven, die sich wiederum, wie ihre freigelassenen Chefs, von einem richtigen Stab aus eigenen Sklaven helfen zu ließen (die *vicarii* [vgl. ILS 1514, 1771]). Die Behörden der Provinzialprokuraturen waren nach demselben Modell wie die Zentralbehörden organisiert, zumal es sich ja im allgemeinen auch um Finanz- oder Vermögensverwaltungen handelte. In Rom selbst umfaßten bestimmte Behörden, wie zum Beispiel die der Aquädukte, neben dem Kurator und seinen beiden Stellvertretern (alles Senatoren) einen beigeordneten Prokurator (erst ein Freigelassener, später ein Ritter) und nicht bloß eine *ratio* und ein *officium*, sondern eine große Anzahl öffentlicher Sklaven (die Agrippa dem Volk geschenkt hatte, 240 Personen) und kaiserlicher Sklaven (460), die Spezialaufgaben versahen [431, 432]. Andere Zentral- oder Provinzialbehörden ohne Finanzaufgaben besaßen keine *ratio*, dafür spezialisierte Beamte. So gehörten zum Amt der kaiserlichen Post, das die kaiserliche Korrespondenz zustellte und einem Prokurator *a vehiculis* unterstand, eine Kanzlei und vor allem Gruppen von Briefboten (*tabellarii*, die nach dem Vorbild der Armee organisiert waren). Die großen Büros der kaiserlichen Zentrale, die die Kanzlei des Prinzeps bildeten (*ab epistulis*, *a diplomatibus*, *a memoria*, *a declamationibus*, *a studiis*, *a cognitionibus* etc.), beschäftigten in erster Linie Sekretäre, Archivare und Briefboten [Hirschfeld 393; Boulvert 606; Coriat 363].

In Rom arbeiteten diese Beamten entweder im Kaiserpalast auf dem Palatin oder in den Ämtern der Präfekturen. Die Benennung und Beförderung von kaiserlichen Freigelassenen und Sklaven lag im Prinzip in den Händen des Kaisers allein, doch de facto war dies weitgehend eine Formsache, die, außer bei den höchsten Posten, ohne kaiserliches Eingreifen geschah. Die Amtsübernahme konnte in jungen Jahren geschehen, zumal diese Beamten normalerweise keine Autorität über Bürger ausübten. Der Dienst dauerte lange und folgte eigenen Beförderungskriterien, die – wie die Besoldungsstufen – schwer zu rekonstruieren sind [Boulvert 606, S. 114ff.]. Die ganze *familia Caesaris* unterstand (zumindest im 3. Jh.) den Prätoriumspräfekten. Soldaten verdängten die kaiserlichen Sklaven und Freigelassenen seit der Severerzeit allmählich aus der kaiserlichen Verwaltung.

Neben dieser Verwaltung, die sich um „öffentliche“ Aufgaben kümmerte, gab es auch zahlreiche Domestiken im eigentlichen Sinne, die in den Palästen und Kaiserresidenzen Dienst taten. Schon seit Augustus und Tiberius wuchs dieses Personal – das es im übrigen bei jeder großen Familie gab – stark an. Doch erst ab den Flaviern nahm es dieselben immensen Ausmaße wie die *domus Augusta* selbst an. Seit Hadrian war dieses Personal teilweise zweigeteilt, weil von nun an dem Augustus ein Caesar zur Seite stand. Ferner hatte die Zunahme der kaiserlichen Domänen durch die severischen Konfiskationen Auswirkungen auf die Zahl dieser Hausbeamten. In ihren Händen lag nicht nur die Verwaltung des kaiserlichen Vermögens (Güter, Erbschaften, etc.), sondern auch die Haushaltung (Verantwortliche für das Geschirr, die Speiseklinen, das Wasser, Haushofmeister, Verantwortliche für die Garderobe, Kammerherrn, Ärzte, Musiker, Briefboten etc.; alle diese Posten wurden um so spezialisierter, je weiter sie sich unterteilten) [Boulvert 606, S. 296ff.]. Die *familia Caesaris* muß im ganzen aus mehreren tausend Sklaven und einige hundert Freigelassenen bestanden haben. Von ihnen waren nur rund 60 Sklaven und Freigelassene in den kaiserlichen Behörden beschäftigt oder hatten mit der Reichsverwaltung zu tun. Die anderen kümmerten sich um den Besitz des Kaisers.

2.2.2.4 Die Grenzen der kaiserlichen Bürokratie

Wenn man zu dieser Zahl die ritterlichen (182 im 3. Jh.) und senatorischen (215 unter den Severern, inkl. Vigintivirn und Militärtribunen) Beamten hinzuzählt, stellt sich die Frage nach dem Umfang, den Aufgaben und damit den Grenzen dieses zahlenmäßig so schwachen Verwaltungsapparats. Selbst wenn man die „privaten" Helfer eines jeden Magistrats dazu addiert und die Tatsache berücksichtigt, daß die Städte viele Aufgaben selbst erledigten, ändert das wenig am Problem. Im chinesischen Reich etwa war die Zahl der Beamten 20mal so groß [Hopkins 1021, S. 186]. Im Falle Roms kann man also schwerlich von einem bürokratischen Reich sprechen, außer wenn man den Terminus entsprechend definieren will. Man wollte vor allem die Verwaltung Roms verbessern und die bestehenden Magistraturen entlasten, indem man die Zahl der traditionellen Beamten erhöhte (z. B. bei den Prätoren und in gewisser Weise bei den Konsuln) und neue senatorische bzw. ritterliche Funktionen einrichtete, ferner die Statthalter längere Zeit in genau abgegrenzten Provinzen beließ und den *princeps* mit einem effizienten Regierungsstab versah.

Diese Verwaltung hatte im wesentlichen drei Aufgaben: Sie repräsentierte in rechtlicher, steuerlicher und nötigenfalls militärischer Hinsicht die Macht Roms, sie regierte die Stadt Rom und sorgte für dauerhafte und rasche Verbindungen zwischen dem Kaiser und den einzelnen Reichsteilen. Zweifellos hat sie dies geleistet, und dennoch läßt sich nicht von einem bürokratischen Reich sprechen. Denn die Aufgaben der Verwaltung beschränkten sich im wesentlichen auf eben diese drei Ziele, und noch können wir nicht abschätzen, wie groß ihr Erfolg wirklich war. Im übrigen handelt es sich um ein Ziel, das man drei Jahrhunderte lang verfolgte, und nicht um einen Zustand, der mit dem Beginn der Kaiserzeit erreicht worden wäre.

Das System der Kaiserkorrespondenz funktionierte; die Prinzipes waren imstande zu regieren, Truppen zu befehligen und die zahllosen Anfragen zu beantworten. Und das konnten sie ebenso gut vom Palatin aus wie von einer ihrer zahlreichen Reisen. Fest steht außerdem, daß die Provinzregierung so korrekt und effektiv gearbeitet hat, daß sie von der Mehrheit der Städte akzeptiert wurde. Dies ermöglichte den Römern, mögliche lokale Rebellionen ohne größere Gefahren niederzuschlagen (z. B. in Gallien oder Palästina) und sich dem Kampf gegen Räuber und Barbaren zu widmen. Die Römer konnten dies nur aufgrund einer einheitlichen und dauerhaften Regierung erreichen, die der Mitarbeit der Eliten weitgehend offenstand. In steuerlicher und finanzieller Hinsicht sowie bei der Erfassung von Menschen und Sachen hat sich die kaiserliche Verwaltung im übrigen als höchst effektiv erwiesen. Sie kontrollierte die Steuereintreibung immer genauer und konnte sogar im 2. Jh. die Verpachtung von Steuern und öffentlichen Ländereien durch eine direkte Kontrolle ersetzen. Außerdem gelang es den Römern, seit Beginn unserer Zeitrechnung ein System von Standesämtern und Katastern auf die Beine zu stellen, deren Register zumindest teilweise in der Zentrale gesammelt wurden. Auch in dieser Hinsicht wurde der „römische Friede" durch die Rationalisierung und die schärfere Kontrolle eines Steuersystems ermöglicht, das gleichzeitig den Steuerpflichtigen eine gewisse Erleichterung und der Metropole und der Verwaltung wesentlich mehr Einnahmen verschaffte. Trotz dieser Erfolge wäre es falsch zu glauben, die Bürokratie hätte das Reich und seine Bevölkerung dauerhaft im Griff haben können. Danach sah es teilweise in Rom aus wegen der politischen Bedeutung dieser Stadt, und auch in gewissen Bereichen, wie z. B. bei der Erfassung der Bürger und ihrer Güter, der Steuereintreibung und der Verwaltung des kaiserlichen Haushalts. Sieht man von Volkszählungen und Katastern ab (wo lokale Stellen eine wesentliche Rolle spielten), bestand die Hauptaufgabe der kaiserlichen Verwaltung darin, die Finanzverwaltung der einzelnen kaiserlichen Behörden zu überwachen und die Kommunikation zwischen Kaiser und Autoritätsträgern bzw. Bürgern zu ermöglichen (Empfang der Korrespondenz, Sortieren der Angelegenheiten, Vorbereitung und Erstellung der Antworten bzw. Befehle). Für alle anderen Verwaltungsarbeiten griff der Kaiser auf die traditionellen Regierungsorgane (deren Umfang leicht vergrößert wurde) und die Hilfe der lokalen Eliten zurück. Die Absicht, die Verwaltung wirksamer zu gestalten und so effektiver zu regieren, läßt sich ganz klar an der zahlenmäßigen Entwicklung dieser Administration ablesen. Denn die Zahl der hohen Entscheidungsträger verdoppelte, ja verdreifachte sich, als die Verwaltungskarrieren der Ritter und Freigelassenen eingerichtet wurden. Dies wird auch aus der Gründung hierarchisch abgestufter Behörden ersichtlich, die dauerhaft und effektiv arbeiteten und Archive sowie lokale Außenstellen besaßen. Das alles bereitete die Entwicklung der Verwaltungsstrukturen unter Gallienus und den Tetrarchen vor.

Und dennoch kann man den Prinzipat nicht als bürokratisches Reich auffassen. Weder die Zahl der Beamten noch ihre Aufgaben könnten diese Bezeichnung rechtfertigen. Das öffentliche Leben der antiken Städte war relativ bürokratisch, und Ägypten stellte in dieser Hinsicht wohl keine so große Ausnahme dar. Der Prinzipat erfand also die Bürokratie nicht und fügte der Flut der Briefe und Papiere eigentlich kaum neue Dokumente hinzu. Die Neuerung bestand vielmehr in dem Streben nach Rationalisierung und in der Zentralisierung und mehr noch in der Tatsache, daß die Machtausübung bürokratisch wurde. Immer häufiger wurde die Macht nicht direkt durch das Wort eines Magistrats oder des Kaisers ausgeübt, sondern indirekt und durch Delegation. An sich war die Delegation nicht neu, wohl aber die Bestellung dauerhaft Bevollmächtigter, die nach und nach eine gewisse Autonomie gegenüber dem Bevollmächtigenden erlangten. Diese Entwicklung lief jedoch langsam ab und war auf bestimmte Bereiche des öffentlichen Lebens (wie etwa die Justiz) beschränkt. Das Leben der Einzelnen blieb von der Reichsbürokratie weitestgehend unberührt und lief im Rahmen der traditionellen lokalen Bürokratien ab. Weder Rom noch die provinzialen Behörden der römischen Verwaltung waren jemals Schauplatz aller wichtigen Entscheidungen. Das Zusammenwachsen der römischen Welt ist mehr auf die zunehmende Verbreitung des römischen Bürgerrechts als auf die Bürokratie zurückzuführen, die mehr als zwei Jahrhunderte für ihre Entwicklung benötigte.

Das Prinzipatsregime hat zwei Seiten. Obwohl es ein eigenes institutionelles System hat, das einen Bruch bedeutet und spätere Entwicklungen vorbereitet, ähnelt es in formaler Hinsicht dem institutionellen System der Republik. Es erscheint als eine effektivere Variante des republikanischen Systems mit gleichsam kräftigeren Konturen. So erhielten die Provinzen eine permanente Struktur, die Verwaltung wurde systematisch und professionell, die Magistrate tendierten zur Spezialisierung, und in der kaiserlichen Umgebung entstanden die zarten Anfänge einer echten Reichsverwaltung. Gleichzeitig funktionierten die traditionellen Institutionen (Magistrate, Senat, Justizwesen, ja sogar die Komitien) weiter. Aber man kann sich oft des Eindrucks nicht erwehren, daß diese römischen Institutionen immer mehr zu einer Art symbolischer Fiktion des Römertums verkamen, in der sich die Bürger des ganzen Reichs wiederfanden. Im Grunde dienten diese Institutionen vor allem zur Vorbereitung des Nachwuchses auf die höchsten Posten im Reich und als Lokalverwaltung von Rom und Italien. Während Italien langsam zu einer Provinz verkam und Rom zu einer Regionalkapitale herabsank, die gleichzeitig die römische Identität bewahrte, wandelten sich die politischen Traditionen, verschwanden jedoch nicht. Das politische Leben lief weiterhin in den althergebrachten Bahnen ab, die Macht wurde weiterhin ausgeübt wie in jener oligarchischen Stadt am Ende der Republik. Jedoch zog nunmehr nur *eine* große Familie die Fäden im politischen Spiel, und statt Annuität gab es jetzt erst bei einer neuen Kaiserinvestitur einen Herrscherwechsel. Die Funktion der Kaiser bestand keineswegs darin, die Magistrate zu ersetzen. Laut Tiberius erwartete man vom Kaiser Größeres und Höheres [Tac. ann. 3. 53. 4]. Man verlangte von ihm, daß er die Initiative behielt, die Politik kontrollierte und, wenn er es für notwendig und in seinen (großzügig bemessenen) Befugnissen fand, daß er an die Stelle des Volkswillens (nicht der Magistrate) trat, um das Recht oder die Politik voranzubringen. Auf den ersten Blick war die Macht eines Prinzeps immens und seine Aufgaben grenzenlos – was um so mehr die Grenzen seiner realen Machtausübung definierte. Wenn ein einziger Mensch die ganze Welt beherrschte, das aber im Rahmen traditioneller, genau festgelegter Verfahren tun mußte, und außerdem zahllose Städte als „frei“ oder „autonom“ galten [Nicolet 394, S. 311], dann bedeutet das, daß dieses Reich und seine Instutionen weitgehend ohne ihn auskamen. Schließlich konnte der Kaiser nicht gleichzeitig seine Rivalen in Zaum halten, die Ordnung in Rom aufrechterhalten, Rebellionen in den Provinzen eindämmen, die Steuererhebung durchsetzen und die notwendigen Kriege führen. Sogar die Angelegenheiten, die für sein Überleben und das des Reiches wichtig waren, entgingen ihm zwangsläufig zum Teil, da die Befehle, die er geben, und die Probleme, die er lösen konnte, an jedem beliebigen Tag nur einen lächerlichen Bruchteil dessen ausmachten, was im Reich entschieden wurde und geschah. Daraus folgt, daß der Kaiser je nach Perspektive als passiver Monarch erscheint, der Gesandtschaften und Briefe empfängt sowie Privilegien und Gesetze ausgibt, oder als Autokrat, der dem Senat seinen Willen aufzwingt und im Namen des römischen Volkes spricht.

Der Kaiser war Gefangener und Herr eines institutionellen Systems, das keiner aufgeben wollte, und zwar weder im Inneren noch gegenüber den unterworfenen und „verbündeten“ Städten. Dieser Staat war weder die Republik des Pompeius noch ein Königreich, sondern die traditionelle Republik ohne ihre inneren Verwerfungen, die zum ersten Mal überhaupt Frieden und Stabilität genießen konnte, und das ausgerechnet nach dem Ende ihrer schwersten Krise. Es war die traditionelle Republik, die nach und nach unter dem Druck der lokalen Eliten und der Imperative des Imperialismus ihre „städtischen“ Hemmungen verlor und fähig wurde, gleichzeitig Herrin und Mittelpunkt der Welt zu sein. Einer der Hauptnutznießer des römischen Friedens war die *res publica* des römischen Volkes selbst.

3 Die Religionen

Selbst in der Hohen Kaiserzeit kann man nicht von *der* römischen Religion sprechen, außer, man will mit diesem Singular das religiöse Leben der Römer zusammenfassen. Denn in Wirklichkeit gab es nur *die* römischen Religionen. Die Zahl der Religionen, die während der Kaiserzeit von den Bewohnern des Reiches praktiziert wurde, ist so groß, daß man sie unmöglich in ihrer Gesamtheit beschreiben kann. Wir wollen hier deshalb lediglich ihre Konturen umreißen und auf einige, fast für alle Religionen gültige Prinzipien hinweisen.

3.1 Allgemeine Prinzipien

Mit Ausnahme der Juden und (später) der Christen war jeder Bewohner des römisches Reichs Angehöriger mehrerer Religionen. Quer durch alle Gesellschaftsschichten hindurch besaß das religiöse Leben vor allem gemeinschaftlichen Charakter. Der öffentliche Kult Roms betraf alle römischen Bürger, ob sie nun in Rom oder anderswo lebten. Letztere aber waren normalerweise auch Bürger ihrer „kleinen Heimat", deren öffentliche Kulte sie also gleichfalls angingen. Als Familienvätern oblag es den Bürgern ferner, ihre häusliche Religion zu pflegen. Je nach Beruf gehörten sie diesem oder jenem Handwerker- oder Beamten-Kollegium an und nahmen ebenfalls an den Kulten ihres jeweiligen Kollegiums teil. Außerdem hinderte sie nichts daran, die Kultstätten der fremden Gemeinschaften in ihrer Stadt zu besuchen und dort andere Formen religiösen Lebens zu erkunden, wenn sie nicht gar in den Hinterhöfen ihres Stadtviertels Zuflucht bei Zauberern, Propheten und Scharlatanen jeder Art suchen wollten. Folglich darf man die römische Religion nie auf eine dieser Ebenen reduzieren, obwohl natürlich für fast alle diese Religionsformen einige allgemeine Prinzipien galten. Diese seien im folgenden kurz umrissen.

3.1.1 Gemeinschaftscharakter

Die Religionen der römischen Welt wurden in einer Gemeinschaft praktiziert. Soziale Aspekte spielten stets eine zentrale Rolle. Ein Römer übte eine Religion in erster Linie aus, weil er zu einer bestimmten Sozialschicht gehörte, und nicht, weil er eine intellektuelle Wahl getroffen hätte. Wenn man als Sohn eines Bürges geboren worden war oder das Bürgerrecht erhalten hatte, hing man der öffentlichen Religion an, genauso wie man durch

Geburt oder Adoption Mitglied der häuslichen Religionsgemeinschaft wurde. Selbst durch die Ererbung oder den Kauf eines Stück Landes konnte man für einen Kult zuständig werden. Ein anderes Beispiel: Den ganzen Prinzipat über betrachteten die Römer die Juden als Volk und nicht einfach als religiöse Gemeinschaft [500]. Der Grund dafür war, daß es für einen antiken Menschen keinen Unterschied zwischen religiösem und sozialem Leben oder zwischen religiösem und öffentlichem Akt gab. Jedes soziale Verhalten, jeder Gemeinschaftsakt enthielt notwendigerweise eine religiöse Komponente, und umgekehrt. Eine Metapher, die schon in der Antike verwendet wurde [z. B. Cic. leg. 1. 7. 23; 2. 10. 26], hilft, diese Verklammerung zwischen dem Politischen und dem Religiösen zu begreifen. Danach ist der Staat Ort und Ausdruck eines Zusammenlebens von Gott und Mensch. Aus diesem Grunde verweist jede Handlung, die den Willen dieser Gemeinschaft von Göttern und Menschen ausdrückt, auf *beide* Gruppen dieser Gemeinde.

Folglich war die öffentliche Religion nicht das, was wir eine „Staatsreligion" nennen würden, d. h. eine offizielle Religion, die allen Bürgern und Bewohnern durch einen selbst laizistischen Staat auferlegt wird. In der römischen Welt war die Religion öffentlich, insofern sie die Gesamtheit der römischen Bürger betraf und vor allem sie zu den konstitutiven Strukturen gehörte, durch welche die *res publica* regiert wurde und handelte. Ihre Gottheiten waren die des römischen Volkes, und der Kult dieser Religion oblag all denen, die im Namen des Volkes handelten. Diese Relgion wurde niemandem aufgedrängt, vielmehr drängte sie sich selbst jedem auf, der das Bürgerrecht besaß, betraf die anderen aber überhaupt nicht. Und selbst für die Bürger bedeutete diese Religionszugehörigkeit im allgemeinen keine aktive Teilnahme. Der öffentliche Kult wurde nämlich auch nicht überall ausgeübt, wo es Römer gab. Natürlich begingen die Gemeinschaften von Römern, die irgendwo im Reich saßen (zumal die Legionen in ihren Lagern), die religiösen Feiern und riefen die öffentlichen Götter Roms an, aber faktisch war das nicht der öffentliche Kult Roms, sondern vielmehr der eigene der römischen Armee oder sogar der einzelner Einheiten. Genaugenommen betraf der öffentliche Kult zwar alle Bürger, man praktizierte ihn aber nur in Rom, dem Wohnsitz des „römischen Volkes" im rechtlichen Sinne. Doch: Selbst wenn sich die Bürger in Rom befanden, wurden sie weder zur Kultausübung gedrängt noch dazu, sich an die Vorschriften dieser Religion zu halten. Und das nicht nur wegen Bürgerzahl, die seit dem Bundesgenossenkrieg enorm gewachsen war, oder weil diese Religion keine anderen Vorschriften kannte als die Verpflichtung zur Durchführung der vorgeschriebenen Rituale. Faktisch mußten fast nur die Magistrate und Priester aktiv werden, einfache Bürger spielten lediglich eine passive Rolle. Im Grunde wollte man von ihnen nur, daß sie die Zeremonien nicht störten. Folglich war in Rom die Ausübung des öffentlichen Kults vor allem eine Angelegenheit der Senatoren und Ritter. Sie führten die kultischen Handlungen aus, fixierten das Sakralrecht und nahmen regelmäßig an den Opfermahlen teil. Die anderen Bürger in Rom hatten nur dadurch am religiösen Leben Anteil, daß sie die Spiele besuchten, die mit dem Kult zusammenhingen und die mit Fleischverteilungen verbunden waren, daß sie Opferfleisch kauften oder Bildnisse betrachteten. Ihre Beziehung zur Gemeinschaftsreligion unterschied sich also nicht sehr von der der Bürger, die in den Munizipien oder Kolonien in Italien oder den Provinzen lebten. Wenn nicht gerade ein römischer Magistrat oder der Prinzeps selbst (auf einer Reise) eine Kulthandlung für das gesamte Volk vornahm, hatten die Bürger in den Provinzen keinen Kontakt zum öffentlichen Kult außer durch bildliche Darstellungen und unter Umständen durch Bücher. Übrigens betraf dieser Kult die Frauen nicht, er war im wesentlichen eine Angelegenheit der Männer.

3.1.2 Ritualismus

Die streng gemeinschaftlichen römischen Religionen waren ferner ritualbestimmt. Sie verlangten kein explizites Glaubensbekenntnis und kannten normalerweise weder Initiation noch Doktrin. Das religiöse Wissen und die „Lehre" beschränkten sich auf den Festkalender, die vorgeschriebenen Kulthandlungen und die Art und Weise der Zelebration. Untersucht man die rituellen Handlungen, kann man zwar einen impliziten Glauben erkennen, wie zum Beispiel den Glauben an die Existenz von unsterblichen und dem Menschen überlegenen Göttern, aber kein Römer wurde je gezwungen, sich zu dieser Vorstellung zu bekennen oder sie zu formulieren. Wenn auch das Ritual der wesentliche Inhalt der traditionellen Kulte war, erschöpfte sich dennoch die religiöse Erfahrung der Römer nicht darin. Einige Kulte, die man in den öffentlichen Kult aufgenommen hatte (wie Kybele oder später Isis) oder aber tolerierte (wie die sogenannten „orientalischen" Kulte), kannten Initiationen und eine mehr oder weniger entwickelte Theologie. Man sollte aber trotzdem diese Kulte dem traditionellen Ritualismus nicht allzu radikal gegenüberstellen, indem man nur ihre entwickelten Theologien betrachtet. Denn auch bei ihnen spielten Kulthandlungen und soziale Aspekte eine ausgesprochen wichtige Rolle. Außerdem war diese Religionsform alles andere als dominant, sie beschränkte sich vielmehr auf eng begrenzte Sozialschichten. So fand man die Anhänger des Mithras-Kults fast ausschließlich bei den unteren Dienstgraden der Armee und den Freigelassenen [Gordon 498]. Das Judentum blieb im wesentlichen die Religion *eines* Volkes und das Christentum lange ein jüdisches Phänomen. Dennoch, es gab diese Religionen, und in allen großen Städten konnten die Römer ihnen begegnen und sie sogar praktizieren. Ob diese Kulte nun ins religiöse System seiner Stadt eingebunden waren oder nicht – diese Kulte boten dem Bürger, wenn er es wollte, einen Kontrast zum traditionellen Ritualismus, einen anderen, gefühlsbetonteren Zugang zum Göttlichen. Natürlich hatte das traditionelle religiöse System der griechisch-römischen Städte neben der Religion (verstanden als der „kalte" und vernunftgeleitete Kult der Götter) die Beklemmung und die leidenschaftliche Begeisterung des Aberglaubens aufzuweisen [Scheid 453, S. 133ff.]. Aber diese Aspekte wurden nicht verdammt, aus dem einfachen Grund, daß keine religiöse Orthodoxie existierte, sondern nur eine Orthopraxie. Solange der Kult praktiziert wurde, war alles in Ordnung, gleichgültig, was sich diejenigen, die ihn praktizierten, dabei dachten. Der Aberglaube erzeugte höchstens ein Lächeln. Aber die herablassende Haltung der römischen Denker gegenüber den Abergläubischen darf nicht täuschen. Von dem, was sie Aberglauben nennen, war keine Stadt, keine Wohnung ganz frei, und das Wesen einer Stadt bestand eben darin, die Beziehungen zu den Göttern zu rationalisieren, parallel zur Rationalisierung der sozialen Beziehungen. Solange also die Stadt als Wunsch und Realität existierte, leistete der traditionelle Ritualismus dem ausschließlich irrationalem Zugang zum Göttlichen Widerstand. Ein Weg zur Kontrolle dieser Triebe war die Toleranz und sogar häufig die Integration „anderer" Kulte. Die einzelnen Städte trafen eine unterschiedliche Auswahl, aber in der Regel hatte jede von ihnen Gottheiten, die von anderswoher gekommen waren und deren Kult den irrationalen Aspekt des Religiösen abdeckte. Doch auch der umgekehrte Fall war möglich, wie das Beispiel Rom zeigt: Diese Stadt mußte ihren öffentlichen Kult den neuen Teilen ihres Reiches öffnen.

3.1.3 Deutungen und Interpretationen

Der Kontakt zu Glaubens- und Gefühlsreligionen war nicht der einzige Weg, der sich dem Nachdenklichen öffnete. Der ritualistische Hintergrund der traditionellen Kulte war im griechischen Raum seit mehreren Jahrhunderten, in Rom seit dem 1. Jh. v. Chr. Gegenstand und Ausgangspunkt vieler Erläuterungen und Interpretationen geworden. Antiquare und Philosophen, Dichter und Redner legten, jeder auf seine Art und den Erfordernissen des Augenblicks entsprechend, ihre Meinung dar über Ursprung und Natur der Götter, über Sinn und Geschichte der Rituale. Und bei diesem Diskurs, der eher dem kulturellen als dem religiösen Bereich zuzuordnen war, galten alle vorgebrachten Argumente und Meinungen gleich viel

[Beard 458; Scheid 460, 643ff.]. All diese Deutungen waren gleichermaßen richtig, da sie ja niemandem aufgezwungen wurden und nie von einer öffentlichen Autorität kamen. Und so konnte keine Theorie die traditionellen Kulte wirklich jemals erfassen. Zu Beginn unserer Zeitrechnung enthielten bestimmte offizielle Kalender, wie der von Präneste, einige „geschichtliche“ (d. h. mythologische) Angaben, die, ohne jemals in Kult oder Lehre einbezogen zu werden, einfach nur das Denken derjenigen leiten konnten, die über ihre Religionsausübung nachdachten. Selbst die gelehrtesten philosophischen Deutungen sind niemals über das Stadium eines Buchs oder einer Festrede anläßlich irgendeiner religiösen Feier hinausgekommen. Nur bei den Mysterien, mit denen sich nach und nach einige Kulte der griechischen Welt ausstatteten, und schließlich beim Christentum durchdrangen sich philosophisches Gedankengut und Religionsausübung gegenseitig.

3.1.4 Polytheismus

Die Religionen der römischen Welt waren nicht nur gemeinschaftsbezogen und ritualistisch, sondern auch polytheistisch. Jede Gemeinschaft besaß ihr eigenes polytheistisches Pantheon. Eine Ausnahme machten dabei nur Juden und Christen, die einen strikten Monotheismus proklamierten, an den sie sich jedoch nicht immer ganz hielten. Der Polytheismus besaß eine solche Kraft, daß sogar Gottheiten mit Herrschaftsanspruch, wie Isis, der Gott Elagabal, Mithras oder die pantheischen Götter, auch nur eine weitere Figur im Pantheon darstellten: Ihr Anspruch darf nicht als verborgener Monotheismus mißverstanden werden, er stellte vielmehr einen universalen Zugang zur göttlichen Welt dar, eine polytheistische Versuchung, alle göttlichen Kräfte in der Welt tätig zu sehen. Bestimmte Gottheiten herrschten über andere Götter, aber ihr Anspruch ging kaum weiter. Keine Gottheit hatte die Aufgabe, alles zu tun. Jeder Gott hatte seine genau festgelegte Funktion, die in den unterschiedlichsten Bereichen zum Tragen kam, ohne sich jemals mit der einer anderen Gottheit zu vermischen. Mars war ein Kriegsgott von kriegerischer Gewaltätigkeit, der Rom im Kampf gegen sichtbare und unsichtbare Feinde zur Seite stand und alles Römische bewachte. Wenn man diesem Gott für eine Heilung dankte, dann deswegen, weil er siegreich die bösen Kräfte der Krankheit niedergerungen hatte, und nicht, weil er sich plötzlich in eine Heilgottheit verwandelt hätte. Diese Rolle fiel Äskulap oder Apollo zu. Wie bei den Menschen gab es bei den Göttern mehrere Gruppen, die nicht nur nach ihrem Wohnort (im Himmel, unter der Erde, in dieser oder jener Stadt, in diesem Stadtviertel oder jener Sozialschicht), sondern auch in ihrem Wesen verschieden waren. So unterschied man genau zwischen den unsterblichen Göttern und Gottheiten wie Herkules oder den vergöttlichten Kaisern. Als Menschen, die unsterblich geworden waren, standen sie in Ansehen und Würde stets unter den unsterblichen Göttern.

Die eben skizzierten Prinzipien waren, ungeachtet der zahllosen lokalen Variationen, für fast alle Kulte im römischen Reich bestimmend. In religiöser Hinsicht existierte ein Gott oder ein Kult nicht als abstraktes Wesen oder abstrakte Verpflichtung, sondern nur in einem genau umrissenen kulturellen Kontext, öffentlich oder privat, in Rom oder in einer der unzähligen Städte des Reiches.

3.2 Die öffentlichen Kulte

Die am besten bekannten religiösen Systeme sind die der politischen Gemeinschaften, insbesondere der Kult von Rom. Aber man darf nicht vergessen, daß die meisten römischen Bürger auch Angehörige einer anderen Stadt waren und zu privaten Gemeinschaften gehörten. Ihre Religionsausübung fand also auf den verschiedenen Ebenen ihrer sozialen Identität statt.

3.2.1 Der öffentliche Kult von Rom

Als gemeinsamer Bezugspunkt aller römischen Bürger war die öffentliche Religion Roms während der Kaiserzeit keineswegs im Niedergang begriffen, obwohl das Anwachsen der Bürgerzahl die Rahmenbedingungen für ihre gemeinschaftliche Ausübung gravierend veränderte. Abgesehen von diesem Wandel funktionierte der Kult wie früher. Ja, sogar besser, denn aufgrund des neuen Symbolwertes erhielt der alte öffentliche Kult eine spektakuläre Dimension, die er vorher nicht besessen hatte.

3.2.1.1 Die augusteische Restauration

Am Ende der Bürgerkriege war der Apparat des Kultes in einem desolaten Zustand. Einige Priesterschaften waren seit Jahrzehnten nicht mehr besetzt worden, viele Tempel heruntergekommen, und natürlich störten die Ereignisse häufig den geregelten Ablauf des Kultes. Sobald Augustus allein Herr der Lage war, sorgte er für Ordnung bei den religiösen Institutionen, indem mit dem Erlös der Kriegsbeute die vernachlässigten Tempel restaurieren oder neu bauen ließ [Gros 463, S. 15ff.; Liebeschuetz 450, S. 55ff.; Scheid 460, S. 679ff.]. Er veranlaßte die Wiederbesetzung der freien Priesterstellen, wobei er den Sozialstatus der öffentlichen Priester genau festlegte, die künftig mehrheitlich aus dem Senatorenstand kommen sollten. Schließlich ließ er ungebräuchliche Kulthandlungen wiederaufleben. Diese Reformen geschahen Schritt um Schritt und kulminierten in der spektakulären Wahl von Augustus zum Pontifex Maximus im Jahr 12 v. Chr. Seitdem (und zumal seit 11 v. Chr. das ehrwürdige Amt des Flamen Dialis wiederbesetzt worden war) war das kultische System wieder ganz das alte. Einige Nachfolger von Augustus, nämlich die Flavier und die Severer, haben ähnliche Restaurationen durchgeführt (u. a. nach Bürgerkriegen), aber im großen und ganzen behielt das von Augustus wiederaufgebaute religiöse System bis weit ins 3. Jh. seine Geltung.

Sobald der öffentliche Kult einmal wiederhergestellt und mit neuen Mitteln ausgestattet worden war, funktionierte er wie früher. Man achtete den Festkalender und den Vollzug der Rituale bei den öffentlichen Aktivitäten, und dieser rituelle Kern änderte sich unter dem Prinzipat kaum. Und trotzdem wäre es absurd zu behaupten, nichts habe sich verändert. Genauso wie die augusteische Restauration der *res publica* das traditionelle Spiel der Institutionen des römischen Volkes wiederbelebte, indem sie einige Neuerungen hinzufügte (wie die Figur des *princeps)*, die das Gleichgewicht zwischen den politischen Organen veränderten, so bereicherte die Restauration der Religion die traditionellen Kulte um einige neue Götter und führte nach wiederholten Korrekturen zu einer anderen Funktionsweise derselben religiösen Institutionen. Dieses neue Gleichgewicht blieb unter Augustus' Nachfolgern unverändert. Gleichwohl wandelte sich die Religion, jedoch gleichsam in der Peripherie der sakralen Institutionen und durch die Betonung dieser oder jener Praktik.

3.2.1.2 Die Priester

Die religiösen Zeremonien und Institutionen blieben unter dem Prinzipat im Kern stabil. Die Figur des Priesters veränderte sich kaum. Wie zu Zeiten der Republik waren die kultischen und religiösen Aufgaben unter den Magistraten, den Priestern und den Senatoren aufgeteilt [Beard 488]. Viele wichtige Rituale nahmen Magistrate (Konsuln oder Prätoren) vor, die auch im religiösen Bereich über das Initiativrecht verfügten, insofern sie Priester und Senat mit religiösen Fragen befassen und entsprechende Beschlüsse durchführen konnten. Auch der Senat besaß religiöse Befugnisse. Man fragte ihn regelmäßig danach, wie man sich in religiöser Hinsicht zu verhalten habe, und er konnte seit der Reform des Komitiensystems faktisch die Priester bestimmen [S. 56]. Selbst das Volk hatte religiöse Vollmachten. Wenigstens bis zum Ende des 1. Jhs. wurden die Wahlen der wichtigsten Priester formal durch die Komitien vollzogen, wenn auch die Senatoren die entscheidende Vorauswahl trafen [Scheid 460, S. 201ff.]. Außerdem feierten die Familienväter weiterhin jährlich die Totenfeier, die *Parentalia* (13.–22. Februar), und übernahmen so kollektiv die Rolle öffentlicher Priester. Die eigentlichen Priester, die *sacerdotes* des römischen Volkes, vollzogen einen Teil der großen öffentlichen Rituale und standen den Magistraten bei der Erfüllung ihrer priesterlichen Pflichten zur Seite. Die einzige Funktion, die allein den Priestern vorbehalten blieb, war die Verwaltung und Weiterentwicklung des Sakralrechts, für das sie die oberste Instanz darstellten. Die vier großen Priesterschaften hatten diese Befähigung für alle Gemeinschaftsrituale ihres Zuständigkeitsbereiches, die anderen Priesterschaften für ihr jeweiliges rituelles Gebiet. Die in Kollegien organisierten Priester zerfielen in zwei Gruppen, die *maiores* („großen“) und die *minores* („kleinen“). Dies bezog sich nicht nur auf ihre mehr oder weniger großen Kompetenzen, sondern vor allem auf den Modus ihrer Ergänzung: Die Neumitglieder der vier großen Kollegien wurden durch die tribunizischen Komitien (der 17 Tribus [S. 56]) bestimmt, die kleinen Kollegien dagegen rekrutierten sich weiterhin nach alter Sitte durch Kooptation.

Die großen Kollegien waren in hierarchischer Reihenfolge die Pontifizes, die Auguren, die Quindezimvirn und die Septemvirn. Das Pontifikalkollegium umfaßte ungefähr 16 Pontifizes, den König der Sakralhandlungen (*rex sacrorum*), die drei großen Flamines (*flamines maiores*, von Juppiter, Mars und Quirinus), drei kleine Pontifizes sowie ein Dutzend kleine Flamines (von Carmenta, Ceres, Flora etc.). Dazu kamen noch die sechs Vestalinnen und vielleicht die Flamines der vergöttlichten Kaiser. Seit der augusteischen Restauration stammten die *pontifices minores* und die *flamines minores* aus dem Ritterstand, alle anderen Mitglieder des Pontifikalkollegiums aus dem Senatorenstand, und die *flamines maiores* und der *rex sacrorum* mußten Patrizier sein. Die einzige Aufgabe des *rex sacrorum*, der Flamines und der Vestalinnen bestand in der Begehung bestimmter Kulte. Die Pontifizes mußten nicht nur gewisse Kulte wahrnehmen, sondern auch das Sakralrecht bezüglich der religiösen Verpflichtungen auslegen, denen man nach dem römischen Ritus (*ritus Romanus*) nachkam. Die 16 Auguren (sämtlich Senatoren) besaßen die Aufgabe, rituell Plätze (die *templa*) für die Ausübung öffentlicher Funktionen, „profaner“ wie religiöser, einzurichten und das Augurenrecht zu verwalten (Rituale zur Befolgung der Zeichen, die der Vogelflug und vor allem das Verhalten der Befragungshühner lieferten, und aus denen ein Magistrat die Zustimmung bzw. Ablehnung der Götter für öffentliche Entscheidungen entnahm). Die 19 Quindezimvirn für Sakralriten (*quindecimviri sacris faciundis*) aus dem Senatorenstand kümmerten sich um das Sakralrecht aller nach dem griechischen Ritus gefeierten Kulte (z. B. Apollo oder Kybele) und zelebrierten bestimmte Gemeinschaftsrituale des „griechischen“ Ritus, z. B. bei den berühmten Säkularspielen [Gagé 459, 583ff.]. Außerdem wachten sie über die Sibyllinischen Bücher, die seit 19/18 v. Chr. im Heiligtum des palatinischen Apollo lagen, und suchten darin auf Befehl des Senats im Falle von alarmierenden Vorzeichen nach einer Prophezeiung, die den Konflikt mit dem Himmel lösen konnte. Das Dutzend Septemvirn (*septemviri epulonum*) aus dem Senatorenstand war für die Feier der rituellen Festmahle und für die Prozessionen bei den großen Spielen, speziell der *ludi Romani* und der *ludi Plebeii*, zuständig.

Neben den großen Kollegien gab es die als archaisch angesehenen Sodalitäten, die Augustus teilweise wiederbelebt und allesamt zu öffentlichen Pristertümern erhoben hatte. Es ist unbekannt, welche Aktivitäten die 20 Fetialen (*fetiales*), die theoretisch für die formellen Beziehungen des römischen Volkes und seiner Götter zu fremden Völkern zuständig waren, und die 20 *sodales Titii* tatsächlich ausgeübt haben. Dafür kennen wir die der zwölf Arvalbrüder dank des reichen epigraphischen Quellenmaterials zu diesem Kollegium sehr genau. Diese Bruderschaft wurde um 29/28 v. Chr. restauriert und galt als archaisch. Sie feierte den Kult einer Gottheit, die mit dem agrarischen Zyklus (Dea Dia, Göttin des lichten Himmels) und mit der Repräsentation der Frömmigkeit des Kaisers verbunden war [Scheid 460]. Die 20 *sodales Augustales* und die Mitglieder der anderen Sodalitäten, die man bei den darauffolgenden Apotheosen begründete, feierten den Kult ihrer jeweiligen vergöttlichten Kaiser. Nach und nach verteilten sich diese Kulte auf vier Gesellschaften, die *sodales Augustales Claudiales*, die *sodales Flaviales Titiales*, die *sodales Hadrianales*, und die *sodales Antoniniani Veriani Marciani* etc. (Kult der vergöttlichten Antonine und Severer). Vier besondere Sodalitäten wurden von jungen Männern aus senatorischem und patrizischem Stand (die beiden Saliergenossenschaften mit je 12 Mitgliedern) bzw. aus dem Ritterstand (die beiden Luperkergenossenschaften mit je 12? Mitgliedern) gebildet. Die zwei patrizischen Sodalitäten führten am 19. März und am 19. Oktober rhythmisch tanzend ihre Prozessionen durch, die mit der archaischen Feldzugssaison zusammenhingen. Die Luperker begingen die Riten der *Lupercalia* (15. Februar), wobei ein Lauf um den Palatin die zentrale Rolle einnahm. Die Größe aller Kollegien blieb während des Prinzipats unverändert; die Zahl ihrer Mitglieder erhöhte sich nur dann zeitweise, wenn der Prinzeps und seine Söhne beitraten. [Scheid 491].

3.2.1.3 Die Zeremonien

Die Zeremonien, die die Vertreter des römischen Volkes, Magistrate wie Priester, ausführten, bestanden aus Feiern, die im offiziellen Kalender festgeschrieben waren [Latte 447, S. 433ff.]. Dieser Kalender enthielt Feste und

Riten, die mit dem Agrarzyklus (wie z. B. die *Cerialia* am 19. April), mit dem Kriegszyklus (*Equus October* am 15. Oktober), mit der Gliederung des Kalenders (Kalenden, Iden) oder des Jahres (die *Matralia* am 11. Juni, vielleicht das *Agonium* am 11. Dezember) in Zusammenhang standen. Daneben gab es einige bewegliche Feste: Jahrestage von Tempeln sowie Gedenkfeiern und Kulthandlungen, die mit dem öffentlichen Leben zusammenhingen, wie Gelöbnisse für das Wohl des Staates oder die Einholung der Auspizien für die Investitur von Magistraten. Zu diesen regelmäßig wiederkehrenden Zeremonien kamen kultische Handlungen anläßlich bestimmter Ereignisse, wie Supplikationen, Triumphe oder Ableistung und Einlösung von Gelöbnissen, die mit der politischen Lage zusammenhingen. Abgesehen von Auspizien, Konsultationen der Sibyllinischen Bücher und Eingeweideschau, war das zentrale Ritual aller Zeremonien das Opfer. Dieses kannte zahlreiche Varianten je nach Gott, nach Ritus (römisch, griechisch oder etruskisch), nach Situation und Art der Opfergabe, war aber im Grunde immer gleich. Ein Opfer war die Teilung einer eßbaren Opfergabe (tierischer oder pflanzlicher Natur) mit einer Gottheit, in deren Verlauf man die Unsterblichkeit und die absolute Vormachtstellung der Gottheit feierlich proklamierte. Eine Zeremonie konnte auch mehrere Opfer umfassen, den Status eines öffentlichen Festes (*feria*) haben, mehrere Tage dauern und mit Zirkusspielen enden.

Die Kontinuität all dieser Institutionen in der Prinzipatszeit darf aber nicht darüber hinwegtäuschen, daß auch die römische Religion sich verändert hat. Sie änderte sich zwar nicht in ihrem Wesen, erfuhr aber gewisse Modifikationen durch die Bereicherung und den Wandel ihrer Umwelt.

Eine der großen Veränderungen, die die religiösen Strukturen modifizierte, bestand in der „Neutralisierung" des Auspiziensystems. Zusammen mit seinem prokonsularischen Imperium hatte Augustus natürlich das Recht erhalten, Auspizien einzuholen, mit anderen Worten, das Recht, seine Herrschaftspolitik in den ihm zugeteilten Provinzen mit göttlicher Zustimmung zu betreiben. Die *legati Augusti* und ihre Auspizien war dem Prinzeps und seinen Auspizien nachgeordnet. Aufgrund seines *imperium maius* waren die Auspizien des Kaisers auch denen eines Prokonsuls nicht untergeordnet. Der Vorrang der Auspizien des Prinzeps und folglich die Legitimität seiner Macht konnten also schwerlich angefochten werden, zumindest nicht außerhalb von Rom. Wir kennen die Position des Prinzeps in Rom gegenüber den Auspizien von Inhabern eines städtischen Imperiums (z. B. den Konsuln) nicht, aber man darf annehmen, daß er durch ein Privileg über Auspizien verfügte, die den höchsten gleichkamen. Vielleicht war ihm dies im Rahmen der Beschlüsse von 19 v. Chr. [S. 24] verliehen worden, die ihm die konsularischen Insignien zuerkannt hatten.

Jedenfalls erwähnen kaiserzeitliche Quellen die Auspizien kaum noch, ebensowenig wie die Streitereien, die sie am Ende der Republik hervorriefen. Die seltenen Erwähnungen öffentlicher Auspizien betreffen den Kaiser (z. B. die Investiturauspizien [Suet. Nero 8]). Der Mechanismus sich widersprechender Auspizien war für das Funktionieren der republikanischen Institutionen genauso wichtig gewesen wie das Interzessionsrecht, aber wie dieses hatte es zur Blockade der Institutionen und zu den wiederholten Krisen am Ende der Republik beigetragen. Die „Neutralisierung" des Auspiziensystems stellte also kein isoliertes Faktum dar, das die Entwicklung des Glaubens oder der Praxis bewirkt hätte. Höchstwahrscheinlich war sie unvermeidbar, wenn man die Ursachen der Bürgerkriege hinter sich lassen wollte. Jedenfalls bedeutete diese kleine Akzentverschiebung bei der Auspizienpraxis faktisch eine große Veränderung. Man hörte zwar keineswegs auf, Auspizien einzuholen. Sie waren gewiß weiterhin ein unerläßliches Element der Herrschaftsausübung, aber faktisch auf einem viel niedrigeren Niveau. Die Auspizien verloren ihre vorherige Rolle als politische Waffe und Regulierungsinstrument, oder genauer gesagt: diese Waffe besaß von nun an allein der Prinzeps. Die „Neutralisierung" sich widersprechender Auspizien hatte zwei weitere Konsequenzen. Einerseits wurde das Auspizienritual banal, und, da es nicht länger Objekt von Diskussion und Kämpfen war, kam es sicher bald zu seiner Erstarrung. Andererseits ließ die Vereinigung der höchstrangigen Auspizien in der Hand eines Mannes die Herrschaftsausübung für ihn gefährlich werden. Denn das Ritual und seine Bedeutung waren keineswegs verschwunden, und ein aufsehenerregender Mißerfolg, zumal in der Außenpoltik, konnte sofort die Legitimität dessen erschüttern, der die obersten Auspizien innehatte.

3.2.1.4 Neuerungen

Durch ein ähnliches Privileg wurde Augustus nach und nach auf eine Stufe mit, also de facto über jeden anderen Priester gestellt (Lepidus ausgenommen, doch der war verbannt). 29 v. Chr. gewährte man ihm das Recht, Kandidaten für die Priesterwahl vorzuschlagen (*nominare*), selbst wenn sie nicht zum betreffenden Kollegium gehörten und auch über die erlaubte Zahl der Kandidaten hinaus [Scheid 491, S. 151]. Dieses Privileg wurde an dem Tag hinfällig, an dem der Prinzeps in sämtliche Priesterkollegien kooptiert wurde. So kontrollierte er die Nominierungen der Kandidaten und die Beschlüsse der Priesterkollegien, denn die Priester konnten nichts gegen seinen Willen beschließen. Den Abschluß dieses Wandels bildete die Wahl von Augustus zum Pontifex Maximus (6. März 12 v. Chr.), wodurch er ab diesem Zeitpunkt die gesamte traditionelle Religion kontrollierte. Wieder einmal stellten alle diese Privilegien Augustus auf dieselbe Stufe mit den Inhabern wichtiger öffentlicher Vollmachten. Als Mitglied aller Kollegien und Pontifex Maximus erlangte Augustus Handlungs- und Kontrollmöglichkeiten und natürlich auch einen Prestigegewinn, aber er war dennoch nicht zu einer Art „Gottkönig" geworden. Schließlich waren erstens die römischen Priester nicht geweiht, und zweitens vermengte man die priesterliche Macht des Prinzeps nie einfach mit seiner Machtfülle als „Magistrat".

Eine weitere, durchaus den Traditionen entsprechende Neuerung lag in einer veränderten Ausgestaltung des Kults. Man verschob viele Jahrestage von restaurierten Tempeln und fixierte Zeremonien ohne festgelegtes Datum, indem man sie mit Gedächtnisfeiern der Großtaten des Prinzeps in Beziehung setzte [Gros 463, S. 32ff.; Scheid 460, S. 458ff.]. Die Ausschmückung der Tempel und Kulträume, die größtenteils unter Augustus wiederhergestellt, vervollständigt oder geschaffen worden war, suggerierte den Teilnehmern des Kults eine universale Interpretation des gefeierten Ritus, in der der Prinzeps eine wichtige Rolle einnahm, zumindest in den großen öffentlichen Heiligtümern [Gros/Sauron, in: 160, S. 48ff.]. Es wurden einige neue Feste eingeführt, die mit der Tradition anknüpften, höchst bedeutsamer Ereignisse der römischen Geschichte zu gedenken. Die Neuerung bestand nun darin, sowohl Siege wie auch einzelne Stufen der Karriere des Augustus zu feiern, ja sogar private Jahrestage seiner Familie [siehe für diesen Kalender Gagé 209, S. 163ff.]. Diese Praxis setzte sich in der Kaiserzeit fort, ist aber vor allem für die julisch-claudische Periode charakteristisch, und hing mit der Repräsentation des römischen Volkes als Mitglied der kaiserlichen Familie zusammen [Fraschetti 475, 476]. Die Existenz des Prinzeps fand des weiteren in den Ritualen Ausdruck. Zahlreiche Opfer, Weihungen und Gelöbnisse wurden für das Wohl des herrschenden Kaisers getätigt, der damit die gleiche Stufe erreichte wie die *res publica* des römischen Volkes, die vorher alleinige Nutznießerin der von den Göttern erbetenen Gunstbezeugungen war. Diese „Bereicherung" des Ritus kann man anhand der regelmäßigen Gelöbnisse für das Wohl des Staates deutlich erkennen. Der Tradition gemäß leisteten die Magistrate diese Gelöbnisse am 1. Januar. Dazu trat ein weiteres für das Heil des Prinzeps, das unter Tiberius auf den 3. Januar gelegt wurde. Die Gelöbnisse für das Wohl des Staates wurden also weiter gefeiert, sie hatten sogar Vorrang vor denen des Kaisers, aber de facto feierte man letztere mit solchem Pomp, daß die Quellen die Gelöbnisse vom 1. Januar kaum mehr erwähnen [Scheid 460, S. 302ff.].

3.2.1.5 Der Kaiserkult

Das charakteristischte Element der öffentlichen Religion unter dem Prinzipat war jedoch die Vergöttlichung bestimmter *verstorbener* Kaiser und der Kult, den man ihnen erwies. Zu Lebzeiten erhielt der Kaiser niemals einen Kult, zumindest nicht in Ländern lateinischer Kultur. Man opferte seinem *genius* (der Persönlichkeit des Kaisers, wie sie sich bei der Geburt herausgebildet hatte [Dumézil, in: Hommages R. Schilling, Paris 1983, S. 86ff.]) oder seinem *numen* (was man möglichst nicht mit „Gottheit" übersetzen sollte, sondern als eine Art von göttlicher „Schöpferkraft" auffassen muß [Bayet 444, S. 184]). Genau wie das Epitheton *augustus*, das traditionell der religiösen Sphäre vorbehalten war, war *numen*, „das Integral über die einzelnen Willen" einer Gottheit [Dumézil, Religion romaine archaïque, Paris ²1987, S. 47ff.], aus der religiösen Sprache entlehnt, um auf einen außergewöhnlichen Mann angewendet zu werden. Dieses Konzept und dieser Kult vergöttlichten die Eigenschaften, die von seinem Genius ausgingen [Fishwick 472]. Selbst im griechischen Kulturraum, wo man den lebenden Prinzeps als *theos* bezeichnete, was wir im allgemeinen spontan mit „Gott" übersetzen, ging es nicht darum, den Prinzeps zu seinen Lebzeiten zu vergöttlichen. *Theos* ist hier ein Adjektiv, das Göttern *und* Kaisern zustand, und verlieh letzterem nur eine göttliche Aura. Man hielt den Prinzeps für gottähnlich, was man auch durch Bezeichnungen wie „Neuer Dionysos" ausdrücken konnte. Der Prinzeps war weder Mensch noch Gott, sein Status entsprach in etwa dem eines christlichen Heiligen [Price 479]. Jedenfalls unterschied sich der Kult, der dem Prinzeps zuteil wurde, normalerweise von dem für die Götter [Price 478, S. 216ff.].

Im lateinischen Kulturraum dagegen gab es einen echten Kult für die *Divi*, die Kaiser, die der Senat nach ihrem Tod vergöttlicht hatte, und manchmal auch für ihre Gemahlinnen. Im griechischen Bereich findet sich diese Form des Kaiserkults selten. Nicht alle Kaiser wurden vergöttlicht, manche wurden vergessen (Tiberius) oder sogar der *damnatio memoriae* unterworfen (Nero, Vitellius, Domitian etc.). Das Verfahren fand keineswegs automatisch statt, wie das die schwierige Divinisierung von Hadrian und der fehlgeschlagene Versuch, Agrippa vergöttlichen zu lassen, zeigen [Fraschetti 481]. Die Zeremonien des Kaiserkults in all seinen Formen [siehe für den Kalender Herz, ANRW II. 16. 2, S. 1135] haben die traditionellen Feste und Riten nicht ersetzt. Im Gegenteil, sie wurden ihnen mehr oder weniger nachdrücklich, je nach Zeitumständen, hinzugefügt. So wurden bei den großen öffentlichen Opfern oder den Gelöbnisritualen die *Divi* (und der Genius des lebenden Kaisers) ebenfalls angerufen, besonders unter der julisch-claudischen Dynastie, aber *nach* den unsterblichen Göttern. Und in den großen Kulträumen, die sich Götter und *Divi* teilten, waren letztere in dieser oder jener Art und Weise stets den erstgenannten untergeordnet.

Man liest häufig, der Kaiserkult sei eine ganz und gar säkulare Institution gewesen [z. B. Liebeschuetz 450, S. 78], ein „sozialer und politischer Ritualismus" [Bayet 444, S. 191; vgl. auch Latte 447, S. 312ff.]. Dieses Urteil erscheint übertrieben, wenn nicht sogar falsch, denn selbst wenn eine Religion ritualistisch, sozial und politisch ist, muß sie deswegen noch lange nicht rein säkular sein. Wie bereits betont, besaß die römische Religion keine explizite Lehre, und somit stellt sich hier das Problem des Glaubens nicht auf dieselbe Art wie beim Christentum. Man darf sich den Praktiken des Kaiserkults nicht mit anachronistischen und ethnozentristischen Maßstäben nähern. Wie S. Price [478] für den Kaiserkult im griechischen Raum gezeigt hat, versuchten die Menschen der Antike, durch diese rituellen Praktiken und die Überlegungen, die diese auslösen konnten, Stellung und Wesen des Prinzeps oder der römischen Macht zu definieren und auszudrücken, was in gängigen, gänzlich „laizistischen" Konzepten nicht formulierbar war. Die Römer selbst haben während des letzten Jahrhunderts der Republik verschiedene symbolische Wege erprobt, ehe sie den Kaiserkult einrichteten. So räumten sie dem Prinzeps einen Platz zwischen Göttern und Menschen ein und gaben durch diese Dualität der nicht greifbaren Gestalt der neuen politischen Macht Ausdruck.

Der Kaiserkult und seine Gottheiten bildeten keine allgemeine und universale „Kirche", die Römer und Peregrine vereint hätte. Selbst in Rom variierten die Formen dieses Kultes nach dem Kontext. Die großen öffentlichen Zeremonien entsprachen nicht den Feiern, die vor den Kapellen an den Kreuzungen, in den Kasernen der Prätorianergarde, von der Dienerschaft des Kaisers oder den zahlreichen Berufs- und Begräbniskollegien begangen wurden. Es gab außerhalb von Rom (oder gar außerhalb der römischen Gemeinden) zahllose Variationen in Wesen und Form. Um sich dies bewußt zu machen, genügt ein Blick auf die eigenwilligen Formen des Kaiserkults im griechischen Raum oder bei den jüdischen Gemeinden: Welchen Zusammenhang kann es geben zwischen dem Kaiserkult der Kolonie Ostia und der Widmung *pro salute Aug(usti)* auf einem Thora-Behältnis in der Synagoge dieser Stadt vom Ende des 2. Jhs. oder dem Beginn des 3. [Atti del VI congresso internazionale di archeologia cristiana, Vatikan 1965, S. 314]? Die einzige Gemeinsamkeit zwischen all diesen Praktiken war die römische Herrschaft und der Rückgriff auf religiöse Kategorien, um in traditionellen Formeln die Oberhoheit der Römer und ihres Prinzeps auszudrücken.

3.2.2 Die öffentlichen Kulte der Kolonien und Munizipien

Jede der zahlreichen Städte römischen oder latinischen Rechts in Italien oder den Provinzen hatte ihr Pantheon, ihre Heiligtümer, ihre Kulttraditionen, die, obwohl von den römischen religiösen Institutionen abgeleitet, nicht einfach nur deren Kopien waren. Im Gegenteil, je nach Alter der Kolonie oder des Munizipiums, je nach ihrer Geschichte, konnten die örtlichen Religionen recht unterschiedliche Gestalt annehmen. Die verehrten Götter, die Festkalender und die rituellen Traditionen, die die örtlichen Magistrate und Dekurionen bei der Deduktion einer Kolonie aufstellten [FIRA I 144, Kap. 64] oder die sie in die Verfassung eines Munizipiums aufnahmen, waren niemals identisch. Und was für die traditionellen Kulte galt, galt genauso für den Kaiserkult. Was jedoch die römischen Kolonien und Munizipien von den peregrinen Städte abgrenzte, war, daß ihre religiösen Institutionen im Prinzip der Autorität der Mutterstadt unterworfen blieben, mit anderen Worten, dem Senat und den Kollegien der Pontifizes und der Quindezimvirn [Tac. ann. 3. 71. 2; ILS 8381, 4175]. Da dieses Prinzip jedoch kaum rigoros angewendet werden konnte, selbst in Italien nicht, verfügten die Kolonien und Munizipien de facto über eine sehr weitgehende Autonomie. Die römischen Autoritäten delegierten wahrscheinlich ihre Kompetenzen und vermutlich wurden ihnen nur schwierige Fälle vorgelegt.

Die religiösen Strukturen dieser Gemeinwesen erinneren an eine vereinfachte Version der Sakralinstitutionen Roms, bereichert um eigene Kulte. Die religiösen Aufgaben nahmen die Munizipalmagistrate, die Dekurionen und die Priester (Pontifizes, Auguren, Flamines des Kaiserkults, Priester von diesem oder jenem Gott und auf einem niedrigeren Niveau die *seviri Augustales* [vgl. zu diesen R. Duthoy, ANRW II. 16. 2, S. 1254 ff.]) wahr. Trotz lokaler Eigentümlichkeiten und zahlreicher Varianten ähnelten die Kalender und Ritualpraktiken weitgehend denen von Rom [zu Einzelheiten, vgl. Regionalstudien].

3.2.3 Die peregrinen Städte

Mehr noch als Kolonien und Munizipien erfreuten sich die peregrinen Städte einer fast vollständigen religiösen Autonomie. Sie hatten ihre Götter, ihre Priester und ihre religiösen Traditionen. In den meisten Fällen gehörten die Religionen der peregrinen Städte zum selben Typ wie die römische Religion, aber das war nicht immer so, wie dies die Religion der jüdischen Fürstentümer beweist. Die Religionsgeschichte einzelner Gemeinschaften braucht hier nicht betrachtet werden, wir wollen nur die religiösen Beziehungen zwischen den peregrinen Städten und den Römern untersuchen.

Die römische Anwesenheit zeitigte in religiöser Hinsicht zwei Folgen. Erstens provozierte der Apparat einer polytheistischen Religion, der notwendigerweise die Ausübung der römischen Autorität und das Leben der römischen Garnisonen umgab, bei einem streng monotheistischen Volk regelmäßig Unmut und Aufruhr. Bei anderen Gemeinschaften führte die römischen Besatzung nicht nur zur Entwicklung eines Kaiserkults, sondern auch zu Problemen hinsichtlich der Stellung der lokalen Heiligtümer und Friedhöfe. Da die Heiligtümer und Nekropolen der peregrinen Städte auf provinzialem Land errichtet waren, das ja dem römischen Volk oder dem Prinzeps gehörte und über das die Provinzialen nur das Nutzungsrecht besaßen, unterstanden sie folglich dem römischen Sakralrecht, unter Umständen sogar dem Hausrecht des Kaisers. Folglich waren nach römischem Verständnis nur die Tempel in peregrinen Städten geweiht, bei denen ein ordentlicher oder außerordentlicher römischer Magistrat den Weiheakt in aller Form vollzogen hatte. Und eine Bestattung besaß nur dann den Status eines Grabes, wenn sie mit Genehmigung der Pontifizes (d. h., des Pontifex Maximus, also, des Kaisers) erfolgt war. Natürlich war dieses Prinzip nicht in die Praxis umzusetzen. So nahmen die Römer die Haltung ein, daß man alle peregrinen Heiligtümer als geweiht, alle diese Gräber als regelgerecht eingerichtet zu betrachten habe [Gaius inst. 2. 5–8]. Die römischen Autoritäten griffen nur im Konfliktfall ein und delegierten ihre Kompetenzen an die Prokonsuln und Legaten weiter, was einige Beispiele aus der Korrespondenz Plinius' des Jüngeren illustrieren [Plin. epist. 10. 49f., 68f., 70f.; vgl. De Ruggiero 62, s. v. aedes].

Die zweite Folge der römischen Präsenz war die (größtenteils spontane [Price 478]) Einrichtung und Entwicklung von Kulten, die jährlich alle Städte einer Provinz zusammenführten [Fishwick 474 für den lateinischen Raum; Price 478 für den griechischen]. Der Kult, den man in den großen Provinzialheiligtümern gefeierte, wandte sich an die *Divi* (im Westen) oder den lebenden Prinzeps (im Osten). Er wurde durch Provinzialflamines oder Priestern von „Rom und Augustus" vollzogen, die Delegierte der Städte gewählt hatten. Dem Gemeinschaftsprinzip entsprechend verliehen die Provinziallandtage den Ansichten der Städte der Provinz hinsichtlich ihrer Beziehungen zu Rom Ausdruck. Sie taten dies in Diskussionen und durch politische Anträge, aber auch durch die Feier eines gemeinsamen Kultes, der „die Realität des römischen Reiches konstruierte" [S. Price 478, S. 248].

3.3 Private Religionen und religiöse Ideen

Das religiöse System der Römer war zwangsläufig, da polytheistisch und nicht von einer Doktrin bestimmt, privaten religiösen Praktiken gegenüber tolerant. Dies um so mehr, als die öffentliche Religion nur selten in die häusliche Sphäre hineinspielte. Nur die Totenfeiern begingen die Familienväter im Interesse des Volkes. Als Folge davon wimmelte es in fast allen Städten des Reiches nur so von privaten Kultgemeinschaften, die auf die Familie beschränkt waren oder öffentlich auftraten, aber freilich außerhalb des für die Stadtgötter und -kulte reservierten Bereichs.

Ob es sich nun um Nationalkulte fremder Gemeinschaften handelte, die in Rom oder irgendeiner Stadt lebten, um religiöse oder philosophische Sekten, um individuelle Andachtsformen oder Vorstellungen, um die lukrative Aktivität von Astrologen, Propheten oder anderen Scharlatanen, alle diese Praktiken wurden von den Autoritäten toleriert, solange sie keine Unruhe verursachten. Wenn diese Kulte und Andachtsformen den für sie reservierten Raum nicht verließen, störten Initiationen oder orgiastische Feiern, philosophische Diskussionen oder religiöser Überschwang niemanden. Waren diese Praktiken jedoch nur einer geschlossenen Gruppe zugänglich, so verließen sie (auch in den Augen der Bevölkerung) die bürgerliche Gemeinschaft, ja stellten sie sogar in Frage. Daher griffen die lokalen oder römischen Autoritäten regelmäßig ein, nicht aus doktrinären Gründen, sondern um die Ordnung wiederherzustellen oder um Beschwerden nachzugehen, die diese Konflikte hervorriefen, manchmal auch, um drohende Pogrome zu verhindern, z. B. sogar zum Schutz von Christen [Kereztes 501; Moreau 504; Fox 497]. Zu größeren Konflikten kam es selten, wenigstens während der in diesem Buch behandelten Epoche. Am schlimmsten waren die jüdischen Erhebungen in der Kyrenaika und in Ägypten, die die jüdischen Kriege auslösten. Wenn man die Astrologen, die Isis-Priester, die Philosophen oder die Juden aus Rom vertrieb oder man die Christen verfolgte, so hatte das nichts mit allgemeinen, systematischen Verfolgungen zu tun. Häresie und Toleranz waren keine römischen Kategorien, vor der Christianisierung der römischen Macht konnte es keine allgemeine Verfolgung unerlaubter religiöser Praktiken geben.

Trotz einiger, manchmal schwerer Krisen waren die Beziehungen zwischen den religiösen Gemeinschaften und den Autoritäten im Grunde gut. Zweifellos war ihr Zusammenleben in Rom und in den großen Städten ein wichtiger Faktor für die Entwicklung einer gemeinsamen religiösen Kultur. Die gegenseitige Durchdringung ging wohl sehr weit, doch deswegen braucht man nicht von Bekehrungen zu sprechen. Das polytheistische System war jederzeit bereit, neue Gottheiten aufzunehmen oder einfach ihre

Anwesenheit zu akzeptieren, selbst wenn diese Gottheiten den Anspruch erhoben, allein zu sein. Die exegetischen Traditionen konnten neue Lehren absorbieren, die in der Stadt oder im Reich kursierten. Die monotheistischen Gemeinschaften der Juden und Christen standen, je nach Umgebung und Zeitumständen, einer Koexistenz mit den Heiden weitaus weniger feindlich gegenüber, als dies die moderne Geschichte glauben ließe [Juster 500; Rajak, in: JRS 74 (1984) 107ff.]. Zudem gewährte die Ausweitung des römischen Bürgerrechts den Jüngern kleiner und fremder religiöser Systeme Rechte, die ihnen höhere Achtung und besseren Schutz sicherten, aber auch Pflichten, zu deren Erfüllung die Fanatiker unter ihnen nicht bereit waren. Jedenfalls vergrößerte sich die Palette göttlicher Gestalten in Rom und anderswo aufgrund dieser kulturellen Melange, die ihre Entstehung dem römischen Frieden verdankte. Gleiches galt für die religiösen Praktiken aller Gemeinschaften, ohne daß aber die traditionelle Gliederung der Kulte oder das Gleichgewicht zwischen den religiösen Systemen verändert worden wäre. Bis zum Beginn der tiefgreifenden Veränderungen am Ende des 3. Jhs. nahmen die traditionellen Kulte, öffentliche wie private, die mit Abstand wichtigste Stellung unter den Religionen ein.

4 Das Heer

Die Fülle und Verschiedenartigkeit der Quellen macht die römische Armee zu einem bevorzugten Forschungsgebiet. Zu den Historikern (in erster Linie Flavius Josephus und Tacitus) treten die Fachschriftsteller (wie Frontin, Arrian und, etwas später, Vegetius) sowie die Juristen, von denen Auszüge in den Digesten erhalten sind. Des weiteren finden sich besonders viele Inschriften aus dem Umfeld des römischen Heeres, und zwar sowohl privater als auch offizieller Natur. Die Fülle der dinglichen Hinterlassenschaften hat das besondere Interesse der Archäologen gefunden; neben den klassischen Ausgrabungstechniken verfügt man heute über die Möglichkeiten des Surveys und der Luftbildarchäologie, die sich ganz besonders in Wüsten und anderen Einöden bewährt hat. Alle Forscher sind sich einig über die grundlegende Bedeutung der Armee, nicht nur für die Erweiterung und Verteidigung des Reiches, sondern auch in politischer, sozialer und wirtschaftlicher Hinsicht. Auch die großen Linien der Entwicklung des Heeres sind allgemein akzeptiert. Jedoch endet der Konsens schon hier. In einem Bereich wie diesem, wo ideologische Überzeugungen besonders oft ihren Tribut fordern, wird man sich kaum über Meinungsverschiedenheiten hinsichtlich Charakter und Rolle der Armee wundern. Darüber hinaus aber lassen Lücken in der Überlieferung auch Diskussion in eher technischen Punkten zu, die jedoch für die historische Bewertung wesentlich sind: Zahl und Dislozierung der Soldaten, Rekrutierung, Besoldung und Kosten für das Reich. Überdies verbieten die großen Unterschiede zwischen den einzelnen Grenzregionen jeden Schematismus und erschweren den Versuch, die großen Züge des Militärsystems und seiner Entwicklung zu erfassen.

4.1 Der Aufbau des Heeres

Das römische Heer setzte sich aus Einheiten zusammen, die sich in Organisation, Rekrutierung und Besoldung unterschieden. Nachdem Augustus die aufgeblähte Armee der Bürgerkriege entlassen hatte, stellte er ein stehendes Heer auf, das, wie schon zur Zeit der Republik, aus Bürgern und Peregrinen bestand. Die Organisationsphase sollte nicht vor Claudius ihren Abschluß finden. Nachdem man seine Lehren aus der Krise von 68–70 gezogen hatte, wurde die Armee seit flavischer Zeit bis zum Barbarensturm im 3. Jh. kaum mehr strukturell verändert; jedoch sollte der Anteil der Auxiliartruppen am Gesamtheer stetig ansteigen.

4.1.1 Die Legionen

Die Legionen bestanden ausschließlich aus römischen Bürgern. Insofern stellten sie in der Tat die Armee des römischen Volkes dar, selbst wenn der Kaiser schon seit Augustus von „seinen Heeren" und „seinen Soldaten" sprechen konnte. Zunächst nach und nach von 60 auf 18 Legionen verkleinert, erwies sich das augusteische Legionsheer als nicht ausreichend und so wurden neue Legionen ausgehoben, bis schließlich die Zahl von 25 zum Zeitpunkt des Todes von Augustus erreicht war. Die Gesamtzahl der Legionen nahm dann nur mehr wenig zu [vgl. Tabelle S. 162], mit normalerweise 30 Legionen im 2. Jh. und 33 zu Beginn des 3. Jhs. Aber diese geringe Zunahme verbirgt wichtige Veränderungen. Acht Legionen wurden nach dem Jahr 69 (die genauen Daten sind zumeist umstritten) wegen Meuterei oder schwerer Niederlagen kassiert, während 16 neue als Ersatz für die aufgelösten oder zur Vorbereitung militärischer Aktionen ausgehoben wurden.

Eine Legion bestand aus zehn Kohorten Fußsoldaten (wobei die erste Kohorte doppelte Mannschaftsstärke hatte) und einer kleinen Reiterabteilung (120 Mann). Die Soll-Stärke ist in der Forschung umstritten: 5500 (diese Zahl wird häufig angenommen), 6000 oder gar 6400 Mann. Die theoretische Gesamtstärke der Legionen hätte demnach von 137000–150000 im Jahr 14 auf 165000–180000 im 2. Jh. und auf 180000–200000 zu Beginn des 3. Jh. zugenommen. Allerdings sind nach Ansicht mancher Forscher diese Zahlen zu hoch. Um Kosten einzusparen, sollen Einheiten zu Friedenszeiten unter Soll-Stärke gehalten worden sein [Crawford 400, S. 591 ff.]; Y. Le Bohec nimmt einen Durchschnitt von 5000 Mann pro Legion an (was 150000 Legionäre für das 2. Jh. ergäbe), allerdings mit bedeutenden Unterschieden je nach Zeit und Ort. In friedlichen Regionen und zumal, wenn sich das Reich in finanziellen Schwierigkeiten befand, waren die Mannschaftsstärken eher niedrig. Im Bedarfsfalle forcierte man dann eben die Rekrutierung. Die Zunahme der Zahl der Legionen verdeckt also bedeutende Unterschiede, die uns im wesentlichen verborgen bleiben. Jedoch beschränkte die Länge der Dienstzeit [S. 149] die Schwankungen, indem sie allzu massive Eingriffe ausschloß: Schließlich veränderte eine Rekrutierungswelle die Gestalt des Heeres fast eine ganz Generation lang.

4.1.2 Die Auxilien

In der „römischen" Armee der Republik bildeten die Bürger de facto eine Minderheit (zwischen 33–45%) [Nicolet 54, S. 82; 311]. Die Militärreform unter Augustus behielt diese doppelte Rekrutierung, d. h. von Legionen aus Bürgern und Auxilien aus Peregrinen, bei. Die Einheiten der Nicht-Bürger sah man nur als Hilfstruppen an, und ihre mindere Stellung schlug sich in einem Sold nieder, der geringer war als derjenige der Legionäre. Als Ergänzung zur schweren Legionsinfanterie stellten die Auxilien die leichte Infanterie, die Reiterei sowie bestimmte Spezialtruppen (wie beispielsweise Bogenschützen). Auxiliareinheiten zählten gewöhnlich 500 Mann. Manche waren größer: Bestimmte Kohorten, die gleichzeitig aus Fußsoldaten und Reitern bestanden, sowie gewisse Alen hießen *milliaria*, d. h. „tausend Mann stark".

Über die Auxilien weiß man weniger als über die Legionen. Einerseits verlief ihre Entwicklung komplizierter, andererseits steht weniger Quellenmaterial zur Verfügung. Der Beginn der Kaiserzeit ist charakterisiert durch eine Vielzahl von Experimenten. Vor Claudius war das Kommando nicht einheitlich geregelt und die Natur einiger Einheiten ist umstritten. Bis in flavische Zeit sollten Abteilungen fortbestehen, die unter dem Befehl von Anführern aus der Oberschicht des jeweiligen Volkes standen [z. B. ILS 847]. Gewisse Einheiten scheinen in die reguläre Armee integriert gewesen zu sein, während andere irreguläre Truppen blieben (und, nach Meinung mancher Forscher, nur für die Zeit eines Feldzuges aufgeboten wurden), vergleichbar den Kontingenten, welche Vassallenkönige zu Kriegszeiten stellten. Überdies kennt man nicht immer die Soll-Stärke der einzelnen Abteilungen, was die Schwierigkeiten noch vergrößert, die sich aus der (bereits bei den Legionen angesprochenen) Gewohnheit ergeben, die Truppen nicht immer bei voller Mannschaftsstärke zu halten.

Jede Auxiliareinheit besaß einen Namen, der gewöhnlich aus dem Ethnonym des Volkes bestand, bei dem sie ursprünglich ausgehoben worden war, eventuell dem Namen des Kaisers, der sie aufgestellt hatte, sowie einer Ziffer, die sie von anderen Einheiten gleichen Namens unterschied. Zwar kann man so die Zahl der Abteilungen abschätzen, die ein Volk oder eine Region insgesamt stellte. Allerdings muß man dabei berücksichtigen, daß nicht alle gleichzeitig existierten, daß aber andererseits vollkommen namensgleiche Einheiten für denselben Zeitabschnitt an unterschiedlichen Stationierungsorten belegt sind. Deswegen ist die Geschichte der einzelnen Einheiten, und im besonderen die ihrer Verlegungen, häufig unklar. Manche Militärdiplome [S. 168] geben die Auxiliareinheiten einer Provinz zu einem bestimmten Zeitpunkt an. Dennoch ist unsere Kenntnis um die Dislozierungen lückhaft und jede Berechnung der Gesamtzahl der Auxilien zu einem gegebenen Zeitpunkt bleibt unsicher.

Alen waren Schwadronen, die ausschließlich aus Reitern bestanden und sich in Turmen gliederten. Bei den Kohorten finden sich ganz verschiedene Einheiten, deren Charakter und Geschichte oft umstritten sind. Neben Peregrinenkohorten gibt es „Kohorten römischer Bürger". Davon waren manche anfänglich aus Nicht-Bürgern zusammengesetzt, denen später wegen besonderer Verdienste kollektiv das Bürgerrecht verliehen wurde, während andere schon von Anfang an aus Bürgern bestanden. Bestimmte Kohorten, die das Adjektiv „beritten" *(equitata)* im Namen trugen, vereinigten Infanteriezenturien mit (zahlenmäßig schwächeren) Reiterturmen. Die Bezeichnung *numerus* trugen Abteilungen, die weder Legion, noch Kohorte, noch Ala waren, wie z. B. Leibgarden. Seit dem Ende des 2. Jhs. hießen so insbesondere feste Hilfskontingente, die ihren ethnischen Charakter bewahrt hatten.

Die Klientelstaaten waren de facto in das römische Verteidigungssystem einbezogen [M. H. Gracey, The Armies of the Judean Client Kings, in: 518, S. 311–323]. Im Orient bewachten einige von ihnen in julisch-claudischer Zeit Grenzabschnitte, wie Kommagene zwischen Syrien und Kappadokien, und, im Norden, Kleinarmenien und Pontos Polemoniakos, dessen Flotte den Osten des Schwarzen Meeres kontrollierte. Die Nähe verbündeter Völker erlaubte es, die Garnison mancher Provinz klein zu halten. So erklärt sich aus der langjährigen Treue der Hermunduren, daß in Rätien und Norikum bis Marc Aurel nur Hilfstruppen lagen. Ferner mußten die Klientelstaaten Kontingente für Feldzüge stellen. Die Truppen der orientalischen Könige machten ein Viertel des Heeres von Vespasian im Jüdischen Krieg aus [Ios. bel. Iud. 3. 4. 2]. In ein und demselben Lager befanden sich römische Reiter und Soldaten von Agrippa II. [IGR III 1144]. Seit Tiberius hob man römische Einheiten im Königreich Thrakien aus. Bei der Annexion von Klientelstaaten wurden ihre Heere und Flotten gewöhnlich zu römischen Einheiten. Ferner warb man stets Barbarenscharen von außerhalb der Provinzen an, und deren Bedeutung wuchs seit den Kriegen unter Marc Aurel.

23 n. Chr. war die Stärke der Alen, Auxiliarkohorten und Vassallenflotten „fast gleich" in Relation zur Gesamtzahl der Legionen, römischen Flotten und Garnisonstruppen von Rom [Tac. ann. 4. 5]. Gewöhnlich nimmt man ein zahlenmäßiges Gleichgewicht zwischen Legions- und Auxiliartruppen mindestens bis in antoninische Zeit an [Le Bohec 510]. Jedoch vermuten einige Gelehrte ein deutliches Übergewicht der Auxiliareinheiten. So zählte man laut A. Birley [in: 966, S. 49ff.] um 150 mehr als 220000 Auxiliarsoldaten gegenüber 140000–168000 Legionären, was also einem Ungleichgewicht wie zu Zeiten der Republik entspräche. Ein wichtiger Faktor ist, daß die Heere der orientalischen Klientelstaaten, die im 1. Jh. verschwanden, durch die Aushebung neuer Auxiliareinheiten in diesen Gebieten ersetzt wurden. Im übrigen schwankte die Zusammensetzung der Provinzarmeen beträchtlich, je nach Ort und Zeit. Nach G. Alföldy [567] bestand die Armee von Untergermanien unter Vespasian zu 41% aus Auxiliartruppen, im 3. Jh. zu 49%. Dagegen soll sich unter Hadrian in der rund 34000 Mann starken Armee der drei dakischen Provinzen lediglich eine einzige Legion befunden haben [AE 1972, 450]. Während in bestimmten

Provinzen ausschließlich Hilfstruppen lagen, hatte die spanische Armee im 2. Jh. nur wenige, nicht mehr als 2500 Mann, dafür aber eine ganze Legion [Le Roux 578]. Auch die Aufteilung in Alen und Kohorten differierte ziemlich. So teilten sich die zahlenmäßig entsprechenden Auxiliarheere von Obergermanien und Pannonien in drei Alen und 16 Kohorten im Jahr 130 bzw. in fünf Alen und 13 Kohorten im Jahr 157 auf [AE 1982, 718, 782].

4.1.3 Die Flotte

Augustus stationierte nach Actium seine beiden Hauptflotten in Misenum, am Zugang zum Golf von Neapel, und in Ravenna, südlich des Po-Deltas. Weniger bedeutende Flotten wurden später für das östliche Mittelmeer, das Schwarze Meer, den Ärmelkanal sowie für Rhein und Donau eingerichtet. Die Flotte stand in ziemlich schlechtem Ruf aufgrund der niedrigen Stellung ihrer Soldaten. M. Reddé [549] hat einen Rehabilitierungsversuch unternommen, indem er gegenüber seinen Vorgängern ihr zahlenmäßiges Gewicht betont. So schätzt er die Gesamtzahl der Marinesoldaten auf 40000–45000 [30000? nach Birley, in: 966].

4.1.4 Die Garnison von Rom [vgl. Band II]

Seit Augustus wurden zunehmend Truppen in Rom einquartiert. Sie waren jedoch nicht homogen, sondern wiesen große Unterschiede in Rekrutierung, Funktion und Ansehen auf. Ihre Stärke schwankte bis zur Krise von 68–70, blieb aber dann bis Septimius Severus stabil. Im 2. Jh. lagen mehr als 10000 Soldaten in Rom, jedenfalls, wenn sich der Kaiser dort aufhielt. Die Reformen unter Septimius Severus verdoppelten die Garnison, und außerdem bezog in Albanum, einen Tagesmarsch von Rom entfernt, eine Legion Quartier.

Die *cohortes praetoriae* (zunächst neun, ab Domitian zehn) stellten eigentlich die Leibwache des Kaisers dar, dienten aber auch als Kaderschmiede. Im 2. Jh. zählte man 5000 Prätorianer, Septimius Severus verdoppelte dann ihre Zahl, indem er die Kohorten zu *milliariae* werden ließ. Dazu kamen einige Kaisergarden – batavische Reiter, „Aufklärer" (*speculatores*), *equites singulares* (eine Elitekavallerie, die höchstwahrscheinlich Traian einrichtete) –, Spezialeinheiten, die als Geheimpolizei fungierten (*peregrini*), sowie die Militärpolizei und außerdem zahlreiche, nach Rom abkommandierte Soldaten, die aber eher administrativen als militärischen Aufgaben nachgingen.

Die beiden anderen Großformationen in Rom trugen weniger deutlich militärische bzw. politische Züge. Die *cohortes urbanae* fungierten als Polizei. Unter Augustus und im 2. Jh. gab es drei *cohortes urbanae* zu je 500 Mann. Septimius Severus beließ es bei dieser Zahl, erhöhte aber ihre Mannschaftsstärken. Die *cohortes vigilum*, deren Angehörige sich aus den unteren Sozialschichten rekrutierten, waren mit sieben Kohorten (von Anfang an *milliariae*?) zahlreicher. Sie dienten als Nachtwache und Feuerwehr.

4.1.5 Die Vexillationen

Jeder Einheit war ein bestimmtes Gebiet zugewiesen, und normalerweise lag der Großteil der Mannschaft seit Beginn des 1. Jhs. in festen Standlagern. Aber diese starren Strukturen wurden im Bedarfsfall flexibel gehandhabt. So wurden Abteilungen ganz unterschiedlicher Größe von ihren Einheiten abgetrennt, um an einem Feldzug teilzunehmen oder eine Mission zu erfüllen, die nur eine begrenzte Anzahl von Soldaten erforderte. Manchmal beschränkte sich ein solches Kommando auf wenige Personen, wie etwa den Unteroffizier und die drei Prätorianer, die auf der Ägäis-Insel Andros Gefangene bewachten [AE 1975, 781, von 198–209].

Eine größere Abteilung, die eine eigene Standarte *(vexillum)* erhielt, hieß *vexillatio* [Saxer 552]. Auf diese Weise wurden 1000 Mann [ILS 2726, unter Hadrian], seltener 2000, von einer Legion abkommandiert. Eine Feldzugsarmee konnte aus vollständigen Einheiten und abgestellten Abteilungen bestehen oder, vor allem ab Marc Aurel, nur noch aus mehreren Vexillationen. Damit zog man Truppen zusammen, ohne einen Frontabschnitt gänzlich der Besatzung zu berauben oder das Verteidigungssystem zu stören. Jedoch wurden Vexillationen nicht nur für Kriege abkommandiert. Manchen wurden Bauarbeiten übertragen (Denkmäler, Straßen oder Befestigungsanlagen). Andere standen an entlegenen Punkten. Z. B. fanden sich in Dura Europos, am Euphrat, zu Beginn des 3. Jhs. Detachements von zwei Legionen [AE 1934, 276; 1937, 239]. Auch in Klientelstaaten traf man sie an, neben vollständigen Auxiliareinheiten, so etwa in Armenien [ILS 394; 9117] oder auf der Krim [ILS 2747] am Ende des 2. Jhs.

4.2 Die Armeeangehörigen

4.2.1 Das Offizierscorps

Das Offizierscorps schied sich in zwei ziemlich ungleiche Teile. Die oberen Kommandostellen waren ausschließlich Mitgliedern des Senatoren- oder Ritterstandes vorbehalten, für die der Kriegsdienst nur eine, wenn auch in römischer Sicht unerläßliche, Sprosse der Karriereleiter darstellte. Die niedrigeren Stellen dagegen nahmen Berufssoldaten ein, die sich häufig aus der Truppe hochgedient hatten.

4.2.1.1 Die höheren Offiziere

Zur Zeit der Republik konnten nur Senatoren (genauer: Magistrate oder gewesene Magistrate) die Bürgerarmeen führen. Während der Hohen Kaiserzeit blieb das Kommando über die Legionen in ihren Händen. Der Kommandant einer Legion trug den Titel *legatus legionis*. Vom Legionslegaten ist der kaiserliche Legat, der eine Provinz verwaltete, zu unterscheiden. Letzterer war aber zugleich Oberbefehlshaber der dort stationierten Armee, d. h. Vorgesetzter der einzelnen Legionslegaten. Eine Ausnahme lag vor, wenn Militärbezirke de facto von einer Provinz abgetrennt waren, wie etwa die beiden Germanien, die bis Domitian zu Belgien gehörten, deren Legaten aber einen höheren Rang innehatten als der belgische Statthalter. In Provinzen, die nur über eine einzige Legion verfügten, war der Legat Statthalter und Legionskommandant in Personalunion.

Legionslegaten waren mindestens 30 Jahre alt und hatten den senatorischen *cursus* bis zur Prätur (im 1. Jh. manchmal auch nur bis zu einem etwas niedrigeren Amt) durchlaufen. Sie bekleideten den Posten des Legionskommandanten etwa zwei oder drei Jahre lang.

Für gewöhnlich übte ein Senator in seiner ganzen Karriere nur ein einziges Legionskommando aus, konnte aber danach als Statthalter wieder militärische Verantwortung übernehmen. Die Forschung ist sich uneins, in welcher Weise die Auswahl dieser Offiziere erfolgte, d. h. insbesondere, welche Rolle dabei militärische Fähigkeiten einerseits bzw. sozialer Rang und Empfehlungen andererseits spielten [880]. Selbst wenn die aristokratische Erziehung ihnen eine theoretische Ausbildung sowie körperliches Training vermittelte, besaßen sie jedenfalls nur eine kurze militärische Erfahrung, die dann rund zwölf Jahre zurücklag (ausgenommen natürlich der Fall, daß es sich um ehemalige Ritter handelte, die in den Senatorenstand aufgerückt waren).

Die frühere Kriegspraxis erwarben sie sich folgendermaßen: Den Legionslegaten standen sechs Tribunen zur Seite, von denen einer der *tribunus laticlavius* war, ein angehender Senator von etwa 20 Jahren, der diesen Posten nicht länger als ein Jahr zu bekleiden pflegte. Alle anderen kamen aus dem Ritterstand, waren älter und verfügten über unterschiedlich viel militärische Erfahrung.

Wie die meisten Legionstribunen kamen auch die Anführer der Auxiliareinheiten aus dem Ritterstand. Bis zu den Reformen unter Claudius läßt sich ein gewisses Durcheinander feststellen [Demougin 883]. Zu Beginn der Kaiserzeit finden sich zukünftige Senatoren als Alenpräfekten sowie ehemalige Zenturionen und sogar Stammeshäuptlinge (von denen einige nicht einmal römische Bürger waren) als Kohortenpräfekten. Claudius organisierte das Kommando über die Auxilien von Grund auf neu. So, wie er den Ablauf des Militärdienstes festgelegt hatte, sollte er bis zur Mitte des 3. Jhs. Bestand haben.

An der Spitze einer Kohorte oder Ala stand normalerweise ein Präfekt. Nur die *cohortes milliariae* und solche, die aus römischen Bürgern bestanden, wurden von einem Tribunen befehligt. Seit Vespasian gab es eine feste Hierarchie für die einzelnen Etappen des Militärdienstes der Ritter: Zunächst Kohortenpräfekt, darauf Tribun einer Legion oder einer Kohorte, zuletzt Alenpräfekt. Die Garnisonstruppen von Rom unterstanden Rittern aus der Prätorianergarde. Sie wurden zunächst Tribun einer *cohors vigilum*, dann einer *urbana*, schließlich einer *praetoria*. Die Flottenadmirale waren gleichfalls Ritter. Nur zu Beginn der Kaiserzeit finden sich manchmal kaiserliche Freigelassene in dieser Position.

Die Armee von Ägypten hatte stets einen Sonderstatus. So wurden die dortigen Legionen von Präfekten aus dem Ritterstand befehligt. Des weiteren übertrug Septimius Severus das Kommando über die Legionen, die er gegründet und in Mesopotamien bzw. bei Rom stationiert hatte, an Präfekten. Diese Maßnahme brach mit alter Tradition und war bereits Vorbote der Reform unter Gallienus, der um 262 die Angehörigen des Senatorenstandes, d. h. die *tribuni laticlavii* und die Legionslegaten, aus der Armee verbannte. Dies brachte eine Entwicklung zum Abschluß, die sich bereits seit Marc Aurel abgezeichnet hatte. Ab diesem Zeitpunkt standen nämlich Vexillationen, die von Legionen abgeordert wurden, immer öfter unter dem Kommando von Rittern. Auch die Prätoriumspräfekten, die bis zum Ende des 2. Jhs. erfahrene Militärs waren und eine entscheidende Rolle in Feldzügen spielen konnten, kamen aus dem Ritterstand.

Daß Ritter bis in die allerhöchsten Chargen der Armee aufrücken konnten, erklärt sich aus der größeren Erfahrung, über die manche von ihnen verfügten. Zu Beginn der Kaiserzeit hatten Offiziere ihre Posten mehr als 15 Jahre inne. Später erforderten die drei festgelegten Kommandos eine Dienstzeit von fast zehn Jahren, manchmal gar noch mehr. Aber die Offiziere aus dem Ritterstand bildeten keine homogene Gruppe. Nicht alle leisteten die *tres militiae* ab (zu denen ab dem 2. Jh. auch noch eine vierte treten konnte). Manche waren nur ein halbes Jahr lang Tribun *(tribunus semestris)* oder beschränkten sich auf ein einziges Kommando. Lediglich diejenigen höheren Offiziere, die sich aus dem subalternen Dienst in diese Position hochgearbeitet hatten, sind als echte Berufssoldaten anzusehen. Sie waren jedoch niemals zahlreich. Seit flavischer Zeit bis zum Ende des 2. Jhs. gab es solche Beförderungen eigentlich nur für Zenturionen der Prätorianerkohorten. Vor Septimius Severus war sie für die niederen Offiziere der Provinzarmeen praktisch unmöglich.

4.2.1.2 Die Subalternoffiziere

Sie stellten das eigentliche Offizierscorps der römischen Armee dar und deren große Erfolge beruhten in erster Linie auf ihrer Erfahrung. Zenturionen befehligten Zenturien von 80 bis 90 Fußsoldaten (bzw. Legionsreitern). Dekurionen führten Turmen von 30 bis 40 Reitern. Am meisten weiß man über die Organisation der Legion, obwohl viele Einzelfragen umstritten sind. Jede Legion besaß rund 60 Zenturien, wobei die Soll-Zahl unbekannt ist und Ist-Zahl wohl je nach Lage schwankte. Die Elite der Subalternoffiziere bildeten die Zenturionen ersten Ranges *(primi ordines*, ihre genaue Zahl ist strittig), die Primipilen (der ranghöchste Zenturio sowie wenigstens ein weiterer Primipil, der keine Kohorte befehligte) sowie der Lagerpräfekt.

Es wäre viel zu schematisch, wollte man den ziemlich jungen Offizieren aus dem Senatoren- bzw. Ritteradel die aus der Truppe hochgedienten Zenturionen gegenüberstellen. Zwar fanden sich unter den Zenturionen (die übrigens insgesamt nur ca. 2000 Mann zählten) einige ehemalige Soldaten, die nach langer Dienstzeit diesen Posten erlangt hatten. Jedoch waren die Aufstiegschancen nicht für alle gleich: Die Prätorianer und, ab der Mitte des 2. Jhs., die Reiter der kaiserlichen Garde *(equites singulares)* wurden bevorzugt. Vor allem aber Abkunft und Protektion ermöglichten Rittern, Honoratioren- und Zenturionensöhnen sofort Zenturio zu werden, während andere von etwas niederer sozialer Stellung gleich von Anfang an Positionen erhielten, von denen aus sie rasch zum Zenturio befördert wurden. So trat z. B. ein Afrikaner unter Antoninus Pius in das Heer ein, wurde vier Jahre später Zenturio und diente dann noch 46 Jahre lang in mindestens 13 verschiedenen Legionen. Sein Sohn wurde gleich Zenturio [ILS 2658].

Ein Zenturio diente lang, häufig rund 20 Jahre, und wurde normalerweise jedes dritte oder vierte Jahr versetzt. Die Beförderungsaussichten waren sehr ungleich. Vor dem Primipilat konnten ein oder zwei Kommandos als Zenturio stehen, oder aber auch mehr als zehn. Sie hingen mehr von der Sozialstellung ab als vom Dienstalter. Zenturio der ersten Kohorte und zumal Primipil wurden fast ausschließlich solche Männer, die bereits als Zenturio in die Armee eingetreten waren.

Die Soldhöhe zeigt, daß die Subalternoffiziere nicht unter, sondern vielmehr neben den höheren Offizieren standen (ein normaler Zenturio verdiente soviel wie ein Kohortenpräfekt, ein *primus ordo* soviel wie ein Tribun, ein Primipil soviel wie ein Präfekt einer *ala milliaria*). Allerdings gab es nur ganz wenige Schlüsselpostitionen für Subalternoffiziere und, von einigen sehr seltenen Ausnahmen abgesehen (die vor allem Zenturionen der Prätorianer betrafen), war der Eintritt ins ritterliche Offizierscorps unmöglich.

4.2.2 Die Truppe und die Unteroffiziere

4.2.2.1 Die Verwendungen

Über die Masse der Soldaten weiß man wenig. Exakte Quellen sind rar und nennen eine entmutigende Vielzahl von Titeln und Funktionen mit bisweilen unbekannter Bedeutung. Diese übertriebene Spezialisierung ist keine Besonderheit des Heeres. Man kennt Gleiches von Berufsvereinigungen in den Großstädten, bei Handwerkern, Händlern oder dem Transportgewerbe, sowie bei Dienern in großen Familien. Sie weist eher auf Arbeitsteilung denn auf Hierarchisierung hin.

Aus Sold- und Dienstzeitunterschieden ergibt sich eine Rangordnung zwischen den einzelnen Truppentypen und Verwendungen (Reiter verdienten mehr als Fußsoldaten). An der Spitze fanden sich die Prätorianer (die den dreifachen Grundsold eines Legionärs bekamen), dann die Soldaten der *cohortes urbanae*. Die *vigiles* standen auf dem Niveau der Legionäre, während Auxiliarsoldaten länger und mit niedrigerem Sold dienen mußten, ganz wie die Marineangehörigen.

Es würde zu weit führen, auf die einzelnen Funktionen in der Truppe einzugehen. In jedem Falle läßt sich eine Rangordnung nach Sold, Posten und, laut Y. Le Bohec, Ansehen der Aufgabe erstellen [s. ferner Domaszewski 540; D. J. Breeze 536; ANRW II. 1 (1974) 435ff.; BJ 174 (1974) 245ff.]. Über den einfachen Soldaten rangierten die *immunes* (rund 600 pro Legion?), die zwar nur den Grundsold bezogen, dafür aber von Arbeiten freigestellt waren und Sonderaufgaben als Techniker oder Spezialisten versahen. Die *principales* (rund 480 pro Legion?) mußten ebenfalls keine Arbeiten verrichten, bezogen aber eineinhalbfachen (*sesquiplicarii*) bzw. doppelten (*duplicarii*) Grundsold (bis jetzt kennen wir nur ein einziges Beispiel eines Soldaten mit dreifachem Sold). Manche trugen den Titel *beneficiarii*, was auf die Beförderung durch einen höheren Offizier hinweist, der sie sich als Helfer ausgewählt hatte. Zur höchsten Kategorie von Unteroffizieren, die sich bereits Hoffnungen auf das Zenturionat machen konnte, gehörten die *optiones* (Adjutanten, besonders der Zenturionen), die *evocati* (reaktivierte Veteranen, zumeist ehemalige Prätorianer, die in den Provinzen oder beim Kaiser dienten) und die Stabsmitglieder der höheren Offiziere.

Nicht nur militärische Aufgaben wurden von den Soldaten der römischen Armee erledigt. Wie in den meisten Armeen gab es Spezialisten, die sich um die Verwaltung kümmerten oder für den Lebensunterhalt zuständig waren (Nachschub, Bauten, medizinische Versorgung etc.). Des weiteren stellte das Heer Polizisten sowie Leute für den mittleren und einfachen Verwaltungsdienst in Rom und bei den Statthaltern.

4.2.2.2 Die Laufbahn

Normalerweise wurden die Soldaten im Alter von zwischen 18 und 21 Jahren rekrutiert, allerdings war die Schwankungsbreite groß [AE 1982, 758: angeworben mit 15]. Die festgesetzte Dienstzeit unterschied sich je nach Einheit. In der Praxis wurde dieser Zeitraum häufig überschritten, ja manchmal fanden überhaupt nur alle zwei Jahre Entlassungen statt. Prätorianer dienten lediglich 16 Jahre, die Soldaten der *cohortes urbanae* 20 [AE 1984, 928, aus d. J. 230]. Es ist unbekannt, ob die Dienstzeit für Legionäre nach Augustus bei 20 Jahren belassen oder offiziell auf 25 erhöht wurde. Im 2. Jh. schwankte sie in der Praxis zwischen 21 und 26 Jahren. Bei den Auxilien und der Marine war sie gesetzlich länger, gewiß wenigstens 25 Jahre.

Die Aufstiegschancen waren nicht für alle Soldaten gleich: Einige wurden sofort nach ihrer Einstellung zu *immunes*, während andere ihren Dienst als einfache Soldaten beendeten. Es existierte keine Beförderungstabelle nach Dienstzeit, der Aufstieg hing stattdessen allein vom Ermessen der Vorgesetzten ab. Dabei nützten Heldentaten im Gefecht, aber auch Empfehlungen (*suffragia*). Nur wenige Karrieren sind genau bekannt und diese zeigen eigentlich nur das Fehlen einer festen Regel. In einem Fall wurde ein einfacher Soldat nach drei Jahren Dienstzeit zum Adlerträger (*aquilifer*) berufen, blieb dann aber 13 Jahre auf diesem Posten, während ein anderer vier Stellen in vier Jahren ausübte, ohne jemals einfacher Soldat gewesen zu sein [ILS 2342; 2658]. Ein Soldat fing als Legionsreiter unter Domitian an und blieb wenigstens 30 Jahre im Dienst, wobei er sieben Posten bzw. Ränge bekleidete. Er zeichnete sich in drei Feldzügen aus, vor allem durch die Festnahme des Dakerkönigs Decebalus im Jahr 106, und beendete seinen Dienst als Dekurio einer Ala [M. Speidel, in: JRS 60 (1970) 142ff. = AE 1969/70, 583; dies ist die detailreichste Laufbahn überhaupt, die wir kennen].

Theoretisch gaben die zahlreichen Stellen für *immunes* und *principales* jedem Soldaten Hoffnung auf Beförderung. Da sich ein Teil der *principales* und der Offiziere der Auxiliareinheiten aus Legionären rekrutierten, hatten diese größere Aufstiegschancen als Auxiliarsoldaten. Jedoch war die Karriere keineswegs garantiert, und zumal in Friedenszeiten bedeutete der Eintritt als einfacher Soldat im besten Falle einen langsamen Aufstieg, der nach 13 bis 20 Jahren für die Glücklichsten zum Zenturionat führen konnte.

4.3 Die Rekrutierung

Die Aufrechterhaltung eines Heeres von 300000 bis 400000 Mann bedeutete keine drückende Last für die Bevölkerung. Selbst wenn man eine hohe Schätzung für die Zahl der Soldaten und eine niedrige für die Gesamtbevölkerung annimmt (um die 50 Millionen Freie), waren im 2. Jh. weniger als 5% der Wehrfähigen unter Waffen. Dennoch belegen Quellen unterschiedlicher Zeit Rekrutierungsprobleme, zumal in Notlagen. Sie rührten in erster Linie von den körperlichen, und, was die Legionen angeht, juristischen Ansprüchen her. Dazu kamen die materielle Situation des einfachen Soldaten (die nur für die unteren Sozialschichten attraktiv war) und das regionale Ungleichgewicht bei der Rekrutierung. Die Kaiser scheinen nämlich zu keinem Zeitpunkt versucht zu haben, den Aderlaß gleichmäßig auf die Gesamtbevölkerung zu verteilen.

Ein Brief von Traian [Plin. epist. 10. 30] nennt drei parallel existierende Formen des Eintritts in die Armee zu Beginn des 2. Jhs.: Die einen meldeten sich freiwillig, andere zog man ein, wieder andere wurden als Ersatzleute gestellt (wohl anstelle von Söhnen aus besserem Hause oder von Abhängigen, auf die deren Herr nicht verzichten wollte). Wenn wir uns mit der Frage nach der Rekrutierung beschäftigen, so beschäftigen wir uns mit der Frage nach dem eigentlichen Wesen der römischen Armee: War es eine Freiwilligen- oder eine Wehrpflichtarmee? Welche sozialen und regionalen Prägungen besaß sie? Welches demographische Gewicht übte der Armeedienst aus? Will man sich nicht auf vordergründige Anmerkungen beschränken, so kann nur ein statistischer Ansatz weiterführen, der, aufgrund der zahlreichen Unbekannten, mit erheblicher Ungenauigkeit rechnen und sich auf das Erkennen von mehr oder weniger klaren Tendenzen beschränken muß.

4.3.1 Die Legionäre und die Garnison von Rom

Für die in Rom stationierten Truppen gibt es umfangreiches Quellenmaterial. Da die Legionäre zahllose Grabinschriften mit Angabe der Dienstzeit (allerdings häufig nur geschätzt) und der regionalen Herkunft (bisweilen fiktiv?) hinterlassen haben, kennt man sie besser als die in epigraphischer Hinsicht zurückhaltenderen Auxiliarsoldaten. Die Arbeiten von G. Forni [523; 559] und J. C. Mann [563], ergänzt durch Regionalstudien [Übersicht bei Le Bohec 510], ermöglichen es, die Entwicklung der Legionsrekrutierung zu verfolgen, während man sich hinsichtlich der Auxilien auf die großen Linien beschränken muß.

Die Ergebnisse der Volksschätzungen unter Augustus und Claudius sind uns überliefert, wenn auch ihre Genauigkeit zweifellos trügerisch ist. Vermutlich geben sie die Zahl römischer Bürger beiderlei Geschlechts an (wahrscheinlich unter Ausschluß von Säuglingen unter einem Jahr), wobei aber das Ergebnis wegen Erfassungslücken zu niedrig liegt (bis zu 20% könnten fehlen). Ausgehend von den Arbeiten von B. Frier [785] dürfen

Tabelle 1

	Zahl der Bürger in Tausenden	Männer von 15–45 in Tausenden	Zahl der Legionäre in Tausenden	Anteil der Männer in den Legionen
8 v. Chr.	4233–5040	710–860	90–110	10,5–15,5%
6 n. Chr.	ca. 4500–5500	ca. 780–935	130–156	14–20%
14 n. Chr.	4937–5920	840–1005	125–150	12,5–18%
47 n. Chr.	5984–7200	1017–1225	135–162	11–16%

wir annehmen, daß Männer im Alter von 15 bis 45 Jahren rund 17% der Bevölkerung über einem Jahr ausmachten. Ausgehend von einer Legionsstärke von 5000 bis 6000 Mann und unter Berücksichtigung der vielen Unbekannten, die wir mit einer Unsicherheit von ca. 33% veranschlagen wollen, läßt sich das demographische Gewicht der Bürgerarmee zu Beginn der Kaiserzeit wie folgt abschätzen:

Das stehende Heer unter Augustus beruhte demnach auf einer weitreichenden Mobilisierung der Bürger, zumal ja zu den Legionären noch die 6000 Mann der *cohortes praetoriae* und *urbanae* kamen. Wenn man bedenkt, daß hohe körperlichen Anforderungen gestellt wurden und Freigelassene in der Marine und bei den *vigiles* Verwendung fanden, zeigt sich, wie umfassend die Mobilisierung wehrtüchtiger Erwachsener war. So erklären sich leicht die Schwierigkeiten, die bei der Rekrutierung neuer Legionen am Ende der Regierungszeit des Augustus auftraten, insbesondere bei den acht Legionen, die 6 n. Chr. ausgehoben wurden. Die Annahme eines Bevölkerungsschwundes in Italien ist überflüssig, obwohl sich die Mobilisierungsrate dem Niveau der Bürgerkriegszeit näherte [Brunt 779] und der Eintritt in die Armee nunmehr wenigstens 20 Jahre Dienst mit sich brachte.

Eine Mobilisierungsquote, die zweifellos 10% überschritt, bedeutete, daß durch freiwillige Meldung allein nicht die erforderliche Anzahl an Rekruten sichergestellt werden konnte, besonders dann nicht, wenn neue Einheiten aufgestellt wurden. Sie machte eine soziale Auswahl unmöglich, welche, nach Meinung von Rostovtzeff [833], die Proletarier ausgeschlossen hätte. Des weiteren war diese Quote kaum vereinbar mit einer Armee von Berufsoldaten, die praktisch ein Leben lang unter Waffen fern der Heimat standen. Es darf also nicht überraschen, daß man seit Augustus Provinzialen anwarb, die mit dem Eintritt in eine Legion das Bürgerrecht erhielten. Zu

Beginn der Kaiserzeit war die Größe der Legionsarmee nicht durch demographische Probleme an sich, sondern durch die begrenzte Zahl der Bürger beschränkt. Der Bedarf an Legionären war fraglos eine der Ursachen für die ab Claudius zunehmenden Bürgerrechtsverleihungen. So war die Mobilisierungsquote in der Mitte der Regierungszeit des Augustus (18 Legionen) und unter Claudius (27 Legionen) etwa gleich hoch.

Die normale Sterblichkeitsziffer hätte jährlich 330 bis 400 Rekruten für eine Legion von 5000–6000 Mann mit einer Dienstzeit von rund 25 Jahren verlangt. In Wirklichkeit brauchte man aber mehr, aufgrund der zusätzlichen Ausfälle, die der Militärdienst mit sich brachte. Man mußte also zur Ergänzung von 30 Legionen im 2. Jh. jährlich 9000 (wenn man die Mannschaftsstärke niedrig hielt) bis 14000 Mann (bei voller Stärke) aufbieten (Die Zahl 6000, von B. Dobson [522] vorgeschlagen, ist ganz sicher zu niedrig, da er die Sterblichkeit nicht genügend berücksichtigt.). Zu normalen Zeiten gab es vermutlich ziemlich viele Freiwillige. Doch diese „Habenichtse und Landstreicher" lieferten klägliche Rekruten [Tac. ann. 4. 4], und so konnten Aushebungen notwendig werden, um das Heer auf gutem Niveau zu halten. Vor allem aber mußte man auf Zwangseinziehungen und Notlösungen zurückgreifen, wenn es schwere Verluste auszugleichen oder neue Legionen zu gründen galt (letztere wurden stets in Italien aufgestellt).

Bis Septimius Severus rekrutieren sich die *cohortes praetoriae* bzw. *urbanae* fast ausschließlich aus Italikern. Lediglich eine geographische Verschiebung läßt sich feststellen. Ursprünglich warb man die Prätorianer in Zentralitalien an, seit Claudius jedoch zu großen Teilen im zisalpinen Gallien. Nach Septimius Severus wurden die Prätorianer aus der Elite der Provinzarmeen ausgewählt. Dies war jedoch eine politische Maßnahme, die darauf abzielte, die Prätorianer für ihr Verhalten nach dem Tod von Commodus zu bestrafen.

Es gab keinen Beschluß von Vespasian, die Italiker aus den Legionen auszuschließen, wie dies lange Zeit vertreten wurde [so Rostovtzeff 833]. In den westlichen Armeen stellten sie zu Beginn der Kaiserzeit den größten Teil der Legionäre. Im 1. Jh. nahm ihre Zahl kontinuierlich ab. Schon seit Augustus begannen Kolonisten aus den Provinzen, insbesondere aus der Narbonensis und aus Spanien, den Rückgang der Italiker auszugleichen. Es lassen sich geographische Zusammenhänge beobachten: Kolonisten aus Makedonien dienten vor allem in Illyrien, während die Armee von Afrika in erster Linie aus Italikern und Galliern bestand. Die östlichen Legionen rekrutierten sich dagegen höchstwahrscheinlich von Anfang an weitgehend aus Provinzialen, ja, in Ägypten sogar auf lokaler Ebene. Galatien stellte ganz besonders viele Soldaten, die in Ägypten genauso eingesetzt wurden wie an der unteren Donau.

Seit Vespasian verringerte sich die Zahl der Rekruten aus Italien unaufhörlich (ohne daß die Italiker jemals ganz aus den Legionen verschwunden wären), danach die der aus den westlichen, am stärksten romanisierten Regionen. Im Lauf des 2. Jhs. setzte sich die regionale Anwerbung durch, um zu Beginn des 3. Jhs. zur Regel zu werden. Die Sprengel, aus denen sich die einzelnen Legionen rekrutierten, hatten (trotz mancher Unterschiede) insgesamt die Tendenz, sich zu verkleinern. Von Hadrian an begegnen immer mehr Soldaten aus den Grenzzonen. „Das Lager" (*castra*, ohne genauere Spezifizierung) wurde dann als geographische Herkunft für manche Legionäre angegeben [744]. Diese *castris* („Leute aus dem Lager") waren Soldatensöhne, die in Siedlungen in Lagernähe (ohne den Rang einer Stadt) geboren worden waren, oder aber Peregrine, denen man eine fiktive Herkunft gab, als sie bei ihrem Armee-Eintritt das Bürgerrecht verliehen bekamen [A. Mócsy, in: AAntHung 13 (1965) 425ff. und 20 (1972) 133ff.]. Diese Tendenz zur Erblichkeit nahm im 3. Jh. zu, ohne daß aber die Söhne von Legionären oder Auxiliarsoldaten jemals in einer Legion die Mehrheit gebildet hätten.

4.3.2 Die Auxiliarsoldaten

Die meisten Auxiliareinheiten wurden ursprünglich bei einem Volk oder in einem begrenzten Gebiet ausgehoben. Wenigstens zu Beginn der Kaiserzeit mußten gewisse Gemeinschaften Einheiten als Strafe oder Tribut stellen; freiwillige Meldung gab es folglich nicht. Selbst wenn die freie Reichsbevölkerung kaum mehr als 50 Millionen Menschen betrug (was für das 2. Jh. wahrscheinlich zu niedrig gegriffen ist), stellte die Rekrutenversorgung der Auxiliareinheiten eigentlich kein demographisches Problem dar: Gehen wir von 150000 bis 225000 Auxiliarsoldaten aus, so war die jährliche Aushebung von 10000 bis 18000 Mann nötig, um den Wehrersatz zu gewährleisten. Insgesamt wurden zu Beginn der Kaiserzeit also unter den Peregrinen wesentlich weniger Menschen rekrutiert als bei den Bürgern. Doch die Aushebung von Auxiliarsoldaten lastete schwer auf manchen Völkern, da die Beschwernisse der Rekrutierung von Anfang an sehr ungleich verteilt waren. Die Namen der Einheiten bezeichnen die Völker und Gebiete, wo man sie anfänglich aufstellte. Mehr als drei Viertel wurden in Europa gegründet, mit außerordentlichen regionalen Unterschieden: Thrakien allein stellte 37 Einheiten, Belgien und die beiden Germanien zusammen 47, dagegen Aquitanien lediglich sieben und Norikum gar nur zwei. Nach und nach verloren die Auxiliareinheiten größtenteils ihren ethnischen Charakter. Z. B. diente ab 88 der Thraker Bithus in Syrien in der Kohorte der Musulamier (ein Volk in Africa Proconsularis) [CIL XVI 35]. Der freiwillige Militärdienst sollte zwar im Verlauf des 2. Jhs. zur Regel werden, doch blieben gewisse Gebiete wie Thrakien wahre Reservoirs an Rekruten.

Nach 69 wurden die Soldaten der Alen und Kohorten regelmäßig dort ausgehoben, wo die Einheiten standen. Seit Hadrian scheinen sich Rekrutierung vor Ort (inklusive *castris*) und von außerhalb im großen und ganzen die Waage gehalten zu haben. Es gab aber große regionale Unterschiede: An Rhein und Donau waren die Bewohner des Stationierungsgebietes zwar schon ab dem Beginn des 2. Jhs. in der Überzahl, aber in der Folge blieb ihr Anteil anscheinend stets unter zwei Drittel. Dagegen waren alle Auxiliarsoldaten in Mauretania Caesariensis bis Traian Fremde, danach rekrutierte man sie größtenteils aus der Provinz. Nur die *numeri* bewahrten ihre ethnische Einheit, trotz der Distanz zwischen Rekrutierungs- und Garnisonsgebiet. So fanden sich zu Beginn des 3. Jhs. Britannier in Obergermanien und Palmyrer in Afrika stationiert.

Abgesehen von den Einheiten römischer Bürger waren die Auxiliarsoldaten bis Nero Peregrine. Danach nahm (außer bei den *numeri*, deren Soldaten Peregrine blieben) der Anteil römischer Bürger kontinuierlich zu, besonders in den Alen (wo der Sold höher war), bis zur allgemeinen Verbreitung des Bürgerrechts 212. Die Zugehörigkeit zu gewissen besonderen Einheiten verlieh nämlich das Bürgerrecht, und außerdem fanden nicht alle Bürger, die sich freiwillig zum Militär meldeten, die Möglichkeit in einer Legion zu dienen, oder sie konnten den hohen körperlichen Erfordernissen nicht entsprechen. Wenn die *tria nomina* wirklich stets das Bürgerrecht ihres Trägers bedeuten, dann könnten die Bürger (und Latiner mit den *tria nomina*?) ab Antoninus Pius in den Einheiten an Rhein und Donau fast genauso zahlreich wie Peregrine gewesen sein. Dagegen finden sich weniger als ein Drittel Bürger unter den Rekruten, die zwischen 193 und 210 in Dura Europos am Euphrat in Dienst genommen wurden [Gilliam 560].

Abgesehen von den Freigelassenen traten kaum Italiker in den Flottendienst ein. Die Seeleute von Misenum waren vor allem Sarden und, zu fast drei Vierteln, Orientalen (insbesondere Ägypter), während die von Ravenna mehrheitlich aus dem Westen stammten, oft aus Dalmatien.

4.3.3 Die Rekrutierung der Offiziere

Die Rekrutierung der Zenturionen entwickelte sich parallel zu der der Mannschaften, jedoch weniger ausgeprägt. Vor Septimius Severus war sie ziemlich einheitlich. Diejenigen, die diesen Rang erreichten, ohne aus der Truppe aufgestiegen zu sein, entstammten dem Adel der am weitesten entwickelten Städte, vor allem italischer Ortschaften oder Kolonien in den Provinzen. Die Italiker aus der Prätorianergarde oder der Munizipalaristokratie blieben im 2. Jh. sehr zahlreich und verschwanden auch im 3. nicht. Außerdem waren die Zenturionen viel mobiler als die Soldaten, so daß eine Rekrutierung vor Ort nie wirklich nötig wurde.

Die Wahl der Offiziere aus dem Ritter- bzw. Senatorenstand spiegelt die Entwicklung dieser beiden Stände wider. Nicht alle Ritter leisteten Kriegsdienst. Seit den Flaviern kann man deutlicher als früher zwischen Rittern unterscheiden, die ziemlich lang Dienst taten, oft die *tres militiae*, und eine Karriere als hoher Beamter anstrebten, und Munizipaladeligen, die der Armee nur kurze Zeit als *tribunus semestris* oder Legionstribun angehörten. Die Orientalen waren nicht grundsätzlich ausgeschlossen, doch finden sie sich vor allem auf die Truppen des Orients und auch Afrikas beschränkt.

Die meisten angehenden Senatoren leisteten als Legionstribunen Dienst. Nur die Patrizier umgingen dies ab dem 2. Jh. immer häufiger. Zwar kann man nicht von einer geographischen Zuordnung sprechen, doch gab es Lieblingskommandos und Familientraditionen. So wurde ein Senator oft dort Legionslegat, wo er Tribun gewesen war, und später kehrte er dorthin als Statthalter zurück; und die Mitglieder einer Familie sind manchmal über mehrere Generationen in derselben Region als Offiziere belegt.

4.4 Die Strategie des Reiches

Die territoriale und innere Stabilisierung des Reiches führte zu einer Veränderung der Rahmenstrategie und der Rolle der Armee. Die Grundzüge der Entwicklung sind unumstritten: Während unter der julisch-claudischen Dynastie die Einheiten noch recht mobil waren und oft weit von den Grenzgebieten entfernt standen, wurden die Truppen nach und nach ortsgebunden (vor allem seit den Flaviern) in direktem Kontakt mit dem Barbaricum, und in manchen Gebieten errichtete man feste, lineare Verteidigungssysteme, die die Grenze genau absteckten. Da diese Verteidigungsstrategie von zahlreichen vorgeschobenen Posten und einer offensiven Diplomatie begleitet wurde, konnte sie auch die Initiative ergreifen. Ab Marc Aurel war das Reich an mehreren Abschnitten zur Passivität verurteilt. Daraufhin erzwangen Barbarenangriffe, daß man zur Tiefenverteidigung im Reichsgebiet und zu einer beweglicheren Armee zurückkehrte, was jedoch während des Höhepunkts der Krise des 3. Jhs. ohne Erfolg blieb.

Doch die Interpretation dieser Fakten ist schwierig: Schlug das Reich schon seit Augustus eine defensive Strategie ein? Waren die strategischen Entscheidungen wohldurchdacht (also Folge von – letztendlich – falschen Analysen), oder waren sie von demographischen und finanziellen Engpässen aufgezwungen? Erfüllte die Armee ihren Auftrag, oder ist die *pax Augu-*

sta nur leeres Schlagwort? Sicherlich muß man leichtfertige Verallgemeinerungen und allzu scharfe Periodisierungen ablehnen, vor allem, wenn von einem Sektor (selbst wenn dieser besonders wichtig sein sollte, wie Rhein oder Donau) auf die allgemeine Situation geschlossen werden soll. Die Militärgeschichte stellt sich sehr unterschiedlich dar, ob man nun Spanien, Nordafrika oder Dakien betrachtet und zur selben Zeit lassen sich, je nach Region, recht verschiedene strategische Entscheidungen und eine völlig andere Auffassung von „Grenze" beobachten.

4.4.1 Der innere Friede

Das römische Heer war und wurde nie eine Besatzungsmacht, die das ganze Reichsgebiet mit Stützpunkten überzogen hätte, um es kontrollieren zu könnnen. Gleichwohl stellte sich das Problem des inneren Friedens, besonders in der Zeit vor den Flaviern. Eine allzu schematische Betrachtungsweise, daß das truppenlose Kerngebiet des Reiches den Garnisonszonen an der Peripherie gegenüber stand, sollte man vermeiden. Die Beschreibung der römischen Streitkräfte im Jahr 23 durch Tacitus [ann. 4. 5] stellt die doppelte Funktion der Truppen dar: So „lag die Hauptstreitmacht am Rhein, als gemeinsames Bollwerk gegen Germanen und Gallier [...]; die eben erst bezwungenen spanischen Provinzen wurden durch drei Legionen gehalten." Tacitus beschreibt Gallien (fälschlicherweise) als frei von Truppen, aber ebensosehr überwacht wie beschützt von der Rheinarmee, die im Bedarfsfall eingreifen konnte, genauso wie die dalmatische, die für einen Einsatz in Italien oder an der Donau bereit stand. Dagegen mußte Nordwestspanien, das 40 Jahre zuvor nach langen Feldzügen niedergerungen worden war, noch eine drückende Militärbesatzung ertragen.

Unter der julisch-claudischen Dynastie erklärt sich die Anwesenheit starker Truppenverbände in relativ großer Entfernung von den Grenzen ebensosehr aus der Sorge, gefährdete oder erst jüngst eroberte Gebiete zu halten, wie aus taktischen Erwägungen (nämlich, die Legionen nicht direkt zu gefährden und über Reserven im Hinterland zu verfügen). So errichtete man in Gallien unter Augustus und Tiberius ein Lager in Aulnay de Saintonge, und weitere wurden bis unter Domitian bezogen, wie Mirebeau bei Dijon und vielleicht Arlaines bei Soissons. Diese Streitkräfte im Inneren zog man nach und nach ab. Ab Nero behielt Nordwestspanien nicht mehr als eine Legion (deren Verbleiben sich vielleicht im wesentlichen aus der Sorge um die Goldbergwerke erklärte). Dalmatien hatte ab Domitian nur noch Auxiliareinheiten, während die Legionen von Pannonien, die anfangs im Hinterland der Donau auf den Wegen nach Italien lagen, an den Fluß verlegt wurden. Diese Verschiebungen, die sich in fast allen Provinzen wiederfinden, dokumentieren eine Befriedung, die als fest und dauerhaft angesehen wurde, und lassen die Ausnahmen, die aus inneren Unruhen begründet waren, nur umso deutlicher heraustreten. Britannien behielt im 2. und 3. Jh. drei Legionen und vielleicht mehr als 30000 Auxiliarsoldaten. Die Truppen waren im Norden und Westen der Provinz verteilt und standen ebensosehr gegen einige Stämme im Inneren wie gegen diejenigen nördlich der Grenze. Nach der Annektierung Arabiens unter Traian (das dann seine eigene Garnison bekam) war Judäa-Palästina nicht länger Grenzprovinz, dennoch stand eine Legion in Jerusalem, eine zweite in Galiläa, und bis zu 7000 Auxiliarsoldaten waren im Land. Die beiden Mauretanien, Caesariensis und Tingitana, wurden beschützt und zugleich kontrolliert von 15000 bis 18000 Auxiliarsoldaten, die in den Provinzen verteilt waren. Der Kern des ägyptischen Heeres war stets vor den Toren Alexandrias einquartiert.

Die „unbewaffneten" (*inermes*) Provinzen im Inneren waren nicht völlig entblößt, was auch für die senatorischen Provinzen gilt. So stand im 2. Jh. eine Kohorte in Asien, eine andere in Makedonien. Karthago verfügte über eine *cohors urbana* und eine Abteilung der *legio III Augusta*. Vor allem aber konnten die Grenzheere im Notfall eingesetzt werden und wirkten schon an sich abschreckend, was maßgeblich zur Aufrechterhaltung des Friedens beitrug. Außerdem verteilte man sehr viele Soldaten über die Straßen und Wegkreuzungen sowie entlang der Provinzgrenzen. Gewöhnlich waren diese Posten außerordentlich klein und beschränkten sich manchmal sogar auf nur einen Soldaten [AE 1979, 565]. Diese diffuse Präsenz konnte keine wirksame Unterdrückung gewährleisten, aber sie erlaubte die Überwachung sensibler Punkte, wie etwa der Märkte, und verkörperte in Randgebieten die römische Macht.

Man kann sich natürlich Gedanken über diesen inneren Frieden machen, in dem die meisten Provinzen lebten. Er war gewöhnlich mit äußerst brutalen Eroberungskriegen hergestellt worden, die manche Völker fast ausgelöscht hatten (wie etwa die Salasser in den Alpen), und kann demnach als ein Frieden der Gräber und Sklavenmärkte betrachtet werden. Er konsolidierte sich durch die Niederschlagung der Aufstände, die auf die Installation der römischen Ordnung oder ihre Bedrückungen gefolgt waren (in Pannonien und Dalmatien unter Augustus, in Gallien unter Augustus und Tiberius, in Afrika unter Tiberius). Indem die Repression den stärksten Widerstand brach, was abschreckend auf die Nachbarvölker wirkte, zeigte sie allen die Unsinnigkeit jeder Rebellion – außer den Unbeugsamen, wie etwa den Juden bis Hadrian. Wenn allerdings der Friede in den Provinzen nichts als ein Würgegriff gewesen wäre, dann hätte man ihn nicht dauerhaft mit unbedeutenden Truppen vor Ort und der Drohung weit entfernter Armeen aufrechterhalten können. Wäre er nur die Frucht der Unterdückung gewesen, dann hätte Rom überall zahlreiche Truppen stationieren müssen (wie es in Palästina, Britannien oder Mauretanien tatsächlich der Fall war) – und dafür fehlten ihm die Mittel, wollte es nicht seine militärischen und sozialen Strukturen völlig umwerfen. Das innere Verteidigungssystem erforderte also die Akzeptanz des Reiches durch seine Völkerschaften, zumindest durch die Eliten, und, aus römischer Sicht, deren allmähliche Integration.

Es bleibt die Frage nach der Qualität dieses inneren Friedens, den man nicht mit völliger Ruhe verwechseln darf. Es gab sicherlich Aufstände, von denen wir nichts wissen. In manchen Landstrichen war das Räuberunwesen ein chronisches Übel, und die Städte waren nie sicher vor Volksunruhen. Aber diese latente Unsicherheit war Teil der Lebensbedingungen; man hielt sie anscheinend für erträglich, zumal sie die Fundamente der römischen Autorität und die soziale Schichtung nicht in Frage stellte.

4.4.2 Der Limes

Wenn auch die Prätorianergarde in Feldzügen eingesetzt werden konnte und die Marine als letzte Reserve diente, so verfügte die Armee der Hohen Kaiserzeit eigentlich über keine echten Eingreiftruppen. Neben der eventuellen Repression im Inneren oblagen ihr sowohl die Durchführung offensiver Operationen als auch die Verteidigung des Reiches. Ursprünglich hatte der Schutz Italiens und der reichsten Gebiete um das Mittelmeer Priorität. Doch dieser Bereich wuchs. Infolge der Integration und Entwicklung der Randprovinzen hörten diese auf, als Puffer zu fungieren und mußten nunmehr um ihrer selbst willen verteidigt werden, zumal die Soldaten, die nun aus diesen Gebieten stammten, dies verlangten.

E. N. Luttwak [579] analysiert die verschiedenen Formen der Grenzverteidigung und die Strategie in ihrer Entwicklung. Außerdem steht sehr umfangreiche Literatur zu den einzelnen Regionen zur Verfügung. Sehr früh wurde der Hauptteil der Armee im Rheinland oder am oberen Euphrat fest stationiert, während sie an anderen Orten zunächst im Hinterland einer symbolischen Grenze verblieb, wie etwa der Donau in Pannonien; oder sie stand im Inneren, ohne daß man sich darum gekümmert hätte, eine Grenze zu definieren, wie etwa im Fall von Africa Proconsularis. Das allmähliche Vorrücken der Heere an die Grenzen und die dazu parallel gehende Installation in festen Lagern führte zur Errichtung eines stabilen Verteidigungssystems, das auch als Ausgangsbasis für Offensiven diente. Die konkreten Lösungen variierten nach Zeit (die Verteidigung neigte in manchen Abschnitten mit der Zeit dazu, immer starrer zu werden) und Ort, je nach geographischen Gegebenheiten und potentiellen Feinden. Die eindrucksvollsten Überreste sind *Hadrian's wall* in Britannien und der Limes im Taunus und in Schwaben, doch sind diese Befestigungsanlagen nur ein Teil des Verteidigungssystems in diesen Gegenden und stellen, was das Reichsganze angeht, Ausnahmen dar, und nicht die Regel.

Der Begriff Limes („Grenzabschnitt") entstammt dem Vokabular der Feldmesser. Er bezeichnete zunächst die Katastergrenze, die von Rechts wegen frei passierbar war und so eine Straße oder einen Weg tragen konnte. Bei den militärischen Limites war die Straße von zentraler Bedeutung, ob sie nun als Einfallsschneise in unbekanntes Gebiet oder als Frontparallele für Truppenverschiebungen diente. Entlang des Rheins oder der Donau nahm der Fluß die wichtigste Rolle ein, daher der Name *ripa* („Ufer") für solch einen Abschnitt. Der militärische Limes steckte keine politische Grenze ab und war nicht einfach eine Linie, sondern vielmehr ein mehr oder weniger weit ausgedehnter Raum, der neben der Straße (die bisweilen zu einem Netzwerk ausgebaut war) verschiedene Verteidigungsbauten (Legions- oder Auxiliarlager, größere und kleinere Forts, Wachtürme) und manchmal eine lineare Befestigung enthielt. Sein Ausbau fand stets nach und nach statt, oft etappenweise, und war von den örtlichen Bedingungen und der gerade geltenden Strategie abhängig. So zeigt sich in Obergermanien seit dem Ende des 1. Jhs. eine Tendenz, den Limes zu verfestigen, die sich im 2. Jh. im Bau zusammenhängender Sperren in Europa konkretisiert. Dagegen blieben die Limites von Afrika [im Gegensatz zur Meinung von Luttwak] und Syrien offen, manchmal waren sie sogar nur Einfallsachsen, wie in Tripolitanien bis zum Ende des 2. Jhs.

Die Garnison stufte sich gewöhnlich in die Tiefe ab, wobei es Zonen mit verschiedenen Funktionen gab. Als Hindernisse fungierten die Grenzflüsse, an denen Straßen in mehr oder weniger großer Entfernung entlang führten. Sie bestimmten die Standorte der wichtigsten Lager (wie etwa Vetera/Xanten oder Bonna/Bonn am Unterrhein). Andernfalls waren letztere häufig im Hinterland: Eburacum/York in Britannien, Mogontiacum/Mainz und Argentorate/Straßburg in Obergermanien, Lambaese in Numidien. Wo sich die Verteidigung nicht an einen Fluß anlehnen konnte, gab es jenseits der großen Lager vorgeschobene Befestigungen in einer oder mehreren Linien, die nach und nach ausgebaut und ab dem 2. Jh. in den gefährdetsten Abschnitten mit Barrieren verbunden wurden. Zudem legte man Forts als Vorposten an. Manche deckten aus der Nähe die Hauptbefestigungen, andere kontrollierten sehr entgelegene strategische Punkte, z. B. in der Wüste (wie unter den Severern die Oase von Ghadamis, im heutigen Libyen, 250 km südlich der Festungslinie in Südtunesien) oder bei abhängigen Völkern (wie etwa die Garnisonen, die nach 175 bei den Quaden, bis zu 120 km von der Donau entfernt, eingerichtet wurden).

Die so geschaffenen Grenzen waren von recht unterschiedlicher Natur, wie es eben ihr Zweck erforderte. In Africa Proconsularis oder in Numidien war die Grenze „porös“ [P. Trousset]. Es lagen dort nicht sehr viele Truppen, und die Barrieren wiesen Lücken auf. Der lange Graben der Sahara-Piedmontebene in Südalgerien oder die Sperrmauern von Bergpässen in Südtunesien waren keineswegs unüberwindlich. Sie sollten nicht die Wüstengebiete isolieren, sondern die Bewegungen der Halbnomaden auf gewisse Passagen kanalisieren; zudem hatte man die Wasserstellen bis weit ins Vorland besetzt.

Dagegen wollte man in manchen Grenzsektoren in Europa das Reich wirklich abriegeln, wenigstens soweit die Barbaren aggressiv oder unzuverlässig waren. Die Mauern, die man seit Hadrian errichtete, sind nur ein Aspekt dieser Haltung. Schon seit dem 1. Jh. war den Barbaren das Betreten des römischen Territoriums verboten, außer solch zuverlässigen Völkern wie den Hermunduren, und man schuf durch die Vertreibung der Germanen aus dem Umland des Limes [Tac. ann. 13. 54] einen „Sicherheitsabstand“. Als Hadrian in Dakien die Walachei (nördlich der unteren Donau) räumte, wurden die Truppen zunächst an den Alt verlegt, der in Nord-Süd-Richtung fließt. Eine zweite, parallele Verteidigungslinie errichtete man dann östlich des Alt. Vor dem zweiten Viertel des 3. Jhs. läßt sich zwischen diesen beiden Linien keine Spur zivilen Lebens nachweisen. Dieser Streifen von 20 bis 40 km Breite und 235 km Länge bildete einen Puffer zwischen den Roxolanen, die normalerweise Klienten waren, und der Dacia Malvensis [J. Bogdan-Cataniciu, in: 514, Bd. II, 267ff.]. Die Verträge von 174/175 verboten den Markomannen und den Jazygen den Zugang zum linken Ufer der Donau.

Die Gründe für diese Defensivmaßnahmen sowie ihre Effektivität sind sehr umstritten, wobei die Diskussion von Vergleichen mit Festungsriegeln wie der Maginot-Linie lebt. Man hat Überängstlichkeit, Resignation, ja sogar das offene Eingeständnis der Ohnmacht erkennen wollen. Freilich erwiesen sich die linearen Verteidigungssysteme bei den großen Barbarenangriffen im Norden unter Marc Aurel und nach den Severern als unzureichend. Die Verteilung der Truppen auf eine Vielzahl kleiner Garnisonen und das Fehlen ausreichender Reserven erleichterte sogar das Vordringen der Barbaren. Doch sollte man sich hüten, die römische Realität durch die Folie moderner Mißerfolge zu sehen. In militärischer Hinsicht gewährleistete diese Strategie mit begrenzten Mitteln die Sicherheit des Reiches gegenüber seinen traditionellen Feinden, nämlich häufig wenig zahlreichen und untereinander zerstrittenen Barbaren, zumal sie von einer aktiven Diplomatie unterstützt wurde. Sie zog die erfolgte Stabilisierung des Reiches ins Kalkül, ohne auf die Kontrolle jenseits des Limes zu verzichten.

Die Mauern oder Gräben waren ebensosehr Infiltrationsbarrieren wie kulturelle und rechtliche Grenzen, ja Demarkationslinien zwischen der zivilisierten Welt (die nach Meinung der Zeit ihren Höhepunkt erreicht hatte) und dem Barbaricum. Aber diese Strategie erforderte Stabilität und Ohnmacht des Barbaricums. Dies war in den Wüstengebieten auch gegeben, und so lockerte man dort die Kontrolle bis zum Beginn des 3. Jhs. ständig weiter. Am Rhein und an der Donau führte der Alarm vom Ende des 2. Jhs. nicht zu Veränderungen, die den Entwicklungen in der Welt der Barbaren (deren Umfang man zweifellos verkannte) Rechnung getragen hätten. Die Germanenfeldzüge von Caracalla und Maximinus zeigten jedoch, daß man sich nicht auf die Defensive beschränkte. Daß der Limes im Norden in der Mitte des 3. Jhs. brach, liegt zunächst daran, daß das Reich nicht an mehreren Frontabschnitten zugleich Angriffe zurückschlagen konnte.

Das Hauptproblem des Reiches war seine anhaltende Unfähigkeit, mehrere großangelegte Operationen auf einmal durchzuführen. Tiberius mußte 6 n. Chr. wegen des illyrischen Aufstandes seinen Feldzug gegen das Königreich der Bojer unterbrechen und schließlich mit Marobod verhandeln. Diese Rebellion band ein Drittel der römischen Armee und erlaubte so den Dakern und Sarmaten, in Mösien einzufallen und, im Westen, den Cheruskern des Arminius, die Legionen des Varus zu vernichten. Die Provinzgarnisonen garantierten normalerweise die Sicherheit und ließen sogar begrenzte Operationen zu; große Feldzüge aber verlangten die Zusammenziehung von Truppen, indem aus anderen Abschnitten ganze Einheiten oder Detachements abgezogen wurden, wo man dann ganz zur Defensive gezwungen war. Unter Nero erklären der Aufstand in Britannien (der vier Legionen band) und der Kampf um Armenien das Ende der Offensive in Germanien. An den weniger wichtigen Fronten zwang die Schwäche der Garnisonen im Krisenfall zu Verlegungen von weither. So wurden unter Antoninus Pius Truppen aus Pannonien und Spanien nach Mauretanien geschickt.

Die Soldaten waren also nicht zahlreich genug, eine weiträumige Offensivpolitik durchzuführen oder gleichzeitig mehreren Angriffen standzuhalten, vor allem, seit die Grenzprovinzen um ihrer selbst willen verteidigt werden mußten. Die Grenzen des Reiches vorzuschieben und neue Pufferzonen einzurichten wäre die logische Konsequenz gewesen, die Marc Aurel anscheinend auch nach dem ersten großen Barbarenangriff nördlich der Donau ziehen wollte. Doch das Beispiel der letzten Annektierungen, nämlich Dakien unter Traian und Mesopotamien unter Septimius Severus, lehrt, daß die Truppenkonzentration in den alten Frontprovinzen nicht wirklich entlastet wurde und daß die Gebietserweiterung zu einem Aufblähen der Armee führte. Neue Einheiten als Elite für unabhängige Unternehmungen

Tabelle 2
Verteilung der Legionen nach Provinzen

	Größe der Garnison um das Jahr								
	10	45	75	95	115	140	185		215
Africa Proconsularis	1	1	1	1	1	1	1	Numidien	1
Hispania Tarraconensis	3	2	1	1	1	1	1		1
	Britannien	4	4	3	2	3	3	Br. Inf. u. Sup.	3
Germania Inferior	4	4	4	3	2	2	2		2
Germania Superior	4	3	4	3	2	2	2		2
Rätien	(Auxilien)						1		1
Norikum	(Auxilien)						1		1
Pannonien	3	2	2	5 Pan. Sup.	2	3	3		2
				Pan. Inf.	1	1	1		2
Dalmatien	2	1	1	(Auxilien)					
Mösien	2	3	4 M. Sup.	2	2	2	2		2
			M. Inf.	2	3	3	2		2
				Dakien	1	1	2		2
	Kappadokien (Aux.)		2	2	2	2	2		2
Syrien	4	4	3	3	3 od. 4	3	3	S. Coele	2
								Phoenice	1
Judäa	(Auxilien)		1	1	1 od. 2	2	2		2
				Arabien	1	1	1		1
Ägypten	2	2	2	2	2	1	1		1
								Italien	1
Neugründungen		2	6		2		2		3
Auflösungen			4	1		2			
Gesamt	25	27	29	28	30	28	30		33

[Nach J. C. Mann und M. Roxan 563]

auszuheben, hätte gewiß andere Probleme mit sich gebracht. Ihre schiere Existenz hätte zu verstärktem Eingreifen geführt. Hätte man sie im Inneren stationiert, wären sie eine Belastung für die Provinzialen gewesen und, nach aller Wahrscheinlichkeit, auch eine politische Bedrohung. Auf den ersten Blick scheint das Reich weder über die menschlichen noch zumal über die finanziellen Mittel für eine tiefgreifende Militärreform verfügt zu haben. Es erschien nicht möglich (oder notwendig), die für eine neue Militärpolitik nötigen Opfer zu bringen, weil man die Größe der Gefahr verkannte. Die Schaffung neuer beweglicher Einheiten war eine Antwort auf die Invasionen des 3. Jhs., aber erst, als der Feind den Krieg schon ins Reich getragen hatte.

4.4.3 Die großen strategischen Sektoren

Ohne regionale Militärgeschichte zu betreiben [vgl. Bd. II], wollen wir hier die Stellung der einzelnen Regionen betrachten, deren relative Bedeutung sich aus der Verteilung der Truppen ergibt. Ab dem 2. Jh. hielten sich die Garnisonen der beiden großen Fronten, Norden und Osten, die Waage, was zeigt, daß es keinen bevorzugten Abschnitt mehr gab, selbst wenn der Schutz Italiens zentral blieb.

Im äußersten Westen band Britannien erst vier, dann drei Legionen, dazu zahlreiche Auxilien, obwohl seine strategische Rolle nicht existent und sein wirtschaftliches Potential gering war. Die germanische Front, von der Rheinmündung bis zum Donauknie, blieb stets von wesentlicher Bedeutung. Im 1. Jh. nahm der Rheinsektor mit acht Legionen die wichtigste Stellung ein (Illyricum dagegen hatte nur fünf). Im 2. Jh. halbierte man seine Garnison, was von der Schwäche der westgermanischen Völker und der Errichtung des Limes, der Obergermanien und Rätien bis Regensburg deckte, gerechtfertigt wurde. Die Barriere, die die Alpen bildeten, und mehr noch die konstante Abhängigkeit der Hermunduren sowie die ephemere der Markomannen erlaubten es, Rätien und Norikum bis Marc Aurel nur mit wenigen Auxiliartruppen zu halten (unter 15000 Mann); nach der Barbarenattacke erhielt jede der beiden Provinzen eine Legion. Bis Traian schwankte die Truppenstärke im Sektor Pannonien-Dalmatien zwischen drei und fünf Legionen. Danach zog man vier Legionen gegen die Markomannen und Quaden auf weniger als 250 km (zwischen Vindobona/Wien und Aquincum/Budapest) zusammen, aber es gab dort nur wenige Auxiliartruppen (rund 7000 in Oberpannonien). Das Nord-Süd-Tal der Donau wurde nur von Auxiliarsoldaten verteidigt (10000 in Unterpannonien), denn die zu den Sarmaten gehörenden Jazygen, die Klienten des Reiches waren, saßen auf der großen Ebene zwischen Donau und Theiß; außerdem befand sich die Armee von Obermösien in der Nähe.

Die Bedeutung der unteren Donau stieg stetig an. Dort standen ab Hadrian sechs Legionen und bis zu 40000 Auxiliarsoldaten. Die Eroberung Dakiens (wo bis Marc Aurel vor allem Auxilien standen) bedeutete nicht die Aufgabe der Verteidigungslinie am Fluß. Obwohl Obermösien von der neuen Provinz gedeckt wurde, behielt es zwei Legionen.

Im Orient nahm die Truppenstärke beständig zu. Die Zahl der Legionen stieg von vier unter Augustus auf acht in der Mitte des 2. Jhs. (dazu eine entsprechende Zahl von Auxiliareinheiten), dann auf zehn zu Beginn des 3. Jhs. Die Annektierung der Vassallenkönigreiche führte zur militärischen Besetzung neuer Sektoren, und Palästina band große Truppenverbände. Die Einrichtung der Provinz Mesopotamien durch Septimius Severus entlastete die Standorte in Syrien und Kappadokien nicht. Der alte Limes verdoppelte sich so durch neue Garnisonen östlich des Euphrats.

In Afrika blieben die Legionstruppen weitgehend unverändert; die Verstärkung der Garnisonen erfolgte durch Auxilien. Im 2. und zu Beginn des 3. Jhs. wurde Ägypten nur von einer Legion bewacht, wie auch der riesige Limes von Tripolitanien bis nach Numidien. Die Kyrenaika und die

Mauretanien hatten nur Auxiliartruppen. Diese schwache Besatzung erlaubte in manchen Abschnitten dennoch eine aktive Politik. So erweiterte man beständig die kontrollierte Zone zwischen Mauretania Caesariensis und Tripolitanien. Die regionalen Unterschiede waren außerordentlich groß: Die Wüste zwischen dem Roten Meer und dem Nil unterstand strenger Überwachung und zwischen Ägypten und Numidien reichte die Grenze der römischen Kontrolle zu Beginn des 3. Jhs. weit über die fruchtbaren Gebiete hinaus. Dagegen steckte man die Grenzen der beiden Mauretanien dadurch ab, daß man sich in den bergigen und nur schwerlich dauerhaft kontrollierbaren Landstrichen kaum militärisch engagierte. Septimius Severus schuf zwar einen neuen Limes, der südlicher in der Caesariensis verlief, er schloß aber nicht alle Hochplateaus von Westalgerien ein. Die Tingitana jedoch war schon sehr früh eine Limes-Provinz geworden und besaß sogar ein lineares Verteidigungssystem im Inneren.

4.5 Die Stellung der Armee und ihrer Angehörigen im Reich

4.5.1 Die Kosten der Armee

Die Größe der Armee wurde weitgehend von ihren Kosten bestimmt. Die Ausgaben für das Heer machten den größten Posten im kaiserlichen Budget aus (dessen genaue Höhe unbekannt ist). Jede Abschätzung ist mit Vorsicht zu betrachten, doch jüngste Vorschläge sind plausibel, wenn auch nicht letztlich gesichert. Danach hätte die Armee zu Beginn der Kaiserzeit 40 bis 60% der staatlichen Einnahmen verschlungen [neben Campbell 556, S. 161ff.; K. Hopkins 1023 – zu hoch?].

Die Höhe der Bezüge, die jedenfalls beträchtlich nach Einheit und Rang schwankten, kennt man nur unzureichend. Der Basissold eines Legionärs betrug unter Augustus 900 HS pro Jahr. Er stieg unter Domitian auf 1200 HS und blieb unter den Antoninen stabil. Septimius Severus erhöhte ihn (es ist umstritten, um wieviel), Caracalla ebenfalls (um 50%?). Damals erreichte er 2400 bis 3000 HS. Während durch diese letzte Erhöhung die Soldaten tatsächlich begünstigt werden sollten, glichen die vorhergehenden wahrscheinlich nur den langfristigen Preisanstieg aus. Die Garnisonstruppen von Rom waren bevorzugt. Ursprünglich erhielten die *vigiles* (aus niederem Sozialstand) 900 HS wie die Legionäre, die Soldaten der *cohortes urbanae* 1500 HS und die Prätorianer 3000 HS. Ihre Bezüge werden der Entwicklung des Legionärssolds gefolgt sein. Die Entlohnung der Auxiliarsoldaten ist umstritten. Die Forscher glauben, daß sie 1/3, 2/3 oder 5/6 der Legionärsbezüge betragen hat. Bei den Seeleuten läßt sich nur spekulieren.

Innerhalb der einzelnen Tuppenarten war die Soldskala für die Mannschaftsgrade recht einfach aufgebaut, kannte aber große Unterschiede. Manche bezogen den eineinhalbfachen, andere den doppelten Basissold. Die Beförderung zum Zenturio brachte einen Sold mit sich, der weit über den der Mannschaftsgrade hinausging. Es stehen wenig direkte Informationen über die Entlohnung der Zenturionen zur Verfügung, aber die Offiziershierarchie erlaubt eine Abschätzung des Niveaus (die Einzelheiten sind natürlich umstritten). Mit einem Jahressold von 20000 oder 25000 HS im 2. Jh. bezog ein Zenturio vier- oder fünfmal mehr Lohn als ein Prätorianer, bzw. 17 bis 21mal mehr als ein Legionär. Die *primi ordines* erhielten mehr Sold als Kohortenpräfekten aus dem Ritterstand. Und mit 100000 HS übertrafen die Primipilen viele ritterliche Prokuratoren.

Zum Sold kamen noch die Prämie für den Eintritt in die Armee und vor allem die *donativa*, Sonderzahlungen beim Regierungsantritt eines Kaisers oder nach Schlachten bzw. politischen Krisen, deren Höhe nach Einheit und Dienstgrad differierte. Diese Schenkungen hatten am Ende der Republik enorme Höhen erreicht, wurden aber von Augustus verringert (der testamentarisch jedem Legionär 300 HS und jedem Prätorianer 1000 HS hinterließ – den Auxiliarsoldaten aber gar nichts). Danach stiegen sie fortwährend. So erhielten die Prätorianer 20000 HS (also das vier- oder fünffache ihres Jahressoldes) beim Regierungsantritt von Marc Aurel und Lucius Verus. Die Inflation der *donativa* glich bis zum Beginn des 3. Jhs. das Stagnieren des Grundsoldes aus. Aber diese unregelmäßigen Zahlungen ließen die Staatskasse ausbluten. Am Ende ihrer Dienstzeit erhielten die ehrenvoll entlassenen Soldaten eine Ruhestandsprämie, die bis zum Beginn des 3. Jhs. nicht oder nur kaum zunahm (12000 HS für Legionäre unter Augustus, 20000 HS unter Caracalla). Die Erträge aus der 1%igen Steuer auf Versteigerungen und die 5%igen Erbschaftssteuer (die nur für Bürger galt) mußten für die teuren *praemia* reserviert werden. Deren Kosten erklären auch, weswegen die Soldaten oft trotz des Ablaufs der vorgeschriebenen Dienstzeit nicht entlassen wurden: Man rechnete damit, daß der Tod die Verpflichtungen der Staatskasse mildern würde.

In normalen Zeiten konnte der kaiserliche Haushalt nur mit Mühe den Bedürfnissen der Armee nachkommen. In Friedenszeiten hielt man die Einheiten in Unterzahl, um Geld zu sparen. Solderhöhungen bedeuteten eine Erhöhung der Steuerlast. Domitians Solderhöhung trug sehr zum Verbrauch der riesigen Ersparnisse bei, die Vespasian zurückgelassen hatte. Über große Feldzüge mußte man lange Zeit im voraus entscheiden. Unvorhergesehe Militäroperationen brachten das Reich in Verlegenheit und zwangen es, auf

Notlösungen zurückzugreifen. Sie führten zu finanziellen Katastrophen (wenn sie nicht gerade große Beute einbrachten), zumal wenn sie auf römischem Territorium stattfanden.

4.5.2 Die Lebensbedingungen der Soldaten und Veteranen

Beim Regierungsantritt von Tiberius erhoben sich die Legionäre in Pannonien gegen ihr hartes Los [Tac. ann. 1. 17]. Zur Härte der Disziplin und der Strafen, zur Länge der faktischen Dienstzeit kam noch das Elend: Man zahlte ihnen nur einen halben Sesterz am Tag, wovon sie ihre Ausrüstung zahlen und die Nachsicht der Zenturionen sowie die Befreiung von Sonderarbeiten erkaufen mußten. Wurden sie entlassen, erhielten sie unfruchtbares Land und kein Geld. Ihrem tristen Los stellten sie die Lage der Prätorianer gegenüber, die Juvenal ein Jahrhundert später in seiner (leider unvollständigen) 16. Satire „glücklicher Militärdienst“ (*felix militia*) nannte.

Man kann sich nur mit Mühe ein Bild von den Lebensbedingungen der Soldaten machen, die beträchtlich nach Dienstgrad und Einheit differierten. Verschiedene, gesetzlich festgelegte Abzüge konnten ihnen zwei Drittel ihres Soldes rauben. Die Kosten der Ausrüstung und Verpflegung wurden einbehalten (doch wohl zu einem Satz, der Preisschwankungen ausglich). Weil die Soldaten nicht ihren ganzen Verdienst erhielten, waren sie zu großer Sparsamkeit gezwungen. Allerdings zeigen ägyptische Papyri, daß Soldaten 20 bis 30% ihres Soldes auf die hohe Kante legen konnten. Der Grundsold eines Legionärs betrug nämlich etwa das Dreifache des Existenzminimums und entsprach somit einem Einkommen, das den Unterhalt einer Kernfamilie ermöglichte. Neben den *donativa* kamen zum Sold noch die Beute aus Feldzügen und vor allem illegale Einkünfte: Armeeangehörige ließen sich oft Erpressungen zuschulden kommen.

Der Eintritt in das Heer war für Angehörige der untersten Volksschichten ein Weg aus der sozialen Unsicherheit, in der Arme normalerweise leben mußten, und sicherte ihnen einen höheren Lebensstandard, was der enorme Verbrauch von Qualitätsprodukten beweist, die man oft über große Entfernungen herbeischaffte (Wein, Olivenöl, feine Keramik). Dank ihres Soldes standen Prätorianer auf einer Stufe mit kleinen Lokalhonoratioren. Aber ansonsten war die Chance, auf legale Weise wirklich reich zu werden, an die Beförderung zum Zenturio geknüpft, was nur eine winzige Elite aus der Mannschaft erreichte. Im 2. Jh. ersprach schon der Sold eines Zenturionen der Höhe des Ritterzensus (400000 HS). Daher kommt es, daß Notabelnsöhne und unvermögende Ritter, die direkt als Zenturionen in die Armee eintraten, in so großer Zahl unter den Subalternoffizieren vertreten waren.

Die Armeeangehörigen befanden sich in einer privilegierten Situation, nicht nur im modernen, sondern auch im antiken Sinn des Wortes. Seit Augustus und mehr noch ab dem 2. Jh. galt für sie ein spezielles Recht, das mit Rücksicht auf ihre besondere Situation viele rechtliche Zwangsmaßnahmen abmilderte [Campbell 556, S. 207ff.]. Eine wohlwollende Haltung ihnen gegenüber vergrößte diese Privilegien in der Praxis. Die Rechte eines Vaters (*patria potestas*) waren bei Soldatenvätern begrenzt. Armeeangehörige waren Eigentümer der Güter, die sie während ihres Dienstes erworben hatten und konnten frei über sie verfügen, sogar durch Testamente, die nicht die rechtlich festgelegten Formen einhalten mußten und Gruppen begünstigen konnten, die normalerweise ausgeschlossen waren. Bei Rechtsfällen wurde dem Soldaten eine Vorzugsbehandlung zuteil. Sein Fall hatte Priorität und wurde (zumindest bei gewissen Prozessen) durch einen Zenturio im Lager vor der Truppe entschieden, was einem Ankläger, der nicht zur Armee gehörte, wenig Chancen ließ. Überdies wurden Vergehen und Erpressungen häufig von den militärischen und administrativen Autoritäten toleriert oder gar gedeckt.

Auf der anderen Seite kam der Disziplin, die ja die Grundlage der römischen Macht war, elementare Bedeutung zu. Zur Göttin erhoben, hatte sie im Lager einen Altar. Es war Sache der Kaiser, sie aufrechtzuerhalten oder nach einem Bürgerkrieg wiederherzustellen. Wie die Rechtstexte zeigen, verfuhren sie in der Praxis unterschiedlich streng, je nach Umständen. Das drakonische Recht wurde nur von pedantischen Vorgesetzten oder in Kriegszeiten streng durchgesetzt. Die Todesstrafe (die auch als ehrloser Tod unter der Folter oder durch wilde Tiere erfolgen konnte) stand auf Desertion, Befehlsverweigerung oder Flucht vor dem Feind. Aber lange Abwesenheit wurde, wenn begründet, toleriert. Wer freiwillig zurückkehrte, wurde nicht mit Deserteuren gleichgestellt, und der Kaiser konnte Gnade walten lassen. Es kam vor, daß man Fahnenflucht nur mit Degradierung oder, sogar nach fünf Jahren Abwesenheit, lediglich mit Verbannung bestrafte [Dig. 49. 16. 13, Erlasse von Antoninus Pius und Septimius Severus]. Ein Soldat wagte sogar nach seiner Rückkehr Gordian III. darum zu bitten, daß ihm seine sieben Jahre Fahnenflucht von der Dienstzeit abgezogen würden [Cod. Iust. 12. 35. 5].

Selbst wenn man die berufsbedingte Sterblichkeit unberücksichtigt läßt, bewirkte schon allein die Demographie, daß weniger als die Hälfte der Soldaten ihre Dienstzeit von rund 20 Jahren zu Ende bringen konnte. Außerdem war der privilegierte Status eines Veteranen den Ex-Soldaten vorbehalten, denen eine „ehrenhafte Entlassung" (*honesta missio*) zuteil geworden war, was gute Führung und das Ableisten der gesamten Dienstzeit voraussetzte. Kranke und Verwundete erhielten nur Vorteile, die im Verhältnis zur Länge ihrer Dienstzeit standen, außer wenn sie einen Dispens vom Kaisers erlangen konnten, der ihre Entlassung wegen Dienstunfähigkeit (*causaria missio*) in eine *honesta missio* umwandelte. Der Ausschluß aus der Armee (*ignominiosa missio*) kostete nicht nur die Altersversorgung, sondern bedeutete auch, juristisch von nun an zu den *infames* zu gehören [Jacques 757, S. 618ff.].

Die Veteranenprivilegien, die sowohl rechtlicher als auch wirtschaftlicher Natur waren, blieben also auf eine kleine Gruppe beschränkt. Unter Augustus waren sie gewaltig, wurden danach teilweise beschnitten (durch wenig bekannte Maßnahmen von Titus bis zu den Antoninen), dann aber von Septimius Severus (oder ab Commodus) partiell wiederhergestellt. Im 3. Jh. wurde, trotz der zentralen Rolle des Heeres im Reich und des ostentativen Wohlwollens der Kaiser, der Status der Veteranen nie wieder so günstig wie zu Beginn der Kaiserzeit.

Veteranen erhielten normalerweise eine Entlassungsprämie, die bei Legionären 13, später zehn Jahresbezügen entsprach; dazu kam eine Parzelle (die manchmal diese Prämie, zumindest teilweise, ersetzte). Wenn sie große Ersparnisse hatten, konnten sie Grundbesitzer von durchschnittlichem Vermögen werden. Octavian hatte ihnen und ihrer Familie (incl. der Eltern) vollständige Steuerfreiheit gewährt. Die Steuerbefreiung ihres Besitzes wurde zunächst eingeschränkt, nach Domitian ganz abgeschafft. Auch im 3. Jh. war das Vermögen der Veteranen weiterhin steuerpflichtig. Dafür blieben die Veteranen von den städtischen Funktionen dispensiert. Höchstens freiwillig bekleideten sie Priesterschaften oder Magistraturen oder wurden Dekurionen, und die Stadt konnte ihnen dann die finanziellen Verpflichtungen erlassen, die mit diesen Ehrenstellen verbunden waren [ILS 6957]. Spätestens zu Beginn des 3. Jhs. galten sie mit ihren Kindern als *honestiores* und genossen die strafrechtlichen Privilegien von Dekurionen [S. 330f.].

Wohl seit Claudius erhielten Peregrine systematisch juristische Vorteile, wohlbekannt durch die „Militärdiplome". Diese Bronzetafeln waren keine Entlassungspapiere, sondern beglaubigte Abschriften kaiserlicher Erlasse, die in Rom aushingen. Der Kaiser verlieh einer Gruppe Soldaten (wie z. B. allen Auxiliarsoldaten einer Provinz, die gleichzeitig aus dem Dienst entlassen wurden) das *conubium* (das Recht, eine legitime römische Ehe zu schließen, das man auch Bürgern, die bei den Prätorianern oder den *cohortes urbanae* Dienst taten, gewährte) und das römische Bürgerrecht für den Soldaten und seine Nachkommen. Im 1. Jh. händigte man das Diplom entweder an Soldaten aus, die mindestens 25 Jahre Dienst hinter sich hatten, oder anläßlich ihrer Entlassung. Später erhielten es nur noch Veteranen. Ab 140 wurde das Bürgerrecht bereits geborenen Soldatenkindern nicht mehr gewährt (um sie zu nötigen, in die Armee einzutreten?) [G. Alföldy, in: Historia 17 (1968) 215–227; H. Wolff 566]

4.5.3 Das Heer und der Wandel des Reiches

Die Armee begünstigte als ein bedeutsamer Faktor in der wirtschaftlichen und sozialen Entwicklung die Integration von Randregionen. Man muß jedoch stets die Grenzen der verschiedenen Phänomene im Auge behalten. Während einer ersten Periode (die in den aufsässigen Regionen bis ins 2. Jh. andauern konnte) war das Heer in erster Linie Repressionsinstrument. Zu den Plünderungen, Erpressungen und legalen Enteignungen kamen die Schikanen und Erniedrigungen, denen die Untertanen ausgesetzt waren, selbst wenn sie nicht feindselig auftraten. Anschaulich beschreibt Tacitus für das Britannien des 1. Jhs. diese erbarmungslose Ausbeutung, die die Provinzalen in die Verzweiflung trieb [ann. 14. 31 ff.; Agr.]. Später erschien die Armee als „ein gemischter Segen" [R. MacMullen 562].

Die Armee besaß eigenes Land, über dessen Größe und Beschaffenheit viel gestritten wurde [Le Bohec 510; und Le Roux 578 für Spanien, wo 28 Grenzsteine bekannt sind, die armee-eigene *prata* („Wiesen") abgrenzten]. Das Heer wollte keineswegs totale Autarkie erreichen; es handelt sich dabei nur um die in der römischen Welt durchaus gängigen Bestrebungen hin auf Selbstverpflegung, auch mußte mitunter die unzureichende Lokalproduktion und Einfuhr ausgeglichen werden. Die Einheiten produzierten ihre Ziegel und sogar *terra sigillata*, die nicht nur Soldaten vorbehalten war – deren wirtschaftliche Bedeutung man aber nicht übertreiben sollte [für Britannien J. P. Perrin und K. Green, in: 999].

Die Ankunft der Armee löste Veränderungsprozesse aus, die in allen Bereichen sichtbar wurden, was die Archäologie gut für die Wirtschaft in Britannien und am Rhein [so 803] herausgearbeitet hat. Die Armee verpflegte sich durch Naturalabgaben und Ankäufe und regte so die Lokal- und Regionalproduktion an. Der Zuzug einer stabilen Bevölkerung zum Limes ließ dort eine spekulative Landwirtschaft entstehen und führte mitunter zur Erschließung armer Regionen (wie zur optimalen Ausnutzung der Quellen am numidischen Limes). Aber die lokale Produktion genügte nicht. So konnte die numidische Legion in einem Jahr mit durchschnittlichem Ertrag die Getreideproduktion von 100 km^2 verbrauchen [Fentress 575]. Da das Hinterland die militärische Zone zu versorgen hatte, kam es zu einer tiefgreifenden Veränderung der Landschaft (wovon in erster Linie mittlere und große Güter profitierten und was sich im Aufstieg der Villen der Picardie widerspiegelt). Es entwickelte sich ein Handel mit Schwergut auf mittlere Distanz (wie zwischen Belgien und Britannien). Der Höhepunkt der Landwirtschaft ist manchmal direkt mit der Ansiedlung von Veteranen (in Kolonien oder einzeln) verbunden, wie im Belus-Massiv in Syrien, wo sie den Ölanbau kultivierten. Parallel dazu ersetzte die in Belgien,

Obergermanien, Rätien und Pannonien erzeugte Keramik im 2. Jh. die Importe. In der Forschung betont man [so 803] den tiefgreifenden Wandel, den diese Veränderungen in traditionellen Gesellschaften (die bereits durch die Eroberung ihre Struktur verloren hatten) hervorriefen und die Instabilität des neuen Gleichgewichts, das von der Prosperität der militärischen Zone abhing. Auf überregionaler Ebene fungierten die Armeestandorte als Absatzmarkt für Qualitätsprodukte wie *terra sigillata* aus Italien (später Gallien) oder Öl aus der Bätika, wofür Britannien und der Limes am Rhein neben Rom die wichtigsten Abnehmer waren. Aber Unterschiede des Geschmacks sowie der Kaufkraft schränkten den Kundenkreis ein.

Das Heer transportierte eine gewisse Form der römischen Zivilisation, die aber nur langsam und unvollständig die Kultur der lokalen Bevölkerung beeinflußte. So zeigt die Archäologie, daß die Ernährung nach mittelmeerischem Vorbild ungleichmäßig Nachahmung fand: Je niedriger das Akkulturationsniveau in Gallien und Britannien war, desto mehr Schaf und Ziege verzehrte man. Die Entwicklung Britanniens ab dem 2. Jh. bestätigt die Tendenz zur Vereinheitlichung der Ernährungsweisen: Die italischen Soldaten brachten ihre Vorliebe für Schweinefleisch an den Rhein mit. In Britannien führten die Legionäre, die ja vom Rhein gekommen waren, eine eher gallo-rheinische als römische Ernährungsweise ein, die die Bewohner der romanisierten Städte und der großen Villen übernahmen, während die restliche Landbevölkerung und die Auxiliarsoldaten sich zunächst weiter von Schafsfleisch ernährten. Vergleichbare Erscheinungen finden sich bei der Keramik wieder. Im Rhein- und Maasbecken verwendeten die Armeestandorte so gut wie keine lokale Keramik. Dafür trifft man in den romanisierten Bauernhöfen auf wenig *terra sigillata*, und die stammt vor allem aus Belgien. Ebenso gibt es Geschirr-Graffiti (was eine minimale Alphabetisierung belegt) fast nur bei den Funden an den Armeestandorten [J. H. F. Bloemers, in: 803, S. 159ff.; A. C. King, in: T. F. C. Blagg und A. C. King (Hg.), Military and civilian in Roman Britain, Oxford 1984, 187ff.].

Obwohl sich die Armee nicht vorrangig aus den untersten Sozialschichten rekrutierte, kamen die einfachen Soldaten doch normalerweise aus bescheidenen Verhältnissen, und der Armee-Eintritt stellte für sie einen sozialen Aufstieg dar. Außerhalb der Armee wurde das römische Bürgerrecht nur Mitgliedern der lokalen Eliten persönlich verliehen. Ob die Verleihung nun beim Eintritt in eine Legion oder am Ende des Dienstes in einer Auxiliareinheit stattfand, stets profitierten davon Peregrine, die sonst nicht damit hätten rechnen können. Die Veteranen erhielten nicht nur den Rang von *honestiores*, sie gelangten, dank ihrer Ersparnisse und ihrer Entlassungsprämie, auch auf eine Stufe mit der Honoratiorenschicht mittelgroßer Städte. Ihnen selbst oder ihren Söhnen stand der Zugang zur herrschenden Schicht in ihrer Heimat- oder Ruhestandsstadt offen. Die Zenturionen rückten bis in die Nähe des Ritterstandes auf, ihre Söhne erreichten ihn oft.

Wenn man aber die Bedeutung der Armee als Möglichkeit des sozialen Aufstiegs herausstreicht, muß man gleichzeitig die dabei geltenden Grenzen betonen. Im 1. Jh. wurden wohl nicht mehr als 5000 Auxiliarsoldaten jährlich eingebürgert. Dazu kamen ihre Kinder und die unter Peregrinen rekrutierten Legionäre (deren Zahl ist nicht abschätzbar, war aber zweifellos begrenzt). Anschließend stieg zwar die Gesamtzahl der Auxilien, doch der Anteil der Bürger in den Alen und Kohorten nahm ständig zu, und ab 140 verweigerte man den Kindern von peregrinen Auxiliarsoldaten das Bürgerrecht [564; 566]. Mengenmäßig hatte der juristische Aufstieg durch die Armee nur begrenzte Auswirkungen. Er besaß nur in Regionen mit großer Rekrutierungstätigkeit entscheidende Bedeutung, wie in Thrakien, oder in den Grenzgebieten. Gleiches gilt für den Aufstieg in die lokalen Eliten. Denn nur ein Teil der Veteranen kehrte nach Hause zurück, und eine noch kleinere Zahl übernahm dort zivile Ehrenämter. Ehemalige Militärangehörige und ihre Nachkommen spielten nur in den Garnisonsorten (die spät den Rang von Städten erhielten) und in den Kolonien in Grenzprovinzen eine wichtige soziale und politische Rolle.

Ganz allgemein stellt sich die Frage nach dem Platz der Armee im Reichsganzen. Für Dion von Prusa sind die Soldaten die guten Hirten der zivilen Schäflein [1. 28]. Aelius Aristides rühmt die außerordentliche Tüchtigkeit des Heeres, das dankbare Völkerscharen beschützt [Auf Rom 67, 72]. Dem muß man die zahlreichen Zeugnisse von Feindseligkeit und Mißtrauen den Soldaten gegenüber entgegenhalten. In Rom erregten ihre Privilegien und ihre Arroganz den Groll eines Juvenal, auf dem flachen Land litt das einfache Volk unter ihren Erpressungen, die ungeahndet blieben und sich für alle Zeitabschnitte belegen lassen. Verlegungen gaben Anlaß zu unrechtmäßigen Requisitionen. Eine Bittschrift aus Thrakien führt uns Skaptopara vor Augen, einen kleinen Badeort, der von Soldaten verwüstet und zu ihrem Urlaubsort gemacht worden war und von dessen Einwohnern die Soldaten nun lebten [ARS 287, aus dem Jahr 238]. In den *inermes*-Provinzen fanden sich Soldaten dauerhaft nur in den Hauptstädten (wo sie hohe Beamten schützten) und an einigen Posten an den Hauptstraßen. Engerer Kontakt zur Bevölkerung war selten und wurde gemieden. Die harte Schule der Armee verringerte die potientielle Solidarität der Soldaten mit der Schicht, aus der sie stammten, und die Entwicklung der Rekrutierung ließ das Heer den meisten Provinzen fremd werden. Die Armee war nicht wirklich assimiliert und bildete mit der Bevölkerung nur in den Grenzprovinzen eine Einheit. Deswegen lehnt man schon seit langem die These von Rostovtzeff [833] ab, nach der die Krise des 3. Jhs. die Rache der unterdrückten Bauern (vertreten durch die Soldaten) an den städtischen Aristokratien gewesen sei. Ebenso lassen alle oben aufgezeigten Einschränkungen einer neuen These gegenüber Skepsis aufkommen, nach der die spanische Armee eine zentrale Rolle in der „Provinzialisierung“ und der Einswerdung der Halbinsel gespielt habe, die im 2. Jh. zur „Nation“ geworden sei, als Provinz und Heer gleichsam ineinander übergingen [Le Roux 578]. Sowohl aufgrund ihrer Rekrutierung als auch ihrer Dislozierung und Größe konnte der kleinen Armee Spaniens außerhalb des Nordwestens nur geringe Bedeutung im Vergleich mit anderen Integrationsfaktoren zukommen (rechtliche Besserstellung und Akkulturation der Eliten, Regional- und Provinziallandtage, wirtschaftlicher Fortschritt) [G. Alföldy, in: Gerion 3 (1985) 379–410, nachgedruckt in 530].

5 Die Kontrolle über das Reich

5.1 Die Erfassung von Mensch und Land

Während Augustus die Grenzen des Reiches an das (nach antiker Meinung) äußerste Ende der Welt schob, verfolgte er gleichzeitig die Konsolidierung der römischen Herrschaft, um die Bedingungen für eine rationellere Ausbeutung der unterworfenen Gebiete und für einen inneren Frieden zu schaffen, der die römische Herrschaft erträglich machte. Cl. Nicolet [594] hat die von Augustus beabsichtigte „Bestandsaufnahme der Welt" untersucht. Hinter den Entdeckungsfahrten und Reisen, der Erstellung von Karten und geographischen Werken, den Volkzählungen und Kadastrationen stand die Intention, durch eine bessere Kenntnis des Reiches und seiner Grenzen das Land und die Menschen effektiver kontrollieren zu können. Die Erfassung der Menschen und ihrer Güter durch Volkszählungen sowie die des Landes müssen einzeln betrachtet werden. Letztere geschah durch die Neugestaltung des Raumes mittels Abmarkungen und Kadastrationen, durch Umsiedlungen und durch die Entwicklung der Kaiserdomänen.

5.1.1 Die Volkszählungen [vgl. S. 100ff.]

Die Volkszählungen, bei denen man die Menschen und ihr Vermögen registierte, hatten zwei verschiedene Ursachen: Der *census* der Bürger war von entscheidender Bedeutung für das römische Gesellschaftssystem und erlaubte, die Stadt zu organisieren. Man verzeichnete nicht nur die menschlichen und materiellen Reserven, sondern klassifizierte auch die Bürger und teilte ihnen ihre steuerlichen, militärischen und politischen Rechte und Pflichten zu. Deswegen galt die Zensur als prestigeträchtigste Magistratur in Rom und in den Gemeinden nach römischem Vorbild. Zum anderen wurde die Niederlage der Untertanen bei Volkszählungen deutlich. Die Größe des Sieges bemaß sich durch eine genaue Bilanz. Pompeius etwa konnte sich rühmen, „12183000 Menschen besiegt, in die Flucht geschlagen, getötet oder unterworfen" zu haben [Plin. nat. 7.97]. Vor allem aber war die Verzeichnung der Besiegten und ihrer Güter Voraussetzung für die Erhebung von Tributen, der Folge und Vergegenwärtigung der Unselbständigkeit, was Volkzählungen einen traurigen Beigeschmack gab und den Widerstand gegen sie erklärt.

Volkszählungen wurden außerordentlich exakt durchgeführt. So verzeichnete das Zensusregister die genauen Lokationen von Ländereien, ihren Ertrag, die Zahl der Obstbäume; man deklarierte das Alter der Sklaven, ihre ethnische Herkunft und ihre Funktion [Ulp. Dig. 50. 15. 4]. Ein Papyrus aus der östlichen Kyrenaika aus der Zeit von Commodus offenbart eine pedantische Genauigkeit bei Revisionen. Er führt neben den Wohnungs- und Zisternenmieten zwischen 180 und 190 auch die Oberfläche der Parzellen, ihre durchschnittliche Ernte von 175 bis 180 (nach Menge) sowie ihren jährlichen Ertrag im Jahr 190 (in Denaren) auf [E. Catani, in: 957, S. 145ff.]. Eine solche Detailgenauigkeit läßt darauf schließen, daß man viel Arbeit darauf verwandte und daß Archive auf lokaler Ebene, in den Provinzhauptstädten und in Rom geführt wurden. Dieses Thema, von Cl. Nicolet für den Beginn der Kaiserzeit untersucht, hat aber ansonsten außerhalb Ägyptens wenig Aufmerksamkeit gefunden und verdiente eine Monographie, die sicherlich das gängige Bild des Reiches verändern würde.

5.1.1.1 Die Zählungen der Bürger

Die Abfolge der allgemeinen Zensus, die eigentlich nach jedem *lustrum* stattfinden sollten, wurde durch die Wirren der ausgehenden Republik unterbrochen. Augustus führte dann allein oder mit einem Kollegen drei Zensus durch (28 v. Chr, 8 v. Chr. und 14 n. Chr.), deren Ergebnisse hinsichtlich der Bevölkerungszahl er in den *res gestae* aufführt. Dazu kamen kleinere Zählungen im Rahmen seiner Reformen, wie der Zensus der Italiker mit mehr als 200000 HS im Jahr 4, der der Einrichtung einer weiteren Richterdekurie vorausging (deren Mitglieder mindestens ein Vermögen dieser Höhe besitzen mußten). Die Umständlichkeit der allgemeinen Zensus erklärt, weswegen sie nach Claudius (Zensor im Jahr 47/48) und Vespasian und Titus (Zensoren 73/74) außer Gebrauch kamen. Von Domitian an war der Kaiser *censor perpetuus*, führte aber keine allgemeinen Volkszählungen der Bürger mehr durch. Bisweilen gab es aber spezielle Verzeichnungen. So ließ Septimius Severus, wie Augustus, die römischen Ritter zählen [Pflaum 854, Nr. 225].

Seit dem Ende der Republik fand die Zählung der Bürger in Italien dezentral statt. Spätestens seit der Mitte des 1. Jhs. oblag sie den lokalen Beamten, die die Ergebnisse nach Rom weiterleiteten. Dieses Verfahren behielt man während der Kaiserzeit bei. Alle fünf Jahre führten die örtlichen Justizbeamten den Zensus in den Kolonien und Munizipien Italiens und der Provinzen durch.

5.1.1.2 Die Zählungen der Provinzialen

Die persönliche Steuer (*tributum capitis*), die als Kopfsteuer oder auch in Form einer Besteuerung des Privatvermögens erhoben wurde, und die Bodensteuer (*tributum soli*) setzen eine statistische Erfassung der Gegenden, in denen man sie erhob, voraus. Auf die Annektierung folgte also ein Zensus. Das berühmeste Beispiel hierfür ist der in Judäa nach der Absetzung des Archelaos im Jahr 6/7. Nach dem Evangelisten Lukas betraf er „den ganzen Erdkreis“ und sei mit der Geburt Jesu Christi zusammengefallen. Es gab zwar sicher keinen reichsweiten Zensus zum selben Zeitpunkt, aber Augustus führte wahrscheinlich systematisch Volkszählungen in allen Provinzen durch. Syrien wurde gleichzeitig mit Judäa (das damals zu Syrien gehörte) gezählt. Ein Ritter rühmt sich, bei diesem Anlaß die 117000 Bürger von Apamea gezählt zu haben [ILS 2683]. Für die Jahre 27 v. Chr., 12 v. Chr. und dann 14/16 sind Volkszählungen in Gallien belegt, die Augustus oder Mitglieder seiner Familie vornahmen.

In Ägypten fand von Augustus bis 257/258 alle 14 Jahre eine Volkszählung statt [599]. Eine solche Regelmäßigkeit kann man in den anderen Provinzen, für die unsere Informationen sehr lückenhaft sind, natürlich nicht feststellen. Sie war im übrigen nicht zwingend notwendig, wenn die Städte regelmäßig ihre Zählungen im Fünfjahresabstand durchführten, die auch für peregrine Städte belegt sind. Zensus auf Provinzebene wurden nur dann nötig, wenn die vorhergehende Epoche von Nachlässigkeit oder Bürgerkriegen geprägt war. Deshalb kennen wir mehrere Zensus unter Vespasian, genauso auch später unter Septimius Severus. Andere Volkszählungen folgten auf administrative Veränderungen der Provinzen, wie in Thrakien nach den traianischen Städtegründungen oder in Asturien-Kalläkien, als Caracalla dieses Gebiet von der Tarrakonensis abtrennte [M. Le Glay 593; Alföldy 633, S. 98f.]. Geht man von Thrakien oder den gallischen Provinzen aus, scheinen die Volkszählungen ab Septimius Severus häufiger (mit Abständen in der Größenordnung von 15 oder 30 Jahren) stattgefunden zu haben.

Ein Zensus wurde gewöhnlich vom speziell ermächtigten Provinzstatthalter mit Hilfe der Ritter durchgeführt. Eine Ausnahme davon stellen die gallischen Provinzen dar (für die uns eigenes Quellenmaterial zur Verfügung steht): Seit Beginn der Kaiserzeit führte man die Zählungen in den drei Provinzen gleichzeitig durch. Ab dem Zensus von 61 wurde jede Provinz einem konsularischen Zensor anvertraut, der über dem prätorischen Statthalter stand (der aber sein Amt weiterführte). Ritter erledigten die Zählung in großen Städten (wie Remi) oder in Bezirken, die aus mehreren Völkerschaften bestanden (wie derjenige, der in Westbelgien die Moriner, die Ambianer und die Atrebaten umfaßte) [Jacques 591].

Außer bei Ägypten ist unbekannt, wohin die erfaßten Information geschickt wurden. Mindestens einen Teil davon sammelte man zentral in Rom: Plinius der Ältere fand (in einer Aufstellung aus der Zeit Vespasians?) die Zahl der Freien dreier nordwestspanischer Bezirke (*conventus*) vor [3.28].

5.1.2 Die Vermessung und Einteilung des Reiches

Die Vermögensverzeichnung setzte voraus, daß die Rechte der Personen bzw. der Gemeinwesen auf das Land feststanden. Aber sie erforderte keine spezielle Katasterorganisation. Dennoch entwickelte man in der Kaiserzeit Landvermessungstechniken weiter, die in italischen Kolonien zur Zeit der Republik entstanden waren. Dies betrieb man nicht nur aus praktischen Gründen: Die Reorganisation des Raumes demonstrierte gleichzeitig die Herrschaft Roms über die Welt und seine Macht über die Natur.

5.1.2.1 Abmarkungen und Umsiedlungen

Obwohl der Boden der Provinzen das theoretische Eigentum des römischen Volkes oder des Kaisers war [Gaius inst. 2. 7; Bleicken 584], wurden die Besitzer nur vertrieben, wenn Roms Interessen auf dem Spiel standen. Daher machte es Sinn, Gemeindeterritorien und privaten Landbesitz genau abzugrenzen, zumal in Gebieten, wo die Bevölkerung noch nicht fest ansässig oder die Besitzrechte (jedenfalls nach römischen Kriterien) unklar waren. Insbesondere löste man so Konflikte, die früher mit Waffengewalt entschieden worden wären. Selbst in den senatorischen Provinzen zog man Gemeindegrenzen immer im Namen des Kaisers, der diese Aufgabe dem Statthalter übertrug oder einen bevollmächtigten Schiedsrichter bestellte [583].

Vor allem zu Beginn der Kaiserzeit wies man wenig entwickelten Gemeinwesen genaue Grenzen zu [AE 1976, 272–273]. Abmarkungen konnten eine Verringerung des Territoriums zugunsten römischer Gemeinden oder Grundbesitzer rechtens machen. Zahlreiche Grenzsteine aus der Zeit Traians steckten die Grenzen des numidischen Volkes der Musulamier gegenüber zwei Kolonien (Madaurus und Ammaedara) und gegenüber den Ländereien des Kaisers und eines Großgrundbesitzers ab. Die Zimizen, die auf dem Territorium der mauretanischen Kolonie Igilgili lebten, durften ihr Land nur noch im Umkreis von 740 m um ihre Siedlung herum nutzen [ILS 5961, 128 n. Chr.]. Die Errichtung einer Siedlerkolonie zog zumindest die teilweise Enteignung der ansässigen Bevölkerung nach sich; und dies konnte auch noch von juristischen Ungerechtigkeiten und gewalttätigen Übergriffen begleitet werden. In Arausio/Orange bekamen die Trikastiner, wie der Kataster zeigt, nur minderwertiges Land zugeteilt. Die unter Claudius in Camulodunum (Britannien) gegründete Veteranenkolonie vertrieb unter Nero die Einwohner „aus ihren Häusern, von ihren Feldern und schimpfte sie Kriegsgefangene und Sklaven“, wobei ihr die militärischen Autoritäten zur Seite standen [Tac. ann. 14. 31].

Abmarkungen konnten auch mit der Zuweisung neuer Territorien an unterworfene Gemeinwesen verbunden sein. Augustus und Tiberius versuchten die Migrationen der Barbarenvölker jenseits der Provinzen zu steuern und sie seßhafter zu machen. So schickten sie die Markomannen zu den Bojern nach Böhmen. Die Jazygen-Sarmaten, ein iranisches Reitervolk, verbrachte man in die ungarische Tiefebene gegenüber Pannonien. Verschiedene Völker siedelte man im Reich an, die einen baten darum, die anderen wurden deportiert. Auf diese Weise bevölkerte man dünn besiedelte Gebiete und verstärkte die Grenzzonen, denn die neuen Untertanen mußten natürlich Tribut zahlen und vor allem Auxiliarsoldaten stellen [Demougeot 573]. Von Augustus bis Claudius erhielten germanische Stämme Land am linken Rheinufer. Unter Augustus wurden 50000 Geten in das Gebiet südlich der unteren Donau deportiert. Eine ähnliche Aktion fand unter Nero statt: Nach siegreichen Kriegen verbrachte Plautius Silvanus, Legat Mösiens, „dorthin, damit sie Tribut zahlen, mehr als 100000 Transdanubier mit ihren Frauen und Kindern, mit ihren Fürsten oder Königen." [ILS 986]

Die gravierendsten Veränderungen mit oft verheerenden Auswirkungen auf Wirtschaft und Sozialgefüge ereigneten sich zu Beginn der Kaiserzeit. Wie die Niederschlagung von Aufständen erlaubten sie, die Fundamente der römischen Ordnung zu setzen und waren oft notwendige Voraussetzung für Assimilierung und Romanisierung.

5.1.2.2 Die Kadastrationen

Die Gründung einer Kolonie beschränkte sich nicht auf die Ansiedlung einer neuen Gemeinde mit bevorzugter Rechtsstellung. Sie bedeutete auch die völlige Reorganisation des kolonisierten Bodens. Ausgehend von zwei senkrecht zueinander stehenden Achsen, dem *cardo principalis* (Nord-Süd-Achse) und dem *decumanus principalis* (Ost-West-Achse), wurde das Territorium in rechtwinklige Parzellen aufgeteilt, die normalerweise auf der *centuria* von 706 bis 710 m Seitenlänge basierten. Diese Tätigkeiten nahmen spezielle Feldmesser (*agrimensores*) vor, in den Provinzen meist Armeeangehörige [Dilke 588, 589; Sherk 596]. Die jüngste Forschung hat die Aufmerksamkeit auf die Komplexität von in mehreren Schritten konstruierten Landschaften gelenkt; viele Probleme bleiben dabei offen [586; 587]. Die Wiedergründung einer Kolonie oder neue Landzuweisungen zogen nämlich eine Neuparzellierung in einer anderen Ausrichtung nach sich, die jedoch die alte nicht vollständig auslöschte: Nicht selten finden sich in der heutigen Landschaft Spuren von drei oder vier übereinanderliegenden Vermessungsmatrizen. Sechs verschiedene Parzellierungen konnten an der Grenze zwischen Narbonne und Béziers nachgewiesen werden. Die Katasterpläne, die man in Bronze oder Stein zeichnete und öffentlich zugänglich machte, wie diejenigen von Orange [Piganiol 595; neuerdings 587], wurden nicht auf den neuesten Stand gebracht und mußten so regelmäßig neu erstellt werden.

Entgegen einer heute noch immer geläufigen Ansicht gab es Kadastrationen nicht nur in Zonen, die zur Kolonisation und Besiedlung gedacht waren. Luftaufnahmen haben ergeben, daß man das heutige Tunesien am Ende der Republik und zu Beginn der Kaiserzeit systematisch parzellierte. Unter Tiberius wurden Grenzsteine in den südtunesischen Steppen gesetzt, die auf einen 200 km weiter nördlichen *cardo maximus* ausgerichtet sind [P. Trousset 597 und 598]. Man kadastrierte die Territorien von Stämmen sowie von steuerpflichtigen und freien Städten, man markte Böden ohne ackerbauliche Nutzung ab. Der Umfang der Tätigkeit schließt aus, daß sie mit einem Kolonisationsprogramm in Zusammenhang stand. Diese systematische Flurbereinigung hatte höchstwahrscheinlich einen fiskalischen Hintergrund, indem sie Volkszählungen und Steuerveranlagung erleichterte. Überdies erlaubte sie, die Landrechte von Personen und Gemeinden genau festzuschreiben. Aber auch so kann man den Aufwand zur Abmarkung von fast unfruchtbaren Gebieten (wie südlich der Linie Gafsa-Gabès) nicht recht erklären; in diesen Regionen muß der Wille dominiert haben, am Boden die Herrschaft Roms sichtbar zu machen, den Raum nach einem universalen Modell zu organisieren.

Mit seinen immer noch sichtbaren Parzellen und seinem epigraphischen Reichtum ist Africa Proconsularis ein Ausnahmefall, der aber dazu einlädt, auch in anderen Provinzen außerhalb der Kolonien nach Spuren von Katastern zu suchen. Obwohl die römische Welt sicher nicht komplett parzelliert war, so könnten doch sehr große Gebiete neu eingeteilt worden sein, vor allem in wenig zivilisierten Regionen zu Beginn der Kaiserzeit. So hat man im Saône- und im Brüssler Becken, in der Champagne und im Elsaß Gemarkungsspuren gefunden, die auf römische Zeit zurückgehen dürften: Die festen Ausrichtungen, bisweilen auf Dutzende von Kilometern, und die Reste von *centuriae* von rund 710 m Seitenlänge schließen aus, daß diese Parzellierungen aus nach-römischer Zeit stammen könnten, zumal wenn sie auf römische Straßen, die Orientierung von Villen oder die Achsen von Städten, die in römischer Zeit ausgebaut wurden (z. B. Reims), ausgerichtet sind [neben 587, F. Jacques und J.-L. Pierre, in: Revue du Nord 43 (1981) 901–928]. Zur Zeit werden römische Kataster in Syrien und Arabien untersucht [bereits Villeneuve 993].

5.1.3 Der Kaiser als Eigentümer

Da Rom besiegte Gegner zu enteignen pflegte, war es zu riesigem Landbesitz gekommen (*ager publicus*). Manche Güter wurden als Kolonien oder große Domänen organisiert, aber meistens handelte es sich nur um theoretisches Eigentum, durch das man die Tributzahlungen der Provinzgemeinden begründete. Doch schon seit Augustus war der Kaiser selbst Herr über riesigen und stetig weiter wachsenden Landbesitz. Neben Palästen und Landhäusern besaßen die Kaiser landwirtschaftlich genutzte Ländereien, Bergwerke, Steinbrüche, Salinen und Ziegeleien. Außerhalb von Ägypten [604] kann man schwerlich Bilanz ziehen. Neben den Lücken im Quellenmaterial ist die unzureichende Literatur zu beklagen, in der ein Gesamtverzeichnis noch fehlt [unvollständige Liste der Domänen bei D. Crawford 601; für die Entwicklung des Status und der Verwaltung der Besitzungen, Boulvert 606].

Diese privaten Besitzungen gehörten zum kaiserlichen Patrimonium. Nach Neros Tod erhielten sie einen teilweise staatlichen Charakter und konnten als Krongüter betrachtet werden. Antoninus Pius unterschied zwischen dem kaiserlichen Patrimonium und den Besitzungen, die ihren privaten Charakter behielten (*res privata*). Landgüter erwarben die Kaiser durch Eroberung, Konfiskation oder Erbschaft. Augustus übernahm die asiatischen Domänen, die Antonius eingerichtet hatte (auch auf Kosten des *ager publicus*). Die Güter der ehemaligen Könige – wie des Amyntas von Galatien oder des Archelaos von Kappadokien – wurden mit der Annektierung ihrer Reiche ebenfalls zu kaiserlichen Domänen. Augustus erbte auch die ausgedehnten Ländereien des Agrippa. Die Sitte, den Kaiser als Erben einzusetzen, ließ Besitzungen jeder Größe und jeder Art zu kaiserlichem Eigentum werden. Dazu kamen Konfiskationen durch „tyrannische" Kaiser wie Tiberius und Nero oder nach Bürgerkriegen.

Die kaiserlichen Domänen waren in sehr unterschiedlicher Weise in ihre Umgebung eingefügt. Bisweilen unterschieden sie sich von dieser nur durch den Rang ihres Besitzers und den Status des Bodens. So waren in Ägypten Ländereien, die zu einem Gut gehörten, über das Land verstreut, und Bauern bearbeiteten unterschiedslos Parzellen mit verschiedenem Rechtsstatus. Andere lagen auf dem Territorium von Städten, was Konflikte mit lokalen Autoritäten verursachen konnte: Um den städtischen Abgaben zu entgehen, wiesen die Bauern auf ihren Status als kaiserliche *coloni* hin [745, Nr. 142]. Manche Domänen lagen außerhalb von Städten und bildeten besondere Einheiten, die manchmal riesig sein konnten, wie die thrakische Chersones, die zuerst Agrippa gehört hatte. Es fehlt oft das Quellenmaterial, um die Stellung der kaiserlichen Ländereien gegenüber benachbarten autonomen

Gemeinden auszumachen. Anfänglich wenigstens dürften die außerhalb von Gemeindeterritorien gelegenen Domänen große Bedeutung in den Regionen mit wenig zahlreichen oder rückständigen Städten gehabt haben (ehemalige Domänen der orientalischen Könige; Bergbaureviere in Mösien und Norikum [vgl. 569; 580; 603]).

Die kaiserlichen Besitzungen waren sehr ungleich verteilt. Für Ägypten, wo reiches Quellenmaterial vorliegt, ergibt sich folgende Situation: In Oberägypten sind keine kaiserlichen Ländereien belegt, während sie dagegen bis zu 40% des bestellten Bodens in einigen Regionen des Faijums ausmachen könnten [D. Crawford 601]. In Asien findet man sie vor allem im Landesinneren, in Lydien und Phrygien, wie die Steinbrüche von Synnada, deren Marmor reichsweit exportiert wurde, oder riesige, landwirtschaftlich genutzte Flächen, die einheitliche Blöcke bilden. In Nordafrika kennt man vor allem die riesen Domänen im mittleren Medjerda-Tal, die sich höchstwahrscheinlich Nero aneignete. Sie lagen in der Nähe der Steinbrüche von Simitthus/Chemtou, wo man den „numidischen" Marmor brach [925]. Riesige Teile Südnumidiens gehörten im 2. Jh. zum kaiserlichen Eigentum, und kaiserliche Domänen umgaben Thamugadi/Timgad in Numidien ebenso wie Sitifis/Sétif. Über ganz Italien waren kaiserliche Besitzungen verteilt, aber recht ungleich: Traian besaß rund ein Zehntel der Landgüter bei den *Ligures Baebiani* in der Nähe von Benevent, aber nur 1% in Veleia [Duncan Jones, in: 961; 959a]. Die kaiserlichen Interessen konzentrierten sich auf Süditalien, wo Wald- (Bruttium) oder Weidewirtschaft (Samnium, Apulien) betrieben wurde [M. Corbier 600].

5.2 Die Verwaltung der Provinzen

Marc Aurel und Commodus senkten 176 n. Chr. die Gladiatorensteuer, um die Kosten von Schauspielen zu verringern [ARS 262]. Bei diesem Anlaß schlug ein Senator eine gesetzliche Reglementierung der Spiele vor, insbesondere die Festsetzung einer Ausgabenhöchstgrenze für die Städte: In den Provinzen käme die Anwendung dieser Maßnahme den Statthaltern, ihren senatorischen Untergebenen oder den kaiserlichen Prokuratoren zu. In Italien würde dies von den Präfekten der Alimentationsstiftungen, oder, wo diese fehlten, von den *curatores viarum*, von den *iuridici* oder zuletzt von den Flottenpräfekten oder kaiserlichen Prokuratoren erledigt. Diese Aufzählung zeigt sehr schön die Sonderstellung, die Italien bis zur Krise im 3. Jh. einnahm. Senatoren und Ritter erledigten dort Aufträge im Namen des Kaisers, und ihre Zahl stieg seit dem 2. Jh. an [621; 627]. Zu den Kuratoren der großen Straßen kamen ab Traian die Präfekten der *alimenta*, die aufgrund ihres Amtes zwangsläufig ins öffentliche Leben der Städte eingreifen mußten [629]. Nach dem Scheitern der von Hadrian eingesetzten Konsulare teilte Marc Aurel Italien (soweit es weiter als 100 Meilen von Rom entfernt war) in vier Gerichtskreise ein (später waren es fünf). Die *iuridici* waren zunächst Richter, nahmen aber – wie Inschriften zeigen – auch administrative Funktionen wahr [625–627; 630]. Schließlich konnten die verschiedenen kaiserlichen Prokuratoren (deren Zahl ständig anstieg) in der Praxis dazu angewiesen werden, ins Leben der Städte einzugreifen. Gleichwohl gab nie einen regelrechten Vermittler zwischen den autonomen Gemeinwesen und der Zentralgewalt. Die Munizipien und Kolonien Italiens waren sicher nicht völlig autonom. Wie zu Beginn der Kaiserzeit wurden die Schwierigkeiten, die man nicht selbst lösen konnte, vom Senat oder vom Kaiser geregelt.

5.2.1 Die Organisation der Provinzen

„Sie [die Römer] teilen sie [die Provinzen] zu anderer Zeit anders ein, weil sie eine Politik nach den Umständen betreiben." Diese Bemerkung von Strabon [3. 4.19] bezieht sich auf die zahlreichen Neueinteilungen unter Augustus. Aber sie gilt im Grunde für den gesamten betrachteten Zeitabschnitt.

Wenn eine neue Provinz gegründet wurde, erhielt sie ein Grundgesetz (*lex provinciae*), das die juristischen und administrativen Prinzipien festlegte. In Pontos-Bithynien galt noch zu Beginn des 2. Jhs. das „pompeiische Gesetz", das seit der Annektierung beispielsweise die Voraussetzungen für den Eintritt in Stadtkurien oder den Erwerb des lokalen Bürgerrechts regelte. Die Provinz-Statuten wurden durch Kaiser- und Statthaltererlasse erweitert. Die *formula* (oder *forma*) *provinciae* („Provinz-Reglement") enthielt verschiedene Informationen über die Gemeinwesen (rechtlicher Status, Rechte und Pflichten, statistische Angaben) und wahrscheinlich auch Rechtstexte. Diese Art von Schriftstück ist nur indirekt bekannt. Das Werk *De aquis urbis Romae*, das der *curator aquarum* Frontin im Jahr 97 als *formula* seiner Verwaltungstätigkeit verfaßte, vermittelt jedoch eine gewisse Vorstellung davon.

Ursprünglich bezeichnete *provincia* den Zuständigkeitsbereich eines Magistrats oder Promagistrats, insbesondere ein militärisches Kommando. Man behielt den Terminus für die Verwaltung eines annektierten Gebiets bei, weil diese oft mit Militäroperationen verbunden war, und kam so schließlich dazu, den Bezirk selbst damit zu bezeichnen. Die Aufteilung der Zuständigkeiten zwischen Octavian Augustus und dem Senat 27 v. Chr. führte zu einem Einschnitt in die römische Provinzialordnung, der sich als endgültig erweisen sollte. Augustus erhielt eine riesige *provincia*, die ihm die Verantwortung über die meisten Gebiete gab, in denen Legionen standen; dorthin entsandte er seine Vertreter (*legati*) als Statthalter. Die anderen Provinzen dagegen regierten weiterhin Promagistrate aus dem Senat. Nach kleineren Veränderungen bis zum Anfang des 1. Jhs. blieb das Provinzialsystem im großen und ganzen stabil, obwohl die Verwaltungsgeschichte einiger Regionen (wie Anatolien) kompliziert und für uns oft noch dunkel ist.

5.2.1.1 Die senatorischen Provinzen

Die Provinzen, die 27 v. Chr. dem Senat blieben, umfaßten praktisch alle wohlhabenden und zivilisierten Zonen des Reiches. Die Aufteilung der Provinzen zwischen Kaiser und Senat war bis zur Mitte des 1. Jhs. gewissen Schwankungen unterworfen, die sich vor allem aus militärischen Gründen erklären. Der Senat verlor unter Augustus Illyrien und Sardinien, das er aber irgendwann unter Nero zurückbekam. Zwischen 15 und 44 nahm man ihm Makedonien und Achaia. Ab den Flaviern blieb die Verteilung ziemlich stabil. Im Westen waren Africa Proconsularis, die Bätika, die Narbonensis, Sizilien und zeitweise Sardinien senatorisch, im Osten Makedonien, Achaia, Kreta-Kyrenaika, Zypern, Pontos-Bithynien und Asien. Die Kaiser achteten darauf, daß die Gesamtzahl der senatorischen Provinzen stets gleich blieb. Als Pontos-Bithynien um 162 endgültig kaiserlich wurde, erhielt der Senat Lykien-Pamphylien.

Die Provinzen wurden von Sentoren regiert, die als Promagistrate den Titel Prokonsul führten und ein Jahr im Amt blieben (sie konnten jedoch eine Verlängerung erhalten). Die Prokonsuln von Asien und Afrika hatten das Konsulat mindestens zwölf bis 15 Jahre früher bekleidet. Die anderen Prokonsuln hatten nur prätorischen Rang, und ihre Prätur lag normalerweise wenigstens fünf Jahre zurück. Den prätorischen Prokonsuln stand je ein proprätorischer Legat zur Seite. Der Prokonsul von Asien verfügte über drei Legaten, wie auch (zumindest anfänglich) der von Afrika (ab Caligula hatte letzterer aber wahrscheinlich nur noch zwei Legaten). Sie wählten diese Vertreter unter ihren Verwandten oder Freunden aus. Der Rang der Legaten konnte sehr unterschiedlich sein, von Quästoriern bis hin zu Konsularen (das aber nur ausnahmsweise in Asien oder Afrika). Aber gemeinhin wurde man kurz vor oder nach der Prätur solch ein Legat. Dazu kam ein Quästor pro Provinz (vielleicht zwei für Sizilien), der den Titel „proprätorischer Quästor" trug, falls er über ein Imperium verfügte.

Wie zu Zeiten der Republik bestimmte man die Prokonsulate und Quästuren durch das Los; aber das System ist im einzelnen nur unzureichend bekannt [Talbert 352 S. 348ff.]. Das Los entschied zwischen einer begrenzten Zahl von Bewerbern und auch erst nach Manipulationen. Einige Provinzen, wie Achaia oder Makedonien, standen nämlich höher im Kurs als andere, wie z. B. Zypern. Wahrscheinlich wird der Kaiser eine diskrete Kontrolle über die Verlosung ausgeübt haben (ganz zu schweigen von Fällen, in denen Notlagen zur Designation zwangen). Zu Beginn des 3. Jhs. erstellte der Kaiser eine Liste mit so vielen Senatoren, wie es Prokonsulate zu vergeben gab, und danach erfolgte die Verteilung per Los.

In diesen Provinzen hatte der Kaiser Prokuratoren (Ritter oder Freigelassene). Aber ihre Tätigkeit beschränkte sich auf die persönlichen Interessen des Prinzeps, vor allem auf das Patrimonium. Wenn der Kaiser es für nötig befand, bestellte er einen Legaten statt eines Prokonsuls. Wenn er den Prokonsul nicht ausschalten wollte, konnte er auch Legaten mit begrenzteren Kompetenzen entsenden, die spezielle Aufträge (wie die Durchführung von Grenzziehungen oder Volkszählungen) oder die Verantwortung über Gebiete oder einzelne Städte übertragen bekamen.

5.2.1.2 Die kaiserlichen Provinzen

Ursprünglich waren die kaiserlichen Provinzen unvollständig befriedete, arme oder durch Kriege zugrunde gerichtete Gebiete, wenn man von Ausnahmen wie Syrien oder der Küste der Tarrakonensis absieht. Infolge der Befriedung, des wirtschaftlichen Aufschwungs und der kulturellen Fortschritte konnten die meisten nach und nach ihre Rückständigkeit wettmachen, ohne aber ihren Status zu verändern. Die Statthalter der kaiserlichen Provinzen waren normalerweise Senatoren prätorischen oder konsularischen Ranges, die den Titel *legatus Augusti propraetore* (*Augustus* steht hier allgemein für „Kaiser") führten. Aber schon Augustus vertraute weniger wichtige Regionen Rittern an, von Ägypten ganz zu schweigen. Seit Tiberius wurden neu gegründete Provinzen Prokuratoren unterstellt.

5.2.1.2.1 Die Provinzen mit senatorischen Statthaltern

Das Amt eines *legatus Augusti propraetore* war prinzipiell zeitlich unbeschränkt. Unter Tiberius z. B. verblieb ein Statthalter 24 Jahre lang in Makedonien-Mösien [Tac. ann. 6. 39. 3]. Einige Kaiser, wie Tiberius oder Antoninus Pius, beließen Statthalter, mit denen sie zufrieden waren, sehr lange auf demselben Posten. Aber im allgemeinen dauerte eine Legation nicht länger als drei Jahre und konnte durchaus kürzer sein. Im Gegensatz zu einem Prokonsul durfte ein Legat nicht seine eigenen Unterlegaten mitnehmen; wohl aber konnte der Kaiser den Statthaltern der großen Provinzen Unter-Legaten zur Seite stellen (zusätzlich zu den Legionslegaten). Als Kappadokien und Galatien am Ende des 1. Jhs. und unter Traian zusammengelegt waren, fanden sich dort zwei Legaten (ein Konsular und ein Prätorier) [Rémy 643]. Der Statthalter der riesigen Tarrakonensis hatte einen Legaten, der sich von Hadrian bis Septimius Severus um die Rechtsprechung in Asturien-Kalläkien kümmerte [Alföldy 633]. Die Provinzfinanzen verwaltete ein ritterlicher Prokurator, der vom Statthalter unabhängig war.

Der Rang eines Statthalters hing eigentlich von der Bedeutung seiner Mission ab. Doch die Routine gewann die Oberhand und so konnte man die verschiedenen kaiserlichen Provinzen nach dem üblichen Rang ihres Legaten gliedern. Der Zahl der Provinzen ohne Legion nahm nach Augustus immer weiter zu. Ihre Legaten waren Prätorier, in der Regel durchaus erfahrene Leute, die oft schon vorher Legionslegaten gewesen waren. Prätorische Provinzen mit einer Legion gab es seit Traian, nämlich Unterpannonien und Arabien. Dort war der Legat Statthalter und Legionskommandant in Personalunion; normalerweise erhielt er danach das Konsulat. Strategisch bedeutsame Provinzen mit einer Garnison von zwei oder drei Legionen wurden Konsularen anvertraut. In den Provinzen mit drei Legionen war die Wahl der Statthalter besonders heikel, da dort schließlich erfahrene Offiziere die Macht über große Armeen erhielten. Die drei Thronprätendenten des Jahres 193, Pescennius Niger, Septimius Severus und Clodius Albinus, regierten Syrien, Oberpannonien bzw. Britannien. Septimius Severus und Caracalla zogen daraus ihre Lehren, indem sie die jeweiligen Garnisonen auf zwei Legionen senkten: Syrien und Britannien teilte man in je zwei Provinzen mit je einer bzw. zwei Legionen. Außerdem wurde die Grenze zwischen Ober- und Unter-Pannonien so verschoben, daß jede der beiden Provinzen von da an zwei Legionen hatte. Der Rang des Statthalters entsprach nicht immer der Größe der Garnison. Seit den Flaviern lag in Dalmatien keine Legion mehr und die Tarrakonensis behielt nur eine einzige, aber diese großen Provinzen blieben dennoch konsularisch. Als Pontos-Bithynien unter Marc Aurel kaiserliche Provinz wurde, erhielt es konsularische Legaten, obwohl es ohne Besatzung war.

5.2.1.2.2 Die ritterlichen Provinzen

Juristisch blieb das annektierte Königreich Ägypten außerhalb des Reichsverbandes. Augustus ließ es als sein Privateigentum von Rittern verwalten. Der weitgehend unbekannte Status des ehemaligen Königreichs Norikum könnte ähnlich gewesen sein. Strategisch wichtige Gebiete (z. B. die Alpenbezirke) unterstanden ritterlichen Präfekten. Anfänglich wurde das ehemalige Königreich Judäa von einem Ritter verwaltet, der jedoch dem Legaten von Syrien unterstand. Dieses System findet sich später in Dakien wieder, als es von Hadrian bis zum Beginn der Herrschaft Marc Aurels in drei Provinzen geteilt war: Der senatorische Legat von Dacia Apulensis besaß (zumindest in militärischen Fragen) Weisungsbefugnis über die ritterlichen Prokuratoren von Dacia Porolissensis und Dacia Malvensis.

Seit Tiberius wurden Vassallenstaaten durch Annektierung zu Provinzen gemacht und dann Rittern unterstellt: Kappadokien z. B. ab 17/18 oder Thrakien unter Claudius, der auch Mauretanien und Norikum konstituierte. Man hat für diese kaiserliche Politik mehrere Erklärungen vorgeschlagen, die sich gegenseitig nicht ausschließen: So habe man Geld sparen wollen, indem man Beamte einsetzte, die schlechter als Senatoren besoldet wurden, und dadurch, daß man die Garnison auf die billigeren Auxiliartruppen beschränkte. Auch habe man so die Provinzen besser kontrollieren können. Entscheidend jedoch war höchstwahrscheinlich die Verwaltungsstruktur dieser Provinzen zum Zeitpunkt ihrer Annektierung, die zunächst unverändert belassen wurde: Es gab dort wenige autonome Städte, und der wichtigste Teil des Landes stand unter der Verwaltung königlicher Beamten. Im Gegensatz dazu wurde das vollständig urbanisierte und hellenisierte Lykien sofort nach seiner Eingliederung unter Claudius von einem Senator verwaltet, genauso wie Thrakien nach den traianischen Stadtgründungen.

Ritterliche Statthalter trugen entweder den Titel *praefectus* oder *procurator*. Ersterer hatte eine explizit militärische Konnotation und strich die Übertragung offizieller Rechte durch den Kaiser heraus, zweiterer betonte das persönliche Band zwischen Beamtem und Kaiser. Beide Titel konnten zusammen vorkommen, wie häufig auf Sardinien. Ab dem 2. Jh. bezeichnete man sowohl ritterliche als auch senatorische Gouverneure als *praesides* (Singular *praeses*), insbesondere nach dem Ende ihrer Statthalterschaft. Im 3. Jh. wurde *praeses* immer mehr zum Synonym für Statthalter, es bezeichnet aber niemals ausschließlich Statthalter aus dem Ritterstand, wie man es allzu häufig in der Literatur findet.

Aufgrund der Notwendigkeit, dort eine ständige Garnison mit Legionstruppen zu haben, gingen mehrere prokuratorische Provinzen an Senatoren über: Kappadokien und Judäa unter Vespasian, Norikum und Rätien unter Marc Aurel, der außerdem Dakien wieder vereinigte. Wenn die militärische Situation in den mauretanischen Provinzen die Anwesenheit von Legionstruppen erforderte, bestellte der Kaiser einen senatorischen Legaten oder ernannte den Prokurator zum „Prolegaten", was juristisch aus ihm den Vertreter eines abwesenden Legaten machte.

Gleichzeitig mit der Aufstellung der ersten Legionen außerhalb von Ägypten unter ritterlichem Befehl übertrug Septimius Severus einem ritterlichen Präfekten die neugeschaffene Provinz Mesopotamien, in der zwei Legionen standen. Danach begegnet man öfter Rittern als Prolegaten als Ersatz für senatorische Statthalter, sogar für Prokonsuln. Diese Intermezzi konnten kurz und zufällig sein, wenn etwa der ordentliche Statthalter noch nicht eingetroffen oder aber verstorben war. In gewissen Fällen jedoch scheint es sehr wohl so zu sein, daß die Vakanzen vom Kaiser gewollt waren, da er auch keinen senatorischen Statthalter nominierte. Als Gallienus den *clarissimi* die militärischen Kommandos entzog, ersetzten ritterliche *praesides* systematisch die Legaten der prätorischen kaiserlichen Provinzen und vorübergehend auch die der konsularischen Provinzen. Auch nach Gallienus erhielten senatorische Provinzen ritterliche Statthalter, auf Zeit oder auch definitiv [Christol 610].

5.2.1.3 Die Struktur der Provinzen

Eine gewisse Stabilität der Provinzgrenzen und -strukturen war zwar Voraussetzung für eine funktionierende Verwaltung, doch das Verwaltungssystem des Reiches erstarrte nie. Veränderungen und Anpassungen gab es fortwährend, je nach Zeitumständen. Leider kennen wir nicht immer die Einzelheiten oder die genaue Chronologie, da das Quellenmaterial oft unzureichend ist.

5.2.1.3.1 Provinzgrenzen und Provinzgründungen

Rom ging hier pragmatisch vor. Es läßt sich keine Regel ausmachen, nach der neue Provinzen organisiert worden wären. Zwar respektierte man manchmal traditionelle politische Grenzen, wie die zwischen Numidien und Mauretanien, doch die Provinzen entsprachen selten ethnischen, kulturellen oder historischen Einheiten, die es vor der Annektierung gegeben hätte (Gegenbeispiele sind Achaia, Sizilien oder Norikum). Kleinere historische Einheiten im Osten konnten jedoch ihren Zusammenhalt im Inneren einer Provinz, die aus zwei ursprünglichen Landschaften zusammengesetzt worden war, bewahren: Pontos und Bithynien, Kreta und Kyrenaika oder Lykien und Pamphylien sind Beispiele dafür. Die Grenzen im Westen erscheinen außerordentlich willkürlich, doch dies vor allem deswegen, weil hier zusammenhängende Vorgänger-Staaten fehlten, die als Grundlage für die Provinzen hätten dienen können. Aber die römische Verwaltung bemühte sich auch, alte Bindungen zu zerstören. Die Skordisker wurden zwischen Dalmatien, Mösien und Pannonien aufgeteilt. Die Narbonensis behielt die Grenzen aus der Zeit vor der Eroberung Galliens durch Caesar bei, während in Aquitanien und Belgien sowohl keltische als auch nicht-keltische Völker lebten.

Die inneren Grenzen, die Augustus gezogen hatte, veränderte man kaum, zumal nicht die der senatorischen Provinzen (höchstwahrscheinlich, um die Rechte des Senats nicht zu beschneiden). In vielen Provinzen blieben die

Grenzen bis zum Ende des 3. Jhs. fest oder wurden nur unwesentlich verändert, wie der Übergang einer Stadt von einer Provinz zu einer anderen. Abgesehen von Anatolien gab es die wichtigsten Veränderungen in den am wenigsten zivilisierten Gebieten [vgl. die Grenzverschiebungen zwischen Thrakien und Untermösien: B. Gerov, in: ANRW II. 7. 1 (1979) 212ff.], wo sie häufig mit der Entwicklung der Garnisonsstärke und der militärischen Strategie zusammenhingen. Militärbezirke erhob man zu Provinzen, Mösien im Jahr 44 (Domitian teilte es in zwei Provinzen) sowie die beiden Germanien unter Domitian. Pannonien wurde unter Traian in zwei Provinzen geteilt, dann Syrien und Britannien unter Septimius Severus, um ihre Garnisonen aufzuteilen. Westnumidien, integraler Bestandteil von Africa Proconsularis, wurde zu einer Quasi-Provinz unter der zivilen Verwaltung des Legaten der *legio III Augusta* (den der Kaiser ernannte). Unter Septimius Severus fand diese Entwicklung mit der Gründung der prätorischen kaiserlichen Provinz Numidien ihren Abschluß.

Sieht man von den Regionen mit starker Garnison ab, läßt sich keine Tendenz ausmachen, große Provinzen systematisch in leichter handhabbare Einheiten aufzuteilen. Epeiros wurde entweder 67 von Nero eingerichtet, nachdem er Achaia für frei erklärt hatte, oder (wohl eher) unter Traian. Andere Abtrennungen bestanden nicht lange. Liburnien, in Nordwestdalmatien, besaß unter Commodus einen Prokurator als eigenen Statthalter. Ritterliche Statthalter von Kyrenaika sind für den Anfang des 3. Jhs. belegt [AE 1969/70, 636–637], während der Prokonsul nur Kreta regierte [ILS 1179]. Diese Maßnahme wurde von Septimius Severus beschlossen, Alexander Severus aber nahm sie zumindest zeitweise wieder zurück. Asturien-Kalläkien wurde von Caracalla gegründet und dem Legaten der *legio VII gemina* anvertraut, war aber nur eine ephemere Erscheinung. Eine prokuratorische Provinz Pontos (zu unterscheiden von Pontos-Bithynien) trennte höchstwahrscheinlich Alexander Severus von Kappadokien ab, und Valerian gliederte Phrygien-Karien aus Asien aus [Rémy 643; C. Rouéché, in: JRS 71 (1981) 106ff.; D. H. French und C. Rouéché, in: ZPE 49 (1982) 159ff.]. Diese Gründungen gehören zur äußerst komplizierten Verwaltungsgeschichte Anatoliens.

Die kaiserlichen Provinzen Kleinasiens erscheinen gleichsam als Konglomerate von Bezirken (griech.: Eparchien), die sich lose und vorübergehend auf die fixen Zentren Kappadokien, Galatien, Lykien und Kilikien verteilen. So gehörte Isaurien nacheinander zu den drei letztgenannten. Lykaonien wurde an Galatien oder teilweise an Kilikien angeschlossen. Bei Galatien tat sich am meisten. Es umfaßte dauerhaft Pisidien, Paphlagonien, Lykaonien und kurzfristig Pamphylien, Pontos Galatikos und Pontos Polemoniakos. Da Quellen in ausreichender Zahl fehlen, kennt man diese Änderungen nicht immer im Detail. Sie konnten durch die Situation vor Ort (wie den chronischen Aufruhr in Isaurien) oder die Strategie gegen die Parther bedingt sein [Rémy 643].

5.2.1.3.2 Die Unterteilungen von Provinzen

Normalerweise gab es keine römische administrative Zwischeninstanz zwischen den Städten und der Provinzregierung. Nach dem Zeugnis unser Quellen ist die Existenz von Bezirken innerhalb einer Provinz mit eigener Verwaltung eine Außnahme, die häufig nur auf Zeit bestand. In der Tarrakonensis sind Präfekten für Asturien bzw. für Kalläkien belegt (die man höchstwahrscheinlich einsetzte, als das Land noch nicht ganz zur Ruhe gekommen war [ILS 6948; CIL II 3271]), und für die balearischen Inseln; die gleiche Situation findet sich in Kommagene, das an Syrien angeschlossen war [S. Demougin 646]. Ungefähr ab Hadrian sind in einigen großen Provinzen Legaten belegt, die für das Gerichtswesen in einem bestimmten Bezirk zuständig waren: der Legat-*iuridicus* von Asturien-Kalläkien in der Tarrakonensis, der Legat von Westnumidien um Hippo in Africa Proconsularis sowie Legaten diverser Diözesen in Asien. Aber diese Dezentralisierung wurde nicht systematisch betrieben.

Die Statthalter machten zwar Rundreisen in ihren Provinzen, hielten aber nur in bestimmten Städten jährliche Gerichtstage ab, wohin Kläger und Vertreter der Städte aus der Umgebung zusammenströmten. Dieses System ist seit der Republik gut belegt. Es führte zumindest in einigen Provinzen zur Entstehung offizieller Bezirke (*conventus; dioikesis*), die Plinius der Ältere (nach Quellen aus verschiedenen Zeiten) für Asien, Dalmatien und Spanien aufführt. In Asien bestanden diese Bezirke schon vor Augustus. Wenn eine neugefundene Inschrift echt ist [vgl. AE 1984, 553; 1987, 561], beweist sie die Existenz von *conventus* in der Tarrakonensis seit Augustus, während man deren Gründung bisher unter Claudius oder eher unter Vespasian setzte [M. D. Dopico Cainzos 637]. Asien liefert am meisten Material über Entwicklung und Wesen dieser *conventus*, von denen es unter Caligula wahrscheinlich dreizehn gab. Ihre Grenzen waren ziemlich willkürlich gezogen; so waren sie zwar bequem zu erreichen, aber auf traditionelle Strukturen achtete man nicht immer. Der Bezirk von Pergamon etwa vereinigte äolische, ionische, lydische und mysische Gemeinden. Die Bezirke waren unterschiedlich groß. Im Osten der Provinz umfaßten die größten Diözesen mehrere Dutzend Gemeinden, während die von Milet sechs Städte zählte, die von Halikarnaß nur vier [Jones 695; Habicht 639]. Außerdem konnte die Organisation nach Bedarf und vor allem auf Petitionen der großen Städte hin angepaßt werden: Manche Städte wurden zu Hauptorten (wie Milet unter Caligula oder Thyateira unter Caracalla), andere verloren diesen Rang (wie Mylasa und Tralleis unter Augustus). Abgesehen davon, daß die regelmäßige Präsenz des Statthalters der Bequemlichkeit entgegenkam, war dies für die Hauptorte auch eine ehrende Auszeichnung gegenüber ihren Nachbarstädten und gleichzeitig von wirtschaftlichem Nutzen. Daher stritten die Städte darum, Hauptort zu werden. So wies Antoninus Pius das Anliegen der Stadt Berenike zurück, die darum gebeten hatte, daß die Gerichtstage turnusweise in allen Städten der Kyrenaika abgehalten würden und nicht mehr jährlich in jedesmal denselben [J. Reynolds, in: JRS 68 (1978) 111ff.]. Man ist geteilter Meinung über die genaue Rolle dieser Bezirke. Sie könnten als Zwischeneinheit bei Volkszählungen, bei der Steuerveranlagung oder bei der Soldatenaushebung gedient haben, z. B. in Spanien und Dalmatien, wo die Gemeinden klein und zahlreich waren. Doch entscheidende Beweise hierfür fehlen.

5.2.1.4 Andere Verwaltungsstrukturen

Der Geschäftsbereich von kaiserlichen Beamten entsprach nicht immer den Provinzen. Bei besonders großen Ländereien des Kaisers waren ihre Sprengel kleiner als Provinzen, wie in Africa Proconsularis oder in Asien. Asturien-Kalläkien hatte, weil militärisch und durch seine Bergwerke bedeutsam, ab Vespasian seinen eigenen ritterlichen Prokurator, der von dem der Tarrakonensis zu unterscheiden ist.

In jeder Provinz kümmerte sich normalerweise ein Prokuratorenpaar (ein Ritter und ein kaiserlicher Freigelassener) um die Finanzen bzw. (in senatorischen Provinzen) um die ausschließlichen Interessen des Kaisers. Doch finden sich Ausnahmen. So führte der Prokurator Belgiens die Finanzverwaltung der beiden Germanien weiter, nachdem man sie zu Provinzen erhoben hatte. In Kleinasien war die Situation der Prokuratorenkompetenzen kompliziert und änderte sich ständig, folgte dabei aber keineswegs den Veränderungen der Provinzen selbst. Unter Nero kennt man z. B. einen Prokurator von Kappadokien und Kilikien und einen anderen von Galatien und Lykien-Pamphylien zu einem Zeitpunkt, als Kappadokien zu Galatien und das römische Kilikien zu Syrien gehörte. Ein und derselbe Prokurator war zu Beginn des 2. Jhs. für Kilikien und Zypern, später, unter Antoninus Pius, für Lykien-Pamphylien und Zypern verantwortlich. Hier kontrollierte ein einziger Finanzbeamter jeweils eine kaiserliche und eine senatorische Provinz, in unterschiedlicher Zusammensetzung [Pflaum 854, Nr. 25, 116 u. Bd. III].

Für die Erhebung von bestimmten Steuern gab es häufig riesige Zuständigkeitsbereiche, die nicht immer mit den Provinzgrenzen übereinstimmten. Nehmen wir das Zwanzigstel auf Erbschaften römischer Bürger als Beispiel: Die Bätika und Lusitanien unterstanden demselben ritterlichen Prokurator, ebenso wie in Gallien die Narbonensis und Aquitanien einerseits, die Lugdunensis, Belgien und die beiden Germanien andererseits. Teile von Galatien und Kappadokien waren unter Septimius Severus an Pontos-Bithynien angeschlossen [Pflaum 854, Nr. 236, 136, 203, 264]. Vergleichbare Einteilungen findet man auch bei den Binnenzöllen, dem Postdienst, den Gladiatorenkasernen und einigen kaiserlichen Bergwerken.

5.2.2 Die Verwaltungstätigkeit in den Provinzen

Als ein von Senat oder Kaiser beauftragter Imperiumsträger besaß ein senatorischer Statthalter theoretisch sehr weitgehende Vollmachten, die aber in der Praxis durch Gewohnheiten und die Privilegien von Personen und Gemeinwesen eingeschränkt waren. Vor allem die Schwäche der Verwaltungsstrukturen und die Vielzahl seiner Aufgaben machten es ihm oft unmöglich, seine Vollmachten auszuspielen.

Sobald ein neuer Statthalter sein Amt antrat, promulgierte er ein Edikt, in dem er die allgemeinen Grundsätze seiner Regierung und Rechtsprechung veröffentlichte. Aber schon seit der Republik kopierte man meist einfach das Edikt des Vorgängers. Möglicherweise war dieser Text spätestens seit dem Beginn des 2. Jhs. nur noch die adaptierte Version eines „Provinzialedikts", das für alle Provinzen galt und unter Hadrian parallel zum „Edikt des Prätors" (nach dem es gestaltet worden war) kodifiziert wurde.

Der Kaiser gab präzise Instruktionen (*mandata*) an seine Vertreter aus, ob es sich nun um Senatoren oder Ritter handelte. Er erteilte sie auch an die Prokonsuln, obwohl diese nicht direkt von ihm bestellt worden waren. Die Forschung ist sich noch uneins, ob diese *mandata* an Prokonsuln bis zum Beginn des 2. Jhs. eine Ausnahmeerscheinung blieben oder ob sie bereits im 1. Jh. zur Regel wurden [G. P. Burton 609]. Seine Legaten legten ihm heikle Probleme vor, wofür uns die Korrespondenz zwischen Plinius und Traian zahlreiche Beispiele liefert. Der Statthalter rechtfertigte so durch kaiserliche Instruktionen Entscheidungen über ungewöhnliche Fragen, die Widerstand hervorrufen oder zur Eingabe von Beschwerdeschreiben durch die Provinzialen hätten führen können. Vor allem in den senatorischen Provinzen konnte der Kaiser auf Petitionen der Gemeinden reagieren und dem Statthalter Handlungsanweisungen geben oder es diesem überlassen, tätig zu werden.

5.2.2.1 Das Verwaltungspersonal

Hohe Beamte mit Initiativ- und Entscheidungsgewalt waren in keiner Provinz zahlreich: der Prokonsul mit seinem (bzw. in Afrika und Asien: *seinen*) Legaten oder der *legatus Augusti propraetore*; der ritterliche Prokurator und vielleicht noch Prokuratoren mit besonderen Aufgaben. Die Größe ihres Stabes (*officium*) und der einzelnen Abteilungen, die die alltägliche Arbeit erledigten, ist schwer abschätzbar. Insbesondere das zahlenmäßige Verhältnis der drei Arten von Bediensteten (abkommandierte Soldaten, kaiserliche Sklaven bzw. Freigelassene und freie Zivilisten) läßt sich nur schwer taxieren. Das spärliche und zerstreute Quellenmaterial informiert uns vor allem über abkommandierte Soldaten bei *legati Augusti propraetore*, insbesondere über das *officium* des Legaten von Numidien [A. H. M. Jones, in: JRS 39 (1949) 38ff.; LeBohec 510, 576]. Eine systematische Zusammenfassung wäre nötig.

Die Statthalter der Republik brachten ihren Stab und ihre Ordonnanzen mit. In der Kaiserzeit hielten sich Reste dieses Systems, vor allem in den senatorischen Provinzen. Der Statthalter (wie andere hohe Beamte) kam mit seinen „Freunden" an, die ihn, ohne eine spezielle Funktion auszuüben, berieten. Die Prokonsuln hatten Untergebene, die ihnen persönlich verbunden waren, wie den *accensus* (Sekretär und Vertrauensmann, oft ein Freigelassener des Statthalters) und wahrscheinlich die Schreiber (Sekretäre, die Texte aufsetzten) oder den *praefectus fabrum*, einen Ritter. Es gab aber auch permanentes Personal, das trotz des Kommens und Gehens der Statthalter die Kontinuität der Verwaltung gewährleistete. Zumindest in den kaiserlichen Provinzen stellte die Armee die meisten mittleren Beamten und Bediensteten für Verwaltung, Polizei und Justiz. Soldaten und Unteroffiziere (*principales*) wurden von den Legionen abkommandiert. Neben Leibwachen und Eskorten stellte jede Legion unter anderem zehn *speculatores*, Kundschafter, die Polizei und Justiz halfen, (wahrscheinlich) 60 *beneficiarii*, die man unter den *principales* auswählte, sowie eine größere Zahl von *immunes*, die verschiedene technische Aufgaben versahen. Einige nahmen im *officium* des Statthalters eine zentrale Position ein: ein Zenturio als *princeps praetorii*, Obersekretäre (*cornicularii*) und Leute, die als Protokollanten und Archivare dienten (*commentarienses*), vier oder sechs pro Legat. Armeeangehörige fand man nicht nur im Stab von Statthaltern, die in Provinzen mit militärischer Besatzung saßen. Man begegnet ihnen auch bei Prokonsuln, bei kaiserlichen Legaten in Provinzen ohne Legion, bei ritterlichen Statthaltern und Finanzprokuratoren.

Das zivile Personal ist schwieriger zu erfassen. Als Finanzspezialisten arbeiteten kaiserliche Sklaven und Freigelassene in den Dienststellen der Prokuratoren. Doch man trifft auf sie auch bei Statthaltern, sogar bei Prokonsuln, Seite an Seite mit Sklaven, die zur Provinzverwaltung gehören [AE 1967, 444]. Andere Schreiber waren Freie, die vor Ort angestellt worden waren. Darüber hinaus standen Statthaltern (wie den Magistraten) Ordonnanzen zur Seite, die ihre Anweisungen ausführten und ihre Macht symbolisierten: *lictores* (sie trugen die Rutenbündel als Zeichen der Macht, bahnten einen Weg durch die Menge und führten Verhaftungen durch), *viatores* (Amtsboten, die gerichtliche und andere Vorladungen zustellten), *praecones* (Herolde für öffentliche Erklärungen), ferner Helfer für religiöse Handlungen (Musiker, Eingeweideschauer, Opferschlächter).

Die Größe des *officium* hing nicht direkt vom Umfang der Bedürfnisse ab und stellte noch viel weniger eine Garantie für Effizienz dar. Denn das Gefolge war eine Prestigesache. Unter Traian forderte der freigelassene Prokurator von Pontos-Bithynien sechs Benefiziarier an, während der ritterliche Prokurator über zehn verfügte und zusätzlich von zwei Reitern eskortiert wurde [Plin. epist. 10. 27]. Die Dienststellen der Prokonsuln scheinen weniger gut ausgebaut, jedenfalls häufig ineffizient gewesen zu sein. So waren die Archive, Grundlage jeder administrativen Kontinuität, in den senatorischen Provinzen sehr unzureichend. Prokonsuln verließen ihre Provinz samt ihren Akten und die Städte mußten dem Statthalter offizielle Schriftstücke zur Verfügung stellen [Plin. epist. 6. 22; 10. 31]. Die Aufgedunsenheit des *officium* ging paradoxerweise einher mit einer Schwäche der Verwaltungsstruktur, da die Dienststellen in der Hauptstadt konzentriert waren und Verbindungsstellen auf lokalem Niveau fehlten. Der direkte Kontakt zur Bevölkerung wurde nur durch die Rundreisen der Statthalter hergestellt, weshalb jener nur episodisch und allermeistens sehr formell sein konnte.

5.2.2.2 Die Verwaltungstätigkeit der Statthalter

Abgesehen von Ägypten sind unsere Informationen über den Verwaltungsablauf in den Provinzen begrenzt. Die lateinische Epigraphie vermittelt ein falsches Bild, da hier Ehrungen und offizielle Bekundungen überproportional vertreten sind. Der Statthalter scheint sich in erster Linie der Einweihung von Denkmälern und Bauwerken zu widmen [Jacques 757; Kolendo, in: 849, Bd. I, 351 ff.]. Die griechischen Inschriften sind abwechslungsreicher, da sie eine recht große Zahl von Statthalterbriefen und -dekreten (vor allem von Prokonsuln) überliefern, leisten aber dennoch keine Gesamtschau und erlauben leider auch nicht, eine Entwicklung festzustellen. Sehr wertvoll sind die Werke von Plutarch, Dion Chrysostomos und Aelius Aristides, in denen regelmäßig Prokonsuln figurieren; leider liegen jedoch diese Autoren geographisch wie chronologisch nahe beieinander. Den Digesten verdanken wir Auszüge aus den Büchern Ulpians (unter Caracalla) „über die Pflichten eines Prokonsuls" und aus dem „über den Stadtkurator" (dessen erhaltene Fragmente jedoch Statthalter betreffen). Bei dieser Quellengattung besteht die Schwierigkeit in der Trennung zwischen Traditionellem und möglichen severischen Neuerungen (und Vereinfachungen der Kompilatoren). Der Briefwechsel zwischen Traian und Plinius bleibt die Hauptquelle für Tätigkeit und Verfahrensweisen eines Statthalters. Aber anstatt die übliche Verwaltungspraxis widerzuspiegeln, zeigt er uns, was ein höchst eifriger Statthalter alles machen konnte. Als außerordentlicher kaiserlicher Legat in Pontos-Bithynien mußte Plinius in einer anarchischen Situation, die durch die Sorglosigkeit der Prokonsuln mitverschuldet worden war, die Ordnung wiederherstellen. Er verfügte über Sondervollmachten und wandte sich regelmäßig an den Kaiser, um von ihm schwierige Fälle entscheiden zu lassen.

Der Statthalter, der auf das Wohlergehen der Provinz ebenso wie auf die (in erster Linie finanziellen) Interessen Roms zu achten hatte, besaß fast unbeschränkte Aktionsmöglichkeiten. Obwohl er die Initiative ergreifen konnte, fielen ihm vor allem Kontrolltätigkeiten zu [Nörr 699, zu den verschiedenen Eingriffsmöglichkeiten; ferner Magie 640 und Sherwin-White 837].

Der Statthalter hatte die Ordnung aufrechtzuerhalten, nicht nur auf dem Land, das vom häufig chronischen Räuberunwesen heimgesucht wurde, sondern auch in den Städten. Als der Mob von Ephesos im Begriff war, gegen Paulus aufzubegehren, bekam er Angst vor dem Engreifen des Prokonsuls von Asien. Ein Jahrhundert später mußte der Prokonsul in derselben Stadt gegen die Bäcker, die Unruhe stifteten, aktiv werden [Apostelgeschichte 19. 40; ARS 257]. In Städten, die nicht den Schutz von Privilegien genossen, konnte der Statthalter in alle Bereiche des zivilen Lebens eingreifen, besonders in das politische Leben im engeren Sinne. Es kam vor, daß er Volksversammlungen besuchte und an den Ratsversammlungen teilnahm, in denen die Magistrate und Würdenträger gewählt wurden [Dig. 49. 4. 1; Jacques 757, S. 337 ff.]. In rechtlicher Hinsicht ernannte er die Kandidaten nicht, sondern gab bloß Ratschläge (*consilia*), doch es war kaum möglich, diesen nicht zu folgen. Strittige Ernennungen wurde ihm als Berufungsinstanz vorgelegt, und schon seine bloße Anwesenheit bei Wahlen schützte vor späteren rechtlichen Anfechtungen. Er konnte Beschlüsse einer Stadt aufheben, wenn er sie für illegal hielt, und sogar Dekrete, die nur für eine einzige Stadt galten, promulgieren, wodurch er sich gleichsam an die Stelle der städtischen Institutionen setzte.

Der Statthalter besaß das Aufsichtsrecht über die Finanzen. Er genehmigte die Einführung neuer Lokalsteuern, die Auszahlung von Gehältern, von Vergütungen (wie z. B. an Gesandte) oder von Pensionen. Er kontrollierte die Vermietung des Landbesitzes der Städte und die Verwahrung ihrer Geldbestände, er überprüfte die Abrechnungen der Magistrate. Doch sein Hauptinteresse galt den öffentlichen Bauten. Plinius kümmerte sich in Pontos-Bithynien um die Finanzierung und um die Durchführung von Bauten sowie um deren Qualität. Einem seiner Vorgänger wurde bei einer Volksversammlung das Architekturprogramm, das Dion in Prusa finanzierte, vorgestellt [40. 5ff.]. Die wichtigsten Bauvorhaben, die mehrere Millionen Sesterzen verschlingen und den Neid der Nachbarstädte provozieren konnten, mußten vom Kaiser oder Statthalter genehmigt werden. Diese Verpflichtung ist juristisch zur Antoninenzeit belegt, war aber zweifellos älter, sei es, daß es aufgrund eines Gesetzes oder gewohnheitsmäßig so gehalten wurde [Jacques 757, 664ff.]. Seit dem Ende des 1. Jhs. schrieb das Munizipalrecht von Irni (Bätika) [715] die Genehmigung durch den Statthalter für jede Geldverteilung vor, die 50000 HS überschritt. Als Mittler der Wohltätigkeit des Monarchen konnten kaiserliche Legaten Bauten in den Städten finanzieren (zumeist, indem sie dafür die Steuern aufwandten, die diese Gemeinde schuldete) und sie sogar durch Soldaten errichten lassen.

Das alles scheint eine sehr starke Zentralisation, eine weitgehende Kontrolle der Städte in gesetzgeberischer wie finanzieller Hinsicht zu suggerieren. Jedoch vermitteln die Quellen im wesentlichen ein gegenteiliges Bild. Die siebte Rede des Dion Chrysostomos oder die Metamorphosen des Apuleius beschreiben uns griechische Regionen, denen jedes aktive Eingreifen römischer Stellen unbekannt ist. Wie die Inschriften demonstrieren uns Plutarch und Dion das freie Spiel der städtischen Institutionen und höchstens die ferne oder sehr formelle Gegenwart des Statthalters. Man muß sich nicht zwischen zwei antithetischen und unvereinbaren Bildern entscheiden. Die Städte waren die Zellen, aus denen sich das Reich aufbaute, und wurden von den Kaisern nicht nur nicht angetastet, sondern vielmehr beschützt und gefördert. Die Autonomie, wichtigstes Prinzip der städtischen Politik, verlangte die Selbstverwaltung. Aber gleichzeitig konnten der römische Staat und vor allem der Kaiser jederzeit in die Belange der Städte eingreifen. Dabei war es egal, ob es sich nun um Gemeinden von Untertanen, römischen oder latinischen Bürgern oder sogar um freie Städte (die damit theoretisch nicht zum Reich gehörten) handelte. Diese Möglichkeit wurde nie systematisch angewandt. Wenn Kaiser oder Statthalter von sich aus intervenierten, lagen Krisensituationen vor. In den anderen, zahlreicheren wie gewöhnlicheren Fällen geschah dies auf Wunsch der Einwohner.

Die Schwäche der Verwaltungsstruktur machte die tatsächliche Anwendung der potentiellen Macht des Statthalters unmöglich, vor allem in Provinzen, die mehrere hundert Gemeinwesen zählten, wie etwa Afrika oder Asien. Der Statthalter hatte kaum die Möglichkeit, regelmäßig außerhalb der Hauptstadt und der Orte, in denen die Gerichtstage abgehalten wurden, einzugreifen. Seine Rundreisen führten ihn nur im Bedarfsfall (auf

Bitte der Einwohner oder auf Befehl des Kaisers) in Städte, die abseits seiner üblichen Route lagen.

Beispielsweise liest man häufig, daß die Statthalter severischer Zeit in den Ratsversammlungen de facto die Amtsträger der Städte ernannten. Abgesehen davon, daß diese Ansicht die Realität in Ägypten ignoriert (wo doch gerade Zentralisation üblich war) [772], konnte der Statthalter schon aus praktischen Gründen nicht an allen Wahlen teilnehmen, die ja zu festgelegten Zeiten stattfanden. Zweifellos besuchte er sie nur in den wichtigsten Städten, wenn es dort Schwierigkeiten gab [Jacques 757, S. 337ff.]. Gleiches gilt für seine Eingriffe in die Verwaltung. Ein ernsthaftes Studium der Akten erforderte Zeit und Spezialkenntnisse. Zumeist wird sich der Statthalter damit zufrieden gegeben haben, Vorschlägen der lokalen Organe seine Zustimmung zu erteilen. Viele Angelegenheiten wurden schriftlich erledigt, d. h. gemäß der Stichhaltigkeit der vorgebrachten Argumente und der beigelegten Dokumente [AE 1978, 800: Ein Prokonsul von Asien gibt eine Petition an einen seiner Legaten weiter, der der Stadt schriftlich antwortet und sich dabei auf zahlreiche frühere Schreiben bezieht].

Zudem waren die Interventionsmöglichkeiten durch zahlreiche Gemeindeprivilegien (vor allem bei freien Städten und Kolonien) begrenzt, die nur der Kaiser abschaffen oder außer Kraft setzen konnte. Auch ansonsten hielt die Furcht davor, daß die Provinzialen Beschwerde einreichen würden, viele Statthalter von einer allzu aktiven Politik ab. Seit Beginn des 2. Jhs. übten die vom Kaiser ernannten Kuratoren in den Städten Überwachungs- und Kontrollfunktionen mit ädilizischen und finanziellen Kompetenzen aus [S. 289ff.]. Allein ihre Ernennung zeigt die Grenzen der Interventionsmöglichkeiten eines Statthalters, der Vormund, selten Polizist, nie aber regulärer Verwalter war. Die Situation wird sich beträchtlich je nach Provinz unterschieden haben. Prokonsuln waren in ihren Entscheidungen weniger frei als kaiserliche Legaten, die ja direkte Vertreter des Monarchen waren. Statthalter verhielten sich gegenüber Städten mit alter Polistradition anders als gegenüber Gemeinwesen, die als barbarisch oder an die Knechtschaft gewohnt galten [Plin. epist. 8. 24]. Am ehesten dürften die *legati Augusti pro praetore* oder die prokuratorischen Statthalter kleiner Grenzprovinzen aktiv eingegriffen haben. Doch werden diese von ihren militärischen Aufgaben beträchlich in Anspruch genommen worden sein.

Zahllose Interventionen von Statthaltern zeigten die strukturelle Unfähigkeit der Städte, mit ihren Problemen fertigzuwerden. Sie sind in erster Linie ein Zeugnis für die finanzielle Mißwirtschaft, die Bestechlichkeit der lokalen Verantwortlichen und die Ohnmacht der städtischen Organe. Wenn ein Edikt eines Prokonsuls von Asien die Lagerung von Holz und das Zuschneiden von Stein im Hafen von Ephesos verbieten mußte, so liegt dies zunächst daran, daß (wie er selbst betont) dem Hafenaufseher (wiewohl ein bedeutender Adeliger) die Delinquenten nicht gehorchten [AE 1967, 480, um 148]. Dion Chrysostomos drohte seinen Mitbürgern mit einer Beschwerde beim Prokonsul, wenn sie nicht ihre zugesagten Schenkungen in die Tat umsetzten [47. 19]. Viele Statthalteredikte wiederholten nur Beschlüsse von Städten oder bestätigten sie [J. Oliver, in: Hesperia 23 (1954) 163ff.; Nörr 699, S. 24ff.]. Plutarch entrüstet sich darüber, daß sich die Griechen ohne rechtlichen Zwang fast jeden Beschluß bestätigen ließen, wodurch sie die Prokonsuln mehr in die Rolle von „Despoten" drängten, als diese wollten [Praecepta gerendae rei publicae 19]. Tatsächlich war den Städten Sicherheit wichtiger als Unabhängigkeit. Indem sie ihre Beschlüsse dem Statthalter vorlegten, vermieden sie, daß sie – weil vielleicht illegal – später aufgehoben würden. Vor allem aber verlieh diese Genehmigung dem neuen Gesetz mehr Gewicht und erleichterte seine Durchsetzung in der Stadt.

Kann man eine Entwicklung in Häufigkeit und Art der Eingriffe ausmachen? Man geht gewöhnlich davon aus, daß sie immer häufiger und schließlich zur gesetzlichen Verpflichtung wurden. Zur Tendenz der Autoritätsträger, sich einzumischen, und zur kaiserlichen Sorge um eine bessere Verwaltung sei die Unterwürfigkeit der Städte hinzugekommen. Die Interventionen der Statthalter, zu Beginn des 2. Jhs. noch die Ausnahme (wie Plutarch und Dion nahelegen), seien in severischer Zeit zur Regel geworden (wie das die Rechtstexte oder die Rede, die Cassius Dio dem Maecenas in den Mund legt, bezeugen) [Nörr 699]. Man sollte wohl vorsichtiger sein. Die Unterschiede in den verschiedenen Quellen gehen in erster Linie auf ihre unterschiedliche Natur zurück. Für das 1. Jh. ist das Material außerordentlich dünn. Nur eine von der Republik ausgehende Studie könnte Konstanten wie Veränderungen in der Haltung der römischen Würdenträger zu den Städten aufzeigen. Beim derzeitigen Forschungsstand läßt sich nur vermuten, daß die voranschreitende Integration der Munizipaleliten und ihre Akzeptanz des römischen Systems die Beziehungen zwischen Statthaltern und Gemeinden entspannten, da so eine zunächst faktische, später innerlich akzeptierte Solidarität entstand. Die relative Überlegenheit der römischen Justiz über die lokalen Rechtssysteme wird sicherlich zu dieser Entwicklung beigetragen haben.

5.2.2.3 Das Rechtswesen

Viele Fragen, die für uns in den Bereich der Verwaltung gehören, fielen für die Römer in die Kompetenz der Justiz, wie etwa Grenzstreitigkeiten (zwischen Privatpersonen oder zwischen Gemeinden). Die Judikative war ein wesentlicher Bestandteil der städtischen Autonomie, und lokale Gerichthöfe entschieden die große Masse alltäglicher Streitigkeiten. Für Munizipien und gewiß auch Kolonien legten die Munizipalgesetze den (je nach Stadt unterschiedlichen) maximalen Streitwert fest. Wurde dieser überschritten, mußte man die Angelegenheit dem Statthalter vorlegen; auch konnte nur dieser zum Tode verurteilen, und so entschied er über alle Kapitalverbrechen. Man kennt die Kompetenzgrenze bei den peregrinen Städten nicht; wahrscheinlich schwankte sie je nach Status der Gemeinde und Gewohnheit. Zumindest zu Beginn der Kaiserzeit behielten nur ganz wenige Städte die Kompetenz, über Kapitalverbrechen zu urteilen.

Die Statthalter standen als Berufungsinstanz über den städtischen Magistraten. Insbesondere entschieden sie bei Streitigkeiten zwischen Städten oder zwischen örtlichen Organen und Honoratioren, die die ihnen zugeteilten Ämter ablehnten oder die die Rechtmäßigkeit gewisser Beschlüsse von Volksversammlung oder Rat bestritten. Überdies standen die lokalen Gerichte in schlechtem Ruf. Römische Bürger und Notabeln wandten sich daher lieber direkt an die Provinzgerichte. Des weiteren vollzog man Handlungen, die, um nach römischem Recht gültig zu sein, die Anwesenheit eines römischen Beamten erforderten, vor dem Statthalter (Freilassung von Sklaven, bestimmte Verkäufe, Bestellung von Vormündern).

Die Gerichtssitzungen des Statthalters waren überfrachtet und die Rechtsprechung machte höchstwahrscheinlich den Hauptteil seiner zivilen Tätigkeit aus. Aber der Statthalter war nicht der einzige Richter. Je nach Verfahrensart konnte er den Fall an eine Jury oder einen Richter, den er bestimmte, weiterleiten. Die Provinzialjurys und ihre Tätigkeiten sind im einzelnen wenig bekannt. Sie werden mit jenen identisch oder vergleichbar sein, die Augustus für die Kyrenaika organisierte [1. Edikt von Kyrene]. Dort wurden die Geschworenen vom Statthalter unter den griechischen Honoratioren und den römischen Bürgern mit dem (ziemlich geringen) Mindestvermögen von 30000 HS ausgewählt. Die Quästoren der senatorischen Provinzen hatten ebenfalls gewisse rechtliche Kompetenzen und konnten Vollmachten von den Prokonsuln übertragen bekommen. Ritterliche Statthalter, Prokuratoren wie Präfekten, sprachen genauso wie die Senatoren Recht, allerdings mindestens bis zum Beginn des 3. Jhs. mit Beschränkungen, wenn es um römische Bürger ging [Millar 617, 618; Pflaum 621].

Mit den regelmäßigen Gerichtssitzungen und den Rundreisen des Statthalters kam die römische Justiz den Klägern entgegen. Doch dieses System war schwerfällig, langsam und teuer [Burton 608]. Man mußte zunächst seinen Fall durch eine Petition zur Annahme vorlegen. Die Vorladung in eine manchmal weit entfernte Stadt garantierte nicht, daß man gehört wurde. Der Jurist Ulpian verlangte, die Fälle nach einer festen Reihenfolge abzuhandeln, „damit nicht der Ehrenstelle der Kläger bzw. ihrer Unredlichkeit Platz gemacht werde“ [Dig. 1. 16. 9. 4]. Ein höherer Sozialstatus oder eine Bestechungssumme verliehen Priorität; den kleinen Leuten schenkte man nicht immer Gehör. Kläger wurden von einem Gerichtsort zum nächsten geschickt. Aufgrund der Langsamkeit des Verfahrens und der Berufungsmöglichkeiten (theoretisch bis nach Rom) konnten nur die Reichsten einen Prozeß zu Ende führen.

Die vierte Heilige Rede von Aelius Aristides führt anschaulich den Ablauf der Justiz in der Provinz Asien vor Augen. Um sich seine Immunität bestätigen zu lassen, als man ihm lokale Bürden auflasten will, reist der Redner im ersten Jahr von Ephesos nach Pergamon, dann nach Smyrna, und wieder nach Pergamon. Im zweiten schickt er seinen Verwalter nach Philadelphia, das tief in Lydien lag. Er engagiert Anwälte, entsendet Diener und bombardiert die Prokonsuln und ihre Legaten mit Briefen und Besuchen. Ein einziges solches Verfahren kostet ihn 2000 HS (das Doppelte des Jahresbedarfs einer Familie) für Reisen, Honorare, Verfahrenskosten und Schmiergelder an die Sekretäre. Außerdem erfahren wir, daß er seinen Sieg seiner Hartnäckigkeit und seinen guten Beziehungen in den herrschenden Kreisen verdankt.

Seit Claudius konnten Finanzprokuratoren in Steuerprozessen entscheiden, was regelmäßig zu Kompetenzkonflikten mit Statthaltern führte. In den kaiserlichen Provinzen (und im 3. Jh. höchstwahrscheinlich im ganzen Reich) kassierten sie vakante (ohne Eigentümer oder bekannte Erben) oder herrenlose (*caducus*; die von Erben nicht rechtlich erlangt werden konnten) Ländereien für den kaiserlichen Fiskus ein. Die große Zahl der Fälle, bei denen das Interesse des Kaisers mit im Spiel war, ihre sprichwörtliche Strenge und das Verhalten der Provinzialen, die bei ihnen Klage erhoben, hatten die allmähliche Ausweitung ihrer Rechtssprechung zur Folge [Millar 617, 618]. Zudem ernannte Hadrian die „Anwälte des Fiskus“, um die Interessen des kaiserlichen Fiskus in Prozessen zu schützen. Diese professionellen Juristen aus dem Ritterstand unterstanden in den Provinzen den Prokuratoren oder speziellen Abteilungen. Ein Prinzip wurde jedoch aufrechterhalten: Prokuratoren, die keine Provinz verwalteten, durften in Strafsachen nicht Recht sprechen. Ihre Möglichkeiten, Strafen zu verhängen, waren begrenzt. Sie konnten zwar Pfänder nehmen, doch hatten sie nicht das Recht, Straftäter zu inhaftieren.

Man weiß nicht genau, wie normale Gerichtsverfahren bei Provinzialen aussahen, die einer Gemeinschaft ohne Beamte mit judikativen Kompetenzen angehörten (Dörfer, Siedlungen bei Lagern, kaiserliche Domänen). In Ägypten treten häufig Zenturionen, die Detachements auf dem Lande befehligen, als erstinstanzliche Richter auf; sie waren entweder dazu bestellt oder wurden (häufiger) von den Einwohnern als einzige Vertretung der römischen Macht vor Ort darum angegangen [Campbell 556]. Zenturionen, die in syrischen Dörfern begegnen, die politisch nicht zu Städten gehören, könnten eine vergleichbare Rolle gespielt haben. In den großen kaiserlichen Domänen hatten die Prokuratoren sehr weitreichende Kompetenzen, die sie zudem recht häufig übertreten haben dürften. Insbesondere war ihr Züchtigungsrecht umfassender als das der anderen Finanzprokuratoren.

5.2.2.4 Die Finanzverwaltung

Die Finanzverwaltung war klar getrennt von der Justiz und der Verwaltung im engeren Sinne. Die dafür Verantwortlichen waren aber eher Kontrolleure als Verwalter. Für die senatorischen Provinzen ernannte der Senat den Quästor, der die Tribute eintrieb. Da er jedoch alters- und ansehensmäßig hinter dem Prokonsul rangierte, unterstand er diesem faktisch. In den kaiserlichen Provinzen waren die kaiserlichen Prokuratoren von den Legaten unabhängig, selbst wenn sie mit ihnen zusammenarbeiten mußten und in der Hierarchie unter ihnen standen. Als Schatz- und Zahlmeister besaßen sie große Verantwortung. Das Prokuratorenpaar in den Provinzen kümmerte sich um die Steuerveranlagung, bestimmte Verpachtungen (wenn es keine eigenen Prokuratoren dafür gab) und die Steuereinziehung, aber nur auf höchster Instanz, denn der Tribut wurde von den Gemeinwesen selbst eingetrieben. Die Kassenführung oblag kaiserlichen Sklaven. Im übrigen hingen besondere Dienststellen (für Sondersteuern, Domänen und Bergwerke) direkt von den zuständigen römischen Abteilungen ab.

Die Geschichte der indirekten Steuern ist sehr kompliziert; man kennt vor allem die Entwicklung des Zollwesens [De Laet 611]. Obwohl es die großen Steuerpächtergesellschaften, die unter der Republik die Provinzen ausgesaugt hatten, schon zu Beginn der Kaiserzeit nicht mehr gab [AE 1968, 483: Beleg für Steuerpächter in Asien und Bithynien noch 2/1 v. Chr.], so verschwand die Verpachtung zahlreicher indirekter Steuern an Gesellschaften erst allmählich im 1. und 2. Jh. [für späte Belege siehe AE 1966, 123, Mitte 2. Jh. (Zwanzigstel auf Freilassungen in Italien), vgl. Eck 627, S. 116; Pflaum 854, Nr. 193 (Zölle von Asien, bis ungefähr 190)]. Jüngst hat man das asiatische Zollgesetz publiziert, das etliche Verordnungen aus der Zeit zwischen 75 v. Chr. und 62 n. Chr. zusammenfaßt. Diese überaus bedeutsame Quelle hat zu zahlreichen Studien geführt [H. Engelmann und D. Knibbe, in: Epigraphica Anatolica (1989); Cl. Nicolet, in: CRAI 1990 S. 675–698 und 620a]. Häufig griff man zu einem halbprivaten System: Die Pächter (*conductores*) der Zölle hatten ihre eigenen Angestellten, unterstanden aber der Kontrolle der Provinzialprokuratoren oder spezieller Prokuratoren. Kaiserliche Bergwerke und Domänen konnten verpachtet werden. Aber in Asien gibt es keinen Hinweis auf *conductores* bei den Marmorbergwerken (die direkt verwaltet wurden) und auch nicht bei den kaiserlichen Gütern (die Bewohner der Dörfer auf ihren Gebieten mußten den Grundzins an die Prokuratoren bezahlen).

5.2.3 Die Formen direkter Herrschaft

Zwar war die autonome Stadt die übliche kollektive Organisationsform, doch gab es Gebiete im Reich, die keine städtischen Strukturen kannten, jedenfalls nicht zu Beginn unserer Periode. Die Zuflucht zu direkter Herrschaft durch Beamte, die von der Provinzialverwaltung abhingen, war selten. Sie erscheint in erster Linie als ein Erbe der hellenistischen Königreiche, das nicht systematisch fortgeführt wurde.

5.2.3.1 Das hellenistische Erbe [vgl. Band II]

Die zu Beginn der Kaiserzeit annektierten hellenistischen Königreiche besaßen eine bürokratische Organisation; Ägypten zeigte sie in der vollendetsten Form. Augustus und die Kaiser des 1. Jhs. folgten dem gewagten Vorbild des Pompeius nicht, der das Königreich Pontos in Städte aufteilte, nachdem er es zur Provinz gemacht hatte. Vielleicht erschien ihnen das Experiment (das bei den Kämpfen am Ende der Republik weitgehend in Frage gestellt wurde) als nicht allzu überzeugend. Möglicherweise stufte man auch die Neuerwerbungen als zu rückständig ein, zumal ja eine hellenisierte Aristokratie von einigem Umfang fehlte, die den Adel der neuen Städte hätte stellen müssen. In Ägypten und Kappadokien hielt man wohl den Status quo für geeigneter, um weiterhin ein Maximum an Einnahmen aus diesen Provinzen zu ziehen.

In Ägypten blieb die Verwaltungsorganisation der Ptolemäer zunächst unverändert [Jones 695]. Die grundlegende Verwaltungseinheit, der Nomos, war in Toparchien unterteilt, die mehrere Dörfer umfaßten. Jede Ebene unterstand der Verwaltung von Beamten. Die Zentralverwaltung, die nun von Rittern geleitet wurde, blieb in Alexandria konzentriert. Im eigentlichen Ägypten stellten ausschließlich Ritter die Epistrategen, die an der Spitze der aus den Nomen zusammengesetzen drei großen Bezirke standen. Die anderen Posten bekleideten „Griechen" und (die allerniedrigsten Funktionen) auch Ägypter. Während aber die Verwalter unter den Ptolemäern Berufsbeamte gewesen waren, blieben die Leute jetzt nur noch kurze Zeit im Amt, zumindest seit dem Beginn des 2. Jhs. Die Nomenstrategen wurden für drei Jahre ernannt und erhielten selten eine zweite Amtszeit. Die kleinen Beamten wählte man aufgrund von Listen aus, die Schreiber aufgestellt hatten und die von den Strategen an die Epistrategen weitergereicht wurden.

Parallel dazu tendierten die Metropolen (die Hauptorte der Nomen) zur Munizipalisierung. Allmählich übertrug man einen Teil der für das städtische Leben notwendigen Funktionen an gewählte Magistrate. Ihre Kompetenzen waren aber begrenzt, bis Septimius Severus die Metropolen in Quasi-Städte mit Ratsversammlungen umformte. Die Situation blieb das ganze 3. Jh. über unklar, bis Diocletian schließlich echte Städte gründete. Die Metropolen regelten ihre städtischen Angelegenheiten ohne größere Eingriffe durch die Zentralgewalt (besaßen aber kein Jurisdiktionsrecht) und verwalteten zusammen mit den Strategen die Nomen [Wegener 772; Drew-Bear 884].

Die Entwicklung von Judäa verlief fast genauso langsam wie die von Ägypten. Die Gründungen von Herodes und seinen Nachfolgern waren eher Siedlungen als echte, autonome Städte und lagen zudem überwiegend in der Peripherie, außerhalb des eigentlichen jüdischen Gebiets. Die echten Städte, wie Tiberias, waren gleichzeitig Zentren der königlichen Verwaltung. Ein Relikt der ehemaligen ptolemäischen Oberhoheit war die Gliederung des ursprünglichen Herodes-Reichs in Toparchien (unter der Leitung von Strategen), die mehrere Dörfer unter königlich bestellten Beamten umfaßten. Die Annektierung veränderte diese Organisation nicht. Die chronische Unruhe zwang zur direkten Kontrolle, und außerdem waren viele Juden der Stadt als Teil der hellenistischen Zivilisation und damit des Heidentums feindlich gesonnen. Nachdem Vespasian und Titus den großen Aufstand niedergeschlagen hatten, wurden einige Toparchien von neu gegründeten oder vergrößerten alten Städten absorbiert, die als Instrument der Hellenisierung dienten. Ab Septimius Severus kam es zahlreichen Städtegründungen, doch Regionen zentralisierter Verwaltung überdauerten bis in die Spätantike.

Die Bürokratie des Königreiches Kappadokien ist in erster Linie durch die Beschreibung von Strabon [Buch 12] bekannt, die vor der Annektierung durch Tiberius niedergeschrieben wurde. Das Land zerfiel in elf Strategien. Es gab wenige Zentralorte, und nur ein paar (fünf oder sechs?) waren als Städte nach griechischem Vorbild organisiert, und das oft erst seit kurzem. Nach der Annektierung wurden zwar Städte nach griechischem Vorbild und einige römische Kolonien gegründet, doch die immensen königlichen Domänen (die nun kaiserlich waren) verblieben außerhalb der städtischen Territorien, und einige Strategien existierten weiter, ohne daß man über ihre Verwaltung genaueres wüßte [R. Teja, in: ANRW II. 7.2, S. 1083ff.].

Auch Thrakien war in Strategien eingeteilt. In diesem Königreich unterstanden die rebellischen und wilden Stämme im Inneren, aber auch ein Teil der alten griechischen Städte an der Küste (deren Autonomie begrenzt war) Strategen. Sie waren Beamte und wechselten von einem Bezirk zum nächsten. Bei der Annektierung durch Claudius wurden die schon vorhandenen Städte autonom, während sich die Zahl der Strategien, die die Stämme umfaßten, beträchtlich vergrößerte (50 laut Plinus dem Älteren, oder nur 33) [B. Gerov 647]. Die Strategen waren nun überwiegend römische Bürger, wurden aber weiterhin aus dem thrakischen Adel rekrutiert, oft aus Familien, die schon den Königen Beamte gestellt hatten [Gerov 648]. Das direkte Verwaltungssystem funktionierte bis zum Beginn des 2. Jhs. Dann gründeten Traian und Hadrian Städte, denen man bis zum Ende der Regierungszeit des Hadrian das Territorium aller Strategien zuwies.

Trotz der Unterschiede zwischen den einzelnen Gebieten lassen sich mehrere Gemeinsamkeiten feststellen. Die Annektierung führte nicht zu massiven Veränderungen der zentralisierten Strukturen, höchstens zu kleineren Anpassungen. Die regionale und lokale Verwaltung wurde Einheimischen überlassen, über denen auf höchster Ebene römische Beamte standen. Nach dem Zeugnis der Quellen wollten die Kaiser diese Verwaltungsform nicht prinzipiell fortführen. War ein bestimmtes Entwicklungsniveau und eine angepaßte Führungsschicht vorhanden, konnten autonome Städte gegründet werden. Die direkte Kontrolle überdauerte in den Gebieten der Kaiserdomänen. Einerseits konnte es sich als weniger rentabel – oder zumindest als weniger sicher – herausstellen, nach Stadtgründungen die Grundrenten durch Steuern, die von den Bewohnern selbst eingetrieben wurden, zu ersetzen. Andererseits aber förderte die Organisation in Dörfer und Stämme kaum die Entwicklung einer lokalen Aristokratie, die fähig gewesen wäre, die Verantwortung in einer autonomen Stadt zu übernehmen.

5.2.3.2 Die kaiserlichen Domänen

Die kaiserlichen Domänen waren Privatgüter (persönliche oder Krongüter) und wurden als solche bewirtschaftet. Wie oben bereits erwähnt, waren einzelne so groß wie kleine Königreiche (etwa die thrakische Chersones), und die wichtigsten lagen außerhalb von Stadtterritorien. Guts- und Gemeindeverwaltung lagen stets in den Händen derselben Männer, was zur Vermischung der Machtbefugnisse führte. [Es liegt keine Monographie über diese Probleme vor; einiges findet sich bei Boulvert 606; Crawford 601; Domergue 602].

Die Bergwerksreviere, jedenfalls das von Aljustrel (Portugal), dessen Recht wir besitzen, scheinen vollständig unter der Kontrolle des Prokurators gestanden zu haben, der die Minen verwaltete. Er war für all das zuständig, was normalerweise in den Amtsbereich von Magistraten und einem städtischen Rat fiel: So genehmigte er und reglementierte die verschiedenen Handwerkszweige in der Siedlung. Er legte die Öffnungszeiten der Bäder sowie den Eintrittspreis fest, er konnte Geldstrafen verhängen, Güter konfiszieren, Freie aus dem Terriorium verbannen und Sklaven verkaufen lassen.

In Italien und den Provinzen, in denen es besonders große Kaiserdomänen gab (z. B. Afrika und Asien), richtete man Bezirke auf regionaler Ebene ein, die mehrere Domänen umfaßten. Für sie existieren verschiedene Bezeichnungen, zwischen denen nicht immer allzu genau getrennt wurde. Dieselbe Einheit konnte *regio*, *tractus* (Zone), *provincia* oder einfach *saltus* („die Domänen") heißen. In Africa Proconsularis wurde der *tractus* von Karthago von zwei Prokuratoren geleitet, einem Ritter und einem kaiserlichen Freigelassenen. Im Orient sind Domänengebiete unter der Leitung von kaiserlichen Freigelassenen sporadisch in Boiotien, Pisidien und Syrien belegt [Boulvert 606, S. 213f.; AE 1982, 877]. Die Domänen Asiens waren in verschiedene „Regionen" aufgeteilt. Hadrian reorganisierte diejenigen im Osten zu einer neuen „Provinz" Phrygien (unter der Leitung eines Freigelassenen). Zumindest in den senatorischen Provinzen scheint die Verwaltung der „Regionen" ziemlich unabhängig von der der Provinz gewesen zu sein. Nach dem afrikanischem und asiatischem Material zu urteilen, entschieden die Prokuratoren Streitigkeiten zwischen Gemeinden, nahmen ohne den Prokonsul polizeiliche Aufgaben wahr, und als Berufungsinstanz für die Einwohner fungierte der Kaiser. Allerdings waren diese „Regionen" nicht aus der Provinz herausgelöst. Philippus Arabs reichte erst als Prätoriumspräfekt, dann als Kaiser die Klagen der *Araguenii* in Phrygien an den Prokonsul von Asien weiter [ARS 289].

Sowohl die römische Verwaltungstradition als auch die Unmöglichkeit, eine rein bürokratische Verwaltung beliebig auszuweiten (die außerhalb von sehr kleinen Bezirken wie Bergwerken oder Steinbrüchen einfach zu teuer war) förderten die Erhaltung oder Errichtung autonomer Strukturen in den Domänen außerhalb von Stadtterritorien. Kleinasiatische Stämme und Dörfer, deren Land kaiserlich geworden war, wurden als Gemeinwesen (*koinon, demos*) anerkannt und behielten ihre Institutionen [Frend 923; AE 1973, 498; 1979, 616]. Die Einwohnerschaft der Chersones wird als *ethnos* bezeichnet, womit normalerweise Stämme angesprochen werden [AE 1924, 82; unter Hadrian]. Selbst wenn die Einwohnerschaft der Domäne anscheinend kein eigenes Gemeinwesen formte, betrachtete man sie doch in gewisser Weise als juristische Person. Eigene Institutionen wurden toleriert und entwickelten sich häufig weiter. Die Empfänger der Satzung von Henchir

Mettich in Africa Proconsularis im Jahr 116/117 werden nur als „diejenigen, die die Domäne der Villa Magna Variana [bewohnen?]" bezeichnet, aber sie hatten einen „Vorsitzenden" (*magister*) und einen Anwalt (ganz wie von Städten abhängige Gaue und Dörfer). Die Kolonen der Bergwerke Dardaniens (Obermösien) faßten Beschlüsse und besaßen im 3. Jh. ihren Rat (*ordo*). Das Bergwerksrevier hatte gleichsam eine städtische Organisation erhalten [AE 1972, 500].

Die Domänen wurden manchmal selbst zu autonomen Städten. Die genaue Stellung der Bergwerksregionen in Dalmatien und Obermösien ist umstritten [Dusanić 603, Wilkes 729a]. Ihre Verwaltungszentren wurden zu Munizipien, in denen der Prokurator noch eine große Rolle spielte [CIL III 12733, Domavia in Dalmatien aus dem Jahr 218]. Aber die Minen konnten außerhalb des Stadtterritoriums verbleiben. In Obergermanien war der *saltus* Sumelocenna, der im 2. Jh. von zwei *magistri* und einem *ordo* geleitet wurde, im 3. Jh. zu einer regelrechten Stadt geworden [ILS 7100; CIL XII 6834; Wilmanns 702], ganz wie einige Ortschaften auf den Domänen in der Umgebung von Sétif (Mauretania Caesariensis) [Gascou 712, S. 254]. In Phrygien wurden die Domänen im 3. und 4. Jh. zu Städten erhoben oder an eine benachbarte Gemeinde angeschlossen [Strubbe 604a].

Die mehr oder weniger weite Autonomie, die bis zur Umwandlung eines kaiserlichen Gutes in eine autonome Stadt gehen konnte, erlaubte den Kaisern, ihre Beamten von einem Teil ihrer Verwaltungsaufgaben zu entlasten. Mit Sicherheit nahmen sie dabei keine Schmälerung ihrer Einkünfte hin. Aber wie die Abschaffung der hellenistischen zentralisierten Systeme zeigen diese Konzessionen, die im 2. und 3. Jh. anscheinend im häufiger wurden, deutlich, daß die Kaiser die direkte Verwaltung nicht als Optimalsystem ansahen, das man hätte aufrechterhalten oder gar ausdehnen müssen. Doch manchmal zwang die Verwaltungspraxis, direkt nach der Annektierung auch die Traditionen oder die kulturelle Rückständigkeit der Einwohner, zur Direktverwaltung.

5.2.3.3 Stadt- und Stammespräfekten

Die römische Republik bestrafte die aufständischen italischen Städte, indem sie ihnen jede politische Struktur nahm, was der Todesstrafe bei Personen entsprach. Aus Rom entsandte man Präfekten, um die zerschlagenen Gemeinden zu regieren. Während der Kaiserzeit sind die Stadt- bzw. Stammespräfekten ihre Erben, die nunmehr ihre Machtbefugnis einer kaiserlichen Bestellung verdanken. Aber die Gemeinwesen, Städte oder Stämme, die ihrer Obhut unterstellt wurden, verloren ihren Rechtstatus nicht mehr gänzlich. Die kaiserlichen Bevollmächtigten finden sich in vielen Gebieten im Westen, die erst jüngst annektiert wurden oder unter chronischem Aufruhr zu leiden hatten (wie Sardinien). Es ist schwierig, diese Institution näher zu erfassen, vor allem weil sie unterentwickelte Gebiete betraf, die wenig Quellenmaterial hinterlassen haben. Außerdem unterschieden sich die Missionen eines Präfekten wahrscheinlich je nach Region [Letta 660; Leveau 649; Mócsy 580 und 650]. Wie dem auch immer sein mag, eine Präfektur bedeutete in jedem Fall, daß die Befehlsgewalt im Namen der römischen Macht ausgeübt wurde, und zwar autoritär. Plinius der Ältere setzt die großarmenischen Strategien (Bezirke der zentralisierten Königreiche) mit Präfekturen gleich.

In julisch-claudischer Zeit waren die Präfekturen eine der Formen der Militärverwaltung, die man bei traditionell aufsässigen Völkern oder nach einer Revolte verwandte. Die Präfekten kamen aus dem Heer, es finden sich Zenturionen, Primipilen und Reiteroffiziere. Unter Augustus wurde C. Baebius Atticus, ehemals Primipil in der Prätorianergarde, Präfekt der Städte von Mösien und *Treballia*, dann der Gebirgsstädte von Alpes maritimae [Pflaum 854, Nr. 11]. Oft führten sie gleichzeitig das Kommando über eine Einheit und die Aufsicht über mehr oder weniger zahlreiche Völker. Unter Augustus oder Tiberius war Sex. Iulius Rufus verantwortlich für das Landesinnere von Sardinien als „Präfekt der ersten Kohorte der Korsen und der Städte der *Barbaria* in Sardinien" [ILS 2684]. Unter Claudius oder Nero wurde L. Volcacius Primus „Präfekt des Ufers der Donau und der zwei Städte der Bojer und Azalier" in Pannonien [ILS 2737]. Die Kumulation von zivilen und militärischen Aufgaben wie der große Umfang mancher Mandate – „die sechs gätulischen Völker, die in Numidien sind" [ILS 2721, Nero], 63 oder 62 Städte im Umland von Mactar (Africa Proconsularis) [AE 1963, 96, Traian; CIL VIII 23599, aus dem Jahr 157] – weisen darauf hin, daß diese „Beamten für Eingeborenenangelegenheiten" die traditionellen Institutionen nur kontrollierten und nicht in den normalen Ablauf eingriffen. Sie konnten insbesondere Steuern erheben, wie der Primipilar, dessen Unerbittlichkeit zum Aufstand der Frisen in den heutigen Niederlanden führte [Tac. ann. 4. 72; 28 n. Chr.].

War die Einsetzung dieser Präfekten eine obligatorische Phase für unterentwickelte Völker, die die römische Herrschaft nur widerwillig akzeptierten? Wurden bestimmte Gemeinden in der auf die Annektierung folgenden Phase systematisch und dauerhaft unter die Aufsicht eines Offiziers gestellt [Mócsy] oder lag stets eine zeitlich begrenzte Ausnahmesituation vor? Das spärliche Quellenmaterial liefert keinen Anhaltspunkt dafür, die letztgenannte Hypothese vorzuziehen. Man muß vielleicht von zwei verschiedenartigen Situationen ausgehen. In sehr großen Provinzen (wie der Einheit Achaia-Makedonien-Mösien zu Beginn der Kaiserzeit), in schwer kontrollierbaren Randgebieten und in traditionellen Bezirken, die schon vor der Annektierung bestanden (wie die „Länder" des Umlandes von Mactar in Afrika), könnten die Offiziere der regionalen Garnisonen regelmäßig zivile Aufgaben wahrgenommen haben, was sie in die Nähe der Präfekten rücken würde, die für halbautonome Bezirke innerhalb kaiserlicher Provinzen verantwortlich waren (wie Kommagene, die Balearen oder Judäa). Andere Ernennungen besaßen wohl einen stärkeren Ausnahmecharakter und konnten durch die Schwierigkeiten einer prekären Zeit veranlasst werden. Eine Phase scheint beendet, wenn ein römischer Rang zu einem traditionellen Stammestitel tritt. Unter den Flaviern begründeten die traditionellen Häuptlinge in den Donauprovinzen ihre Stellung gleichzeitig mit ihrer Position in ihrem Stamm und mit einem römischen Posten, der ihre Stellung bestätigte und auch vielleicht spezielle Machtbefugnisse verlieh. So begegnen die „Vorgesetzten und Fürsten der Japoden" Dalmatien [CIL III 14324, 14326] und ein „Fürst-Präfekt der Skordisker" in Pannonien [AE 1958, 73].

Nach den Flaviern findet man in den europäischen Provinzen keine Belege mehr für Militärpräfekten. Die Stammespräfektur existierte dagegen in Nordafrika weiter [neben Leveau 649, s. Cl. Lepelley, in: Mélanges W. Seston, Paris 1974, 285 ff.]. In ruhigen Gebieten nimmt ein lokaler Adliger ohne besondere militärische Erfahrung diese Stellung ein. In Mauretanien wurden auch Offiziere von Auxiliareinheiten ernannt. In schweren Zeiten und bis in die Spätantike setzte man in den nicht munizipalisierten Regionen Mauretaniens örtliche Häuptlinge als Präfekten ein. Diese Bestellung muß so großes Prestige oder so große Macht verliehen haben, daß der Titel Präfekt bis ins 4. Jh. in den nunmehr unabhängigen Berberfürstentümern weiterexistierte. Das Fehlen einer Verwaltungsstruktur konnte begründen, weswegen weiterhin häufig Präfekten ernannt wurden. Daß man die nordafrikanischen Stämme niemals als *civitates* anerkannte, impliziert ein Festhalten an ihren traditionellen Strukuren oder (aus römischer Sicht) einen Zustand der Barbarei, der den Rückgriff auf ein autoritäres System erlaubte, das für echte Gemeinwesen erniedrigend gewesen wäre. Gleichzeitig aber war das Fortbestehen von Stammesstrukturen nur der (für uns) augenscheinlichste Aspekt des Widerstandes gegen die Romanisierung und damit zumindest eine potentielle Gefahr für benachbarte, romanisierte Gebiete.

In Dörfern im Hauran (Grenzgebiet zwischen Arabien und Syrien), die nicht zu Städten gehörten, finden sich, vor allem am Ende des 2. Jhs., Zenturionen der Legionen, die in der Provinz standen. Sie erscheinen als Empfänger oder Auftraggeber von Weihungen [z. B. IGR III 1114 und 1179, aus dem Jahr 169; 1262 aus 185/186]. Ihre Beziehung zur Einwohnerschaft wird nie ausgeführt; jedenfalls ersetzten sie nicht die dörflichen Autoritäten. Sie konnten kleine Abteilungen kommandieren, die die Dörfer gegen Bergbewohner oder Nomaden schützten. Aber im Kontext dieser Inschriften erscheinen sie häufiger als Repräsentanten des Statthalters in abgelegenen Regionen, wo es nur viele armselige Siedlungen gab, die nicht den Rang von Gemeinden besaßen. Unteroffiziere konnten eine vergleichbare Rolle in rückständigen Gebieten Dalmatiens spielen [Wilkes 729a, S. 126f.].

Reichsweit gesehen war die direkte Kontrolle von normalerweise autonomen Gemeinden nur eine Ausnahmeerscheinung, vor allem in Randgebieten, die ihre Integration ins römische System nicht recht akzeptieren, und häufig in dem Zeitabschnitt, der auf eine schwierige Annektierung folgte. Sie wurde nur in denjenigen Landstrichen zur Dauererscheinung, die keine echten städtischen Strukturen kannten.

5.2.4 Die Verwaltungspraxis und die Beschwerden der Provinzialen

„Jene Ordnung [des Augustus] mißfiel auch den Provinzen nicht, die der Herrschaft von Senat und Volk wegen der Querelen der Mächtigen und der Geldgier der Magistrate mißtrauten, während die Gesetze keine Hilfe brachten, die von Gewalt, Ehrgeiz und schließlich Geld in Unordnung gebracht wurden." Die Verbesserung der Provinzalverwaltung, jedenfalls die Verringerung der Ausbeutung unter Augustus, von der Tacitus [ann. 1. 2] spricht, wird im allgemeinen von der Forschung anerkannt. Allerdings hat man jüngst auf die Mängel der kaiserlichen Verwaltung hingewiesen und vor jeder Idealisierung gewarnt. Ganz ohne Zweifel ist es notwendig, gewisse Distanz gegenüber Panegyriken wie „Auf Rom" von Aelius Aristides oder den stereotypen Widmungen an Kaiser oder Statthalter einzunehmen.

5.2.4.1 Die Beschwerden der Provinzialen

Seit 59 v. Chr. erlaubte das julische Gesetz über Gelderpressungen (*lex Iulia repetundarum*) Untertanen, gegen Erpressungen von Senatoren Klage einzureichen, denen es verboten war, sich bei ihren Missionen zu bereichern oder die Rechte von Gemeinden oder Personen zu verletzen. Während der Kaiserzeit konnten auch Mitglieder aus der Umgebung des Statthalters sowie Ritter angezeigt werden. Sobald die Anklage nach einer Untersuchung angenommen worden war, richteten Senat oder Kaiser. Als Kläger konnten Privatpersonen, Gemeinden oder Stadträte auftreten. Man weiß nicht genau, wie schwierig es für Provinziale war, Klage einzureichen. Unter Claudius erreichte ein Magistrat von Kibyra (Asien) die Versetzung eines

Beamten, doch die Juden von Alexandria konnten keine Petitionen gegen den Statthalter ohne dessen Zustimmung verfassen und die Griechen dieser Stadt beschwerten sich unter Hadrian, daß der Präfekt ihre Briefe blockiere [Brunt 607]. Um ihre Situation zu verbessern, wandten sich Gemeinden direkt an den Kaiser, schriftlich oder durch Gesandtschaften, die von F. Millar ausführlich untersucht worden sind [355, S. 363ff.]. Der Kaiser war die Zuflucht gegen Beschlüsse oder Übergriffe der höchsten Beamten. So legte ein Munizipium der Bätika bei Antoninus Pius Berufung ein gegen einen Beschluß des Prokonsuls über Vermächtnisse [AE 1984, 511, aus dem Jahr 159]. Der Kaiser gewährte auch Vergünstigungen. Titus beispielsweise erließ Munigua (Bätika) die Steuern, die es nicht bezahlen konnte [AE 1962, 288]. Die Kaiser, von Gesandtschaften bestürmt, versuchten deren Zahl und Größe zu verringern, doch anscheinend nur mit mäßigem Erfolg. Es war Pflicht des Kaisers, Ungerechtigkeiten zu korrigieren, doch weiß man nicht, wie groß der Anteil der Eingaben war, denen stattgegeben wurde. Inschriftlich wurden nur Erfolge verewigt, und von kaiserlicher Ablehnung erfahren wir nur ausnahmsweise. Kyrene etwa ließ die Briefe des Antoninus Pius in Stein hauen, in denen der Kaiser das Anliegen einiger Städte der Kyrenaika, die die vorrangige Stellung von Kyrene in Frage stellen wollten, zurückwies [J. Reynolds, in: JRS 68 (1978) 111ff.]. Manche kaiserlichen Antworten, die den Provinzialen wie Siege vorkamen, lösten die Probleme nicht wirklich: Die Bewohner des Dorfes Skaptopara, die sich über Erpressungen durch Soldaten und Beamte beschwerten, wurden von Gordian III. an den Statthalter von Thrakien verwiesen, der diese Übergriffe tolerierte. Ebenso erklärte Philippus Arabs den Prokonsul von Asien für zuständig, als sich kaiserliche Kolonen über Transportrequisitionen beklagten [ARS 287, 289].

5.2.4.2 Regional- und Provinziallandtage

Die eng mit dem Kaiserkult verbundenen Provinziallandtage waren eher eine Parallel- als eine Gegenstruktur zur römischen Provinzialorganisation. Effektiver als Gemeinden oder Einzelne konnten sie Übergriffe beschränken und Wiedergutmachung erreichen. J. Deininger hat das einschlägige Standardwerk verfaßt [636]. Aber aus dem legitimen Wunsch heraus, die regionalen Unterschiede zu betonen und sich von Mommsen abzusetzen, nach dem die Landtage systematisch von Augustus eingerichtet worden seien, hat Deiniger eine minimalistische Haltung eingenommen und so den Lücken im Quellenmaterial wohl nicht genug Rechnung getragen. Inschriften, die nach seinem Buch publiziert wurden, unterminieren einige seiner Theorien: Sie belegen eine gemeinsame Struktur für die Kyrenaika ebenso wie einen provinzialen Kaiserkult in Syrien seit Augustus. Wenn auch die Organisationstypen nach Ort und Zeit geschwankt haben, so erhielten die Provinzen oder regionalen Einheiten doch recht bald die Möglichkeit zu gemeinsamen Handlungen, die ein Minimum an Zusammengehörigkeitsgefühl und Organisation voraussetzten. Die Provinz oder Region wurde normalerweise als Gemeinschaft (griechisch *koinon*, lateinisch *commune*) betrachtet und die Bewohner als einheitliches Volk angesehen.

Provinziallandtage gab es in hellenistischer Zeit in Galatien, auf Kreta und auf Zypern. Die föderale Struktur Lykiens wurde bei der Annektierung nicht verändert. Sizilien und Asien hielten schon unter der Republik ihre Landtage ab. Ab 29 reorganisierte Octavian die *koina* von Asien und Bithynien, die mit den in Pergamon und Nikomedia gebauten Tempeln für den Kaiserkult zusammenhingen. Zu Lebzeiten von Augustus wurden *koina* in anderen orientalischen Provinzen eingerichtet, so in Galatien bei der Annektierung oder kurz danach. 12 v. Chr. weihte Drusus gegenüber der Kolonie Lyon, am Zusammenfluß von Saône und Rhône, den Tempel von Rom und Augustus, dessen Kult die 60 (später 64) Städte der drei Provinzen der Gallia Comata begingen. Der Provinzialkult wurde allmählich auch in den alten westlichen Provinzen eingeführt: Schon unter Tiberius in der Tarrakonensis, aber erst unter Vespasian in Africa Proconsularis und in der Narbonensis. In neuen Provinzen dagegen etablierte er sich kurze Zeit nach der Annektierung: Unter Claudius in Britannien und wahrscheinlich in Mauretanien, ab 72 in Kleinarmenien. Für das 2. Jh. darf man die allgemeine Verbreitung des Provinzialkults voraussetzen, mit der bemerkenswerten Ausnahme Ägypten.

Meistens entsprach die um einen Kaiserkult organisierte Gemeinschaft einer Provinz. Aber im Orient formten Völker mit besonders ausgeprägter Identität ein *koinon*: In Lykien-Pamphylien hatten die pamphylischen Städte ihre eigene, ziemlich lockere Struktur, die vom alten lykischen *koinon* getrennt war. In Pontos-Bithynien bestand das *koinon* von Bithynien neben dem von Pontos, das die pontischen Städte der Provinz und die (je nach Epoche) zu Galatien oder Kappadokien gehörigen vereinigt zu haben scheint. Die alten griechischen Kolonien an der westlichen Schwarzmeerküste hatten ihre Organisation, die von derjenigen Untermösiens getrennt war. Das eigentliche Griechenland kannte längerfristig nur auf lokaler Ebene *koina*, deren wichtigstes das der Achaier war, welches die meisten peloponnesischen Städte umfaßte.

Außerdem hatten Regionen im Inneren einer Provinz als *koinon* eine eigene gemeinschaftliche Organisation und einen eigenen Kaiserkult. Hier kam alter Lokalpatriotismus zum Tragen, so bei Liburnien in Dalmatien.

Auch lebte das *koinon* der Ioner in Asien fort. In Zentralanatolien formte der Teil Lykaoniens, der zu Kilikien gehörte, in der Mitte des 2. Jhs. ein eigenes *koinon*, wie auch die Nachbarregionen Isaurien und Pisidien. In der Tarrakonensis besaßen die regionalen *conventus* eine große Vitalität. Diese wenig bekannten Einheiten, die zwischen den lokalen Gemeinwesen und der Provinz vermittelten und ein regionales Einheitsgefühl erzeugten, würden eine Monographie verdienen [vgl. E. Kornemann, Art. Koinon, in: RE Suppl. 4, 1924, Sp. 929ff.].

Die gemeinschaftliche Organisation war Voraussetzung für den Kaiserkult, und dieser stellte die wichtigste Tätigkeit der Provinzialorgane dar. Die einzelnen Gemeinwesen ernannten ihre Vertreter für den Landtag. Für Gallien, Lykien und Asien ist belegt, daß die Zahl der Delegierten von der Größe der Städte abhing. In Lykien taten sich die allerkleinsten zusammen, um einen gemeinsamen Repräsentanten zu bestimmen. Der Landtag wählte für ein Jahr einen Provinzalpriester, der im Westen den Titel Flamen der Provinz oder *sacerdos* (Priester) trug. Im Osten finden sich neben *archiereus* (Hohepriester) häufig Titel, die aus dem Namen der Provinz abgeleitet sind, wie Pontarch oder Galatarch. Asien stellt eine Ausnahme dar. Um dem Stolz der großen Städte Genüge zu tun, gab es mehrere Kultorte und damit mehrere Hohepriester. Im 2. Jh. wählte man fünf Asiarchen und fünf Städte (Pergamon, Smyrna, Ephesos, Kyzikos und Sardeis) waren „Neokoren", Hüterinnen mindestens eines Tempels des Kaiserkults. Da die Priester einen Teil der Unkosten übernehmen mußten (insbesondere die Bezahlung der Spiele), gehörten sie zur sozialen Elite der Provinz [Alföldy 873].

Der Landttag trat normalerweise in der Provinzhauptstadt zusammen. Doch gibt es zahlreiche Ausnahmen, die eine von der römischen Provinzialstruktur unabhängige Organisation belegen. So tagte der makedonische Landtag in Beroia, und nicht in Thessalonike; der thrakische in Philippopolis, und nicht in Perinth; der oberpannonische in Savaria, und nicht in Carnuntum. In mehreren anatolischen Provinzen versammelte er sich nach einem Rotationsverfahren in verschiedenen Städten. Da er Liegenschaften besaß (der gallische hatte Eisenbergwerke) und regelmäßige Zahlungen aus den Städten erhielt, war er finanziell unabhängig und verfügte über eine eigene Verwaltung. Dakien und einige orientalische Provinzen (Pontos, Makedonien, Zypern) schlugen als Zeichen der Autonomie mehr oder weniger regelmäßig bis zur Mitte des 3. Jhs. Münzen.

Die Versammlungen waren Anlaß für einen großen Volksauflauf, denn neben Spielen gab es auch kostenlose Verteilungen und Gastmähler. Die Einheit der Provinz zeigte sich vor allem in der Verehrung, die dem lebenden Kaiser und seinen Vorgängern erwiesen wurde. Aber zugleich war der

Landtag der Verteidiger der Interessen der Provinz gegen Übergriffe der Verwaltung. Er stimmte ab über Statuenaufstellungen oder Ehrendekrete für hohe Verwaltungsbeamte, und diese Beschlüsse dürfen nicht als stereotyp und inhaltsleer abgetan werden. Tacitus zeigt schließlich, wie sich Statthalter erniedrigten, um diese Dankbarkeitsbekundungen zu erhalten [ann. 15. 21]. Parallel dazu beschloß der Landtag über Anklagen gegen Statthalter und Prokuratoren, die aus dem Amt geschieden waren. Der berühmte Marmor von Thorigny zeigt, daß die Delegierten in Gallien von ihrer Heimatstadt ordnungsgemäß entsandt sein mußten, um gegen jemanden gerichtlich vorgehen zu können [Pflaum 641]. Die darauf folgenden Prozesse sind vor allem durch Tacitus und Plinius dem Jüngeren bekannt: Asien ließ in den Jahren 22 und 23 erst einen Prokonsul, dann einen ritterlichen Prokurator verurteilen [ann. 3. 66; 4. 15]. Plinius beschreibt den Prozeß, den die Bätika gegen einen Prokonsul und seine Gefolgsleute anstrengte, bei dem er die Provinz als Anwalt vertrat [epist. 3. 9]. Unser Quellenmaterial ist zweifellos unvollständig und bevorzugt den Anfang der Kaiserzeit. Es sind 36 Repetundenprozesse, bei denen der Senat urteilte, bekannt [Talbert 352, S. 506ff.]. Sie fallen vor allem ins 1. Jh. und unter die Regierung Traians (aber man darf daraus nicht schließen, daß sie später weniger zahlreich gewesen wären) und betreffen vor allem für die senatorischen Provinzen (die Bätika und Bithynien scheinen am Ende des 1. und zu Beginn des 2. Jhs. besonders streitbar gewesen zu sein). Vielleicht war es einfacher, von einem Prokonsul Wiedergutmachung zu erlangen als von einem kaiserlichen Beauftragten. Außerdem konnte solch ein Verfahren nur die fortschrittlichsten Regionen interessieren, die fähige Anwälte zur Hand hatten und über Einfluß in Rom verfügten. Zu Beginn der Kaiserzeit äußerten weniger entwickelte Gebiete ihre Unzufriedenheit in Aufständen.

Die Provinziallandtage dürfen nicht als Refugien einer „nationalen" Opposition betrachtet werden. Die Treue zum Kaiser und die Bejahung des römischen Systems waren untrennbar mit ihrer Schutzfunktion verbunden, zumal ihre Mitglieder aus den herrschenden Schichten der Provinzen stammten, die sich nach sehr kurzer Zeit mit dem Reich identifizierten. Vielmehr trugen sie zur Integration der Provinzen bei, da sie die Möglichkeiten der Willkürherrschaft begrenzten und neue Beziehungen zwischen Rom und den Provinzialen knüpften, zum Entsetzen der „alten Römer": „Einst [...] wurden Privatleute entsandt, die [...] berichten sollten, was sie von dem Gehorsam eines jeden einzelnen sähen, und Völker zitterten vor dem Urteil eines einzigen Mannes. Doch heute hätscheln wir die Ausländer, wir kriechen vor ihnen!" [Tac. ann. 14. 51; Senatorenrede 63 n. Chr.].

5.2.4.3 Die Realität der römischen Verwaltung

Marius Priscus, Prokonsul von Afrika, dessen Prozeß unter Traian stattfand, hatte für 300000 HS einen Ritter verbannen und sieben Menschen zum Tod verurteilen lassen, für 700000 HS einen anderen Ritter liquidiert [Plin. epist. 2. 11]. Dion wurde angeklagt, einen Prokonsul von Bithynien dazu gebracht zu haben, Bürger von Prusa foltern, verbannen und töten zu lassen [43. 11]. Laut Epiktet konnte ein Korrektor der freien Städte von Achaia ungestraft plündern [3. 7. 10]. Dergleichen Untaten erinnern an diejenigen, die Cicero am Ende der Republik beklagte und die später die spätantiken Gesetzestexte angeprangern sollten. So waren nach Meinung einiger Forscher Übergriffe in der Hohen Kaiserzeit üblich, ihre Wiedergutmachung dagegen selten. Zwar war der Frieden an sich eine gute Sache, doch es ist nicht sicher, ob sich die Qualität der Verwaltung wirklich verbesserte, ob die Kaiser ihre guten Intentionen in die Praxis umsetzen konnten.

R. MacMullen hat das „Wüten" der römischen Justiz und die Korruption im Verwaltungsapparat untersucht [615, 616]. P. Brunt [607] sammelte alle Faktoren, die einen effektiven Schutz der Provinzialen beeinträchtigten: Die Möglichkeiten, die Vertreter von Kaiser und Senat zu kontrollieren, waren sehr begrenzt; Prozesse der Provinzialen führten höchstens zu finanzieller Wiedergutmachung; die Angeklagten konnten mit der Solidarität des Senats und manchmal mit dem Schutz des Kaisers rechnen. Letztlich sei die ständige Verherrlichung der Integrität, Uneigennützigkeit und Mäßigung der hohen Beamten durch die Provinzialen der beste Beweis dafür, daß Korruption, Gewalt und Ungerechtigkeit vorherrschten. Diese Neubewertung erweist sich als notwendig gegenüber einer traditionellen Sichtweise, die den römischen Frieden und seine Vorzüge exzessiv idealisierte. Indem sie aber offensichtliches Fehlverhalten herausstreicht, zeichnet sie wohl ein übertrieben düsteres Bild; auch werden widersprechende Quellen ignoriert.

Obwohl die Anklagen der Provinzialen oft unbeachtet blieben oder bestenfalls geringe Resultate zeitigten, waren sie dennoch weit davon entfernt, für die Angeklagten bedeutungslos zu sein. Die Empörung der Senatoren, von der Tacitus berichtet [S. 211], erinnert an den Marmor von Thorigny vom Beginn des 3. Jhs. [Pflaum 641]: Sennius Sollemnis, schwerreicher Hohepriester der drei Gallien, läßt 220 eine Anklage gegen den ehemaligen Statthalter der Lugdunensis scheitern. Die immensen Vergünstigungen, die er von diesem und von dessen Nachfolger erhält, zeigen die Größe der Gefahr, mit der sich der Statthalter konfrontiert sah. Ein Prozeß konnte sich auf die weitere Karriere sehr negativ auswirken. Außerdem darf man die römische Verwaltung nur in einem größeren Kontext beurteilen. Wenn sie auch gewiß nicht tadellos war, so hatte sie zumindest weniger Unzulänglichkeiten als die der Städte, wo sich die einflußreichsten Honoratioren leicht in kleine Tyrannen verwandelten. Die administrative und juristische Praxis kann nicht von der fundamentalen Ungleichheit getrennt werden, auf der die römische Gesellschaft basierte, und auch nicht von der Härte und den Spannungen, die alle menschlichen Beziehungen prägten [S. 345ff.]. Die Rechte der Personen und Gemeinwesen waren höchst unsicher. Sie wurden durch das Gesetz und spezielle, vom Kaiser verliehene Privilegien geschützt, konnten aber auf demselben Weg zeitweise oder ganz aufgehoben werden, wenn es das öffentliche Interesse (der Stadt oder vor allem des Reiches) erforderte. Daher war die Grenze zwischen rechtmäßiger Machtausübung und tyrannischem Mißbrauch der gesetzlichen Autorität fließend. Aus persönlichem Interesse wurden die mit einem Amt verbundenen Befugnisse benützt, und Maßnahmen, die in der *utilitas publica* ihre Rechtfertigung fanden, werteten die Provinzialen als Angriffe auf ihre Rechte.

Die Realität sah wohl je nach Gegend und Epoche unterschiedlich aus. Wahrscheinlich schätzten die Eliten der am weitestgehenden integrierten Regionen die römische Verwaltung und Justiz am meisten. Normalerweise blieben Notabeln, die von ihrer Sozialstellung und ihren Verbindungen geschützt wurden, sowie Gemeinwesen, die sich alter Privilegien, großer Berühmtheit oder des Schutzes einflußreicher Patrone erfreuen durften, von Übergriffen verschont oder konnten doch wenigstens auf Wiedergutmachung hoffen. Auf der anderen Seite waren die Schwächsten prädestinierte Opfer von Korruption, Gewalt und Willkür. Die Offiziere der flavischen Zeit benahmen sich in Britannien nicht anders als Verres in Sizilien im 1. Jh. v. Chr. [Tac. Agr. 19. 4]. Zu allen Zeiten mußten die Bauern Erpressungen und Brutalitäten erdulden.

Die Gerechtigkeit von Justiz und Verwaltung sowie das Wohlwollen gegenüber den kleinen Leuten gehörten zu den Themen der kaiserlichen Propaganda. Unsere Quellen erlauben kaum, das Verhältnis zwischen guten Absichten und Realität zu bestimmen. Aber die Kaiser waren nicht hilflos und manche schafften, die Übergriffe zu begrenzen. Sueton muß feststellen, daß Domitian, geradezu der Idealtyp des Tyrannen, „soviel Sorge darauf verwandte, städtische Magistrate und Provinzstatthalter zu kontrollieren, daß sie sich niemals anständiger oder gerechter erwiesen. Sehr viele von ihnen haben wir jedoch nach ihm aller möglichen Verbrechen angeklagt gesehen." [Dom. 8. 2]. Zugegebenermaßen konnte selbst der gewissenhafteste Kaiser schwerlich ein hohes Verwaltungsniveau auf allen Ebenen aufrechterhalten – schließlich stand es ja nicht in seiner Macht, die Gesellschaft von Grund auf zu verändern. Außerdem kam es gerade dann zu Übergriffen, wenn die Machtmechanismen reibungslos funktionierten, und daran konnten auch Erlässe von Statthaltern und Kaisern nichts ändern. So wurden während der ganzen Kaiserzeit illegale Beschlagnahmungen von Unterkunft, Gespannen, Tieren und Menschen durch die Benutzer der Staatspost kritisiert, was die Gebiete, durch die die großen Straßen liefen, ausbluten ließ [Mitchell 619]. Die große Zahl der Petitionen und der diesbezüglichen Entscheide beweist nur, daß es unmöglich war, den Machtmißbrauch zu beenden. Senatoren, Ritter, Armeeangehörige, kaiserliche Freigelassene und Sklaven benahmen sich wie eine arrogante Nomenklatura, die sich über alle Regeln hinwegsetzte – und wahrscheinlich war die Duldung ihrer Übergriffe der Preis, der für die Verwaltung des Reiches gezahlt werden mußte.

Die Römer wußten sehr gut, daß ihre Herrschaft nur dann von Dauer sein konnte, wenn sie akzeptiert wurde, wenn eine für alle vorteilhafte Regierung den Haß der Untertanen besänftigte. Der innere Friede war gewiß nicht allumfassend, die Verwaltung nicht untadelig, und der Wohlstand kam hauptsächlich einer kleinen Elite zugute. Obwohl aber das System in erster Linie zum Vorteil der *honestiores* arbeitete, weisen die innere Stabilität und das Aufblühen des Reiches darauf hin, daß die Situation der kleinen Leute normalerweise nicht unerträglich war. Wenn auch die Ägypter stets die Flucht in die Wüste praktizierten, so begegnen erst in der Spätantike die literarischen Themen von der Flucht verzweifelter Römer zu den Barbaren oder von der Barbarenherrschaft, die dem ungerechten römischen Reich vorzuziehen sei.

5.3 Die Vassallenstaaten

„Das Imperium des römischen Volkes" beschränkte sich nicht auf die eigentlichen Provinzen. Wie bereits gesehen, konnten Garnisonen außerhalb der Provinzen stationiert sein, und die Truppen bestimmter Völker wurden eingezogen. Zur Zeit der Republik war die Provinzialisierung nur eine der Herrschaftsformen. Die Vassallenstaaten, die zumindest aus römischer Sicht nur Satellitenstaaten mit ausschließlich innerer Autonomie waren, gab es auch in der Kaiserzeit. Der römische Einfluß machte sich auf verschiedene Art und Weise geltend, je nach Region und Zeitabschnitt, nach den Kräfteverhältnissen, die stets in Frage gestellt werden konnten, nach den Absichten der Kaiser und auch nach der Art der Staaten. Man kann also nicht *den* typischen Klientelstaat vorstellen. An den beiden Enden des Spektrums findet man einerseits ein Königreich wie (Groß-)Armenien, wo die römische Oberhoheit bisweilen nur nominell war, und andererseits Fürstentümer, die integrale Bestandteile von Provinzen (so z. B. von Syrien) waren und deren

Autonomie der von privilegierten Städten entsprach. Die einzige Gemeinsamkeit von all diesen „Freunden und Verbündeten des römischen Volkes" war wahrscheinlich die absolute Vormachtstellung Roms, was Beziehungen auf der Grundlage von Gleichheit und Wechselseitigkeit ausschloß. Während man die indirekte Kontrolle ursprünglich auf griechische oder hellenisierte Staaten anwandte, hielt man in der Kaiserzeit Vassallenstaaten für politisch und kulturell rückständig, da bei ihnen Stammesstrukturen oder Zentralverwaltungen vorherrschten.

Unsere Quellen zu den Satellitenstaaten sind sehr ungleich. Bis zum Regierungsantritt von Vespasian ist Flavius Josephus höchst wertvoll. Er informiert in erster Linie über die Geschichte der Familie des Herodes, des Königs von Judäa, dessen Nachkommen Herrscher in Syrien bis zum Ende des 1. Jhs. stellten und deren Schicksal und Rolle wohl denen anderer, weniger gut bekannter Dynastien vergleichbar ist. Während uns Strabon ein farbiges Bild Anatoliens in der augusteischen Epoche bietet, liefert Tacitus verstreute Hinweise, häufig nur Anspielungen, für die julisch-claudische Zeit. Ferner muß man vor allem auf die Epigraphik, die Numismatik und die Archäologie zurückgreifen, die alle jedoch nur punktuelle Informationen geben.

Es ist schwierig, ein Ordnungssystem der Klientelstaaten aufzustellen, das ihre Bedeutung und ihren Autonomiegrad berücksichtigen würde, und dies um so mehr, als sich ihre Situation in der Praxis häufig veränderte. Bei den meisten Klienten fehlte eine juristische Definition, die die Formen und Grenzen des Gehorsams festgelegt hätte. Abhängigkeit und Pflichten ergaben sich automatisch aus der akzeptierten Hegemonie des römischen Volkes, zu der nunmehr die Allmacht des Kaisers kam, und nur die lokalen Umstände bestimmten ihre Grenzen. Im Prinzip verdankte der Vassall seine Macht ganz und gar dem Kaiser, und folglich mußten seine Verpflichtungen nicht festgelegt werden. Einige Inschriften aus Volubilis zeigen vielfältige Differenzierungen in den Beziehungen zwischen den römischen Stellen und einem maurischen Stamm an der Peripherie des Reiches von Marc Aurel bis zum Ende des 3. Jhs. [Frézouls 657]. Die Baquaten gehörten nicht zur Provinz, da man im 3. Jh. regelmäßig Altäre „zur Bestätigung des Friedens" errichtete. Aber ihre Stellung variierte. Der Häuptling der Baquaten trug normalerweise den Titel *princeps*. Aber einer war als König anerkannt, während ein anderer *princeps constitutus* genannt wird, also von den Römern eingesetzt war; dessen Sohn starb als Geisel in Rom. Einige Inschriften belegen die zeitweilige Vereinigung der Baquaten mit einem stärkeren Stamm, was die Römer, für die Einzelstämme zweifellos leichter handhabbar waren, sicher nicht gebilligt hatten. Diese hochinteressanten Inschriften ermahnen also dazu, Unterlegenheit oder Vassallenschaft nicht mit völliger Abhängigkeit zu verwechseln.

Die einzelnen Dynasten

Diese vereinfachte Liste soll in erster Linie zeigen, wie veränderlich die politische Situation war. Vgl. für das südliche Syrien die Legende der anderen Karte.

Arka: Fürstentum im Libanon, an Agrippa II. (von Judäa), ca. 50–92/3.

Emesa: Priesterdynastie, abgesetzt zwischen 30 v. Chr. und 20 v. Chr.; Annexion nach 72 (Domitian?). Familie besteht bis Elagabal (218–222) weiter.

Galatien: Amyntas (36 v. Chr.–25 v. Chr.). Das Territorium reicht weit über die Grenzen der historischen Landschaft Galatien hinaus (aufgrund der Gunst des Antonius). Provinz 25 v. Chr.

Kappadokien: Archelaos (36 v. Chr.–14. n. Chr.). Das Königreich wird um Kleinarmenien, das westliche Kilikia Tracheia und Teile des Tarkondimotos-Reichs (20 v. Chr.) erweitert. Personalunion mit Pontos Polemoniakos (8 v. Chr. bis 14 n. Chr.).

Kilikien: besonders komplizierte und umstrittene Situation. Kilikia Pedias (ebenes Kilikien): freie oder von Syrien abhängige Städte.

Kilikia Tracheia (rauhes Kilikien): sehr bergiges Gebiet, das unter lokalen Dynasten und fremden Königen aufgeteilt war.

- Der Westen gehörte nacheinander Amyntas von Galatien, dann Archelaos von Kappadokien I. (25 v. Chr.–14 n. Chr.) und II. (15–36), darauf Antiochos IV. von Kommagene (38–72). Nach der Annektierung (72) behielten dort Iotape, eine Tochter des Antiochos, und ihr Gatte, der König Alexander (von Judäa) ein Fürstentum.
- Östlicher lag der Priesterstaat Olbe: Dynastie der Teukriden, danach Polemon II. (vom Bosporanischen Reich) (41–ca. 72).
- Im Nordosten befand sich das Reich des Tarkondimotos I. (starb 31 v. Chr.) (auch Amanos-Reich genannt), das Tarkondimotos II. (20 v. Chr.–17 n. Chr.) verkleinert übernahm. Dann wird der reiche Südwesten an die Pedias angeschlossen (mit Anazarba), der Nordosten an Antiochos IV. von Kommagene gegeben (17? bzw. 38?–72).

Kleinarmien: Archelaos von Kappadokien (20 v. Chr.–14 n. Chr.); römisch verwaltet; 38–54 Kotys (von Pontos); 54–71 Aristobulos (von Chalkis, Syrien); 71/72 wieder an Kappadokien angeschlossen.

Kommagene: Lokale Dynastie. 17 wird Antiochos III. abgesetzt, danach ist Kommagene eine an Syrien angeschlossene Präfektur. Antiochos IV. wird 38 als König installiert und bald wieder abgesetzt, aber 41–72 wieder König mit vergrößertem Reich. Seine Nachkommen werden römische Senatoren.

Lykien: koinon von Städten, das 43 annektiert wird. Provinz zusammen mit Pamphylien. Rechtsstellung unter Nero unklar.

Paphlagonien: Proromische Dynastie. 6/5 v. Chr. stirbt Deiotaros Philadelphos und Paphlagonien wird an Galatien angeschlossen.

Pontos Galatikos: Gruppe von kleinen Fürstentümern und Priesterstaaten. Die meisten werden 3/2 v. Chr. an Galatien angeschlossen. Zela und Komana (Priesterstaaten) bleiben bis 34 unabhängig.

Pontos Polemoniakos: Polemon I. (37 v. Chr.–8 v. Chr.), Königreich mit wechselnden Grenzen; kontrolliert zu gewissen Zeiten den Bosporos (Krim) und Kleinarmenien; das beherrschte Gebiet erstreckt sich am schwarzen Meer entlang (Pontos Kappadokikos) bis nach Kolchis (Georgien). 8 v. Chr.–14 n. Chr. gehört Pontos Polemoniakos zu Kappadokien. Unter Tiberius annektiert? Polemon II. (38–63, abgesetzt). 63 Anschluß an Thrakien.

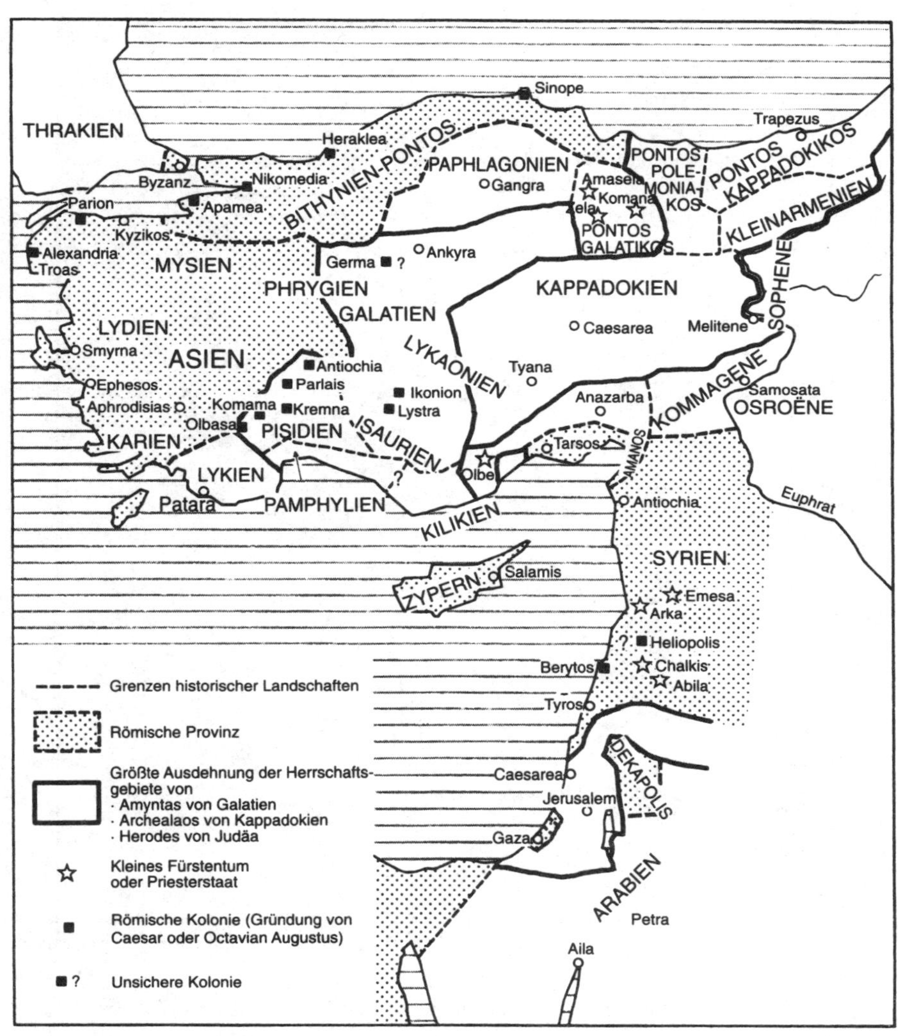

Kleinasien und Syrien zu Beginn der Kaiserzeit

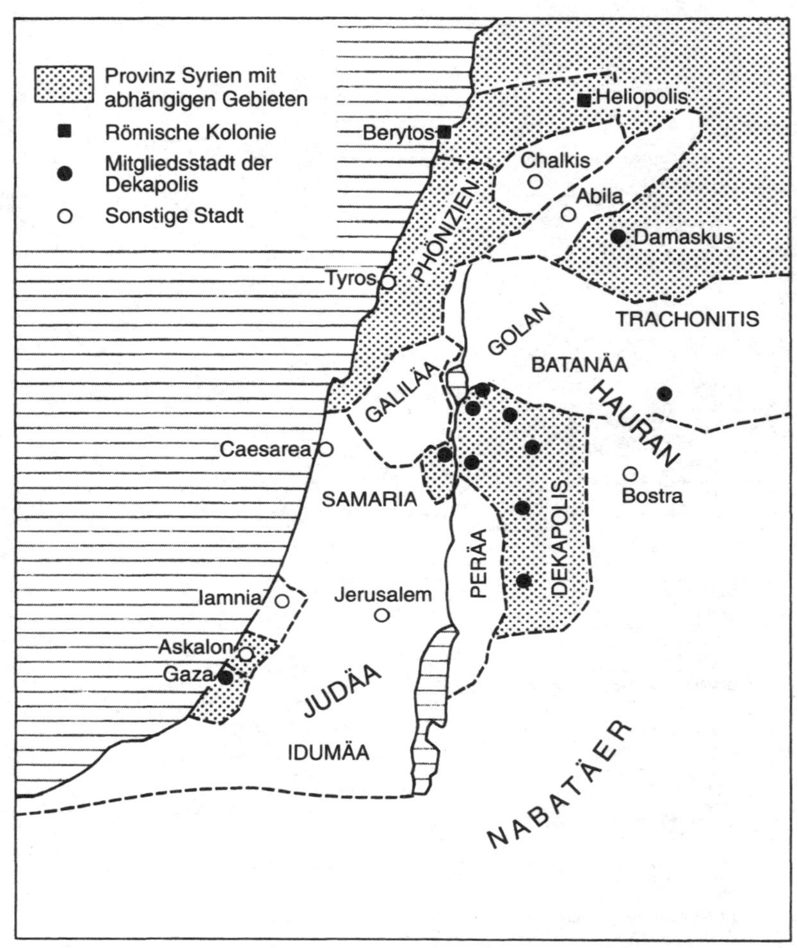

Die Zersplitterung der syrischen Staaten
Das Beispiel von Herodes' Hinterlassenschaft bis zur Mitte des 1. Jhs.

Die einzelnen Dynasten

Abila: Tetrarchie des Lysanias; 37 an Agrippa I.; 53 an Agrippa II.
Chalkis: 41 an Herodes II.; 50 an Agrippa II., dann an einen Sohn von Herodes II.
Dekapolis: hellenisierte Städte in Abhängigkeit vom Legaten von Syrien.
Galiläa: 4 v. Chr. bis 38 n. Chr. Antipas; 39–44 Agrippa.
Golan-Batanäa-Trachonitis: 4 v. Chr. bis 34 n. Chr. Philipp; 37–44 Agrippa.
Iamnia: ca. 10 n. Chr. von Salome an die Kaiserin Livia persönlich vermacht.
Judäa: 4 v. Chr. bis 6 n. Chr. Archelaos; römische Provinz; 40–44 Agrippa.
Peräa: 4 v. Chr. bis 38 n. Chr. Antipas; 39–44 Agrippa.

5.3.1 Die einzelnen Staaten

Actium war die Gelegenheit, im Orient für Ordnung zu sorgen. Aber Octavian vermied grundlegende Änderungen, sondern folgte vielmehr der Politik der *imperatores* des 1. Jhs. v. Chr., die die alten Dynastien konsolidiert oder aber ihre eigenen Marionetten eingesetzt hatten. Nach der Ausschaltung von Kleopatra fielen gewisse Gebiete ans Reich zurück (z. B. Zypern und die Kyrenaika, die Antonius weggegeben hatte). Ferner setzte man einige Getreue des Antonius ab, besonders diejenigen, die der Triumvir an die Spitze von Städten gestellt hatte und die als „Tyrannen" galten. Aber die meisten Dynasten wurden in ihren Besitztümern bestätigt, inklusive solche, die ihre Stellung allein Antonius verdankten, wie Amyntas von Galatien oder Archelaos von Kappadokien.

Zu Beginn der Herrschaft des Augustus machten die Provinzen nur einen Teil des römischen Orients aus. Im Balkan formte Thrakien einen Block zwischen der Ägäis und der Donau. In Anatolien waren nur Asien, Pontos-Bithynien und ein Teil Kilikiens (der zu Syrien gehörte) römische Provinzen. Neben den beiden großen Königreichen von Amyntas (Galatien) und Archelaos (Kappadokien) gab es das lykische *koinon*, Königreiche von geringerer Bedeutung wie Pontos, Kleinarmenien oder Kommagene, und zahlreiche kleine Fürstentümer. Die Provinz Syrien umfaßte Städte und Tetrarchien unter Dynasten; an ihrer Peripherie lagen kleine Königreiche (Chalkis, Emesa) sowie das etwas größere, um Judäa zentrierte Reich des Herodes. Galatien und Kappadokien wurden bald in Provinzen umgewandelt (genau wie das afrikanische Königreich Mauretanien). Nur die kleineren Staaten blieben übrig. Vor dem Ende des 1. Jhs. waren sie an Provinzen angeschlossen worden. Traian machte das friedliche Königreich der Nabatäer zur Provinz Arabien. Als Septimius Severus Mesopotamien annektierte, ließ er die osroënische Dynastie von Edessa fortbestehen. Seit Augustus geriet das hellenisierte Bosporanische Reich, das sich über die Krim und die Halbinsel Kertsch erstreckte, unter römischen Einfluß.

Die Situation im Westen war von vorneherein geregelter (da ja die Nordfront seit Augustus am Rhein und an der Donau feststand), und sie wurde nur durch die Eroberung von Britannien seit Claudius und von Dakien unter Traian modifiziert. Aber trotz der Annektierungen, vor allem unter der julisch-claudischen Dynastie, hielten sich lokale Dynasten, die den Titel König (z. B. in Britannien) oder, häufiger, Fürst (*princeps*) führten. Gleichzeitig wurden die meisten Nachbarvölker des Reiches vassallisiert oder entmachtet, weil sich die direkte Kontrolle jenseits von Rhein und Donau (mit Ausnahme der Dekumatenlande und Dakiens) als unmöglich erwiesen hatte. Doch blieb die römische Oberherrschaft dort unsicher und war niemals definitiv.

5.3.2 Abhängigkeit und Integration der Klienten

Im folgenden sollen die Staaten, die am weitesten ins römische System integriert waren, betrachtet werden, nämlich diejenigen, die von Provinzen abhingen oder später assimiliert wurden [s. a. Band II].

Die Vassallenherrscher waren die Bauern in einem Schachspiel, dessen Regeln Rom bestimmte und das es allein zu spielen vorgab. Der Kaiser steckte ihre Herrschaftsgebiete ab; je nach seinen Interessen vergrößerte oder verkleinerte er sie oder löste sie ganz auf. Die Dynasten galten für wenig mehr als Handlanger Roms und besaßen keine Macht über ihr Schicksal. Die Extremform stellen die Dynastien von Cottius in den westlichen Alpen [660] und von Eurykles von Sparta [652] dar, wo der Herrscher offiziell den Status eines Repräsentanten des Kaisers besaß. Augustus ließ ein kleines Königreich um Segusio dem Cottius, dem Sohn des dortigen Königs, mit dem Titel eines „Präfekt der Städte" [ILS 94]. Dessen Sohn Donnus ist gleichfalls als „Präfekt der cottischen Städte" belegt [AE 1981, 462], und Claudius änderte an der realen Situation nur wenig, als er einem zweiten Sohn wieder den Titel König zugestand. Augustus' Gunst hatte aus C. Iulius Eurykles den Herrn über Sparta gemacht. Sein Sohn und sein Enkel behielten seine Machtstellung, aber als Prokuratoren des Kaisers [Pflaum 854, Nr. 24b]. Die Situation der Tetrarchen der Provinz Syrien oder der Priesterfürsten von Komana (die innerhalb Galatiens bis ungefähr 34 n. Chr. autonom blieben) sah höchstwahrscheinlich nicht sehr viel anders aus. Außerhalb seines Königreichs Judäa agierte Herodes als „Prokurator von ganz Syrien" [Ios. bell. Iud. 1. 399].

Zwar hatten die meisten Klientelstaaten einen gewachsenen Kern, doch es wurden auch uneinheitliche Komplexe geschaffen (wie Amyntas' Großgalatien), die teilweise auf Provinzen übergriffen (wie das große Reich von Agrippa I.). Manche Dynasten erhielten Gebiete außerhalb ihres Herkunftslandes. So entsandte Nero 54 n. Chr. zwei syrische Dynasten, um Teile von Armenien zu regieren: Aristobulos, Sohn des Königs von Chalkis, nach Kleinarmenien und Sohaemus, König von Emesa, in die benachbarte Sophene. Bergige Teile von Kilikien gingen an Amyntas von Galatien, dann an Archelaos von Kappadokien, später, unter Claudius und Nero, an Polemon, König von Pontos, und an Antiochos IV. von Kommagene [661–664].

Die Macht der Dynasten war gänzlich unsicher [654]. Sie wurden häufig abgesetzt, oft aber auch restauriert. Kein Herrscher konnte sicher sein, daß er sein Herrschaftsgebiet seinen Erben würde weitergeben können, oder auch nur, daß es weiter existierte. So schlug Tiberius nach dem Tod von Antiochos III. im Jahr 17 die Kommagene zu Syrien. Caligula gab sie dessen Sohn Antiochos zurück, nahm sie ihm dann aber wieder weg. Claudius restaurierte wiederum Antiochos. Jede autonome Außenpolitik war ihnen untersagt, insbesondere jeder Konflikt untereinander. Es kam zu sehr komplizierten Heiratsverbindungen zwischen den einzelnen Familien. Das so entstandene Netz von Verbindlichkeiten setzt voraus, daß Rom diese Ehen tolerierte und sogar förderte. So ehelichte z. B. der thrakische König Kotys die Tochter Polemons, des Königs von Pontos und dem Bosporanischen Reich. Sein gleichnamiger Sohn wurde von Caligula zum König von Kleinarmenien gemacht. Ein anderer Sohn namens Polemon wurde König von Pontos und heiratete die berühmte Berenike, die Tochter von Agrippa I. von Judäa.

Selbst innenpolitisch drohte ihnen jederzeit eine römische Intervention. Ein König konnte nach Rom zitiert werden, um sich zu rechtfertigen, und dort wurde dann über ihn geurteilt, und zwar auch auf Klage seiner Untertanen hin. Am Ende der Herrschaft des Archelaos fand sich ein römischer Prokurator in Kappadokien. Den Rang der Herrscher legte Rom fest: Man konnte sie auf den niedrigen Status eines Tetrarchen oder Ethnarchen beschränkten, ihnen den Rang König zuerkennen oder ihren Titel dem Einzelfall anpassen („Tetrarch mit königlichen Ehren", „Großkönig"). Diese Staaten mußten Tribut entrichten, und ihr Beitrag in militärischer Hinsicht war bedeutend. Sie entlasteten die römische Armee, indem sie große Grenzabschnitte bewachten. Die Satellitenstaaten waren normalerweise nicht mit römischen Truppen belegt. Wenn doch eine Garnison stationiert war, wie im bosporanischen Reich im 2. Jh. oder manchmal in Armenien, so schützte sie eher den König oder verstärkte seine Truppen, als daß sie die römische Oberhoheit hätte sichern müssen.

Das Wissen um ihre Schwäche und der absolute Autoritätsanspruch Roms erklären nicht allein, warum die Vassallen im allgemeinen treu blieben und sich auf die ihnen zugewiesene Rolle beschränkten. Man muß annehmen, daß ihre Loyalität wohlbedacht, manchmal auch aufrichtig war. Abgesehen von ein paar Kleinkönigen handelte es sich bei den Klientelfürsten um normalerweise völlig assimilierte römische Bürger. Um nur ein Beispiel zu nennen: Unter Nero trug der „Großkönig" von Emesa den Namen Gaius Iulius Sohaemus, „*Philocaesar* und *Philorohmaeus* [sic!]", Patron und *duumvir quinquennalis* der römischen Kolonie Heliopolis/Baalbek und „geehrt mit den Konsularornamenten". In Rom und den Provinzen stand man ihm die Würde eines gewesenen Konsuls zu (ohne daß er Senatsmitglied hätte sein müssen) [ILS 8958]. Herrscher wie Iuba von Mauretanien, Herodes von Judäa, Donnus von den cottischen Alpen oder die Dynasten Spartas erscheinen regelmäßig als Magistrate oder Euergeten in Provinzstädten, auch in römischen Kolonien wie Carthago Nova/Cartagena, Berytos/Beirut oder Taurasia/Turin. Der erste Priester des provinzialen Kaiserkults in Syrien war Dexandros, „Tetrarch mit königlichen Ehren" [AE 1976, 678]. Die wichtigsten dieser Persönlichkeiten hatten einen Wohnsitz in Rom, wo sie meist ihre Kindheit verbracht und Verbindungen zu Senatoren und Mitgliedern der kaiserlichen Familie geschlossen hatten. Ihre Existenz war außerhalb des Reiches eigentlich nicht denkbar. „Denn wenn es ihnen auch gut gehen mochte, so ertrugen sie es doch nicht, außerhalb des römischen Reiches zu leben." Diese Feststellung von Josephus über die Söhne von Antiochos IV. von Kommagene, die nach der Absetzung ihres Vaters 72 zu den Parthern geflohen waren [bell. Iud. 7. 242], dürfte wahrscheinlich auf viele dieser Herrscher zugetroffen haben.

5.3.3 Die Tätigkeit der Vassallen und die Assimilation ihrer Staaten

Die Hauptpflicht der Klientelfürsten bestand darin, für Ruhe in ihren Herrschaftsgebieten zu sorgen, d. h. insbesondere Widerstandsnester (offiziell: „Räuberei") und stets aufsässige Völker (wie die Isaurer und Kilikier in Anatolien und die Ituräer in Syrien) im Zaum zu halten. Außerdem waren die einheimischen Dynasten zweifellos besser in der Lage, Völker mit der griechisch-römischen Welt fremden politisch-sozialen Strukturen zu regieren. Zumeist war die Staatverwaltung zentralisiert, und die Bezirke unterstanden königlichen Beamten.

Doch sie beschränkten sich nicht auf Repression und straffe Verwaltung. Eine dauerhafte Pazifizierung setzte Zivilisation, also Urbanisierung voraus. In der Tradition der hellenistischen Könige gründeten oder bauten die meisten dieser Dynasten Städte aus, organisierten manche als Poleis nach griechischem Vorbild und errichteten die mit dem griechischen Städtewesen untrennbar verbundenen Monumente. Einige dieser Männer waren richtige Intellektuelle, wie Archelaos von Kappadokien oder Iuba von Mauretanien, deren Werke zu den Quellen Plinius' des Älteren gehörten. Ihre Bedeutung für die wirtschaftliche Entwicklung ist schwerer greifbar, aber das Ideal vom König als Wohltäter läßt ihr Interesse daran vermuten. Einige Staaten waren reich; jedenfalls zogen die Monarchen hohe Einkünfte aus ihnen. Die Annektierung von Kappadokien 17 n. Chr. erlaubte die Halbierung der einprozentigen Steuer auf Verkäufe, und 69 n. Chr. wurde Antiochos IV. von Kommagene „mächtig durch alte Reichtümer" [Tac. ann. 2. 42; hist. 2. 81].

Der politische Erfolg einiger Dynasten wäre eine Erklärung für die Eingliederung ihrer Staaten, die nunmehr als hinreichend zivilisiert erschienen und mit ihren Reichtümern lockten. Aber auch andere Gründe konnten ihre Eliminierung rechtfertigen, und zwar in erster Linie das Gegenteil, nämlich das Scheitern der Herrscher. Die Unfähigkeit des Archelaos von

Judäa und des gleichnamigen Königs von Kappadokien führten zur Annektierung ihrer Reiche. Die unaufhörlichen Familienfehden, die in vielen Dynastien eine liebe Gewohnheit waren (wie bei denen von Thrakien und Judäa), erklären einige Auflösungen. Zwar lieferten diese Staaten Hilfstruppen, aber sie konnten kraftvoll vorgetragenen Offensiven wohl nicht begegnen. Im übrigen waren die stärkeren Dynasten versucht, mehr Autonomie zu erwerben und eine selbstbestimmte Politik zu betreiben, bis zu einem Punkt, wo sie den Kaiser beunruhigten. Agrippa I. z. B. ließ Jerusalem befestigen und berief um 42 eine Konferenz der Könige der orientalischen Pufferstaaten ein (Pontos, Kleinarmenien, Kommagene, Emesa und Chalkis), die der Statthalter von Syrien auflöste. Die am weitesteten entwickelten Eliten, vor allem die der hellenisierten Städte, konnten auch die Provinzialisierung erstreben, die ja mehr Autonomie im Inneren verhieß. Als 17 n. Chr. Antiochos III. von Kommagene und Philopator, König in Nordostkilikien, starben, „wollten die meisten eine römische Herrschaft" [Tac. ann. 2. 42].

Zu betrachten bleibt die Politik der einzelnen Kaiser, die nicht nur von ihren guten bzw. schlechten Beziehungen zu den einzelnen Dynasten erklärt wird, wie die antiken Historiker meinen. Tiberius scheint gern annektiert zu haben. Claudius dagegen restaurierte Pufferstaaten an der Ostgrenze oder verstärkte sie, während er gleichzeitig Thrakien, Lykien und Mauretanien annektierte. Die Flavier und Traian kehrten zwar zu der Politik des Tiberius zurück, doch die orientalischen Königreiche wurden nur langsam absorbiert. Man kann von einer neuen Strategie im Osten sprechen, die die Grenzen an den Rand der Wüste vorschob und sie im Norden in direkten Kontakt mit den Parthern brachte. Mit dem Ostfeldzug des Lucius Verus griff man wieder auf Satellitenstaaten zurück. Die Länder östlich des Euphrat wurden nicht annektiert, sondern vassallisiert. Obwohl Septimius Severus ein römisches Mesopotamien zwischen Euphrat und Tigris gründete, ließ er das Königreich Osroëne bestehen und machte Adiabene (östlich des Tigris) zum Vassallenstaat.

Die Provinzialisierung lief zumeist ohne Schwierigkeiten ab, durch einfache Übergabe oder nach begrenzten Militäraktionen. Als z. B. die Armee Syriens 72 in Kommagene einfiel, leistete Antichos IV. keinen Widerstand, und die Truppen unter dem Kommando seiner Söhne liefen zu den Römern über. Nach der Ermordung des Königs von Mauretanien durch Caligula mußte dieses Land gewaltsam eingenommen werden. Aber die Stadt Volubilis kämpfte auf Seiten der Römer. Die Annektierung führte weder zu einem Bruch noch zu einer größeren sozialen Umwälzung. Viele bedeutende Stadtaristokraten von Kleinasien und Syrien beriefen sich auf Könige oder Tetrarchen als Ahnen, deren Privilegien und Würden ihnen erhalten blieben. Ein Stadtadeliger aus Apamea in Syrien, der von Tetrarchen abstammte, erfreute sich unter Traian bestimmter Immunitäten und „königlicher Ehren" [AE 1976, 677f.]. Diese Leute stellten Führungspersönlichkeiten in den Städten, Priester für den provinzialen Kaiserkult, später (ab Vespasian) die ersten römischen Senatoren orientalischer Herkunft, wie C. Iulius Antiochus Epiphanes Philopappus, Enkel des letzten Königs von Kommagene und Konsul im Jahr 109, oder C. Iulius Eurycles Herculanus, der von den Dynasten von Sparta abstammte und unter Traian Senator war.

5.3.4 Die Vassallen jenseits von Rhein und Donau

Das ausgesprochen spärliche Quellenmaterial bietet für den Raum jenseits von Rhein und Donau zunächst dasselbe Bild wie im Orient: eingesetzte Herrscher, die teilweise in Rom erzogen wurden und mit dem Kaiserhaus oder römischen Bürgern Verbindungen geknüpft hatten; römische Garnisonen in diesen Staaten; die Verpflichtung zur Stellung von Hilfskontingenten; von Rom abgesteckte Grenzen und zur Rechenschaft gezogene Herrscher. Dennoch verlief die Entwicklung während der drei Jahrhunderte anders. Nicht nur schloß man diese Vassallenstaaten niemals an Provinzen an; die meisten wurden vielmehr ab der Mitte des 2. Jhs. zu einer Bedrohung für das Reich. Eineinhalb Jahrhunderte lang arbeitete das System zufriedenstellend; doch kann man mit wenigen Worten die Unterschiede zu den orientalischen Klientelstaaten zusammenfassen, die das letztliche Scheitern miterklären [Demougeot 573].

Tacitus verfaßte die Germania im Jahr 98, als die meisten orientalischen Vassallenstaaten schon provinzialisiert waren. Er wollte zeigen, daß die germanischen Stämme keine globale Gefahr darstellten und ohne größere militärische Anstrengungen vassallisiert werden könnten. Aber er dachte nicht an ihre Integration, obwohl einige Stämme, wie die Hermunduren, seit Beginn der Kaiserzeit treue Verbündete waren. Die römische Haltung findet vor allem in der Kultur der Nordbarbaren ihre Erklärung. Ihr politisch-soziales System machte sie zu Feinden der Assimilation, die die Akkulturation und vor allem die Urbanisierung zur Voraussetzung hatte. Sie war auch durch die Instabilität der Stämme gerechtfertigt, die zunächst geographischer, aber auch innerer Natur war, und durch das Fehlen einer wirklich stabilen Macht, was die aufgenommenen Beziehungen stets in Frage stellte. Neben diesen Fakten wird der Stereotyp des Barbaren die kaiserliche Politik beeinflußt haben.

Diese Politik hatte zwei Gesichter: Auch wenn sie sich bemühte, dauerhafte Abhängigkeitsverhältnisse zu schaffen, so war ihr Ziel doch anscheinend stets die Schwächung der Stämme, indem sie Instabilität und Spannungen förderte. Die einzelnen Verbündeten überwachten und bekämpften sich sogar. Mit Geld wurde für Zwist im Inneren gesorgt. Während Rom vorgab, seine Macht außerhalb der Provinzgrenzen auszuüben, machte sich stets die Versuchung bemerkbar, die beiden Welten voneinander zu isolieren, indem man die Kontakte auf ein Minimum beschränkte. Das Verbot, sich der Donau zu nähern, das Marc Aurel den Markomannen, den Quaden und den Jazygen erteilte, um so einen „Sicherheitsabstand" zwischen Reich und *barbaricum* zu schaffen, ist dessen extremster Ausdruck. Aber schon am Ende des 1. Jhs. bezeichnet Tacitus das Recht der Hermunduren, im Reich Handel treiben zu dürfen, als Ausnahmeprivileg [Germ. 41]. Vielleicht muß man zwischen keltischen oder keltisierten Völkern, die assimilierbar waren, und den Germanen und Sarmaten unterscheiden. Vermutlich fehlte aber auch einfach die Zeit. Die vollständige Integration Galliens ins Reich dauerte fast zwei Jahrhunderte. Wenn auch am Ende des 2. Jhs. einige Grenzstämme zweifellos genauso weit fortgeschritten waren wie die Belger oder die Möser zur Zeit ihrer Annektierung, so hatten sich die militärischen Vorgaben geändert. Das Projekt, im Jahr 175 die Provinzen Sarmatien und Markomannien einzurichten, das man nur aus der zweifelhaften Historia Augusta kennt [Marc. 24], war kaum realisierbar.

6 Die Rechtsstellungen von Personen und Gemeinden

6.1 Die Bürgerrechte

6.1.1 Das lokale Bürgerrecht

Jeder einzelne war Mitglied einer Gemeinde, einer Stadt, eines Volkes oder eines Stammes, und bis zur allgemeinen Vergabe des römischen Bürgerrechts im Jahr 212 lebten die Bewohner des Reichs mehrheitlich nach dem Recht ihres Gemeinwesens, was von Rom akzeptiert wurde. Die Reichsbewohner besaßen einen unterschiedlichen Status, je nachdem ob sie Bürger einer Stadt (*civitas, polis*) waren oder einem Gemeinwesen ohne staatliche Organisation angehörten (Volk, Stamm). In Ägypten wurde außerhalb der drei (später vier) Städte der soziale Vorrang der „Griechen" (Nachkommen der griechischen und makedonischen Siedler und als Hellenen anerkannte Ägypter) durch die Ausarbeitung privilegierter Rechtsstellungen anerkannt, die den Eliten der Nomen-Metropolen zugute kamen [Modrezejewski 677].

Der Erwerb des lokalen Bürgerrechts vollzog sich nach den Richtlinien der jeweiligen Stadt. So erhielten in den Gemeinden römischen Rechts Freigelassene die Herkunft ihres Patrons. Das Bürgerrecht wurde gemeinhin vom Vater weitergegeben, doch gab es in dieser Hinsicht Unterschiede entsprechend dem lokalen Familienrecht oder den Privilegien einiger Städte [Dig. 50. 1. 1]. Es war vom Wohnort unabhängig, der Umzug in eine andere Stadt bedeutete nicht seinen Verlust. So entstanden komplizierte Situationen. Ein Fremder konnte in einer Stadt einfach nur Grundeigentümer, de-facto-Einwohner (*consistens*) oder Inhaber eines Wohnrechtsprivilegs (*incola*) sein. Diese Stellungen zogen verschiedene Rechte und Pflichten nach sich. Außerdem schlossen viele Städte einen Teil ihrer Einwohner aus dem Bürgerrecht aus. So erging es z. B. den nicht hellenisierten Landbewohnern in Kleinasien und – anscheinend häufig? – den Eingeborenen, die auf dem Territorium römischer Kolonien lebten.

Den *incolae* konnten gewisse Verantwortlichkeiten in ihrem Wohnort zugänglich sein [ILS 1374], und sie durften mancherorts in den Volksversammlungen mitstimmen [Stadtrecht von Malaca, ILS 6089, § 53]. Doch im Normalfall war das öffentliche Leben (Teilnahme an Volksversammlungen, lokale Ehrenämter, Nutzung von Staatsland, Verteilungen) den Bürgern vorbehalten.

Im *Euboikos* [or. 7] von Dion Chrysostomos will ein Hirte sein Bürgerrecht nur durch die Behauptung nachweisen, daß sein Vater an einer Geldverteilung in der Stadt teilgenommen habe. Im 2. Jh. behielt Thespiai in Achaia die Urbarmachung von Staatsland seinen Bürgern vor.

Allein der Kaiser konnte den ursprünglichen Status verändern und so eine Person von einer Stadt zu einer anderen transferieren, so z. B. wenn er Kolonisten bei der Gründung einer neuen Kolonie von ihren alten Bindungen löste [ILS 2460]. Allerdings verliehen Städte ihr Bürgerrecht, das dann zu dem ursprünglichen hinzu trat. Dieses Phänomen findet sich besonders häufig im Orient; es betraf Notabeln, Künstler oder Sportstars, mitunter auch hohe Beamte. Die Kaiser versuchten diesbezügliche Auswüchse einzudämmen [Nörr 699]. Der Stadt Athen wurde von Augustus das Recht entzogen, ihr begehrtes Bürgerrecht zu verleihen, mit dem sie einen schwungvollen Handel aufgezogen hatte. Das Bürgerrecht verlieh man oft ehrenhalber, aber es war deswegen noch lange kein bloßer Ehrentitel. Ein Beispiel: Die Einwohner von Tyras, einer Hafenstadt des Schwarzen Meeres nördlich des Donau-Deltas, waren von den römischen Handelssteuern befreit. Infolgedessen war das Bürgerrecht von Tyras heißbegehrt, und Septimius Severus machte daher jede weitere Bürgerrechtsvergabe von der Genehmigung durch den untermösischen Statthalter abhängig [Jacques 757, S. 654f.].

Mehrere Bürgerrechte oder der Ansässigkeits-Status führten zu konkurrierenden Pflichten gegenüber mehreren Städten. Das Recht der severischen Zeit kennt besonders viele mögliche Konflikte zwischen Gemeinwesen. Doch war die Situation an sich nicht neu: Seit Beginn der Kaiserzeit rechnete man mit Verpflichtungen, die sich aus dem Besitz zweier Bürgerrechte ergeben konnten [Inschrift von Vardagate in Ligurien: ARS 182]. Aelius Aristides, Bürger von Smyrna, hat seine Auseinandersetzungen mit Hadrianutherai, wo er eine Domäne besaß und das ihm Bürden aufhalsen wollte, ausführlich erzählt [4. Heilige Rede]. Jedoch waren die Probleme, die sich aus der Kombination von römischem und lokalem Bürgerrecht ergaben, größer.

6.1.2 Die Bedeutung des römischen Bürgerrechts

Ob er nun aus Rom, Bürger einer Gemeinde römischen oder latinischen Rechts oder Mitglied eines peregrinen Gemeinwesens war – nur der Römer besaß volle Rechsfähigkeit. Lange Zeit wurde behauptet, daß das römische Bürgerrecht in der Kaiserzeit allmählich seine Bedeutung verloren hätte und daß die juristischen vor den sozialen Unterschieden verschwunden seien. Die *Tabula Banasitana* beweist, daß dem keineswegs so war. Diese Inschrift gibt zwei kaiserliche Schreiben (von 168/169 und 177) wieder, die das römische Bürgerrecht diversen Mitgliedern einer Familie der Zegrensen verleihen, eines Stammes in Mauretania Tingitana (Marokko) [Seston 684, 685].

6.1.2.1 Die Onomastik der Bürger

Die Namen der Peregrinen folgten lokalen Gepflogenheiten. Zumeist trug man einen einzelnen Namen, dem unter Umständen der Vatersname und manchmal (z. B. in Afrika) der Großvatersname folgte. Die *tria nomina* waren den Römern sowie bestimmten Latinern vorbehalten. Daher gab schon der Name allein sofort Auskunft über den Status als römischer Bürger.

Zum Vornamen (der nur bei Männern üblich war und ab dem 3. Jh. langsam außer Gebrauch geriet) und zum Familiennamen (Gentilnamen) kamen seit Beginn der Kaiserzeit eigentlich stets ein oder mehrere Beinamen (*cognomen*). Wenn Neubürger das Bürgerrecht persönlich erhielten, nahmen sie bisweilen den Gentilnamen ihres Schirmherren an, dessen Vermittlung sie diesen Aufstieg zu verdanken hatten. Doch meistens wählten sie den Namen (und auch den Vornamen) des Kaisers, der sie hatte aufsteigen lassen. Diese Gewohnheit erlaubt trotz mancher Schwierigkeit die Verbreitung des Bürgerrechts abzuschätzen [Holtheide 674; auch Dondin-Payre 669].

Zur vollständigen offiziellen Nomenklatur gehören ferner Filiation und Tribuszugehörigkeit. Die Filiation, die durch den Vornamen des Vaters (und unter Umständen durch die seiner direkten Vorfahren) angegeben wurde, bescheinigte sowohl das geburtsmäßige Bürgerrecht als auch die freie Geburt (*ingenuitas*). Bei Freigelassenen trat in ihre Stelle der Vorname des Patrons. Außerhalb von Rom war die Zugehörigkeit zu einer römischen Tribus kaum mehr als ein Bestandteil der persönlichen Daten. Jede Stadt römischen Rechts war an eine der 35 römischen Tribus angeschlossen. Die Tribus-Zugehörigkeit konnte im 2. Jh. bei Neu-Bürgern, die das Bürgerrecht persönlich erhielten, wegfallen (so erscheint sie in der Tafel von Banasa nicht). Doch die Tribus blieb ein Unterscheidungsmerkmal und wurde bis ins 3. Jh. hinein regelmäßig genannt. Wenn man seine Tribus nicht kannte oder in gar keine eingeschrieben war, nannte man eine „Pseudo-Tribus", die aus dem Gentilnamen des Kaisers gebildet war [Forni 671]. So gaben die Armeeangehörigen aus Serdica/Sofia die Pseudo-Tribus *Iulia*, *Ulpia* oder *Aelia* an [vgl. AE 1983, 50].

6.1.2.2 Römisches Bürgerrecht und lokales Bürgerrecht

Am Ende der Republik waren alle freien Italiker zu römischen Bürgern geworden, die meisten wohnten aber in autonomen Gemeinden. Für Cicero hatte der Bürger zwei *patriae*, eine natürliche und eine politische, Rom, die höher stand als die erste und sie mit einschloß [leg. 2. 2]. Das römische Recht kannte jedoch keine doppelte Staatsbürgerschaft [Cic. Balb. 28; Caec. 100].

Das Problem stellte sich mit größerer Dringlichkeit, als man das Bürgerrecht Provinzialen verlieh, die Mitglieder von peregrinen Städten waren. Die Privilegien, die Octavian seinem Nauarchen Seleukos und Veteranen verlieh [FIRA I 55, 56; Roussel/Seyrig 680] belegen die Entstehung eines Zwischenstatus zur Zeit der Bürgerkriege, bei dem die Rechte, die sich aus dem römischen Bürgerrecht ergaben, überwogen. Der Neu-Römer blieb Mitglied seiner ursprünglichen Gemeinde. Er war dort weiter Priester oder Magistrat, rief die Gerichte an und benützte das lokale Recht, wenn er wollte. Seine Heimat konnte keinen Zwang auf ihn ausüben, und er war jeder finanziellen Verpflichtung ihr gegenüber entbunden, zahlte aber auch keine Steuern an Rom. Dergleichen Privilegien, die für die ganze Familie galten und an die Nachkommen vererbt wurden, behinderten die Ausbreitung des römischen Bürgerrechts, da ja die Zahl der Steuerzahler nicht unbegrenzt abnehmen durfte. Vor allem bedrohten sie das Gleichgewicht der Provinzstädte. Es hätte auf Kosten der lokalen Eliten eine Schicht von provinzialen römischen Bürgern entstehen können. Diese Leute wären gerade durch ihre Privilegien in eine Außenseiterrolle gedrängt worden, hätten sich die lokalen Ehrenämter vorbehalten und als Vermittler zu den römischen Stellen fungiert, während kostspielige und drückende Bürden die kleineren Honoratioren getroffen hätten. Außerdem waren Bürgerprivilegien, zu denen ja auch noch die Bevorzugung durch die Provinzialautoritäten kam, steter Ursprung von Mißbrauch und Streit. So drückten in der Kyrenaika um das Jahr 7 v. Chr. 215 Römer die Griechen buchstäblich an die Wand, indem sie die Gerichte kontrollieren und nacheinander als Ankläger, Zeugen und Richter auftraten [1. Edikt von Kyrene; vgl. 688].

Diese juristischen Nischen beseitigte Augustus. Sein überliefertes Edikt für die Kyrenaika hatte mit Sicherheit Pendants in den anderen Provinzen. Trotz interpretatorischer Schwierigkeiten [Sherwin-White 687, S. 297ff.; S. 334ff.; Visscher 688] wurde das römische Bürgerrecht anscheinend seit diesem Zeitpunkt klar von der Befreiung von Bürden und Pflichten in der Ursprungsgemeinde getrennt. Insbesondere mußte die Steuerbefreiung ausdrücklich verliehen werden und bezog sich nur auf die Güter, die sich zum Zeitpunkt der Verleihung im Besitz der jeweiligen Personen befanden. Nunmehr waren Neubürger nicht mehr für ihre Heimatstädte verloren.

Die Tafel von Banasa überliefert uns den juristischen Wortlaut dieser Versöhnung von ursprünglich unvereinbaren Rechten: Im Jahr 177 verlieh man dem Oberhaupt einer maurischen Familie „das römische Bürgerrecht, wobei das Stammesrecht erhalten blieb und die Steuern und Abgaben an das [römische] Volk und den [kaiserlichen] Fiskus nicht verringert wurden". Der Einbürgerungsschein schloß also alle fiskalischen Ansprüche aufgrund der Status-Änderung aus. Diese Genauigkeit hatte durchaus ihren Sinn, denn die Kaiser konnten die Befreiung von lokalen Bürden (z. B. an Veteranen) und sogar von den Steuern persönlich gewähren [AE 1972, 352, Hadrian]. Vor allem aber blieb die Position der Neu-Römer in ihrem Stamm unverändert. Sie behielten nicht nur ihre Pflichten [Sherwin-White 686], sondern konnten auch nach dem Berberrecht weiterleben. Diese Schutzklausel galt nicht etwa nur für Randvölker mit ungewöhnlicher Kultur und ohne städtische Organisation. Zur selben Zeit bekleideten Athener mit römischem Bürgerrecht Magistraturen. Sie behielten das Familienrecht der Adelsfamilien und regelten einen Teil ihrer Konflikte vor lokalen Gerichten und damit nach athenischem Recht [C. P. Jones 675].

6.1.2.3 Die Stellung des römischen Bürgers

Schon im ersten Jahrhundert des Kaiserreiches ließen die staatsrechtlichen Veränderungen das Wahlrecht in den römischen Versammlungen außer Gebrauch kommen. Dagegen blieb der Dienst in den Legionen ausschließlich römischen Bürgern vorbehalten. Da man mit dem Bürgerrecht u. U. verschiedene Privilegien verlieh, konnte es unterschiedlichen Umfang haben. Nur wenige Provinziale (Einwohner von privilegierten Kolonien oder Inhaber persönlicher oder gar erblicher Privilegien) waren mit den Italikern in puncto Steuerfreiheit und Besitzrecht gleichgestellt. Es gibt einen einzigen Beleg für ein persönliches „italisches Recht", doch weiß man nicht, ob es sich wirklich um eines Rechtsterminus oder einen ad-hoc-Begriff zur Beschreibung einer bevorzugten Situation handelt [AE 1976, 649; nach dem Jahr 70].

Diese Einzelheiten erklären die Diskussion um das angebliche „Recht auf Ehren" (*ius honorum*), das spätestens ab Claudius existiert haben soll. Wurde den Neubürgern von Augustus der Zugang zum Senat gesetzlich verboten [Chastagnol 667], oder lagen ihre Schwierigkeiten, römische Ämter zu erlangen, nur in der abwehrenden Haltung der Kaiser und Senatoren begründet [so Sherwin-White 687, S. 234ff.]? Diese Blockade, gleichgültig ob juristischer oder sozialer Natur, hat anscheinend den Zugang zum Ritterstand nicht betroffen; dafür war allein der Kaiser zuständig. Seit Vespasian nahm man Provinzialen ohne weiteres in den Senat auf, zunächst aber nur in sehr kleiner Zahl.

Zur Zeit der Republik profitierten die Bürger strafrechtlich von juristischen Vorrechten, die ihnen in den Provinzen eine privilegierte Position gegenüber den Peregrinen sicherte, die der Willkür von Magistraten und

Promagistraten ausgeliefert waren. Zwei Episoden aus dem Leben von Paulus zeigen, daß im Orient der Mitte des 1. Jhs. das Bürgerrecht seine ganze Bedeutung behalten hatte [Apg. 16. 19ff.; 22. 24ff.; 25. 6ff.]. Die Magistrate der römischen Kolonie Philippi in Makedonien zeigten sich höchst peinlich berührt, als sie die Rechtsstellung des Unruhestifters erfuhren, den sie hatten schlagen und einkerkern lassen – was gegenüber einem Peregrinen ganz legal gewesen wäre. Paulus entging der Folter, indem er vor dem Statthalter von Judäa auf sein Bürgerrecht hinwies, und es gelang ihm so, einen Prozeß durch die jüdischen Autoritäten abzuwehren und schließlich nach Rom ans Kaisergericht verwiesen zu werden.

Die fortschreitende Verbreitung des Bürgerrechts erschwerte die Durchsetzung dieser Rechte immer mehr. Insbesondere hatte die systematische Berufung an die Gerichte in Rom das Justizwesen lahmgelegt. Dies führte auch dazu, daß man Bürger niedriger Sozialstellung mit Peregrinen auf eine Stufe stellte. Körperstrafen und entehrende Strafen wurden für kleine Leute üblich. Hierbei muß man jedoch die von P. Garnsey [813] herausgestellten Aspekte beachten: Zu allen Zeiten zeigen Skandale und Übergriffe eine Diskrepanz zwischen Recht und Praxis. Eine Minderheit mit hoher Sozialstellung hatte immer eine Vorzugsbehandlung genossen und konnte meistens allein die Rechte de facto ausüben, die gesetzlich jedem Bürger zustanden.

Daß die strafrechtliche Situation der Bürger vollständig nivelliert wurde, ist zwar eine weitverbreitete Ansicht, muß aber differenziert betrachtet werden. Unter Caracalla mahnt Ulpian, daß ein Statthalter mit einem Verfahren zu rechnen hat, wenn er einen Bürger ohne Möglichkeit zur Berufung hinrichen oder ihn auch nur foltern oder geißeln läßt [Dig. 48. 6. 7]. Und das war nicht alte, außer Gebrauch geratene Theorie. Bei Christenprozessen sandte Plinius der Jüngere als Statthalter von Bithynien die Bürger vor Traian, und sechzig Jahre später konsultierte der Statthalter der Lugdunensis den Kaiser. In einem Klageschreiben an Commodus beschuldigten die Kolonen einer kaiserlichen Domäne in Afrika einen Prokurator, daß er Bürger prügeln und in Ketten habe legen lassen. Diese Bauern wußten um ihre Rechte, die der kaiserliche Beamte mißachtet hatte.

Mehr noch als unsichere strafrechtliche Privilegien (die faktisch ab dem 2. Jh. auch die peregrinen „ehrbaren Leute" genossen) rechtfertigten die Vorteile des römischen Zivilrechts das Streben nach dem Bürgerrecht. Das *conubium* (Eherecht) bestimmte, daß die Ehepartner Römer sein mußten, damit die Kinder das Bürgerrecht erhielten (nur besonders Privilegierte, normalerweise ehemalige Auxiliarsoldaten, durften mit peregrinen Frauen eine römische Ehe führen). Zwar konnte ein Bürger weiterhin nach dem Recht seiner Heimatgemeinde leben, aber es stand ihm auch frei, das römische Recht ganz nach Belieben zu verwenden, um seine Familienangelegenheiten zu regeln und Güter zu erwerben oder weiterzugeben (*commercium*). Verglichen mit vielen Gewohnheitsrechten war die römische Gesetzgebung mit Sicherheit genauer und weiter entwickelt. Das galt nicht für die griechischen Städte. Da sich aber das römische Recht im Fall einer Anfechtung durchzusetzten pflegte, zog man es für Testamente und Geschäfte vor. Zahlreiche Rechtsakte wurden durch oder vor dem Statthalter vorgenommen; die römische Autorität diente als Garantie.

6.1.2.4 Römisches Bürgerrecht und Identifikation mit dem Reich

Das eigentliche Wesen des römischen Bürgerrechts ist nur unvollständig mit der Aufzählung seiner Privilegien beschrieben. In erster Linie war das Bürgerrecht die Ehre, zum herrschenden Volk der zivilisierten Welt zu gehören. Es beseitigte den Makel der Niederlage, verstärkte die soziale Überlegenheit und stellte für manche sogar einen Kultur-Nachweis dar.

In der *eis Rhomen* (Lobrede auf Rom) bietet Aelius Aristides (ein Asiate, den sein Name als Neubürger kennzeichnet) den Standpunkt eines griechischen Intellektuellen in der Mitte des 2. Jhs., der mit Sicherheit ebensosehr die offizielle Ideologie wie die Ansicht zahlreicher Provinzialen widerspiegelt. „Niemand, der Fremder bleibt, ist der Macht oder des Vertrauens würdig. Es gibt eine allumfassende Demokratie unter der Leitung eines einzigen, des besten Oberhauptes“ [§ 60]. Rom und die Römer sind nicht länger eine Stadt und ein Volk, das mit den anderen vergleichbar wäre. Die uralten Feindschaften zwischen verschiedenen Völkern, oder zwischen Griechen und Barbaren, gehören der Vergangenheit an. Die Teilungslinie verläuft nunmehr im Reich zwischen Römern und Nicht-Römern [§ 63]. Aber Aristides kann keine genaue Definition des römischen Bürgerrechts und seiner Beziehung zum lokalen Bürgerrecht liefern. Dagegen sind die Juristen eindeutig: Rom ist die gemeinsame Vaterstadt aller Bürger [Dig. 50. 1. 33], sein Bürgerrecht den anderen überlegen. Eine doppelte Staatsangehörigkeit akzeptierte man nicht, schließlich hätte das Rom auf dieselbe Stufe mit anderen Städten gestellt oder aus dem römischen Bürgerrecht einen inhaltsleeren Ehrentitel gemacht.

Man kann sich schwer ein Bild davon machen, wie diese doppelte Bindung eines Bürgers in der Praxis aussah. Das römische Bürgerrecht wurde mit Sicherheit je nach Region und Sozialrang unterschiedlich bewertet. Die weite Verbreitung des Bürgerrechts und der römischen Institutionen im Westen ließen ein enges Verhältnis zum Bürgerrecht entstehen, ja das Gefühl, Teil des Römertums zu sein. Unter Septimius Severus benutzte der afrikanische Christ Tertullian die Bezeichnungen „Römer“ und „Bürger“ ganz selbstverständlich für die Bewohner des Reichs [z. B. apol. 35–37], obwohl es in Africa Proconsularis weiterhin zahlreiche Peregrine und Latiner gab. Andererseits wandten sich die griechischen Redner des 2. Jhs. mit der Anrede „ihr“ an die Römer, obwohl sie selbst das römische Bürgerrecht besaßen. „Zahlreich sind in jeder Stadt diejenigen, die ebensosehr eure Mitbürger sind wie die ihres eigenen Volkes“ [*eis Rhomen*, § 64]. Aristides erkannte den Unterschied zwischen den beiden Bürgerrechten an und erstrebte lediglich ihre Gleichberechtigung. Mehr noch, seine Analyse erscheint gezwungen, vergleicht man sie mit den Zeugnissen der anderen Rhetoren oder den zahlreichen Inschriften, die die lokalen Eliten vor allem in Sorge um ihre *polis* zeigen.

Folgt daraus, daß die Verbreitung des Bürgerrechts „unter Erhalt des Rechts der Herkunftsstadt“ [Tafel von Banasa] die Wertigkeit der beiden *patriae*, von denen Cicero sprach, umgedreht hat? War für viele Provinzialen die „politische Heimat“ nur ein Abstraktum, mit dem sie wenig verband, während die „natürliche Heimat“ Hingabe, Opfer und Ehrgeiz verdiente? Im Westen war das Römertum mehr als ein juristischer oder administrativer Rahmen, es war eine als überlegen angesehene Kultur. Zu ihr zu gehören bedeutete zugleich kulturellen und juristischen Aufstieg. Im Osten erklärte das Festhalten an der griechischen Kultur und an der Polis mit den dazugehörigen Werten, daß man sich in Lydien „Bürger von Rom und Lydai“ [IGR III 526] nannte und daß das Römertum nur von denen voll akzeptiert wurde, die als Ritter oder Senatoren an der Reichsverwaltung mitwirkten. Doch ehe man von der Ausweitung des römischen Bürgerrechts auf die Aufweichung seiner Bedeutung schließt, möge man sich vergegenwärtigen, daß Cicero, der aus Arpinum stammte und in Rom eine zentrale Rolle spielen wollte, seine eigene Karriere rechtfertigte. Ob die damaligen Magistrate von Arpinum wohl seine Auffassung teilten oder war ihre Sicht der Dinge doch eher der der Provinznotabeln des 2. Jhs. vergleichbar?

6.1.3 Der Erwerb des römischen Bürgerrechts

In der Kaiserzeit ging die Integration von Fremden in die Stadt durch Verleihung des Bürgerrechts weiter, was ja für die Geschichte Roms so typisch ist. Doch Offenheit und Liberalität (im Vergleich zur üblichen Politik der griechischen Städte) dürfen nicht mit Laxheit verwechselt werden. Bis zur allgemeinen Vergabe des Bürgerrechts im Jahr 212 war sein Erwerb streng geregelt und die Registrierung von Neu-Bürgern lief penibel genau ab, um Usurpationen des Bürgerrechts zu verhindern.

6.1.3.1 Der automatische Erwerb

Die Kinder einer legitimen römischen Ehe wurden als Bürger geboren, wenn ihre Eltern beide Bürger waren oder der Vater das *conubium* besaß. Eine Bürgerin gab ihren Status weiter, wenn der Kindsvater unbekannt war [FIRA III 4]. Wurde das Kind jedoch in einer legitimen Ehe mit einem Peregrinen oder Latiner geboren, folgte es dem Status des Vaters – was dazu führen konnte, daß man ein Kind für unehelich erklärte, um ihm das Bürgerrecht zu sichern. Als einziger Fortschritt hierbei ist zu verzeichnen, daß ab Hadrian die Kinder einer Bürgerin und eines Latiners als Bürger geboren wurden [Gaius inst. 1. 30].

Nach alter Tradition machte ein Römer durch die Freilassung eines Sklaven diesen zu einem Familienmitglied und zu einem Bürger. Doch die augusteische Gesetzgebung erschwerte durch immer neue Hindernisse Freigelassenen außerhalb von Rom den Erwerb des vollen Bürgerrechts. Zahlreich müssen die gewesen sein, die nur den niedrigeren Status eines Latinus Iunianus oder gar die beklagenswerte Rechtsstellung eines peregrinen Dediticiers erhielten, weil sie nicht von einem Magistrat oder Statthalter freigelassen oder später naturalisiert worden waren.

Kriegsdienst und Posten in einer Stadt latinischen Rechts verhalfen fast automatisch zum Bürgerrecht. Seit Claudius bekamen peregrine und latinische Auxiliarsoldaten das Bürgerrecht nach langen Dienstjahren oder bei ihrer Entlassung, soweit diese nicht unehrenhaft war. Während Soldaten nur selbst bzw. bis 140 mit ihren Kindern das Bürgerrecht erhielten, ermöglichte das latinische Recht den Aufstieg einer ganzen Familie. Denn die Bekleidung einer Magistratur (oder, in Städten mit dem *Latium maius*, schon die Zugehörigkeit zum Stadtrat) führte auch zur Naturalisierung der Eltern des Honoratioren, seiner Frau, seiner Kinder und der Kinder seiner Söhne. Wenn ein Veteran der Auxiliartruppen nach seiner Entlassung in eine peregrine Umgebung zurückkehrte, war er statusmäßig isoliert; seine Söhne konnten das Bürgerrecht an ihre Nachkommenschaft nur durch die Ehe mit einer Bürgerin weitergeben. Dagegen führte das latinische Recht bereits in der ersten Generation zur Entstehung eines Kerns von Bürgern innerhalb einer Gemeinde. Später waren seine Effekte eingeschränkter. Die Gruppe, die ja auf die Honoratioren beschränkt war, erweiterte sich nur noch dann, wenn neue Leute in die lokale Führungsschicht aufstiegen.

6.1.3.2 Die viritane Verleihung

Die Bürger einer peregrinen Gemeinde konnten das Bürgerrecht nur persönlich erhalten. Diese viritane Verleihung, nunmehr allein Sache des Kaisers, kannte man schon durch einen Briefwechsel zwischen Traian und Plinius dem Jüngeren, der die Naturalisierung des ägyptischen Arztes Harpokras erlangte [epist. 10. 5–7]. Gleichwohl hat die Tafel von Banasa viele neue Informationen gebracht. Der Maure Iulian schickte an die kaiserliche Kanzlei eine Bittschrift (*libellus*) mit einem Empfehlungsschreiben des Statthalters (*epistula*), um für sich, seine Frau und seine Kinder das Bürgerrecht zu erlangen. Sein Sohn mußte, obwohl Bürger und Stammesoberhaupt, dasselbe Verfahren einhalten, um seine Frau und Kinder naturalisieren zu lassen. Die diesbezüglichen Entscheidungen fielen im Kaiserrat. So hatte Traian den Fall Harpokras persönlich verfolgt.

Die beiden Standardbeispiele sind mit Sicherheit nicht für die üblichen viritanen Bürgerrechtsverleihungen repräsentativ. Harpokras, der ägyptischem Recht unterstand, mußte zunächst Bürger einer Stadt werden, um dann zum Römer aufzusteigen. Marc Aurel und Lucius Verus betonten den Ausnahmecharakter der Verleihung an die Mauren: „Es ist nicht üblich, das römische Bürgerrecht *gentiles* [Stammesmitgliedern] zu verleihen“. Zweifellos war die Zurückhaltung geringer, wenn es um städtische Honoratioren ging, zumal wenn sie selbst und ihre Gemeinde ein hohes Kulturniveau besaßen. Aber das Verfahren wird kaum anders gewesen sein. Es dürfte lange gedauert und viele legale Gebühren sowie Schmiergelder gekostet haben. Das Bürgerrecht wurde infolge einer Empfehlung (*suffragium*) eines Mannes aus der Umgebung des Kaisers oder eines hohen Provinzialbeamten erlangt. Diese Empfehlung war Teil der Bittschrift, so jedenfalls bei der Tafel von Banasa. Normalerweise dürfte man nur durch den vollständigen Nachweis der Ehrbarkeit und der Identifikation mit dem Kaiserreich Bürger geworden sein. Dieses Zentralverfahren erklärt, warum besonders die großen Notabeln davon profitierten, die nicht nur ihre Heimatstadt kontrollierten, sondern auch an den Provinziallandtagen und dem Kaiserkult teilnahmen. So fanden sie Gelegenheit, sich mächtige Freunde zu verpflichten und gute Beziehungen zu den Statthaltern aufzubauen. Doch de facto war die Selektion aufgrund der Korruption weniger rigoros. Die *suffragia* wurden von Beamten und hohen Persönlichkeiten in klingende Münze umgesetzt. So gestand der Ritter und Kohortentribun Claudius Lysias dem Apostel Paulus, für sein Bürgerrecht viel Geld gezahlt zu haben [Apg. 22. 28].

Die Beibehaltung einer umständlichen Prozedur widerspricht der weitverbreiteten Vorstellung, daß das römische Bürgerrecht bei allen Arten von Gemeinwesen weite Verbreitung fand. Im peregrinem Milieu blieb die Naturalisierung bis 212 ein Privileg, das von einer wohldurchdachten Entscheidung des Kaisers abhing.

6.1.3.3 Schutzvorkehrungen und Usurpationen

Zur Zeit der Republik wurden die Bürger in den Tribus-Listen erfaßt, die man anläßlich der Zensus, d. h. normalerweise im Fünfjahresabstand, aktualisierte. Die Bedeutung des Bürgerrechts und seine geringe Verbreitung außerhalb der römischen und latinischen Städte zwang zur Einrichtung von Archiven für die Erfassung der Römer. Das schützte letztere vor Anfechtungen ihres Status und half zugleich, Usurpationen zu verhindern. Konkretes Quellenmaterial stammt vor allem aus Ägypten, wo das Bürgerrecht wenig verbreitet war, die Bürokratie dagegen sehr entwickelt und die Kontrolle der Rechtsstellungen äußerst streng. Doch parallele Verfahrensweisen müssen auch in den anderen Provinzen existiert haben, schließlich werden sie von den Rechtstexten vorausgesetzt.

Die Gesetze *Pappia Poppea* und *Aelia Sentia* aus augusteischer Zeit ermöglichten die Kontrolle der erblichen Weitergabe des Bürgerrechts. Legitime Kinder erfaßte man sofort nach der Geburt. Ein von sieben Zeugen gesiegeltes Diptychon wurde ausgestellt, das als Nachweis des Bürgerrechts galt. Bei unehelichen Kindern mußte man sich mit einer Erklärung vor Zeugen begnügen, die dem Kind im Alter von 20 Jahren die Anerkennung als Bürger sicherte [FIRA III 2–7]. In Alexandria wurde ein „Geburtenverzeichnis" (*tabula*) und ein „Prüfbuch" für ganz Ägypten geführt; in letzterem verzeichnete man nach Kontrolle (*probatio*) das römische Bürgerrecht von erwachsenen unehelichen Kindern und Neubürgern (hauptsächlich Veteranen). In Rom gab es seit Augustus ein „Verzeichnis von denen, die das römische Bürgerrecht erhalten haben". Darin wurden die Namen der viritan Naturalisierten samt Herkunft, Alter und Zensus erfaßt. Eine beglaubigte Abschrift dieses *commentarius* diente als Nachweis des Bürgerrechts [Schulz 681].

Um Betrug auszuschließen, entwickelte sich eine richtige Bürokratie auf lokaler (in den Städten römischen Rechts), provinzialer und Reichsebene. Der erste Schritt zu einer Usurpation war oft die Annahme eines Gentilnamens, dem dann ein Vornamen folgte. Jedoch konnte man mit einem angemaßten Bürgerrecht nur dort durchkommen, wo es bereits weit verbreitet war. Das Paradebeispiel für eine Usurpation ist der Fall der peregrinen Alpenvölker, die von Augustus an Tridentum/Trient angegliedert wurden. Schon seit tiberischer und claudischer Zeit waren sie soweit in dieses Munizipium integriert, daß auf lokaler Ebene ihr niedrigerer Status keine Rolle mehr spielte. Sie hatten die *tria nomina* angenommen und heirateten und handelten mit den Tridentinern, als besäßen sie *conubium* und *commercium*. Ja, einige von ihnen wurden Prätorianer und andere sogar Mitglieder der römischen Richterdekurien [FIRA I 71; Frézouls 672].

Muß man deswegen schon ab dem 1. Jh. auf die Mißachtung des Gesetzes und die Nutzlosigkeit der bürokratischen Kontrolle schließen? War also die Usurpation eine gängige Methode zum Erwerb das Bürgerrechts? Wohl nicht, denn es handelt sich hier um einen Sonderfall. Die Angliederung dieser Völker an Tridentum hatte bald zu einer verzwickten Situation vor Ort geführt, die wiederum Verwirrung in Rom zur Folge hatte, wo man ihre Herkunft aus Trient als Beweis für ihr Bürgerrecht ansah. Wenn Claudius in diesem Fall nur noch den Status quo legalisieren konnte, zeigte er sich sonst sehr wachsam gegenüber Usurpationen. Er untersagte Peregrinen die Annahme eines Gentilnamens und ließ Zuwiderhandelnde hinrichten [Suet. Claud. 25. 3]. Die Haltung der Autoritäten wird geschwankt haben: Wenn es um die Rekrutierung eines Legionärs ging, dürften sie es kaum allzu eng gesehen haben; wollte jemand jedoch Privilegien oder Steuervorteile einfordern, werden sie übergenau vorgegangen sein. In der Mitte des 2. Jhs. handelte die ägyptische Verwaltung extrem pedantisch. Wenn ein Peregrine durch Betrug zum Legionär geworden war, fiel er nach der Dienstzeit wieder in den alten Status zurück. War ein Auxiliarsoldat nicht ehrenvoll entlassen worden, konfiszierte man ihm ein Viertel seines Vermögens, falls er sich doch als Bürger ausgab [E. Seckel und W. Schubart, Der Gnomon des Idios Logos, Berlin 1919, § 55, 56]. Die Hartnäckigkeit der ägyptischen Legionäre, unüblicherweise wie Auxiliarsoldaten ein Militärdiplom zu verlangen, zeigt, wie penibel die Prüfung der Rechtsstellung in Ägypten ablief.

Man darf die Effektivität der Lokal- und Zentralverwaltung wohl nicht überschätzen, besonders nicht die der Archive. Die Ausdehnung des Reichs und die juristische Praxis, Zeugenaussagen und beeideten Erklärungen den Vorrang zu geben, machten Betrug leicht. Gleichwohl blieben Status-Usurpationen und Streitfälle seltene Erscheinungen, die vor allem Soldaten und ganz allgemein Personen betrafen, die ihr Herkunftsumfeld verlassen hatten, wo ihre Rechtsstellung mühelos nachprüfbar gewesen wäre.

6.2 Rechtsstellungen und Struktur der Städte

Wie die Menschen, so hatten auch die Gemeinwesen im römischen Reich verschiedene juristisch-soziale Stellungen. Die Status der Städte stellen den Historiker vor schwierige Probleme, weil die genaue Bedeutung der einzelnen Rechtsstellungen oft im dunkeln bleibt. Außerdem gab es in den Beziehungen zwischen den Gemeinden und dem Kaiser oder den Vertretern der römischen Autorität Diskrepanzen zwischen Recht und Praxis. Lange Zeit basierten die Forschungen zum Städtewesen auf Vorstellungen, die man für gesichert hielt, sich aber nunmehr als unbrauchbare Axiome herausgestellt haben. Man nahm gemeinhin an, daß die Kaiserzeit den beständigen Niedergang der Stadt gesehen hätte, dessen Gründe der immer schlimmer wuchernde Zentralismus, die (zunächst faktische, dann juristische) Nivellierung der Gemeinde-Status und der Rückzug der lokalen Entscheidungsträger gewesen seien; letzteres habe an einem Mentalitätswandel und der Finanzschwäche der Notabeln gelegen, die die Bürden des städtischen Lebens nicht mehr bezahlen konnten. Seit rund 25 Jahren befreien sich eine Reihe von übereinstimmenden Studien vom unfruchtbaren Postulat der „Dekadenz" oder „Krise" der Städte und betonen vielmehr die Lebenskraft der städtischen Kultur. Die jüngst erfolgte Publikation von wichtigen Quellen, wie dem Stadtrecht von Irni (Bätika) [715] oder der Archivmauer von Aphrodisias (Asien) [700] konnten diese Richtung nur bestätigen und lenkten das Interesse der Forschung wieder auf das städtische Leben.

6.2.1 Die Stadt, notwendiger Rahmen des zivilisierten Lebens

6.2.1.1 Die Idee der Stadt

Die Stadt der römischen Kaiserzeit war in ununterbrochener Kontinuität Nachkomme der griechischen *polis* bzw. der italischen *civitas*. Sie stellte sehr viel mehr dar als eine geographische Einheit mit einer gewissen Verwaltungsautonomie. „Man bezeichnet mit *civitas* das Territorium, die städtische Zentralsiedlung (*oppidum*), das Recht aller Bürger und die Menge der Menschen" [Gell. 18. 7. 5]. Faktisch war die Stadt zugleich die Gesamtheit des Territoriums und das städtische Zentrum, der Rahmen der Politik, sowie die Bürgerschaft. Ihrer Natur nach hatte jede Stadt ihre eigene Religion und ihr eigenes „Zivilrecht" [d. h. spezifisch für die *civitas*; Gaius inst. 1. 1], das das öffentliche und private Leben ihrer Einwohner regelte.

Die Unabhängigkeit war zwar ein Ideal, aber keine unabdingbare Voraussetzung (viele Städte wurden in hellenistischen Königreichen oder im römischen Reich gegründet), ganz im Gegensatz zur Autonomie (Verwendung der eigenen Gesetze). Am Ende des 3. Jhs. gewährte ein Kaiser dem pisidischen Dorf Tymandos „das Recht und die Würde einer Stadt", d. h. „das Recht, sich in einem Rat zu versammeln, Entscheidungen zu treffen und alles zu tun, was dem Status nach oder mit unserer Genehmigung erlaubt ist." [ILS 6090; ARS 290]. Folglich war die Stadt auch in den Augen des Kaisers nicht bloß eine Verwaltungseinheit, ein Rädchen im Provinzsystem, sondern ein besonderes Gebilde mit eigener Verfassung und dem

Recht zur Gesetzgebung. Die Einbindung der Städte ins Reich warf in praktischer wie rechtlicher Hinsicht die Frage nach dem Verhältnis zu Rom auf, das aufgrund der Majestät des römischen Volkes stets eine höhe Position einnahm, wozu neuerdings auch noch die Beziehung zum Kaiser kam, der besonders für die Gemeinwesen der senatorischen Provinzen gleichzeitig über und neben den römischen Institutionen stand.

Die Städte kann man nach ihrem Status in zwei Hauptkategorien aufteilen: Die peregrinen Städte, die als fremd galten, lebten nach ihrem Zivilrecht. Die Gemeinden römischen Typs, d. h. Kolonien und Munizipien, spiegelten in ihren Institutionen mehr oder weniger genau die von Rom wider und besaßen ganz oder teilweise das Recht der Kapitale. In beiden Kategorien existierten große Unterschiede, und es gab eine genaue Hierarchie der Städte. Diese feinen Nuancen bezeichnete ein Vokabular, das für Städte wie Personen gleichermaßen galt („Ehre", „Glanz", „Würde", „volles Recht"). Sie ergaben sich aus dem Status, aber auch aus der Geschichte (vor allem aus den Beziehungen zu Rom), dem Reichtum und der Bevölkerungsgröße. Wie der Kaiser Menschen das Bürgerrecht verlieh oder sie in den Ritter- bzw. Senatorenstand aufnahm, so war er Herr über das Schicksal der Gemeinwesen. Er konnte sie hochstufen oder degradieren und ihre Herrlichkeit oder Vorrangstellung durch Titel und Privilegien bestätigen.

6.2.1.2 Städtegründungen

Verfolgen wir den Vergleich zwischen Menschen und Gemeinwesen weiter. Eine entscheidende Trennlinie (die der zwischen Freien und Sklaven entsprach) verlief zwischen Städten einerseits und Gemeinwesen ohne vollen politischen Status andererseits (Völker, Stämme, Siedlungen, Dörfer). Nach Dion Chrysostomos bedeutete die Herrschaft Roms zwar die Knechtschaft aller Provinzialen, doch unterschied er zwischen der Knechtschaft der Städte und der, die die Völker Phrygiens und Ägyptens, die keine städtische Organisation besaßen, zu erdulden hatten [31. 114]. Ein nicht-städtisches Gemeinwesen war barbarisch, mußte unterworfen werden und direkter Verwaltung unterstehen. Seine rechtliche Minderwertigkeit zeigt sich sehr schön darin, daß es seinen Mitgliedern juristisch eigentlich unmöglich war, das römische Bürgerrecht zu erlangen [S. 236, Tafel von Banasa].

Die Eingliederung eines Gemeinwesens in eine Stadt galt als Knechtschaft, und der Verlust der Autonomie war so etwas wie die Todesstrafe für Städte. So degradierte Septimius Severus Byzanz, das ihm militärischen Widerstand geleistet hatte, zu einer einfachen Siedlung im Territorium der Nachbarstadt Perinth. Als Konstantin Orkistos von Nakolia (Asien) trennte und zu einer autonomen Stadt machte, verlieh er ihm das „Privileg der

Freiheit“ [ILS 6091 = ARS 304]. Man kann zwei entgegengesetzte Tendenzen feststellen: Siedlungen und Dörfer strebten nach größerer Autonomie innerhalb der Stadt, ja sogar nach Abspaltung; andererseits schlossen sich kleinere Gemeinden zusammen, um so den Status einer Stadt zu erlangen.

Bis in die Spätantike hinein betonten die Kaiser stets ihren Ehrgeiz, neue Städte zu gründen und alte zu beschützen und hochzustufen. Ihre Politik zeigt, daß es sich dabei nicht nur um ein aus der hellenistischen Ideologie ererbtes Propagandathema ohne jeden praktischen Bezug handelte. Zu Beginn der Kaiserzeit kannten riesige Gebiete, vor allem im Orient, nur Stammes- oder Dorfstrukturen. Die von den hellenistischen Königen geförderte Urbanisierung war geographisch eingeschränkt und führte nicht immer zur Gründung echter Städte [Jones 695]. Die Republik stellte für die Provinzen eine Phase der Stagnation dar, so z. B. in Asien, wo die Provinzialisierung die Gemeinden in der Organisationsform erstarren ließ, in der sie sich zum Zeitpunkt der Annektierung befunden hatten.

Augustus nahm die Politik wieder auf, die Pompeius in Pontos verfolgt hatte, und setzte so einen Gründungsprozeß in Gang, der bis zum Beginn der byzantinischen Epoche andauern sollte. Die Vassallenherrscher halfen dabei aktiv in ihren Reichen mit, wie Herodes und seine Familie in Palästina oder die Könige von Kommagene. Doch ging es ihnen wohl mehr darum, größere Siedlungen zu gründen, als echte Städte. In der Mitte des 3. Jhs. waren städtische Systeme über das ganze Reich verbreitet, es existierten allerdings Rückzugsgebiete, wo Stammes- oder Dorfgemeinschaften weiterexistierten, sowie die Kaiserdomänen unter Direktverwaltung. Geht man nach den Quellen, so betraf das Phänomen der Städtegründungen im wesentlichen den Osten. Zwar gibt es kaum Material über nichtstädtische Gruppen im Westen, doch dieser Unterschied könnte auch die kulturelle Dualität des Reiches widerspiegeln. Schließlich war die lateinische *civitas* nicht das genaue Äquivalent der griechischen *polis*.

Die Stadtgeschichte des römischen Westens ist von zahlreichen Gründungen von Siedlungskolonien bis Traian und der noch häufigeren Hochstufung von Städten geprägt. Aber man kennt wenige Verleihungen des Status einer Stadt. Traian und Hadrian organisierten germanische Gemeinwesen als *civitates* [Rüger 701; Wilmanns 702]. Ab dem 2. Jh. erhielten die Siedlungen, die neben Lagern entstanden waren, Rechtsstellungen römischen Typs; Gleiches gilt für einige Kaiserdomänen und Bergbaureviere.

Daß dieses Phänomen so begrenzt erscheint, liegt daran, daß im Westen einheimische Gemeinwesen häufig bei der Annektierung oder wenig später als Städte vollen Rechts anerkannt wurden, da man ihre Struktur für stabil hielt und sie fähig schienen, Verwaltung und Justiz selbst in die Hand zu nehmen. Weder das Fehlen eines echten urbanen Zentrums, das man als „Stadt“ hätte bezeichnen können, noch die Existenz von Gauen, die ihre Eigenständigkeit wahrten, stellten ein Hindernis dar. Dies beweist die Verstädterung der italischen Stammesgemeinschaften nach dem Bundesgenossenkrieg oder Caesars Beschreibung der Stämme des unabhängigen Gallien als *civitates*. Die Haltung der Bevölkerung war mit Sicherheit ausschlaggebend dafür, ob Rom sie als Stadt anerkannte oder nicht. So wurden die von Augustus unterworfenen Alpenvölker auf dem Siegesdenkmal von La Turbie als *gentes* (Stämme) bezeichnet, was ihre barbarische und kriegerische Natur zum Ausdruck bringt. Aber schon unter Tiberius sind die Völker der Alpes Maritimae und des Wallis als Städte belegt und damit als fähig zu Vernunft und Ordnung. In einigen Fällen war die Organisation in Städte Teil der Befriedungs- und Kontrollpolitik. So wies Corbulo 47 n. Chr. den Friesen ein Gebiet jenseits des Rheins zu, errichtete dort ein Fort und „oktroyierte einen Senat, Magistrate und Gesetze“ [Tac. ann. 11. 19]. Man glaubte also, daß ein als Stadt organisiertes Volk weniger aufsässig wäre.

Die Provinzialen, die noch im 2. und 3. Jh. nach Stämmen oder Dörfern gegliedert in Makedonien, Anatolien oder Syrien lebten, waren sicher nicht kriegerischer oder barbarischer als die Hispanier oder Gallier des 1. Jhs. v. Chr. Hier zeigten zweifellos die Beharrungskräfte der bestehenden Ordnung ihre Wirkung. War ein Status einmal durch das Provinzreglement (*formula* [S. 181]) festgelegt, konnte man ihn nur mit großem Aufwand verändern. Die Vergangenheit wird eine gewichtige Rolle gespielt haben: Königen untertan zu sein, von Göttern oder Großgrundbesitzern abzuhängen, fast schon in Sklaverei zu leben – das war in griechischen Augen nicht mit dem Status einer Stadt vereinbar. Vor allem aber gründete man Städte im Osten als *poleis* nach Vorbild der ältesten Griechenstädte. Während im Westen die Organisation als Stadt vor der Latinisierung und manchmal vor der Urbanisierung kam, war sie im Osten ein Nachweis des Griechentums. Sie setzte voraus, daß man sich das Ideal der *polis* in urbaner wie politischer Hinsicht zu eigen gemacht hatte und daß zumindest eine hellenisierte Elite existierte. Die Kaiser konnten auf zwei verschiedene Arten intervenieren, je nach Lage vor Ort und (wohl auch) ihrer Persönlichkeit: Einerseits Gründungen in Etappen, die man sich häufig als Antwort auf Bitten aus der Bevölkerung vorstellen darf, andererseits die vollständige verfassungsmäßige Umbildung einer ganzen Region, die so von den römischen Autoritäten einheitlich neu gestaltet wurde.

Die Geschichte der isolierten Gründungen ist wegen des Quellenmangels schwer zu schreiben [Jones 695; Galsterer-Kröll 709]. Selten kennt man den genauen Status eines Gemeinwesens vor der Stadtgründung, und die Quellen lassen oft widersprüchliche Interpretationen zu. Die Orientalen gingen sehr freigebig mit dem Titel „Gründer" (*ktistes*) für ihre Wohltäter um (auch Privatleuten gewährten sie ihn). Die Annahme eines neuen, aus einem Kaisernamen abgeleiteten Namens (so in Asien Iulia, Sebaste, Tiberiopolis oder Hadrianutherai) oder der Beginn einer neuen Stadtära konnten sehr unterschiedliche kaiserliche Wohltaten zum Anlaß haben. Mitunter handelte es sich nur um eine Demonstration von Loyalität oder Unterwürfigkeit. Doch eine derartige Veränderung bedeutete meist doch den Empfang von Privilegien, eine Hochstufung oder eine Vergrößerung des Territoriums. So waren die Vorrechte, die Hadrian der im 3. Jh. v. Chr. gegründeten Stadt Stratonikaia verlieh (die dann Hadrianopolis hieß), so groß, daß er sie als „jüngst gegründete Stadt" ansah [FIRA I 80 = ARS 242]. Zu betrachten sind noch die eigentlichen Gründungen, wodurch Stammes- oder Dorfgemeinschaften den Status einer Stadt erhalten konnten. Es gab mehrere Formen. So konnte ein bereits existierendes Gemeinwesen oder eine Vereinigung von Dörfern (*koinon*) hochgestuft werden. Häufig war eine Gründung mit einer geographischen Neuorganisation verbunden. Die allergrößten Stämme teilte man auf (wie die Abbaitai in Mysien, die unter der Republik Münzen geprägt hatten und drei Städte bildeten), während kleine Gemeinwesen, Dörfer oder kleine Städte, zu größeren Einheiten zusammengelegt wurden.

Großangelegte Reformen fanden seltener statt, vor allem, weil sie in Regionen, die schon ein Städtenetz besaßen, unnötig waren. Pompeius gab ein Beispiel, als er einen Teil des ehemaligen Königreichs Pontos (das vorher Beamten unterstand) auf sechs Städte aufteilte, nämlich auf die drei alten griechischen Kolonien an der Küste (deren Territorium er vergrößerte) und auf drei Städte, die aus Dörfern im barbarischen Hinterland gegründet wurden. In Thrakien lösten Traian und Hadrian die Bezirke, ein Erbe des alten Königreichs, auf und ersetzten sie durch Städte, die nach dem Modell der asiatischen organisiert waren. Es handelte sich um eine Generalreform, denn gleichzeitig tauschte man die ritterlichen Statthalter durch Legaten aus. In Asien organisierte Hadrian den Osten Mysiens als drei große Städte. Die letzte umfassende Maßnahme war die Umwandlung der ägyptischen Nomen-Metropolen in Quasi-Städte durch Septimius Severus, was Diokletian durch die Organisation der Nomen als Städte vollendete.

Die Politik der Neugründungen, die niemals völlig eingestellt wurde, zeigt, daß die Kaiser keineswegs bestrebt waren, die Formen direkter Verwaltung, die sie von den hellenistischen Königen ererbt hatten, zu perpetuieren oder gar auszuweiten. Damit vermieden sie, einer teuren Bürokratie vertrauen zu müssen, deren Effizienz und Unbestechlichkeit ungewiß waren. Aber die These von A. H. M. Jones [695, 760] scheint übertrieben pessimistisch: Seiner Meinung nach wollten die Kaiser primär die lokale

Administration den Provinzialeliten aufbürden. Während Städtegründungen für die Honoratioren eine schwere Last bedeuteten, veränderten sie das Leben der meisten anderen Einwohner kaum, vor allem nicht das der Landbewohner, die jetzt lediglich andere Ausbeuter hatten. Mit Sicherheit berücksichtigt diese Sicht der Dinge die herrschende Ethik und die artikulierten Wünsche der Einwohner zu wenig. Die Herrscher waren es sich schuldig, die Zivilisation, die nicht von den Städten zu trennen war, zu verteidigen und zu verbreiten, und die Städtegründungen zeigten die demographische Stärke, den Reichtum und vor allem den kulturellen Fortschritt der Völker des Reiches, das immer mehr mit der zivilisierten Welt gleichzusetzen war. Auch die Provinzialen strebten nach dem Status einer Stadt, was Aufstieg und Befreiung gleichkam; dies gilt auch für kaum hellensierte Gesellschaften und für Zeiten, in denen die lokalen Bürden schwer waren. So leitete im Jahr 220 ein christlicher Intellektueller eine Gesandtschaft an Elagabal, um das Dorf Emmaus in Palästina zu einer Stadt werden zu lassen [Hier. chron. 2237].

6.2.2 Die peregrinen Städte

Zu Beginn der Kaiserzeit galten die meisten provinzialen Städte Rom und seinem Recht als fremd (peregrin). Ob sie nun in die Provinzen eingebettet waren oder (was nur eine Minderheit betraf) juristisch außerhalb des Reiches standen, sie waren mit Rom als Fremdkörper und nicht als Bestandteile eines kohärenten Ganzen verbunden. Die Bezeichnung Bundesgenossen (*socii*), die selbst für Provinziale ohne Bündnis geläufig war, bringt diese Situation gut zum Ausdruck.

Mit Plinius dem Älteren lassen sich drei Arten von peregrinen Städten unterscheiden, nämlich verbündete (oder, besser, „freie und verbündete"), freie und steuerpflichtige. Die erstgenannten hatten einen Vertrag (*foedus*) mit Rom geschlossen, der, obwohl er normalerweise eine Beziehung zwischen ungleichen Partnern begründete, die Stellung der Stadt und ihre Rechte und Pflichten sehr genau definierte sowie ihre Unabhängigkeit festschrieb. Die Stellung der zweiten Gruppe ergab sich aus einem einseitigen Akt Roms, das Privilegien verlieh, diese aber nicht durch einen Vertrag bestätigte. Juristisch standen die Städte dieser beiden Typen außerhalb der Provinzen. Caesar z. B. „machte Gallien mit Ausnahme der verbündeten Städte und derer, die sich verdient gemacht hatten [= als frei erklärt wurden], zu einer Provinz und erlegte ihr einen Tribut auf" [Suet. Caes. 25]. Die Verpflichtung, *stipendium* zu bezahlen, war nur ein Aspekt der Abhängigkeit von tributpflichtigen (*stipendarii*) Gemeinwesen, der jedoch ihre Unterlegenheit Rom gegenüber symbolisierte. Aber die Aufteilung in drei

Kategorien stellt sich nur auf den ersten Blick so klar dar. Man kann nicht die Rechte oder Pflichten definieren, die für einen dieser Städte-Typen typisch gewesen wären. Vielmehr hatte jede einzelne Gemeinde ihre besondere Position, die sich aus ihrer Beziehung zu Rom und den Bedingungen ihrer Annektierung ergab; sie konnte sich allerdings ändern. Die „Freiheit" umfaßte eine Reihe wichtiger Rechte, die sich jedoch von Stadt zu Stadt unterscheiden konnten, und de facto teilten die tributpflichten Städte zahlreiche Rechte mit den Städten privilegierter Stellung.

Die Forschung hat sich lange Zeit der Frage gewidmet, inwieweit die Integration der Städte ins Reich ihre Freiheit einschränkte [Nörr 699]. Doch, indem man zu Recht betonte, wie sehr der Kaiser der wahre Herr über das Schicksal der Gemeinden war und die Privilegien untergraben wurden, hat man das Absinken der freien und verbündeten Städte wahrscheinlich überschätzt, die während der ganzen Hohen Kaiserzeit sehr reale Rechte behielten [Bernhardt 692, 693].

6.2.2.1 Die steuerpflichtigen Städte

Den steuerpflichtigen Städten blieb nichts anderes übrig, als die Stellung zu akzeptieren, die ihnen Rom oktroyierte. Sie besaßen nur eine faktische Autonomie. Einige verdankten ihr Fortbestehen nur dem guten Willen des Siegers, der sie nach dem Kriegsrecht auch als Gemeinde hätte auflösen können (so wie Menschen versklavt wurden). Bei besonders rebellischen Städten wandelte man das Territorium in „Land des römischen Volkes" (*ager publicus*) um. In anderen Fällen übernahm Rom die Vollmachten der alten Herrscher über die Städte (so in der Provinz Asien).

Gewöhnlich behielten die Gemeinden ihre Verfassung, ihr Recht und ihre Gerichtshöfe (zumindest für bestimmte Fälle). Sie erhoben ihre Steuern und einige prägten Münzen. Die Schwäche der römischen Provinzalverwaltungen führte faktisch zu einer großen Autonomie, die aber nur innerhalb der vom Provinzreglement gezogenen Grenzen und unter der Autorität des Statthalters zum Tragen kommen konnte. In einem Brief an seinen Statthalter von Pontos-Bithynien, Plinius, stellt Traian die freie und verbündete Stadt Amisos denen gegenüber, „die an unser Recht gebunden sind" [epist. 10. 93]. In den steuerpflichtigen Städten setzte der Statthalter die Gesetze, Senatsbeschlüsse und Kaisererlasse durch. Lokale Gebräuche wurden auf Entscheidung des Statthalters abgeschafft, wenn sie der römischen Gesetzgebung widersprachen. Bei der Organisation einer Provinz legte man durch das Provinzgesetz den Status der Städte fest und fixierte einige staatsrechtliche Prinzipien, wodurch bereits die städtische Autonomie eingeschränkt wurde. Statthalter konnten neue Regelungen erlassen, und auch schon ihr Amt an sich stellte eine Kontrolle über das städtische Leben dar.

Und dennoch gab es keine allgemeine Nivellierung der Rechtsstellungen und auch keine allmählich fortschreitende Einschränkung der faktischen Autonomie. Ausgehend von dem Beispiel Pontos-Bithynien muß man eher mit einer Tendenz zur Differenzierung rechnen. Manche Städte hatten besondere Rechte von den Kaisern erhalten oder profitierten von einzelnen Statthalterverordnungen. Lokale Eigenheiten, die dem Provinzialrecht entgegenstanden, wurden toleriert [Plin. epist. 10. 79, 83, 108, 112]. Als Plinius seinen Kaiser bat, in einer finanziellen Frage eine für alle Städte verbindliche Entscheidung zu treffen, antwortete Traian, daß man bei jeder Stadt das jeweilige Recht sowie mögliche Privilegien berücksichtigen müsse [epist. 10. 109]. Der Status einer steuerpflichtigen Stadt bedeutete also nicht immer politische bzw. steuerliche Bedrückung und Bedeutungslosigkeit. Ephesos war steuerpflichtig; gleichwohl gehörte es zu den wohlhabendsten Städten des Reiches, seine Lokalpolitik war recht turbulent und sein Status stand seiner Forderung nach der Vorherrschaft über die Städte Asiens nicht im Wege.

6.2.2.2 „Freie Städte" und „freie und verbündete Städte"

Im Vergleich zu den steuerpflichtigen Städten waren die Städte, die sich ihrer – durch einen *foedus* oder auch nicht garantierten – Freiheit erfreuten, rar und sehr ungleichmäßig verteilt. Für die spanischen Provinzen hat uns Plinius der Ältere genaue Zahlen überliefert, die aus offiziellen Statistiken der frühen Kaiserzeit stammen. In der Bätika waren von 129 peregrinen Gemeinwesen nur drei verbündet und sechs frei. Die Tarrakonensis zählte nur eine einzige verbündete Stadt und überhaupt keine freie. Alle 36 peregrinen Gemeinwesen Lusitaniens waren steuerpflichtig. Im Vergleich dazu stellen die 14 freien oder verbündeten Städte unter den rund 60 Gemeinwesen der Drei Gallien eine außerordentlich hohe Proportion dar, die sich aus der Großzügigkeit Caesars erklärt.

Privilegierte Rechtsstellungen wurden zunächst recht freigebig vergeben, als der Senat im 3. und 2. Jh. v. Chr. keine systematische Annektierung der kontrollierten Gebiete betrieb. Die *imperatores* des 1. Jhs. verhielten sich großzügig gegenüber romtreuen Städten (so Sulla in Asien nach den Mithradateskriegen) oder solchen, die bei Bürgerkriegen ihrer Seite beigetreten waren. Aber der Status blieb unsicher. Die Städte, die auf das falsche Pferd gesetzt hatten, wurden tributpflichtig, wenn ihnen der Sieger nicht gerade verzieh, wie im Fall von Mytilene, das seinen Status als verbündete Stadt trotz Pompeius-Treue behielt [IGR IV 33]. Viele freie Städte durchlebten am Ende der Republik eine sehr wechselvolle Geschichte. Amisos, eine alte griechische Stadt in Pontos, wurde von Caesar für frei erklärt, von Antonius an Könige gegeben, war dann einem Tyrannen untertan, bis ihr schließlich Octavian nach dem Sieg von Actium den Status einer verbündeten Stadt einräumte [Strab. 12. 3. 14], den sie noch zu Beginn des 2. Jhs. besaß. Nach der augusteischen Umgestaltung hat man anscheinend keiner Stadt mehr die Freiheit verliehen, trotzdem stabilisierte sich die Situation der privilegierten Gemeinden nicht. Innere Unruhen und Verletzungen der Majestät Roms oder des Kaisers wurden durch Degradierung bestraft. Tiberius züchtigte Kyzikos (Asien), das den Kaiserkult vernachlässigt und „Gewalt gegen römische Bürger“ geübt hatte [Tac. ann. 4. 36]. Im 1. Jh. wurde Rhodos kurzzeitig unter Claudius degradiert, dann wieder unter Vespasian, es erhielt aber die alten Rechte von Titus zurück. Zu dieser Zeit verstanden einige Städte ihre „Freiheit“ wohl zu wörtlich. Außerdem scheint Augustus, der es sich zur Regel gemacht hatte, die Zahl der Städte mit privilegiertem Status nicht zu vergrößern, in einigen Kaisern wie Tiberius und Vespasian Nachfolger gefunden zu haben, die freien Städten wohl wegen ihrer Steuerprivilegien wenig freundlich gegenüberstanden. Dagegen zeigten sich die Antoninen und später ihre Nachfolger in der ersten Hälfte des 3. Jhs. sehr bemüht um die Erhaltung der alten Rechtsstellungen und gaben sogar Vorrechte zurück, die im 1. Jh. abgeschafft worden waren. Die Ägäis-Insel Astypalaia erhielt die Freiheit von Traian zurück und besaß sie noch unter Gordian III. [IGR IV 1232; CIL III 7059].

Die Kaiserzeit stellte in der Geschichte der freien Städte keinen wirklichen Bruch dar, außer in der Hinsicht, daß ihr bevorzugter Partner nun der Prinzeps war. Die eigentlichen Auswirkungen der Freiheit blieben unverändert. Lange Zeit glaubte man, daß die Privilegien in der Praxis allmählich beschnitten worden seien, so daß ab dem 2. Jh. die alten Rechtsstellungen nur noch eitle Ehrentitel gewesen wären. Die Publikation neuer Inschriften, insbesondere der Archiv-Mauer von Aphrodisias in Karien [Reynolds 700], ermöglichen eine neue Betrachtung des Problems. Obwohl die Unterschiede in der Stellung der einzelnen Städte jeden weitergehenden Schluß verbieten, ist der Fall Aphrodisias gleichwohl höchst aufschlußreich für die Haltung der einzelnen römischen und provinzialen Autoritäten.

Aphrodisias, das in der Gunst Caesars gestanden hatte, erhielt dank der Fürsprache Octavians einen sehr privilegierten Status, der per Vertrag und Senatsbeschluß definiert wurde. Eine Inschrift vom Beginn des 3. Jhs. formuliert ihn sehr schön [700, Nr. 43]. Es handelt sich um die Widmungsinschrift einer Statue „des sehr vornehmen, mit Rom verbündeten Volkes (*demos*) der sehr glänzenden Stadt der Aphrodisier, die den Kaiser liebt und die frei und autonom ist gemäß den Dekreten des sehr heiligen Senats, gemäß dem Vertrag und gemäß den kaiserlichen Reskripten". Diese Titulatur zeigt, daß sich die Freiheit von Aphrodisias hinsichtlich und dank Rom und dem Kaiser definierte. Der ursprüngliche Bündnisvertrag ist nur *ein* konstitutives Element des Stellung dieser Stadt. Sie war nicht ein für allemal fix. Spätere Beschlüsse trugen dazu bei, der Stadt eine eigene Position gegenüber den steuerpflichtigen und den anderen freien Städten zu geben. Sie wurde durch Dekrete des römischen Senats (wie der Bestätigung des Asylrechts unter Tiberius [Tac. ann. 3. 63]) und vor allem durch kaiserliche Verordnungen genauer bestimmt.

Aus etlichen Kaiserschreiben bis Valerian wird deutlich, daß die Monarchen den Status garantierten (ähnliche Texte sind auch für andere Städte bekannt). Jeder neue Kaiser wurde um seine Bestätigung gebeten. Man weiß nicht, ob dies wie in hellenistischer Zeit verpflichtend war oder ob es sich nur um einen Loyalitätsakt handelte, den man von einer Gesandtschaft erwartete, die zur Begrüßung des neuen Kaisers erschien. In jedem Fall beweist dies, daß man trotz der Ewigkeitsklausel in Vertrag oder Senatsbeschluß den Status als unsicher, stets vom Kaiser veränderbar ansah. Gleichzeitig zeigen die Begründungen der Kaiserbriefe des 2. und 3. Jhs., daß es der Monarch als Verpflichtung betrachtete, den Status zu bestätigen, wollte er nicht mit der Tradition brechen und als Tyrann gelten.

Der ursprüngliche Status war mit denen vergleichbar, die am Ende der Republik verliehen wurden [vgl. das Gesetz von 71 v. Chr. zugunsten von Termessos in Pisidien, FIRA I 11 = ARS 79]. Die wichtigste Erkenntnis, die die neuen Inschriften von Aphrodisias vermitteln, ist jedoch die Tatsache, daß der vom Vertrag garantierte Status bis zur Mitte des 3. Jhs. tatsächlich respektiert wurde. Kein Vertreter der römischen Obrigkeit durfte innerhalb des Territoriums eingreifen, zumal nicht aus militärischen, steuerlichen oder juristischen Gründen. Rechtlich stand Aphrodisias außerhalb der Provinz Asien. Traian und Hadrian entschieden Streitfälle zu seinen Gunsten, indem sie sich auf seinen „Ausschluß aus dem Provinzreglement" stützten. Die Verpflichtungen, die bei der Organisation Asiens vorgesehen worden waren, galten nicht für diese Stadt. Juristisch durfte der Prokonsul hier nicht eingreifen. Jede Intervention einer römischen Stelle geschah auf kaiserliche Initiative oder Genehmigung hin. Um 186–190 erreichte die Stadt, daß Commodus den Statthalter autorisierte, „die Stadt zu besuchen und dort einige Tage zu verbringen, um die öffentlichen Angelegenheiten zu untersuchen". Unter Severus Alexander wies ein Prokonsul elegant eine Einladung der Bewohner zurück, indem er antwortete, daß er unter dem Vorbehalt annehme, „daß kein Gesetz Eurer Stadt, kein Dekret des Senats, keine Verordnung und kein Reskript des Kaisers verbietet, sich in Eurer Stadt aufzuhalten" [700, Nr. 16, Nr. 48]. Aphrodisias „verwandte sein Recht und seine Gerichte". Noch im 3. Jh. erreichte die Stadt, daß ein Fall nicht in Rom, sondern vor Ort verhandelt wurde. Die Einwohner waren auf immer von Rekrutierungen, Steuern und Einquartierungen befreit. Diese Klauseln waren durchaus großzügig, denn unter den hellenistischen Königen schützte die Freiheit nicht unbedingt vor Garnisonen oder Abgaben.

Die Inschriften zeigen gleichzeitig, daß diese Privilegien beständig von Vertretern der römischen Obrigkeit und anderen Städten angefochten wurden. Hadrian bestätigte die Steuerbefreiung von Aphrodisias, als dort ein Pächter eine Steuer auf Nägel eintreiben wollte [700, Nr. 15]. Andere Städte bestimmten Bürger von Aphrodisias für Bürden. Der Provinziallandtag versuchte, Abgaben zu erheben, obwohl jede Teilnahme der Stadt oder ihrer Einwohner an den Aktivitäten der Provinz Asien laut Status freiwillig war [700, Nr. 14]. In der Praxis garantierte die Rechtsstellung nicht automatisch unangreifbare Rechte. Bei jedem Konflikt mußte die Stadt ihr gutes Recht nicht nur beweisen, sondern vom Kaiser auch seine Durchsetzung erreichen. Um ihre Privilegien zu erhalten, hatte sie einen nicht enden wollenden Kampf zu führen, der teuer (denn jedesmal mußte eine Gesandtschaft zum Kaiser geschickt werden) und dessen Ausgang ungewiß war (schließlich mußte der Kaiser oft gegen seine finanziellen Interessen entscheiden).

Die „Freiheit" hatte mit Sicherheit nicht in jeder Stadt dieselben Auswirkungen, und die Eingliederung ins Reich wird sie häufig mehr eingeschränkt haben als im Fall von Aphrodisias, das wohl eine Ausnahme darstellt. Eine freie Stadt konnte die Residenzstadt eines Statthalters sein, wie Utica vor der Neugründung von Karthago, oder Veranstaltungsort von regelmäßigen Gerichtstagen, wie Apamea in Bithynien (auf Wunsch der Einwohner!). Ab Traian zeigte die Ernennung von Korrektoren freier Städte oder kaiserlich bestellter Kuratoren, daß man zugleich bestrebt war, ihre Finanzen im Gleichgewicht zu halten und die Städte außerhalb der Rechtsprechung der Statthalter zu belassen. Die städtische Verfassung war nicht unantastbar. Als Erbe der griechischen Nomotheten (die von außerhalb der Stadt kamen) agierte der Kaiser als Gesetzgeber für freie Städte, so Augustus in Tarsos [Dion Chr. 33. 17; 34. 8] oder Hadrian in Athen [32, Nr. 232; Hier. chron. 2137]. Die Fiktion eines Militärbündnisses konnte aufrechterhalten werden. Unter Marc Aurel entsandte Thespiai (Achaia) sein eigenes Freiwilligenkontingent an die Donau. Dort konnten Soldaten wohl nicht nach dem üblichen Verfahren rekrutiert werden [AE 1971, 447]. Es läßt sich kaum in Erfahrung bringen, ob Städte wie Aphrodisias ihre Steuerbefreiungen ganz oder teilweise bewahren konnten, die jedenfalls zu Beginn der Kaiserzeit stets Bestandteil der Freiheit waren. Die gallischen Städte scheinen sie schon unter Tiberius verloren zu haben: Die Revolte von 21, die unter dem Druck der Schulden und Steuern ausbrach, wurde von einem Häduer und einem Treverer angeführt, obwohl deren Heimatstädte frei waren.

Die Texte von Aphrodisias zeigen die Kaiser bestrebt, den privilegierten Status eines glanzvollen Kult- und Kunstzentrums in jeder Hinsicht zu erhalten. Sie erwiesen sich als eifrige Verteidiger, sogar gegen die Bürger selbst, denen die Beibehaltung ihrer finanziellen Vorteile zweifellos wichtiger war als die Fiktion der Extraterritorialität Asien gegenüber. Wie auch immer es um die Übergriffe (die Inschriften haben nur die siegreichen Konflikte überliefert) und die faktische Integration in die Provinz und das Reich bestellt gewesen sein mag, man kann keinesfalls behaupten, daß die Unterschiede in der Stellung zwischen steuerpflichtigen und freien Städten quantitativ, nicht qualitativ, gewesen seien, daß „seine [eines *foedus*] praktische Bedeutung [...] nicht allzu groß gewesen sein [dürfte]“ [Nörr 699, S. 61; im gleichen Sinne Millar 355, auf der Grundlage der Texte von Aphrodisias]. Paradoxerweise konnte die reale Auswirkung der Freiheit privilegierter Gemeinwesen trotz der Entwicklung des kaiserlichen Systems während des Prinzipats größer sein als zur Zeit der Republik. Die allgemeinen politischen Verhältnisse schränkten die Freiheit nicht ein, ganz im Gegensatz zu den Kriegen und Krisen der untergehenden Republik, und der Schutz der Städte gehörte zu den moralischen Verpflichtungen der Kaiser. Zur Zeit der Republik garantierte zwar der Senat für die Freiheit, doch gleichzeitig beschnitten sie seine Vertreter im Namen der Interessen oder der Majestät des römischen Volkes. Unter dem Prinzipat hingegen schützte der Kaiser (der nunmehr über Statusfragen entschied) die freien Städte gegen die Übergriffe des (vom Senat ernannten) Prokonsuls und gegen die Anfechtungen der anderen Städte.

6.2.3 Die Gemeinden römischen Typs: Munizipien und Kolonien

6.2.3.1 Die Komplexität der Situation

Den peregrinen Städten standen die Munizipien und Kolonien gegenüber, deren Organisation sich mehr oder weniger eng am Vorbild Rom orientierte. Ihre Rechtsstellungen sind das Ergebnis einer langen historischen Entwicklung, die mit der Ausdehnung des römischen Staates zunächst über die ganze italische Halbinsel, dann bis zu den Alpen in Zusammenhang steht. Indem Caesar diese Rechtsstellungen in den Provinzen weithin verbreitete, leitete er einen Prozeß der juristischen Romanisierung der

Gemeinden ein, der (insbesondere in den westlichen Provinzen) für die Kaiserzeit charakteristisch ist. Über die Natur dieser Städte und ihr Verhältnis zu Rom wird noch immer heftig debattiert, was in erster Linie an der Spärlichkeit und Verschiedenartigkeit der Quellen liegt, aber auch an der Unsicherheit mancher antiker Autoren. Berühmt ist folgende Passage von Aulus Gellius, einem Zeitgenossen Marc Aurels [16. 13]: „Was Munizipien sind, wie ihr Recht aussieht, inwieweit sie sich von einer Kolonie unterscheiden – das wissen wir nicht". Diese vermeintliche Indifferenz ließ Arbeiten auf diesem Gebiet lange Zeit kaum als gerechtfertigt erscheinen und verwies neuerdings Statusfragen vor allem in den Bereich der Mentalitäts- und Ideologiegeschichte. Zu den offensichtlich bereits in der Antike komplizierten Gegebenheiten kommt für uns noch die Quellenknappheit.

Für die frühe Kaiserzeit ist Plinius der Ältere grundlegend. Er gibt gewöhnlich den Status der Gemeinden in augusteischer Zeit an. Doch seine Terminologie läßt widersprüchliche Interpretationen zu und ist wohl nicht immer juristisch exakt. Weil die literarischen und späteren juristischen Quellen unzureichend sind, hält man sich insbesondere an die Inschriften, wenn man die Entwicklung der Rechtsstellungen betrachtet. Folglich hängt die Effizienz der Untersuchungen von dem epigraphischen Reichtum der einzelnen Regionen ab, der allerdings höchst ungleich ist: Nur Nordafrika konnte zum Gegenstand genauer Studien werden, bei denen Lücken und Unsicherheiten im Detail die Schlußfolgerungen nicht in Frage stellen können [J. Gascou 711, 712]. Dagegen führt die epigraphische Armut der Drei Gallien zu endlosen Diskussionen. Unsere Kenntnisse über die Gemeindeverfassungen wurden vor kurzem durch die Publikation der *lex Irnitana* [715] erheblich erweitert. Wir besitzen nunmehr drei Viertel der typischen Charta der flavischen Munizipien in der Bätika, die (abgesehen von einigen lokalen Nuancen) weitgehend den Gesetzen entsprochen haben dürfte, die in den seit augusteischer Zeit gegründeten Munzipien und Kolonien galten.

Aulus Gellius wird von der *lex Irnitana* bestätigt: Munizipien und Kolonien konnten einem Betrachter als höchst ähnlich erscheinen, ja eigentlich nicht unterscheidbar, obwohl es sich um zwei streng geschiedene Rechtsbegriffe handelte. Das Munizipium setzt nahtlos eine peregrine Gemeinde fort. Bei seiner Gründung werden neue Institutionen eingeführt, jedoch auf der Grundlage der bisherigen Verfassung, die Berücksichtigung finden kann. So wurden die Mitglieder des Senats von Irni automatisch zu Dekurionen des neuen Munizipiums; die auf 63 festgelegte Zahl der Dekurionen entsprach nach aller Wahrscheinlichkeit der der bisherigen Senatoren [§ 30, 31]. Die Kolonie dagegen war juristisch eine Gründung aus dem Nichts, die durch die Kulthandlungen, die ihre *deductio* begleiteten, entstand. Daher konnten die Kolonien von Aulus Gellius als „nicht außerhalb von Rom entstanden, nicht ohne Wurzeln [...], fast kleine Kopien [Roms], gleichsam Reproduktionen" dargestellt werden. Freilich entstanden in der Kaiserzeit latinische und römische Kolonien auch durch die Hochstufung einer Gemeinde und ohne Ansiedlung von Kolonisten. Aber die Römer hätten wohl kaum den Unterschied verstanden, den man heute zwischen „deduzierten Kolonien" (mit Siedlern) und „Titularkolonien" (durch Hochstufung) macht. In beiden Fällen waren Deduktion (der juristisch-religiöse Akt) und Ergebnis gleich. Unter Severus Alexander wird die Hochstufung von Uchi Maius in Africa Proconsularis als Deduktion im Namen und unter den Auspizien des Kaisers dargestellt [CIL VIII 15447, 26262]. Wie die spanischen Kolonien in der frühen Kaiserzeit setzt Mallos in Kilikien, eine „Titularkolonie" seit Beginn des 3. Jhs., unter Valerian einen Pflug auf ihre Münzen, um auf die rituelle Furche bei ihrer Deduzierung anzuspielen [Veyne 727]. Die Rechtsstellungen römischen Typs verlieh der Kaiser, den man in den Inschriften als „Gründer" (*conditor*) des Munizipiums oder der Kolonie bezeichnete. Unhaltbar sind Thesen, wonach Munizipien allein auf die Initiative ihrer Bewohner hin spontan gegründet worden seien [Millar 355, S. 398, 406] oder man die Usurpation des Kolonien-Ranges hingenommen habe [Le Glay/Le Gall 52, S. 282]. Genauso unbegründet ist die Annahme, die privilegierten Rechtsstellungen hätten nach und nach ihre ganze Bedeutung bis auf die ideologische Dimension verloren, wie unter anderem P. Veyne meint [726, 727].

Gleichzeit läßt die Charta von Irni besser verstehen, warum die Institutionen von Munizipien und Kolonien so ähnlich erscheinen konnten. Die Charta enthält zahlreiche Vorschriften des römischen Rechts und organisiert die Verwaltung der Stadt nach römischem Vorbild. Artikel 93 legt fest, daß man in allem, was nicht vorgesehen wurde, dem römischen Recht zu folgen habe, sowie daß alles Gültigkeit habe, was nicht gegen das Gesetz geschehen sei. Diese zweite Klausel steht offensichtlich im Widerspruch zur ersten, denn sie erlaubt bei der Verwendung des römischen Rechts einen gewissen Spielraum, der den Kolonien fremd war, „die sich nicht selbst gehören und allen Gesetzen Roms unterworfen sind" [Aulus Gellius]. Die Romanisierung der Munizipien in juristischer Hinsicht war also, sieht man einmal von der Charta ab, nicht zwingend. Im Konfliktfall jedoch siegte das römische Recht über das lokale, und seine Vorrangigkeit sowie seine Zuverlässigkeit erklären die allmähliche Aufgabe der lokalen Gebräuche, was um so schneller geschah, je mehr die Bewohner des Munizipiums eine vollständige Romanisierung erstrebten. Der Unterschied zwischen Munizipium und Kolonie konnte nach einer Weile als überholt erscheinen, zumal in Italien, wo ja die Bürger der lokalen Gemeinden seit dem Ende der Republik sämtlich Bürger waren.

6.2.3.2 Das Problem „latinisches Recht"

Neben der Unterscheidung „Munizipium" und „Kolonie" bleibt noch der Unterschied zwischen Gemeinden latinischen Rechts und solchen römischer Bürger zu betrachten. In den letztgenannten hatten alle Bürger das römische Bürgerrecht, bei den Gemeinden latinischen Rechts dagegen besaß es nur die Elite. Doch gerade die Chance auf das römische Bürgerrecht war ein Aspekt des „latinischen Rechts". Was das latinische Recht in der Kaiserzeit genau beinhaltete, ist noch immer sehr umstritten, völlig entgegengesetzte Hypothesen wurden einander gegenübergestellt. Einige [Braunert 706; Galsterer-Kroll 710] meinen, das latinische Recht sei ein persönlicher, kein Gemeinde-Status gewesen. Andere [Galsterer 707; Humbert 716; Wolff 731] behaupten, es habe sich nur um ein Kollektivrecht gehandelt, während wiederum andere Gelehrte eine Mittlerposition einnehmen [zuletzt G. Alföldy 703].

Man darf die Fälle nicht unberücksichtigt lassen, wo das latinische Recht außerhalb des Rahmens einer latinischen Gemeinde auftaucht, selbst wenn man dies für Ausnahmeerscheinungen halten will. Sobald ägyptische Seeleute in Italien ankamen, erhielten sie seit den Flaviern einen römischen Namen (so wurde aus einem gewissen Apion ein Antonius Maximus [Loeb, Select papyri, Nr. 112]) und bekamen einen speziellen „latinischen" Status. Ferner hatten mehrere Gesetze von Augustus und Tiberius die Möglichkeiten der Freilassung sowie ihre juristischen Folgen eingeschränkt [Gaius inst. 1. 9ff.]. Um selbst Bürger zu werden, mußte der Freigelassene eines römischen Bürgers fortan älter als 30 Jahre und entweder testamentarisch (gemäß genau festgelegten Vorschriften) oder vor einem Magistrat in Rom oder einem Promagistrat freigelassen worden sein. Andernfalls erhielt er gemäß der *lex Iunia* den Status eines *Latinus Iunianus*, was seine Rechtsfähigkeit einschränkte und es ihm z. B. unmöglich machte, ein Testament abzufassen oder in einem solchen bedacht zu werden [Humbert 716]. Doch dieser mindere Status war nicht immer endgültig. Kaiserliche Gunst gewährte das volle Bürgerrecht [Plin. epist. 10. 5], auch konnte es ein Magistrat oder Statthalter einem Iunianus verleihen, falls er Familienvater war, in den Kohorten der *vigiles* gedient oder als Schiffer im Dienst der Annona gearbeitet hatte. Zahlreiche Freigelassene jedoch werden Latini Iuniani gewesen und geblieben sein. Damit eine Freilassung zu Lebzeiten des Sklavenhalters zur Erlangung des Bürgerrechts führte oder der Iunianus später Bürger werden konnte, mußte man in Italien die Durchreise eines römischen Magistrats oder eines Prokonsuls nutzen [Plin. epist. 7. 16. 4], in den Provinzen einen Gerichtstag des Statthalters aufsuchen [Gaius inst. 20].

Nach Gaius [inst. 22] waren die Iuniani „den Latinern der Kolonien nachgebildet". Zweifellos bezog er sich auf den Status der Kolonien in Italien, die am Ende der Republik zu römischen Munizipien hochgestuft worden waren. Viele Autoren verwerfen die Idee eines „latinischen Bürgerrechts", eines gemeinsamen Status der Bürger von Städten (Kolonien, Munizipien oder u. U. Gemeinden peregriner Verfassung) latinischen Rechts. Doch da einige Texte die *cives Latini* erwähnen, darf man mit G. Alföldy [703] vermuten, daß der Status des Latinus sehr wohl existierte, der kollektiv (da normalerweise Städten verliehen) war, aber direkte Auswirkungen auf die Einzelnen hatte, die sowohl in ihrer Stadt als auch anderswo eine von Rom anerkannte Rechtsstellung einnahmen, die sich wahrscheinlich aus dem latinischen Recht der republikanischen Zeit ableitete.

Zu den Charakteristika des latinischen Rechts in der Kaiserzeit gehörte, daß es den städtischen Magistraten nach Ablauf ihrer Amtszeit das römische Bürgerrecht verlieh [*lex Irnitana* § 21–23]. Das wahrscheinlich von Hadrian begründete 'größere' latinische Recht gab allen Dekurionen auf einmal das Bürgerrecht. Auch ihre Familien stiegen auf. Zu römischen Bürgern wurden die direkten Vorfahren des Magistrats (oder des Dekurionen), seine Frau, seine Kinder und die Kinder seiner Söhne. Aber nur die Elite der Städte erfuhr diese Begünstigung, und es erscheint kaum akzeptabel, das latinische Recht auf diesen Aspekt allein zu reduzieren, wie dies mitunter versucht wird [Millar 355, S. 630–635]. Die Charta von Irni suggeriert, daß zwischen dem Erhalt des latinischen Rechts um 73 und dem Aufstieg zum Munizipium im Jahr 91 dort einige Regeln gegolten haben, die dem römischen Recht nahestanden. Es ist wenig wahrscheinlich, daß die Bewohner der Städte latinischen Rechts für Rom als Peregrine galten, wenn sie nicht das Bürgerrecht besaßen. Die Stellung des Latiners beinhaltete genau festgelegte Rechte, insbesondere die väterliche Gewalt (*patria postestas*) – eine Besonderheit des römischen Bürgerrechts laut Gaius – und das *commercium*, das die Latiner in wirtschaftlichen Belangen mit den römischen Bürgern auf eine Stufe stellte. Wenn es diesen (aus peregriner Warte) privilegierten Status gab, wird verständlich, warum dieses Recht von den Provinzialen erwünscht wurde und weswegen einige Gemeinden, die es besaßen, anscheinend nicht zu Munizipien oder Kolonien wurden.

6.2.3.3 Vereinfachung und Vereinheitlichung der Status-Typen

Zur Zeit der Republik umfaßte das von Rom direkt kontrollierte Territorium Gemeinden, die nur eine sehr begrenzte Autonomie und eine unvollständige politische Organisation besaßen, so z. B. die Präfekturen, die kein eigenes Gerichtswesen hatten, oder die *fora*, Marktflecken, die man entlang der großen Straßen in wenig besiedelten Landstrichen anlegte. Seit dem Beginn der Kaiserzeit wurden diese Gemeinden zu Städten vollen Rechts, verloren aber nicht immer ihre alten Traditionen. Noch im Jahr 229 nannte sich Forum Clodii in Etrurien *praefectura Claudia* [AE 1979, 216]. Diese konservative Terminologie allein könnte von einem antikisierenden Snobismus herrühren. Aber parallel dazu existierten verfassungsmäßige Eigenheiten weiter. In Peltuinum war noch im Jahr 242 die Ädilität die höchste Magistratur [ILS 6110]. Rom respektierte zwar solchen Konservativismus, aber es hatte kein Interesse, diese Verfassungsformen in den Provinzen einzuführen, wo sich bald zwei grundlegende Rechtsstellungen herausbildeten, nämlich Munizipium und Kolonie.

Anscheinend herrschte zu Beginn der Kaiserzeit in den Provinzen eine komplizierte, ja konfuse Situation. Am Ende der Republik bezeichnete das Wort *oppidum* jede Art autonomer Gemeinde mit einem urbanen Zentrum. Plinius der Ältere benutzt es für Gemeinden von Römern mit sehr unterschiedlichem Status [z. B. in Afrika: nat. 5. 29; vgl. Gascou 712, S. 142–144]. Was Spanien betrifft, scheint er genauer gewesen zu sein. Doch in jedem Fall legen seine Kataloge den Schluß nahe, das es Gemeinden römischen Typs gab, die weder Munizipien noch Kolonien waren. So findet man in seinem Verzeichnis für die Bätika [3. 7] 175 *oppida*, und zwar neben den peregrinen und denen, die ausdrücklich als Kolonien oder Munizipien römischer Bürger bezeichnet werden, auch „die 27, die vordem das latinische Recht erhalten hatten“. Am Ende der Republik war das latinische Recht Städten verliehen worden, die sich aus Gemeinden römischer Bürger ohne Kolonie- oder Munizipiumsstatus entwickelt hatten. Dieses Spektrum aber (das Plinius wiederzugeben scheint) sucht man später vergeblich. Inschriften und Münzen, die Rechtsstellungen angeben, erwähnen nur Munizipien und Kolonien. Wenngleich man beim gegenwärtigen Forschungsstand den Vorgang noch nicht genau verfolgen kann, kam es in den ersten Jahrzehnten der Kaiserzeit anscheinend zu einer Harmonisierung, zu einer einheitlicheren Organisation der Gemeinden. Wohl ab Claudius, sicher ab Vespasian läßt sich davon ausgehen, daß selbständige Gemeinden römischen Typs entweder Munizipien oder Kolonien sind. Die höchst umstrittenen Probleme hinsichtlich der Kolonien und Munizipien latinischen Rechts werden teilweise mit den Veränderungen dieser Übergangszeit zusammenhängen.

6.2.3.4 Die Gemeinden latinischen Rechts

Manche Kaiser gewährten das latinische Recht ganzen Regionen, so Nero den Völkern der Alpes Maritimae, Vespasian ganz Spanien. Es scheint jetzt festzustehen, daß diese Rechtsverleihung nicht automatisch zur Umwandlung der Gemeinden in Munizipien oder Kolonien führte (so wie auch die *constitutio Antoniniana* keine Auswirkungen auf die Gemeinde-Status hatte). Die Städte der Bätika, deren Gesetz uns teilweise überliefert ist, wurden erst unter Domitian Munizipien, so Irni im Jahr 91, mehr als 15 Jahre nach der allgemeinen Verleihung des latinischen Rechts. Einige Städte in Nordwestspanien sind anscheinend nie zu Munizipien geworden, ganz wie manche Alpengemeinden. Unsere äußerst spärlichen Quellen erlauben kaum eine Vorstellung über die Organisation dieser Städte, die jedenfalls nicht peregrin im engeren Sinne waren.

Die latinischen Kolonien des republikanischen Italien wurden von Latinern, Verbündeten oder Römern, die ihr Bürgerrecht abgelegt hatten, bewohnt, oder waren später hochgestufte Gemeinden. Sie waren deutlich von der Stadt Rom geschieden, folgten aber im wesentlichen ihrem Recht und kopierten weitgehend ihre Institutionen. Diese italischen latinischen Kolonien verschwanden. Sie wurden in Munizipien römischer Bürger umgewandelt; diejenigen südlich des Po nach dem Bundesgenossenkrieg, die in der Transpadana im Jahr 49 v. Chr. Aber bald darauf wurde der Status der latinischen Kolonie (der damals in den Provinzen sehr selten vorkam) Städten des transalpinen Gallien verliehen; man weiß nicht, ob dies mit einem Siedlerzuzug verbunden war. Wie bei den Städten der Transpadana im Jahr 89 v. Chr. kam es bei diesen Gemeinden zu einer weitgehenden Romanisierung in juristischer Hinsicht, ohne daß sie jedoch deswegen zu römischen Gemeinden wurden. Diese Form des Aufstiegs wurde dann wohl Städten der Drei Gallien zuteil, wie Treveri/Trier und vielleicht Aventicum/Avenches [Wolff 731; Van Berchem 704]. Das Gründungsjahr steht selten fest. Solche Städte sind manchmal in derselben Inschrift als *colonia* und *civitas* belegt und ihre Institutionen scheinen dem römischen Modell nachgebildet. Aber der Status der latinischen Kolonie, der in der Kaiserzeit für die gallischen Provinzen typisch scheint, war hier kein Schritt in Richtung auf die vollständige juristische Romanisierung. Keine echt gallische Stadt ist als Munizipium belegt. Sehr wenige dürften wie Vienne römische Kolonie geworden sein.

In anderen Regionen war der Status eines Munizipiums der institutionelle Rahmen für die Romanisierung von Gemeinden. Die Diskussion über diese römischen oder latinischen Munizipien kann nicht als abgeschlossen gelten. Seit 1952 will Ch. Saumagne beweisen, daß alle Munizipien in den Provinzen latinisch waren. Obwohl allzu viel gegen diese These spricht, fand sie eine Zeitlang Zustimmung, ehe sie aufgegeben wurde. Ein neuerlicher Versuch ihrer Rehabilitierung [J. Gonzalez Fernandez 714 und MCV 20 (1984) 17–43] ist wenig überzeugend. Gleiches gilt für die Gegenthese, nach der es bis Vespasian nur römische Munizipien gegeben habe [P. Le Roux 718]. Elf spanische Gemeinden, die von Plinius als *oppida latina* bezeichnet werden, sind vor 69 als Munizipien belegt. Nur, waren sie latinische oder römische Munizipien? Wenn man die Charta der flavischen Munizipien der Bätika für einen Text aus augusteischer Zeit hält, der nur aktualisiert worden wäre [Alvaro d'Ors, Cl. Nicolet], dann ist die frühzeitige Existenz latinischer Munizipien implizit belegt. Doch angesichts der Tatsache, daß es keine unzweideutige Quelle gibt, die die Existenz von latinischen Munizipien zu Beginn der Kaiserzeit nachweisen würde, paßt eine These von A. Chastagnol [in: La Gaule romaine et le droit latin, Lyon 1995, S. 181–190] am besten zu den derzeit verfügbaren Quellen: Ursprünglich seien nur römische Munizipien gegründet worden. Das würde erklären, warum die Städte latinischen Rechts in der Narbonensis den Status einer Kolonie erhielten und weswegen peregrine Städte direkt, ohne die Etappe des latinischen Rechts zu durchlaufen, zu römischen Munizipien wurden, wie Utica 36 v. Chr. oder Volubilis kurze Zeit nach der Annektierung Mauretaniens. Aber dieses System war nicht flexibel genug. Schließlich führte es dazu, daß allen Bürgern eines Munizipiums, egal wie weit ihre Romanisierung fortgeschritten war, das römische Bürgerrecht zuerkannt wurde (wenn man nicht einen Teil der Bürger juristisch ausschloß, indem man sie z. B. auf den Status eines *incola* beschränkte). Deswegen habe Claudius (während seiner Zensur 47/48?) den Status eines latinischen Munizipiums geschaffen, der eine selektivere und behutsamere juristische Romanisierung der Personen zuließ als das römische Munizipium und der, verglichen mit latinischen Kolonien, Gemeinden mit flexibleren Strukturen ermöglichte. Diesen neuen Status hätten die Städte Norikums erhalten [Alföldy 569] (deren Stellung als latinische Munizipien kaum bezweifelt werden kann), und er habe ab den Flaviern weite Verbreitung gefunden. Peregrine Städte, deren Organisations- und Kulturniveau ausreichend erschien, erklärte man normalerweise zuerst zu latinischen Munizipien. Der Status einer römischen Kolonie konnte ihnen später zuerkannt werden, doch geschah dies nicht immer, und oft verging viel Zeit. Während der vollständige Prozeß der juristischen Romanisierung für viele Städte von Africa Proconsularis und den Donauprovinzen gut belegt ist, scheinen die latinischen Munizipien Spaniens meistens bei ihrem Status geblieben zu sein. Man kann also nicht sagen, daß „das latinische Recht nur ein Schritt ist in Richtung auf den Erhalt des vollen römischen Rechts, und genau dies ist seine einzige Existenzberechtigung" [P. Petit 56, S. 150]. Zahlreiche Gemeinden römischen Typs blieben latinischen Rechts, und auch die allgemeine Ausweitung des römischen Bürgerrechts im Jahr 212 hat den Status dieser Städte nicht verändert.

6.2.3.5 Besonderheiten der latinischen Kolonien und der Munizipien

Mögliche Besonderheiten der Munizipien bleiben uns größtenteils verborgen, nur verwaltungsmäßige Eigenarten sind inschriftlich überliefert. Die italischen Munizipien werden meist von einem Kollegien von vier Magistraten verwaltet (Quattuorvirn). Einige bewahrten eigentümliche Magistraturen wie Diktatur oder Prätur, so in Latium und in Kampanien. In Caere (Südetrurien) waren die höchsten Beamten der Diktator und der „Ädil für die Rechtsprechung", die Finanzen unterstanden einem „Schatzpräfekten" [ILS 5918a, aus dem Jahr 114]. In Zentralitalien begegnet man häufig einem Kollegium von acht Magistraten (Oktovirn). Diese Eigentümlichkeiten, deren Fortbestehen in erster Linie die Verbundenheit der Menschen mit den Traditionen ihrer Vaterstadt zeigt, können auch der Reflex lokaler Besonderheiten sein, die uns unbekannt bleiben. Sie waren durchaus vereinbar mit dem Status eines Munizipiums römischer Bürger.

Laut Strabon [4.1.12] war Nemausus/Nîmes dank seines latinischen Rechts nicht den Edikten des Statthalters unterworfen. Dagegen sieht das Recht von Irni [715, § 85] den Aushang der Statthalteredikte im Munizipium vor. Besaßen Städte mit dem alten latinischen Recht mehr Autonomie als jüngere Munizipien, oder will Strabon nur sagen, daß Nîmes nicht der Willkür des Statthalters unterworfen war? Wie auch immer – die Eingriffe von Statthaltern in latinische Kolonien und Munizipien hatten wohl weder dieselbe juristische Grundlage noch dieselbe Form wie bei den peregrinen Städten.

Man kennt die innere Organisation der latinischen Kolonien der Narbonensis kaum, doch scheint sie recht eigentümlich gewesen zu sein. Nîmes hatte einen „Präfekt für die Wachen und Waffen" und einen „Schatz-Quattuorvir" [ILS 6980, 6981]. Selbst nachdem Vienna/Vienne römische Kolonie mit dem *ius Italicum* [S. 265] geworden war, behielt es besondere Magistraturen bei, wie das Triumvirat für die Verwaltung der öffentlichen Güter oder ein Schatz-Duumvirat neben dem Quästor [ILS 6997, 6998]. Diese Eigenarten erklären sich vielleicht aus dem frühen Zeitpunkt der Erhebung zur Kolonie.

Die Institutionen der Munizipien, die in den Provinzen gegründet wurden, erscheinen viel einheitlicher, und bilden im wesentlichen die der römischen Kolonien nach. Die Magistraturen waren normalerweise Quästur, Ädilität und Duumvirat. Seltener behielten Munizipien ihre traditionellen Magistrate, wie z. B. Lepcis Magna (Africa Proconsularis) seine Sufeten.

Doch das neue Munizipium mußte alte Privilegien nicht aufgeben. In der Kaiserzeit nannten sich italische Munizipien „föderiert" [Panciera 724]. Dabei handelte es sich wohl nicht um die Erinnerung an einen alten, seit langer Zeit obsoleten Status [gegen Veyne 726]. Im Jahr 210 bestätigte Septimius Severus den *foedus*, der Camerinum seit 320 Jahren an Rom band, was beweist, daß er immer noch für den Status der Stadt konstitutiv war [ILS 432]. Daß provinziale Munizipien sich „frei" nannten, zeigt wohl, daß sie über Rechte aus einem früheren, privilegierten Status verfügten, wie den Rang einer freien Stadt, z. B. Singili in der Bätika oder Thysdrus in Africa Proconsularis [Jacques, in: Epigrafia, Actes du Colloque A. Degrassi, Rom 1991, S. 582–599]. Wenn die Verfassungen der Munizipien insgesamt einander und denen der Kolonien ziemlich ähnelten, wenn die Eigenheiten nicht auf ein unterschiedliches Wesen ihrer Verfassungen schließen lassen, so darf man doch wohl trotzdem nicht die Nuancen und Unterschiede unterschätzen, bei denen es sich mitunter um ganz reale, verwaltungsmäßige bzw. steuerliche Privilegien handelte. Vor allem darf man darin nicht bloß obsolete historische Reminiszenzen, lächerliche Ansprüche oder Zeugnisse eines infantilen Chauvinismus sehen.

6.2.3.6 Die römischen Kolonien

Bei den römischen Kolonien handelt es sich um eine recht eigentümliche Konzeption. Sie waren juristisch und administrativ weitgehend autonom und geographisch vom eigentlichen römischen Territorium getrennt, doch sie teilten mit Rom dessen Bürgerrecht, Gesetz und Religion. Wie bereits erwähnt, darf man bei den verschiedenen Arten römischer Kolonien in juristischer Hinsicht keinen Unterschied machen. Trotzdem lassen sich nach den Umständen ihrer Gründung Siedlungskolonien von solchen Kolonien unterscheiden, die durch die Hochstufung einer Gemeinde, ohne Siedlerzuzug, entstanden.

6.2.3.6.1 Siedlungskolonien

Seit dem Ende des 2. Jhs. v. Chr. diente die Gründung von Kolonien in erster Linie dazu, politisch-soziale Probleme in den Griff zu bekommen. Dadurch verschaffte man Proletariern Land (so die Intention von C. Gracchus und Caesar), vor allem aber den entlassenen Soldaten der *imperatores*. Augustus gründete Kolonien, um mit den Folgen der Bürgerkriege fertigzuwerden; auch in der Kaiserzeit wurden sie für entlassene Armeeangehörige deduziert.

Manche Kolonien schuf man aus dem Nichts (wie Korinth, wo die Stadt im Jahr 146 v. Chr. völlig vernichtet worden war, oder Tamugadi/Timgad in Numidien, wo es keine Spuren aus vorrömischer Zeit gibt) oder nach der Eliminierung der Vorbevölkerung (Augusta Praetoria/Aosta, Ausgangspunkt der Paßstraße des Großen Sankt Bernhard, wurde von Augustus gegründet, nachdem 36000 Salasser massakriert oder verkauft worden waren). Doch meistens besetzte eine Kolonie einen bereits urbanisierten oder als Stadt organisierten Standort. Die Vorbevölkerung scheint ganz unterschiedliche Konditionen erhalten zu haben, je nach ihrem Kulturniveau und den politisch-militärischen Umständen. In Italien am Ende des 1. Jhs. v. Chr. gingen Kolonisten in existierenden Städten auf, die den Status einer Kolonie bekamen, wenn sie ihn noch nicht besaßen. Die Deduktion erfolgte reibungslos, wenn, wie es ab den Flaviern häufig geschah, die Kolonie den Standort eines Legionslagers einnahm, wie in Ammaedara oder Theveste in Africa Proconsularis. Einige provinziale Kolonien (wie Cirta in Numidien) haben anscheinend alle oder fast alle Indigenen integriert. Doch das war wohl die Ausnahme. Meistens erhielt nur die Elite das volle Bürgerrecht. Die Eingeborenen konnten weiter in ihrer (zumindest anfänglich peregrinen) Stadt leben, die von der Kolonie getrennt war, so die z. B. Trikastiner in der Nähe von Arausio/Orange. Gleiches gilt für die zahlreichen Städte, die Enklaven im Territorium Karthagos bildeten. Andere behielten ihre Gemeindestrukturen, jedoch in Abhängigkeit von der Kolonie, so die norditalischen *attributi* und wahrscheinlich die griechischen Gemeinden innerhalb des Territoriums von Patrai/Patras in Achaia. Doch einige hatten nur den Ansässigen-Status, wie in Aosta.

Wollte man das Phänomen der Kolonisation richtig einschätzen, müßte man die Zahl der deduzierten Siedler kennen, doch die ist selten bekannt. Sie scheint unterschiedlich hoch gewesen zu sein, häufig aber recht niedrig. Selbst während der großen Gründungswelle der Jahre 40–14 v. Chr. bekam Augusta Praetoria/Aosta nur 3000 Kolonisten, Taurasia/Turin seinem Territorium entsprechend vielleicht mehr. Nach P. A. Brunt [779, S. 259] sei dies die Größenordnung der von den Triumvirn und später Octavian Augustus in Italien gegründeten Kolonien gewesen. Das von Caesar geplante Karthago, das ein riesiges Territorium erhielt und Provinzhauptstadt werden sollte, war viel größer: Zu den Nachkommen der 6000 gracchischen Kolonisten und wohl auch zu Einheimischen kamen italische Siedler in den Jahren 44 und 29, darunter allein 3000 Römer aus Rom während der Gründung bzw. Erweiterung von 29. Dagegen haben die Kolonien in Mauretanien, die Augustus an der algerischen Küste angelegte, wohl nur ein paar hundert Menschen gezählt. Drei von ihnen wurden von den Veteranen der *legio VII Macedonica* besiedelt, die auch Kolonisten für Antiochia in Pisidien stellte. B. Levick [719, 720] schätzt die Zahl der Kolonisten der sechs augusteischen Kolonien Pisidiens auf mindestens 10000 Menschen, wobei auf Antiochia 3000 und auf die anderen jeweils 500 bis 1000 entfallen seien. Man zählte bei späteren Gründungen wohl selten mehr als 1000 Veteranen. Für Timgad hat man, ausgehend von der Größe der Stadtfläche und der

Zahl der Häuser 200, 400 oder, wahrscheinlicher, 900 Kolonisten vorgeschlagen [Fentress 575]. Selbst wenn, so Tacitus [ann. 14. 27. 2], „den Veteranen fremd war, Ehen einzugehen und Kinder großzuziehen", wird man von einer vergleichbar hohen Zahl von Frauen ausgehen dürfen, die überwiegend zur Lokalbevölkerung gehört haben werden. Schon mit der ersten Generation konnte eine Kolonie wie Timgad 3000 bis 4000 Bürger zählen, Sklaven und Ansässige nicht gerechnet.

Die Größe der zugewiesenen Parzellen ist eine weitere Unbekannte. Der *liber coloniarum*, eine recht umstrittene Quelle, beschreibt Zuweisungen der Triumviratszeit in Volterra (Etrurien). Dabei handelt es sich um Parzellen von 25 bis 60 Jugera (6,25 bis 15 Hektar), während Hygin die Aufteilung der Centuria (200 Jugera, d. h. 50 Hektar) in drei gleich große Grundstücke für den Normalfall zu halten scheint [Corpus der Gromatiker, Edition Lachmann, S. 214f. und S. 199–201; vgl. 590]. A. Piganiol nimmt für Orange kleine Parzellen von 8,33 Hektar an [595]. L. Keppie geht bei den Koloniegründungen in Italien 47–14 v. Chr. von 25 bis 50 Jugera, je nach Bodenqualität, aus [717]. In den Provinzen werden die Parzellen größer gewesen sein, wenn man den Erfolg einer Kolonie sicherstellen wollte, wie im Fall von Karthago (wo sie kaum kleiner als 50 Hektar gewesen sein können), oder wenn sehr viel Boden zur Verfügung stand, wie im Fall von Köln (wo die Zuweisungen eine Größenordnung von 100 Hektar erreichten). Bei mehr als 10 Hektar überschritt man die Möglichkeiten eines Familienbetriebs. Meistens schuf also die Kolonisation eine Schicht von mittleren Grundbesitzern, die Sklaven- oder Lohnarbeit benötigte. Auch legte man so die Grundlagen zur Ausbildung einer lokalen Aristokratie. Zu den möglicherweise integrierten einheimischen Eliten traten die Unteroffiziere und Offiziere, die gemeinhin mit ihren ehemaligen Soldaten in den Militärkolonien angesiedelt wurden und die größere Parzellen erhielten. Die reichsten oder dynamischsten Kolonisten durften öffentliches Land nutzen; dabei handelte es sich mitunter um mehrere Dutzend Hektar Boden, so in Orange [A. Pelletier 985]. So bildeten also die Kolonien von Anfang an keine egalitären Gesellschaften, wenngleich die Unterschiede dort weniger ausgeprägt waren als in anderen Städten.

Die Absichten der Gründer differierten mit Sicherheit, und nicht jede Kolonie diente, wie zur Zeit der Republik, als Bollwerk. Diese verschiedenartigen Intentionen kommen deutlich in den Lokationen, den Gründungsumständen und den Größen der von Caesar, den Triumvirn und Augustus gegründeten rund 40 italischen und 100 provinzialen Kolonien zum Ausdruck [Mann 563; Vittinghoff 690; Keppie 717]. Im Jahr 41 wurden in Italien 18 Städte enteignet; bei den neuen Landzuweisungen nach Actium dagegen entschädigte man die Eigentümer. Die Gründungen der

Triumvirn waren auch Racheakte, während Augustus, obwohl er sich in Italien (wie die früheren *imperatores*) Zentren mit angesiedlten Parteigängern verschaffen wollte, nicht die Absicht hatte, den mittlerweile beendeten Bürgerkrieg in den Kolonien weiterzuführen. Caesar wollte mit der Deduktion von Proletariern und Freigelassenen in die Provinzen (z. B. nach Afrika oder nach Urso in der Bätika) auch die soziale Frage entschärfen. Sein Sohn teilte diese Besorgnis nicht, dafür erhielten enteignete Italiker neue Ländereien, z. B. in Makedonien. Der Wunsch, zukünftige Wirtschafts- und Verwaltungshauptstädte sowie Zentren römischer Kultur zu begründen, wird bei Karthago, Sevilla, Korinth und Lyon deutlich, die Caesar plante, und auch bei Patras und Beirut, die Augustus gründete. Andere Kolonien waren dagegen in erster Linie Landwirtschaftszentren, so die großen afrikanischen Städte Cirta/Constantine und Sicca/Le Kef. Strategische Gesichtspunkte treten nur noch selten in den Vordergrund, z. B. bei Kolonien in der Nähe von Völkern, die man nicht richtig im Griff hatte, wie Noviodunum/Nyon oder Raurica/Augst (bei Basel) in Gallien, Emerita in Lusitanien oder die sechs Städte Pisidiens, die nahe bei den Isaurern und Kilikiern lagen. Doch auch bei den Gründungen entlang der Land- und Seerouten werden solche Aspekte mitgespielt haben. Die Kolonien, die sich von Buthrotum und Dyrrachium, den Adriahäfen der Balkanhalbinsel, bis nach Sinope an der anatolischen Schwarzmeerküste hinzogen, markierten die Orientstraße über Ost-Makedonien (mit vier Kolonien) und die Meerengen, die insbesondere durch Alexandria Troas, Parion und Apamea kontrolliert wurden.

Die Gesamtzahl der tatsächlich angesiedelten Kolonisten ist umstritten. Schließlich wollte nicht jeder Veteran seiner Heimatstadt den Rücken kehren und nicht bei jedem Kolonisten glückte die Ansiedlung. Die 120000 Kolonisten, die Augustus im Jahr 29 belohnte, könnten diejenigen gewesen sein, die schon seit Caesars Tod fest angesiedelt waren [Keppie 717]. Später wurden noch rund 20 Kolonien von Augustus gegründet, und andere werden durch neue Deduktionen verstärkt oder wiederbelebt worden sein. Diese großangelegte Politik hing direkt mit dem augusteischen Reformprogramm zusammen, insbesondere mit der Entlassung der nun überflüssigen Legionen. Ab 14 v. Chr. erhielten die Veteranen normalerweise eine Entlassungsprämie in bar, und so kam es niemals wieder zu Gründungen in derselben Größenordnung.

Während die bisher betrachteten Kolonien fast nur den Mittelmeerraum und seine Außengebiete betrafen, knüpften die späteren Provinzkolonien wieder mit der alten Tradition der Bollwerke an. Sie wurden in jüngst eroberten Gebieten oder an den Reichsgrenzen gegründet (Camulodunum in Britannien und Köln durch Claudius) oder entlang der inneren Grenzen, wie die Städte, die das Territorium der Musulamier in Numidien umgaben. Neben dem strategischen Interesse und der Absicht, Zentren des Römertums in Problem- oder Randzonen zu begründen, erklären die örtliche Verfügbarkeit von Land und die Herkunft der Veteranen (die in immer geringerer Zahl aus Italien stammten) diese geographischen Veränderungen. Parallel dazu gründeten Kaiser bis Traian Kolonien in Italien und verstärkten alte. Man kehrte den Strom der Wanderbewegung dadurch um, daß man Provinziale deduzierte, „die der Entvölkerung der Städte Abhilfe bringen sollten" [Tac. ann. 14. 27], zumal im Süden. Diese Politik war wohl ein Fehlschlag, denn viele Kolonisten blieben nicht. So ist von den fünf inschriftlich bekannten Seeleuten, die von Vespasian in Paestum angesiedelt wurden, nur ein einziger ebendort belegt, dagegen ein weiterer in Italien und drei in den Provinzen.

Rund 3000 Veteranen verließen jährlich die Armee, und damit wären rund 300 Gründungen in der Zeit zwischen Augustus' und Traians Tod nötig gewesen, hätte man sie alle in Kolonien ansiedeln wollen (und fast doppelt so viele, hätte Gleiches für die Auxiliarsoldaten gegolten) [Mann 563, S. 57ff.]. Doch wurden in diesem Jahrhundert weniger als 50 Kolonien deduziert. Die Tatsache, daß sich Veteranen lieber in den Armeeregionen niederließen, wenn sie nicht in ihre Heimat zurückkehrten – wie die Epigraphie zeigt [Lassère 992] –, erklärt diese geringe Kolonienzahl und auch, weswegen man diese Form von Gründungen wohl ab Hadrian einstellte.

6.2.3.6.2 Vergabe des Kolonie-Status

Die Deduktion einer Gruppe von Kolonisten konnte, wie gesehen, zur Hochstufung einer bereits existierenden Stadt zu einer Kolonie führen, wobei man alle oder einen Teil der Einwohner mit vollen Rechten in die Kolonie integrierte. Doch manche Gemeinden wurden ohne Siedlerzuzug zu Kolonien. Es ist unbekannt, ob dieses Verfahren auf Augustus zurückgeht (die Fälle Nîmes und Vienne sind höchst umstritten) oder auf Claudius (nachdem man keine römischen Munizipien mehr schuf?). Letzterer „schenkte Caesarea, Jubas Residenzstadt, das Recht einer Kolonie" [Plin. nat. 5. 20]. Diese Stadt und ihre Eliten waren schon zur Zeit des mauretanischen Königreichs zutiefst romanisiert worden. Doch der Status einer „Titularkolonie" wurde erst ab Traian und besonders seit Hadrian freigebig verliehen. Gemeinhin wurde er an Städte vergeben, die bereits seit etlichen Jahrzehnten Munizipien gewesen waren.

Der Kaiser fällte die Entscheidung, doch tat er dies auf Bitten der Städte hin, die durch Gesandtschaften vorgebracht und von Patronen unterstützt wurden. Aulus Gellius [16. 13] hat die Vorbehalte Hadrians gegen die Hochstufung der alten Munizipien Italica (seiner Heimatstadt) und Utica überliefert, die, „während sie ihren Gesetzen und Gewohnheiten folgen konnten, sehnsüchtig gewünscht hatten, sie durch das Recht der Kolonien zu ersetzen". Die Rechte konnten im einzelnen „obskur und vergessen" sein [Aulus Gellius]. Doch mehr als das Streben nach verfassungsmäßigen Veränderungen trieb die Städte die *aemulatio* und der Wunsch, sich so sehr wie möglich ins römische System einzufügen. Die griechischen Städte klammerten sich an ihre Eigenheiten und forderten Titel vom Kaiser, die ihren Vorrang garantieren sollten. Für die Munizipien der latinisierten Regionen dagegen bedeutete die Verleihung des Kolonie-Status nicht nur handgreifliche Vorteile, sondern auch einen Zuwachs an Würde gegenüber den Nachbarstädten. Ferner stellte sie gleichsam einen Kultur-Nachweis dar, der untrennbar mit dem Romanisierungsprozeß verbunden war, und sie löschte die letzten Reste der schmählichen Unterwerfung und Knechtschaft aus.

Einige italische Gemeinden erlangten in der Kaiserzeit die Stellung einer Kolonie, so Formiae und Aeclanum von Hadrian, Canusium von Antoninus Pius oder Ricina von Septimius Severus, während andere bei ihrem altem Recht blieben. Bis zum Ende des 2. Jhs. betrafen die Hochstufungen vor allem Africa Proconsularis und die stärker urbanisierten Donau-Provinzen. Das Phänomen, daß die spanischen und gallischen Städte verfassungsmäßig nicht weiter aufstiegen, kann man schwer erklären. Möglicherweise erscheint es aufgrund des dürftigen Quellenmaterials krasser, als es war; es mag in Vorbehalten der Kaiser oder in der Haltung der Gemeinden begründet liegen, die ihren Status vielleicht gar nicht verändern wollten. Ab Septimius Severus stiegen orientalische peregrine Städte zu Kolonien auf, doch nur die Städte Syriens und Südostanatoliens scheinen diesen Status erstrebt zu haben.

6.2.3.6.3 Die Privilegien der Kolonien und das ius Italicum

Die Position der Provinzkolonien gegenüber dem Statthalter ist nur sehr unzureichend bekannt und war mit Sicherheit nicht einheitlich. Die Bürger von Apamea in Bithynien, einer caesarischen Kolonie italischen Rechts, beriefen sich auf „das Privileg und die uralte Gewohnheit, ihre Gemeinde nach ihrem Belieben zu verwalten", um Plinius dem Jüngeren die Einsicht in ihre Rechnungsbücher zu verwehren [epist. 10. 47, 48]. Diese Autonomie dem Statthalter gegenüber wurde durch den Status geschützt und bis zum Beginn des 2. Jhs. auch respektiert. Traian billigte das Vorgehen von Plinius, schützte aber gleichzeitig die Privilegien der Stadt. Der Statthalter war also nicht befugt, sich einzumischen, doch der Wille des Kaisers setzte das lokale Recht außer Kraft. Es ging hier vielleicht nicht nur darum, einfach die Form zu wahren und mit Fingerspitzengefühl vorzugehen. Ganz im Gegenteil könnten die Kaiser wirklich bestrebt gewesen sein, die Eigenart der Kolonien zu erhalten, ganz wie sie die Rechte der freien Städte respektierten.

Der Koloniestatus an sich brachte keine steuerlichen Vorteile, insbesondere befreite die Gründung einer Kolonie außerhalb Italiens ihr Territorium und ihre Bewohner nicht automatisch von den Steuern, die den Provinzen oblagen. Befreiungen hingen vom Wohlwollen der Kaiser, vor allem des Gründers, ab. Die am Ende der Republik oder unter Augustus in die Provinzen deduzierten Kolonien erhielten meistens sehr weitreichende Befreiungen. Schließlich durften die angesiedelten Italiker im Vergleich zu ihren Landsleuten auf der Halbinsel nicht steuerlich benachteiligt werden, und schon gar nicht konnte man sie auf den Rang von Provinzialen herabwürdigen, denn die Steuer war ja die handgreiflichste Manifestation der Unterwerfung. Außerdem genossen die Veteranen als Personen sehr weitgehende Steuerprivilegien, was der Status der Kolonien berücksichtigen mußte. Die *immunitas* einiger Kolonien wird von Plinius dem Älteren überliefert, und andere nahmen in ihren offiziellen Namen das Adjektiv *immunis* (steuerbefreit) auf, so Saldae (Bougie/Bejaïa) in Mauretania Caesariensis: „Julische augusteische Kolonie Saldae der 7. Legion, steuerbefreit" [CIL VIII 20683]. Die Kaiser nach Augustus scheinen weniger großzügig gewesen zu sein. Caesarea in Palästina erhielt von seinem Gründer Vespasian nur die Befreiung von der Kopfsteuer, erst Titus erließ der Kolonie auch die Bodensteuer [Dig. 50. 15. 8]. Wie bei den freien Städten dürften diese Privilegien häufig in Frage gestellt worden sein. So wurde Karthago unter Traian die Befreiung von der Bodensteuer bestätigt [AE 1963, 94], die zweifellos Octavian gewährt hatte.

Für eine provinziale Stadt war das „italische Recht" (*ius italicum*) die höchste Ehre überhaupt. Es machte ihr Territorium juristisch zu einem Teil Italiens und ließ ihre Einwohner alle Rechte eines römischen Bürgers nützen. Sein Ursprung und sein genauer Umfang sind umstritten. Sieht man von ein paar problematischen Fällen ab (wie einigen dalmatischen Munizipien Liburniens [Wilkes 729a]), war es Kolonien vorbehalten. In unseren Quellen erscheint es vor allem im Zusammenhang mit seinen steuerlichen Auswirkungen; es muß aber mehr als eine Anzahl von Steuerbefreiungen gewesen sein, schließlich gab es auch steuerbefreite Kolonien *ohne* italisches Recht [gegen Heinrichs 590]. Dieses führte zur völligen Gleichsetzung der Kolonie mit dem herrschenden Volk und brachte so außerordentliches Prestige ein, zumal es überdies höchst zurückhaltend verliehen wurde. Augustus gewährtes es zwar Kolonien im griechischen Raum, wie Alexandria Troas, Apamea in Bithynien oder Philippi in Makedonien, doch erhielten es bedeutende Gründungen wie Korinth oder Karthago nicht von Anfang an. Später verlieh man es, um Zentren römischer Kultur in Randzonen (Köln) oder erst kürzlich eroberten Gebieten (Sarmizegetusa in Dakien) zu installieren. Vor den Severern wurde es sehr selten Städten indigener Herkunft verliehen, wie etwa im Fall von Vienne. Unter Septimius Severus geschah dies, um Loyalität in Bürgerkriegen zu belohnen (Heliopolis, Laodikaia, Tyros; diese syrischen Städte hatten für ihn, gegen Pescennius Niger, Partei ergriffen), oder aufgrund besonderer persönlicher Beziehungen (Lepcis Magna, seine Heimatstadt, sowie, unter Caracalla, Emesa, die Heimatstadt von Iulia Domna). Doch selbst im 3. Jh. blieb die Verleihung des italischen Rechts so selten, daß man dies nicht als den Abschluß einer Art von *cursus honorum* für Städte mit den Etappen „Munizipium“ und „Kolonie“ ansehen kann.

Die Deduzierung von Kolonisten veränderte gravierend die Bevölkerung und das sozio-ökonomische Gleichgewicht ihrer Siedlungsregionen. Allerdings blieben diese Auswirkungen in den Kolonien des griechischen Ostens begrenzt, die sich ab dem 1. Jh. mehr oder weniger stark ihrer Umwelt anpaßten. Ihre Rolle bei der Latinisierung des Westens ist untrennbar mit der fortschreitenden juristischen Romanisierung der peregrinen Gemeinwesen verknüpft. Letztere erfolgte zwar in großem Maßstab, doch stets ungleichmäßig, und sie wurde nie abgeschlossen.

6.2.4 Teile von Gemeinden und abhängige Einheiten

Bislang wurde die Stadt als einheitliches Ganzes betrachtet, so, wie sie auch meistens in den juristischen Quellen oder den Texten, die von römischen Stellen stammen, auftaucht. Tatsächlich setzte sie sich aus territorialen Einheiten, städtischen wie ländlichen, zusammen, die oft einige Eigentümlichkeiten aufwiesen. Häufig ist es schwierig, die tatsächliche Situation dieser Einheiten zu beurteilen und zumal zu entscheiden, ob ihre Eigenart eine statusmäßige Unterlegenheit bedeutete.

6.2.4.1 Zusammenschlüsse von Gemeinwesen

Zusammenschlüsse mehrerer Gemeinden zu gleichen Bedingungen – Synoikismen (dafür ist Athen das Standardbeispiel) und Sympolitien (hier behielten die Gemeinwesen in der Vereinigung mehr Eigenständigkeit) – fanden im Orient auch noch unter der römischen Herrschaft statt, so in Karien und Lykien, zwei anatolischen Regionen, in denen die ursprünglichen Städte häufig recht klein waren. Im 1. Jh. v. Chr. schlossen sich Plarasa und Aphrodisias in Karien durch Sympolitie zusammen. Zunächst erschienen die beiden Gemeinden in offiziellen Texten nebeneinander, doch dann verschwand der Name Plarasa. Diese Fusionen eröffneten bessere Bedingungen für eine reibungslose Lokalpolitik, indem sie die Führungsschicht vergrößerten und (aus römischer Sicht) die Zahl der Ansprechpartner verringerten. Deswegen förderten sie die Kaiser, so Augustus diejenige, aus der Sebaste in Phrygien entstand.

Im Westen bezeichnet man mit *contributio* die Vereinigung zu gleichen Bedingungen von zwei oder mehr Gemeinden in eine einzige Stadt, in der sich dann die administrativen und judikativen Funktionen konzentrierten [Laffi 738]. Die Kontribution ist in Italien belegt, scheint aber vor allem in Spanien oft Anwendung gefunden zu haben, wo die ursprünglichen Gemeinwesen wohl meist recht klein waren. Doch der genaue Umfang des Phänomens ist unbekannt: Je nachdem, wie man Plinius den Älteren [nat. 3. 18] interpungiert, liest man, daß die Tarrakonensis zu Beginn der Kaiserzeit „neben 293 Städten, die anderen angegliedert sind, 179 *oppida* umfaßt", oder eben, daß sie „neben denen, die anderen, nämlich 293 Städten, angegliedert sind, 179 *oppida* umfaßt." Die Auswirkungen des Systems kennt man nur im Fall der Konföderation von Cirta in Numidien. Cirta war ursprünglich eine einheitliche Kolonie, wurde aber (unter Traian?) in vier kontribuierte Kolonien aufgeteilt. Cirta blieb das Zentrum des öffentlichen Lebens und die Rechtsprechung der Magistrate wurde in den drei anderen Kolonien durch Präfekten ausgeübt [Gascou 711, S. 111ff.]. Zwischen 253 und 268, „nachdem die Kontribution mit den Cirtensern aufgelöst worden war" [ILS 6864], wurden die vier Kolonien zu autonomen Einheiten.

Man darf diese Fusionen nicht mit den angeblichen „Doppelgemeinden" verwechseln, die es de facto nie gegeben hat. Es handelte sich dabei in Wirklichkeit um zwei nebeneinander liegende Gemeinden, die manchmal denselben Namen trugen und in der Bebauung zusammengewachsen waren, rechtlich aber völlig getrennt standen. In Dakien gründete Marc Aurel in Apulum ein (dakisches) Munizipium und eine Kolonie (vor allem für Veteranen), die nebeneinander mindestens bis Gordian III. weiterbestanden [ILS 7129]. In Africa Proconsularis koexistierten Gaue (*pagi*), die zur Kolonie Karthago bzw. zu peregrinen Städten gehörten. Reichsweit gibt es noch weitere Beispiele [S. Mitchell 741], doch insgesamt wesentlich weniger, als man lange Zeit glaubte.

6.2.4.2 Institutionelle Inferiorität und Abhängigkeit

Rom löste nicht systematisch die Abhängigkeitsverhältnisse auf, die häufig die eine Gemeinde der anderen unterordneten. Das Reich erbte sehr komplizierte Konstellationen und zumindest anfänglich schuf man selbst strukturell niederrangige Gemeinden.

6.2.4.2.1 *Die attributio*

Die *attributio* unterstellte ein Volk einer römischen Stadt (Munizipium oder Kolonie) [Laffi 738]. Sie ist vor allem für die Stämme des Alpenbogens gut belegt, die man gegen Ende der Republik bzw. unter Augustus unterwarf. Das manchmal zerteilte Stammes-Territorium verblieb außerhalb der Stadt des transpadanen Galliens, zu der das Volk geschlagen wurde. Es behielt seine traditionellen Anführer [ILS 847], besaß also keine eigenen Magistrate. Seine Mitglieder hatten eine mindere persönliche Rechtsstellung, peregrin [AE 1979, 463] oder, häufig, latinisch, während dagegen die Bewohner der Städte römische Bürger waren. Die Entwicklung sah sehr unterschiedlich aus. Wie gesehen [S. 237], waren die an Tridentum angeschlossenen Völker seit Tiberius faktisch, seit Claudius rechtlich assimiliert. Die Camunner wurden zu einer völlig eigenständigen Stadt, getrennt von Brixia [ILS 6713]. Andere nahmen lange eine Randstellung ein, wie die Carner und die Cataler, die von Augustus Triest zugeteilt worden waren. Erst Antoninus Pius erlaubte auf Bitten Triests den Honoratioren der angeschlossenen Völker Magistraturen der Kolonie zu bekleiden und ermöglichte ihnen so, römische Bürger zu werden [ILS 6680].

In den Provinzen wird Rom ähnliche Zuweisungen vorgenommen haben (Caesar unterstellte z. B. den Häduern die Reste der Bojer), doch die Stellung der zugeteilten Gemeinden bleibt meistens unklar. So wurde bei dem Stamm der Arekomiker-Volker allein Nîmes zu einer latinischen Kolonie, und 24 Siedlungen wurde ihr „zugeteilt" [Plin. nat. 3. 37]. Die zahlten der Stadt Tribut, besaßen aber anscheinend das latinische Recht [Strab. 4. 1. 12]. Dieses System kam wohl zur Anwendung, wenn ein Teil der Bevölkerung als nicht ausreichend entwickelt betrachtet wurde, es bleibt aber unbekannt, wie häufig dieses Vorgehen war. Nach U. Laffi habe man allzu oft ohne zwingenden Beweis Attributionsbeziehungen zwischen dem Hauptort einer Stadt und den ländlichen Zonen angenommen (so bei Vienne), oder zwischen einem Munizipium bzw. einer Kolonie und einer benachbarten peregrinen Stadt (in Gallien oder in den Donauprovinzen). Aber er sieht über die Existenz von Abhängigkeitsverhältnissen hinweg, die nicht zu seiner Attributionstheorie passen wollen.

6.2.4.2.2 *Die Ansässigen (incolae)*

Ein anderes Verfahren nahm bei der Gründung einer römischen Gemeinde einen Teil der Einwohnerschaft vom lokalen Stadtrecht aus. So deduzierte Augustus am Fuß der Alpen die Veteranenkolonie Aosta auf dem Territorium der Salasser, die verzweifelt Widerstand geleistet hatten. Die Überlebenden dieses Volkes wurden in die Kolonie aufgenommen, jedoch als *incolae*, ansässige Fremde [ILS 6753]. Dieser juristische Winkelzug ermöglichte es, Einheimische von der Lokalpolitik und dem römischen Bürgerrecht in den römischen Kolonien und Munizipien auszuschließen. Claudius griff darauf zurück, als Volubilis (Mauretania Tingitana) römisches Munizipium wurde, aber nur ein Teil seiner Bevölkerung hinreichend akkulturiert war [IAMaroc 448].

Man kann nicht bestimmen, ob dieses Verfahren oft Anwendung fand. Bei der Neugründung Karthagos wurden die Einheimischen in peregrine, von der Kolonie unabhängige Städte organisiert, während sie in Cirta offenbar sämtlich oder doch in großer Zahl das römische Bürgerrecht erhielten. Dagegen könnte ein Teil der *incolae*, die häufig in spanischen Inschriften vorkommen, Einwohner gewesen sein, denen das vollständige lokale Bürgerrecht verwehrt wurde.

6.2.4.2.3 Die Landbevölkerung im Orient

Im Orient scheinen der Ausschluß der Landbevölkerung vom örtlichen Bürgerrecht und andere Formen der Abhängigkeit weitverbreitet gewesen zu sein, vor allem in Anatolien. Alte griechische Kolonien wie Heraklea Pontika [Strab. 12. 3. 4] hatten einheimische Stämme versklavt. Viele hellenistische Gründungen waren ursprünglich nur städtische Siedlungen, die ihr Bürgerrecht den Bewohnern des Territoriums, das sie später erwarben, verweigerten. Den Ausschluß begründete man häufig kulturell und nannte sich als Bürger vollen Rechts „Hellene", also zivilisiert und urbanisiert zugleich. Abstufungen und Abhängigkeiten sind in der Kaiserzeit gut belegt. Nach Dion Chrysostomos [35. 14] herrschte Kelainai (Phrygien) über zahlreiche Dörfer und Städte ohne Ansehen. In Prusias am Hypios (Bithynien) unterschied man zwischen Bürgern vollen Rechts („die im Verzeichnis") und denjenigen, „die den Landbezirk bewohnen" [IGR III 69; Jones 695, 760].

Die Ungleichheit war gewiß besonders ausgeprägt, wenn zu den juristischen Unterschieden auch noch kulturelle oder gar ethnische kamen. Die Städte, die Traian und Hadrian in Thrakien neu gründeten, waren anscheinend frei von solchen Ungleichheiten; dagegen besaßen die Laer und die Besser, thrakische Stämme im Hinterland der alten, griechischen Kolonien Histria und Tomi (Untermösien), nur den Status von Ansässigen (*consistentes*) [z. B. AE 1984, 802; Suceveanu 743; Stoian 933].

Abhängigkeit manifestierte sich in der Entrichtung besonderer Tribute an die dominante Stadt. Die Beteiligung an den Ausgaben des Zentrums (für Bauten oder Zeremonien, an denen die Landbevölkerung nicht unbedingt beteiligt war) oder ganz generell Zahlungen, denen man nicht freiwillig zugestimmt hatte, galten als Zeichen der Knechtschaft. Allerdings ging diese Inferiorität im allgemeinen Hand in Hand mit einer inneren Autonomie der Dorfgemeinschaften unter der Kontrolle der städtischen Stellen.

6.2.4.3 Die Bestandteile einer Stadt

Selbst solche Städte, die keine abhängigen Gemeinden kontrollierten, bestanden aus Teilen, die ihre Eigenheiten bewahrten, was sich häufig in besonderen Institutionen manifestierte, ohne daß es deswegen juristische Unterschiede gegeben hätte.

6.2.4.3.1 Das städtische Zentrum

Über eine armselige griechische *polis* meinte Pausanias im 2. Jh.: „Falls man den Namen 'Stadt' diesem Volk geben kann, das kein Gebäude für seine Beamten, weder Gymnasion noch Theater, noch Marktplatz, noch [...] Brunnen hat, sondern in Hütten lebt [...] !" [10. 4. 1]. Eine Stadt konnte zwar auch ohne echtes städtisches Zentrum mit den für das zivilisierte Leben typischen Bauten auskommen, doch normalerweise war ein solches nicht von ihr zu trennen. Es gab zwar Städte mit mehreren bebauten Siedlungen (bisweilen sogar mit monumentalem Schmuck), aber allein die, in der sich die Politik abspielte, galt als Zentrum (*oppidum*; *caput civitatis*) und wurde mit der *civitas* bzw. *polis* gleichgesetzt.

Die besondere Stellung des städtischen Zentrums konnte aus ihm einen offiziell privilegierten Ort innerhalb der Stadt machen. Das Recht der caesarischen Kolonie Urso (Bätika) verpflichtete die Dekurionen und Priester, im *oppidum* oder im Umkreis von einer Meile zu wohnen [§ 91]. Besonders in Italien genossen die Städter eine Sonderstellung, was dazu führte, daß sie sogar als eigene Einheit innerhalb der Stadt betrachtet wurden. Die städtische Plebs konnte eigene Patrone haben [CIL XI 6060] oder als Gruppe von Verteilungen profitieren [ILS 6483, für „den Teil des Volks, der innerhalb der Mauer lebt"].

Die Zentralorte der Städte römischen Typs waren in „Regionen" oder „Stadtviertel" (*vici*) aufgeteilt [Camodeca 733], deren Organisation dem Vorbild Rom nachgeahmt war. Es finden sich sogar die Namen der römischen Viertel wieder: Ein Velabrum gab es auch in Ariminum/Rimini und in Antiochia in Pisidien [ILS 6661, 7198]. Aber diese Gliederung begegnet auch in anderen Siedlungen, wie in Mogontiacum/Mainz, das keinen städtischen Status hatte [AE 1979, 424]. Diese Viertel waren höchst lebendig, sie besaßen ihre eigenen Kulte, Feste und Würdenträger, unter denen sich zahlreiche Freigelassene fanden.

6.2.4.3.2 Dörfer und Gaue (vici und pagi)

Die *vici* innerhalb einer Stadt dürfen nicht mit Dörfern (Siedlungen auf dem Territorium der Stadt) verwechselt werden, die man ebenfalls *vicus* oder aber *castellum* nannte (im Orient meist *kome*). Das Verhältnis des Dorfs (*vicus*) zum ländlichen Gau (*pagus*), der es umgab, war nach Ort und Zeit sehr unterschiedlich. Manchmal erscheinen sie als parallele Strukturen, deren Beziehung untereinander unklar ist. Zumeist stellen sie sich wechselseitig in den Schatten, zumindest in institutioneller Hinsicht. Die Inschriften nennen dann entweder das Territorium oder das Dorf.

In Zentralitalien waren *pagi* und *vici* häufig die Vorläufer von Städten, die manchmal erst nach dem Bundesgenossenkrieg eingerichtet wurden. Bei der Organisation der Stadt bevorzugte man einen dieser *vici*, der zum Hauptort befördert wurde, ohne daß aber die anderen ihre Eigentümlichkeiten verloren hätten, so z. B. bei den Marsern im Apennin. Der *pagus* wiederum besaß besondere Gottheiten, von der Gemeinschaft gewählte Verwaltungsbeamte, bisweilen eine Charta [ILS 6302] und sogar einen Dekurionenrat [AE 1979, 147 aus dem Jahr 43; das einzige unzweideutige Beispiel aus Italien]. Die *vici* und *pagi* sind vor allem am Ende der Republik und am Anfang der Kaiserzeit belegt, sie haben also ihre Rolle anscheinend nach und nach eingebüßt, sieht man von den großen Städten im zisalpinen Gallien ab. Diese Entwicklung erscheint zunächst als Fortsetzung des Urbanisierungsprozesses, der oft erst spät eingesetzt hatte. Doch auch die Auswirkungen wirtschaftlich-sozialer Veränderungen könnten mit im Spiel sein. Örtliche Gemeinschaften mußten dort verkümmern, wo sich die großen Domänen entwickelten und die Schicht der kleinen und mittleren Grundbesitzer verschwand.

In Nordafrika verlief die Entwicklung gerade umgekehrt. In den gigantischen Kolonien wie Karthago oder Cirta gewannen die örtlichen Gemeinschaften mehr Autonomie, bisweilen sogar in einem solchen Ausmaß, daß sie zu autonomen Städten wurden [Gascou 711, 736, 737; Pflaum 725; Picard 741]. Einige *pagi* waren Enklaven innerhalb peregriner Städte, gehörten aber zum Territorium von Karthago und ihre Bewohner waren vollberechtigte Bürger der Kolonie. Es kam vor, daß ein *pagus* und eine peregrine Stadt denselben Namen teilten und in Symbiose lebten, so z. B. im Fall von Thugga, 120 km von Karthago entfernt. Die große Entfernung zu Karthago begünstigte die Entstehung autonomer Institutionen. So hatten die *pagi* ihre Patrone und ihren Kaiserkult. Spätestens in der Mitte des 2. Jhs. besaßen sie ihren eigenen Dekurionenstand. Unter Septimius Severus wurden die juristischen Unterschiede zwischen zusammengewachsenen Gemeinden beseitigt und so erhielt das Zusammengehörigkeitsgefühl, das während zweier Jahrhunderte Koexistenz gewachsen war, politische Gestalt: Man trennte die *pagi* von Karthago ab und schlug sie zu der peregrinen Stadt, mit der sie dann ein Munizipium bildeten.

Die cirtensische Konföderation erstreckte sich über 150 km in Nord-Süd-Richtung. Der gewaltige Umfang des Territoriums wurde durch lokale Strukturen ausgeglichen, die eine gewisse Dezentralisierung erlaubten. Neben den vier kontribuierten Kolonien [S. 267] kennt man 18 *pagi* (zweifellos war ihre Zahl in Wirklichkeit höher), die um Dörfer organisiert waren. Diese Gaue wählten ihre Verwaltungsbeamten (*magistri*). Ab dem 2. Jh. (Hadrian?) besaßen sie ihren Dekurionenstand und ihre öffentliche Kasse. In severischer Zeit wurde der *pagus* als Einheit (*res publica*) anerkannt und die Siedlung erhielt den Titel *castellum*, der metonymisch den des *pagus* ersetzte [Gascou 737]. Die städtische Unabhänigkeit, logisches Ziel dieser Dezentralisierung, ist nur für das Dorf Thibilis belegt, das bei der Auflösung der Kontribution zu einem Munizipium wurde [AE 1982, 953].

Die Struktur der keltischen, insbesondere der gallischen Städte ist Gegenstand vieler Diskussionen. Den höchst spärlichen Quellen steht eine immense Literatur gegenüber [Sherwin-White 687; Draye 694; van Berchem 704; Wolff 731; Vittinghoff 729 zu Recht kritisch]. Die Städte der keltisierten Länder (von Pannonien bis Britannien, aber die gallischen Quellen sind noch am klarsten) hält man gemeinhin für Gemeinwesen von besonderer Struktur, verschieden von der der „klassischen" (mittelmeerischen) Gemeinden. Deswegen meiden die Gelehrten im allgemeinen den Begriff „Stadt" (oder *city*, *cité*) aufgrund seiner urbanen Konnotation und sprechen lieber von „Gau", *canton* oder *aire tribale* – oder von *civitas* (was nicht gleich „Stadt" sei).

Der römische Pragmatismus, der wenig bestrebt war, die einheimischen Strukturen zu zerstören, läßt nach der Weiterexistenz von ursprünglichen Strukturen in den keltischen Ländern suchen, wie den „Kurien", ländliche Zusammenschlüsse oder Bezirke, die in Gallien belegt sind [Rüger 742]. Aber es ist fraglich, ob die feinen Unterschiede, die die Historiker machen, von römischen Juristen verstanden worden wären [J. C. Mann 739]. Darüber hinaus gibt es für das, was man häufig als „keltische Besonderheiten" ansieht (riesige Territorien, dezentrale *pagi*- und *vici*-Strukturen, *vicani* als Bezeichnung der Bewohner des Hauptortes, Abhängigkeitsverhältnisse innerhalb der Stadt), durchaus Parallelen in anderen Gebieten [*vicani* in Italien: AE 1954, 168 für Capena; CIL X 415 für Volcei].

Nach Meinung vieler Spezialisten ist die gallische „Stammesgemeinschaft" ein Konglomerat aus Einzelteilen ohne kohärenten Bauplan, in der es auch noch informelle Gruppierungen gäbe. Vor allem könne der Hauptort, normalerweise ein einfacher *vicus* (wenn nicht gerade eine Kolonie), nicht mit der Stadt gleichgesetzt werden, wie dies etwa mit dem *oppidum* der „klassischen" Gemeinwesen geschehe. Das Standardbeispiel ist die Karriere eines senonischen Notabeln [ILS 7049, aus dem Jahr 250]. Er bekleidete verschiedene Funktionen in der Stadt der Senonen, bei den *vicani* des Hauptortes (Agedincum/Sens) sowie in einem *pagus*. Die Dualität der

Namen des Volkes und des Hauptortes (Parisii-Lutetia; Bituriges-Avaricum) verdeutliche diese unklassische Struktur. Stammesstrukturen hätten sich gegenüber den nicht sehr entwickelten Hauptorten durchgesetzt, die in den ländlichen Territorien isoliert und der starken Konkurrenz anderer, blühender *vici* ausgesetzt gewesen seien [Maurin 722].

Eine 1962 publizierte Inschrift [AE 1963, 94] hat alle Konstruktionen über den Status der *pagi* in der Region um Karthago zunichte gemacht. Auch bei der Frage nach den keltischen Städten werden sicherlich nur neue Inschriften, die sich eindeutig interpretieren lassen, einen Fortschritt ermöglichen und so erlauben, das Stadium der Hypothesen hinter sich zu lassen.

6.3 Die Verwaltung der Stadt

Im 2. Jh. v. Chr. erklärte Polybios den Erfolg Roms mit seiner exzellenten Verfassung, die die Verantwortung zwischen Volk, Magistraten und Senat aufteilte und so demokratische, monarchische und aristokratische Elemente vereinigte. Diese Prinzipien begegnen auch in den Städten römischer Verfassung, doch wie im republikanischen Rom war das aristokratische Element das dominante und der örtliche Senat (der Dekurionenstand) spielte die Hauptrolle. Die Herrschaft der Honoratioren war ein Dauerzustand und nicht das Ende eines Prozesses, in dem eine Oligarchie das Volk entmachtet hätte. Auch die meisten peregrinen Städte besaßen eine aristokratische Verfassung. Kurz nach der Annektierung oder bei Umstrukturierungen hatte Rom timokratische Systeme begünstigt oder gar errichtet. Das Wort „Demokratie“ hatte sein Prestige in den griechischen Städten behalten, doch es bezeichnete nunmehr eine republikanische Verfassungsordnung.

6.3.1 Die Rolle des Volkes

Die Römer haben das Volk der Bürger als einen ewig Minderjährigen betrachtet, um den man sich wie ein Vormund kümmern müsse. Der *populus* wurde als junger Mann dargestellt, geleitet von einem weisen Greis, dem *ordo* [Veyne 771]. Das Volk hielt man für potentiell gefährlich, wenn es sich selbst überlassen blieb oder schlechten Führern ausgesetzt war, aber es wurde gleichzeitig auch als obligatorischer Bestandteil der Stadt betrachtet. Die Notabeln, die natürlichen und legitimen Machthaber, konnten nicht allein die Stadt sein. Allerdings mußten sie das Volk überwachen und es zum Guten hin lenken, auf daß Eintracht herrsche. Dies wollte Plutarch in seinen *Praecepta gerendae rei publicae* lehren.

In den Gemeinden römischen Typs waren die Bürger in Stimmeinheiten eingeteilt, die, wie in Rom, Tribus hießen (so in Urso in der Bätika oder in Korinth) oder, häufiger, Kurien. Das Stadtrecht von Irni sah maximal elf Kurien vor. In Afrika findet man zehn oder elf, jedoch zwölf in Lilybaeum auf Sizilien und bis zu 23 in Turris Libisonis, einer Kolonie auf Sardinien. Wie die Bürger aufgeteilt wurden, ist nicht bekannt. Wahrscheinlich geschah es ungleich, die Römer praktizierten gewöhnlich keine arithmetische Gleichheit in solchen Dingen. Die Stadtrechte schlossen offenbar keinen Bürger aus, jedoch sollen nach einigen Forschern bestimmte afrikanische Inschriften zwischen den Mitgliedern der Kurien und der Gesamtheit des Volkes unterscheiden, was bedeuten könnte, daß nicht alle Bürger in diesen Gemeinden volle politische Rechte besaßen [Gascou 754; Duncan-Jones 959].

Der republikanischen Tradition folgend lagen die Wahlen nicht in den Händen des Volkes. Der Vorsitzende der Komitien gab die Namen der vorgeschlagenen Bewerber oder (wenn es nicht genug gab) die der von ihm nominierten Kandidaten bekannt [*lex municipii Malacitani*, ILS 6089, § 51]. In jeder Kurie wurde geheim abgestimmt. Es gewann, wer die Mehrheit der einzelnen Kurienvoten erlangte. Die Bedingungen für die Wählbarkeit beschränkten die Auswahl erheblich, der Wahlkampf war begrenzt, und in kleineren Städten wird man häufig nur die Vorschläge des Wahlleiters ratifiziert haben.

Die Städte griechischen Typs bewahrten ihre Gliederung in Phylen, häufig in zehn nach dem Vorbild Athens, aber auch in sechs nach dem milesischen Modell, wozu eine Phyle für die römischen Bürger kommen konnte, wie in den griechischen Städten Mösiens [Pippidi 767].

Oft ist behauptet worden, daß das Volk seine Rechte im Bereich der Wahlen sehr früh eingebüßt habe und diese dann auf den Rat übergegangen seien. Die Charta der flavischen Munizipien der Bätika sah Volkswahlen vor, und die Graffiti in Pompeii beweisen die Existenz von echtem Wahlkampf für dieselbe Zeit. Die Auszüge aus den severischen Juristen, die in der justinianischen Kompilation (zweifellos selektiv) gesammelt wurden, gehen zwar fast nur auf die Rolle der Räte ein, doch die Institutionen vom Polistyp, die Septimius Severus in Ägypten einrichtete, ließen den Bewohnern der Metropolen keinen geringen Stellenwert zukommen. Die Phylen stellten die Kandidatenlisten auf und die Volksversammlungen verteilten die Bürden, die auf die kleinen Leute zukamen [Wegener 772].

Wahrscheinlich gestaltete sich die Situation je nach Stadt und Region sehr unterschiedlich. Es gibt Hinweise auf Volkswahlen in Italien und Lyon bis zum Ende des 2. Jhs. Im Jahr 325/326 erwähnt Konstantin, daß in bestimmten afrikanischen Städten die Duumvirn durch das Volk gewählt werden [Jacques 757, S. 379ff.]. Überdies konnte das Verfahren in derselben

Stadt variieren. Unter Antoninus Pius bestellte in Smyrna der Rat die Prytanen, aber die Kandidaten der Stadt für das Provinzpriestertum und bestimmte Priester wurden von der Ekklesia bestimmt [Aelius Aristides, 4. Hl. Rede, § 88, 100].

Ferner konnten die Magistrate dem Volk Anträge vorlegen, die tief in das Leben der Stadt eingriffen. Was die römischen Städte betrifft, so weiß man nicht, ob es sich nur um ein Ritual handelte, durch das das Volk in die vom Rat beschlossenen Maßnahmen eingebunden wurde, oder ob es auch vorkam, daß das Volk einen Vorschlag ablehnte. In den griechischen Städten jedenfalls war die Macht des Volkes zu Beginn des 2. Jhs. noch sehr real. Selbst wenn ansonsten die Entscheidungsmacht im wesentlichen in den Händen des Rats lag, so behielt das Volk doch eine nicht zu vernachlässigende Rolle in der Politik, die sich nicht auf die ritualisierte Bestätigung der Vorschläge von Magistraten und Rat beschränkte. Es erscheint oft als eine Interessengruppe, die die Machthaber nicht ignorieren konnten, wollten sie nicht Ärger oder gar Unruhen, beispielsweise in den Theatern, riskieren. Obwohl das Volk rechtlich kein Initiativrecht besaß, forderte es Statuenaufstellungen, legte fest, wer Schauspiele gab und verlangte sogar Bauten. Sowohl westliche Inschriften als auch Dion Chrysostomos und Plutarch belegen diese lebhafte Mitgestaltung des öffentlichen Lebens. Das Volk spielte zwar immer eine Rolle im Hintergrund, zumal in den römischen Gemeinden, und auch die römischen Autoritäten verhandelten lieber mit den Honoratioren, doch hüte man sich davor, die Städte als allein von den lokalen Eliten beherrscht zu betrachten.

6.3.2 Charakteristika und Funktionen der Führungsschicht

6.3.2.1 Die Honoratioren

Die Städte vom römischen Typ waren keine Plutokratien, in denen die Macht den Reichsten zugefallen wäre. Entsprechend den Zulassungsbedingungen zu Rat und Magistraturen wurde die Macht bis ins 4. Jh. den „ehrbaren Leuten“ (*honesti* oder *honestiores*) vorbehalten, deren Ehrbarkeit (*dignitas*) natürlich von ihrem Vermögen abhing, aber auch von Abkunft und Lebensweise, die ihren „guten Ruf“ (*fama*; *existimatio*) sichern sollten [Garnsey 813; S. 329ff.].

Das Mindestvermögen für die Zulassung in den Rat oder die Bekleidung eines Amts sollte die Zahlungsfähigkeit des Verantwortlichen sicherstellen. Es gab keinen für alle Städte gemeinsamen Zensus, die Unterschiede waren sicher groß. Der für Comum belegte Zensus von 100000 Sesterzen [Plin. epist. 1. 19] stellte gewiß nicht den Standardwert dar, wie oft behauptet wird. Diese Höhe galt wohl für recht große Städte. In noch größeren Städten mit gewaltigen Territorien (wie Cirta oder Karthago) war der Zensus wahrscheinlich höher, in kleineren Gemeinden dürfte er bei 30000 oder 40000 Sesterzen (das entspricht dem Besitz von 10–15 Hektar guten Bodens) oder sogar noch weniger gelegen haben.

Dieses Vermögen mußte „ehrbar" sein, d. h. im wesentlichen aus Immobilien bestehen, wie es die Wertvorstellungen verlangten. Aber die *dignitas* betraf auch die Persönlichkeit und war mit der Lebensweise und Erziehung verknüpft. Rechtlich besaßen sie nur die Söhne von Dekurionen automatisch aufgrund ihrer Abkunft. Das Gesetz disqualifizierte als „Infame" (Ehrlose) die Vertreter bestimmter Berufsrichtungen (wie Zuhälter, aber auch Bestattungsunternehmer), aus der Armee ausgestoßene Soldaten und viele Vorbestrafte. Außerdem wiesen die Notabeln häufig gesetzeswidrig Leute zurück, deren Ehrbarkeit aufgrund ihrer Abkunft (Bastarde) oder ihren Einkommensquellen (kleine Händler) Zweifeln unterlag. Die Sklaverei zeichnete auf Lebenszeit mit ihrem Kainsmal. Caesar hob in den von ihm gegründeten Kolonien die Einschränkungen für Freigelassene auf. Einige sind dort am Ende der Republik oder unmittelbar zu Beginn der Kaiserzeit als Magistrate belegt, wie C. Iulius Meges, Quinquennalis in Lissus in Dalmatien [AE 1982, 765, 766] oder M. Caelius Phileros in Afrika [Gascou 755]. Doch unter Tiberius schloß die *lex Visellia* Freigelassene endgültig von städtischen Ehren aus, und so schlimm die Nachwuchsprobleme auch werden sollten, dieses Gesetz wurde nie mißachtet.

Die Ehrbarkeit qualifizierte zur Regierung der Stadt. De facto aber besaßen die Honoratioren keine besondere Ausbildung. Nur einige wenige verfügten neben ihrer literarische Bildung über ein paar Rechtskenntnisse. Die Städte wurden also von Amateuren gelenkt, die sie bestensfalls so regierten, wie sie ihre Güter verwalteten, die jedoch häufig nicht in der Lage waren, mit schwierigeren Finanzproblemen umzugehen. In der römischen Ethik waren Rechte und Pflichten untrennbar miteinander verbunden und ihr Umfang proportional zum Sozialrang. Der Elite wurden die mit der Macht verbundenen Ehren eingeräumt, aber sie hatte auch die dazugehörigen Bürden zu tragen. Diese Bedingungen blieben das Fundament der Aktivität der Notabeln; man braucht für die Hohe Kaiserzeit keine Veränderung ihrer Haltung oder Hintergrunds annehmen.

6.3.2.2 Freiwilligkeit und Zwang

Seit dem 19. Jh. wird behauptet, daß es beim Zugang zu den Ämtern in der Kaiserzeit eine Veränderung gab, die im 3. Jh. zum Abschluß gekommen sei. Während man früher um die Ämter gekämpft habe, hätten die

Honoratioren immer mehr dazu tendiert, ihren Verantwortlichkeiten auszuweichen, weil sich ihre Haltung geändert habe und die Bürden schwerer geworden seien. Ein rechtliches Arsenal habe sie nun zur Annahme der Posten gezwungen, die sie früher erstrebt hatten. Am Ende dieses Prozesses seien die Magistrate autoritär vom Rat oder vom Statthalter ernannt worden. Als unbezahlte Verwaltungsbeamte hätten die Notabeln darum gekämpft, um jeden Preis den ruinösen Verantwortlichkeiten zu entgehen.

Die antike Stadt basierte auf der völligen Verfügbarkeit des Bürgers. Er schuldete ihr zwar nicht mehr sein Leben, doch nach wie vor seine Zeit und sein Vermögen. Zwang mußte nicht begründet und schon gar nicht erlaubt werden. Anstelle einer Entwicklung oder Dekadenz der antiken Stadt kann man vielmehr die Kontinuität ihrer Prinzipien konstatieren und das Nebeneinander von sehr unterschiedlichen Gegebenheiten. Um in der Kaiserzeit zu bleiben: Schon seit Augustus waren autoritäre Ernennungen normal, andererseits sind Konkurrenz zwischen Notabeln und freiwillige Amtsübernahmen unter den Severern gut belegt, ebenso, daß der Euergetismus sehr lebendig blieb, was bedeutet, daß die Ehren nach wie vor erstrebenswert waren. Die Haltung der Honoratioren konnte natürlich je nach Epoche, Stadt und der Funktion, die es zu bekleiden galt, schwanken. Doch Ehrenämter blieben eigentlich immer erwünscht, während zu jeder Zeit nur eine Minderheit der Notabeln, die sich um ihre Pflichten sorgte oder ihren Mitbürgern ein Vorbild liefern wollte, gern Bürden übernahm [Jacques 757].

6.3.2.3 Ehren und Bürden

Der severische Jurist Callistratus hat als einziger eine Definition hinterlassen, die zwischen Ehren und Bürden zu trennen versucht: „Eine städtische Ehre ist die Verwaltung des Gemeinwesens mit einem Würdegrad, egal ob dies mit Kosten verbunden ist oder nicht [...]. Öffentliche Bürde [*munus*] nennt man das, was man bei der Verwaltung des Gemeinwesens mit Kosten, aber ohne Ehrentitel erduldet." [Dig. 50. 4. 14]. Der Unterschied ergibt sich weder aus den Ernennungsumständen noch aus den eventuellen Kosten des Amtes. Eine besondere Würde, die dem Inhaber einen Ehrgewinn verschafft, gehört zu den Ehren, während die Bekleidung einer Bürde den Status des Betroffenen nicht im geringsten ändert.

Lange wurde behauptet, daß unter dem Einfluß des Niedergangs des städtischen Lebens Ehren und Bürden tendentiell zusammenflossen. In Wirklichkeit lief es jedoch genau andersherum ab [Grelle 756]. Ursprünglich bezeichnete *munus* jede öffentliche Aktivität eines Bürgers, damit auch Magistraturen. Ab den Flaviern bemühten sich die Juristen um eine Klärung der Begriffe und um eine Unterscheidung zwischen Ehre und Bürde – doch sie stellten nicht zwei antithetische Begriffe einander gegenüber. Im griechischen Osten war die Trennung zwischen Magistraturen und Leiturgien wohl schon seit der hellenistischen Zeit verschwommen. Doch man unterschied sehr wohl zwischen ehrenden Funktionen und anderen [Plutarch, *Praecepta gerendae rei publicae*].

Alle Ämter erforderten zunächst tatsächliche Verfügbarkeit, bei Magistraturen ein Jahr, möglicherweise längere Zeit bei Priestertümern, die einen dafür aber nicht so sehr in Beschlag nahmen. Sie waren außerdem meist ziemlich kostspielig. Der Erhalt einer Ehre (Dekurionat, Magistratur oder Priestertum) verpflichtete zu einer festgelegten Aufwendung (normalerweise Veranstaltung von Spielen) oder zur Auszahlung einer entsprechenden Summe, die man *summa honoraria* („Ehrengeld", wegen des Ehrenamtes) oder *summa legitima* („gesetzliches Geld", vom Gesetz vorgesehen) nannte. Diese für alle verpflichtenden Ausgaben waren *keine* Euergesien (die ja Freiwilligkeit voraussetzten). Der Hierarchie der Ämter entsprach meistens ein Ansteigen der Ehrengelder, die übrigens von Stadt zu Stadt stark differierten. So betrugen die Zahlungen für das Dekurionat und die diversen Magistraturen in Cirta (Numidien) 20000 HS, während das Ehrengeld für das Duumvirat nur 4000 HS in Cuicul und 2000 HS in Timgad, in der gleichen Region, betrug. Unter dem Einfluß der römischen Autoritäten begann das Ehrengeld sich auch in den griechischen Städten zu verbreiten [Garnsey 751].

Zu den festgelegten Unkosten kamen noch die freiwilligen Ausgaben, welche die Traditionen der antiken Stadt und die aristokratische Mentalität erforderten. Volk und Rat appellierten an die Reichsten, zu ihren Ehrengeldern zusätzliche Verpflichtungen (*pollicitationes*) auf sich zu nehmen oder die Kosten eigentlich erstattungsfähiger Missionen (wie etwa Gesandtschaften) zu übernehmen. Auf der anderen Seite war es sich ein um Rang und Stellung besorgter Honoratior schuldig, freiwillig eben diese Ausgaben zu übernehmen, sei es aus Konformismus oder aus dem echten Wunsch heraus, sich auszuzeichnen. Während der Sozialdruck wohl oft sehr stark war, lehnten es die Kaiser stets ab, Versprechungen gesetzlich zu erzwingen, und kritisierten die überzogenen Forderungen der Städte.

Während die wichtigsten Ämter für die „ehrbaren Leute" reserviert waren, wurden einfache Leute gemäß den vom örtlichen Gesetz oder Brauch festgelegten Modalitäten zu *munera sordida*, „dreckigen Aufgaben", herangezogen. Wie das Gesetz von Urso (§ 98) sah das der flavischen Munizipien der Bätika (§ 83) Frondienst für gemeinnützige Bauten vor. Die Menschen konnten samt ihren Gespannen für bis zu fünf Tage pro Jahr requiriert werden. Die ältesten Texte enthalten wenig Auskünfte über die

Bürden der *honestiores*, doch gibt es kaum Zweifel darüber, daß sie die ganze Zeit über existierten. Es läßt sich höchstens vermuten, daß ab dem 2. Jh. bestimmte traditionelle Pflichten der Magistrate öfter als Bürden übernommen wurden, um die Aufgaben und finanziellen Belastungen besser zu verteilen, wie man auch die kostspieligen Jahresämter zumindest im Osten auf verschiedene Personen aufteilte.

Die Bürden lasteten auf Personen und Gütern, was verschiedene Zuweisungskritierien voraussetzt. Die „persönlichen Bürden" bedeuteten nur einen physischen Dienst, manchmal lediglich eine besondere Begabung. Doch sie erforderten ein Vermögen, das die Risiken der Mission abdeckte. Man vergab sie nur an Bürger, höchstens noch an *incolae*. Zu diesen *munera* gehörten neben Gesandtschaften auch die gerichtliche Verteidigung der Stadt und bestimmte Aufgaben (*curae*), wie die Aufsicht über das Bauwesen oder der Getreide-Ankauf. Die „Vermögensbürden" waren de facto Vermögenssteuern, die in Form von Sachleistungen abgegolten wurden, wie Unterbringung von durchreisenden Beamten bzw. Soldaten oder Stellung von Tieren und Wagen für die Staatspost. Sie trafen also alle Grundbesitzer, auch die nicht ansässigen. Es war nicht immer einfach, zwischen den beiden Arten von Bürden zu unterscheiden. Daher führten die Juristen, die nach der Krise des 3. Jhs. lebten, den Begriff der „gemischten Bürde" für solche ein, die gleichzeitig finanzielle Ausgaben und einen persönlichen Dienst erforderlich machten.

Wie die erhaltenen Texte zeigen, waren die lokalen Gesetze bei den Bedingungen, die den Zugang zu den Ehren bzw. die Aufteilung der Bürden regelten, nicht immer sehr genau. Zahlreiche Konflikte entstanden bei den Nominierungen, zumal wenn es um Bürden ging. Sie mußten durch juristische Instanzen, die über der Stadt standen (in den Provinzen der Statthalter) entschieden werden, und konnten bis zum Kaiser gehen. Sie wurden oft von Befreiungen verursacht, die die Nominierten – zu Recht oder nicht – geltend machen wollten.

6.3.2.4 Befreiungen

Die Bekleidung einer Funktion dispensierte für einen festgelegten Zeitraum (zwei bis fünf Jahre, je nach Art des Postens, der Gesandtschaft oder des Ehrenamts). Außerdem waren viele Personen oder Sozialkategorien zeitweise oder lebenslänglich von Verpflichtungen gegenüber der Stadt befreit (doch ihre Güter blieben den „Vermögensbürden" unterworfen, außer im Fall eines seltenen, kaiserlichen Privilegs). Manche Befreiungen hingen mit dem Status (Zugehörigkeit zum Senatorenstand [vgl. 866]) oder früher erwiesenen Diensten (Veteranen) zusammen. Andere erfolgten aus sozialen

Gründen, sie betrafen Minderjährige, Frauen, Greise, Kranke und ergaben sich aus deren Unfähigkeit, ein Amt zu bekleiden. Am häufigsten wurden Befreiungen angefochten, die sich aus Aktivitäten ergaben, die im öffentlichen Interesse standen und für die Stadt (wie die „Feuerwehr" *fabri et centonarii*, die Ärzte, die Lehrer) oder für das Reich (die Frachtschiffer im Dienst der Annona) notwendig waren. Mißbrauch gab es sowohl von seiten der Bürger als auch der Städte, und so kam es zu ewigen Schikanen. Einige Gemeinden nominierten offensichtlich Befreite, ohne deren Rechte zu respektieren, indem sie mit dem öffentlichen Interesse argumentierten. Mancher Befreite dürfte vor den Kosten eines Prozesses zurückgeschreckt sein, wodurch allein er sein Recht durchsetzen konnte; außerdem war es durchaus möglich, daß der Richter die Befreiung suspendierte oder aufhob und so die Ernennung bestätigte. Aber viele *collegiati* übten in Wirklichkeit gar nicht die Aktivitäten aus, die ihre Befreiungen rechtfertigten. Die kaiserliche Doktrin änderte sich nicht, wie dies die Juristen und das berühmte Reskript von Septimius Severus über die *centonarii* von Solva (Norikum) zeigen: Rechtmäßige Befreiungen wurden geschützt, aber diejenigen, die unberechtigte Ansprüche geltend machten, wurden abgewiesen und zu ihren Pflichten gezwungen [Jacques 757; Alföldy 935].

In seiner vierten Heiligen Rede beschreibt Aelius Aristides ausführlich Konflikte, in denen beide Parteien gleichermaßen entschlossen waren, das durchzusetzen, was sie für ihr gutes Recht hielten. Für seine rhetorischen Fähigkeiten hatte Aristides von Antoninus Pius die Befreiung von Bürden erhalten. Da er sich jedoch weigerte zu unterrichten, war dieser Dispens fraglich. Auf Vorschlag von Hadrianutherai wurde er von einem Prokonsul zum Eirenarch [S. 287] für das Jahr 152/153 ernannt. Smyrna kürte ihn 151/152 zum Steuereintreiber [S. 284], 152/153 zum Prytanen und 156 zum Asklepios-Priester. Schließlich wählte man ihn auf Vorschlag von Smyrna im Jahr 156/157 zum Asiarch [S. 210]. Jedes Mal mußte er beim Prokonsul Beschwerde einlegen, und er entging seinen Verpflichtungen nur dank kaiserlichen Schutzes und einflußreicher Freunde.

6.3.3 Der Rat der Stadt

In den Städten römischer Prägung nahm der Rat als lokales Pendant des römischen Senats die erste Stelle ein; in den griechischen Städten errang er diese Position in der Kaiserzeit, wenn er sie nicht schon vorher besessen hatte. Er wurde mit mehreren, gleichbedeutenden Begriffen bezeichnet. Im Westen begegnet vor allem „Stand (der Dekurionen)", denn die Ratsherren trugen normalerweise den Titel „Dekurio" (ursprünglich ein Zehntel der Bürger einer neuen Kolonie [Dig. 50. 16. 239. 5]), seltener „Senat" (noch am häufigsten in peregrinen Gemeinden). In griechischen Städten ist *boule* das übliche Wort (neben *synhedrion* und *synkletos*).

Die Zahl der Ratsherren war im Stadtrecht festgelegt und konnte nur durch kaiserliche Verordnung verändert werden; sie schwankte je nach Stadt. In solchen römischen Typs scheint 100 ein Optimum gewesen zu sein, das mehrfach belegt ist, manchmal auch ein wenig überschritten wurde (wahrscheinlich 110 in Ostia). Aber bei kleinen Städten mit dünnerer Führungsschicht hatte der Rat weniger Mitglieder. Bei seiner Gründung am Ende des 3. Jhs. bekam Tymandos in Pisidien einen Rat mit 50 Ratsherren. Derjenige einer unbekannten Stadt in Makedonien zählte unter Antoninus Pius nach einer Vergrößerung 80 Mitglieder [Duncan-Jones 959]. Im Falle des Munizipiums Irni bestätigte die von Domitian gewährte Charta die Zahl 63, was mit Sicherheit der Anzahl der Senatoren der peregrinen Stadt entsprach. In den griechischen Städten (zumindest in den größeren) waren die Bouleuten im allgemeinen viel zahlreicher: 450 in Ephesos, oft 600 in Syrien; in Athen 600, dann nur noch 500 ab 126/127, aber wieder 750 im 3. Jh. Die Bouleuten waren dann in Phylen eingeteilt [Jones 760].

Die *boule* traditionsbewußter griechischer Städte wurde jährlich oder sogar halbjährlich (Rhodos) erneuert, bisweilen im Losverfahren, so in Karystos noch unter Hadrian. Doch im Normalfall hatten allen Städte des Reiches, egal wie ihre Rechtsstellung aussah, stabile Räte, in denen man auf Lebenszeit saß, wenn man nicht gerade nach einer Verurteilung ausgestoßen wurde. Pompeius führte diese römische Gepflogenheit in Bithynien ein. In bestimmten Städten, so in Bithynien, wurde der Rat nur alle fünf Jahre durch Zensoren ergänzt. Da es im Interesse der Stadt lag, daß der Rat vollständig war, wurden die Lücken gemeinhin jährlich geschlossen [z. B. Gesetz von Irni § 31]. Die Dekurionen kamen aus den Reihen der Bürger und höchstens noch der *incolae* [ILS 6917]. Sie wurden auf Vorschlag der Duumvirn vom Rat kooptiert. Vorrangig nahm man gewesene Magistrate, die noch nicht Ratsmitglied waren, und Dekurionen-Söhne auf. Die neuen Dekurionen mußten älter als 24 Jahre sein, doch obwohl es illegal war, gab es stets Zuwahlen von jüngeren Männern und sogar von Kindern, was aber die römische Autoritäten akzeptierten, falls der Vater zustimmte.

Der Rat versammelte sich in der Kurie oder in einem Tempel auf Ladung der Duumvirn (oder entsprechender Magistrate), die normalerweise auch die Tagesordnung festsetzten. Das örtliche Gesetz legte eine Mindestzahl von Anwesenden fest, die von der Hälfte bis zu drei Vierteln variierte, je nach Wichtigkeit der Fragen. Der Antrag eines Duumvirs oder hochrangigen Dekurionen wurde diskutiert, ehe man ihn zur Abstimmung stellte. Man gab die Ansichten in einer festen Reihenfolge ab, die von der Hierarchie im Rat diktiert wurde. Der Beschluß wurde schriftlich festgehalten, unter Umständen der Volksversammlung zur Zustimmung vorgelegt und schließlich publiziert und archiviert.

Der Rat war auch für die öffentliche Religion der Stadt zuständig, d. h. er legte den Festkalender fest, stimmte über das Budget der Kulte ab, und häufig ernannte er die Priester. Er kümmerte sich um die lokalen Finanzen und überwachte Ausgaben (Kosten für öffentliche Bauten, Löhne und Unkostenerstattungen) wie Einnahmen (Erhebung oder Verpachtung der Steuern, Verpachtung öffentlicher Güter). Der Rat stimmte auch über Ehrungen ab (Statuen, Ehrentitel) und bestellte Patrone, Ärzte und die öffentlichen Lehrer. In vielen Städten ernannte er nicht nur die Inhaber wichtiger Posten, sondern sogar die Magistrate. Er konnte sich in einen Gerichtshof verwandeln, z. B. um die Rechtmäßigkeit von Geldstrafen festzustellen, die von Magistraten verhängt worden waren [Gesetz von Irni § 66, 69]. Letztere darf man nicht einfach für Vollstrecker der Ratsbeschlüsse halten, aber sie benötigten seine Zustimmung für alles, was über die übliche Verwaltungstätigkeit hinausging und waren ihm Rechenschaft schuldig, ganz wie die von *munera* Betroffenen. Im Rat dominierte eine kleine Gruppe ehemaliger hoher Magistrate, deren soziale Autorität noch durch die Hierarchie im Rat verstärkt wurde.

6.3.4 Die Magistrate

In den römischen Städten war ein Magistrat nicht der Repräsentant oder Mandatsträger seiner Wähler: Wenn er überhaupt Rechenschaft ablegte, dann erst nach Ablauf seiner Amtszeit. Nach seiner „Kreierung", d. h. formellen Einsetzung, war er Träger einer unabhängigen Gewalt, die seiner Funktion eignete (*potestas*, „Macht"). Das Interzessionsrecht ermöglichte ihm, sich der Entscheidung eines gleichrangigen oder rangniederen Kollegen zu widersetzen. Die Duumvirn (und in einem geringeren Grad die Ädilen) hatten das Koërzitionsrecht, das Verhaftungen, Konfiskationen, Verhängung von Geldstrafen und Richtergewalt in bestimmten Fällen umfaßte. Ihre Rangstellung fand in der *toga praetexta*, dem kurulischen Stuhl und einem Ehrenplatz im Theater symbolischen Ausdruck. Sie verfügten über ein Gefolge aus öffentlichen Sklaven und zahlreichen Apparitoren. Das caesarische Gesetz von Urso [ILS 6087, § 62] sah für jeden Duumvir zwei Sekretäre (*scribae*), einen Amtsdiener (*accensus*), zwei Liktoren, einen Eingeweideschauer (*haruspex*), zwei Boten (*viatores*), einen Herold (*praeco*), einen Kopisten (*librarius*) und einen Flötisten (*tibicen*) vor. Indem die römischen Autoritäten den Begriff *magistratus* auf die Führungskräfte in peregrinen Städten anwandten, erkannten sie ihnen einen gleichrangigen Status ungeachtet aller Differenzen im lokalen Recht zu.

Magistraturen des römischen Typs waren auf ein Jahr beschränkt, kollegial und hierarchisiert. An *potestas* und Würde standen die Justizbeamten ganz oben. Nach dem Vorbild der Konsuln in Rom datierte man nach ihren Namen (Eponymie). Römische Kolonien und Provinz-Munizipien wurden von je zwei Quästoren, Ädilen und „Duumvirn für die Rechtsprechung" regiert. In den meisten italischen Munizipien und latinischen Kolonien gibt es ein Kollegium aus vier Quattuorvirn, von denen zwei die Gewalt von Ädilen hatten und die beiden anderen, ranghöheren „Recht sprachen". Das Herkommen und, spätestens seit dem 2. Jh., das Recht zwangen dazu, diese Magistraturen in der Reihenfolge eines festgelegten *cursus* zu bekleiden, wenn auch immer eine gewisse Flexibilität feststellbar bleibt. Die glanzvollsten Notabeln gelangten direkt zur höchsten Magistratur. Die Quästur gab es nicht in jeder Stadt (so taucht sie im Gesetz von Urso nicht auf und ist im kaiserzeitlichen Pompeii ohne Beleg). Je nach Stadt wurde sie vor oder nach der Ädilität bekleidet. In manchen Gemeinden zeigt sich überhaupt keine feste Regel (manchmal trifft man sie sogar nach dem Duumvirat an) [Jacques 758].

Peregrine Städte behielten ihre traditionellen Magistraturen. Im Westen ging der Munizipalisierung häufig die Übernahme gewisser römischer Magistraturen wie der Ädilität sowie wahrscheinlich auch die Nachahmung von Verwaltungsstrukturen voraus. In den griechischen Städten fiel wie im Hellenismus die Unterscheidung zwischen Magistraturen und Leiturgien oft schwer. Die auf Griechisch verfaßten Schreiben der römischen Autoritäten sind normalerweise an die *boule* und die „Archonten" adressiert, ein reichlich vager Begriff zur Bezeichnung der Magistrate einer Stadt, egal, wie ihr offizieller Titel lautete.

6.3.5 Die Stadtverwaltung

Um uns nicht in Details und Sonderfällen zu verlieren, wollen wir hier in erster Linie die Organisation der Gemeinden römischer Verfassung ausgehend vom Stadtrecht von Irni [715] darstellen. Die Verantwortlichkeiten teilten sich in peregrinen Städten häufig anders auf, zumal im Osten, doch im allgemeinen waren die Prinzipien der Verwaltung vergleichbar [Jones 760].

6.3.5.1 Die Finanzen

Die Quästoren hatten „das Recht und die Macht, die öffentlichen Gelder beizutreiben, auszugeben, zu behüten und sie nach dem Willen der Duumvirn zu verteilen" [Stadtrecht von Irni § 19]. Wenn es keine besonde...

Finanzmagistratur gab, waren die Finanzen Präfekten oder Kuratoren unter der Verantwortung von Magistraten anvertraut. Es ist nicht leicht, im einzelnen den Umfang eines lokalen Budgets zu ermitteln oder das Funktionieren der Finanzverwaltung einzuschätzen.

Die Städte besaßen große Immobilienwerte, Bauwerke, Geschäfte, vor allem aber Gemeindeland. Sie waren im Normalfall unveräußerlich [AE 1979, 596] und wurden so auf fünf Jahre [Stadtrecht von Urso, ILS 6087, § 92] oder dauerhaft vermietet. Die Einkünfte konnten gering sein, wenn das Land unfruchtbar war oder von den Pächtern urbar gemacht werden mußte (in Orange betrug die Durchschnittspacht 4 HS pro Hektar). Doch Capua bezog alljährlich 1200000 HS aus den Ländereien, die ihm Augustus auf Kreta zugewiesen hatte [Vell. 2.81.2]. Manche Städte besaßen Steinbrüche, Salinen oder Fischfangrechte. Dazu kamen die Einkünfte von Tempeln und ihren Gütern, die oft von besonderen Kuratoren verwaltet wurden.

Die Gemeinden erhoben direkte und indirekte Steuern. Die Einführung einer neuen Steuer bedurfte der Erlaubnis des Statthalters oder wurde direkt vom Kaiser bestätigt. Der berühmte „palmyrenische Tarif" zählt die in der syrischen Stadt erhobenen Zölle auf. Der Hafen Myra in Lykien erhob auf importierte Güter eine Steuer von 2,5%, die teilweise an den lykischen Bund weitergeleitet wurde [AE 1976, 674]. Die östlichen Städte mit eigener Münzprägung scheinen daraus bis zur Krise des 3. Jhs. erhebliche Gewinne gezogen zu haben, was auch für den Geldwechsel gilt. Die Einkünfte schwankten von Stadt zu Stadt, waren aber keinesfalls vernachlässigbar. Ein Teil der Steuern, die man Rom schuldete, konnten dank der Einkünfte aus Gemeindeland (Andros/Kykladen), der Mysterien eines Gottes (Lykosura in Arkadien) oder eines Bankmonopols (Mylasa in Karien) bezahlt werden [Jones 760; Bogaert 940].

Die städtischen Einnahmequellen wurden normalerweise verpachtet [AE 1962, 288, Munigua in der Bätika]. Den Zuschlag vergab ein Duumvir [Stadtrecht von Irni § 63], ein Quästor oder ein eigens eingesetzter Präfekt [ILS 1945, Karthago]. Aber schon seit dem Ende der Republik konnten die Pächter autoritär bestimmt werden [FIRA I 56]. In einigen Städten war die Eintreibung der Steuern (insbesondere derer, die man Rom schuldete) eine Bürde [Aelius Aristides, 4. Hl. Rede, 96; S. 280].

Zu den regelmäßigen Einkünften kamen die von den Magistraten verhängten Geldstrafen, deren außerordentliche Höhen man aus den Munizipalgesetzen kennt, und die Zahlungen, die lokale Karrieren erforderten [S. 278]. In Cirta (Numidien) dürfte der Gesamtbetrag der Ehrengelder im Jahr bei rund 250000 HS gelegen haben, in kleineren Städten derselben Region wie Timgad bei rund 50000 HS [Jacques 757, S. 762]. Die freiwilligen Schenkungen waren zwar einmalig, doch dafür bisweilen in astronomischer Höhe. Manche bestanden aus Bauten, andere aus Bargeld (ein Prokurator Marc Aurels hinterließ Sicca Veneria in Africa Proconsularis 1300000 HS für eine Alimenta-Stiftung [ILS 6818]) oder wieder andere aus Ländereien, die der Stadt dauerhaft Einkommen brachten [ILS 6663].

Noch schwieriger ist es, die Höhe der laufenden Ausgaben der Städte zu taxieren, die normalerweise bei Städten römischen Typs in den Amtsbereich der Ädilen fielen. Nach dem Gesetz von Irni [§ 19] hatten sie sich zu kümmen um „die Annona, die Bauten und heiligen Orte, die Zentralsiedlung, die Wege, die Dörfer, die Kanalisation, die Bäder, den Markt und die Kontrolle der Gewichte und Maße". Die Ausgaben für Besoldungen, ein großer Posten in jedem modernen Budget, waren relativ unbedeutend. Zwar mußten die Apparitoren und einige kleine Beamten besoldet werden, dazu vielleicht noch Ärzte und Lehrer, doch die meisten Arbeiten wurden von Sklaven oder durch die Einforderung von Frondiensten verrichtet, und die Notabeln übernahmen im Rahmen eines Ehrenamtes oder als Bürde einen Teil der laufenden Kosten. Religiöse Feiern und Spiele wurden meistens durch die verpflichtenden oder freiwilligen Zahlungen der Honoratioren oder, vor allem im Orient, durch Stiftungen finanziert.

Die Stadt hatte für eine angemessene Verpflegung zu sorgen. Das Stadtrecht von Irni [§ 75] sah eine Geldbuße von 10000 HS für Spekulanten vor. Neben den Ädilen begegnen in Italien ab dem 2. Jh. oft Annona-Kuratoren, die auf Staatskosten Korn ankauften und es dann unter dem Marktpreis weiterveräußerten. Aber dergleichen Aktionen machten nur in Notzeiten Sinn, außer in bevölkerungsreichen Städten wie Ephesos oder Tralleis (Asien), die im 2. Jh. regelmäßig Getreide in Ägypten ankauften [Casson 1014; AE 1968, 478].

Die städtische Bautätigkeit war wahrscheinlich zumeist der größte Budgetposten. Zu Beginn des 2. Jhs. hatten die bithynischen Städte Nikomedia und Nikaia mehr als 3,5 Millionen Sesterzen für Wasserleitungen bzw. mehr als 10 Millionen Sesterzen für ein Theater ausgegeben [Plin. epist. 10. 37, 39] – was übrigens auch den Umfang ihres Dispositionsrahmens zeigt. Zu den Bau- kamen die Unterhaltskosten, die bei Thermen und Aquädukten recht hoch waren. Wichtige Bauvorhaben wurden speziellen Kuratoren anvertraut. Ab dem 2. Jh. besaß Ostia einen „Kurator für öffentliche Bauten und Wasserleitungen" [ILS 2741].

Die konstanten Geldsorgen der Städte lassen sich nicht durch zu geringe Einnahmen, den Umfang ihrer Aufgaben oder irgendwelche Wirtschaftskrisen erklären; sie hingen vielmehr direkt mit dem Wesen antiker Städte und der Mentalität ihrer Eliten zusammen. Die Notabeln waren unfähig, mit schwierigeren Rechnungsproblemen fertigzuwerden, wie sie etwa manche Stiftungen darstellten [Reynolds 700, Nr. 57, 59]. Nur selten antworteten die beschlossenen Bauvorhaben auf echte Bedürfnisse, wurden nach einem kohärenten Plan durchgeführt und waren finanziell abgesichert. „Gibst Du der Stadt Bargeld, dann steht zu befürchten, daß es verschleudert wird. Gibst Du Ländereien, dann, daß sie als Staatsland vernachlässigt werden." Plinius der Jüngere, der die administrativen Fertigkeiten seiner Mitbürger nur zu gut kannte, konnte nur durch einen komplizierten und kostspieligen Scheinverkauf seinem Comum ein dauerhaftes Einkommen verschaffen [epist. 7. 18]. In Pontos-Bithynien [epist. 10, passim] sah er sich mit denselben Verhaltensweisen konfrontiert: Öffentliche Grundstücke wurden oft unter Wert verpachtet oder ganz ungenutzt gelassen, Kapitalien wenig sinnvoll angelegt, bei Bauvorhaben kam es zu Unterschlagungen, bei Ausschreibungen betrog man. Inwieweit dies der Inkompetenz, der Nachlässigkeit bzw. der Unehrlichkeit der lokalen Verantwortungsträger zuzuschreiben ist, kann kaum in Erfahrung gebracht werden. Die Notabeln haben als unangefochtene Herrn der Städte wohl nicht recht zwischen dem öffentlichen Interesse und ihrem eigenen unterschieden. Wie sie Kosten, die eigentlich die Stadt zu tragen gehabt hätte (z. B. für Gesandtschaften oder Kornverteilungen) übernahmen, so betrachtete sie die Stadtverwaltung auch als Gelegenheit zur eigenen Bereicherung, und das vermutlich ohne größere Gewissensbisse. Eben diese Haltung erzwang die Interventionen der Statthalter oder besonderer Aufsichtsbeamter, die vom Kaiser ernannt wurden.

6.3.5.2 Polizeiliche und gerichtliche Funktionen

Die römischen Streitkräfte waren, wie wir gesehen haben, im Reichsinneren, zumal ab dem Ende des 1. Jhs., kaum präsent. Polizeiliche Aufgaben fielen also den Städten zu, doch besaßen diese dafür nur begrenzte Möglichkeiten. Die Apparitoren und öffentlichen Sklaven der Duumvirn und Ädilen konnten im Normalfall die Polizei abgeben, aber schweren Unruhen waren sie natürlich nicht gewachsen. Nach dem caesarischen Recht von Urso [§ 103] sollten die Einwohner unter dem Kommando der Duumvirn ihre Stadt verteidigen. In der Kaiserzeit dagegen konnten die römischen Autoritäten größere Ortsmilizen nur ausnahmsweise oder in räubergeplagten Landstrichen dulden. Die genauen Kompetenzen des „Präfekten der Wächter und Waffen" von Nemausus/Nîmes kennt man nicht [ILS 5082]; auch ist unbekannt, ob die „Präfekten zur Abwehr von Räubereien" aus Noviodunum/Nyon am Genfer See [ILS 7007] regelmäßig eingesetzt wurden.

Vielleicht, weil die Quellen zahlreicher und ausführlicher sind, erscheint die innere Sicherheit in den griechischen Städten, vor allem in Asien, besser organisiert [L. Robert, Études anatoliennes, Amsterdam 1970, S. 97–108]. Die Städte Asiens hatten Gendarmen (Diogmeiten), die während der großen Feiern in den Dörfern stehen konnten. Auch patrouillierten sie auf dem Land, überwachten die Schäfer und bekämpften Räuber. Befehligt wurden sie im Rahmen einer Bürde von Paraphylaken oder Eirenarchen. Jedoch kann man an der Effizienz dieser Truppen zweifeln, die nicht sehr zahlreich und zudem dürftig bewaffnet waren, mehr noch aber an den Fertigkeiten ihrer Anführer (der ständig kränkelnde Aelius Aristides war zum Eirenarchen von Hadrianutherai designiert worden!).

Römische Gerichte und, in den Provinzen, die des Statthalters verhandelten die wichtigeren Fälle, vor allem die strafrechtlichen. Gleichwohl darf man die Rolle der lokalen Justiz nicht unterschätzen, was auch viele Paragraphen des Rechts von Irni bestätigen. In der Stadt wurden Fälle mit einem begrenzten, jedoch nicht unbedeutenden Streitwert verhandelt (1000 HS in Irni, wohl das Doppelte in Malaca). Ein Duumvir (oder unter Umständen ein Ädil) entschied, ob die Klagen zulässig waren und bestimmte die Richter (je nach Art des Falls entweder ein einzelner Richter oder eine Jury von „Rekuperatoren“, bei der er den Vorsitz einnahm). Die lokalen Richter wurden einer Liste von Dekurionen und Bürgern entnommen, die die Duumvirn alljährlich aufgestellen [Stadtrecht von Irni § 86]. Bestimmte Fälle kamen vor den Rat [§ 69]. Auch die peregrinen Städte hatten ihre Gerichte, und einige freie Städte bewahrten sich weitreichende Justizprivilegien, so Aphrodisias bis ins 3. Jh. [Reynolds 700]. Aber die lokalen Richter scheinen oft korrupt und parteiisch gewesen zu sein, denn die Anklagten zogen die Berufung bei den Gerichten Roms oder der Statthalter vor, trotz deren Probleme.

6.3.5.3 Der Zensus

In der Stadt war die Zählung die ehrenwerteste Aufgabe überhaupt. Dabei handelte es sich nicht einfach um die Registrierung der Personen und Güter; die Kenntnis des Vermögens ermöglichte vielmehr die Verteilung der Lasten und vor allem legten die verantwortlichen Magistrate wie einst die römischen Zensoren den Platz eines jeden innerhalb der Gesellschaft fest. Insbesondere erstellten sie das Album der Dekurionen, das die Hierarchie der Ratsmitglieder festlegte. Die typische römische Zensur fand normalerweise alle fünf Jahre statt; sie wurde auch in einigen peregrinen Städten eingeführt, so in Bithynien durch die *lex Pompeia*. Noch im 3. Jh. begegnet sie in Ankyra (Galatien). In Italien konnte sie sich als besondere Magistratur bis zum Beginn der Kaiserzeit halten [ILS 6578, aus augusteischer Zeit]. Doch dann wurde die *potestas* der Zensoren in den Gemeinden römischen Typs alle fünf Jahre den Magistraten für die Rechtsprechung übertragen, die deswegen den Titel *duumviri* (bzw. *quattuorviri*) *quinquennales* trugen. Aufgrund ihres besonderen Prestiges trug man diese Magistratur häufig dem Kaiser an, der aus den Reihen der großen Honoratioren vor Ort einen Präfekten als seinen Repräsentanten ernannte.

6.3.6 Die kaiserlichen Beauftragten in den Städten

Den Städten wurde eine sehr weitgehende Autonomie eingeräumt, wenn sie ihre Verwaltung selbst erledigen konnten und das Reichsinteresse nicht auf dem Spiel stand. Aber, wie gesehen, hatten sie bei der Haushaltsführung offenbar große Schwierigkeiten. Außerdem erwiesen sich die Magistrate und der Rat, sei es aus Schwäche oder Korruption, oft unfähig zu einer vernünftigen Finanzverwaltung, was laufende Rechenschaftsberichte und strikte Überwachung der öffentlichen Güter erfordert hätte. Keine Instanz der Machtzentrale war befugt, regelmäßig in die Angelegenheiten der italischen Städte und der privilegierten Provinzgemeinden (freie Städte und bestimmte Kolonien) einzugreifen. Viele der anderen Provinzgemeinden verwehrten sich gegen eine häufige Einmischung der Statthalter, insbesondere der Prokonsuln, die nur ein Jahr im Amt blieben. Ab dem 2. Jh. hielten es die Kaiser für notwendig, öfters Beauftragte mit verschiedenen Titeln und Missionen zu ernennen, unter denen die Stadtkuratoren am häufigsten waren. Aber sie schufen damit keine zusätzliche Verwaltungsinstitution, diese Ernennungen blieben vielmehr bis zum Ende des 3. Jhs. nur Episoden.

Lange hatte man diesen kaiserlichen Gesandten große Bedeutung zugeschrieben. Für Mommsen und seine Schüler symbolisierten sie die Entwicklung der Zentralmonarchie, die die städtische Autonomie erstickt habe; gleichzeitig seien sie Ausdruck der Dekadenz der Städte, die mit dem Rückzug und der Unfähigkeit der Honoratioren verknüpft sei. Mehrere Untersuchungen (die unabhängig voneinander zum gleichen Ergebnis kamen) haben das gängige Bild des Kurators in Frage gestellt [628; 746; 747; 757; 851a]. Weder Persönlichkeit noch Kompetenzen der Kuratoren prädisponierten sie zu den Totengräbern der lokalen Autonomie. Insbesondere wurden sie zu unregelmäßig ernannt, als daß sie die lokalen Autoritäten hätten ersetzen können. Ihre Ernennung war in erster Linie eine Antwort auf die chronische Finanzmisere der Städte. Natürlich hatten die Kaiser ein Interesse daran, den Bankrott der Städte zu verhindern, die ja einen Teil des Reichseinkommens eintrieben; doch abgesehen von ihrem direkten Vorteil waren es sich die Kaiser gemäß ihrer selbstgestellten Mission schuldig, die Voraussetzungen für Wohlstand und Ruhe in den Gemeinden zu sichern.

Die Städte wählten regelmäßig den Kaiser oder, zu Beginn der Kaiserzeit, ein Mitglied seiner Familie zum Inhaber einer prestigeträchtigen Magistratur, die faktisch von einem Präfekten aus dem örtlichen Honoratiorenstand wahrgenommen wurde. Aber diese Ernennung war ein Huldigungsakt, und nicht etwa ein Winkelzug, durch den der Kaiser direkt ins städtische Leben hätte eingreifen wollen. Für die neronische Zeit belegen die Wahlinschriften von Pompeii Kandidaten, die offiziell vom Kaiser unterstützt wurden: Wie beim Senat konnte der Kaiser einen Kandidaten empfehlen, was einer Ernennung gleichkam [Castrén 748]. Diese Form der Einflußnahme wurde auch von großen Persönlichkeiten mit Einfluß über die Stadt oder, in den Provinzen, von den Statthaltern praktiziert. Man weiß nicht besonders viel über diese Empfehlungen, und sie waren wohl nur in wenigen Städten wichtig, oder bei Personen mit persönlichen Beziehungen zum Kaiser, wie bei dem Kapitän, den Hadrian für die Boule von Ephesos empfahl [ARS 243].

Wenn die öffentliche Ordnung in Gefahr war, dann wurde sie von der römischen Autorität wiederhergestellt, ganz egal, wie die Rechtsstellung der betroffenen Stadt aussah. Als es in Pollentia (Ligurien) zu einem Tumult gekommen war, entsandte Tiberius zwei Kohorten dorthin und ließ den größten Teil der Bevölkerung lebenslänglich einkerkern [Suet. Tib. 37]. Unruhen im Jahr 58 in Puteoli/Pozzuoli wurden durch Senatsgesandte und eine Prätorianerkohorte beendet. Im folgenden Jahr verbot der Senat nach einer blutigen Auseinandersetzung in Pompeii Gladiatorenkämpfe in dieser Stadt auf zehn Jahre und löste die illegalen Kollegien auf [Tac. ann. 13. 48; 14. 17].

Als Vespasian das Reich wieder in Ordnung brachte, ernannte er kaiserliche Abgesandte, die direkt in die Politik der Städte eingriffen. In Pompeii sorgte ein ritterlicher Tribun dafür, daß der Stadt usurpierte öffentliche Güter zurückgegeben wurden. Er beschränkte sich nicht auf seine Rolle als Richter, sondern unterstützte einen Kandidaten für das Duumvirat [ILS 5942, 5438]. Für diese Zeit ist auch der erste Kurator für städtische Bauvorhaben, der vom Kaiser ernannt wurde, belegt [CIL X 1266]: Vespasian hatte anscheinend Nola (Kampanien) finanziell geholfen, und der lokale Honoratior, der für die Bauten verantwortlich war, mußte dem Kaiser direkt Rechenschaft ablegen.

6.3.6.1 Die Stadtkuratoren

Vor Traian ist kein Stadtkurator (im Osten *logistes*, d. h. Rechnungsprüfer) unzweideutig belegt; wer diese Funktion begründet hat (Domitian? Traian?), bleibt umstritten, ist aber auch nicht sehr wichtig, denn Kuratoren waren bis zum Ende der Herrschaftszeit von Antoninus Pius sehr selten.

6.3.6.1.1 Verbreitung

Geographisch wie chronologisch war ihre Verbreitung höchst unregelmäßig, was der Theorie den Boden entzieht, die Kaiser des 2. oder 3. Jhs. hätten sie generell und überall einsetzen wollen. Kuratoren begegnen vor allem in Italien (dort sind für die Zeit zwischen Traian und Gallienus fast 150 bekannt) und in den senatorischen Provinzen, vor allem in Asien und Afrika (etwa jeweils 30). Ihre Erstbestellung erfolgte zu sehr unterschiedlichen Zeiten (selbst wenn natürlich der früheste belegte Kurator nicht für den ersten überhaupt gehalten werden darf). Man kennt schon seit Traian Kuratoren in Italien und wahrscheinlich auch in der Narbonensis, ab Hadrian in Asien. Doch muß man die zweite Hälfte des 2. Jhs. abwarten, um die ersten in Sizilien, der Lugdunensis oder in den östlichen Provinzen, wo auch Korrektoren vorkommen [S. 293], anzutreffen. Trotz umfangreicher epigraphischer Quellen kennt man in Africa Proconsularis und Numidien keinen vor Septimius Severus.

Bis Antoninus Pius scheint die Einsetzung eines Kurators eine Ausnahme gewesen zu sein. Ein Schreiben dieses Kaisers weist den Logisten von Ephesos an, die Buchführung der letzten 20 Jahre zu überprüfen, was beweist, daß während dieser Zeit kein kaiserlicher Bevollmächtigter in die Hauptstadt Asiens geschickt worden war [AE 1932, 50]. Unter Marc Aurels Herrschaft ändert sich manches. Die Zahl der Kuratoren in Italien und Asien nahm zu, und wahrscheinlich wurde in mehreren Provinzen zum ersten Mal überhaupt ein solcher Bevollmächtigter ernannt. Diese Tendenz verstärkte sich unter Septimius Severus, führte aber vor Diocletian nicht zu einer allgemeinen Verbreitung. Selbst in Italien, wo es die meisten Kuratoren gab, wurde immer nur eine Minderheit von Städten gleichzeitig von Kuratoren kontrolliert, und niemals längerfristig.

6.3.6.1.2 Ernennung

Kuratoren begegnen in jeder Art von Städten, doch wurden sie nur in den größeren, wo die finanziellen Schwierigkeiten der Größe der Stadt entsprachen, mit einiger Häufigkeit ernannt. Die Ernennung geschah stets durch den Kaiser (der die Einzelheiten des Auftrags in seinem Ernennungsschreiben festlegte), aber es ist unklar, wer die Initiative ergriff. Der Kaiser konnte von den Schwierigkeiten einer Gemeinde durch den Statthalter oder seine Prokuratoren informiert werden. Aber die neuen Inschriften aus Aphrodisias in Karien zwingen zu der Annahme, daß eine Stadt selbst in gewissen Fällen diese Ernennung erbat, weil sie mit ihren Finanzen nicht zurechtkam. Als freie Stadt war Aphrodisias vor jedem Eingriff des Prokonsuls sicher [S. 247 ff.]. In einem Brief an Commodus bat die Stadt den Kaiser, den Besuch des Prokonsuls zu erlauben, durch den die von einem Kurator getroffenen Entscheidungen bestätigt werden sollten. Außerdem wandte sie sich an einen ehemaligen Kurator, er möge sich die Abrechnungen für die Spiele-Stiftungen vornehmen [700, Nr. 16, 57, 59]. Offensichtlich betrachtete die Stadt die Anwesenheit des Logisten nicht als Schikane, es ist also nicht sehr verwegen anzunehmen, sie hätte seine Entsendung erbeten. Zahlreiche Kuratoren wurden mit einer Statue oder dem Status als Patron geehrt, was beweist, daß die verwaltete Stadt mit ihrer Tätigkeit zufrieden war.

6.3.6.1.3 Rang

Die Kuration über eine Stadt nimmt eine Sonderstellung im römischen Verwaltungssystem ein, denn sie war das einzige Amt, über dessen Besetzung der Kaiser entschied, das aber von jedem „ehrbaren Mann", egal welchen Ranges, versehen werden konnte. Es treffen sich Kuratoren von sehr unterschiedlicher Rechtsstellung, vom Notabeln, der es in seiner eigenen Stadt noch nicht zum Duumvir gebracht hatte, bis zum Senator, der bereits Prokonsul in Afrika gewesen war.

Am besten sind die Senatoren bekannt, die zwar nicht die Mehrheit der Kuratoren stellten, dafür aber die meisten epigraphischen Spuren hinterließen. Sie konnten auf jeder Stufe ihres Kursus ernannt werden, doch geschah dies meistens im Rahmen der prätorischen Laufbahn, insbesondere direkt nach der Prätur. In den Provinzen konnte die Kuration mit einer anderen Funktion verbunden sein, die gleichzeitig oder direkt zuvor bekleidet wurde (Quästur oder Legation bei einem Prokonsul). Öfter jedoch wurde ein Senator eigens für die Kontrolle einer oder mehrerer Städte entsandt. Diese Missionen waren kurzfristig, im allgemeinen dauerten sie nicht länger als ein paar Monate.

Die Honoratioren, die die Mehrzahl der Kuratoren stellten, hatten mehr Zeit. Aber wenn sie auch länger im Amt bleiben konnten, so übten sie die Kontrolle doch nicht fortwährend aus. Nur ausnahmsweise stammten sie nämlich aus der örtlichen Aristokratie. Häufig waren sie ritterständisch oder in die Richterdekurien eingeschrieben und gehörten der Elite einer anderen Stadt der Region oder Provinz an, in der sie gewöhnlich bereits lokale Ehren erhalten hatten. In Italien erfolgte ihre Ernennung aufgrund familiärer oder freundschaftlicher Beziehungen zu Senatoren oder hohen ritterlichen Beamten. In den Provinzen zeigt sich ihre herausgehobene soziale Position häufig im Rang des Provinzpriesters. Auch brachten sie die Geschäfte des Provinziallandtages in Kontakt mit den Prokonsuln und den Beauftragten des Kaisers. So war M. Ulpius Appuleius Eurycles, Kurator von Aphrodisias unter Commodus, zuvor Vorsitzender des Panhellenions in Athen, Kurator der *gerusia* von Ephesos auf Ernennung des Prokonsuls und zweimal Hohepriester Asiens in Smyrna gewesen.

Das Wesen dieses Amtes wird deutlich, wenn man sieht, wie selten ritterliche Beamte zu Kuratoren ernannt wurden. Die Kaiser strebten offensichtlich nie danach, diese ihnen eng verbundenen Finanzspezialisten einzusetzen.

6.3.6.1.4 Befugnisse

Keine der Kompetenzen des Kurators war neu oder nur seinem Amt vorbehalten. Seine Fähigkeiten, seine persönliche Würdenstellung und natürlich die kaiserliche Ernennung sollten ihm die Lösung der Probleme ermöglichen, mit denen die örtlichen Stellen nicht fertig geworden waren, oder, in den provinzialen Städten, die zu lösen der (eigentlich zuständige) Statthalter keine Gelegenheit gefunden hatte. Die Aufgaben eines Kurators waren im wesentlichen finanzieller Natur: Er kontrollierte die Vermietung und den Verkauf von Staatsland und -immobilien, überwachte die Gemeindekasse und forderte von ausscheidenden Magistraten Rechenschaft. Seine Ernennung sollte der Veruntreuung und Verschwendung von städtischem Vermögen entgegenwirken. Die östlichen Logisten scheinen vor allem Rechnungsprüfer und Finanzorganisatoren gewesen zu sein, die sich um die komplizierten Probleme kümmerten, die Euergeten-Stiftungen aufwarfen. Die westlichen Kuratoren konnten auch Ausgaben von ihrer Genehmigung abhängig machen und Bauvorhaben leiten. Über die Finanzen kamen sie dazu, in jeden Bereich des städtischen Lebens einzugreifen, doch nicht als neue Macht, die die örtlichen Stellen verdrängt hätte, sondern als eine Art Vormund, der die von der Stadt getroffenen Beschlüsse absegnete.

Nur der Ausnahmecharakter und die häufig recht kurze Dauer der Kurationen verhinderten, daß der Kurator zum wichtigsten Mann in der Stadt wurde. Im übrigen hatte er keinerlei richterliche Befugnisse; konnte man Angelegenheiten nicht harmonisch regeln, so gingen sie in den Provinzen vor den Statthalter, in Italien vor die römischen Gerichte oder die *iuridici*. Erst ganz am Ende des 3. oder zu Beginn des 4. Jhs. wurde der Kurator zu einem regelrechten „Bürgermeister". Zu diesem Zeitpunkt erlangte dieses Amt allgemeine Verbreitung und wurde permanent. Aber sein Wesen wurde durch eine weitere Modifikation von Grund auf verändert: Man wählte den Kurator nun unter den gewesenen Magistraten der Stadt aus, und dieser einjährige Posten wurde zum Höhepunkt des lokalen Kursus.

6.3.6.2 Beauftragte mit begrenzter Mission

Die Kaiser ernannten auch Vertreter, deren Auftrag von einem Stadtkurator hätte wahrgenommen werden können, die aber eine begrenztere Mission erhielten. Die „Kuratoren für öffentliche Bauten" überwachten nur die

Bauprojekte und Restaurationsarbeiten, die der Kaiser den Städten genehmigte oder (zumindest teilweise) finanzierte. Sie wurden unter den großen Honoratioren der Stadt oder einer Gemeinde der Region ausgewählt und gehörten oft dem Ritterstand an.

Das gleiche Sozialniveau hatten die ab Hadrian vor allem in Italien belegten „Kalendariums-Kuratoren". Das *kalendarium* war das Rechnungsbuch, in dem man Guthaben, ausstehende Forderungen und Schulden eines Einzelnen oder einer Gemeinschaft aufführte. Diese Kuratoren, die in Italien vom Kaiser ernannt, in den Provinzen von den Statthaltern ausgesucht wurden, sollten also die Konten der Stadt oder einer besonderen Kasse (so die der Dekurionen oder der Plebs [ILS 6287, 6609]) prüfen. [Hierzu fehlt eine ernsthafte neuere Studie.]

6.3.6.3 Die Korrektoren

Ab Traian sind in den östlichen Provinzen Senatoren prätorischen oder konsularischen Ranges mit sehr unterschiedlichen Titeln belegt, die deren Auftrag als Verbesserung der Situation in den Städten bezeichnen. Insbesondere heißen sie „Korrektor" (der, der berichtigt oder wieder gutmacht), was auch zu „Logist" hinzutreten konnte. Sie waren für die Städte einer Region verantwortlich, wie die Diözese von Pergamon oder die Kykladen in Asien, oder, häufiger, für alle freien Städte einer Provinz (die meisten sind für Achaia bekannt). Sie erhielten einen speziellen Auftrag, der wohl umfassender als der der Logisten war und sich wahrscheinlich mit dem von Plinius während seiner Statthalterschaft in Bithynien vergleichen läßt. Zumindest einige von ihnen hatten – im Gegensatz zu Kuratoren – richterliche Befugnisse [Epikt. 3. 7. 10]. In den senatorischen Provinzen standen sie neben den Repräsentanten des Senats, aber man muß deswegen nicht unbedingt darauf schließen, die Kaiser hätten die Vorrechte der Prokonsuln und ihrer Legaten beschneiden wollen. So wurde zu Beginn des 3. Jhs. oft das Prokonsulat von Achaia und die Korrektur der freien Städte in Personalunion vereinigt. Die kaiserliche Bestellung verlieh den Korrektoren Befugnisse, die der Prokonsul und seine Legaten nicht besaßen, besonders hinsichtlich der freien Städte. Da sich diese Personen nur ausnahmsweise in die Angelegenheiten der freien Städte einmischten, wurde deren privilegierter Rechtsstatus nicht in Frage gestellt. [Auch zu den Korrektoren gibt es keine neuere Untersuchung].

6.4 Gemeinwesen ohne den Status einer Stadt

Gemeinwesen, die nicht als Städte vollen Rechts anerkannt waren, wurden, wie gesehen, als minderwertig und unfrei betrachtet. Jedoch besaßen sie religiöse und administrative Strukturen und verfügten fraglos über innere Autonomie. Es ist schwer auszumachen, welche Nachteile ihr Status de facto mit sich brachte.

6.4.1 Selbständige Dörfer und Stämme

Diese Gemeinschaften waren meist recht klein und im allgemeinen kaum latinisiert oder hellenisiert, und so verfügen wir bei ihnen selten über brauchbare Quellen. Außerdem werden die überaus unterschiedlichen Gegebenheiten nur unzureichend von der lateinischen oder griechischen Terminologie umschrieben, denn sie lagen ja außerhalb der Vorstellungen dieses Kulturkreises. So geläufig folgende Ausdrücke sind, Einheitlichkeit dürfen sie nicht suggerieren: *gens* (Stamm) oder *ethnos* (Volk oder Stamm, je nach Kontext) bezogen sich natürlich auf sehr verschiedene Organisationsformen, je nachdem, ob es um Mauretanien, Illyrien, Makedonien oder Arabien ging. Auch die große Zahl griechischer Begriffe bedeutet nicht unbedingt, daß bei den Gemeindeformen (mindestens 18 griechische Wörter können „Dorf" bedeuten) oder den dort bekleideten Funktionen präzise differenziert wurde. Sie dokumentiert vielmehr die Unsicherheit bzw. Unfähigkeit der Sprache, indigene Gegebenheiten zu verarbeiten. Bestimmte Ausdrücke zeigen übrigens besonders deutlich, wie wenig die „klassischen" Kategorien zu diesen Strukturen paßten: Strabon [12. 2. 6 und 6. 1] bezeichnet z. B. bestimmte Siedlungen als *komopolis*, d. h. zugleich als Dorf (*kome*) und als Stadt (*polis*). Und eine *metrokomia* (dieser Begriff begegnet oft in Syrien), war das nur ein besonders wichtiges Dorf (das dadurch höhere Würde vor anderen Dörfern besaß), oder hatte es wirklich Macht über die Dörfer der Umgebung?

Zu Beginn der Kaiserzeit war die städtische Organisation vielen Gemeinschaften unbekannt, aber deren Zahl ging beständig zurück. Wir haben bereits die kaiserlichen Domänen betrachtet, die sich im 2. und 3. Jh. teilweise zu Städten entwickelten. Allein schon aufgrund ihrer Verschiedenartigkeit können die Stammes- und Dorfgemeinschaften nur in einem regionalen Rahmen betrachtet werden [Band II]. Einige gemeinsame Züge wollen wir allerdings hier herausstellen.

Im Westen fanden sich Rechtsstellungen unterhalb der städtischen Organisation normalerweise nur anfänglich. Soweit die europäischen Stämme nicht schon bei der Annektierung als Städte anerkannt worden waren, erhielten sie diesen Status im allgemeinen seit dem 1. oder dem Beginn des 2. Jhs. [Wilkes 729a]. In Nordafrika und Europa erhielten viele von ihnen den Munizipiums-Status oder wurden von Gemeinden römischen Typs absorbiert. Andere bewahrten ihren Stammes-Status, konnten sich aber mit Institutionen ausstatten, die denen von Städten vergleichbar waren, wie z. B. den Flamines des Kaiserkults. In Africa Proconsularis ist sogar ein Stamm belegt, der die für Munizipien bzw. Kolonien typischen Magistrate besaß [ILS 6816]. Zu Beginn des 3. Jhs. stellten minderrangige Gemeinwesen (Siedlungen bei Heereslagern, Dörfer auf Kaiserdomänen, Bergstämme des Maghreb) nur noch eine Randerscheinung dar.

Im Osten schritt die Verstädterung langsamer voran, oft erst spät, und sie geschah dort bei weitem nicht derart allgemein. So besaßen die selbständigen Dörfer des Hauran (im Grenzgebiet von Syrien und Arabien) quasistädtische Institutionen und oft eine städtische Bebauung, doch nur die größten wurden im 3. Jh. oder in der Spätantike zu echten Städten.

6.4.2 Siedlungen in den Militärzonen

Die Ansiedlungen in der Nähe von Lagern spielten eine wichtige Rolle bei der Romanisierung und der Entwicklung der Grenzregionen, zumal in Europa. Hinsichtlich ihrer juristischen Position muß man zwischen *vici* und *canabae* unterscheiden, die oft nebeneinander existierten. Die *canabae* („Krämerbuden"), die spontan neben Standlagern entstanden, waren auf Armeeland errichtet und lebten mit den Truppen gleichsam in Symbiose (so wurde der Friedhof gemeinschaftlich genutzt). Manche hatten nicht einmal einen Namen, jedenfall keinen offiziellen (in Apulum, Dakien: „die *canabae* der *legio XIII Gemina*" [ILS 7141]). Die Bewohner konnten nur Ansässige (*consistentes*), d. h. ohne besonderen Status, sein [Vittinghoff 744].

Die Situation verkomplizierte sich durch die Entwicklung einer zweiten Art von Zivilsiedlung, deren Vertreter man in der Nähe aller Legionslager in Pannonien und Obermösien findet [Mócsy 580]. Diese hieß *vicus*, lag auf zivilem Land, das zumindest ursprünglich zu einer peregrinen Gemeinde gehört hatte, stand aber in engem Zusammenhang mit den militärischen Autoritäten. In diesen beiden Arten von Siedlungen entstanden Kollektivinstitutionen, vor allem für die in einer offiziellen Vereinigung (*conventus*) zusammengeschlossenen römischen Bürger. Die Armeeveteranen, die über den Zivilisten standen, bewahrten ihre Individualität [AE 1972, 163: „Die Veteranen und die römischen Bürger, die in Troesmis bei der *legio V Macedonica* wohnen"]. Die Gemeinschaft hatte eine Kasse, einen Dekurionenstand und Beamte

(Ädilen, Quästoren und *magistri*), jedoch keine Magistrate für die Rechtsprechung.

Die *canabae* oder der zivile *vicus* entwickelten sich manchmal weiter, doch während ein *vicus* zur Stadt erhoben werden konnte, war dies bei den *canabae* nicht möglich, solange der Einfluß der Armee über das Territorium der Siedlung erhalten blieb. Die Entwicklung dieser Gemeinwesen verlief sehr unterschiedlich. An der Donau wurden die *vici* in der Nähe der Legionen von Carnuntum, Aquincum und Viminacium unter Hadrian zu Munizipien, Troesmis erst am Ende des 2. Jhs. [E. Dorutiu-Boila, in: Dacia 16 (1972) 133ff.]. Die *canabae* und ihre Institutionen existierten zumindest eine Zeitlang weiter [AE 1972, 363: ein Dekurio der *canabae* und des Munizipiums von Aquincum]. Auch über das Verhältnis zwischen dem neuen Munizipium und der peregrinen Stadt wird diskutiert: Letztere könnte, wenngleich beschnitten, weiterexistiert oder ins Munizipium integriert, wobei die alten Instituionen erhalten geblieben wären, oder gar ihm abhängig angegliedert worden sein. Septimius Severus, so scheint es, begünstigte die zivilen Siedlungen zum Nachteil des militärischen Territoriums. In dieser Zeit verschwinden die *canabae* aus den Inschriften. Wahrscheinlich wurden sie von den benachbarten Kolonien oder Munizipien absorbiert, wenn sie nicht zu einer eigenen Stadt wurden, wie im Fall von Apulum. Aber nicht jeder *vicus* brachte es zur Stadt. Mogontiacum/Mainz, Legionslager und Sitz des Statthalters von Obergermanien, wurde rasch zu einer bedeutenden Siedlung, doch juristisch blieb seine Entwicklung blockiert. Erst nach 276 wurde es zu einer Stadt [ILS 7079]. Neben den Siedlungen in der Nähe von Legionslagern entwickelten sich *vici* mit gewisser Selbständigkeit bei kleineren Lagern [ILS 7089; AE 1978, 584].

Die Situation und Entwicklung der Siedlungen in Lagernähe verrät die problematischen Beziehungen zur römischen Autorität. Die Armee war für deren wirtschaftliche Prosperität verantwortlich und spielte gleichzeitig eine zentrale Rolle bei der Urbanisierung (oft wurden die großen Bauten von Soldaten auf Anweisung des Legaten errichtet). Doch, wie das reiche inschriftliche Material aus Lambaese zeigt, ließ die Anwesenheit des kaiserlichen Legaten die örtliche Politik verkümmern, und dies auch noch nach der Erhebung zum Munizipium [Jacques 757]. Außerdem war die Gesellschaft dieser Siedlungen (die sich aus Veteranen, die nicht in ihre Heimat zurückkehren wollten, und Händlern höchst verschiedener Herkunft zusammensetzte) nicht der beste Nährboden für die Entwicklung einer stabilen, städtischen Elite, außer wenn sich, wie im Fall von Aquincum/Budapest, auch einheimische Honoratioren niederließen.

6.5 Die Politik der Kaiser

Die Haltung der Kaiser spielte eine zentrale Rolle bei der Ausbreitung der Personen- und Gemeindestatus. Es gibt jedoch keine systematische Arbeit, die gleichzeitig den rechtlichen Aufstieg von Personen und die Städtegründungen sowie -erhebungen berücksichtigen würde. Die Studien beschränken sich im allgemeinen auf bestimmte Regionen und betreffen in erster Linie die Gemeinden. Für Europa würde man sich ein Äquivalent der Bücher von A. H. M. Jones über die orientalischen Städte wünschen [695, 760], das die Summe aus zahlreichen Regionalstudien ziehen müßte. Hoffentlich bleibt das Werk von B. Holtheide über die Bürgerrechtsverleihungen in Asien kein Einzelfall [674; vgl. auch Dondin-Payre 669]. Mit einer großen Zahl solcher Arbeiten ließe sich das Ausmaß der Romanisierung der Personen im ganzen Reich abschätzen. A. N. Sherwin-White [687] hat sowohl die Romanisierung der Personen wie der Gemeinwesen betrachtet. Doch die Lücken in der Literatur haben es ihm unmöglich gemacht, die Entwicklung der viritanen Verleihungen genauer zu beschreiben. Außerdem ließ er, schon aufgrund seiner Fragestellung, die Gründung peregriner Städte unberücksichtigt.

6.5.1 Das Ende der Republik und Augustus

In mancherlei Hinsicht kündigt das Vorgehen der *imperatores* des 1. Jhs. v. Chr. die Politik der Kaiser an: Pompeius gründete Städte, vor allem in Pontos, und besonders Caesar verlieh freigebig das Bürgerrecht. Allerdings läßt sich nur schwer zwischen der Belohnung von Parteigängern und weitreichenderen Plänen unterscheiden. Bis 31 v. Chr. dominierten die politisch-militärischen Probleme und der Kampf um die Macht, und die ergriffenen Maßnahmen wurden oft durch die Wechselfälle der Bürgerkriege wieder in Frage gestellt.

In der historischen Forschung wird über das Wesen der Politik von Caesar und Augustus gestritten, zumal es auch oft schwierig ist festzustellen, was nun jeder von den beiden veranlaßt hat: Eine Stadt mit *Iulia* im Namen könnte von Caesar gegründet (oder vor seiner Ermordung geplant) oder auch von seinem Adoptivsohn vor 27 v. Chr. organisiert worden sein. Ein *Gaius Iulius* verdankt sein Bürgerrecht Caesar oder Augustus (oder auch Caligula). Lange dachte man, Caesar und Augustus wären diametral entgegengesetzt verfahren. Jener habe, inspiriert vom Vorbild Alexanders des Großen, eine rasche Fusion von Italikern und Provinzialen sowie möglichst viele Koloniegründungen erreichen wollen, während Augustus den Integrationsprozeß blockiert und die römisch-italische Vorherrschaft zementiert habe. Jüngst hat man in Augustus einen Fortsetzer sehen wollen, der das unvollendete Werk des Pioniers Caesars ergänzt und organisiert habe, und lediglich bei der Bürgerrechtsvergabe weniger großzügig als sein Vater gewesen sei [Sherwin-White 687]. Ja, seine Maßnahmen seien sogar noch gewagter gewesen [Vittinghoff 728].

Die zweite Hälfte des 1. Jhs. v. Chr. erlebte das rasche Aufgehen der Zisalpina in Italien (wobei das Bürgerrecht zunächst bis zum Po, dann bis zu den Alpen gewährt wurde), die Umwandlung der nach dem Bundesgenossenkrieg gegründeten latinischen Kolonien in Munizipien sowie die Gründung bzw. Verstärkung von römischen Kolonien. Die seit Caesar in den kulturell höchststehenden Regionen des Westens verfolgte Politik kann als Fortführung von derjenigen betrachtet werden, die zunächst in der Zisalpina praktiziert worden war. Sizilien, die erste römische Provinz überhaupt, hätte beinahe eine ähnlich günstige Entwicklung durchlaufen, zumal ja Caesar dieser Insel schon das latinische Recht verliehen hatte. Aber dann bekam sie das volle Bürgerrecht von Antonius und diente auch noch als Basis für Sextus Pompeius. Und so stufte Octavian sie auf ihren ursprünglichen Status zurück und behandelte sie wie die anderen Küstenprovinzen im Westen [Wilson 730]. Die Geschichte Süd-Galliens war weniger turbulent, und bald näherte es sich Italien an. Doch die Phasen dieser Entwicklung sind kaum bekannt (Datierung der römischen Kolonien und der Verleihung des latinischen Rechts; erfolgte die Vergabe allgemein oder nicht? Typ der latinischen Kolonien: mit Siedlern oder ohne?).

Die massive Gründung von Siedlungskolonien in den fortschrittlichsten Regionen des Westens (zu der es später nichts Gleichartiges mehr geben sollte) ging Hand in Hand mit einer umfassenden institutionellen Umstrukturierung zahlreicher Gemeinden und wahrscheinlich mit einer Klärung der Rechts-Status, was insbesondere die Assimilation eines Teils der lokalen Eliten und die Integration von römischen Bürgern, die bis dahin in *conventus* organisiert waren, in einheimische Städte ermöglichte. Der Umfang dieser Veränderungen wird vor allem in der Bätika deutlich, wo ganz zu Beginn der Kaiserzeit mehr als ein Viertel der Städte römischen oder latinischen Rechts waren. Im Orient wurde die Gründung von Zentren römischer Kultur von Augustus' Nachfolgern nicht mehr in großem Maßstab weiterverfolgt. Dagegen hörte der von Augustus initiierte Prozeß der Städtegründungen und der Hochstufungen peregriner Gemeinden nie auf.

Zum Entsetzen seiner Zeitgenossen vergab Caesar das Bürgerrecht sehr freigebig an seine provinzialen Unterstützer, sogar an solche, die erst jüngst unterworfen worden waren. Doch Antonius, der die Haltung der Kaiser vorwegnahm, soll als erster bewußt eine Politik betrieben haben, die nicht nur auf die Bildung einer persönlichen Klientel abzielte. In Asien und

Griechenland habe der Triumvir nicht nur seinen Parteigängern und Soldaten zum Aufstieg verholfen, sondern das Bürgerrecht auch bedeutenden Honoratioren aufgrund ihrer Sozialposition verliehen [Holtheide 674].

Nach den antiken Zeugnissen war Augustus bei der Vergabe des Bürgerrechts wesentlich knausriger als sein Vater. Doch die Ergebnisse der Zensus, die durch seine Res Gestae bekannt sind (aber in manchem Detail umstritten bleiben), zwingen zu einer differenzierten Betrachtung dieses Gegensatzes. Der letzte republikanische Zensus 70/69 v. Chr. hatte 910000 Bürger gezählt. 28 v. Chr. waren es dagegen 4063000. Anstatt auf zahllose Bürgerrechtsverleihungen [Vittinghoff 728, S. 97, 139] muß dieser enorme Zuwachs in erster Linie auf eine neue Zählmethode zurückgehen (jetzt wurden auch Frauen und teilweise Kinder mitgezählt), was eine genaue Berechnung des Zuwachses unmöglich macht. Wenn wir annehmen, daß die erwachsenen Männer zwei Siebtel der Bevölkerung stellten, wäre die Zahl der Bürger (nach den augusteischen Zählkriterien) um mindestens 900000 zwischen 69 und 28 gestiegen, d. h. im Durchschnitt um mehr als 20000 pro Jahr, und das trotz der blutigen Kriege. Der zweite augusteische Zensus von 8 v. Chr. registrierte 4233000 Bürger, beim dritten bekannten von 14 n. Chr. sind es 4937000 gewesen. Das würde einer mittleren jährlichen Zunahme von 8500 während der ersten Phase und von 33500 während der zweiten Phase entsprechen.

Unbestimmbar bleibt der jeweilige Anteil, der auf demographischen Zuwachs (in dieser Friedensepoche wahrscheinlich, aber natürlich nur begrenzt möglich) bzw. auf Einbürgerungen (deren Zunahme vor allem in Africa Proconsularis merklich ist) geht. Legt man eine stabile oder gleichmäßig wachsende Bevölkerung zugrunde, dann müßten die ersten zwanzig Jahre von Augustus einen signifikanten Rückgang der Einbürgerungen im Vergleich zur Vorzeit erlebt haben, dagegen wäre man in den zwanzig folgenden Jahren wieder zu einer großzügigeren Verleihungspolitik zurückgekehrt (zumal ja auch die restriktive Freigelassenen-Gesetzgebung nunmehr deren Rolle beim Anwachsen der Bürgerzahl beschränkte). Der Umfang der Zunahme, der aus den Rohzahlen deutlich wird, darf jedoch nicht über die begrenzte Zahl der Einbürgerungen hinwegtäuschen. Zumeist wurde das Bürgerrecht einer ganzen Familie verliehen (Eltern, Frau, Kindern und Enkeln des Empfängers). Selbst wenn wir von einer stabilen Bevölkerung ausgehen, darf man von 28 bis 8 v. Chr. mit nicht mehr als 1500 bis 3000 Verleihungen pro Jahr rechen, bzw. 5000 bis 10000 für die folgende Periode. Reichsweit muß man von einer relativen Zurückhaltung sprechen (zumal ja manche Peregrine das Bürgerrecht beim Eintritt in eine Legion bekamen und man vielleicht schon zu dieser Zeit Auxiliarsoldaten beim

Abschied einbürgerte). Die Inschriften aus dem Osten bestätigen dies: Nur die bedeutendsten Notabeln der großen peregrinen Städte wurden zu Bürgern erhoben, und auch das nicht systematisch.

6.5.2 Tiberius bis Nero (14–68)

Tiberius' Politik war glanzlos. Sieht man von möglichen Deduktionen auf der italischen Halbinsel ab, so kann man ihm nur eine einzige Kolonie, die er in Emona/Ljubljana, d. h. in Pannonien vor der östlichen Zisalpina, installierte, sowie einige orientalische Städte zuweisen, die von ihm oder auch von Vassallenfürsten gegründet wurden, wie Tiberias in Palästina. Die große Zahl der *Tiberii Iulii*, deren Vorfahren ihm das Bürgerrecht verdankten, beweisen, daß er die von Augustus eingeleitete Politik der viritanen Verleihung fortsetzte. Doch geschah dies recht selektiv: Von den 17 Hohepriestern Galatiens, die für die Jahre 11 bis 33 bekannt sind, waren nur zwei römische Bürger, und in Afrika gibt es nur sehr wenige *Tiberii Iulii*.

„Er hatte nämlich beschlossen, alle Griechen, Gallier, Spanier und Britannier in der Toga zu sehen". In der Apocolocyntosis [3. 3], diesem Pamphlet, das dem Autor mehr zur Schande gereicht als dem Opfer, karikiert Seneca die Absichten von Claudius natürlich. Gleichwohl spiegelt er sehr wohl den Bruch in der kaiserlichen Politik wider; nunmehr stand den provinzialen Eliten der Weg zur vollständigen Integration offen. Der kaiserliche Wille ist ohne jegliche Brechung durch Texte bekannt, die Claudius persönlich abfaßte, nämlich sein Edikt, mit dem er das Bürgerrecht drei Alpenvölkern verlieh, die von Augustus an Tridentum/Trient angeschlossen worden waren [S. 237f.], und seine Rede, mit der er die Aufnahme von Honoratioren aus den Drei Gallien in den Senat befürwortete [Fabia 869]. Während er im ersten Fall einen faktischen Zustand in Recht umwandelte, rechtfertigte er die Zulassung der Gallier durch eine (übrigens recht weitschweifige) Rede über römische Geschichte, in der er darauf hinwies, daß Rom seine Größe der unablässigen Assimilation ehemaliger Gegner verdanke.

Gegen die herrschende Meinung will A. N. Sherwin-White die Rolle von Claudius minimieren: Seine Ideen seien die seiner Zeit gewesen, seine historische Analyse völlig traditionell. Er habe die Pläne von Caesar und Augustus wiederaufgegriffen und nach vierzig Jahren Inkubationszeit die Konsequenzen gezogen. Selbst wenn jedoch Claudius aufgrund seiner Bildung und Persönlichkeit für die Lehren der Vergangenheit offen gewesen ist, selbst wenn diese Ideen unter Tiberius und Caligula langsam reiften, so dokumentiert doch die Gesamtheit seiner Beschlüsse eine wagemutige Konzeption der römischen Welt und ihrer Zukunft. Er scheint nicht nur von den Juliern, sondern auch von Pompeius, vielleicht sogar von Antonius Inspirationen empfangen zu haben. Seine Politik hatte die Verbreitung städtischer, munizipaler und kolonialer Strukturen zum Ziel und gleichzeitig die Ausweitung des römischen Bürgerrechts, ohne es jedoch zu verschleudern.

Die Ergebnisse der Bürgerzählung von 47/48, dem ersten seit Augustus' Tod, sind leider nicht sicher bekannt. Die Tacitus-Handschrift [ann. 11.25.5] gibt 5984072 an, Eusebs Chronik aber eine Million mehr. Wenn man die zweite Zahl akzeptiert, ergäbe dies ein mittleres jährliches Wachstum von mehr als 62000 Bürgern seit 14 – was fast das Doppelte der durchschnittlichen jährlichen Zunahme zwischen den beiden letzten Volkszählungen unter Augustus wäre. Nimmt man jedoch (wie es gewöhnlich geschieht) die Zahl von Tacitus, dann läge der mittlere jährliche Zuwachs bei 31700 Bürgern. Das würde also heißen, daß sich unter Tiberius und Caligula das Wachstum nicht verändert, ja sogar ein wenig verlangsamt hätte: Geht man von diesen Zahl aus, so hätte Claudius den Prozeß der juristischen Romanisierung der Personen wieder in Gang bringen wollen und zwar als Reaktion auf die vorhergehende Stagnation.

Die Epigraphik läßt bei fast keinem der zahlreichen *Tiberii Claudii* die Entscheidung zu, ob ihm Claudius oder aber Nero das Bürgerrecht verlieh. Die antiken Autoren schreiben Claudius einmütig außerordentliche Großzügigkeit zu, selbst wenn sie im Widerspruch dazu seine Strenge gegen Usurpatoren und Unwürdige vermerken [Suet. Claud. 25.3; Cass. Dio 60.17. 4–8]. Die *Tiberii Claudii* sind in Afrika nicht sehr zahlreich. Dagegen stellen die *Claudii* im dritten Band der IGR (der Teil dieser Inschriftensammlung, der den asiatischen Orient ohne die Provinz Asien abdeckt) ein Viertel der römischen Bürger, deren Familie das Bürgerrecht vor 212 erhielt. In Asien sind sie weiter verbreitet als die *Iulii*. Damals händigte man zum ersten Mal Miliärdiplome an Seeleute und Auxiliarsoldaten aus. Die Vergabe des Bürgerrechts an peregrine und latinische Armeeangehörige nach langer Dienstzeit wurde von einem bis dahin spärlich gewährten Privileg fortan zur Regel.

In der Gemeindepolitik von Claudius war wohl die wichtigste Maßnahme die Organisation von Städten römischen Typs in erst jüngst eingegliederten Zonen. Das Königreich Norikum, das unter Augustus annektiert worden war, wurde unter Claudius zur Provinz. Fünf Völker, die die Hälfte der neuen Provinz ausmachten, erhielten den Status von (sicherlich latinischen) Munizipien. Im eben erst bezwungenen Mauretanien gründete Claudius drei Kolonien sowie drei bis vier Munizipien. Caesarea, die alte Königshauptstadt, ist das erste sichere Beispiel einer Titularkolonie. In dem nicht vollständig eroberten Britannien gründete er eine Veteranenkolonie in Camulodunum und ein Munizipium in Verulamium, beides Hauptorte der Eingeborenen.

Die Deduzierung zahlreicher Siedlungskolonien knüpfte wieder mit der augusteischen Politik an. Bemerkenswert jedoch ist ihre Lokalisierung. Während sich Aequum (Dalmatien) in Meernähe befand, lag Köln direkt an der Grenze und Savaria (Pannonien) in Grenznähe, und andere entstanden in Randgebieten: Aprus im kurz zuvor annektierten Thrakien, Archelais im wenig urbanisierten Kappadokien und Ptolemais in der Phoinike (Syrien). Das unzureichende Quellenmaterial macht es unmöglich, den Umfang der claudischen Politik in den Drei Gallien einzuschätzen. Er förderte dort mit Sicherheit die Urbanisierung, ganz wie Augustus. Wie Trier könnten einige Städte den Status von latinischen Kolonien erhalten haben. Im Orient war er recht zurückhaltend. Während er Rhodos und Lykien die Freiheit entzog, dürfte er an einige Städte in Bithynien und Lykaonien Privilegien verliehen haben, worauf die Annahme des kaiserlichen Namen hindeutet. Aber die (wahrscheinlichen) Gründungen gehen auf das Konto der kilikischen Vassallenfürsten.

Durch seine Städtegründungen und -hochstufungen wollte Claudius anscheinend in erster Linie die Akkulturation und Assimilation der rückständigen oder eben erst annektierten Regionen fördern, während seine Politik hinsichtlich der Personen darauf abzielte, den Eliten der fortschrittlichsten Regionen das Bürgerrecht und sogar Ritter- wie Senatorenstand zu öffnen. Er legte die Bedingungen für die Integration von Provinzialen fest, die bis zum Ende des 2. Jhs. Bestand hatten. Seine Nachfolger folgten zwar im Prinzip seiner Politik, doch sie hielten sie wohl für zu gewagt: Es gibt wesentlich weniger *Flavii*, *Ulpii* und *Aelii* im Orient als *Claudii*, was zeigt, daß sich der Prozeß der Bürgerrechtsverleihungen verlangsamte.

Neros Herrschaftszeit stellte eine Pause, ja sogar eine Reaktion dar, die zunächst von den Ratgebern seiner ersten Jahre (die Haltung von Seneca, seinem Lehrer, kennen wir ja schon aus der Apocolocyntosis) und später von seinem Philhellenismus herrührte (der ihn dazu bewog, den Städten Achaias und vielleicht Lykiens die Freiheit zurückzugeben). Zwar verdankten ihm die Alpenvölker das latinische Recht und einige *Claudii* das viritane Bürgerrecht, doch keine Stadtgründung oder -hochstufung in den Provinzen kann ihm mit Gewißheit zugeschrieben werden. In Italien war seine Politik (Veteranenansiedlung in Kampanien, eine neue Deduktion nach Puteoli) recht konservativ.

6.5.3 Vespasian bis Traian (69–117)

Da die einzelnen Kaiser sich mit zahlreichen Gunstbeweisen um die Unterstützung der Städte bemühten, gab der Bürgerkrieg nach Neros Tod Anlaß zu vielen Hochstufungen, so z. B. in Gallien. Doch häufig wurden diese im weiteren ein Opfer der politischen Wechselfälle. Danach setzte Vespasian die Politik von Claudius fort. Bei der Untersuchung so komplexer sozialer und institutioneller Probleme ist es stets schwierig und künstlich, genaue chronologische Zäsuren anzugeben. Gleichwohl erscheinen die Jahre 69–117 als eine recht einheitliche Periode. Es ist nicht ganz einfach, den Anteil eines jeden der drei flavischen Kaiser zu bestimmen, schließlich kann das Adjektiv *Flavius* bei Personen oder Städten auf jeden verweisen.

In dieser Phase gab es die letzten systematischen Ansiedlungen von Veteranen. Die Kaiser waren bestrebt, die verfügbaren Flächen in Italien zu nutzen und die Bevölkerung der Städte durch provinzialen Zuzug zu verstärken. In Reate (Umbrien) sind Veteranen aus der Prätorianergarde und aus zwei Legionen belegt, die Vespasian in seiner Heimat ansiedelte [z. B. ILS 2460]; doch scheint dieses Projekt wenig erfolgreich gewesen zu sein. Wichtiger waren die Koloniegründungen in den Provinzen, die fast alle in Randgebieten erfolgten – mindestens sieben unter den Flaviern, rund ein Dutzend unter Nerva und Traian. Diese Kolonien wurden in wenig urbanisierte Regionen deduziert (wie Ost-Mauretanien, die Peripherie des Musulamier-Gebiets in Africa Proconsularis, das südliche Obermösien oder Thrakien), mitunter an eine Lokation, an der vorher eine Legion gestanden hatte (Ammaedara und Theveste in Africa Proconsularis, Poetovio in Pannonien, vielleicht Glevum in Britannien). Strategische Interessen erklären die Koloniegründungen am Unterrhein, an der mittleren und unteren Donau und in erst jüngst eingenommenen Gebieten (unter Traian: Timgad in Numidien, Sarmizegetusa in Dakien).

Neben der Kolonisation gehörte die juristische Hochstufung von Gemeinwesen zu den Zielen dieser Kaiser; doch gibt es hier viele Nuancen. Gemeinschaften niederen Status wurden in Städte umorganisiert und erhielten so wohl größere Autonomie. Der Quellenmangel im Westen läßt manche Frage offen. Jedoch wurden dalmatische Stämme wohl ab dem Ende des 1. Jhs. zu Städten, ebenso germanische Völker (die suebischen Nikreten werden *civitas Ulpia* genannt) [Wilkes 729a; Wilmanns 702]. Die Gründungspolitik im Orient kennt man besser. Unter Vespasian begannen einige syrische Städte eine neue Zeitrechnung, andere nahmen den Namen *Flavia* an. Bisweilen erklärt sich dies aus der Vertreibung örtlicher Dynasten (so in Kilikien, Kommagene oder Emesa), was als Befreiung gesehen (und von den Honoratioren so erlebt) worden sein dürfte. Die Integration in eine römische Provinz konnte zu echten Veränderungen im städtischen Leben führen (Verfassungsreform, Gebietserweiterung). Die Flavier gründeten neue Städte in Anatolien und Palästina. In Thrakien geschahen diese Gründungen systematisch. Unter Traian und Hadrian wurde der allergrößte Teil der Fläche auf Städte verteilt [AE 1981, 94 machte eine neue *civitas Ulpia* bekannt].

Während im Orient die Hochstufung von Gemeinwesen und die juristische Romanisierung von Personen (die stets Honoratioren und Soldaten vorbehalten blieb) immer klar getrennt blieben, erfolgte der Fortschritt im Westen durch die Verleihung des latinischen Rechts. Die spektakulärste Maßnahme war Vespasians Vergabe des *Latium* an ganz Spanien, was nach und nach zur Umstrukturierung der meisten Städte in Munizipien mit sehr ähnlichem Stadtrecht führte. Doch Spanien war ein Spezialfall, andere Regionen wurden nur selektiv mit Gunstbeweisen bedacht. In Zentraleuropa kennt man ein flavisches Munizipium in Norikum, ein weiteres in Dalmatien und drei in Pannonien, aber nicht ein einziges traianisches. Die wohl rückständigen mösischen Provinzen blieben unberücksichtigt [Mócsy 580]. In Afrika dagegen war Traian großzügiger als die Flavier, doch bei den Erhebungen zu Munizipien oder Titularkolonien ging der Nordosten der Provinz leer aus.

6.5.4 Hadrian bis Commodus (117–192)

Hadrians Vorgehen zeigt das Bestreben, wieder verstärkt Städte hochzustufen, ohne daß man von einem Bruch mit der seit Claudius verfolgten Politik sprechen könnte. Die Persönlichkeit des Kaisers und sein direkter Kontakt mit den Gegebenheiten in den Provinzen waren wohl ausschlaggebend dafür, daß er die Konsequenzen aus den sozialen Veränderungen (wie der Identifikation der meisten Untertanen mit dem römischen System) zog.

In diese Zeit fallen die letzten Gründungen von Siedlungskolonien, nämlich Aelia Capitolina auf der Asche von Jerusalem, wohl Mursa in Pannonien sowie eine Deduktion nach Sora (Italien). Alle weiteren Kolonien sollten durch die Hochstufung bestehender Städte entstehen. Doch lieber vergrößerte Hadrian die Zahl der Munizipien. Man kennt nicht weniger als 14 *municipia Aelia* in Afrika und acht in Pannonien; andere wurden in Rätien, Norikum, Obermösien, Dakien und wohl auch in Untergermanien gegründet [Galsterer-Kröll 709]. Hadrians Ost-Politik weist dieselben Grundzüge auf. In zurückgebliebenen Regionen wurden Städte organisiert, beispielsweise in Thrakien oder Ost-Mysien [Jones 695].

Die Regierung von Antoninus Pius kam, wie die von Tiberius und Nero, einer Pause gleich. Man kann ihm kaum mehr zuschreiben als die Erhebung von Canusium in Süditalien zur Kolonie, die Gewährung des *Latium maius* an Gigthis (Africa Proconsularis) auf die wiederholten Bitten der Bewohner hin [Gascou 711] und die Gründung einer Stadt in der Nähe von Ephesos. Marc Aurel gab diesen zurückhaltenden Konservativismus auf und kehrte, gefolgt von Commodus, zu Hadrians Politik zurück. Zahlreiche Hochstufungen gab es in Africa Proconsularis und in Dalmatien. Zwei dakische Munizipien wurden zu Kolonien und alle größeren Siedlungen von Obermösien zu Munizipien.

Im Jahr 192 hatte die von Claudius initiierte Politik reiche Frucht getragen. Im Orient, wo nunmehr die Polis-Strukturen vorherrschten, entsprach die Schicht der „ehrbaren Leute“ seit der Mitte des Jahrhunderts praktisch der der römischen Bürger. Im Westen hatten sich die Gemeinden römischen Typs so sehr vermehrt, daß sie in einigen Regionen (die spanischen Provinzen, Norikum, die pannonischen Provinzen, Obermösien) fast die einzigen Verwaltungsstrukturen für Gemeinwesen darstellten. Gleichwohl gab es in manchen Gebieten wie Afrika weiterhin große, anachronistisch anmutende juristische Disparitäten. Der Osten und der Westen blieben zwei verschiedene Welten.

6.5.5 Die severische Revolution

Die *constitutio Antoniniana* von 212, die fast allen Bewohnern des Reichs das römische Bürgerrecht verlieh, war nur die spektakulärste Manifestation einer neuen kaiserlichen Haltung. Die afrikanischen und syrischen Kaiser verringerten zahlreiche institutionelle Ungleichheiten, ohne sie jedoch ganz zu beseitigen. Ihre Nachfolger verfolgten, zumindest bis Gallienus, die Politik der Städtehochstufungen.

6.5.5.1 Hochstufungen von Städten

Im Westen betrafen die severischen Hochstufungen vor allem Afrika und Dakien. Sieht man von offensichtlich politisch begründeten Gunstbeweisen ab, wie dem Kolonie-Status für die pannonischen Städte Carnuntum und Aquincum (wo sich Septimius Severus’ Machtergreifung abgespielt hatte) oder das *ius Italicum* für Lepcis Magna (seine Heimatstadt), so waren Septimius Severus und seine Nachfolger offensichtlich bestrebt, die Blüte und die Romanisierung von bislang vernachlässigten Regionen rechtlich zu bestätigen.

Im Orient aber wurde der Bruch deutlich sichtbar. In Ägypten, dem Musterbeispiel für eine Zentralverwaltung, erhielten die Nomen-Metropolen polisartige Institutionen und Alexandria bekam seine Boule zurück, die die Ptolemäer abgeschafft hatten. In Judäa gründeten Septimius Severus und Elagabal in Gebieten, die bis dahin unter Zentralverwaltungen gestanden hatten, Städte. Die Verleihungen des Kolonie-Status zeigen eine vollständig veränderte Haltung. Orientalische Koloniegründungen im 2. Jh. kennt man nur an den Orten, wo Traian bzw. Faustina, Marc Aurels Gattin, gestorben waren, also gleichsam Manifestationen der kaierlichen Trauer. Septimius

Severus und mehr noch seine Nachfolger sollten freigebig die großen Städte Syriens (von denen einige sogar das italische Recht erhielten) und auch die des erst jüngst annektierten Mesopotamien (wohin man vielleicht sogar zusätzlich Siedler von westlich des Euphrat schickte) hochstufen. Die lateinische Kultur war nicht länger die unabdingbare Voraussetzung, um den Rang einer römischen Gemeinde vollen Rechts zu erhalten.

Die Forschung fällt meist ein negatives Urteil über diese Politik. Bestenfalls beklagt man die Künstlichkeit und das Fehlen tatsächlicher Auswirkungen. Man sieht darin auch einen Verrat am Römertum durch die semitischen Kaiser oder einen Aspekt ihrer Nivellierungspolitik. Fiskalische Interessen hätten den Ausschlag gegeben, zumal in Ägypten, wo die Verstädterung nur eine verzweifelte Antwort auf das Scheitern der Bürokratie gewesen sei. Gleich, wie die Argumente im einzelnen lauten, man gesteht den Severern nicht die Weitsicht eines Claudius oder Hadrian zu.

Natürlich wurden materielle Interessen nie vernachlässigt, und es ist richtig, daß die Hochstufungen die Städte im Prinzip nicht von ihren finanziellen Pflichten entbanden, aber die großzügige Vergabe des italischen Rechts und verschiedener Privilegien an bestimmte neue Munizipien in Afrika betraf den Reichshaushalt direkt. Die These, diese Kaiser hätten die Rechtsstellungen nivellieren wollen, muß man zurückweisen. Die Kolonien und, in gewissen Regionen, die Munizipien blieben in der Minderheit, und die Verleihung eines höheren Status bedeutete stets Ehrung und Aufstieg. Wie in den vorangegangenen Epochen trafen sich dabei der kaiserliche Wille und die Wünsche der Einwohner (die sich immer mehr um den juristischen Aufstieg ihrer Gemeinden bemühten). Daß die Status-Veränderungen in erster Linie von den Städten erstrebt wurden, beweist umgekehrt die rechtliche Stagnation der Städte Griechenlands und Anatoliens (wo nur Tyana in Kappadokien unter Caracalla sowie Mallos in Kilikien unter Elagabal zu Kolonien wurden). Die Wunschvorstellungen der dortigen Städte bewegten sich stets im Rahmen der hellenischen Kultur, die mit dem Status und den Institutionen einer römischen Gemeinde unvereinbar war. Eben zu Beginn des 3. Jhs. ließ Aphrodisias seine Archiv-Mauer erstellen, dieses stolze Monument seiner Freiheit. Die großen Städte kämpften weiterhin um die Vorrangstellung, und von den Kaisern wollten sie keine Hochstufungen haben, sondern traditionelle Titel und Auszeichnungen, die Symbole regionaler oder provinzialer Vorherrschaft. So bekamen in Asien erst Pergamon, dann Ephesos eine dritte Neokorie von Caracalla. Die fünf großen Städte Kilikiens, insbesondere Tarsos und Anazarba, praktizierten weithin ihren jahrhundertealten Wettstreit um die Vorherrschaft, wobei die Kaiser die Schiedsrichter spielten, indem sie ihnen einen zusätzlichen kaiserlichen Beinamen gewährten, ihnen das Recht verliehen, Spiele zu ihren

Ehren zu veranstalten oder sich die „Größte" oder die „Schönste" zu nennen (was sie aber auch den Nachbarstädten erlaubten!).

Die Konstitution von 212 betraf die Personen, nicht die Städte. Im Gegensatz zu einer bisweilen vertretenen Ansicht [zuletzt Langhammer 762, S. 43] wurden die peregrinen Städte nicht automatisch zu Munizipien. Ja, die Gemeinden strebten weiter nach juristischen Hochstufungen, oder, was niederrangige Gemeinschaften angeht, nach dem Status einer Stadt.

Die fortschreitende Ausdünnung der Quellen verhindert, daß man der Geschichte der Städte im 3. Jh. im Detail folgen könnte. In Nordafrika waren anscheinend die Regierungen von Caracalla, Alexander Severus und später Gallienus die entscheidenden Phasen. So wurden die kleinen Städte im Nordosten von Africa Proconsularis zu Beginn des Jahrhunderts zu Munizipien, unter Gallienus dann zu Kolonien. Die mauretanischen Provinzen, in denen seit Claudius nur wenige Gründungen erfolgt waren, profitierten vom Interesse der Kaiser. Vor der großen Krise wurden sogar einfache *castella* zu Munizipien. Ähnliches scheint in den Donau-Provinzen zumindest bis Gordian III. erfolgt zu sein, während im syrischen Orient Philippus Arabs die Politik seiner Landsleute Elagabal und Alexander Severus fortsetzte. Während des ganzen 3. Jhs. wurden asiatische und syrische Dörfer zu Städten. Mehr noch als hinsichtlich früherer Perioden wird dieses Phänomen in der historischen Forschung heruntergespielt. Indes dokumentieren Gründungen und Hochstufungen das Weiterleben des städtischen Geistes im 3. Jh. sowie die Wertschätzung der selbständigen Stadt als Teil des Reiches.

6.5.5.2 Die *constitutio Antoniniana*

„Alle, die in der römischen Welt leben, sind durch eine Konstitution des Kaisers Antoninus zu römischen Bürgern gemacht worden" [Dig. 1.5. 17]. Angesichts der Tatsache, daß es sich dabei um einen revolutionären Beschluß handelte, klingt die Formulierung des Caracalla-Juristen Ulpian, jedenfalls in der überlieferten Fassung, recht lapidar, und die antiken Autoren sind auch nicht sehr mitteilsam. Die Tragweite dieser Bestimmung wird durch die Inschriften und Papyri bestätigt. Ab 212/213 verbreitete sich der Gentilname *Aurelius* (der offizielle Name Caracallas lautete *Marcus Aurelius Antoninus*) weithin und die römische Onomastik wurde auch in denjenigen Regionen zur Regel, in denen das Bürgerrecht bis dahin die Ausnahme war, wie etwa in Ägypten oder den ländlichen Zonen Asiens.

Seit dem 20. Jh. hat sich die Forschung vor allem auf einen stark beschädigten Papyrus konzentriert [Gießen I 40], der die griechische Fassung der Konstitution wiedergeben könnte. Darin wird die Verordnung begründet, und, vor allem, eine bis dahin unbekannte Einschränkung getroffen, wonach die „Deditizier“ anscheinend vom römischen Bürgerrecht ausgeschlossen wurden. Die Wiederherstellung des Textes und seine Interpretation haben zu endlosen, insgesamt recht fruchtlosen Kontroversen geführt (1962 und 1963 konnte man 90 Hauptthemen der Diskussion aufzählen). Die Tafel von Banasa hat neue Erkenntnisse gebracht, nicht aber die Debatte beendet.

Die praktische Auswirkung der Konstitution wird oft heruntergespielt: Man habe ein nunmehr entwertetes Bürgerrecht verliehen, das die meisten Einwohner einer zutiefst romanisierten Welt ohnehin besessen hätten, während überdies die Zahl der Ausgeschlossenen groß gewesen sei. Caracallas Hauptsorge habe den Steuereinnahmen auf lokaler und Reichsebene gegolten. A. N. Sherwin-White reagiert auf diese Auswüchse, die in erster Linie auf Zirkelschlüssen basieren, hat aber selbst die juristische Romanisierung der Personen im Westen vor 212 überschätzt.

Das allgemein akzeptierte Jahr 212 wurde zugunsten von 213 oder 214 angezweifelt, doch anscheinend grundlos: Der neue Gentilname *Aurelius* ist ganz zu Beginn des Jahres 213 in Inschriften aus Germanien und Lykien belegt. Die Konstitution dürfte in den Monaten nach der Ermordung von Geta (Februar 212) publiziert worden sein [Follet 670].

6.5.5.3 Die Verbreitung des Bürgerrechts zum Zeitpunkt des Todes von Septimius Severus

Die nur schwer interpretierbaren Daten aus der Onomastik könnte man noch intensiver bezüglich der Verbreitung des Bürgerrechts direkt vor seiner allgemeinen Verleihung untersuchen. Die Synthesen sind zerstreut und recht lückenhaft [Literatur in 670; seitdem 669 und 674].

Das Bürgerrecht war wohl in Ägypten am wenigsten verbreitet [666]. In Oxyrrhynchos, wo das papyrologische Quellenmaterial sehr reich ist, kennt man in den ersten drei Jahrhunderten (von den *Aurelii* abgesehen) nur 28 römische Bürger, darunter elf Veteranen [E. Turner, in: JEA 38 (1952) 78 ff.; 666]. Doch auch im ganzen restlichen Orient waren die römischen Bürger deutlich in der Minderzahl. In einem Kontingent, das Thespiai (Achaia) um 171 aufstellte, befanden sich unter den 74 Soldaten nur zehn römische Bürger [AE 1971, 447]. Neben den athenischen Epheben-Listen, die S. Follet [670] untersucht hat, ist eine Liste aus Korone (Messenien) von 246 n. Chr. wichtig [IG V 1398]: Lediglich 22 der 78 Epheben trugen einen Gentilnamen, der das Bürgerrecht ihrer Familie vor das Jahr 212 rückt (wobei außerdem die sozial am niedrigsten stehenden Jünglinge der Stadt sich wohl gar nicht unter den Epheben fanden).

Trotz ihres Umfangs seit dem Beginn der Kaiserzeit erfolgten die Bürgerrechtsverleihungen an orientalische Notabeln niemals systematisch, wie die Arbeit von Holtheide über Asien zeigt und was vom Beispiel des Lykiers Opramoas bestätigt wird. Auf dem Grabmal dieses protzigen Euergeten, der unter Hadrian und Antoninus Pius lebte, sind 61 Ehrendekrete, Kaiser- und Statthalterbriefe aufgezeichnet. Doch keines dieser offiziellen Dokumente nennt ihn anders als „Opramoas, Sohn des Apollonios". Also war dieser schwerreiche und höchst geehrte Honoratior kein römischer Bürger. In Palmyra (Syrien) sind neben den Soldaten nur elf Familien römischer Bürger vor 212 belegt. Die Dienste für das römische Reich wurden dort mit lokalen Ehren, Briefen vom syrischen Statthalter oder gar vom Kaiser belohnt, nicht aber mit dem Bürgerrecht [D. Schlumberger, in: Bulletin d'Études Orientales 9 (1942/1943) 53ff.]. Von den Soldaten, die unter Septimius Severus in der 20. Kohorte der Palmyrener in Dura Europos stationiert waren, hatten weniger als ein Drittel das römische Bürgerrecht [Gilliam 560].

Im Westen war die Situation wesentlich kontrastreicher und hing vom Status der Gemeinden ab. Bis zum Ende des 2. Jhs. gab es zahlreiche peregrine Gemeinden, so auch in Nordafrika. Die Verleihung des Bürgerrechts an *gentiles* war die große Ausnahme, wie Marc Aurel und Lucius Verus betonen [Tafel von Banasa, S. 236]. Unter Septimius Severus wurde ein römischer Senator in Cirta (Numidien) von einem befreundeten Stammesfürsten dieser Region geehrt, der aber nur Peregrine war [ILS 6857]. Die umfassende Vergabe des latinischen Rechts hatte eine weitreichendere und regelmäßigere Naturalisierung der lokalen Eliten als im Osten ermöglicht. Aber eine Stadt mußte römische Kolonie werden, sollten auch die *humiliores* das Bürgerrecht erlangen. Die Hochstufungen zur Kolonie wurden aber erst seit Hadrian zahlreicher, und sie erfolgten nicht systematisch. Viele Städte, z. B. in Spanien, kamen über die Stufe des latinischen Munizipiums nie hinaus.

Außerhalb der Kolonien waren Armee und Flotte die einzigen Wege, auf denen die einfachen Leute zum Bürgerrecht gelangen konnten. Zieht man jedoch die Sterblichkeit während der Dienstzeit in Betracht, die u. U. mehr als 25 Jahre betrug, sowie die Rekrutierung von Bürgern für Auxiliareinheiten, die ab dem 2. Jh. zunahm, so erhielten wohl nur 5000 bis 7000 Peregrine alljährlich als Auxiliarsoldaten oder Seeleute das Bürgerrecht, wozu noch die kamen, die man zu Bürgern machte, damit sie in eine Legion eintreten konnten. Diese Art der Bürgerrechtsverleihung zeitigte nur in den Zonen mit massiver Rekrutierung, wie etwa Thrakien, größere Auswirkungen [B. Gerov 673].

„Das Privileg, das zunächst wenigen vorbehalten war, [wurde] auf alle ausgeweitet". Diese Anspielung Augustins auf die *constitutio Antoniniana* [civ. 5. 17] erscheint völlig gerechtfertigt. Wie auch immer die tatsächlichen

Beweggründe und die Beschränkungen ausgesehen haben mögen, der Beschluß von Caracalla war sehr wohl revolutionär. Er brach mit einer Politik, die das Bürgerrecht außerhalb Italiens einer Minderheit, und zwar im allgemeinen der sozialen Elite, vorbehalten hatte und die seit Augustus im großen und ganzen alle Kaiser weiter verfolgt hatten.

6.5.5.4 Die realen Auswirkungen der *constitutio Antoniniana*

Viele Experten bezweifeln mittlerweile, daß der Papyrus Gießen 40 die griechische Originalversion der Caracalla-Konstitution trägt; man ist sich jedoch über die Natur des Textes nicht einig. Es könnte sich um eine allgemeine Willenserklärung, die Einleitung zur eigentlichen Konstitution, eine Zusammenfassung einer Kanzlei, eine spätere Kopie oder gar um ein Zusatzdekret handeln, das barbarische Immigranten, die sich erst unlängst auf Reichsgebiet niedergelassen hatten, betraf. Gleichwohl bleibt der Text wichtig, vor allem dank seiner zentralen Passage, die man seit der Publikation der Tafel von Banasa (die die Einschränkung „unter Wahrung des Rechtes des Stammes" bekannt machte) folgendermaßen verstehen kann: „Ich gebe allen Peregrinen auf der Welt (*oikumene*) das römische Bürgerrecht, unter Wahrung der Rechte ihrer Gemeinden, unter Ausschluß der Deditizier". Die Beschränkung hinsichtlich der Rechte der ursprünglichen Heimat folgt der Linie der kaiserlichen Politik seit Augustus, die von den Juristen Marc Aurels auf der Tafel von Banasa noch einmal bekräftigt wird: Die Gewährung des römischen Bürgerrechtes veränderte nicht die Beziehungen des Empfängers zu seiner Gemeinde. Das lokale Privatrecht wurde nicht außer Kraft gesetzt und fand in dem Maße Anwendung, wie es die Neu-Bürger wollten; und die allgemeine Verbreitung des Bürgerrechts machte auch keineswegs die Städte zu Gemeinden römischer Verfassung.

Wer aber waren die Deditizier? Viele Antworten sind vorgeschlagen worden. Doch, will man nicht annehmen, daß auch die Deditizier das Bürgerrecht erhielten, machen es die zahlreichen *Aurelii* Ägyptens und der ländlichen Regionen des Orients unmöglich, darin alle Leute zu sehen, die keine städtische Organisation hatten oder in abhängiger Weise an eine Stadt angeschlossen waren. Das römische Recht kannte zwei Kategorien von Deditiziern [Gaius Inst. 1. 13–15], die beide von dem Erlaß betroffen gewesen sein könnten. Die „peregrinen Deditizier" waren die Mitglieder der unterworfenen Völker, die sich auf Gnade und Ungnade ergeben hatten und denen man die Beibehaltung eigener Institutionen untersagt hatte. Ihr Status, die „schlechteste Freiheit", war offensichtlich der allerniedrigste, denn die *lex Aelia Sentia* aus dem Jahr 4 hatte ihn auf die kriminellen Sklaven ausgedehnt, die man freiließ. Diese letztgenannten (und wahrscheinlich auch die „peregrinen Deditizier“) besaßen keinerlei Rechtsfähigkeit und konnten auf keinen Fall später römische Bürger oder Latiner werden [Gaius]. Sie durften „nicht einmal wie Peregrine ein Testament machen, da sie ja zu keiner bestimmten Stadt gehörten“ [Ulp. 20. 14 = FIRA II, S. 284]. Eine berühmte Inschrift erwähnt in der obergermanischen Armee „Deditizier der Alexandrianer“, deren Herkunft höchst umstritten ist [ILS 9184, aus dem Jahr 232]. Es ist jedoch wenig wahrscheinlich, daß zahlreiche Völker dauerhaft in einer solch minderen Rechtsstellung gehalten wurden. Eher hat man wohl bestimmte Gruppen (insbesondere chronisch aufsässige Stämme) als nicht vollberechtigt betrachtet. Im allgemeinen aber wird ihre Degradierung die Folge einer Revolte gewesen sein und nur zeitweise gegolten haben.

Auf den ersten Blick scheint die Konstitution die Deditizier von der Bürgerrechtsverleihung auszuschließen. Gleichwohl meinen einige Historiker, daß auch sie zu den Empfängern gehörten: Sie seien nur nicht von der Einschränkungsklausel zugunsten der Gemeinden betroffen gewesen, weil sie ja keiner angehörten. Diese Lesart vertrat insbesondere W. Seston [Literatur bei Sherwin-White, der selbst zögert, 687, S. 382ff.; ferner 686]. Wollte man diese Hypothese akzeptieren, müßte man annehmen, daß Caracalla die ewig anhaftende Minderwertigkeit der Deditizier beseitigt habe, aber in einer Form, die das Recht nicht in Frage stellte, da diese juristische Kategorie wie die *Latini Iuniani* (deren Status viel besser war als der der Deditizier) weiter existierte. Vor allem aber ist es bei dieser Interpretation, die der Verordnung einen absoluten Charakter zuspricht, noch schwieriger, die Existenz von Peregrinen im Reich nach 212 zu erklären.

Der Papyrus Gießen 40 wirft zu viele Probleme auf, als daß er die widersprüchlichen Daten zur Verbreitung des Bürgerrechts nach der *constitutio Antoniniana* erhellen könnte. Die sofortige und umfassende Anwendung der Konstitution kann nicht bezweifelt werden. In Griechenland und Asien wie in Ägypten oder Syrien nahmen alle ehemaligen Peregrine den Gentilnamen *Aurelius* an, wenngleich sie ihn nicht immer in offiziellen Dokumenten benutzten und die weite Verbreitung des Bürgerrechts die einfachen Leute ab der Mitte des 3. Jhs. wieder zum Einzelnamen zurückkehren ließ.

Gleichzeitig steht fest, daß manche Einwohner des Reiches Peregrine blieben, wenn man auch die Zahl der Ausnahmen nicht überschätzen sollte. Unter den 74 Soldaten, die von 214 bis 216 in Dura Europos stationiert waren, finden sich nur ein paar wenige Peregrine, dafür drei Viertel *Aurelii*, während die Peregrinen zwei Drittel der Soldaten zwischen 193 und 212 stellten [Gilliam 560]. Gruppen von Peregrinen sind vor allem an den Nordgrenzen des Reiches belegt. Im Jahr 220 tagte der *conventus* der römischen Bürger der gallischen Provinzen noch neben dem Rat der Drei Gallien beim Altar am Zusammenfluß von Rhône und Saône in Lyon. Dabei könnte es sich um ein Rudiment handeln, doch in Mainz ist der *conventus* der römischen Bürger bis zum Ende des 3. Jhs. belegt, während sich Dorfbewohner der Stadt der Leuker (Belgien) selbst als Peregrine bezeichneten [CIL XIII 6763 und 4679]. Bis zur Mitte des 3. Jhs. unterscheiden Inschriften in untermösischen Dörfern weiterhin zwischen römischen Bürgern einerseits und Bessern bzw. Laern andererseits, die offensichtlich peregrin waren [E. Condurachi 668]. Es wurden nach wie vor Militärdiplome ausgehändigt, die ausdrücklich das römische Bürgerrecht an Leute verliehen, die es nicht hatten, oder nur das *conubium* mit peregrinen Frauen [M. P. Arnaud-Lindet, in: REL 1977, S. 290ff.].

Man darf sich nicht auf diese Beispiele und auf ägyptische bzw. syrische Quellen (wo der Gentilname manchmal weggelassen wird) stützen, um auf den Ausschluß von Stammesmitgliedern und aller Landbewohner, die nicht zu einer Stadt gehörten, zu schließen [Condurachi 668]. Andererseits muß man anerkennen, daß peregrine Flecken im Reich weiter existierten, die man schwerlich mit den Deditiziern von Gießen 40 identifizieren kann, weil sie häufig zu anerkannten Gemeinden gehörten. Ihr Ausschluß hing sicher mit ihrem Kulturniveau und dem Status ihrer Gruppe zusammen, doch bleibt unbekannt, nach welchen Kriterien und durch wen er verhängt wurde.

6.5.5.5 Caracallas Absichten

„Er machte alle im Reich angeblich deswegen zu römischen Bürgern, weil er sie ehren wollte, tatsächlich, damit ihm dadurch mehr Einnahmen zukämen, weil die Peregrinen die meisten dieser Steuern nicht entrichten mußten.“ Für Cassius Dio [77. 9. 5] verbarg sich hinter den Argumenten der offiziellen Propaganda der wahre Beweggrund, nämlich die Ausweitung der Erbschaftssteuer, die nur Bürger zahlen mußten und deren Höhe Caracalla gerade verdoppelt hatte. Die grundsätzlich negativen Urteile, die seit der Antike über diesen Kaiser gefällt wurden, führen dazu, daß man von vorneherein von einer eigennützigen Maßnahme ausgeht, wie dem Bestreben, die Kassen zu füllen (obwohl ein solcher Umweg nicht nötig gewesen wäre, um die Steuern zu erhöhen, und es in Ägypten sowieso eine Erbschaftssteuer gab), die Einwohner zu lokalen Bürden zu nötigen (obwohl der Status als Bürger nichts mit den Verpflichtungen gegenüber der Stadt zu tun hatte) oder den Kaiserkult zu verbreiten (obwohl der ohnehin schon universal war).

Obwohl natürlich praktische Motive bei der Entscheidungsfindung mitgespielt haben mögen, dürfen die offiziell angegebenen Argumente nicht außer acht gelassen werden, vor allem nicht das von Cassius Dio gebrachte: Anstatt die „Bourgeoisie“ erniedrigen zu wollen, indem er sie mit den einfachen Leuten auf eine Stufe stellte [Rostovtzeff 833], könnte es wirklich die Intention des Kaisers gewesen sein, „die Peregrinen zu ehren“, indem er die Unterschiede zwischen Freien abschaffte, die stets als erniedrigend empfunden worden waren. Cassius Dio weist uns in dieselbe Richtung, als er Maecenas Augustus folgenden Rat geben läßt: „Anstatt [die Unterworfenen und Verbündeten] als Sklaven und schlechter als uns zu behandeln [...], sollten sie sämtlich das Bürgerrecht erhalten, damit [...] sie treue Verbündete sind, als würden sie nur in einer Stadt leben [...], während ihre Heimatstädte nur noch Territorien und Dörfer wären“ [52. 19. 5f]. Obwohl die Konstitution die administrativen und sozialen Verhältnisse in keinster Weise antastete, ließ sie doch das ganze Reich mit der Stadt Rom identisch werden, der nunmehrigen „gemeinsamen Heimatstadt“ [Modestin, Dig. 50. 1. 33]. Sie gab dem Reichspatriotismus ein juristisches Fundament (was der römischen Mentalität nach nötig war), ebenso der späteren Entwicklung der Idee einer *Romania*.

Gießen 40 nennt zwei Beweggründe, nämlich die Erfüllung der Pflichten gegenüber den Göttern und den Wunsch, die Majestät des römischen Volkes wachsen zu lassen. Caracalla vervielfachte die Zahl der Anhänger der römischen Götter, ohne sie jedoch zu zwingen, die Kulte ihrer Heimatstadt aufzugeben. Im übrigen wuchs die Majestät des römischen Volkes – Begründung des Imperialismus und Unterpfand seines Erfolgs – mit der Erweiterung der Bürgerschaft. Religiöse und philosophische (stoisch inspirierte) Motive spielten gewiß eine wichtige Rolle: Iulia Domna, die Kaisermutter, war umgeben von einem Kreis aus Intellektuellen und Juristen. Dazu kamen persönliche Motive im engeren Sinn. Am (schwer beschädigten) Anfang von Gießen 40 brachte Caracalla seinen Erlaß mit der Rettung durch die Götter aus einer Gefahr in Verbindung (die Verordnung war also gleichsam ein Dank). Falls man das Jahr 212 akzeptiert, könnte die Konstitution die Folge von Getas Liquidierung nach einem echten oder angeblichen Komplott sein.

6.5.6 Dreihundert Jahre Integration

Die gewaltigen Veränderungen, welche die Rechtsstellungen in der Hohen Kaiserzeit erlebten, kann man unterschiedlich interpretieren. Ihre Bewertung kann minimalistisch, ja sogar negativ sein. Diese Tendenz repräsentiert A. H. M. Jones [695, 760]. Zwei Leitmotive ziehen sich durch seine Schlußfolgerungen: Im Orient veränderten die Städtegründungen kaum das Leben der meisten Einwohner, die aus der Abhängigkeit der Beamten in die der Honoratioren übergingen und in ihren Dörfern unverändert weiterlebten.

Auch betont er die Lücken in der Verstädterung bis zum Beginn der byzantinischen Zeit und schränkt so den Umfang des Prozesses ein, den er gleichzeitig als von oben oktroyiert, zum alleinigen administrativen und fiskalischen Nutzen der Römer, ansieht. Im Westen unterstreicht man häufig den illusorischen Charakter der Hochstufungen von Städten und Personen (Hochstufungen nur als Ehrgewinn, römisches Bürgerrecht ohne Inhalt), was auch den Honoratioren klar gewesen sei.

A. N. Sherwin-White [687] distanziert sich erfreulicherweise von dieser Methode, die Quellen vor der Folie vorgefaßter Ideen und meist falscher Axiome zu lesen, wenn er die Interpretationen zurückweist, die auf der angeblichen Dekadenz der Städte basieren. Doch gerade der gewaltige Umfang seiner Studie hindert ihn daran, den chronologischen und regionalen Details ihre ganze Bedeutung zu geben. Insbesondere stellt er den Romanisierungsprozeß als eigendynamische, unausweichliche Entwicklung dar. Er benutzt zahlreiche Metaphern, um die Größe und die Gewalt dieses Phänomens zu veranschaulichen [„The flood tide", „Die Flut", Titel seines zehnten Kapitels], das aus einer gut funktionierenden Mechanik resultiere, die immer schneller gearbeitet habe. „Der Eindruck von einer perfekten Technik im Besitz der römischen Regierung, von etwas geradezu Mechanischem, das die amorphe Begeisterung der Provinzbevölkerung ordnete und regulierte, wird selbst von der oberflächlichsten Untersuchung des römischen Afrika vollauf bestätigt" [687, S. 254].

In der Tat kann *nur* „die oberflächlichste Untersuchung" dieses Bild bestätigen, während die Arbeiten von J. Gascou zu einem wesentlich differenzierteren Verständnis der afrikanischen Stadtgeschichte zwingen [711, 712]. Abgesehen von Cirta betraf die Kolonisation von Caesar und Augustus nur die Küsten von Mauretanien und den Norden von Africa Proconsularis. Zwar verfolgte Claudius hinsichlich der beiden Mauretanien eine besonders engagierte Politik, doch erst im 3. Jh. interessierten sich Kaiser wieder ernstlich für diese beiden Provinzen. Erst mit Vespasian begann in Africa Proconsularis und im Militärbezirk Numidien die Siedlungskolonisation wieder, und damals kam es zu den ersten Hochstufungen. Eigentlich war an diesem Prozeß nichts regelmäßig, und in den einzelnen Regionen läßt sich jeweils eine andere Politik erkennen. Die Flavier und Traian wollten vor allem die römische Präsenz im Hochland konsolidieren, wobei unter Traian nach Westen ausgegriffen wurde. Den Kolonie-Status verlieh man damals ausschließlich den alten phönikischen Hafenstädten. Das Zentrum und insbesondere der Nordosten von Africa Proconsularis fanden erst ab Hadrian das Interesse der Kaiser.

Für den Zeitraum 117–192 ist die Hochstufung von 19 afrikanischen und drei numidischen Gemeinden belegt. Selbst wenn man die Lücken in der Überlieferung in Rechnung stellt, kann man in einer Zone mit wohl mehr als 250 Gemeinwesen nicht mit A. N. Sherwin-White von einer „wahren Handlungswut“ oder „der beständigen Flut neuer Munizipien sprechen“ sprechen. Die mehreren Dutzend Munizipien und Kolonien, die bis Gallienus gegründet wurden, dürfen nicht die Lückenhaftigkeit der Urbanisierung vergessen machen. Manche Gemeinwesen, ob Stämme oder Städte, sind bis zum 3. Jh. als peregrin belegt, sogar im Nordosten von Africa Proconsularis.

Das quellenmäßig extrem gut abgesicherte Beispiel Afrika sollte zur Vorsicht hinsichtlich solchen Provinzen mahnen, wo die Quellen spärlicher oder (wie im Fall der Drei Gallien) geradezu kümmerlich sind [vgl. die Vorbehalte von Vittinghoff 729]. Im übrigen zeigt die Tatsache, daß stark romanisierte Regionen wie Africa Proconsularis juristisch hinterherhinkten, daß man nicht automatisch Akkulturation oder Blüte mit rechtlicher Hochstufung verbinden darf.

Unter Berücksichtigung der provinzialen und, wenn möglich, regionalen Unterschiede muß man auch die Rolle der einzelnen Kaiser neu bewerten, indem man sie in die Gesamtentwicklung einordnet. Ihre persönliche Haltung zeigt sich bei Entscheidungen über viritane Bürgerrechtsverleihungen sowie bei Gründungen und Hochstufungen von Städten. In dieser Hinsicht erscheinen die Regierungen von Tiberius, Nero und Antoninus Pius, obwohl sie natürlich Reifephasen waren, als Pausen, hinter denen der wohlbedachte Wille, nach aktiveren Phasen langsamer zu treten, stecken könnte. Den Faktoren, die die Entwicklung beförderten – visionäre oder einfach weltoffene und scharfsinnige Kaiser, Provinziale mit dem Wunsch nach Aufstieg, ehrgeizige Gemeinwesen –, muß man konservative Kräfte gegenüberstellen, die Veränderungen beklagten und mit aller Kraft wenigstens den Status quo halten wollten. Dazu gehörten römische Senatoren wie diejenigen, die unter Claudius den Einzug von Galliern in den Senat bekämpften und sich über die Unverschämtheit der Provinzialen empörten, ferner kleine Gruppen von Bürgern, die wenig Interesse hatten, daß ihre Zahl in ihrer Heimatstadt wuchs, und auch privilegierte Städte, die um so glänzender waren, je niedriger ihre Nachbarinnen standen, und deswegen über mächtige Patrone darauf hinarbeiteten, diese in ihrem minderen Status zu halten.

Der Prozeß der Integration der Provinzialen war auf Reichsebene umfassend und gewaltig, erscheint aber im einzelnen, chronologisch und geographisch differenziert betrachtet, als abgehackt und unregelmäßig. Man kann kaum daran zweifeln, daß die Kaiser den Einwohnern die Möglichkeit anbieten wollten, in einem städtischen und politischen Rahmen zu leben, um gerade dadurch das Reich ganz mit der Oikumene, d. h. der zivilisierten Welt, eins werden zu lassen. Doch die Lücken in der Verstädterung und die Fortexistenz sehr unterschiedlicher Gemeinde-Status verbieten es, von der systematischen Befolgung eines kohärenten Plans auszugehen. Gleichzeitig lassen die Schwankungen der kaiserlichen Politik und die begrenzte juristische Romanisierung der Personen vor 212 in der *constitutio Antoniniana* nicht eine logische Konsequenz, sondern einen revolutionären Erlaß sehen, den man Caracalla und seiner Mutter Iulia Domna zuschreiben muß, welche es verstanden, die Konzeption der römischen Welt ihrer Juristen zu übernehmen.

7 Die Gesellschaft

Das lückenhafte, ungleiche, verschieden interpretierbare Quellenmaterial erklärt schon zu einem guten Teil, warum die Struktur der römischen Wirtschaft und Gesellschaft seit dem 19. Jh. verschiedenen Diskussionen unterworfen war, die immer wieder von neuem beginnen. Wir wollen hier die Forschungssituation von Wirtschaft und Gesellschaft gemeinsam betrachten, weil diese Bereiche in der Wissenschaft meist eng verbunden werden. Während man aber bei jeder wirtschaftlichen Fragestellung die unterschiedlichsten Ansichten vertreten findet, zeigt sich heute eine weitgehende Übereinstimmung unter den Fachleuten bezüglich der Gesellschaft, wenn man von markanten Nuancen in der Interpretation und der Verschiedenheit der Interessen absieht. Schon in den letzten Jahren vor dem Zusammenbruch der kommunistischen Systeme ließ sich eine Annäherung und wechselseitige Beeinflußung von konservativen Historikern und Forschern marxistischen Hintergrunds (hauptsächlich Italiener und Osteuropäer) feststellen. Wenn auch der marxistische Ansatz mit seinen Axiomen selten aufgegeben wird („Produktionsweise der Sklavenhaltergesellschaft", „Klassenkampf"), so versuchen letztere inzwischen doch, den historischen Realitäten gerecht zu werden, anstatt die Thesen von Karl Marx und seinen Nachfolgern zu bestätigen.

Schon 1864 forderte Fustel de Coulanges in seiner „Cité antique" dazu auf, die alten Völker so zu betrachen, als seien sie uns völlig fremd. Trotzdem blieben Studien zur Gesellschaft lange Zeit stark geprägt von Anachronismus und Modernisierung. M. Rostovtzeff trieb diese Haltung bewußt auf den Höhepunkt. Unter dem starken Einfluß von M. Finley, Cl. Nicolet und P. Veyne, aber auch der französischen Neuhistorikerschule, akzeptiert man heute die Andersartigkeit der römischen Gesellschaft, die sich nach Ständen und Rechtsstellungen gliederte (bei denen der juristische Status eine zentrale Stellung einnahm und die man nicht mit sozialen Klassen gleichsetzen darf) [als Einstieg: 800 und 49].

Bei der Wirtschaft muß man zunächst das Versagen der ausschließlich „positivistischen" Ansätze konstatieren. Eine Quellensammlung (die umfangreichste wurde mit 'An economic survey of ancient Rome' unter der Leitung von Tenney Frank [962] vorgelegt) erlaubt keine zwingenden Schlüsse und entzieht sich meist der Synthese. Vor allem ist ein streng quantitativer Ansatz von vorneherein zum Scheitern verurteilt: Während antike Literaturstellen ebenso rar wie unterschiedlich interpretierbar sind, liefert die Archäologie eine Masse Rohmaterial, dessen Bewertung keinesfalls auf der Hand liegt. Beispielsweise hat die Prospektion aus der Luft oder am

Boden Hunderte von landwirtschaftlichen Betrieben entdeckt und so eine Vorstellung von der Organisation des ländlichen Raums in einigen Gebieten Zentralitaliens und Galliens vermittelt. Aber wer waren die Grundbesitzer? Wie sah ihre Arbeitsweise aus, wie rentabel waren die Äcker, wohin ging die Ernte, woraus bestand sie? Die Bedeutung der Keramik ist Gegenstand hitziger Diskussionen: Muß man sie für ein einfaches Gut halten, das industriell verfertigt wurde, oder für einen wertvollen Zeugen und Gradmesser der wirtschaftlichen Aktivität, die uns ansonsten verborgen bleibt? Oder aber ist sie nur wertloser Ramsch, dessen Verbreitung keine allgemeine wirtschaftliche Bedeutung zukommt und der kaum zu mehr als zur Datierungshilfe für die Archäologen taugt?

Die Sackgassen, in die Quellenmangel und Mehrdeutigkeit der wenigen Zeugnisse führen, erklären die Zuflucht zu Theorien und Modellen, die (explizit oder implizit) von vorneherein zugrunde gelegt werden. Gefahr droht, wenn Theorie zum Dogma wird, wenn man das Material auf das Modell hin zurechtbiegt und nur dieses bestätigen will, oder auch, wenn man Quellen abwertet und verwirft, die nicht ins Erklärungsschema passen wollen.

Die Grundlagen der jüngst wiederaufgeflammten Kontroverse zwischen „Modernisten" und „Primitivisten" (dies sind polemische Schlagwörter und keine Eigenbezeichnungen) haben sich seit dem Ende des 19. Jhs. nicht grundlegend geändert. K. Bücher behauptete damals, daß die Antike nur die „Hauswirtschaft" gekannt habe: Die Produkte würden im wesentlichen in den Einheiten konsumiert, die sie erzeugen, und die Grundbesitzer kontrollierten auch Güterproduktion und Handel. Die Produktivität habe stagniert. Industrie und selbständige Betriebe hätten sich nicht entwickeln können. Diese Theorie wird zwar nicht mehr akzeptiert, doch ist ihr Einfluß auf die Arbeiten von M. Finley und seiner Schule offensichtlich. Bücher wurde von E. Meyer angegriffen, der die Koexistenz von verschiedenen Produktionsweisen annahm und für den der Unterschied zwischen der antiken Wirtschaft auf ihrem Höhepunkt und der modernen Wirtschaft ein quantitativer, nicht ein qualitativer, war. Diese Ansicht teilten die großen Historiker seiner Zeit, wie Th. Mommsen und J. Beloch, die vom „römischen Kapitalismus" und einer Marktwirtschaft ausgingen. Den Triumph dieser These sicherte die brillante 'Wirtschafts- und Sozialgeschichte' von M. Rostovtzeff bis in die 70er Jahre.

Rostovtzeff vertritt als überzeugter Anhänger des Liberalismus und der Herrschaft kultivierter Eliten einen bewußten Modernismus. Der ständige Gebrauch von „Bourgeoisie", „Kapitalist", „Klassen", „Industrialisierung" und anderer anachronistischer Begriffe, die er nie definiert, verweist den Leser unausgesprochen auf kontemporäre Realitäten; insbesondere reflektiert seine These die Geschichte des damaligen Rußland. Er glaubte, daß das Reich seinen Wohlstand einer dynamischen städtischen „Bourgeoisie“ und dem Fehlen staatlicher Interventionen verdankte. Die (zunächst italischen) Kapitalisten übten vielerlei Tätigkeiten aus und fanden im Handel die Hauptquelle ihres Reichtums, betrieben aber auch eine profitable Landwirtschaft. Die Urbanisierung vergrößerte den Wohlstand, indem sie ihn dezentralisierte. Die Antoninenzeit stellte zwar den Höhepunkt dieses Systems dar, mußte aber auch sein Scheitern erleben, denn der Reichtum war nur Schein und auf schwachem und unsicherem Fundament begründet. Nicht nur wuchsen die finanziellen Bedürfnisse des Staates, vor allem aufgrund der Kriege, sondern es erwiesen sich auch die Notlösungen, zu denen man angesichts der Schwierigkeiten griff, als fatale Mißgriffe. Die aktiven Bourgeois verwandelten sich in untätige Rentiers und Unterdrücker der Bauern. Je mehr Städte es gab, desto mehr schwoll die Ausbeuterklasse an. Die sozialen Antagonismen waren in einigen Regionen niemals verschwunden, und die Kaiser scheiterten daran, eine „gesunde“ Mittelschicht entstehen zu lassen. Ihre Veränderungen am Verwaltungs- und Finanzsystem ließen das Reich unter dem Interventionismus zusammenbrechen; der Zwang wurde vermehrt und die Schuld dem Kapital zugeschoben. Nach der Mitte des 2. Jhs. wurde der Alltag der kleinen Leute unerträglich und die sozialen Spannungen verschlimmerten sich. Die Krise des 3. Jhs. sah den Sieg der unterdrückten Landbewohner durch die Armee und Kaiser wie Maximinus Thrax, die die bäuerlichen Klassen repräsentierten. Diese wahrhafte Sozialrevolution führte zur Eliminierung der gebildeten städtischen Eliten und zur Barbarisierung des Reiches. So wurde eine Zivilisation ausgelöscht, die nur die *einer* Klasse war, ohne daß aber der Ruf nach gewaltsamen Ausgleich die Massen in Aufruhr versetzt hätte.

Obwohl Rostovtzeff in zahlreichen Einzelheiten kritisiert und seine ideologische Voreingenommenheit angeprangert wurde, akzeptierte man gemeinhin doch seine Thesen, daß die römische Welt eine wirtschaftliche Einheit bildete, die intensiven wirtschaftlichen Austausch und Konkurrenz zwischen Produkten verschiedener Regionen kannte. Diese Sichtweise wurde vor den Arbeiten von M. Finley nicht wirklich in Frage gestellt. Dessen ‘Ancient Economy’ [960] belebte 1973 die ‘primitivistischen’ Thesen des Soziologen M. Weber wieder, die in der Zwischenkriegszeit kaum auf Resonanz gestoßen waren (und die Rostovtzeff kritisiert hatte). Für die Mitglieder der „Cambridger Schule“ ist die antike Wirtschaft eine zweitrangige Gegebenheit, die vom Sozialen und Politischen bestimmt wird. Die Rechtsstellung (dieser Begriff ist „Klasse“ vorzuziehen) bestimmt die Mentalität, und diese beiden untrennbaren Faktoren diktieren das wirtschaftliche Handeln, indem sie ein Investitionsmodell aufzwingen. Dem Adel ist jeder Begriff wirtschaftlicher Rationalität fremd (jedenfalls läßt sich den Landwirtschaftsschriftstellern nichts dergleichen entnehmen). Für ihn stellt Grund und Boden aus Mentalitätsgründen die beste Geldanlage dar. Die Landwirtschaft ist Haupttätigkeit und Grundlage des Reichttums, der zur Befriedigung der Bedürfnisse, die aus dem sozialen Rang resultieren, benutzt wird. Es kann nicht von „Marktwirtschaft" die Rede sein, wenn die Produktion auf Autosubsistenz abzielt, wenn Handel und Industrie nur eine unbedeutende und parasitäre Stellung einnehmen. Die Ehrlosigkeit dieser Aktivitäten zwingt Unternehmer nicht nur in die unteren Rechtsstellungen, sondern sie besitzt auch Auswirkungen auf Herstellung und Verbreitung der Produkte. Nur Luxusprodukte zirkulieren, und das innerhalb eines eng begrenzten Marktes. Letztendlich war die antike Welt von der homerischen Zeit bis zur Spätantike „eine politische Einheit" und besaß einen „gemeinsamen kulturell-psychologischen Rahmen" [960], während sie in wirtschaftlicher Hinsicht ein Konglomerat von Einheiten blieb, die fast dasselbe produzierten und keinen gemeinsamen Markt bildeten.

Diese Sichtweise war eine heilsame Reaktion gegen den Modernismus und hat alle jüngeren Arbeiten beeinflußt (auch die, die Finleys Konzept ablehnen), stieß aber auch auf viel Kritik [vgl. J. Andreau 937; auch REA 86 (1984) 62ff.]. Die Hauptschwäche der Theorie liegt zweifellos in der andauernd postulierten Einheitlichkeit der antiken Welt von der griechischen Archaik bis zur römischen Spätantike. Dies wird weder den enormen Mengen gerecht, in denen bestimmte Produkte seit dem Ende der Republik oder dem Beginn der Kaiserzeit hergestellt wurden (Wein, Öl, Keramik, Ziegel) noch der Urbarmachung gewaltiger Gebiete in Afrika und im Westen. Außerdem ist das verwendete Quellenmaterial nicht nur selektiv ausgewählt (Ablehnung des „Zahlenfetischismus", mit dem jeder quantitative Ansatz disqualifiziert wird), sondern auch chronologisch und geographisch begrenzt. Die Mitglieder der Cambridger Schule kümmern sich meist wenig um die Erkenntnisse der Archäologie (oder biegen sie nach ihren Ansichten zurecht), bevorzugen einige wenige Autoren, von Cicero bis Plinius dem Jüngeren, und stellen Rom und Italien in den Mittelpunkt ihrer Überlegungen, wobei sie die Provinzen mit ihren ganz unterschiedlichen Entwicklungen nicht beachten. So fehlt Kleinasien mit seinen großen produzierenden Villen und seinen riesen Landwirtschaftszonen meist in dieser Diskussion. Insgesamt ist diese Schule immerzu in der Offensive, greift gern zur Polemik und unterliegt den Gefahren von Schematismus und Übertreibung. Man versucht in erster Linie, jede Spur von Modernismus aufzuspüren, und zeigt so vor allem, was die antike Wirtschaft *nicht* war. Doch versäumt man, ihre grundlegende Andersartigkeit, die nunmehr nicht mehr in Frage gestellt werden kann, erklären zu helfen.

Sicherlich ist dieser letztgenannte Ansatzpunkt der bei weitem fruchtbarste, wie dies die Arbeiten von P. Veyne [841] oder J. Andreau [936; 938] beweisen. Die Forschungen von A. Tchernia [991] und den italienischen Archäologen [z. B. die Zusammenfassungen in 815, Bd. II und 816, Bd. III] betonen die Bedeutung der verhandelten Produktion und verfolgen die Entwicklung der Handelsbeziehungen im Mittelmeerraum. Wie C. Panella feststellt, „kommt der Markt durchs Fenster zurück, nachdem man ihn durch die Tür verjagt hat" [816, Bd. III, S. 444]. Die Landwirtschaftshistoriker wie A. Carandini [976, 977] oder A. Tchernia konnten großen Gewinn aus den Analysen von W. Kula ziehen [Théorie économique du système féodale, Pour un modèle de l'économie polonaise, XVIe – XVIIIe siècles, Paris 1970]. Wie bei einem polnischen Landgut hatten große und mittlere römische Höfe zwei sich ergänzende Bereiche: Der eine, „monetäre", zielte auf den Handel ab; der andere, „naturale", produzierte für den Eigenbedarf. Ihn zogen Rentabilitätsberechnungen nicht ins Kalkül; Abschreibungen, Bauten und der Unterhalt der Arbeiter wurden nicht verbucht. Auf dieser Grundlage waren die römischen Landwirtschaftsschriftsteller nicht unrationell und ihre Berechnungen für ihre Zeitgenossen durchaus plausibel.

7.1 Die Bevölkerung des Reiches

Das unzureichende Quellenmaterial läßt sichere Aussagen über die Bevölkerung des Reiches nicht zu. Die genauesten Quellen erlauben widersprüchliche Interpretationen und sind zudem für Generalisierungen zu lückenhaft und stichprobenartig. Die am wenigsten anfechtbaren Arbeiten sind sicherlich die, deren Schlußfolgerung die Unmöglichkeit jeder genaueren Schätzung ist. Aber sich mit wagen Vermutungen oder von vorneherein mit keiner anderen Grundlage als der persönlichen Überzeugung zufrieden zu geben, verhindert einen vernünftigen Zugang zu grundlegenden Problemen, die mit dem Wesen des Reiches selbst verknüpft sind.

Römische Behörden verfügten aufgrund der Geburtserklärungen und der Zählungen von Bürgern und steuerpflichtigen Provinzialen über Zahlenmaterial. Aber die wenigen genauen Daten, die wir haben, sind umstritten. So kennt man etwa durch zwei zeitgenössische Inschriften das Ergebnis des Zensus von 14 n. Chr.: Die Fasten von Ostia geben 4100900 römische Bürger an, die Res Gestae von Augustus dagegen 4937000, wobei sich der Fehler eher mit einem Übertragungsfehler in Ostia als mit der Unkenntnis von Teilen der Provinzialergebnisse erklären läßt [Cl. Nicolet, in: Epigrafia, Actes du colloque A. Degrassi, Rom 1991, S. 119–131]. Haben wir damit die Zahl aller Bürger, die der Erwachsenen oder nur die der Männer zwischen 17 und 60 Jahren? Die Zahl der Sklaven ist fast immer unbekannt. Wie groß war der Teil der Bürger, die der Erfassung durch den Zensus entgingen? Wie groß war der Wahrheitsgehalt der Erklärungen, z. B. bei der Angabe des Alters, das von den Betroffenen oft gerundet, falsch angegeben oder kaum gekannt wurde? Große Berühmtheit erlangte der Ägypter Aurelius Isidorus, der sich im Jahr 297 35 Jahre gab, 308 dann 37 und in den zehn folgenden Monaten erst 45, dann 40 Jahre [Duncan-Jones 782].

7.1.1 Die Bevölkerungsstruktur

7.1.1.1 Die Lebenserwartung

Zahlreiche Studien mit vergleichbaren Ergebnissen haben ergeben, daß Statistiken, die auf einer unüberlegten Verwendung von Grabinschriften basieren, sinnlos sind. Die Grabsteine liefern nämlich unrealistische Lebenserwartungen, zu niedrig (18 Jahre für die Frauen von Ostia) oder zu hoch (43,5 Jahre für Norikum und Pannonien, 60 Jahre in einer numidischen Stadt). Die Generationen hätten sich nicht erneuern können, wären die Familien so wenig fruchtbar gewesen, wie die Inschriften glauben machen wollen. Man hat sich vergleichenden Studien zugewandt und der römischen Gesellschaft mehr oder weniger willkürlich die Struktur einer besser bekannten, vorindustriellen Gesellschaft zugesprochen [Hopkins 789, 791]. Doch diese Parallelen liefern keine Daten, die genauer wären als die der zuverlässigsten antiken Quellen, nämlich: ägyptische Volkszählungen, die besonders Cl. Préaux und M. Hombert untersucht haben [788; auch F. A. Hooper, Chronique d'Égypte 21 (1956)]; Ulpians Sterblichkeitstabelle, die von J. Dupâquier [784] und B. Frier [785] rehabilitiert wurde; Reihenuntersuchungen an Skeletten, die die grundsätzliche Richtigkeit der anderen Quellen bestätigen [B. Frier 786].

Die durchschnittliche Lebenserwartung von 30, die vom Juristen Ulpian angegeben wird [Dig. 35. 2. 68], vernachlässigte teilweise die Säuglingssterblichkeit. Die vorgeschlagenen Korrekturen (nämlich eine Lebenserwartung von 21 bis 22,5 Jahren zum Zeitpunkt der Geburt) decken sich mit dem ägyptischen Material (bekannte Lebenserwartung von 27 Jahren, vielleicht auf 24–25 oder weniger zu senken). Lebenserwartungen von 30–35 lassen vermuten, daß bestimmte Ensembles von Grabinschriften nur diejenigen betrafen, die das Kleinkindalter überlebt hatten. Die überaus hohe Sterblichkeit (wohl um die 4,5%) verlangte für die Aufrechterhaltung der Bevölkerung eine sehr hohe Fruchtbarkeit (fast 6 Kinder pro Paar, oder 4,6 pro Frau, die das Alter von 15 erreichte). Dies setzte normalerweise voraus, daß früh geheiratet wurde, man selten ehelos blieb und keine freiwillige Verhütung betrieb. Auch erklärt sich daraus das große staatliche Interesse an der Demographie.

Das unzureichende Quellenmaterial zwingt dazu, den Bevölkerungsaufbau undifferenziert reichsweit zu betrachten. Aber wahrscheinlich muß man die großen Unterschiede in der Sterblichkeit sehr differenziert betrachten, die, folgt man den Inschriften, zwischen den einzelnen Regionen und Sozialschichten bestanden [vgl. Salmon 776]: Nach den Erkenntnissen der Demographie sind Klassenunterschiede wenig bedeutsam, wenn die Sterblichkeit allgemein sehr hoch ist. Man kann also die von J. Dupâquier und B. Frier vorgeschlagenen Bevölkerungsmodelle als plausibel akzeptieren, die, da vielleicht ein wenig pessimistisch, zumindest für Regionen mit schwierigen Lebensbedingungen (wie Ägypten) und die Städte (mit sehr hoher Sterblichkeit) in jedem Fall Gültigkeit beanspruchen könnten. Die Bevölkerung war sehr jung: Ca. 36% waren jünger als 15 Jahre, dagegen nur 8% älter als 50. Nur ein Drittel eines Jahrganges wurde älter als 30, etwas mehr als 10% älter als 60. Das demographische Gleichgewicht blieb stets gefährdet. Zunahmen erfolgten nur langsam, dagegen konnten eine allgemeine und dauerhafte Verringerung der Reproduktionsziffer oder Schicksalsschläge wie Epidemien und Kriege einen raschen Niedergang zur Folge haben.

7.1.1.2 Die Struktur der Familie

Die Verhaltensweisen werden sich beträchtlich nach Sozialklassen und vor allem kulturellen Vorgaben der verschiedenen Völker des Reiches unterschieden haben, zumal ja die römischen Rechtsregeln nur für Bürger galten. Der größte Teil der Bevölkerung bleibt für uns im dunkeln. Doch kann man annehmen, daß bei den freien Bewohnern, insbesondere im ländlichen Raum, das Paar, das soviele Kinder produzierte, wie es die weibliche Fruchtbarkeit erlaubte, die Norm darstellte. Im Jahr 177 hatte Faggura, die Frau eines maurischen Häuptlings, vier lebende Kinder zwischen zwei und acht Jahren. Sie wurde ungefähr mit 13 verheiratet und wird danach jedes oder fast jedes Jahr ein Kind geboren haben [AE 1971, 534].

In Ägypten vermitteln die Daten der Volkszählungen ein genaueres Bild, wenn auch die tatsächliche Zahl der Kinder verborgen bleibt. Die Ehe war die Regel (mindestens 60% aller Frauen über 15 waren verheiratet), doch gab es Ausnahmen. Scheidungen kamen selten vor, Wiederverheiratungen (zumindest von Männern) dagegen häufig. Männer heirateten meist kurz vor dem Alter von 20 Jahren, für Frauen schwankte das Hochzeitsalter erheblich und konnte (selten) auch vor der Pubertät liegen. Das mittlere Gebäralter, 26,5 Jahre, zeigt die Häufigkeit relativ später Mutterschaften und läßt so eine sehr hohe Zahl von Geburten vermuten. Ob es nun an Versäumnissen bei der Deklaration, häufigerer Tötung bzw. Aussetzung von Töchtern nach der Geburt oder an einem objektiven demographischen Phänomen lag: Man kommt nur auf 95 Frauen pro 100 Männer. Verwandtenehen gab es häufig (bis zu 38% in Arsinoë), obwohl diese ägyptische Sitte von der römischen Obrigkeit verboten wurde. Die Haushaltungen waren von sehr unterschiedlicher Größe; sechs Personen war der Durchschnitt (inklusive Sklaven und Verwandten in der Seitenlinie). Neben kleinen Einheiten finden sich Haushaltungen mit mehreren Paaren, die unter demselben Dach wohnten und ein ungeteiltes Erbgut bewirtschafteten.

Im italischen und romanisierten (d. h. im wesentlichen die Villen der westlichen Provinzen) Kulturraum kennt man vor allem das Verhalten der Elite, das man kaum ungeprüft auf die Volksschichten übertragen darf. Die römische Mentalität glorifizierte große Familien und deren Erhalt. Doch der Name war wichtiger als das Blut: Adoption und (in gewisser Weise) Freilassungen führten den Familien neue Mitglieder zu. Die *familia* umfaßte die Sklaven, die Freigelassenen sowie alle Nachkommen in männlicher Linie eines Mannes, der über sie eine sehr weitreichende Autorität ausübte (*patria potestas*). Nur sein Tod ermöglichte den Erwachsenen der nächsten Generation, ihrerseits Familienoberhäupter zu werden. Die Vereinigung von mehreren Kernfamilien in eine große *domus* war selten, genauso die Gütergemeinschaft zwischen Verwandten in der Seitenlinie. Obwohl erwachsene Söhne häufig vom Vater getrennt lebten, zerriß nur die rechtliche Emanzipation die juristischen Bande: der „Familiensohn" verfügte nur über ein *peculium*, das er verwaltete, ohne Eigentümer zu sein. Aufgrund der Sterblichkeit betraf die *patria potestas* nur eine Minderheit von Erwachsenen, doch sie existierte in der Kaiserzeit uneingeschränkt fort.

Das rechtlich fixierte römische Familienmodell galt nicht für die ganze Bevölkerung, zumal nicht in den Städten: In Rom schlossen vielleicht nur ein Drittel der einfachen Leute legitime Ehen. Freie, Freigelassenene und Sklaven gingen lose Verbindungen ein. Die Kinder, die daraus hervorgingen, galten als illegitim und erhielten normalerweise die Rechtsstellung der Mutter. Unter den Sklaven auf dem Lande wurden nur Verwalter zu Verbindungen ermutigt. Jedoch scheint sich die Ehe als Institution im Reich ausgebreitet zu haben. Am Ende des 2. Jhs. erkannte man sogar Sklavenpaaren eine gewisse rechtliche Existenz zu [Thomas 777; Veyne 799].

Das römische Recht bestimmte als Heiratsmindestalter 12 Jahre für Mädchen und 14 für Jungen. Augustus' Gesetze legten als Normalfall fest, daß man mit 20 als Frau bzw. mit 25 als Mann verheiratet war und Kinder hatte. In Adelsfamilien fand die Heirat bei Mädchen zwischen 12 und 16, aber erst wenig früher als 25 bei Männern statt, also am Anfang einer staatlichen Laufbahn. In den Volksschichten wird der Altersunterschied zwischen den Eheleuten geringer gewesen sein, die Mädchen heirateten mit ungefähr 16–18 Jahren [Shaw 795; für die römischen Juden, B. Blumenkranz, in: Studia patristica 4 (1961) 344ff.] und die Jungen mit ungefähr 17–20 Jahren [trotz R. Saller 794, der von falschen Grundlagen ausgehend ein sehr spätes Alter annimmt].

Seit Augustus erscheint der demographische Niedergang zugleich als beständige Sorge und als Gemeinplatz. Man klagte über die Schwierigkeit, Soldaten in Italien auszuheben. Die Kinderlosigkeit des Adels wurde angeprangert. In Rom ließ der zahlenmäßige Rückgang der Plebs die Sklaven zu einer Bedrohung werden. Die Trennung zwischen Sexualität und Heirat führte bei den Männern zu Ehelosigkeit und später Heirat. Paare scheinen häufig wenig fruchtbar gewesen zu sein. Verhütung und Abtreibung wurden praktiziert (aber man weiß nicht, in welchem Ausmaß). Die Aussetzung von Neugeborenen war ein geläufiges Mittel der Geburtenkontrolle, was auch das Frauendefizit miterklärt. Dagegen glichen Adoptionen, Freilassungen und mehrfache Verheiratung die geringe Fruchtbarkeit der Paare teilweise aus, zudem wird die Zahl der außerehelichen Geburten sehr hoch gewesen sein. Städtische Gesellschaften, zumal Rom, waren wahrscheinlich in demographischer Hinsicht defizitär, was durch freiwillige (Landbewohner) oder unfreiwillige (Sklaven) Zuzüge kompensiert wurde. Wahrscheinlich nahm aber die Bevölkerung Italiens zu Beginn der Kaiserzeit nicht ab [Brunt 779]. Das Problem war zweifellos mehr politisch als demographisch im engeren Sinne: Man fürchtete um den Verfall der traditionellen Werte, die sich in der Familie manifestierten, das Verkümmern der Eliten, die Verkleinerung der Bürgerschaft (die allein Legionäre stellen konnte) und ihre Überfremdung durch Freigelassene. Augustus' Gesetze, die in erster Linie auf die Besitzenden abzielten, bestraften Unverheiratete und kinderlose Paare bei Erbfällen und bevorzugten Familienväter mit kinderreichen Familien. Andere Bestimmungen beschränkten die Freilassung. Traian wollte mit dem *alimenta*-Systems vor allem die Geburtenrate der Bürgerfamilien in den italischen Städten erhöhen [Veyne 798; Duncan-Jones 959]. Die Erfolg dieser Maßnahmen scheint sehr gering gewesen zu sein.

7.1.2 Die Größe der Bevölkerung

Seit den bemerkenswerten Forschungen von K. J. Beloch [773] haben sich unsere Kenntnisse über die Gesamtbevölkerung des Reiches kaum erweitert. Seine Schätzung, 54 Millionen Menschen zu Beginn der Kaiserzeit, ist im Detail kritisiert worden, wird aber nach wie vor anerkannt – wobei man im allgemeinen übersieht, daß er später eine Bevölkerung von 100 Millionen für das Ende des 1. Jhs. vorschlug [Zeitschrift für Sozialwissenschaft 2

(1899) 505ff.]. Cl. Nicolet liefert eine beispielhafte Bilanz für die italische Bevölkerung und die römischen Bürger bis zur augusteischen Zeit; für die Provinzen und das kaiserzeitliche Italien muß diese Aufgabe erst noch erledigt werden, und dabei müssen vor allem die jüngsten Erkenntnisse der Archäologie Eingang finden [Bilanz der Schätzungen und Theorien seit Beloch durch P. Salmon 776].

Zu Beginn der Kaiserzeit scheint die römische Welt geradezu von demographischen Wüsten umgeben, außer im Osten. Italien könnte damals 7500000 Einwohner gezählt haben [Brunt 779]. Es ist schwer einzuschätzen, inwieweit seine angebliche Entvölkerung der Realität entsprach. In jedem Fall aber muß man von einem Niedergang seiner relativen Bedeutung gegenüber den dynamischen Provinzen ausgehen. Griechenland, eine andere Region, deren Entvölkerung zum literarischen Thema wurde, erlebte seit dem 1. Jh. eine demographische Erholung. Die Bevölkerung Ägyptens (ohne Alexandria) könnte der Italiens vergleichbar gewesen sein. 64 v. Chr. hatte Pompeius mehr als 12 Millionen Menschen in den von ihm reorganisierten Gebieten des Orients zählen lassen [Plin. nat. 7. 97]. Am Ende des 2. Jhs. könnten Anatolien und der syrische Komplex vielleicht stärker bevölkert gewesen sein als zu Beginn des 20. Jhs., ganz wie der römische Maghreb.

7.1.2.1 Die Städte

Jeder Schätzung liegen Hypothesen oder gar Postulate zugrunde, die eine Verständigung zwischen den Wissenschaftlern unmöglich machen. Als Reaktion auf alte Schätzungen, die ebenso optimistisch wie unsinnig waren, erreichen minimalistische Berechnungen unwahrscheinliche Bereiche: Ephesos würde man seiner Oberfläche entsprechend 51000 Einwohner zuschreiben, während eine Inschrift mit 40000 männlichen Bewohnern im 2. Jh. zu rechnen zwingt. Das epigraphische Material, das R. Duncan-Jones [780] erneut betrachtete, entzieht extremen Positionen den Boden. In Wirklichkeit muß man je nach Region überaus verschiedene Gegebenheiten annehmen und von einer sehr große Palette ausgehen: von übervölkerten Metropolen, die weit über 100000 Einwohner zählten, bis zu kleinen Flecken, die nicht auf 1500 oder 2000 Bewohner kamen, aber aufgrund ihrer Organisation Städte waren.

Gegenwärtige Beispiele aus der Dritten Welt dokumentieren, daß das Anschwellen der Metropolen nicht mit einem wirtschaftlichen Aufschwung verknüpft sein muß, sondern sich aus den vermeintlichen Überlebenschancen dort erklärt. Obwohl die Möglichkeiten zum Erwerb des Lebensunterhalts in den großen Städten des Reiches ungewiß waren, werden die Metropolen doch einen Großteil des demographischen Überschusses des flachen Landes absorbiert haben. Rom zählte ganz sicher mehr als 500000 Einwohner, und jede Schätzung unter einer Million wäre plausibel. Seine Rivalin Alexandria dürfte 300000 freie Einwohner am Ende der Republik gehabt haben. Da diese Stadt beständig zahlreiche Ägypter anzog, hat sie sich wohl kaum verkleinert. Im 2. Jh. wird Pergamon rund 180000 Einwohner gezählt haben, Ephesos mindestens genauso viel. Zu severischer Zeit könnten Antiochia und Karthago je 300000 Einwohner gehabt haben. Die mittelmeerischen Regionen und ihre Ränder besaßen ein enges Städtenetz. Allein der Provinz Asien schrieb man 500 Städte zu. Italien hatte mehr als 400. Neben einigen sehr großen Zentren und wenigen mittelgroßen Städten (ein Dutzend in Nordafrika?) mit 15000 bis 20000 Einwohnern (wie Comum oder Spoletium in Italien bzw. Oea in Afrika) gab es Hunderte von Städten mit 5000 bis 10000 Einwohnern, und die kleinsten hatten viel weniger (in Italien zählte Petelia unter Antoninus Pius weniger als 2500, ebenso Saturnia im Jahr 234). Dieselben Größenordnungen kann man für die urbanisierten Gebiete seit Beginn der Kaiserzeit veranschlagen, d. h. für die Drei Gallien und die Donauprovinzen. Aber das Städtenetz war dort sehr viel dünner, obwohl in Gallien neben den Hauptorten der Gemeinwesen andere Siedlungen städtischen Typs (wie Argentomagus oder Neriomagus bei den Biturigen-Kubern) nicht vergessen werden dürfen.

7.1.2.2 Das flache Land

Angaben über die Landbevölkerung sind noch viel spärlicher gesät. Zumindest haben wir die 691000 „freien Köpfe“, die (unter Vespasian oder früher?) in Nordwestspanien gezählt wurden [Plin. nat. 3.23–38], was eine Dichte von acht bis elf Menschen pro Quadratkilometer in einer Region ergibt, die noch kaum urbanisiert und wahrscheinlich durch die Kriege der augusteischen Zeit ausgeblutet war. Ursprünglich werden sehr große Regionen schwach bevölkert gewesen sein, die Drei Gallien, die Donauländer, die Hochplateaus des Maghreb und Anatoliens. Aber die Entstehung einer intensiven Landwirtschaft (in Numidien und Pannonien belegt) oder das dichte Villennetz, das in der Picardie und im Berry festgestellt wurde, lassen auf eine starke Zunahme der Landbevölkerung schließen, die man jedoch erst noch zahlenmäßig abschätzen müßte.

Der häufig angenommene Anteil von 90% Landbevölkerung basiert auf keiner sicheren Angabe. Würde man ihn für die Drei Gallien als plausibel akzeptieren, dürfte er trotzdem nicht verallgemeinert werden. In vielen Gebieten macht er wenig Sinn. In Italien und Nordafrika waren die meisten kleinen Siedlungen vom Ackerbau geprägte Städte. Die Eliten lebten vor allem vom Grundzins, und zahlreiche Einwohner bearbeiteten den Boden als dauerhafte Bauern oder als landwirtschaftliche Tagelöhner.

7.1.2.3 Die Entwicklung der Bevölkerung

Die Demographen postulieren meist eine stabile Bevölkerung. Bestimmte Historiker vermuten – ohne Beweis – einen Bevölkerungsrückgang, der die angebliche Folge des römischen Imperialismus sei. Trotz der Eroberungs- und Bürgerkriege verringerte sich die freie Bevölkerung Italiens nicht, ein mögliches Defizit konnte durch Freilassungen ausgeglichen werden (deren Umfang außerhalb Roms man nicht unterschätzen darf). Daher könnte eine Stagnation der Gesamtbevölkerung bis zum Ende der Antoninenzeit nur durch eine tiefgreifende Verhaltensveränderung erklärt werden, die zu einer weitgehenden Geburtenbeschränkung führte, obwohl doch sämtliche Bedingungen für eine Bevölkerungszunahme vorlagen: fast allgemeiner Friede und das Fehlen (so weit wir wissen) großer Seuchen (die aber in den großen Städten häufig punktuell auftraten, zumal in Rom) oder schlimmerer Ernährungsprobleme. Die Entwicklung der Randzonen in der Zeit nach Augustus zwingt nicht zur Annahme großer Migrationen (vielleicht mit Ausnahme von Dakien und Untermösien, wohin es Orientalen und Dalmater zog). Der unbezweifelbare Aufschwung von Stadt und Land in vielen Regionen setzt einen globalen demographischen Schub voraus, der aufgrund der hohen Sterblichkeit nicht geringer als 25–30% innerhalb von eineinhalb Jahrhunderten gewesen sein kann.

Zu einem Einbruch könnten die Seuchen geführt haben, die unter Marc Aurel und Commodus große Teile des Reiches heimsuchten. Aber ihre Auswirkungen lassen sich nicht zahlenmäßig fassen. Wer von einem Rückgang um ein Drittel ausgeht, verallgemeinert zweifelhafte ägyptische Daten [J. F. Gilliam 787]. Wenn auch die Epidemien vom Ende des 2. Jhs. wohl keine unheilbare Schwächung des Reiches nach sich zogen, aus der allein man die Krise des 3. Jhs. erklären könnte, so stoppten sie doch möglicherweise den langsamen Bevölkerungszuwachs und hatten dauerhafte Auswirkungen auf bestimmte Regionen, denn die geringen Überschüsse ermöglichten selbst über mehrere Generationen nicht den Ausgleich einer außerordentlich hohen Sterblichkeit.

7.2 Die Charakteristika der römischen Gesellschaft

„Dazu gehört vor allem, daß Du gerade die Ehrbarsten gewinnst und von den einfachen Leuten so geliebt wirst, daß Dich gleichzeitig die Ersten [der Gesellschaft] lieben. [...] Du hältst das rechte Maß in der Beachtung der Unterschiede bei Ständen und Würden: Wenn sie nämlich durcheinander, vermengt, vermischt sind, ist nichts ungleicher als *diese* Gleichheit.“ In den

Ratschlägen, die Plinius der Jüngere [epist. 9. 5] einem befreundeten Prokonsul zur Ausübung der Rechtsprechung gibt, manifestiert sich sehr schön der zutiefst ungleiche Charakter der römischen Gesellschaft, der von den herrschenden Schichten verteidigt und von den griechischen und lateinischen Intellektuellen nicht nur zugegeben, sondern sogar gerechtfertigt wurde. Jeder gehörte innerhalb des Reiches oder der Stadt einer Gruppe an, die ihren Platz in einer gesetzlichen Hierarchie hatte und bestimmte Rechte und Pflichten besaß. Jede Gruppe ordnete ihrerseits ihre Mitglieder nach einer Hierarchie an, die Reichtum, Alter, Abkunft, Beziehungen und Ämter berücksichtigte.

7.2.1 Die Arten der Differenzierung

7.2.1.1 Eine dichotomische Konzeption der Gesellschaft

Die Römer verwandten meistens eine binäre Darstellung der Gesellschaft, die zwei Gruppen unterschied, von denen im allgemeinen nur die eine positive oder ehrende Attribute verdiente. Die Grenzlinie, die juristisch, wirtschaftlich oder sozial definiert sein konnte, war je nach Kontext höchst unterschiedlich. So wurden Freie und Unfreie, römische Bürger und Peregrine, Zivilisten und Militärangehörige, Städter und Landbewohner, Reiche und Arme einander gegenübergestellt. Doch die häufigste Opposition war die, die auch Plinius benutzt: die zwischen den „ehrbaren Leuten" und den kleinen Leuten.

Die antiken Quellen, nicht einmal die juristischen, liefern eine genaue Definition. Man verwendet eine Reihe von Begriffen, die, ohne Synonyme zu sein, je nach Kontext spezifisch konnotiert sind und sich auf alle beziehen, die zu den herrschenden Schichten der Stadt oder des Reiches gehören. Politische, moralische und soziale Faktoren sind untrennbar verbunden. Vor allem die soziale Position qualifiziert zu den Ehrenämtern, die ihrerseits zur Sicherung dieser Position beitragen. Die „ehrbaren Leute" (*honesti*; *honestiores*) besitzen Ehrbarkeit (*honestas*), Prestige und Einfluß (*dignitas*; *auctoritas*), die ihnen einen guten Ruf (*fama*; *existimatio*) verleihen sowie die Ausübung von Ehrenämtern (*honores*) ermöglichen. Der Sozialrang (*condicio*) hängt von Abstammung und Vermögen ab. Der Vater gibt seine *dignitas* an seine Kinder weiter. Ein ehrbarer Mann muß reich sein; zumindest steht sein Vermögen im Verhältnis zu seiner öffentlichen Verantwortung. Moralische Qualitäten und Lebensweise (*mores*) sind untrennbar mit dem gesellschaftlichen Rang verbunden. Bestimmte Berufe (vor allem solche, die mit Schauspiel und Prostitution in Zusammenhang stehen), Verbrechen und Verfehlungen, aber auch eine lasterhafte Lebensführung disqualifizieren, denn sie führen zum Verlust der *fama*. Dagegen wird vom ehrbaren Mann angenommen, daß er einen anständigen Lebenswandel hat und unbedingt Tugenden besitzt – wie Aufrichtigkeit (*fides*), Ehrlichkeit (*honestas* war sowohl Ehrlichkeit als auch Ehrbarkeit) und einen ernsten und gefestigten Charakter (*gravitas*) –, die durch Geburt erworben und durch die Erziehung vervollkommnet wurden und deren Ausübung nur ein bestimmter Sozialrang erlaubte. Die ehrbaren Leute sind von vorneherein *idonei*, „geeignet": Sie erfüllen die Voraussetzungen, um zu herrschen. Außerdem legitimiert ihre soziale Vorrangigkeit eine privilegierte Behandlung durch Verwaltung und Justiz.

Die Darstellung der Masse der kleinen Leute (*plebeii*; *humiliores*; *tenuiores*) ist in allem das Negativbild derjenigen der Ehrbaren. Die einfachen Leute sind aufgrund ihrer Abstammung, ihrer Tätigkeiten und ihres Charakters unfähig, Verantwortung zu tragen, und soziale wie politische Abhängigkeit ist ihre legitime Position. Das Volk gilt auf immer als unmündig, und man muß auf es aufpassen, indem man es führt und, wenn möglich, erzieht [Veyne 771]. Es läßt sich von ihm kein verantwortungsbewußtes, ja nicht einmal anständiges Verhalten erwarten, und es ist jederzeit zu Ausschreitungen fähig. Diese Ansicht führt einerseits dazu, daß man sich wie ein strenger Vater benahm (was so weit gehen konnte, daß man die Kleinen gegen die Ungerechtigkeiten der Mächtigen in Schutz nahm), andererseits zu Verachtung und zu ständigem Mißtrauen, und diese Sichtweise rechtfertigte bei öffentlichen Unruhen oder privaten Vergehen die ärgste Repression.

Ab dem 2. Jh. sah das Recht für dasselbe Verbrechen zwei verschiedene Strafen vor, je nach Sozialrang der Straftäter. Es wird oft behauptet, daß seit diesem Zeitpunkt der Bruch der Gesellschaft in *humiliores* und *honestiores* offiziell anerkannt wurde. Der Unterschied ist weniger deutlich als man vorgibt: Kein Text vor der Krise des 3. Jhs. benutzt beide Begriffe nebeneinander und niemals wird eine genaue Definition der beiden Gruppen geliefert. Und in jedem Fall hatte diese Neuerung kaum die Bedeutung, die man ihr oft zuweist (nach Auffassung mancher Forscher habe sich die Gesellschaft nunmehr in zwei Klassen geteilt, die sich sozial, nicht juristisch, definierten und sich tendenziell zu zwei Kasten entwickelten [so Petit 56]).

In Wirklichkeit waren diese Privilegien im wesentlichen juristisch und, um noch genauer zu sein, strafrechtlich. Die *honestiores* waren von der Folter und den entehrenden Strafen befreit, wie etwa Geißelung, Kreuzigung oder dem Tod in der Arena. Exil oder Relegation ersetzten die Zwangsarbeit und bei den meisten Verbrechen die Todesstrafe. Wie P. Garnsey [813] gezeigt hat, hatte man Angehörige der herrschenden Schichten in der juristischen Praxis der Kaiserzeit immer schon bevorzugt. Parallel dazu wurden seit julisch-claudischer Zeit die schlimmsten Strafen, die bis dahin auf Sklaven und Nicht-Bürger beschränkt waren, an einfachen Bürgern vollzogen, was schließlich in antoninischer und severischer Zeit dann ganz üblich war. Die römischen Bürger hatten niemals alle die gleiche Behandlung erfahren. Für die niedrigsten wurde es immer schwieriger, spezielle juristische Privilegien durchzusetzen, die nichtsdestotrotz am Ende des 2. Jhs. noch in Kraft waren. Hadrian und seine Nachfolger nahmen keine deutliche Trennung der Gesellschaft vor, sondern berücksichtigten die traditionelle Dichtomie. Sie erfanden keinen neuen, privilegierten Status für die Eliten. Vielmehr wollten sie die alten Rechte erhalten, indem sie sie genauer faßten, und die inneren Randgruppen dieser sozial-juristischen Kategorie schützen, die besonders von den Willkürakten der Statthalter bedroht waren.

Die privilegierte Schicht umfaßte die Angehörigen des Ritter- und des Senatorenstandes sowie alle städtischen Ratsherren und die Veteranen mit ihren Familien. Sie war damit also völlig inhomogen, und es gab viele Abstufungen in der Ehrbarkeit. Die Qualifikation war strenggenommen nicht sozial und noch weniger wirtschaftlich. Ausgeschlossen blieben diejenigen, die – wie groß ihr Reichtum auch war – keine Aufnahme in die Stadträte fanden, sei es aufgrund ihrer servilen Herkunft oder ihrer unehrenhaften Aktivitäten oder wegen des scharfen Wettbewerbs um den Eintritt in den Rat der größten Städte.

7.2.1.2 Die höheren Stände

In Rom gliederte man zu allen Zeiten nach dem Vermögen. Während der Kaiserzeit blieb der Zensus eine wesentliche Komponente der Sozialstellung, aber er bestimmte sie keineswegs allein. Die herrschenden Schichten teilten sich in Stände auf. Im Gegensatz zu Sozialklassen waren die römischen Stände staatlich definierte Einteilungen und besaßen einen besonderen rechtlichen Status. Für ihre Mitglieder war die Teilnahme am öffentlichen Leben eine zumindest potentielle Verpflichtung, die im Gegenzug offizielle Ehren und Auszeichnungen brachte. Von Augustus bis Claudius definierte man Senatorenstand und Ritterstand immer genauer. Ihre Zusammensetzung sowie die Formen ihrer sozialen Vorrangigkeit wurden schärfer gefaßt. Aber man gelangte nicht zur Ausarbeitung eines kohärenten Status der beiden oberen Stände, weniger noch zur Zusammenfassung der lokalen Eliten in einen reichsweit organisierten Stand. Jeder Stand besaß seine eigene Würde und sein eigenes Gewicht (*dignitas*; *auctoritas*), was auf die Mitglieder zurückfiel, vorausgesetzt, sie ließen sich nichts zuschulden kommen.

Der Senatorenstand allein profitierte von einer erblichen Weitergabe des Status. Er bestand aus den 600 Senatoren im engeren Sinne, ihren Frauen und ihren Nachkommen in männlicher Linie über drei Generationen, damit höchstens aus einigen tausend Personen. Die Aufnahme einer neuen Familie in den Stand war nunmehr allein Sache des Kaisers. Der Eintritt in den Senat war einem Mitglied des Standes weder automatisch garantiert noch wurde er üblicherweise durch eine kaiserliche Intervention gesichert. Er war an die Quästorenwahlen geknüpft, die seit dem Ende der julisch-claudischen Dynastie in die Kompetenz des Senats fielen.

Nach einigen Schwankungen wurde der Mindestzensus von Augustus auf eine Million Sesterzen festgesetzt, und man änderte diese Zahl nie [Nicolet 871; Chastagnol 861]. Bei den Männern manifestierte sich der Rang in der Kleidung, vor allem in einer Tunika mit breitem Purpurstreifen (*latus clavus*). Die Erlaubnis, sie zu tragen, war gleichbedeutend mit der Aufnahme in den Senatorenstand. Ab Hadrian breitete sich der Titel *clarissimus* (sehr glänzend) aus, der am Ende des 2. Jhs. ganz geläufig geworden war; zuerst hießen so die Träger des breiten Purpurstreifens, die Senatoren und jungen Männer. Unter Marc Aurel wurde er auf die Frauen und Kinder von Senatoren ausgedehnt (was wohl mit einer rechtlichen Reform in Zusammenhang steht [Chastagnol 863]). Mit der Stellung eines Senators waren Privilegien verbunden. Einige von ihnen betonten symbolisch den Vorrang (Ehrensitze bei Spielen, besondere Wagen für die Frauen), andere hatten rechtliche Bedeutung (Rechtsprechung durch Senat) oder auch finanzielle (Befreiung von städtischen Verpflichtungen in den Heimatstädten; Dispens von der Unterbringung offizieller Gesandter auf ihren Gütern [vgl. 866]). Die rechtlichen Beschränkungen, die vor allem Augustus und Tiberius festsetzten, schützten die Würde des Standes und seiner Angehörigen. Es war untersagt, eine Freigelassene, eine Komödiantin oder die Tochter eines Komödianten zu heiraten. Prostitution und Teilnahme an Schauspielen oder Gladiatorenkämpfen wurde streng bestraft und zog die staatliche Degradierung nach sich (eine Inschrift von Larinum [AE 1978, 145; vgl. B. Levick 822] liefert den Text eines Senatsbeschlusses von 19, der vorherige Erlässe wiederholt und ausweitet).

Der Ritterstand stand an zweiter Stelle und war dem Senatorenstand nachgeordnet. Seine Struktur sah anders aus. Gemäß der kanonischen Definition [Plin. nat. 33. 32] durfte ein römischer Bürger den goldenen Ritterring tragen, wenn er – wie sein Vater und Großvater – von freier Geburt war, mindestens 400000 HS besaß „und das Recht hatte, sich [im Theater] auf die 14 Ränge zu setzen, die von der *lex Iulia theatralis* [des Augustus] vorgesehen waren“. Einige wollen eine Stratifikation im Ritterstand ausgemacht haben [so Millar 355, S. 279ff.]: Alle freigeborenen Bürger mit dem Zensus von 400000 HS seien Ritter gewesen; darüber hätten sich die Mitglieder der Richterdekurien befunden, dann die vom Kaiser ernannten, die allein ein „staatliches Pferd“ (eine Referenz an den Militärdienst in republikanischer Zeit) gehabt hätten. Diese Unterscheidungen existieren nicht [Demougin 881]. Der Besitz des Zensus allein reichte nicht aus, um Ritter sein zu können, und die Titel „römischer Ritter“ und „mit staatlichem Pferd“ waren äquivalent.

Der Eintritt in den Ritterstand hing allein vom Kaiser ab. Obwohl in der Praxis der Sohn eines Ritter sicher sein konnte, auch Ritter zu werden, sofern er nicht ruiniert oder degradiert war oder in den Senatorenstand befördert wurde, war diese Würde juristisch gesehen nicht erblich. Nachdem man die Kandidaten überprüft hatte [ILAlg I 2145; AE 1954, 230; vgl. Nicolet 892], ließ der Kaiser die neuen Ritter auf einer offiziellen Liste verzeichnen. Er konnte sie degradieren, falls sie sich als unwürdig erwiesen. Es ist sehr schwierig, die Zahl der römischen Ritter abzuschätzen. An der Reiterschau am 15. Juli vor dem Kaiser, bei der die Anwesenheit der Ritter mit weniger als 36 Jahren theoretisch Pflicht war, sollen unter Augustus 5000 Mann teilgenommen haben [Dion. Hal. 6. 13. 4]. Rom ausgenommen seien Gades (Bätika) und Patavium (Zisalpina) die Städte mit den meisten Rittern gewesen, und zwar mit je 500 laut Strabon [3. 5. 3; 5. 1. 7]. Für die julisch-claudische Zeit scheinen 20000 Ritter eine plausible Größenordnung zu sein. Die Zahl stieg später sicherlich an, da zahlreiche Ritter in den Provinzen ernannt wurden.

Im Gegensatz zum Senatorenstand umfaßte der Ritterstand nur Männer (allerdings konnten auch sehr kleine Kinder in die Ritterliste eingetragen werden). Jedoch betrafen seit der julisch-claudischen Zeit die ritterliche Würde und die daraus resultierenden Verpflichtungen auch die Familie des Ritters: Die Senatsbeschlüsse von 19 [S. 332; Tac. ann. 2. 85], die den Mitgliedern der beiden höchsten Stände Schauspielerei, Gladiatorenwesen und Prostitution verboten, galten auch für die Frauen, Brüder, Kinder und Enkel von Rittern. Jedoch wurde niemals ein Stand definiert, der die Verwandtschaft miteinschloß. So gab es auch keinen speziellen Begriff für die Frauen oder Töchter von Rittern. Ein weiterer wichtiger Unterschied zum Senatorenstand war, daß die Ritter zwar symbolische Abzeichen und Gewänder hatten (die Tunika mit schmalem Purpurstreifen, *angustus clavus*) und bei den Schauspielen getrennt saßen, aber nicht von besonderen materiellen Privilegien profitierten. Insbesondere waren sie nicht von den Pflichten gegenüber ihrer Heimatstadt entbunden und noch viel weniger gegenüber dem Staat.

Zu Unrecht geht man bisweilen von der Existenz eines reichsweiten Dekurionenstandes aus. Zwar besaß jede Stadt einen Dekurionenstand (bzw. ein Äquivalent in den peregrinen Städten), doch die Summe aller Stadträte des Reiches bildete keinen einheitlichen Stand oder eine homogene Klasse, und es gab niemals einen globalen Dekurionenstatus. Die *dignitas* eines Dekurio manifestierte sich vor allem in seiner Heimatstadt. Die Ernennung zum Ratsherrn war allein Angelegenheit der Städte, der Kaiser griff nicht direkt ein. Im Jahr 129 unterstütze Hadrian die Kandidatur eines Schiffskäpitans in die Boule von Ephesos, wobei er sogar anbot, das Ehrengeld [S. 278] für ihn zu bezahlen. Um die Legalität zu wahren, konnte der Kaiser seinen Willen aber nur in der Form eines Empfehlungsschreibens kundtun.

Die Dekurionen besaßen äußerliche Ehrenzeichen (Toga Praetexta, Ehrensitz *bisellium*, reservierte Plätze im Theater) und Privilegien (etwa das Recht, die öffentliche Wasserleitung anzuzapfen [ILS 6296]). Die besondere Ehrenstellung der Dekurionen wurden auf ihre Väter und Großväter sowie ihre Kinder ausgedehnt, ohne daß der Dekurionat jemals rechtlich vererbbar geworden wäre. Wenn auch einfache Leute nie disqualifiziert wurden, waren Dekurionensöhne aufgrund ihrer Würdenstellung für den Eintritt in den Rat prädestiniert, wenn sie den Zensusbedingungen genügen konnten.

Die lokalen *honestiores* machten je nach Größe der Stadt einen sehr unterschiedlichen Anteil an der Bevölkerung aus. Wenn der Rat in den kleinsten Städten um die 50 Mitglieder hatte, konnte ihm bis zu ein Zehntel der Bevölkerung angehören. In mittelgroßen Städten mit 15000 bis 20000 Einwohnern stellten die Notabeln nicht mehr als 2–3% dar, in den sehr großen Städten schließlich machten sie nur eine winzige Elite aus [Jacques 757]. Allein schon diese Unterschiede zwischen den Städten verbieten, die Dekurionen mit ihren Familien als eine homogene Sozialschicht zu betrachten. In den kleinsten Gemeinden gelangten alle Freigeborenen mit ein bißchen Vermögen in den Rat und damit zu Ehrbarkeit. Je größer die Stadt war, desto eher bildete die Dekurionenschicht eine Aristokratie, die wirtschaftlich den höheren Ständen nahe stand. Außerdem gab es keine saubere Trennung zwischen Ritterstand und Dekurionenständen; sie standen eher nebeneinander als in einer hierarchischen Beziehung. Die meisten Ritter gehörten zum Rat ihrer Heimatstadt; dort hing ihr Platz nur von den Ehrenämtern ab, die sie in der Stadt bekleidet hatten. Die unterschiedlich große Zahl der Ratsherrn je nach Stadt macht eine reichsweite Schätzung praktisch unmöglich. In Italien, wo man mehr als 430 Städte kennt, könnte es 30000 Dekurionen gegeben haben (was für den Beginn unserer Zeitrechnung rund 3% der erwachsenen Bürger bedeuten würde, wenn man von Rom absieht). Reichsweit zählten die „ehrbaren Leute“ ganz sicher weniger als eine Million Menschen [Alföldy 800].

7.2.1.3 Die juristischen Trennungen

In einem klassisch gewordenen Artikel hat P. Veyne [915] die mit dem juristischen Status verbundene Trennung zwischen der Gesellschaft der Sklaven und Freigelassenen einerseits und der der *ingenui* (Freigeborenen) anderer-

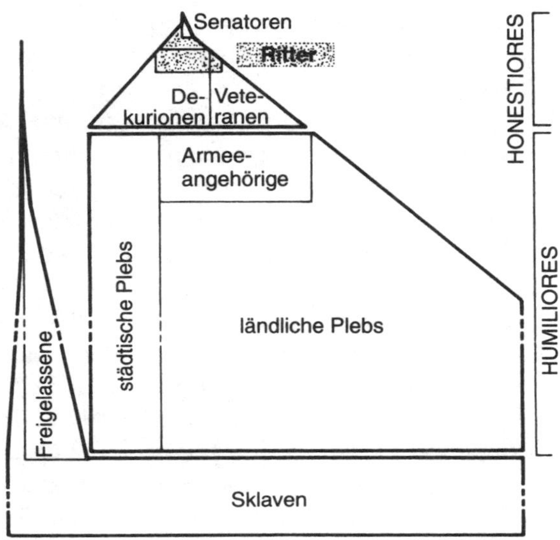

Die römische Gesellschaft: Rechtsstellungen und soziale Niveaus

seits herausgearbeitet. Diese Gesellschaften waren nicht übereinander gesetzt, sondern existierten parallel. Jede von beiden hatte ihre Hierarchie, wobei die erstere die letztere mit einer Verschiebung nach unten (infolge des Makels der Sklaverei) kopierte. Der Lebensstandard vieler Freigeborener war niedriger oder entsprach dem der Mehrheit der Sklaven und armen Freigelassenen. Sehr viele *ingenui* besaßen keinerlei soziales Gewicht, während manche Freigelassene und sogar Sklaven mächtig waren und eine zentrale Rolle in administrativer, wirtschaftlicher oder sozialer Hinsicht in ihrer Stadt oder im Reich spielten. Dennoch machte es der Makel der Sklaverei (den auch die Freilassung nicht beseitigen konnte) unmöglich, daß sie zur Ehrbarkeit gelangten, und drängte sie in eine Randposition.

In rechtlicher Hinsicht war der Sklave Person und Sache zugleich: Als Person hatte er einen Status; als „sprechendes Werkzeug" (*instrumentum vocale*) war er eine übertragbare Sache, die mit demselben Verfahren wie Grund und Immobilien weitergegeben wurde (Manzipation). Bis zum Ende des 2. Jhs. schränkte kein Gesetz das Eigentumsrecht des Sklavenhalters ein. Staatliche Stellen konnten im Mißbrauchsfall eingreifen, aber es gab keine rechtliche Fixierung bindender Normen. Der Sklave war Mitglied der *familia* – aber dieses Wort bedeutet gleichzeitig die familiäre Gruppe und die Gesamtheit des Besitzes. Er blieb auch nach seiner Freilassung Teil der *familia*. Egal, ob er dann römischer Bürger oder nur *Latinus Iunianus* [S. 253] wurde, er nahm den Familiennamen seines Patrons an. Die Abhängigkeit manifestierte sich in der Ableistung einer gewissen Zahl von Arbeitstagen beim Patron (*operae*), vor allem aber in einer Reihe wechselseitiger Verpflichtungen, die der soziale Moralkodex auferlegte und die das Gesetz schützte. Der Freigelassene schuldete seinem Patron Ehrerbietung (*reverentia*), die es ihm beispielsweise verbot, ihn gerichtlich zu belangen, außer bei schweren Entgleisungen. Nur der Tod des Patrons und seiner Nachkommen machte ihn juristisch unabhängig. Aber das soziale Herkommen hielt ihn im Dunstkreis der Familie des Patrons.

Zwar teilten die Sklaven zumindest in den Städten den Alltag der einfachen Leute, doch war ihre Einbindung in öffentliche Vereinigungen äußerst begrenzt. Sie hatten nur zu bestimmten Kollegien Zugang. Bisweilen durften sie an kollektiven Verteilungen teilnehmen [ILS 6271]. Die Freigelassenen waren durch die *lex Visellia* (24 n. Chr.) vom Rat und den Magistraturen der Städte römischen Typs definitiv ausgeschlossen und konnten deshalb dort nur als *augustales*, Verantwortliche für den Kaiserkult, eine öffentliche Rolle spielen [Duthoy 905, 906]. Ein Freigelassener durfte höchstens hoffen, mit dem Dekurionat ehrenhalber (*ornamenta*) ausgezeichnet zu werden, das ihm erlaubte, sich im öffentlichen Leben mit den ehrbaren Leuten zu vermischen und ihre äußerlichen Rangabzeichen zu führen. Nicht weniger als 21 Statuenbasen für L. Licinius Secundus sind bekannt, ein Freigelassener des Traian-Freunds Licinius Sura. Trotz dieser Fülle von Ehren, die auf ungewöhnlichen Einfluß schließen läßt, war er nur *sevir augustalis* in Barcino/Barcelona und Tarraco/Tarragona [AE 1981, 569].

Nur der Kaiser konnte juristisch den Makel sklavischer Abkunft tilgen. Die Bewilligung des Goldringes, eines der Abzeichen des Ritterstandes, hatte weder die Aufnahme in den Ritterstand noch eine völlige Aufhebung des Freigelassenenstatus zur Folge, erlaubte aber, als Freigeborener angesehen zu werden [Cod. Iust. 9.21; Dig. 40.10.6]. Den Allerglücklichsten konnte der Kaiser „die Eltern zurückgeben": Dank der *restitutio natalium* wurde ein Freigelassener zum Freigeborenen erklärt, was jede Spur der Sklaverei tilgte. Er konnte dann sogar Ritter werden [Demougin, in: 849, Bd. I]. Nach unseren Quellen waren solche Vorgänge jedoch die Ausnahme. Auf keinen Fall darf man sie als Brücken zwischen den Welten der Sklaven und der Freigeborenen betrachten. Davon profitierten nämlich eigentlich nur einige wenige kaiserliche Favoriten, dazu Freigelassene von Verwandten des Kaiserhauses.

Es gibt eine andere Form von juristischen Trennlinien, die bislang wenig Aufmerksamkeit gefunden hat: Privilegien, die an bestimmte soziale Gruppen verliehen wurden und die deren Besonderheit so sehr verstärkten, daß sie sie isolierten und die Parzellisierung der römischen Gesellschaft steigerten [Jacques 757, S. 618ff.]. Die Veteranen erfreuten sich der rechtlichen Privilegien der *honestiores*, waren aber gleichzeitig von der städtischen Laufbahn dispensiert. Die Zahl derjenigen, die ihre Immunität aufgaben, um eine städtische Karriere einzuschlagen, war anscheinend sehr gering. Bestenfalls bekleideten manche eine prestigeträchtige lokale Würdenstellung wie die des *flamen perpetuus* (was ihnen zu echter Ehrbarkeit verhalf), was jedoch ihre Befreiung von *munera* nicht tangierte. Die Mitglieder gewisser Vereinigungen, wie z. B. die Frachtschiffer im Dienste der Getreideversorgung, profitierten von ähnlichen Privilegien: Wie groß auch immer ihr Vermögen war, das Vorrecht, das sie von der Regierung der Stadt befreite, schnitt sie auch von den Honoratioren ab und machte es ihnen unmöglich, zur Ehrbarkeit zu gelangen. Diese Sonderstellungen bildeten also auch Hindernisse, die die Entstehung großer und solidarischer Sozialschichten behinderten.

7.2.2 Arm und Reich

Die jährliche Besoldung eines Prokonsuls von Asiens, eine Million Sesterzen, entsprach zu Beginn der Kaiserzeit dem mehr als 1000fachen Grundsold eines Legionärs, der ja immerhin Mitglied einer begünstigten Gruppe war. Mit einem so ungeheuer weiten Lohnspektrum und einer sehr ungleichen Vermögensverteilung waren die wirtschaftlichen Unterschiede in der römischen Gesellschaft besonders ausgeprägt. Genaue Zahlen sind selten und stehen isoliert [Duncan-Jones 959; Mrozek 969]. Sie erlauben keinen streng quantitativen Ansatz und noch viel weniger das Erkennen von Entwicklungen. Doch sie liefern Anhaltspunkte und Größenordnungen, um die sozialen und wirtschaftlichen Disparitäten ungeachtet der örtlichen und zeitlichen Unterschiede besser einzuschätzen.

7.2.2.1 Existenzminimum und Lebensstandard

Obwohl sich die Lebenshaltungskosten natürlich beträchtlich nach Gegend und Versorgungsmöglichkeiten unterschieden, kann man davon ausgehen, daß das Existenzminimum während der ersten beiden Jahrhunderte bei ungefähr 400–500 HS pro Jahr für einen Erwachsenen lag (ein Kind benötigte wesentlich weniger). Um das Jahr 60 erhielt ein Sklave in Rom monatlich 20 HS und 5 Scheffel Weizen (zum Normalpreis von 2–4 HS pro Scheffel). 164 wurden die Nahrungsmittel, die einem Bergwerksarbeiter in Dakien gestellt wurden, auf ungefähr einen Sesterz pro Tag geschätzt. Die *alimenta*-Stiftungen gaben 8–20 HS pro Monat für den Unterhalt von Kindern; der genaue Betrag schwankte nach Lebenshaltungskosten,

Geschlecht des Empfängers und Art der Stiftung [Duncan-Jones 959; Jacques 84].

Zur Abschätzung des notwendigen Einkommens, um in Italien sorgenfrei leben zu können, sind die Anfragen bei dem Juristen Scaevola wertvoll. Sie stammen ungefähr aus den Jahren 150–170 und betreffen einzelne Fälle, bei denen testamentarisch Renten an Freigelassene oder Mündel hinterlassen wurden. Für die Ernährung von Erwachsenen waren 480 oder 500 HS jährlich vorgesehen, für die von Kindern die Hälfte. Dazu kam für die Kleidung von Kindern 100 HS, für die der Erwachsenen 100 oder 200 HS [Dig. 10. 2. 39; 34. 1. 20; 34. 3. 28; 34. 4. 30]. 700 HS reichten also am Ende der Antoninenzeit aus, um einen Erwachsenen anständig leben zu lassen (und die Hälfte ein Kind), wenn man die Unterkunft nicht mitrechnet. Zu Beginn des 2. Jhs. hatte Plinius der Jüngere seinen 100 Freigelassenen ein vergleichbares Einkommen zugesichert (zwischen 840 und 1020 HS jährlich). Die Klienten der römischen Großen verfügten über das Doppelte, sie bekamen 6,25 HS vom Patron bei ihrem täglichen Besuch.

In der Mitte des 2. Jhs. zahlten unverheiratete Frauen (kraft der augusteischen Gesetze gegen die Ehelosigkeit) eine Vermögenssteuer, aber nur, wenn sie mehr als 20000 HS besaßen [Gnomon des Idios Logos, FIRA I 99] – was einem Einkommen von 800 bis 1200 HS jährlich entsprach; unterhalb dieser Schwelle konnte man den Kapitalbesitz nicht antasten, ohne den Lebensstandard qualitativ zu verändern. Waren die 1000 HS jährlich (also weniger als 3 HS pro Tag), die außerhalb von Zeiten explodierender Preise das Überleben einer Kernfamilie ermöglichen sollten, den meisten sicher? Was die Freigeborenen angeht, kann man daran zweifeln (Sklaven wurden von ihren Besitzern unterhalten, und Freigelassene empfingen in der Not normalerweise Hilfe von ihren ehemaligen Herrn). 7 v. Chr. gab es laut dem ersten Edikt von Kyrene in der ganzen Kyrenaika nur 215 römische Bürger, die ein Vermögen von mehr als 10000 HS deklariert hatten. Auf dem Land entsprach einem Einkommen von 1000 HS der Besitz eines mittelgroßen Gutes mit rund 10–15 ha Land.

Im Gleichnis von den Arbeitern im Weinberg beträgt der Lohn für einen Tag Arbeit 4 HS. Zwei Verträge, die in Dakien unter Mark Aurel geschlossen wurden [FIRA III 250], sehen für freie Bergleute einen Bruttolohn von rund 2,5 HS pro Arbeitstag vor, also weniger als die 3 HS, die ein Tagelöhner in Rom um 70 v. Chr. verdiente [Cic. Q. Rosc. 28]. Die in Ägypten bekannten Löhne sind noch niedriger, nämlich 1 HS täglich für die Schilfernte oder 40 HS monatlich für höher qualifizierte, regelmäßige Anstellungen [H.-J. Drexhage, in: MBAH 5 (1986) 34–48]. Wenn man nicht von sehr niedrigen Lebenshaltungskosten ausgeht und auch zeitweilige Arbeitslosigkeit berücksichtigt, können diese unabhängigen Arbeiter nur mit Mühe ihr eigenes Überleben von Tag zu Tag finanziert haben. Jede längere Unterbrechung der Arbeit stürzte sie in schlimmste Not. Man kommt nicht umhin, die Ansicht der Historiker zu teilen, nach denen ein Großteil der Bevölkerung (ein Drittel?) am Existenzminimum lebte. In einem Wirtschaftssystem, in dem die Möglichkeiten für regelmäßige bezahlte Arbeit nur beschränkt vorhanden und große, saisonbedingte Preiserhöhungen üblich waren, war Unsicherheit der Normalzustand, vor allem in den Städten, aber auch auf dem Land, das die Steuern und das Einkommen der Großen in der Hauptsache lieferte.

7.2.2.2 Die Vermögensgrößen

Es ist sehr schwierig, das Vermögen der herrschenden Schicht abzuschätzen, ja sogar, nur das tatsächliche Einkommen von Gruppen zu beziffern, deren Grundeinkommen man kennt. Es sind einige rechtliche Schwellenwerte bekannt; Rom hat ja stets Zensusklassen definiert, deren Mitglieder bestimmte Rechte und Pflichten wahrnahmen. Aber die Römer dachten in der Kategorie des Vermögens (das auch bei den Zensus deklariert wurde) und nicht des Einkommens. Diese Daten enthalten damit unproduktive Güter [S. 343], während sie Gehälter und Handelsgewinne ignorieren. Der Reichtum wurde exakt erfaßt und war allen bekannt. Mehr noch, man stellte ihn öffentlich und privat zur Schau. Obwohl er bei Neureichen als skandalös empfunden wurde und nicht die Ehrbarkeit verlieh, war er untrennbar mit dem Rang verbunden: Der Kaiser Claudius wandte sich an die „Ersten der Kolonien und Munizipien, gute und reiche Leute“.

Das flavierzeitliche Gesetz von Irni sah vor [715, § 86], daß nur Bürger mit mindestens 5000 HS Geschworene werden durften. Zwar konnte ein solches Vermögen ein Einkommen liefern, aber nicht das Überleben einer Familie gewährleisten. Aber trotz seiner geringen Höhe stellt es wohl eine Trennlinie dar und zwar zwischen denen, die in Unsicherheit lebten und denen man kein unabhängiges und verantwortungsvolles Verhalten zutraute, und den Bürgern, die imstande waren, ganz am städtischen Leben teilzuhaben.

In den ersten beiden Jahrhunderten war ein Vermögen von 100000 HS eine Empfehlung und das Symbol ehrbaren Wohlstands. Über diese Grenze hinaus konnten unverheiratete und kinderlose Männer nach Augustus' Gesetzen nicht erben [Gnomon des Idios Logos, FIRA I 99]. So viel waren die Güter wert, die Domitian dem Philosophen Archipp oder Plinius der Jüngere seiner Amme schenkte. Auch hatte der Dekurionenzensus von Comum, einer mittelgroßen Stadt mit großem Territorium, diese Höhe [Plin. epist. 10.58; 6.3; 1.19; 10.110]. Je nachdem wie es angelegt war,

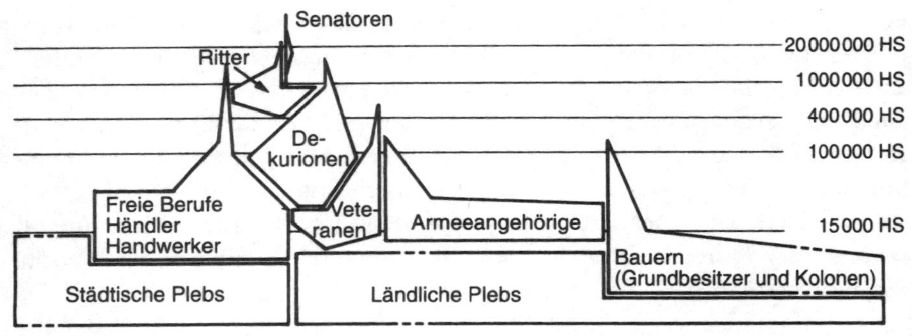

Die römische Gesellschaft: Stratifikation gemäß Vermögen (oder entsprechenden Einkünften)

konnte dieses Referenzvermögen ein jährliches Einkommen in der Größenordnung von 4000 bis 6000 HS liefern. Man kann hier nicht von echtem Reichtum sprechen. Dieses Einkommen entspricht dem Sold eines Prätorianers im 2. Jh., dem Preis von ein bis drei erwachsenen Sklaven oder dem Ehrengeld für eine Magistratur in einer kleineren afrikanischen Stadt. Dennoch kann nur eine sehr eng begrenzte Schicht darüber verfügt haben, denn in vielen kleinen oder mittleren Städten war der Dekurionenzensus ganz gewiß niedriger.

Augustus legte für die höheren Stände Mindestvermögen fest, die während der Hohen Kaiserzeit unverändert blieben: 200 000 HS für die nicht-ritterlichen Richterdekurien, 400 000 HS für den Ritterstand (wie zur Zeit der Republik) und 1 000 000 HS für den Senatorenstand. Doch das waren nur rechtliche Schwellen ohne Beziehung zu gängigen Vermögensgrößen, und sie verdecken zudem die beträchtlichen Vermögensunterschiede innerhalb der Stände: Unter den Sesterzenmillionären finden sich neben Senatoren auch Ritter, Honoratioren und einfache Leute.

R. Duncan-Jones [959, S. 343–349] hat eine Liste der Vermögen über einer Million Sesterzen aufgestellt, deren genaue Höhe durch vertrauenswürdige Quellen angegeben wird. Mit 29 Einträgen ist sie sehr kurz, doch dazu kommen noch indirekte Informationen. Das Vermögen der reichsten Lokalhonoratioren konnte mehrere Millionen Sesterzen betragen, selbst wenn sie nicht zum Ritterstand gehörten. Das eines Atheners, des Großvaters von Herodes Atticus, ist mit 100 Millionen ganz sicher eine Ausnahme. Apuleius bietet in seiner Apologie wohl repräsentative Zahlen für das Vermögen großer afrikanischer Stadtfamilien in der Mitte des 2. Jhs. Sein Vater, der Magistrat in Madaurus gewesen war, hatte 2 Millionen Sesterzen hinterlassen, wovon er die Hälfte erbte. Die reiche Witwe, die er in Oea (Tripolis) heiratete, hatte ein Vermögen von 4 Millionen, ein Verwandter von ihr eines von 3 Millionen. Mindestens so hoch war sicherlich das Vermögen der Euergeten, die im antoninisch-severischen Afrika zu Lebzeiten ein Theater oder einen Tempel im Wert von 200000 oder 300000 HS stifteten; von denen, die in Asien Stiftungen in gleicher Höhe für Wettspiele einrichteten; oder das der Priester der Drei Gallien, die am Ende des 2. Jhs. mindestens 200000 HS für Gladiatorenkämpfe ausgeben mußten.

Es gab keine wirtschaftliche Schwelle, die sehr bedeutende Lokalhonoratioren (ob Ritter oder nicht), ritterliche Beamte und ärmere Senatoren getrennt hätte. Für sie alle bewegte sich das Vermögen zwischen drei und zehn Millionen Sesterzen und diese relative Homogenität erklärt die Solidarität zwischen den Ständen sowie die Durchlässigkeit zu den höheren Ständen. Manche Ritter, vor allem die italischen, besaßen wohl kaum mehr als den Minimalzensus, wie der Dekurio aus Comum, dem Plinius 300000 HS schenkt, damit er Ritter werden kann [epist. 1. 19. 2]. Aber bei den meisten wird das Vermögen mehrere Millionen Sesterzen betragen haben, wobei es aber normalerweise zehn Millionen nicht überschritten haben dürfte, sieht man von ein paar hohen Beamten ab [Demougin 882].

Die Unterschiede zwischen den Senatoren waren riesig: Im 1. Jh. müssen einige „arme" Senatoren (d. h., sie hatten nicht die Mittel, ihren Rang zu halten) an der Grenze der Zensusschwelle gestanden haben, während andere sprichwörtliche Vermögen von 300 oder 400 Millionen besaßen [Duncan-Jones 959; Talbert 352]. Das Vermögen von Plinius dem Jüngeren (unter Traian) lag in der Größenordnung von 20 Millionen. Es stammte in erster Linie aus dem Erbe seines Onkels, Plinius dem Älteren, eines hohen ritterlichen Beamten, und dem seiner Eltern, städtischen Honoratioren. Obwohl ein solcher Besitz nicht ganz so bescheiden ist, wie Plinius selbst behauptet [epist. 2. 4. 3], so stellte er doch auch keine Ausnahme dar. Sechzig Jahre später wurde er als „mäßig" für einen Aristokraten angesehen. Wie hoch mußte das Jahreseinkommen sein, damit ein Senator seinen Rang halten konnte? Trotz der Einwände von R. Talbert [352] war es anscheinend sehr wohl so, daß die 500000 HS, die Höhe der Rente, die Kaiser „armen" Senatoren zahlten, ein Minimum darstellten, zumindest für ein Mitglied der Senatselite. Angesichts der Bedeutung von Prestigegütern, die kein Einkommen lieferten, mußte man also einen Zensus von deutlich mehr als zehn Millionen haben. Später scheinen die außergewöhnlich hohen Vermögen verschwunden zu sein. Doch das durchschnittliche Niveau wird sich mit dem Eintritt von asiatischen und afrikanischen Magnaten in den Senat gehalten oder eher noch erhöht haben.

Genaue Angaben für Mitglieder anderer Sozialgruppen sind noch viel seltener und besitzen keinerlei allgemeine Aussagekraft: Man hielt nur spektakuläre Vermögenszuwächse fest, ob sie nun skandalträchtig waren wie die von Freigelassenen, zumal von kaiserlichen (300 und 400 Millionen für Pallas und Narcissus unter Nero), oder durch intellektuelles Genie (die 20 Millionen, die Vergil erhielt) bzw. medizinische Künste (ein Arzt aus Massilia hinterließ unter Nero fast 20 Millionen) erworben wurden. In der Welt der Freigelassenen und bei den „Selbständigen" (wo Sklaven, Freigelassene und „ehrbare Leute" zu finden sind) war das Spektrum gewaltig. Die sprichwörtlichen Beispiele zeigen vor allem, daß der Reichtum, ja selbst der größte, nicht streng mit dem Sozialrang verknüpft war und auch nicht mit bestimmten Einkommensarten. Bedeutende, aber nicht gerade astronomisch teure Euergesien lassen darauf schließen, daß manche Freigelassene die Stufe von reichen Lokalhonoratioren erreichten, ohne gleich Trimalchios zu sein: Ein Bewohner von Nemausus/Nîmes schenkte den örtlichen Sevirn 300000 HS, zweifellos ohne aber deswegen seine Tochter, eine *flaminica*, mittellos zu hinterlassen [AE 1982, 680], während ein Freigelassener Hadrians der Gemeinde Nakolea (Asien) 200000 HS hinterließ und sich auch noch für die Summe – „wegen der Dürftigkeit des Pekuliums" – entschuldigte [ILS 7196].

7.2.2.3 Die Quellen des Reichtums

Nach der Ethik der herrschenden Schichten war der Reichtum ein Gut an sich, aber sein Erwerb zumindest suspekt, häufig sogar tadelnswert. Man „degenerierte", man degradierte seine Familie, wenn man nicht dieselben Ämter innehatte wie Vater und Großvater, aber auch, wenn man das Familienvermögen verschwendete oder durch schlechte Verwaltung verlor. Andererseits galt das Reichwerden selten als die Belohnung für Verdienste. Geschah es nicht durch Zufall, ließ es oft Betrug (bei Händlern), Niederträchtigkeit und Machenschaften (Erbschleicher) oder sogar Verbrechen (bei Delatoren oder kriminellen Beamten) vermuten. Da wir nur selten über die Quellen des Reichtums unterrichtet werden, schreiben die Historiker den Eliten häufig eine Verachtung für Profit zu: Aus Sorge, sich nicht zu erniedrigen, hätten sich die Aristokraten damit begnügt, ihren Rang – und damit ihr Vermögen – zu halten, während sie Außenseitern oder Deklassierten die gewinnbringenden Aktivitäten überließen. Die Realität scheint viel komplexer gewesen zu sein. Man kann soziale Gruppen mit Sicherheit nicht nach einem besonderen wirtschaftlichen Verhalten abgrenzen. Die Gegenüberstellung eines grundbesitzenden Adels mit unkapitalistischer Mentalität und einer Handels- oder Industriebourgeosie ist nicht nur anachronistisch; sie hat schlichtweg nichts mit der Realität zu tun. Daß die Großen nicht 24 Stunden am Tag wirtschaftlichen Aktiviäten nachgingen, bedeutet nicht, daß sie kein Interesse am Profit hatten. Ja, es wurden vielmehr alle Möglichkeiten genutzt, um sich zu bereichern.

Das Vermögen von Plinius dem Jüngeren gliederte sich in Immobilien, Ländereien, vergebene Kredite und Bargeld. „Fast mein ganzer Besitz steckt in Landgütern" [epist. 3. 19. 8]: Der Boden war Grundlage der meisten Vermögen, Symbol der Ehrbarkeit und Unterpfand der Sicherheit. Die Landwirtschaftsschriftsteller versprachen ein Einkommen von 6%. Grundbesitzer, die ihre Domänen direkt verwalteten, konnten es erreichen, schwieriger war dies für die abwesenden Großgrundbesitzer. Kleine Landwirte dagegen machten nicht genug Überschuß, um daraus wirkliche Gewinne zu ziehen. Römische Intellektuelle haben stets versucht, ihre Zeitgenossen von der Rentabilität des Ackerbaus zu überzeugen. „Die Güter, die an den Küsten des Roten Meeres und des Indischen Ozeans gesucht werden, bringen dem Kaufmann nicht mehr ein als ein fleißig bebautes Landgut." Indes folgt diese Schlußfolgerung von Plinius dem Älteren auf Beispiele hochgradig spekulativer Bewirtschaftung [nat. 14. 48–52].

Das Haus war ein wesentlicher Faktor des Sozialprestiges. Doch stellten die Immobilien zwar einen großen Teil des Vermögens dar, aber es handelte sich im wesentlich um unfruchtbares Kapital; sie verursachten eher Kosten, als daß sie etwas einbrachten. Neben ihrer städtischen *domus* hatten die Reichsten Villen auf ihren Landgütern oder in Gebieten, die für ihr Klima berühmt waren. Dazu kamen Mietshäuser: Ein Reicher, den Martial aufs Korn nimmt, bezog „drei Millionen Sesterzen aus seinen Mietshäusern und Landgütern, 600000 aus seinem Vieh" [4. 37].

Der Handel brachte nur große Gewinne ein, wenn er spekulativ betrieben wurde oder große Risiken auf sich nahm, wie der Import aus Arabien und Indien. Der begrenzte Umfang der Transaktionen, die rechtlichen Beschränkungen (für Senatoren seit der Republik) und der moralische Diskredit, der dem Handel anhaftete, erklären nicht allein den geringen Umfang der Sozialschicht, die sich vorrangig dem Handel widmete. Wie schon das sprichwörtliche Beispiel Trimalchio zeigt, wurden Großhandelsgewinne weitestgehend in Ländereien reinvestiert, was zugleich Sicherheit und Ansehen gab.

Regelmäßiger waren die Einkommen aus Darlehenszinsen, die innerhalb des gesetzlichen Rahmens bis zu 12% gehen konnten. Das bereits zitierte Opfer Martials hat Spaß daran, seine Schuldner aufzuzählen, und auch Plinius der Jüngere [epist. 3. 19. 8] „hat etwas auf Zins ausgeliehen". Häufig profitierten die Reichsten durch solche Kredite an den Handelsgeschäften, eine sehr diskrete und wenig risikoreiche Form der Investition.

Die Quellen sind äußerst unzureichend, was die Gehälter angeht; das gilt auch für die Besoldungen der Reichsbeamten. Man kennt die Skala der senatorischen Bezüge nicht, genausowenig wie den genauen Anteil der Grundgehälter am tatsächlichen Einkommen, das eine Stelle einbrachte. Auch weiß man nicht, ob sie nach Meinung der Autoriäten oder in der Realität wesentlich mehr als eine Entschädigung oder Vergütung darstellten (deren Höhe in erster Linie Wichtigkeit des Amtes und Würde des Inhabers widerspiegelte). Manche Löhne sicherten gerade das Existenzminimum oder wenig mehr, wie z. B. diejenigen, die das caesarische Gesetz von Urso für die städtischen Apparitoren vorsah (300 bis 1200 HS), oder der Grundsold der Legionäre (1200 HS im 2. Jh., für Auxiliarsoldaten weniger). Das Lohnspektrum war bei gleicher sozialer Ausgangsbasis sehr weit, da eine sehr kleine Minderheit vergleichsweise riesige Einkommen bezog. Unter den Soldaten, die aus der Truppe kamen, verdiente ein Zenturio das 15 bis 30fache des Grundsoldes. Primipilen bezogen so viel wie ein ritterlicher Prokurator niedrigen Niveaus, nämlich 60000 HS. Die Stagnation des Solds, der nur unter Domitian und später unter den Severern angepaßt wurde, sowie der Grundbezüge von ritterlichen Beamten während der ganzen Hohen Kaiserzeit (was dazu führte, daß sie zu offiziellen Rangstufen wurden [S. 382]), läßt (legale oder tolerierte) Zusatzeinkünfte vermuten.

In der Tat war jedes Quentchen Macht eine Einkommensquelle. *Xenia* (Geschenke), die den neuzeitlichen Sporteln entsprachen, waren üblich [Pflaum 621]. Ein ägyptischer Grundbesitzer verzeichnet in seiner Haushaltsplanung Summen, die den Soldaten in der Nachbarschaft regelmäßig ausbezahlt wurden – freundschaftliche Geschenke oder Schutzgeld [Campbell 556]? Die Grenze zwischen legitimen Dankeschön und Schmiergeld war fließend. Die kaiserlichen Freigelassenen und Sklaven, die Beförderungen vermittelten, waren für ihre Bestechlichkeit berüchtigt. Die Aristokraten verachteten die Gewinne aus dem Verkauf von Einfluß nicht: Als Vespasian noch Senator war, preßte er einem jungen Mann 200000 HS dafür ab, daß er ihm den breiten Senatorenstreifen besorgt hatte [Suet. Vesp. 4. 3]. Die höchsten Persönlichkeiten scheinen wenig zwischen wirtschaftlicher Aktivität und Machtausübung unterschieden zu haben. Mehr noch als Seneca mit seinen berühmten Geschäften erscheinen der Stadtpräfekt Annius Verus und der Annona-Präfekt Rutilius Lupus typisch: Sie ließen im 2. Jh. die Produkte ihrer Ziegeleien für die öffentlichen Bauten verwenden, für die sie verantwortlich waren [Steinby 1010].

„Alle Menschen, die ihr in dieser Stadt [Kroton] sehen werdet, müßt ihr wissen, zerfallen in zwei Gruppen. Entweder werden sie nämlich Opfer von Erbschleicherei oder betreiben sie.“ [Petron. 116. 6]. Die Testamentjäger und ihre Missetaten sind ein topisches Thema der Literatur, ebenso der außerordentliche Reichtum durch Erbschaft, wie der von Trimalchio, der ein „senatorisches Vermögen bekam“ [Petron. 76. 2]. Es handelte sich dabei mit

Sicherheit um ein weitverbreitetes soziales Phänomen, das teilweise mit der Demographie zusammenhing. Einer der tripolitanischen Gegner von Apuleius etwa war ein kleiner Landbesitzer, den der Tod mehrerer naher Verwandter vermögend gemacht hatte. Da außerdem das Herkommen wollte, daß zahlreiche Vermächtnisse an Verwandte, Freunde und Gönner gemacht wurden, trugen Erbfälle dazu bei, den Besitz von bekannten Persönlichkeiten abzurunden. Die Reichsten machten auch zu Lebzeiten Schenkungen an ihre weniger vermögenden Freunde und Verwandte sowie an ihre liebsten Freigelassenen. Plinius stattete die Töchter von zwei Freunden mit Mitgift aus, verhalf einem Landsmann aus Comum zum Ritterzensus und zahlte für einen anderen die Ausrüstungskosten als Zenturio [Duncan-Jones 959, S. 28f.]. Zu Beginn des 1. Jhs. schenkte der Senator Aurelius Cotta seinem Freigelassenen Zosimus „oftmals den Ritterzensus" und versah dessen Töchter mit Mitgift [ILS 1949].

Der Erwerb großer Besitzstände, zumindest Vermögenszuwächse, die eine radikale Veränderung der Sozialstellung erlaubten, ergaben sich wohl nur selten aus dem Erfolg von wirtschaftlichen Unternehmungen, die über einen längeren Zeitraum betrieben wurden. Darlehensvergabe gegen Zins und Spekulation dürften daran großen Anteil haben. Spektakuläre Vermögenszuwächse waren eher in persönlicher Gunst und Glück begründet; Erbschaften spielten die Rolle, die bei uns Lotterien und Glücksspiele einnehmen. Mehr noch als in heutigen Gesellschaften war eine dominante soziopolitische Position der beste Garant für den Erhalt des Vermögens und bot alle Mittel, es noch zu steigern.

7.3 Die sozialen Beziehungen

Ohne sich auf das Vorbild von Karl Marx zu berufen, der das Manuskript von 'Das Kapital' abbrach, als er versuchte, die sozialen Klassen seiner Zeit genau zu definieren, erscheint es unmöglich, in der römischen Gesellschaft Klassen zu unterscheiden, die gleichzeitig von einiger Größe, ausreichend homogen sowie autonom wären. Im römischen Reich war die Gesellschaft extrem zersplittert. Die vertikalen Beziehungen waren wichtiger als die horizontalen; Wettbewerb und weitgehende Hierarchisierung prägten die Beziehungen im Inneren der Gruppen.

Ein wesentlicher Faktor, der allzu häufig in den Gesamtdarstellungen vernachlässigt wird, ist die Tatsache, daß das Reich in etliche tausend getrennte Gemeinwesen zerfiel, die nicht nur administrative und politische Strukturen waren: Die Stadt, oder in vielen ländlichen Gebieten das Dorf, stellten auch kohärente soziale Einheiten dar und waren für den größten Teil der Bevölkerung der einzige Bezugsrahmen. Nur Aristokraten, Armeeangehörige, Händler und Frachtunternehmer besaßen einen mehr oder weniger größeren Horizont. Die Beziehungen zwischen Nachbarstädten – gemeinhin katastrophal schlecht - waren kaum dazu geeignet, soziale Solidarität auf überlokaler Ebene aufkommen zu lassen. Neben den kulturellen und juristischen Unterschieden ergaben sich entsprechend dem jeweiligen Vermögenspotential der Gemeinwesen große Konstraste in ihren Sozialstrukturen. Man kann nicht eine ländlich geprägte Kleinstadt, die von ein paar Grundbesitzern dominiert wurde, mit den großen, bevölkerungsreichen Städten mit diversifizierter Wirtschaft auf eine Stufe stellen, die, wie etwa Ephesos am Ende des 2. Jhs., mehrere Senatorenfamilien und Dutzende von Rittern zählten. Darüber hinaus hatten afrikanische Kleinstädte wie Gigthis, Thugga und Cuicul, die sogar gemäß Bevölkerung und Wirtschaft vergleichbar waren, herrschende Schichten mit sehr unterschiedlicher Struktur [Jacques 757].

Die vielen Faktoren, die zur Definition der Sozialposition beitrugen, behinderten auch die Herausbildung großer Klassen, die reichsweit kohärent und sich gemeinsamer Interessen bewußt gewesen wären, zumal die Römer auf Differenzierung und Hierarchisierung großen Wert legten. Selbst die kleinsten organisierten Gruppen waren von hierarchischen Beziehungen und dem Kampf um die erste Stelle geprägt. Bei den Mitgliedern derselben Gruppe kam zum Wetteifer die Unterdrückung. So drangsalierten in den Stadträten die mächtigsten Dekurionen, d. h. die reichsten, ihre schwächeren Kollegen, indem sie ihnen ruinöse Verpflichtungen aufbürdeten.

7.3.1 Vorrangigkeit der vertikalen Beziehungen

Jedes Individuum war Bestandteil eines oder mehrerer Abhängigkeits- oder Solidaritätsnetze, die Mitglieder verschiedener Sozialkategorien direkt oder indirekt miteinander verbanden. Die Analyse dieser Beziehungen ist um so schwieriger, als sie verschiedene Formen annahmen und sie das Individuum persönlich oder als Mitglied einer familiären, korporativen oder staatlichen Gruppe betrafen. Außerdem sind ihre faktischen Auswirkungen nicht immer offensichtlich. Wenn z. B. jemand als Patron einer Stadt belegt ist, weiß man im allgemeinen weder, was seine Ernennung auslöste, noch, welche Gefälligkeiten er erwies und welche Vorteile er hatte. Es wird oft behauptet, daß sich während der Kaiserzeit die Bedeutung des Patronats stark verringert habe. Die private Klientel sei nicht mehr als ein Relikt und das kaiserliche System beschränke die Auswirkungen des Patronats auf das Gemeinwesen stark [Harmand 818]. Mit Sicherheit veränderten die neuen politischen Bedingungen beträchtlich die Auswirkungen persönlicher

Beziehungen, die zur Zeit der Republik totales Engagement, vor allem bei Bürgerkriegen, bedeutet hatten. Mit dem allmählichen Untergang der alten, großen Senatorenfamilien verschwanden die riesigen Klientelen, die in Italien und den Provinzen bestanden hatten. Obwohl aber die Auswirkungen der Patronage jetzt mehr sozialer und administrativer Natur als strenggenommen politisch waren, töteten weder die absolute Vorherrschaft des Kaisers (der in vielen Fällen selbst als Patron oder Freund tätig wurde) noch die Entwicklung administrativer Strukturen unter seiner Kontrolle diese persönlichen Beziehungen ab, wie R. P. Saller gezeigt hat [835; leider hat er nicht auch gleichzeitig die Bindungen zwischen Patronen und Gemeinwesen betrachtet].

7.3.1.1 Verwandtschaft, Freundschaft, Patronage

Die Korrespondenz von Plinius dem Jüngeren dokumentiert die Grenzen und die Verschiedenartigkeit seiner ebensosehr wirtschaftlichen wie politischen Beziehungen mit seinen angeheirateten Verwandten. Blutsbande, Adoptionen und Heiraten schufen Netzwerke zwischen Gleichen, die sich regelmäßig Gefallen erwiesen. Aber gerade durch ihre Eigenart umfaßte die *familia* Einzelpersonen von sehr unterschiedlichem sozialem Status und Rang. Sklaven und Freigelassene, die ja auch Mitglieder der *familia* waren, fungierten vorrangig als Vertreter bei wirtschaftlichen Aktivitäten, ob einfach als Ausführende oder als weitgehend autonome Mittler. Wie Gehorsam verpflichtend für den Sklaven und Treue für den Freigelassenen war, so zeigen uns zahlreiche Quellen die echte Anhänglichkeit von Abhängigen (wie Kolonen), die an der Macht und am Glanz ihrer Familienoberhäupter teilhatten und ein Schicksal in Unabhängigkeit gar nicht in Erwägung zogen.

Beim gegenwärtigen Forschungsstand ist man sich im unklaren darüber, ob die familiäre Solidarität sich in einem beschränkten Umfeld abspielte (die Beziehungen zu Sklaven und Freigelassenen konnten manchmal wichtiger sein als die zu entfernten Verwandten, so auch bei Erbschaften) oder ob sie sich auf weite Gruppen ausdehnen konnte. Vor allem kann man nur schwer die Intensität der Beziehungen zwischen Mitgliedern einer *gens* (Träger desselben Namens, die von einem gemeinsamen Vorfahren abstammen) oder den Nachfahren eines Freigelassenen zu der Familie des Patrons abschätzen. Verschiedene Indizien legen die Vermutung nahe, daß es wirklich Solidarität gab. Bei den *Septimii* von Lepcis Magna unterscheidet man zwei Zweige, die sich wohl am Ende des 1. Jhs. trennten. Septimius Severus und Geta verdankten ihren Eintritt in den Senat (unter Marc Aurel) einem entfernten Verwandten des anderen Zweiges, der 160 Konsul war [Corbier, in: 849, S. 723–725]. Am Ende des 2. Jhs. wurde Postumia Paula, Gattin eines Konsulars, von Postumius Marianus geehrt, einem Lokalaristokraten von Brixia (Zisalpina), der wohl von einem Freigelassenen ihrer Familie abstammte. Nicht nur waren die Bande zu der senatorischen Familie durch die Zeit und den sozialen Aufstieg nicht zerschnitten worden, sondern sie erklären wohl auch, daß Marianus von Septimius Severus zum Kurator einer Stadt ernannt wurde und daß sein Sohn in den Ritterstand aufstieg [Jacques 851a].

Die Freunde unterschieden sich von den Klienten durch ihren Rang. Die Zugehörigkeit zum selben Sozialniveau und die Gleichartigkeit der erwiesenen Gefälligkeiten charakterisierten die Freundschaft, doch echte Gleichheit war selten: Man unterschied „ranghöhere" Freunde, von gleichem oder höherem Niveau (weil sie älter oder von besserer Abstammung waren), sowie „rangniedere" Freunde, die beispielsweise bei Gastmählern, zu denen sie eingeladen wurden, nur ein Menü minderer Qualität erhielten. Eine Gemeinschaft konnte sich Zuneigung verdienen; der Heimatstadt schuldete man sie sogar wie der Mutter. Dank dieser Liebe konnten die großen Persönlichkeiten in ihrer Heimatstadt Wohltaten verrichten, ohne daß sie ihre Überlegenheit darstellen mußten.

Die Grenzen zwischen Freundschaft mit Rangniederen und der Patronage waren fließend und dünn. Man konnte sich zugleich Freund und Klient eines Großen nennen. Indem man von Freundschaft sprach, vermied man eine Erniedrigung des Schwächeren und wollte dessen Dankespflichten minimieren. Das Klientelverhältnis war geprägt von einem sozialer Graben, der allen als unüberquerbar galt. Die Beziehung zwischen Patron und Klient definierte sich als das reziproke, aber asymmetrische Verhältnis zwischen zwei Personen verschiedenen Status und verschiedener Mittel, wobei der Klient eine Person oder eine Gemeinschaft sein konnte. Die Klienten waren von sehr unterschiedlichem Rang. Die großen Familien unterhielten weiterhin eine Parasitenschar, die täglich ihre Sporteln erhielt und deren Aufgabe in erster Linie die Vergegenwärtigung des Macht des Patrons war. Aber in der Gruppe der Klienten fanden sich sogar „ehrbare Leute". „Freundschaft" und „Klientelverhältnis" unterscheiden sich also mehr durch Ursprung und Natur der Beziehungen als durch den Rang der Partner. Ein Lokalhonoratior aus der Provinz konnte Klient eines Statthalters sein, während ein anderer ihn als Freund behandelt hätte, wenn der Notabel ihm z. B. große Dienste erwiesen hatte oder beide aus derselben Stadt stammten.

Auch bekannten sich Städte offiziell dazu, Klienten eines Individuums zu sein. Dabei konnte es sich um einen Mitbürger, einen Großgrundbesitzer der Region oder einen hohen ritterlichen bzw. senatorischen Verwaltungsbeamten handeln. Es konnten also alle Kategorien von *honestiores* Patrone für Gemeinwesen stellen. Kollegien oder Teile der Stadt (wie z. B. die städtische Plebs) hatten ihre speziellen Patrone, die einen den Stadtpatronen vergleichbaren Rang besaßen oder auch niedriger standen (bis hin zu Freigelassenen). Die Patronatsgewährung erfolgte nicht automatisch, auch bei Statthaltern nicht. Sie konnte sich auf besonderes Wohlwollen gründen, solches hervorrufen wollen oder einfach das Gewicht einer Persönlichkeit vergegenwärtigen (so wurde Plinius in sehr jungen Jahren Patron von Tifernum Tiberinum, als er die dortige Domäne seines Onkels Plinius des Älteren erbte). Die Städte versuchten möglichst viel Patronageabkommen zu schließen. Im Jahr 223 hatte Canusium 39 Patrone, 31 Senatoren (darunter Spitzenpolitiker) und 8 Ritter (von denen einige einfache Stadtdekurionen waren) [Pflaum 641]. Wie eine große Zahl von Klienten halfen viele Gemeinde-Patronagen den Ruhm eines Aristokraten zu manifestieren. Die genaue Zahl der Patronagen von hochbedeutenden Persönlichkeiten ist unbekannt. Die Städte nennen in ihren Ehreninschriften normalerweise nur diejenigen Patronagen, die über sie ausgeübt werden. Dafür zählten Lokalhonoratioren selbstgefällig ihre Patronagen auf, um durch ihr Gewicht auf regionaler oder provinzialer Ebene eine Vorrangigkeit zu proklamieren, die sich nicht aus ihrer Karriere ergab.

7.3.1.2 Gefälligkeiten und Freundschaftsdienste

Geschenke und Gegengeschenke charakterisierten die sozialen Beziehungen, vor allem weil viele wirtschaftliche, administrative und politische Aktivitäten so sehr von menschlichen Beziehungen gekennzeichnet waren, daß sie als Gefälligkeiten oder Geschenke betrachtet wurden (so z. B., als Augustus in seinem Testament seine Wohltaten gegenüber dem römischen Volk und den Veteranen aufzählte). Wohltaten und Gefälligkeiten (die je nach Kontext als *beneficium*, *officium* oder *meritum* bezeichnet werden) konnten sehr verschiedene Gestalt annehmen: Materielle Geschenke, wirtschaftliche Vorteile, Intervention und Schutz, Ehrungen. Da normalerweise zwei Personen von unterschiedlichem Sozialniveau betroffen waren, mußte der Austausch ungleich sein, wobei der höherrangige erwartungsgemäß mehr gab. Meist ging es um Dinge verschiedener Art: Schutz rechtfertigte ein Geschenk oder Vermächtnis; ein Geschenk an eine Stadt führte zu einer Ehrung. Aber mehr als die Form variierten Umfang und Intention der Gefälligkeiten je nach Art der Beziehung zwischen den Partnern.

Es gab weder strikte Kriterien noch genaue Stufen, die die verschiedenen Formen des sozialen Aufstiegs festgelegt hätten (Erwerb des römischen Bürgerrechts, Zugang zum Ritter- oder Senatorenstand). Genauso wenig gab es verbindliche Berufungsregeln bei der Besetzung der höchsten Ämter.

Da keine objektiven Referenzen existierten, mußten die Verantwortlichen bei den Berufungen auf Empfehlungen vertrauen. Falls es Mitbewerber gab, siegte derjenige mit den meisten oder einflußreichsten Unterstützern. Der Kaiser als Hauptquelle von Ämtern und sozialem Aufstieg mußte auf die Ratschläge von Freunden und Vertrauten zurückgreifen. Aber er ging auch auf die Bitten von ranghohen Personen ein. Die Großvestalin Campia Severina etwa erhielt eine ritterliche Prokuratur für einen Schützling und ein Kohortentribunat für einen anderen [ILS 4928, 4929, aus dem Jahr 240]. Senatoren und große Ritter waren die wichtigsten Vermittler, die mit den kaiserlichen Sklaven und Freigelassenen um den Einfluß beim Kaiser konkurrierten. Teilweise konnten sie auch selbst Ämter vergeben: Magistrate und Prokonsuln ernannten ihre *praefecti fabrum* aus dem Ritterstand; kaiserliche Legaten beriefen Reiteroffiziere und Zenturionen.

Die Empfehlungen (*suffragia*) erfolgten keineswegs heimlich [Cotton 804]. Offizielle Bescheide verwiesen auf sie, um Begünstigungen zu rechtfertigen, wie z. B. bei der Verleihung des römischen Bürgerrechts (Tafel von Banasa [S. 236]) oder des „Dreikinderrechts“ [Plin. epist. 10. 2, 94, 95]. Sie zählten zu den Verpflichtungen und Vorrechten der Großen, und sie galten nur dann als moralisch verwerflich, wenn der Unterstützte aufgrund seiner Rechtsstellung oder seiner Bestechlichkeit (wie z. B. die kaiserlichen Freigelassenen, deren Einfluß im Prinzip unzulässig war und die man von vorneherein als korrupt ansah) unwürdig war. Plinius' Briefe dokumentierten, wie unterschiedlich sein Engagement aussah und wie verschieden die Begünstigten waren: Erhebung in den Senatoren- und Ritterstand; Bürgerrecht für Peregrine oder *Latini Iuniani*; Dreikinderrecht (für Sueton); kaiserlicher Schutz für die Prätur; Offiziers- und Zenturionenernennungen; offizielle Papiere für Ritter und kaiserliche Freigelassene unter seinem Befehl in Pontos-Bithynien.

R. P. Saller überschätzt vielleicht ein wenig die Bedeutung des persönlichen Patronats für die Berufung der obersten Chargen in Armee und Verwaltung. Er bestreitet, daß Dienstalter und Verdienst eine wichtige Rolle bei der Laufbahn gespielt haben. Zwar konnte sich die Fürsorge der Patrone bei jeder Beförderung bemerkbar machen, doch ist es kaum vorstellbar, daß ein erwiesenermaßen unfähiger Senator oder Ritter eine brillante Karriere durchlief. Dagegen konnten Empfehlungen (vor allem von Vertrauten des Kaisers) einer Laufbahn den Anfangsschwung geben und (mehr noch) unter den Lokalhonoratioren die Elite auswählen, die in die Richterdekurien eingetragen wurde und Zugang zum Ritter- oder sogar Senatorenstand finden sollte. So bildete sich um den Cirtaer Fronto, den Lehrer von Marc Aurel und Lucius Verus, und die *Antistii* aus Thibilis (von denen einer Schwiegersohn von Marc Aurel wurde) ein richtiger numidischer Klüngel, der in der zweiten Hälfte des 2. Jhs. eine wichtige Rolle in Rom spielte.

Justiz und Verwaltung ließen ebenfalls Eingriffe zu, die man heutzutage als verwerflich betrachten und geheim halten würde. Bei einem Prozeß konnte der Patron selbst als Rechtsanwalt (das ist eine der Bedeutungen des Wortes *patronus*) auftreten, und sein Rang hatte soviel Gewicht wie seine Beredsamkeit. Doch beeinflußte er die Richter auch direkt. So übte Fronto Druck aus auf einen Landsmann, einen jüngeren und weniger berühmten Senator, damit er schnell und wohlwollend den unbedeutenden Fall eines örtlichen, kleinen Beamten entscheide [Fronto, p. 192N; vgl. Jacques 757]. Zu Beginn des 3. Jhs. erwirkte der bedeutende Senator M. Nonius Arrius Paulinus Aper vom Kaiser, daß einem religiösen Kollegium seiner Heimatstadt, das wohl angeklagt worden war, Immunität zugesichert wurde [ILS 1150].

Vom Wohltäter wurde erwartet, von selbst und unbezahlt tätig zu werden: Ein Gegendienst war ja keine Wohltat. In der Tat finden wir in der Korrespondenz von Plinius nur uneigennützige Geschenke, finanzielle Opfer, Interventionen ohne Gegenleistung, während uns die Inschriften zeigen, daß die zu Dank Verpflichteten ihre Schuld durch Statuen und Lobesreden ableisteten. Kehrten die Schwächsten ihre Beziehungen zu den Mächtigen um, indem sie die aristokratische Ethik zu ihren Gunsten ausnutzten? Erreichten sie Vorteile nur zum Preis ihrer Ehrerbietung und Erniedrigung? Oder verstärkten diese vertikalen Beziehungen nur die Ungleichheiten und die Allmacht einer kleinen Gruppe?

Der Erfolg seines Engagements und die Höhe der Geschenke bestätigten das soziale Gewicht, den Reichtum und die Tugenden des Aristokraten. Die Lobeshymnen und die Stellung seiner Schützlinge konnten seine *dignitas* mitdefinieren. Der Aufstieg eines Klienten oder Freundes erhöhte auch den Schirmherrn. Ein solcher sozialer Aufstieg hatte auch unmittelbare Auswirkungen. Die Machtbasis des Seniorpartners wurde durch eine solche „Unterwanderung" gestärkt. Außerdem machte es eine niedere Stellung nicht unmöglich, Gefälligkeiten zu erweisen und Geschenke, regelmäßige Zahlungen oder ein Vermächtnis konnten einzelne Finanzhilfen weitgehend ausgleichen.

Der berühmte „Marmor von Thorigny" [CIL XIII 3162; Pflaum 641] zeigt, wie ein Klient eine zentrale Rolle zum Vorteil seines wesentlich ranghöheren Patrons spielen konnte und wie der regelmäßige Austausch von Gefälligkeiten in der Praxis aussah. Außerdem beweist er, daß die politische Dimension des Patronats nicht verschwunden war. Im Jahr 220 verhinderte Sennius Sollemnis, Hohepriester der gallischen Provinzen, daß der Provinziallandtag den scheidenden Statthalter der Lugdunensis anklagte. Er erwarb sich so dessen Freundschaft (dieser sorgte dafür, daß er Militärtribun wurde, und machte ihm große Geschenke), aber auch den Schutz seines

Nachfolgers (der Prätoriumspräfekt wurde) und indirekt einer ganzen Gruppe, die unter Alexander Severus und später unter Gordian III. im politischen Rampenlicht stand.

7.3.1.3 Zusammenhalt und Kontrolle der Gesellschaft

Die persönlichen Beziehungen können nicht auf einen Austausch von Gefälligkeiten zwischen Einzelnen reduziert werden. Sie wirkten als mächtiges Kontrollinstrument, das wesentlichen Anteil an der Aufrechterhaltung des sozialen Gleichgewichts hatte und teilweise die unzureichenden zentralen Verwaltungsstrukturen ausglich.

Was die beiden oberen Stände angeht, wäre es unsinnig, von irgendeinem Zusammenhalt auszugehen, der aus Senatoren- oder Ritterstand als solchen Machtfaktoren oder Gruppen gemacht hätte, die ihre speziellen Interessen verteidigten. Der Kaiser verlieh den breiten Purpurstreifen, den Patriziat, das Konsulat und die wichtigsten Ämter; *er* bestimmte die Karrieren der Senatoren. Es hing von ihm ab, ob ein *clarissimus* seine *dignitas* erheblich wachsen sah oder ob er keinerlei Verantwortung übertragen bekam. Beim Senat gab es Solidarität nur innerhalb der Sippen, die durch Heiratsallianzen oder Freundschaftsdienste erweitert und konsolidiert wurden. Häufig wollte man aus dem Ritterstand einen Konkurrenten des Senats machen, der vom Kaiser bevorzugt worden sei, da stärker von seiner Gunst abhängig und damit gehorsamer. Die Wirklichkeit sah anders aus. Zwar unterhielten einige große Ritter direkte Beziehungen zum Kaiser, und den höchsten ritterlichen Beamten gab ihre Karriere ein solches Gewicht, daß es sich auf ihre Beziehungen zu den Senatoren auswirkte, doch waren die Ritter auch durch Klientelbeziehungen, Freundschaft und Verwandtschaft mit Senatoren verbunden. Die einzig echten Konkurrenten waren die Freigelassenen der kaiserlichen *familia.* Aber sie konnten keine Klientelen aufbauen, die denen der Aristokraten vergleichbar gewesen wären, und ihr Einfluß ließ nach Neros Tod beträchtlich nach.

Ein Senator oder großer Ritter stellte einen solchen Machtfaktor dar, daß er wichtige Entscheidungen einer Stadt beeinflussen konnte, ohne zum Dekurionenstand dieser Stadt zu gehören oder auch nur dort zu wohnen. Ihr Ansehen sowie ihre erwiesenen Wohltaten oder potentiellen Gefälligkeiten sorgten dafür, daß man ihrer Meinung folgte, daß man ihren Kandidaten zum Magistrat wählte oder ihren Freigelassenen zum Sevir. Ihre Freunde und Klienten wiederum waren die bevorzugten Mittler der Gemeinden zu den Mächtigen. Der Einfluß der großen Persönlichkeiten erstreckte sich direkt oder indirekt auf alle städtischen Strukturen, bis hin zu den Vereinigungen der kleinen Leute. Dazu kam ihre wirtschaftliche Macht, die auf ihren Ländereien direkt zum Tragen kam, aber auch ansonsten durch die Entlohnung von Saisonarbeitern oder Kreditvergabe an freie Bauern.

Diese Stellung bedeutete keine wirkliche Bedrohung für den Kaiser, außer wenn es im Ausnahmefall zum totalen Bruch zwischen ihm und der gesamten Aristokratie kam: Im Jahr 238 lehnte die Mehrheit der Senatoren Maximinus Thrax ab und, indem man die Beziehungen spielen ließ, wurden Africa Proconsularis und dann Italien zum bewaffneten Widerstand gebracht, der letztendlich obsiegte. Normalerweise aber festigten diese Netze eher die Macht des Kaisers, der Quelle aller Wohltaten, die man durch Vermittler jeden Ranges erwarb, und der die direkten, bevorzugten Beziehungen zu sich ohnehin nicht unbegrenzt ausdehnen konnte. Sie haben mit Sicherheit eine zentrale Rolle bei der Veränderung der Beziehungen zwischen Rom und seinen Untertanen und bei der Eingliederung der Provinzialeliten in die Führungsschicht gespielt. Außerdem verringerten Mehrfachpatronagen die Risiken, die sich aus einer allzu kohärenten Machtkonzentration ergeben und vielleicht potentielle Konkurrenten der Zentralmacht hervorgebracht hätten: Ein hochrangiger Mitbürger und der Statthalter gehörten nicht zwangsläufig zur selben Interessengruppe; für die Städte wiederum haben die Verschiedenartigkeit und die große Zahl der Patronagen die sich daraus ergebenden Verpflichtungen wohl erheblich verringert.

7.3.2 Der Euergetismus

Der Euergetismus war ein Phänomen im Spannungsfeld zwischen dem Politischen, dem Ökonomischen und dem Sozialen. Er hatte einen zentralen Platz im Leben der Gemeinden. Das Wort ist ein moderner Neologismus und bezeichnet die freigebige Haltung und die Wohltaten (Euergesien) von Einzelnen gegenüber Gemeinschaften (vor allem gegenüber Städten, aber auch kleineren Gruppen, wie organisierten Teilen der Stadt oder Vereinigungen). Die städtische Dimension ist grundlegend und unterscheidet den Euergetismus von anderen Formen der Großzügigkeit, die mit religiöser Frömmigkeit, Wohltätigkeit oder Mäzenatentum zusammenhingen, sowie von Wohltaten, die an persönliche Beziehungen geknüpft waren. P. Veyne hat das Phänomen und seine Ideologie feinsinnig analysiert [841]; allerdings hat er die Besonderheit des städtischen Euergetismus der Kaiserzeit (vor allem seinen Aufschwung im Westen) und die damit in Zusammenhang stehende Gesetzgebung vernachlässigt [Jacques 757].

7.3.2.1 Die Geschenke

Jede große Persönlichkeit, die sich entsprechend den Idealen der städtischen Ethik verhielt, betätigte sich als Euerget. Die Stifter waren also vor allem Lokalhonoratioren, es finden sich aber auch Aristokraten, die aus dem städtischen Milieu stammen, Freigelassene, deren Status sie von der Stadtregierung ausschloß, und einfache Leute, die sich in ihrer Vereinigung oder ihrem Viertel als Wohltäter erwiesen.

Das römische Recht versuchte zwischen verschiedenen Arten von Versprechungen mit unterschiedlich verbindlichem Charakter zu differenzieren. Die *ob-honorem*-Versprechen (sowohl „auf ein Ehrenamt hin" als auch „wegen eines Ehrenamtes") waren direkt mit dem Erhalt lokaler Ehrenämter verknüpft, wie Magistraturen, Priestertümer und dem Sevirat. Spätestens unter Traian konnte die Stadt einen Säumigen gerichtlich belangen. Bei Zahlungsverzug mußte er die Zinsen für die vorgesehene Aufwendung begleichen und, falls er starb, hatten seine Erben aufzukommen. Diese Euergesien *ob honorem* wurden von einer Minderheit der Lokalhonoratioren versprochen und hatte unterschiedliche Höhe; man darf sie nicht (was häufig geschieht) mit den gesetzlich festgelegten Summen verwechseln, die durch das jeweilige Stadtrecht bestimmt und für alle Würdenträger in den Städten römischen Typs verbindlich waren (*summa honoraria*), und auch nicht mit den Leistungen, die an gewisse städtische Funktionen geknüpft und in den griechischen Städten üblich waren [vgl. S. 278]. Die *liberalitates* führten zu weniger bindenden Verpflichtungen: Hier wurden Geschenke und Dienste nicht vor dem Hintergrund einer Wahl versprochen (aber möglicherweise während der Amtsausübung), und ihre Erfüllung blieb dem Euergeten überlassen, den nur der Sozialdruck dazu zwingen konnte. Dieselbe Euergesie bestand u. U. aus Gaben verschiedener Art: In Nordafrika enthielten die Wahlversprechen häufig das Ehrengeld, und manche gingen mit einer Stiftung weit über das ursprüngliche, bindende Versprechen hinaus. Außerdem wurden Euergesien testamentarisch verfügt. Ihre Erfüllung oblag den Erben und wurde vom Gesetz streng abgesichert.

Die Geschenke nahmen unterschiedliche Gestalt an: Bargeldspenden an die Stadtkasse oder an die Einwohner, zweckbestimmte Stiftungen, Erweisung von Gefälligkeiten, Veranstaltung von Gastmählern und Schauspielen, Bau von Monumenten oder Verzierung mit dekorativen Elementen. Eine spezielle Form der Euergesie bestand darin, die finanziellen Verpflichtungen einer Stadt zu übernehmen (Tributzahlungen, Unterhalt der Armee oder des kaiserlichen Gefolges, das in der Stadt Halt machte) oder die Kosten einer Mission zu übernehmen, die normalerweise von der Gemeinschaft gedeckt wurden (Ausstattung einer Gesandtschaft, Getreidekauf).

Die Ausgaben waren sehr unterschiedlich, von einer Stiftung, die einen Jahreszins von etwa 20 Sesterzen für den Schmuck einer Statue ergab, bis zu mehreren Millionen, die für *alimenta* hinterlassen oder für den Bau einer Wasserleitung gespendet wurden [Duncan-Jones 959, 959a]. Die eingesetzten Summen hingen ab von der Persönlichkeit des Stifters, und das nicht nur aus rein materiellen Gründen, sondern auch, weil die Wohltat dem Rang und Vermögen des Euergeten entsprechen mußte. Sie richteten sich auch nach der Größe der Stadt (ihre jeweilige *dignitas* erforderte ein bestimmtes Minimum an Kosten) und, bei den Euergeten *ob honorem*, nach dem Prestige des Amtes. In unserem hauptsächlich epigraphischen Quellenmaterial sind die Geschenke, die mit lokalen Ehrenämtern zusammenhängen, am häufigsten vertreten, vor allem im Westen. Aber meist blieben diese Euergesien unter ein paar tausend Sesterzen (was man nicht für einen lächerlichen Betrag halten sollte, schließlich handelte es sich dabei um das mehrfache Jahresexistenzminimum einer Familie). Höher, aber seltener waren Schenkungen durch Testament oder außerhalb des Wahlkontextes, z. B. von Senatoren an ihre Heimatstadt.

7.3.2.2 Euergetismus und städtisches Leben

Der Euergetismus war grundlegend für die Entwicklung des städtischen Lebens und die Entfaltung eines Wohlstandes, ohne den man sich zivilisiertes Leben nicht vorstellen konnte. Der severerzeitliche Jurist Paulus unterschied Vermächtnisse, die die bauliche Verschönerung der Stadt zum Ziel hatten und solche, die das Prestige der Stadt wachsen ließen (*honor*), wie Schauspiele, Gastmähler und *alimenta*-Stiftungen [Dig. 30. 122]. Nichts von alledem war auf den Euergetismus begrenzt. Die verschiedenen Ausgaben wurden entweder von den Städten (dank ihrer eigenen Einkünfte) oder den Euergeten getragen. Der relative Anteil dieser beiden Finanzierungsformen läßt sich schwer abschätzen und war mit Sicherheit in den einzelnen Städten verschieden. Manchmal kamen die Gemeinden für die bauliche Grundausstattung auf, während Verzierung (Statuen und Skulpturen, Kolonnaden) und Komfort (Portiken, Straßenpflasterung) Stiftern überlassen blieben. Aber ein Euerget errichtete auch Bauwerke, die als unverzichtbar galten, aber von der Stadt aus Geldmangel nicht gebaut werden konnten, wie Theater, Thermen oder Tempel. Gleiches gilt für die Kosten des städtischen Lebens. Schauspiele, Feste und Verteilungen hatten ihren festen Platz im Kalender der Stadt; ihre Unkosten oblagen gesetzlich den Inhabern bestimmter Ämter oder wurden von der Stadtkasse getragen. Spenden gaben solchen Veranstaltungen einen größeren Umfang oder ermöglichten, ihre Zahl zu erhöhen.

Die Euergeten ersetzten nicht die Gemeinschaft, sondern unterstützten das chronisch defizitäre Budget oder schenkten, was die Stadt sich nicht leisten konnte. Sie ließen die Stadt über ihren Verhältnissen leben. Der Euergetismus hatte auch zur Folge, daß einer Bevölkerung, der oft das Nötigste fehlte, mehrmals im Jahr aufwendige Lebensführung und Überfluß demonstiert wurde. Man hat häufig den verschwenderischen und unsozialen Charakter des Euergetismus kritisiert. So standen die Dimensionen von Theatern, Stadien und Arenen nicht in Zusammenhang mit der Größe der Bevölkerung, sondern hingen von den verfügbaren Geldsummen und der Rivalität mit den Nachbarstädten ab. Die Verteilungen wurden nicht den Bedürfnissen entsprechend durchgeführt, vielmehr bekamen Höherstehende mehr oder wurden auch manchmal allein berücksichtigt. Beträchtliche Summen wurden relativ sinnlos verbaut oder für Schauspiele verschwendet.

Das Volk selbst scheint diese Art von Verschwendung bevorzugt zu haben, weil sie ihm eine gewisse Lebensqualität erlaubte. Man könnte glauben, daß es von der herrschenden Schicht betrogen wurde, deren Werte es übernahm. Aber: So astronomisch die verbrauchten Summen als einmalige Spenden waren, hätte man sie angelegt und den erzielten Zins an alle gleichermaßen verteilt, dann wäre so nur ein winziges Einkommen erzielt worden. Allein der Kaiser konnte der Plebs von Rom das Existenzminimum sichern, indem er für sie einen Teil der Ressourcen des Reiches aufwandte. Außerdem waren die sozialen Effekte des Euergetismus nicht vernachlässigbar. Neben der Tatsache, daß die Bauten einem Teil der Bevölkerung Einkommen brachten, kann man den Verteilungen nicht jede wirtschaftliche Bedeutung absprechen. Die übliche Höhe für Sporteln an einfache Leute in Italien, 4 HS, deckte die täglichen Bedürfnisse einer Familie ab. Gastmähler, die pro Teilnehmer etwa soviel oder mehr kosteten, mußten Schlemmereien gewesen sein, die sich die Armen normalerweise nicht leisten konnten. Bei Existenzkrisen kamen Euergeten für kostenloses oder billiges Korn auf, was die Städte nicht immer aus ihren Kassen leisten konnten.

7.3.2.3 Selbstbestätigung und Zusammenhalt der Bürgerschaft

Politischer und sozialer Ehrgeiz war den Gebern durchaus nicht fremd. Ein Geschenk konnte eine Wahl entscheiden oder eine lokale Karriere beschleunigen. Mit einer großen Euergesie sicherte sich ein Freigelassener ehrende Auszeichnungen und vor allem seinem Sohn den Zugang zum Dekurionenstand. Manche Schenkungen zogen die Aufmerksamkeit der römischen Autoritäten auf sich. C. Iulius Severus, ein Magnat in Galatien, hatte in Ankyra Traians Armee unterhalten; Hadrian nahm ihn dann in den Senat auf. Allerdings hätten auf lokaler Ebene die meisten Euergeten auch ohne Spenden dieselbe Karriere gemacht, weil sie aufgrund ihrer Stellung zur Übernahme von Ämtern prädestiniert waren; andere besaßen als Senatoren oder hohe kaiserliche Beamte ohnehin einen Dispens.

Unabhängig von jedem Wahlkontext war die Freigebigkeit in erster Linie ein beliebtes Mittel, seinen Vorrang in der Gruppe der Mächtigen zu demonstrieren, was durch Dankesdekrete und -statuen von der Dekurionenschicht und dem Volk offiziell bestätigt wurde. Diese Ehrungen mochten den großen Aristokraten lächerlich erscheinen; für die Lokalhonoratioren waren sie jedoch überaus wichtig. Die Motive, die für Euergesien angegeben wurden, vergegenwärtigen die aristokratischen und bürgerlichen Ideale: Man verwies auf Vaterlandsliebe, die Sorge um das Prestige der Heimatstadt und um ihre Vorrangigkeit vor den Nachbarinnen (die durch eine Statuserhöhung oder durch vom Kaiser verliehene Ehrentitel anerkannt werden konnte). Frühere Euergesien – vor allem der Verwandten und Ahnen – setzten einen Standard, der gehalten oder möglichst übertroffen werden mußte. Dazu kam das Streben, sich zu verewigen. Die Inschriften auf den Bauwerken, die ein Wohltäter gestiftet oder die man ihm zu Ehren errichtet hatte, sollten die Erinnerung an ihn auf immer konservieren. *Alimenta*, Wettkämpfe und Feiern mit seinem Namen wurden durch Stiftungen dauerhaft finanziert, und man hielt jährliche Zeremonien vor seiner Statue ab. Außerdem hinterließ der Stifter seinen Erben ein Vorbild, aber auch ein Prestige-Kapital, so z. B. wenn sein Testament bestimmte, daß seine Nachkommen bei den von ihm begründeten Spielen den Vorsitz führen sollten.

Wie Juvenal, von dem die berühmte Wendung *panem et circenses* stammt, glaubten viele Römer, daß der Euergetismus die städtische Plebs entpolitisiert habe, und zahlreiche Historiker sind ihnen gefolgt: Die Aristokraten hätten das Volk verdorben, indem sie es von ihren Wohltaten abhängig machten und so von der Politik abwandten. P. Veyne hat die Schwächen dieser Ansicht gut aufgezeigt. Wir wollen hinzufügen, daß sich der Euergetismus im Westen bei Gemeinwesen herausbildete, in denen das Volk nie eine besondere Rolle gespielt hatte, und in bestimmten griechischen Städten blieben die Volksversammlungen sehr wohl aktiv.

Vielmehr hatte der Euergetismus seinen Platz im städtischen Leben, das er mitprägte. „[Die Menschen] erwerben Geld aus Ehrgeiz, es für die Allgemeinheit ihrer Heimat aufzuwenden." Nach Lukian [Laudatio patriae 7] war die Freigebigkeit ganz wie die Verwaltung der Stadt eine Pflicht für vermögende Leute und eine Rechtfertigung ihres Wohlstands. Da die Aristokraten über die wirtschaftliche Macht verfügten und als die einzig legitimen Herrscher betrachtet wurden, mußten sie sich die Herrschaft nicht erkaufen, die ihnen ohnehin niemand streitig machte. Sie fühlten sich vielmehr ebenso verantwortlich für das Wohlergehen und den Glanz der Stadt wie für ihre Verwaltung. Die Euergesien sind nur „politisch" begreiflich. Bauwerke waren Gemeingut. Feiern, Schauspiele und Verteilungen versammelten die Bürgerschaft, gaben ihr die Möglichkeit, ihre *unanimitas* zu demonstrieren und vereinten die Gesellschaft in Eintracht.

7.3.2.4 Entwicklung und Wandel des Euergetismus

Nach Meinung der meisten Forscher sei der Euergetismus in der Kaiserzeit, wie das ganze städtische Leben, so sehr degeneriert, daß er seine wesentlichen Eigenschaften verloren habe. Die Verpflichtungen der Lokalhonoratioren seien gewachsen, die Autonomie der Städte geschrumpft, so daß der Opfergeist, eigentlicher Motor des gesamten Polis-Lebens, verschwunden sei. Zwang habe Freiwilligkeit ersetzt. Die Euergesien, nunmehr reine Formsache, seien allen Notabeln von der Masse oder dem Rat abverlangt oder sogar vom Kaiser gesetzlich erzwungen worden, zumal die Versprechungen *ob honorem* [Veyne 841, S. 253f.]. Diese Ansicht postuliert a priori, daß sich echter Euergetismus nur in einer unabhängigen Stadt entfalten könne. Doch gerade die Kaiserzeit liefert für die Städte griechischen Typs die größte Zahl von Belegen, und im Westen trat der Euergetismus überhaupt erst in der Kaiserzeit auf. Nach den Quellen erscheint der Euergetismus als ein Phänomen griechischen Ursprungs, das seinen Höhepunkt in der Hohen Kaiserzeit erreichte, je nach Region zu verschiedenen Zeiten. Das Fortleben von Ideal und Praktiken des Euergetismus während der gesamten Spätantike zwingt ebenfalls dazu, den angeblichen Mentalitätswandel bei den Stiftern zu bezweifeln.

Der Euergetismus wurde nur von einer Elite betrieben; das gilt auch innerhalb der herrschenden Schicht. Unter den Allerreichsten spendeten nur die Ehrgeizigen und diejenigen, die sich um ihren eigenen Ruf und den ihrer Familie sorgten. Die Euergesien von Plinius dem Jüngeren, die mehr als fünf Millionen Sesterzen kosteten (also mehr als ein Viertel seines Vermögens), sind nicht repräsentativ für einen Senator. Plinius war Comum, seiner Heimatstadt, sehr verbunden. Er wollte zweifellos dem Vorbild Traians folgen und hatte außerdem keine direkten Erben. Zwar ist der Ruin des Euergeten sowohl rhetorischer Topos als auch Realität (die Stadt leistete in solch einem Fall Hilfszahlungen [Plin. epist. 10. 110; Dig. 50. 2. 8]), doch die meisten Euergeten vermieden sicherlich eine Schmählerung ihres Besitzstands. Eine spektakuläre Euergesie, wie die Stiftung eines Bauwerks, gab es während eines ganzen Lebens nur einmal, oder sie wurde testamentarisch verfügt. Ein Honoratior machte selten mehr als ein Geschenk *ob honorem* in seiner Laufbahn.

Die epigraphischen Quellen erlauben zwar keine wirkliche quantitative Abschätzung, ermöglichen aber doch die Grenzen des Euergetismus und seine Entwicklung zu erkennen. Große Euergesien blieben stets selten, zur Ausschmückung einer Stadt waren ja nur einige wenige notwendig. Zu allen Zeiten gab es nur ein paar Familien (manchmal nur eine), die die Mittel für solche Spenden hatten. Zahl und Umfang der Geschenke hingen zunächst vom allgemeinen Wohlstand ab. Doch sie reflektieren nur den Reichtum einer kleinen Elite, und so gibt der Graph der Stiftungen die Konjunkturschwankungen verstärkt wieder: Während einer Rezession brachen die Euergesien ab oder ihre Zahl verringerte sich zumindest drastisch, ohne daß man deswegen auf eine entscheidende Verarmung oder eine Verhaltensänderung der Elite schließen müßte. So sind in Afrika die Euergesien, die zwischen 240 und 260 fast verschwunden waren, unter Gallienus wieder belegt, unter dem die Region eine Zeit relativen Wohlstands erlebte [Jacques 757].

Es fehlt an Studien, die ermöglichen würden, die Entwicklung des Euergetismus in verschiedenen Regionen genau zu verfolgen. Da er mit der griechisch-römischen Kultur und dem Städtesystem zusammenhing, trat er seit Beginn der Kaiserzeit in den westlichen Provinzen auf, auch in den peregrinen Städten, wo sich darin die Bemühung der offen romanisierten Lokalhonoratioren um Akkulturation manifestierte. Die großen gallischen Magnaten stifteten schon seit Augustus und Tiberius aufwendige Bauwerke, ganz wie die reichen punischen Honoratioren von Lepcis Magna. In den meisten Regionen wurde der Höhepunkt unter den Antoninen erreicht. In Italien ist die julisch-claudische Zeit besser vertreten als in den Provinzen, während es in Afrika Euergesien bis zum Beginn des 2. Jhs. recht selten gibt und der Höhepunkt am Ende des 2. Jhs. und in der Severerzeit liegt.

Die Gründe, die die Reichen zum Spenden brachten, waren sehr unterschiedlich. Freiwillige Verpflichtungen standen neben solchen, die aus Konformismus übernommen oder von Volk oder Rat erzwungen wurden. Daß manche Versprechungen leichtfertig oder widerwillig gegeben wurden, erklärt einen paradoxen Zug des Euergetismus: Viele, die Zusagen gemacht hatten, ließen sich mit der Erfüllung Zeit und zögerten manchmal mehrere Jahre lang. Aber weder diese Nachlässigkeit noch die eindringlichen, bis zur Gewalttätigkeit gehenden Aufforderungen spiegeln einen Mentalitätswandel bei den Euergeten oder eine Veränderung des Euergetismus wider, der jetzt nur noch durch Zwang hätte überleben können. Denn solche Verhaltensweisen finden sich zu allen Zeiten, und man würde vergeblich nach dem Moment suchen, an dem es zu einem Bruch gekommen wäre. Genauso wenig haben die Kaiser versucht, den Euergetismus verpflichtend zu machen, nicht einmal in Form von *ob-honorem*-Versprechen, wie dies oft behauptet wird. Sie bemühten sich, den verschiedenartigen Mißständen abzuhelfen, denn zur Säumigkeit mancher Euergeten und der Widerwilligkeit ihrer Erben kam auch die Geldgier einiger Gemeinden. Spätestens seit Traian definierte die Gesetzgebung genau die Verpflichtungen, die mit den verschiedenen Formen von Euergesien verbunden waren und erlaubte den Städten, die Erfüllung von versprochenen Euergesien einzuklagen. Aber indem die Kaiser unter Zwang abgepreßte Versprechen aufhoben und falsche Ansprüche der Städte verwarfen, verhinderten sie, daß die Versprechen zur Verpflichtung wurden und daß der Euergetismus sich in eine Form finanziellen Aderlasses verwandelte.

7.3.3 Gewalt, Unsicherheit und Unterdrückung

Als uneigennützige und großzügige Beschützer, immer den einfachen Leuten zu Diensten, die ihnerseits außer sich vor Dankbarkeit waren, haben es die Mächtigen (im wesentlichen durch Inschriften) geschafft, uns ein höchst schmeichelhaftes Bild von sich selbst und den Gemeinden zu hinterlassen, in denen sie Wohlstand, Frieden und Harmonie herrschen ließen. Einen anderen, ganz anderen Eindruck vermitteln solche Quellen, die nicht die Realität idealisieren wollen. Bei den Beziehungen in der Familie und der Stadt erlauben die Rechtstexte einen Blick hinter die Kulissen. Die „ehrbaren Leute“ selbst zeichnen häufig ein wenig schmeichelhaftes Bild, nicht nur die Historiker (besonders Tacitus), die Satiriker (vor allem Juvenal und Lukian) oder die Romanschriftsteller, die begierig nach Räuberpistolen und exotischen Geschichten waren, sondern auch die Lobredner der etablierten Ordnung, wie Plinius der Jüngere, Dion Chrysostomos, Plutarch und Aelius Aristides.

Die kleinen Leute haben kaum direkte Zeugnisse hinterlassen: Epiktet ist der einzige Sklave der Antike, von dem ein Werk auf uns gekommen ist. Wenn man von ein paar epigraphisch überlieferten Petitionen absieht, sind die Zeugnisse aus dem Milieu der kleinen Leute vor allem ägyptisch und jüdisch. Aber der Status Ägyptens und die Stellung seiner Bewohner waren besonders geregelt, und die Papyri enthalten vor allem Beschwerden an die Autoritäten; die wiederholten Konflikte zwischen einem Teil der Juden und Rom sowie die Feindschaft der griechisch-römischen Welt gegenüber dem Judentum ließen besondere Bedinungen entstehen. Daher wird man zögern, R. MacMullen vorbehaltslos zu folgen, der ein sehr düsteres Bild der sozialen Beziehungen zeichnet, vor allem der Unterdrückung der Schwächsten [824; auch 615; 616; 823]. Die Quellen selbst können nicht in Frage gestellt werden. Das Problem für den Historiker liegt darin, daß er nicht entscheiden kann, ob sie die verstreuten Zeugen einer permanenten, fast barbarischen Realität waren, oder nur das Echo von Mängeln im System, deren Zahl ansonsten begrenzt und die im allgemeinen für die Mehrheit erträglich waren. Auf alle Fälle kann man das Problem nicht angehen, ohne einen vergleichenden Blick auf die vorangegangenen Epochen zu werfen. Mehrere Generationen lang war die Gewalt omnipräsent gewesen: die Eroberungskriege, die gnadenlose Ausbeutung der Provinzialen, die inneren Konflikte, ja Bürgerkriege. Es wäre naiv zu glauben, daß die *pax Augusta* das Verhalten der Menschen in wundersamer Weise verändert hätte. Bei gerichtlichen Verhören verwandte man die Folter regelmäßig, und zwar nicht nur bei Sklaven, sondern auch bei einfachen Freien. Die Strafen, die über die kleinen Leute verhängt wurden, waren besonders grausam, wie Zwangsarbeit, die rasch zum Tod führte, oder als Schauspiel inszenierte Hinrichtungen. Prügel und Geißelung waren übliche Mittel der Züchtigung und Unterdrückung, wurden aber auch zur Steuereintreibung eingesetzt.

Die öffentliche Gewalt scheint vom kaiserlichen System in Zaum gehalten worden zu sein und latent gelauert zu haben, um beizeiten leicht zu explodieren. Der Wettstreit um den Vorrang, Grenzstreitigkeiten und Konflikte um die kaiserliche Gunst führten zu blutigen Krawallen, wie zur berühmten Auseinandersetzung zwischen Pompeianern und Nucerinern im Jahr 59 anläßlich eines Gladiatorenkampfes [Tac. ann. 14. 17]. Bei Bürgerkriegen wurde alles noch schlimmer; alte Rivalitäten trieben Nachbarstädte in die verschiedenen Lager, obwohl es eigentlich nicht ihre Konflikte waren, um die es ging. Im Jahr 68 belagerten die Bewohner von Vienna, die Vindex unterstützten, Lugdunum; ein paar Monate später drängten die Lugdunenser die Vitellianer dazu, ihre Rivalin auszulöschen [Tac. hist. 1. 65].

Die Unreife der Plebs, die jederzeit zu Ausschreitungen bereit war, ist nicht nur ein Gemeinplatz, der die Herrschaft der Aristokraten begründet und ihre Ängste widerspiegelt. Volkserhebungen scheinen in den Städten häufig stattgefunden zu haben, wenn sich Unruhe bei Schauspielen ausweitete, Hungersnöte zu Tumulten gegen Wohlhabende führten oder Berufsgruppen Krawalle ausgelösten, z. B. der berühmte Aufruhr der Devotionalienhersteller in Ephesus gegen Paulus [Apg. 19. 24ff.]. Sie konnten einen politischen Charakter annehmen (innerstädtischer Parteienkampf oder auch anti-römische Bekundungen); hierauf spielt Plutarch in seinen *Praecepta gerendae rei publicae* leider nur allzu flüchtig an.

Gleichzeitig herrschte überall Unsicherheit, die in den großen Städten, auf den Wegen oder in den Herbergen geradezu sprichwörtlich war [922; 932]. Reisende verschwanden in Italien, und man fragte sich nur, ob sie *mit* oder *von* ihren Sklaven getötet worden waren [Plin. epist. 6. 25]. Statthalter waren verpflichtet, „Tempelräuber, Wegelagerer, Entführer, Diebe" und ihre Komplizen zu verfolgen [Ulpian, Dig. 1. 18. 13]. Das genaue Ausmaß sowie der soziale Hintergrund der Wegelagerei sind schwer abschätzbar. Das Wort *latro* bezeichnete alle Gesetzlosen: Diebe, Deserteure, organisierte Räuber, nicht unterworfene Völker oder Rivalen des Reiches. Die Römer machten keinen Unterschied zwischen gewöhnlicher Schwerkriminalität, Ablehnung des Systems und politischem Aufstand.

„Ernährt eure Sklaven, damit sie nicht zu Räubern werden!" ließ der Bandit Bulla Felix an Septimius Severus und Caracalla ausrichten [Cass. Dio 76. 10]. Die Römer erkannten den Zusammenhang zwischen Kriminalität und Armut und sahen in der Räuberei die einzige Alternative zu Militärdienst und Gladiatorenlaufbahn für die Armen und Deklassierten. In Ägypten kamen zu den eigentlichen Räubern die Flüchtlinge, die ihre Felder aufgegeben hatten, weil sie die Steuern nicht bezahlen konnten. Städtische und provinziale Stellen waren nicht in der Lage, dauerhaft Sicherheit in dünn besiedelten, gebirgigen oder bewaldeten Gebieten sowie in Weidelandschaften zu gewährleisten. Dort konnten sich Räubernester halten. Eine lykische Stadt erhielt im Jahr 190 Ehrungen beim Provinziallandtag und Glückwünsche vom Kaiser, weil es ihr gelungen war, den Angriff einer Räubertruppe abzuwehren [AE 1979, 624]. Da aber das Räuberunwesen nur die geographischen und sozialen Ränder der römischen Welt betraf, stellte es keine wirkliche Gefahr für das System dar, außer in Krisensituationen. Unter Commodus soll eine Gruppe von Deserteuren und Kriminellen stark genug gewesen sein, Städte in Gallien und Spanien zu plündern [G. Alföldy, in: BJ 171 (1971) 367ff.; Wilmans 702].

Vielleicht wichtiger als die episodenhaften Gewaltausbrüche und lokal begrenzte Unsicherheit war die alltägliche Brutalität und die Agressivität in den menschlichen Beziehungen, auch innerhalb derselben Sozialschicht. Als sich Aelius Aristides unter Hadrian ein Gut in einem wenig zivilisierten Landstrich Asiens gekauft hatte, geriet er in Konflikt mit seinen Nachbarn. Mit ihren Abhängigen starteten sie eine richtige Militäroperation zur Besetzung seines Hauses und tatsächlich verdankte Aelius Aristides seinen raschen Sieg nur seiner Freundschaft zum Prokonsul [4. Hl. Rede, § 105–107]. Daß man so häufig zur Gewalt griff und gegen das Recht verstieß, offenbart deutlich die Schwächen des Systems, sowohl was Justiz als auch Vollzug angeht, nicht unbedingt einen „Klassenkampf". Die lokalen oder provinzialen Ordnungskräfte waren nicht in der Lage, überall rasch einzugreifen. Die städtischen Gerichte hatten begrenzte Kompetenzen. Bei den Gerichtssitzungen in der Provinz konnte ein Fall viele Jahre dauern und reichlich Geld kosten, und Recht zu haben garantierte noch lange nicht, auch Recht zu bekommen.

Die Gewalt traf vor allem Schwache, Frauen, Minderjährige und kleine Leute. Jeder Inhaber von Macht war ein potentieller Unterdrücker, egal welches Niveau er innehatte, ob hoher Beamter, Magistrat oder Armeeangehöriger. Insbesondere mit kaiserlichen Aufträgen rechtfertigte man zahlreiche Übergriffe, und die Kaiser konnten niemals den Mißbrauch bei der Staatspost beenden. Die Ausbeutung der kleinen Leute, vor allem auf dem Land, scheint üblich gewesen zu sein. Eine Bittschrift aus Thrakien zeigt uns ein Dorf, das im Jahr 238 zum beliebten Erholungsort für Provinzialbeamte und Soldaten (auf der Durchreise oder aus benachbarten Lagern) geworden war; sie alle lebten auf Kosten der Einwohner [ARS 287]. Nicht nur war es für die Schwächsten überhaupt sehr schwierig, sich Gerechtigkeit zu verschaffen, die Provinzialverwaltungen deckten offensichtlich zumeist die Übergriffe, die möglicherweise ab dem Ende des 2. Jhs. auch noch zunahmen.

Die „Mächtigen", d. h. Großgrundbesitzer und Stadthonoratioren, hatten keine Schwierigkeiten, rohe Gewalt gegen einfache Leute anzuwenden. Syrische Dorfbewohner etwa zeigten bei Caracalla jemanden an, der sich ein Priestertum widerrechtlich angeeignet hatte, das nicht nur Ehre, sondern auch materiellen Gewinn einbrachte [Roussel/Visscher 931]. Weder Freundschafts- bzw. Klientelbeziehungen noch hoher Status garantierten Straffreiheit; aber sie ließen den Sieg vor Gericht wahrscheinlich werden, und schon allein das soziale Gewicht der Bedrücker konnte die Schwächsten auf einen Prozeß verzichten lassen. Zur Solidarität der Mächtigen kam noch die Korruption, die nur von den Reichen effektiv praktiziert werden konnte. Die kaiserlichen Kolonen des *saltus Burunitanus* bemerken in ihrer Petition an Caracalla unverblümt, daß die reichen Pächter mit ihren Geschenken die Unterstützung des Prokurators erlangt hätten, der ihre Übergriffe decke und den Widerstand der Bauern bekämpfe [FIRA I 103].

7.3.4 Die Vereinigungen der *tenuiores*

Freundschaft und Klientel sicherten den schwächeren Partnern zugleich Macht und Schutz. Einfache Leute ohne persönliche Beziehungen zu einer einflußreichen Persönlichkeit besaßen nur aufgrund ihrer Verbindungen untereinander eine gewisse Würde und eine relative Sicherheit. Wie die Dörfer hatten auch die Straßen und Viertel der Städte ihre Organisation und ihre Feste. Die Kurien und Stimmbezirke (*tribus*) versammelten sich auch ohne jeden politischen Kontext, z. B. für Gastmähler oder bei Schauspielen. Außerdem gab es trotz des Mißtrauens der Obrigkeit zahlreiche Zusammenschlüsse in den Städten. Wie auch immer sie sich nannten (*collegium*, *corpus*, *sodalicium* sind die häufigsten lateinischen Begriffe) und was der angebliche Vereinszweck war (Innungen, Bestattungsvereine, Religionsgemeinschaften), hauptsächlich handelte es sich um Geselligkeitsstrukturen, was auch in den Bezeichnungen der Mitglieder, „Freund" oder „Gefährte" (*socius, sodalis*), zum Ausdruck kommt.

Solche Vereinigungen sind durch zahlreiche Inschriften belegt, die jedoch häufig sehr lakonisch sind, und so erfährt man normalerweise nur den Namen, möglicherweise den eines Patrons sowie stereotype Organisationsformen. Man hat auch „Gesetze", d. h. interne Regelungen der Kollegien [FIRA III, S. 91–111; Jacques 84] sowie Mitgliederlisten, z. B. die von Ostia. Viele Details bleiben aber im Dunkeln, vor allem bei den Berufsvereinigungen. Trotz neuerer Studien [944; 945; 955] ist das Monumentalwerk von J.-P. Waltzing [956] nach wie vor grundlegend.

Die Vereinigungen hatten manchmal nur einige Dutzend Mitglieder, häufiger 100 bis 300, sehr selten mehr als 1000; ihre Zielsetzungen waren sehr unterschiedlich. Einige umfaßten Personen mit gemeinsamen Interessen und früheren Bindungen. Es gab Vereine für Soldaten (normalerweise ähnlichen Dienstgrades), andere für die Mitglieder einer großen *familia*, wie die Sklaven und Freigelassenen einer Stadt [ILS 6152], die des Kaisers in einer Stadt [ILS 1503 für Korinth; in Ephesus verteilten sie sich auf mindestens fünf Kollegien, ILS 1505] oder die Dienerschaft einer großen Persönlichkeit, wie das „Kollegium in der *domus* der Sergia Paullina", einer *clarissima* vom Beginn des 2. Jhs. [z. B. ILS 7333–7335; AE 1973, 24–27]. Daß diese Gruppierungen von den Oberhäuptern der *familiae* oder den militärischen Vorgesetzten toleriert und sogar gefördert wurden, zeigt, daß man sie für unfähig hielt, die Autorität der Herren oder Vorgesetzten in Frage zu stellen.

Am häufigsten sind Berufsvereinigungen belegt, für Händler, Leute im Transportgewerbe (wie Frachtschiffer, Schiffseigner, Seeleute oder Flußschiffer), Arbeiter und Handwerker (unter dem recht vagen Begriff *fabri* oder gemäß ihren Berufen). Die Spezialisierung ging vor allem in Städten mit entwickelter Wirtschaft weit (17 Kollegien sind in Lugdunum belegt), manchmal wimmelt es nur so vor ihnen, z. B. in Ostia [Meiggs 953]. Ihre wirtschaftliche Funktion ist kaum bekannt und kann im Westen nicht sehr groß gewesen sein, was dadurch bewiesen wird, daß sie häufig Leuten offenstanden, die nichts mit dem Beruf zu tun hatten. Die kaiserliche Gesetzgebung verbot nämlich, daß diejenigen Mitglieder, die nicht wirklich aktiv waren, von den Privilegien bestimmter Kollegien profitierten. In Rom verbot die Satzung der Elfenbeinhändler die Aufnahme externer Mitglieder, während das Flößerkollegium von Lugdunum Textilienhändler zu seinen Mitgliedern zählte [ILS 7214; 7034, 7035]. Freigelassene waren in diesen Gruppierungen zahlreich vertreten, und auch Sklaven fanden Zugang zu den weniger elitären.

Andere Gesellschaften hatten einen religiösen Charakter. Unter ihnen finden sich die Kollegien der Dendrophoren am zahlreichsten, die einen

Bezug zum Kybele-Kult hatten. Bei manchen handelte es sich um echte Kultgemeinschaften, die einen mehr oder weniger bekannten Gott verehrten. Viele aber waren in erster Linie Bestattungsvereine, die sich unter den Schutz göttlicher Patrone stellten, wie die Diana- und Antinoos-Verehrer von Lanuvium oder das Äskulap- und Hygia-Kollegium von Rom [ILS 7212, 7213]. Das Kollegium leistete seinen Mitgliedern die kostspieligen Begräbnisse (wobei die Bestattung manchmal in einer eigenen Vereinsruhestätte stattfand) sowie spätere Gedenkfeiern; so entfielen die hohen Bestattungskosten, die arme Familien nicht immer aufbringen konnten. Doch für Notleidende waren auch diese Begräbnisversicherungen unbezahlbar. Das Kollegium von Lanuvium im Jahr 136 gab 300 HS für Bestattungen aus; man mußte aber eine Aufnahmegebühr von 100 HS zahlen und, wollte man seine Beiträge ordentlich entrichten, weitere 15 HS pro Jahr. Falls die gemeinsamen Gastmähler nicht von Stiftungen finanziert wurden, hatte man auch dafür seinen Anteil zu übernehmen. Dieser gesellige Zug findet sich bei allen Arten von Kollegien, und die reichsten hatten sogar ihr eigenes Versammlungsgebäude (*schola*).

Organisationen junger Männer sind im ganzen Reich belegt. Die griechischen Städte hatten Vereinigungen für Epheben (18–19 Jahre) und „Jünglinge" (etwas älter), die wahrscheinlich recht elitär waren. Die Vereine junger Erwachsener (*iuvenes*) italischer Art fanden im Westen Nachahmung, auch in den peregrinen Städten und Dörfern [Jaczynowska 948]. Man kennt den genauen Modus ihrer Mitgliederrekrutierung nicht, aber man sollte nicht glauben, daß sie für die verwöhnte Stadtjugend reserviert gewesen seien: Neben Honoratiorensöhnen findet man einfache Leute, Freigelassene und sogar manchmal Sklaven [Jacques 947]. Ihre genaue Rolle ist umstritten. Sie nahmen an den städtischen Festen teil, doch ist unklar, ob sie als lokale Miliz fungierten.

Alle diese Vereinigungen waren nach dem Vorbild der Städte organisiert; man nannte sie sogar manchmal *res publica*. Sie hatten ihre Kasse, ihre Verwalter und ihre Würdenträger (Dekurionen, „Freigestellte" oder „Geehrte"). Die Kollegien faßten ihre Beschlüsse per Abstimmung, erhielten Schenkungen und ehrten ihre Wohltäter durch Statuen. Sie kooptierten Patrone, die aus der Zahl ihrer Würdenträger oder der städtischen Elite stammten, oder auch, bei den wichtigsten, aus den oberen Ständen [Clemente 943]. Obwohl eine Verbindung zu den Honoratioren bestand, gehörten den Vereinigungen nur *humiliores* an. Eine Ausnahme stellten die *iuvenes*-Kollegien dar, in denen die Leitung manchmal von Dekurionensöhnen wahrgenommen wurde und die Präfekten (ehemaligen Stadtmagistraten) unterstehen konnten.

Man unterschied bei diesen Gruppierungen verschiedene Rechtsstellungen. Das Recht zur Gründung eines Vereins konnte nur durch Senatsbeschluß verliehen werden [ILS 7190]. Aber nur eine Minderheit war offiziell anerkannt – in Cemenelum, der Hauptstadt der Alpes Maritimae, waren es um 250 nur drei [ILS 1367]. Als Gegenleistung für Dienste, die bestimmte Kollegien der Allgemeinheit erwiesen (die *fabri* fungierten als Feuerwehr), waren ihre Mitglieder von den städtischen Verpflichtungen befreit, was zu Mißbrauch und Konflikten führte. Die meisten *corpora* waren nur geduldet; falls es Probleme gab, wurden sie aufgelöst und ihre Mitglieder verfolgt. Die Politik der Toleranz stand nicht im Widerspruch zu einer gewissen Reserviertheit, ja eines Mißtrauens der Autoritäten gegenüber den Vereinigungen. Gesetze von Caesar und Augustus hatten die Kollegien reglementiert, die in Rom an politischen Umtrieben teilgenommen hatten. Sie wurden von den städtischen Autoriäten überwacht [Stadtrecht von Irni § 74]. Weder aufgrund ihrer Strukur noch ihrer Aktiviäten stellten sie in ruhigen Zeiten eine Gefahr für die öffentliche Ordnung dar. Sie umfaßten den Teil des einfachen Volkes, der geregelten Beschäftigungen nachging und erlaubten ihm die Teilnahme am öffentlichen Leben; gleichzeitig dienten sie als Verhandlungspartner oder Mittler für die Autoritäten.

Wenn aber die Kollegien von ihren geselligen und feierlichen Aktivitäten abgebracht und auf Abwege geführt wurden, konnten sie gefährlicher als die unorganisierte Menge werden. Die Auflösung der Vereine von Pompeii im Jahr 59 muß bedeuten, daß sie maßgeblich an der blutigen Auseinandersetzung mit den Nucerinern beteiligt gewesen waren. Die *iuvenes* scheinen oft Tumulte bei Schauspielen verursacht zu haben. In den aufsässigen Metropolen des Orients konnten die Vereinigungen zu Unruheherden und sogar zu Oppositionszentren gegen die lokale und römische Obrigkeit werden. Auf eine Weisung Traians hin verbot Plinius jede Art von Vereinigung (auch religiöse) in Pontos-Bithynien, und der Kaiser stellte sich sogar gegen die Gründung eines Kollegiums von 150 *fabri* in Nikomedia [epist. 10. 34]. Überzeugt davon, daß sich die harmloseste Gesellschaft in eine aufrührerische Hetairie verwandeln würde, war es für den Kaiser das kleinere Übel, daß die Provinzhauptstadt weithin unter Feuersbrünsten zu leiden hatte. In der Mitte des 2. Jhs. verursachten die Bäcker von Ephesos Tumulte. Als man ihre Rädelsführer verhaften ließ, begannen sie zu streiken, und der Prokonsul mußte schließlich klein beigeben [Buckler 942]. Das Fortbestehen der Vereine und ihr wahrscheinliches Wachstum im 2. und 3. Jh. bedeuten, daß solche aufrührerischen Aktivitäten nicht die Regel waren. Vermutlich konnten die Kollegien effektiv genug überwacht werden, und außerdem stellte in den Metropolen ihre große Zahl und damit Zersplitterung ein Hindernis für die Entstehung von allzu großen Gemeinschaften dar.

7.4 Die Führungschichten

Struktur und Rolle der Führungschichten des Reiches können nicht analysiert werden, indem man nur ein Unterscheidungsmerkmal betrachtet (Rechtsstatus, Prestige, Ämter, Reichtum). Der Ritterstand ist dafür ein gutes Beispiel [Alföldy 874]: Als reichsweiter Stand, den nur der Senatorenstand an Würde übertraf, umfaßte er zigtausend Individuen von höchst unterschiedlicher Barschaft, Sozialrolle und Laufbahn; vollkommen verfehlt hat man ihn als „Halbadel kaiserlicher Beamter" beschrieben. Viele Ritter beschränkten sich auf eine Karriere innerhalb ihrer Stadt. Nur eine Minderheit kam Ämtern nach, zu denen sie vom Kaiser berufen wurden, einige nur für ein paar Jahre, andere länger, und nur etwa 200 Ritter saßen zur gleichen Zeit auf Spitzenpositionen.

Solange man nicht vergißt, daß es keine klaren Trennlinien gab, darf man sich dennoch eine gewisse Schichtung innerhalb der Elite vorstellen. Ganz unten finden sich die städtischen Aristokratien, die aus Honoratioren bestanden, die ausschließlich oder hauptsächlich lokalen Ämtern nachgingen und höchstens noch regional oder auf Provinzebene aktiv wurden. Man kann sie in zwei Gruppen einteilen. Oben eine zahlenmäßig kleine Aristokratie, deren Angehörige man am Ende der Republik *domi nobiles* („zu Hause adelig", d. h. in ihrer Heimatstadt) nannte und die später die „Ersten" hießen (*proceres*, *primates*, *primores*). Obwohl sie nicht alle Ämter für sich reservierten (und manchmal gar keine städtische Karriere einschlugen, wie z. B. reiche Veteranen oder bestimmte Intellektuelle), waren diese Honoratioren doch die wahren Lenker der Städte und besetzten die prestigeträchtigen Positionen auf lokaler Ebene (quinquennales Duumvirat im Westen) oder auf Provinzebene (Provinzpriestertum). Ein Teil von ihnen gehörte zu den Richterdekurien oder zum Ritterstand. Aber die (gewöhnlich nicht sehr zeitraubenden) Ämter, denen sie außerhalb der Stadt nachkamen, folgten keiner strukturierten Laufbahn, mit der sie ihr soziales Niveau verlassen hätten. In der Hierarchie unter ihnen fanden sich die anderen „ehrbaren Leute", Dekurionen, Veteranen oder Angehörige freier Berufe. In gewisser Weise konnte man manche einfache Leute zu dieser Gruppe zählen, wie Großkaufleute und Transportunternehmer (die allerdings aufgrund ihrer Tätigkeiten nicht am öffentlichen Leben teilnehmen konnten). Einige reiche Freigelassene bildeten im lokalen Stand der *augustales* eine Elite (doch ansonsten waren sie aufgrund ihrer sklavischen Herkunft vom öffentlichen Leben ausgeschlossen). Diese Personen spielten u. U. trotz der fehlenden *dignitas* eine wichtige Rolle in der Gemeinde, wie der Freigelassene, der der Stadt Nemausus/Nîmes „häufig auf Bitte der Magistrate Geld lieh" [AE 1982, 681].

Über den lokalen Eliten stand die Reichsaristokratie, die sich aus den Mitgliedern des Senatorenstandes und den wichtigsten Rittern zusammensetze. Es gibt aber kein Kriterium, das erlauben würde, eine klare Grenze zu ziehen zwischen den großen Honoratioren, die einige externe Ämter mit gewissem Dilettantismus wahrgenommen hatten, und den Rittern, die man schon dieser anderen Kategorie zurechnen würde, nur weil sie einen längeren Militärdienst absolviert, ihren Wohnsitz nach Rom verlegt oder eine einzelne Prokuration innegehabt hatten. Das Reservoir, aus dem der Kaiser die hohen Führungskräfte des Reiches rekrutierte, war die Reichsaristokratie, nämlich die Mehrheit der Senatoren (aber nicht alle), dazu eine winzige Minderheit der Ritter.

Dieses Schema schließt allerdings schwer einzuordnende Gruppen aus, nämlich die Helfer der Magistrate und Promagistrate (die nur zum Teil aus den lokalen Eliten stammten) und vor allem die kaiserlichen Sklaven und Freigelassenen, die gleichzeitig Mitglieder der *familia Caesaris* und die einzig echten Beamten waren; einige von ihnen gewannen einen Einfluß, der den von Senatoren und Rittern hinter sich ließ.

7.4.1 Die lokalen Eliten

7.4.1.1 Die Zentralmacht und die Honoratioren

Weil die Römer ihre Besitzungen nicht direkt militärisch kontrollieren und verwaltungsmäßig erfassen konnten, begünstigten sie schon seit republikanischer Zeit lokale Honoratioren als Garanten der Stabilität und nahmen sie sogar allmählich in ihre eigene Führungsschicht auf. Außerdem suchten die Kaiser im Namen der offiziell propagierten Eintracht gewöhnlich die Akzeptanz der verschiedenen Eliten.

Zwar trafen die Eroberungskriege, Aufstände und Bürgerkriege auch die lokalen Führungsschichten, doch gab es nie die Absicht, die alten Aristokratien systematisch zu eliminieren. Mindestens bis zur Krise 68–70 wurde die Gallia Comata von den *Iulii* beherrscht, die aus den großen Familien der Zeit der Unabhängigkeit stammten und die das Bürgerrecht von Caesar oder Augustus erhalten hatten [Drinkwater 885]. Im Orient etablierte sich infolge der augusteischen Befriedung eine Elite, die in den Wirren des 1. Jhs. v. Chr. an die Macht gekommen war. Die Annektierung der Klientelkönigreiche stellte keinen Bruch dar. Die soziale und wirtschaftliche Machtstellung der Dynasten und Tetrarchen blieb unangetastet. Bis ins 2. Jh. hinein stammen viele der großen Honoratioren Asiens, Galatiens und Syriens von Vassallenfürsten ab. Unter Hadrian etwa berief sich der Galater C. Iulius Severus auf zwei Könige und zwei Tetrarchen als Vorfahren [Halfmann

851]. Allgemeiner formuliert: Die Stabilität, die sich aus dem kaiserlichen System ergab, festigte die Macht der lokalen Eliten und ermöglichte ihnen, ihre Vorherrschaft zu behaupten und an ihre Nachkommen weiterzugeben. Die überaus selektive Vergabe des römischen Bürgerrechts, die frühzeitige Öffnung des Ritterstandes und die etwas spätere des Senatorenstandes verstärkten die Identifikation der Honoratioren mit dem kaiserlichen System, vergrößerten ihre Vormachtstellung in der Region und machten sie zu den bevorzugten Verhandlungspartnern der römischen Obrigkeit.

Diese römische Politik setzte natürlich die Eingliederung der Provinzialeliten voraus, was sich für uns im Erhalt des römischen Bürgerrechts und der Teilnahme am lokalen oder provinzialen Kaiserkult manifestiert. Doch dokumentierten die Honoratioren durch diese Priesterämter ihre besonderen Beziehungen zum Kaiser und eine besondere Nähe zu Rom [Holtheide 674]? Sieht man von ein paar Randzonen ab, so wurde die Idee einer Loslösung vom Reich oder auch nur bewußten Widerstandes (den angeblich eine anti-römische Partei betrieben habe) den Herrschenden mit Sicherheit schnell fremd. Man darf im allgemeinen davon ausgehen, daß das Verhalten der Notabeln in erster Linie von ihrer Position bestimmt wurde, da sie ihnen Ehrenämter und Aufstiegsmöglichkeiten bot; welchen Anteil Opportunismus und welchen echtes Zugehörigkeitsgefühl hatte, läßt sich freilich nicht sagen. Die Entscheidung, im Reich zu verbleiben, die die gallischen Häuptlinge in Remi/Reims 70 n. Chr. fällten [Tac. hist. 4.69], beruht in erster Linie auf einer realistischen Analyse der Situation. Später konnte dann echtes Zusammengehörigkeitsgefühl ohne Hintergedanken entstehen, das sich auf die Vorteile des kaiserlichen Systems, die Aelius Aristides in der Mitte des 2. Jhs. enthusiastisch feierte, gründete.

Bis zum Ende der Antoninenzeit kann man in der Politik der einzelnen Kaiser nur Nuancen ausmachen; die Vormachtstellung der Honoratioren wurde nie in Frage gestellt. Es handelte sich dennoch nicht um systematische und blinde Gunst. Die Kaiser versuchten, das politisch-soziale Gleichgewicht in den Städten aufrechtzuerhalten, ja zu verbessern. Justiz und Verwaltung waren beauftragt, im Namen der Gerechtigkeit den Mißbrauch der Mächtigen zu bekämpfen und zu verhindern, daß ihre Vormachtstellung (die man als legitim anerkannte) zur Unterdrückung der Schwächsten führte. Nach Meinung zahlreicher Historiker hätten sich Septimius Severus und Caracalla den lokalen Aristokratien gegenüber als richtiggehend feindselig gezeigt oder zumindest absichtlich die kleinen Leute und die Soldaten bevorzugt [Alföldy 800; Petit 56]. Zwar mußte die globale Situation des Reiches ab Marc Aurel zu höheren finanziellen Belastungen und Verantwortungen für die Honoratioren führen, doch ist ein möglicher Wandel in der kaiserlichen Haltung sehr schwer zu belegen, solange eine systematische und unvoreingenomme Studie der umfangreichen severischen Jurisprudenz fehlt (bei der man häufig Neuerungen erkennen wollte, obwohl uns das Vergleichsmaterial, d. h. entsprechende ältere Texte, fehlt).

7.4.1.2 Struktur und Ergänzung der lokalen Aristokratien

Im wesentlichen beruhen unsere Kenntnisse auf der Epigraphie, die stets die oberste Schicht der lokalen Elite bevorzugt. Nur das Album der Dekurionen von Canusium gibt uns für das Jahr 223 die offizielle Liste einer ganzen Führungsschicht, die jedoch isoliert steht, weil ansonsten wenig über diese Stadt in Apulien bekannt ist [Jacques 757]. Im Westen haben einige Fundstätten ausreichend Inschriften zu Tage gebracht, um einen prosopographischen Globalansatz zu erlauben, nämlich Pompeii [Castrén 748], Ostia [Meiggs 953] und einige afrikanische Städte wie Thugga, Cuicul oder Lepcis Magna [Jacques 757; Torelli 901]. Manchmal wird diese Methode auch dann versucht, wenn nur begrenztes Material vorliegt [Alföldy 875]. Man hat vor allem die kleine Schicht untersucht, deren Aktivitäten über den lokalen Rahmen hinausgingen, wie die provinzialen Flamines [Alföldy 873], die Mitglieder der Richterdekurien [Pflaum 895; Demougin 882] und die Ritter [Duncan-Jones 886]. Das umfangreiche Material einiger Städte im Osten (Athen, Sparta, Ephesos) ist immer noch unzureichend erforscht.

Trotz der großen Unterschiede, die selbst zwischen Nachbarstädten und solchen mit ähnlicher Wirtschaftstruktur bestehen, kann man gemeinsame Grundzüge erkennen. Auf lokaler Ebene schied sich die Elite in Gruppen mit sehr unterschiedlicher Ehrenstellung und Vermögenslage. Die Städte scheinen zumeist von einer sehr eng begrenzten Zahl von Einzelpersonen kontrolliert worden zu sein, denen fraglos der größten Teil des Bodens gehörte. Die kleinsten Gemeinden werden in jeder Generation von einer oder zwei Familien dominiert worden sein. In Pompeii wie in Lepcis Magna kann man Familiengruppen ausmachen, die durch Heiraten, Adoptionen und Erbschaften miteinander verbunden waren und wahrscheinlich als solidarische Klans auftraten. Zu Beginn der Kaiserzeit demonstrierten die Honoratioren der italischen Städte ihre Vormachtstellung durch die Übernahme zahlreicher Magistraturen. Cartilius Poplicola etwa war achtmal Duumvir und dreimal Zensor in Ostia um das dritte Viertel des 1. Jhs. v. Chr. Diese Monopolisierungstendenzen lassen ab den Flaviern nach. Man darf sicherlich nicht auf eine Öffnung der Führungsschicht schließen, sondern eher auf eine breitere Verteilung der Veranwortung, wobei sich die Mächtigsten die Kontrolle über die Stadt durch die höchsten Ämter (*duumvir quinquennalis* und *flamen perpetuus*) und durch ihren Einfluß in der Dekurionenschicht sicherten.

Die Vermögensgrundlage der Notabeln, Landbesitz, war ein stabilisierendes Element; außerdem legte die Ethik großen Wert auf Abstammung und Alter der Familie. Der Erwerb der Ehrbarkeit ging über den Eintritt in den Stadtrat vonstatten; doch bemühten sich die Honoratioren, den Aufstieg von einfachen Leuten zu beschränken, indem sie (bisweilen mißbräuchlich) ihre eigenen Söhne bevorzugten, die die herrschende Mentalität als legitime Nachfolger ansah. Die Kaiser akzeptierten diese faktische Erblichkeit als etablierte soziale Realität. Doch an eine Legalisierung dachten sie nie, sie bekämpften vielmehr die Auswüchse des aristokratischen Verhaltens [Jacques 757, S. 586ff.]. Stellte dieses Streben nach einer erblichen Vormachtstellung eine soziale Blockade dar oder war es im Gegenteil nur erfolgloses Wunschdenken? Die Quellen vermitteln unterschiedliche Eindrücke. Inschriften preisen häufig das hohe Alter von Adelsfamilien und das, wie es scheint, zu Recht. Bis zur Krise des 3. Jhs. trugen einige hohe Honoratioren Asiens oder Griechenlands Namen, die bewiesen, daß ihre Vorfahren das römische Bürgerrecht am Ende der Republik oder unter der julisch-claudischen Dynastie erhalten hatten, was auf eine hohe Stellung schon in dieser Zeit hindeutet. Auf der anderen Seite zeigen prosopographische Lokalstudien, daß die Führungsschicht regelmäßig ergänzt wurde und daß nur ein paar Familien sich über mehrere Jahrhunderte auf höchstem Niveau hielten. Der Wandel war u. U. sehr einschneidend, wie in Pompeii, wo nach einer Zäsur im Quellenmaterial um die Mitte des 1. Jhs. eine neue Führungsschicht begegnet. Meistens scheint die Ergänzung sehr langsam vor sich gegangen zu sein, wie in Ostia oder Lepcis Magna, wo sich die Neulinge durch Heiraten und Adoptionen eingliederten.

Die Aristokratie war wahrscheinlich in Hafenstädten wie Ostia oder Produktionszentren wie Canusium weniger stabil als in ländlichen Regionen. In Provinzhauptstädten (wie Tarraco oder Ephesos) und in Bildungszentren (wie Athen) siedelten sich Honoratioren aus anderen Städten an. Es ist meist sehr schwierig, den Aufstieg einer völlig neuen Sozialschicht zu erkennen, die andere Wirtschaftsinteressen vertrat oder eine andere Mentalität besaß. Vielleicht liegt so ein Fall in Gallien vor. Dort verschwinden in der flavischen Zeit die *Iulii*, die Nachkommen der Adeligen der vorcaesarischen Zeit (wurden sie Opfer ihrer mangelnden wirtschaftlichen Anpassungsfähigkeit, oder erlagen sie der Revolte 68–70?).

Eine Erbschaft oder die Früchte eines langen, arbeitsreichen Lebens in der Landwirtschaft konnten den Eintritt in die Lokalelite ermöglichen. Doch die neuen Honoratioren gehörten hauptsächlich drei Kategorien an: Veteranen hatten häufig ein Vermögen, das sie mit kleinen oder mittleren Honoratioren auf eine Stufe stellte. Sie waren von der Übernahme städtischer Verpflichtungen befreit, aber einige strebten trotzdem nach Ehrenämtern; ihre Söhne mußten am städtischen Leben teilnehmen, wenn sie nicht in den Dienst des Kaisers traten (was aber anscheinend häufig der Fall war). Söhne reicher Freigelassener konnten die Stellung erlangen, die ihren Vätern verwehrt war; diese bewerkstelligten manchmal selbst den Aufstieg ihrer Söhne: N. Popidius Ampliatus etwa, der mit einer großen Familie von Pompeii eng verbunden war, baute einen Tempel im Namen seines sechsjährigen Sohnes, der so zum Dekurio wurde [ILS 6367; nach dem Jahr 62]. In Suessa (Kampanien) erhielt der Sohn eines Augustalis den Dekurionat „aufgrund der Verdienste seines Vaters“ [ILS 6296; von 193]. In Ostia wurde M. Iunius Faustus zugleich als Magistrat und als Getreidehändler geehrt. Da aber die Inschriften normalerweise über die wirtschaftlichen Aktivitäten der „ehrbaren Leute“ schweigen, ist es sehr schwierig, den Umfang des Aufstiegs von Handwerkern, Händlern und Transportunternehmern abzuschätzen. Er vollzog sich meistens, indem der Beruf aufgegeben wurde oder man zumindest einen Teil des Vermögens in „ehrbarem“ Bodenbesitz anlegte. Auf der anderen Seite ließen aristokratische Vorurteile die Honoratioren gegen deren sozialen Aufstieg ankämpfen.

Die Zahl der Mitglieder dieser Kategorien, die in die Führungsschicht Aufnahme fanden, war mit Sicherheit eng begrenzt. Man hüte sich vor der Vorstellung eines regelmäßigen und kontinuierlichen sozialen Aufstiegsprozesses, der alle Veteranen, Händler und Handwerker, egal ob Freie oder Freigelassenensöhne, betroffen hätte. Diejenigen spanischen Ölhändler, die man zweifelsfrei mit den Honoratioren der Bätika in Verbindung bringen kann, sind sehr selten, wie z. B. C. Iulius Alfius Theseus, dessen Tochter *flaminica* von Barbesula war [AE 1984, 528; Mitte des 2. Jhs.]. Große Chancen gab es nur in den „neuen Ländern“, wie den Donauprovinzen, wo lokale Aristokratien Veteranen, besonders ehemalige Zenturionen, aufnahmen [AE 1979, 495; 499], und auch Geschäftsleute, wie den Syrer C. Domitius Zmaragdus, der Dekurio in Carnuntum wurde [ILS 7121; Mócsy 580]. Doch das Phänomen blieb stets begrenzt. In Nordafrika hat es weniger als ein Zehntel der bekannten Veteranen zu städtischen Ehren gebracht oder ist als Vater eines Dekurio belegt [Jacques 757, S. 618ff.].

7.4.1.3 Das Engagement für die Stadt

Die Inschriften vermitteln ein sehr unvollständiges Bild der Lokalkarriere und suggerieren, daß sie sich auf ein paar Funktionen beschränkte. Meist erwähnen sie nur die Ehrenämter und manchmal sogar nur die bedeutendsten. Sie bieten selten chronologische Anhaltspunkte, was manche Historiker zu der Meinung veranlaßt, daß der *cursus* schnell und ziemlich stereotyp ablief. In Wahrheit aber spiegelte sich die Uneinheitlichkeit der

Führungsschicht in der Verschiedenartigkeit der Karrieren wider, die von Vermögen, Abkunft und auch Ehrgeiz der Honoratioren abhingen. Lokale Gesetze und kaiserliche Erlasse legten Regeln fest, die offenbar häufig ignoriert wurden und wohl nur bei Konfliktfällen Anwendung fanden. In den Städten vom römischen Typ gab es eine klare Hierarchie der Ehrenämter, was auf einen festen *cursus* schließen läßt.

Augustus hatte ein Mindestalter von 25 Jahren für Magistrate und Ratsherren festgelegt. Allerdings finden sich zu allen Zeiten Dekurionen und Magistrate mit weniger als 25 Jahren. Rechtstexte kennen illegale Ernennungen, die sich durch Kandidatenmangel rechtfertigen, und Inschriften dokumentieren die Wahl von jüngeren Söhnen großer Honoratioren (die vom Familienprestige profitierten) oder Freigelassener (die die Ehren erhielten, die ihren Vätern verwehrt waren). Nur eine Minderheit mit oft außerstädtischen Ambitionen durchlief einen raschen *cursus* (manchmal sogar schneller, als es das Gesetz erlaubte), was oft durch Adlektionen beschleunigt wurde. In solch einem Fall bekleidete man das Duumvirat mit ungefähr 30 Jahren, manchmal sogar vor dem 25. Geburtstag. Aber nicht alle Dekurionen traten mit dem Mindestalter in den Rat ein (zwei Brüder wurden in Vienna noch mit 77 Jahren Ratsherren! [ILS 6999; 1. Jh.]) und normalerweise lagen mehrere Jahre zwischen den einzelnen Ämtern. Die meisten Dekurionen erreichten das Duumvirat nicht vor 35–40 Jahren, manche auch gar nicht. Die weniger Reichen oder Angesehenen blieben einfache Dekurionen oder mußten sich mit der Ausübung niederer Magistraturen, teilweise in fortgeschrittenem Alter, zufrieden geben [CIL III 4261: Ädil von Tarraco mit 40 Jahren].

Dazu kamen die Priesterschaften, die man ein Jahr oder länger innehatte, und die *munera*. Die regelmäßigen Bürden waren zahlenmäßig begrenzt, lassen sich aber nicht zu einem *cursus* ordnen. So rühmten sich Honoratioren, „alle Ehrenämter und alle Bürden" ihrer Stadt ausgefüllt zu haben. Der Dekurionat war lebenszeitlich. Man erwartete von einem Aristokraten, sein ganzes Erwachsenenleben der Heimatstadt zu widmen; wenn er Ämter ausübte, wurde seine Arbeitskraft einige Monate lang voll beansprucht. Manche große Persönlichkeit bekleidete Ehrenämter oder war Dekurio in mehreren Städten, zu denen Beziehungen durch Familienbande oder Grundbesitz bestanden.

7.4.1.4 Außerstädtische Posten und der Ritterrang

Einer kleinen Zahl von lokalen Honoratioren erlaubten ihr Reichtum und ihre Verbindungen, den städtischen Rahmen zu verlassen. Die Posten und Ehrenämter, zu denen sie gelangten, waren nicht nach einem kohärenten *cursus* organisiert, der die lokale Karriere fortgesetzt hätte. Sie stellten keinen eigentlichen Aufstieg dar, weniger noch den Auftakt zu einer Karriere im Dienste des Kaisers. Vielmehr bestätigten sie zusätzlich die *dignitas* der Honoratioren.

Die Städte entsandten jährlich Delegierte zum Provinziallandtag. Die provinziale Priesterstelle ehrte höchst vornehme Honoratioren mit abgeschlossener Lokalkarriere. Für die Aristokraten stellte sie auch die Gelegenheit dar, Beziehungen mit den hohen Würdenträgern zu knüpfen oder zu festigen.

Die anderen Posten und Ehrenämter wurden vom Kaiser besetzt, und ihr Erwerb hing in erster Linie von den Freundschafts- und Klientelbeziehungen ab. Die römischen Jurys bestanden aus Geschworenen, die jährlich aus den Mitgliedern der fünf Dekurien ausgelost wurden [S. 85f.]. Drei Dekurien waren den Rittern vorbehalten. Zwei (vor Caligula war es nur eine) bestanden aus Bürgern mit einem Zensus von mehr als 200000 HS. Die rund 5000 Geschworenen waren unter Augustus und Tiberius Italiker. Die Listen öffnete man nach und nach auch den Provinzialen, vor allem solchen aus dem Westen (besonders Spaniern und Galliern aus der Narbonensis, später Afrikanern). Viele wurden überhaupt nie als Geschworene aktiv. Aber dennoch vermerkte man inschriftlich die Zugehörigkeit zu den Dekurien als Würde [Burnand 880; Demougin 882; Pflaum 895].

Die italischen Notabeln behielten, ob Ritter oder nicht, die Vorherrschaft bei den Priestertümern der aufgehobenen Städte Latiums, deren Kulte man in die römische Religion aufgenommen hatte, nämlich Caenina, Lanuvium und Lavinium (die Bürger und Magistrate dieser gleichsam fiktiven Stadt waren allesamt Ritter).

Die Zugehörigkeit zum Ritterstand war nicht direkt mit einer Lokalkarriere verknüpft, aber die meisten Ritter waren schon *domi nobiles*. Der Erhalt des öffentlichen Pferdes krönte häufig eine Karriere von städtischen oder provinzialen Ehrenämtern; daraus wurde aber nie eine systematische Abfolge. Außerdem konnte dies auch vor dem Eintritt in den Stadtrat stattfinden (z. B. für die Söhne von Veteranen oder Ratsherrn, die selbst Ritter waren) oder nach der Ausübung von niedrigen Ehrenämtern. Die Studien von S. Demougin [883] ermöglichen nunmehr die Rekrutierung des Ritterstandes unter dem Triumvirat und der julisch-claudischen Dynastie auf der Grundlage von 600 Rittern mit bekannter Herkunft global zu verfolgen. In dieser Periode stellte Italien fast drei Viertel von ihnen; hauptsächlich stammten sie aus Latium, Kampanien, dem Osten der Zisalpina und aus Samnium. Unter Augustus kamen vor allem Italiker zum Zuge. Danach wurden die Provinzialen allmählich zahlreicher. Zwei Drittel der Provinzialen waren aus dem Westen und im Westen stellten die am stärksten romanisierten Provinzen den Hauptteil, nämlich Spanien und die Narbonensis. Obwohl seit Beginn der Kaiserzeit bedeutende einheimische Honoratioren (wie die Gallier) und orientalische Günstlinge des Kaisers Aufnahme in den Ritterstand fanden, kamen doch die meisten provinzialen Ritter aus den römischen Kolonien, und die Einbeziehung rein provinzialer Honoratioren erfolgte erst seit Claudius in größerem Umfang.

Es gibt keine so umfassenden Studien für die folgenden Perioden. Italien behielt bis zur Krise des 3. Jhs. eine Vorrangstellung, die in keinem Verhältnis zur Bevölkerungszahl oder dem Reichtum seiner Eliten stand. Seit dem 2. Jh. stammten die Ritter aus allen Provinzen, wobei sich vor allem Afrika und Asien hervortaten. Ihre Herkunft spiegelt den Wohlstand der Regionen und das Aufblühen der städtischen Zivilisation wider.

Im allgemeinen waren Ritter nicht darauf aus, eine lange Ritterkarriere zu durchlaufen, besonders diejenigen nicht, die erst spät Aufnahme in den Stand fanden. Viele gaben sich damit zufrieden, in ihrer Heimatstadt das mit dem Ritterrang verbundene Prestige zu genießen, und zahlreiche andere erstrebten nur wenig arbeitsintensive Berufungen, wie die schon angesprochene Eintragung in die Dekurien oder auch die italischen Priesterschaften, die Stelle eines *praefectus fabrum*, eine oder zwei *militiae* oder seit dem Beginn des 2. Jhs. die Kuration über eine Stadt ihrer Region.

Die *praefecti fabrum* befehligten ursprünglich die den Legionen beigegebenen Arbeiter, wurden dann aber zu Adjutanten der Prätoren und Konsuln in Rom sowie der Prokonsuln, die sie unter ihren Protégés auswählten. Diese Präfektur dauerte ein Jahr, ging ab der Mitte des 1. Jhs. den *militiae* voraus und ist bis zum Ende des 2. Jhs. belegt. Ihre Hauptfunktion war, die Verbindung zwischen einem Ritter und einem Senator offen zu dokumentieren. Manche gaben sich schon mit der Verleihung des Präfektenranges ehrenhalber zufrieden.

Der Ritterrang öffnete den Weg zu militärischen Kommandos. Aber nicht alle hatten die notwendigen Fähigkeiten, und vor allem war die Zahl der verfügbaren Offiziersstellen begrenzt (wahrscheinlich weniger als 200 jährlich in der Mitte des 2. Jhs.). Ganz zu Anfang der Kaiserzeit bezeichnete *militia equestris* den gesamten Kriegsdienst eines Ritters, egal, wie lange er dauerte. Später hieß so jede der drei von Claudius festgelegten Etappen, die seit den Flaviern endgültig ihre feste Reihenfolge erhielten: 1. Präfektur einer Auxiliarkohorte, 2. Tribunat in einer Legion oder über eine *cohors milliaria*, 3. Präfektur einer Ala. Ab der Mitte des zweiten Jahrhunderts konnte diese Laufbahn durch eine vierte *militia* gekrönt werden (Präfektur einer *ala milliaria*). Selten leisteten Ritter den ganzen Kriegsdienst ab, der rund ein Dutzend Jahre dauern konnte.

Die Jüngsten, die das städtische Milieu hinter sich lassen wollten, wurden schon vor ihrem Eintritt in den Rat oder nach den ersten städtischen Ehrenämtern Offiziere. Aber die Aufstiegschancen waren begrenzt. Im 2. Jh. konnten aufgrund der Zahl verfügbarer Kommandos nur ein Drittel der Kohortenpräfekten später Alenpräfekten werden. Daher findet man recht häufig Offiziere (rund ein Fünftel unter der julisch-claudischen Dynastie), die städtische Ämter *nach* ihrem Kriegsdienst wahrnehmen. Manche traten als Zenturio in die Armee ein, blieben aber natürlich rangmäßig Ritter. Sie hatten wohl nicht genug Beziehungen, um eine *militia* übertragen zu bekommen, und wollten auf diese Weise der Armee beitreten, um vielleicht später glanzvoll befördert zu werden. Viele, die mehr als 35–40 Jahre zählten und den lokalen *cursus* schon bis zur Spitze durchlaufen hatten, beschränkten sich auf einen kurzen Kriegsdienst; oft bestand dieser nur aus einem sechsmonatigen Tribunat in einer Legion. Außerdem gab es seit Claudius Offiziersernennungen ehrenhalber, womit Ritter ausgezeichnet wurden, die aufgrund ihres Alters oder der unzureichenden Zahl von Posten keine Heeresstelle bekleiden konnten. Seit Septimius Severus bestätigte der Ehrentitel *a militiis*, daß man die drei *militiae* abgeleistet hatte. Er wurde aber auch an Ritter verliehen, die ihren Kriegsdienst nur teilweise absolviert hatten [ILS 1136], während andere im 3. Jh. (vielleich schon seit der Severerzeit) den Ehrentitel *vir egregius* erhielten (der normalerweise Prokuratoren vorbehalten war).

7.4.2 Die Führungskräfte des Reiches

7.4.2.1 Rollenverteilung und Auswahl

Das Reich wurde von einer sehr kleinen Gruppe regiert, die aus Senatoren, Rittern und kaiserlichen Freigelassenen bestand; ihre Zahl nahm zwar während der Hohen Kaiserzeit zu, umfaßte jedoch zu Beginn des 3. Jhs. weniger als 600 Personen. Augustus stellte die Vorrechte der Senatoren nicht in Frage, die bis zur Mitte des 3. Jhs. die Spitzenpositionen in Justiz und Heer bekleideten und die Provinzialadministration im wesentlichen beherrschten. Aber die Verwaltung des ihm reservierten Bereiches übertrug er weitgehend Vertrauensleuten aus seiner *familia* oder dem Ritterstand. Unter der julisch-claudischen Dynastie spielten die kaiserlichen Freigelassenen die wichtigste Rolle, und sie blieben auch weiterhin bedeutend; doch mußten sie allmählich in die zweite Reihe, hinter die Ritter, zurücktreten. Augustus übertrug Rittern nicht mehr als rund 30 Posten (dagegen waren 131 von Senatoren besetzt), und erst unter Marc Aurel übertrafen die großen ritterlichen Führungskräfte zahlenmäßig die Senatoren. Aber Augustus zerstörte das alte politisch-soziale Gleichgewicht, indem er Mitglieder des „zweiten Standes" in die Führungsschicht aufnahm, die damit, wie die Senatoren, Verantwortung und Macht trugen. Im Jahr 177 bestand der kaiserliche Rat zur Hälfte aus Senatoren, zur anderen Hälfte aus Rittern. Eine langsame Entwicklung, die sich in der ersten Hälfte des 3. Jhs. beschleunigte, kulminierte darin, daß die Senatoren unter Gallienus zugunsten der Ritter aus den meisten ihren alten Stellen gedrängt wurden. Trotzdem kann man nicht von einem Aufstieg des Ritterstandes an sich sprechen, sondern von einem Emporkommen ritterlicher Führungskräfte, die immer weniger für die Gesamtheit des Standes repräsentativ waren.

Wie die Führungskräfte ausgewählt wurden und (was damit zusammenhängt) wie spezialisiert und fähig sie waren, ist sehr umstritten. Es gab keine leistungsbezogene Selektion vor dem Beginn der Karriere oder bei der Berufung auf einen Posten. Nur die kaiserlichen Sklaven und Freigelassenen erhielten eine spezielle Ausbildung. Bis vor kurzem nahm man an, daß in den ersten Etappen der Karriere eine Auswahl der Begabtesten stattgefunden habe. Die Fähigkeiten eines jungen *clarissimus* wurden beurteilt (und sein Weg war im großen und ganzen vorgezeichnet), ehe er in den Senat eintrat [Birley 859]. Nach der Prätur wurde nur die Hälfte der Senatoren weiter für den kaiserlichen Dienst eingesetzt [Eck 868], wo sich ihre Befähigungen voll entfalteten. Seit flavischer Zeit mußten die Ritter ihre Qualitäten bei den *militiae* unter Beweis stellen, und sie konnten dann zu richtigen Finanz- oder Verwaltungsfachleuten werden. Die den Senatoren offene Laufbahn war immer klar hierarchisiert und selektiv. Nach und nach wurden für die Ritter und die kaiserlichen Freigelassenen strukturierte Karrieren festgelegt, deren Etappen seit dem Beginn des 2. Jhs. genau fixiert waren. Die Kaiser bevorzugten Beförderung nach Leistung und Dienstalter, um die Effekte des *suffragium* zu begrenzen [Pflaum 621, S. 194 ff.; auch Boulvert 606]. Das Prinzip des Berufungssystems für kaiserliche Freigelassene (und wohl auch für Ritter) dürfte man in einem Empfehlungsschreiben von Fronto an Antoninus Pius finden, in dem er sich für einen Freigelassenen ausspricht, „der Kandidat ist für eine Prokuratorenstelle, den Regeln, seinem Rang und seinem Dienstalter entsprechend" (*ex forma, suo loco et tempore*).

Diese Auffassung, die im großen und ganzen alle Forscher teilen, die sich viel mit Prosopographie beschäftigen, wurde vor ein paar Jahren von einer hauptsächlich angelsächsischen Forschergruppe angegriffen [so Campbell 860; Saller 835; Millar 355]. Weder Senatoren noch Ritter seien echte Spezialisten gewesen, die man nach ihren Fähigkeiten berufen habe. Man bezweifelt das Bemühen der Kaiser um eine Rationalisierung und die Existenz von bürokratischen Beförderungsrichtlinien. Der Text von Fronto bedeute lediglich, daß sein Schützling Kandidat gewesen sei „in geziemender Weise, in seinem eigenen Namen und im günstigen Moment“, und außerdem gelte er ohnehin nur für die kaiserlichen Freigelassenen. Erforderlich für den Kandidaten seien nur moralische Qualitäten gemäß der aristokratischen Ethik und eine allgemeine Bewährung als „ehrbarer Mann“ gewesen. Bei Berufungen habe die Gunst beim Kaiser und der Einfluß der Unterstützer den Ausschlag gegeben. Zugegebenermaßen wurde der große Jurist Salvius Iulianus nach unserem Verständnis wirklich nicht entsprechend seinen Fähigkeiten eingesetzt, als er ohne vorherige militärische Erfahrung zum Statthalter Niedergermaniens unter Antoninus Pius berufen wurde. Solche Beispiele korrigieren allzu modernistische Sichtweisen des Reiches und unterstreichen die Bedeutung persönlicher Beziehungen. Wer deswegen Zweifel bekäme und auf die Verschiedenartigkeit der Karrieren und auf die Kürze vieler bekannter *cursus* verwiese, dem stimmte man gerne bei der Forderung zu, von nicht allzu rigorosen (und damit vereinfachenden) Laufbahnmodellen auszugehen. Doch die vorliegenden Bedenken erscheinen übertrieben, ja ungerechtfertigt. Die Einwände gegen die traditionelle Auffassung sind um so weniger ernst zu nehmen, als sie die Differenzierungen nicht beachten. So hat H. G. Pflaum großen Wert auf die Rolle der *suffragia* gelegt [621], und R. P. Saller fügt dessen Analyse des Vokabulars von Verdienst im Grunde wenig Neues hinzu [835]. Genauere prosopographische Studien dürften wohl auch diese Gelehrten davon überzeugen, daß bestimmte Senatoren oder Ritter als Spezialisten für gewisse Bereiche angesehen werden müssen.

7.4.2.2 Kaiserliche Sklaven und Freigelassene [606; 918–920]

Die Grenze zwischen Bedienstetem und Beamtem ist bei diesem Personenkreis häufig fließend. Zu Beginn der Kaiserzeit stellten die Mitglieder der *familia Caesaris* die erweiterte Dienerschaft einer großen Persönlichkeit dar. Der öffentliche Charakter ihrer Funktion nahm immer weiter zu, bis er im 2. Jh. die Oberhand gewann, ohne daß sich ihr Status oder ihre Rekrutierung gewandelt hätte.

Diese *familia* von mehreren tausend Personen wuchs durch Erbschaft (von Verwandten und Freunden, auch von kaiserlichen Freigelassenen), durch Enteignungen und Käufe. Der Kaiser wurde Eigentümer neuer Sklaven, aber auch Patron von Freigelassenen (auch von denen seiner Vorgänger). Die *familia* scheint sich weitgehend durch Geburten von Sklavenpaaren selbst ergänzt zu haben. Die Namen (im allgemeinen griechischen Typs) sind kein Indiz für die geographische Herkunft; soweit die Vertrauensleute keine *vernae* (im Haus geborene Sklaven) waren, dürften sie aus dem Inneren des Reiches gekommen sein, oft aus dem Osten.

Wie in den großen Häusern üblich, wurden die jungen Sklaven von Sklaven und Freigelassenen in einer Schule (*paedagogium*) unterrichtet. In Rom gründete Hadrian eine höhere Schule, an der 24 Lehrer im Jahr 198 unterrichteten. Pädagogen sind auch in den Provinzdienststellen belegt, z. B. in Karthago. Die kaiserlichen Sklaven und Freigelassenen waren die einzigen Vertreter des Staates, die eine besondere Ausbildung erhielten. Zweifellos hatte man vorher in frühster Kindheit ihre Befähigung geprüft.

Zu Beginn der Kaiserzeit findet man Mitglieder der kaiserlichen *familia* auf allen Ebenen der internen und öffentlichen Verwaltung, und ihre öffentliche Rolle wurde von Augustus bis Claudius immer wichtiger. Im Jahr 32 war sogar ein Freigelassener vorübergehend Statthalter von Ägypten. Von Privatsekretären des Prinzeps stiegen sie auf zu den Chefs der großen römischen Behörden, die Claudius einrichtete. Freigelassene Prokuratoren leiteten Abteilungen mit privatem (alles, was das Vermögen des Kaisers betraf) und öffentlichem Charakter (wie etwa die Wasserversorgung Roms). Die Aufgaben waren noch nicht genau festgelegt, auch nicht zwischen Rittern und Freigelassenen. Die Krise nach Neros Tod führte zu einer Neuorientierung. Man organisierte einen Kader von festen Beamtenstellen. Nie wieder kam es vor, daß ein Freigelassener auch nur vorübergehend eine ritterliche Prokuratorenstelle verwaltete. Sklaven konnten auf keinen Fall Prokuratoren werden, aber sie allein stellten die Kassierer und Schatzmeister (*arcarius*; *dispensator*). Otho und Vitellius setzten zuerst Ritter an die Spitze der großen römischen Behörden.

Seit den Flaviern wurden die Freigelassenen nach und nach in die zweite Reihe gedrängt. Aber man darf keiner Täuschung über die Form dieser überaus langsamen Entwicklung erliegen, die mit der Erhöhung der Zahl der Ritterstellen parallel ging. Die Freigelassenen behielten die Posten, die sie innehatten, und ihre Zahl sowie die der kaiserlichen Sklaven wird regelmäßig mit der Entstehung neuer Verwaltungsbereiche gestiegen sein. Aber man unterstellte sie nach und nach der Autorität eines Ritters. Zunächst wurde ein Ritter über mehrere Freigelassene, die jeweils eine Behörde leiteten, gesetzt. Danach berief man allmählich Ritter an die Spitze jeder großen Abteilung, über den freigelassenen Behördenleiter; beide, Freigelassener und Ritter, trugen den Titel Prokurator. Im 4. Jh. sah die Situation wiederum anders aus. Zwar dienten Sklaven und Freigelassene dem Kaiser weiterhin als Bedienstete in seinem Haushalt oder auf den Domänen, doch sie spielten keine Rolle mehr in den Behörden, wo freigeborene Beamte an ihre Stelle getreten waren. Diese Verdrängung fand während der Krise des 3. Jhs. statt. Vielleicht geschah sie allmählich, vielleicht aber erfolgte sie auch durch eine globale Maßnahme Gallienus', die mit der Ausschaltung der Senatoren parallel gegangen sein könnte.

Die Hierarchisierung der Verwendungen erlaubte, eine Karriere zu durchlaufen, die mit dem Erhalt der Freiheit begann (die die Sklaven erkaufen mußten oder, wenn sie sehr fähig waren, geschenkt bekamen) und mit der Berufung zu einem Posten mit höherer Verantwortung weiterging. Es gibt nur wenige Freigelassene, von denen man zwei oder mehr Positionen kennt [919]; sie konnten zwar Beförderungen oder Gehaltserhöhungen auf demselben Posten erhalten, doch es ist nicht sicher, ob die meisten Freigelassenen eine richtige Laufbahn absolvierten. G. Boulvert [918, S. 127ff.] hat sich viel Mühe gegeben, zwölf Kategorien zu unterscheiden, in die man Sklaven und Freigelassene einteilen könne, von kleinen Verwaltungsbeamten und Domestiken bis zum Prokurator des kaiserlichen Haushalts (*procurator castrensis*). Nur zwei Jahresgehälter sind bekannt, 40000 HS und 100000 HS. Die von G. Boulvert vorgeschlagene Gehaltsskala ist für das 2. und 3. Jh. plausibel. Für Freigelassene, die Abteilungen leiteten (Prokuratoren und Unter-Prokuratoren), sei sie mit einer gewissen Differenz parallel zu der der ritterlichen Beamten verlaufen, so daß der Freigelassene weniger als sein ritterlicher Kollege oder Vorgesetzter bezog; die höchste Besoldung hätte 200000 HS betragen. Neben den Gehältern ermöglichten es als legitim angesehene Geschenke und illegale Gewinne aus Unterschlagung und Korruption den Freigelassenen und Sklaven aus der Umgebung des Prinzeps und auch den Verwaltern, einen bisweilen märchenhaften Reichtum anzuhäufen. Unter Nero zahlte ein Sklave einem Senator eine Million Sesterzen, um einen Schatzmeisterposten zu bekommen, was einerseits Rückschlüsse auf sein Vermögen, andererseits auf die Gewinne, die er sich daraus versprach, zuläßt. Ein anderer Schatzmeister zahlte für seine Freiheit 13 Millionen. Soviel Gewinn hatte er beim armenischen Krieg machen können.

Die Macht und der Reichtum von kaiserlichen Freigelassenen und auch Sklaven verschärften die Auswirkungen des untilgbaren Makels, der sich aus der sklavischen Herkunft ergab. Die Arroganz, die Übergriffe und die Provokationen der großen Freigelassenen der julisch-claudischen Dynastie sind in erster Linie Ausdruck der Unmöglichkeit, echte Ehrbarkeit zu erreichen: Da man die sklavische Herkunft nicht loswerden konnte, wurde sie zum Ruhmestitel. Für jeden Sklaven und Freigelassenen war der Dienst beim Kaiser mit Sicherheit ein Faktor der Überlegenheit, der als solcher von der Masse der Freigeborenen anerkannt wurde. Die mächtigsten Freigelassenen waren freund mit Senatoren wie Rittern und hatten ihre Klienten. Hofdichter wie Statius und Martial oder der Historiker Flavius Josephus widmeten ihnen Werke. Antonius Felix, Bruder von Pallas, erklärte man zum Freien, und er wurde zum Gemahl dreier Königinnen, darunter eine Enkelin von Antonius und Kleopatra. Ein Jahrhundert später ehelichte ein Freigelassener von Lucius Verus die Witwe eines Konsulars, der Cousin von Marc Aurel gewesen war. Doch die gewohnheitsmäßige Verachtung der Römer für Sklaven und Freigelassene ließ nicht nach. Solch sozialer Aufstieg führte in erster Linie zu Neid und sogar zu Haß. Die „ehrbaren Leute" akzeptierten niemals die bedeutende Rolle bestimmter kaiserlicher Günstlinge. Sie unterschieden die 'guten Kaiser', die großen Wert auf die Inferiorität ihrer Diener legten, von den 'schlechten Kaisern', deren Vertrauen zu ihren Domestiken normalerweise Hand in Hand ging mit ihrem Mißtrauen oder ihrer Feindschaft gegenüber den Senatoren.

Die Integration von weniger bedeutenden Freigelassenen und ihren Familien in die Gesellschaft ist schwierig abzuschätzen. Schon ihre Aufgaben und ihre Macht stellten sie an den Rand der städtischen Gesellschaften. Manchmal wurden sie von den Städten, in denen sie Dienst taten, mit Statuen geehrt oder zu Patronen von Kollegien ernannt, mit denen sie in Beziehung standen, so in Ostia. Viele von ihnen haben wohl den Sevirat oder Ehrenämter in den italischen Städten bekleidet, vor allem in denen, die nahe bei Rom lagen, und ihre Söhne sind dort bisweilen als Dekurionen belegt. Auf der anderen Seite scheinen sie in den Provinzstädten meistens vom öffentlichen Leben ausgeschlossen gewesen zu sein, wo sie eine recht stabile Schicht mit eigenen Kulten und Vereinen bildeten. Zweifellos war die Assimilation in Rom selbst weitgehender. Dort konnten Freigelassene Verantwortung in den Stadtvierteln oder als Apparitoren [S. 402] übernehmen, und dort hatten ihre Söhne die größten Chancen, in den Ritterstand einzutreten. Gleichwohl sind sicher belegte Beispiele des Aufstiegs von Freigelassenen-Söhnen sehr selten.

Die julisch-claudische Periode erscheint als die Goldene Zeit der großen kaiserlichen Freigelassenen. Allerdings muß man ihr Zurücktreten während der Folgezeit wohl relativieren, schließlich hat man dann kein Äquivalent mehr zur scharfen Kritik von Tacitus und Sueton. Doch gewiß blieb die Umgebung des Kaisers einflußreich; möglicherweise verstand sie es, sich unter den traditionalistischeren Kaisern diskreter zu geben. Die Finanzbeamten jedenfalls stellten stets das Rückgrat der Verwaltung, in Rom wie in den Provinzen.

7.4.2.3 Hohe ritterliche Beamte [621; 854]

Zur Zeit der Republik unterschied das *otium* (die Nicht-Teilnahme am öffentlichen Geschehen) die Ritter von den Senatoren. Mit Augustus tauchte eine Gruppe von Rittern auf, die dem Kaiser in Spitzenpositionen diente und die immer sehr klein blieb. Am Ende der Herrschaft von Augustus sind es 30, zu Beginn des 2. Jhs. kaum mehr als 100 und in der Mitte des

3. Jhs. weniger als 200, die gleichzeitig eine Stelle innehatten. Ihre Schicht war insgesamt ein bißchen größer, denn manche bekleideten nur eine begrenzte Zahl von Ämtern, während andere lange Mußejahre zwischen zwei Positionen verstreichen ließen. Aber dennoch handelte es sich um nicht mehr als 1% der Ritter.

Allmählich entwickelte sich eine Ämterhierarchie. Spätestens seit Domitian wurden drei Hauptstufen, *sexagenarii*, *centenarii* und *ducenarii*, nach den Jahresgehältern der Prokuratoren unterschieden (60000, 100000 bzw. 200000 Sesterzen). Die Kategorie der *trecenarii* kam unter Marc Aurel dazu. Der Zuwachs an Posten erlaubte, eine regelrechte Karriere zu durchlaufen. Doch die niederen Ämter waren lange in unzureichender Anzahl vertreten. Erst unter Hadrian erhielt jede Kategorie dieselbe Stellenzahl und erst unter Septimius Severus bildeten sie eine richtige Hierarchie. Seit dem 2. Jh. bezeichneten offizielle Titel die jeweilige Ehrenstellung der hohen Beamten. Seit Hadrian wurde ein Prokurator *vir egregius* („außerordentlicher Mann") genannt. Den Titel *vir perfectissimus* („sehr vollkommen") gebrauchte man ab dem Ende des 2. Jhs. Er war Rittern mit sehr hohem Rang vorbehalten (wurde jedoch im 3. Jh. freigebiger verteilt), während *vir eminentissimus* („sehr hervorragend") den Prätoriumspräfekten und im 3. Jh. manchmal einigen anderen großen Präfekten, die in Rom Dienst taten, verliehen wurde. Am Ende des 2. Jhs. kam die Gewohnheit auf, die Gehaltshöhe auf den Ehreninschriften zu vermerken; in der Mitte des 3. Jhs. dann wurden Ehrentitel aus den Bezügen abgeleitet, wie *vir centenarius* oder *ducenarius*.

Die geographische Herkunft der ritterlichen Prokuratoren und Präfekten spiegelt nicht wirklich die weitgehende Öffnung des Ritterstandes, und selbst der *militiae*, für Provinziale wider. Unter der julisch-claudischen Dynastie waren mehr als 40% der ritterlichen Offiziere Provinziale, und fast 60% unter den Flaviern und den Antoninen. Aber man kennt nur ganz wenige provinziale Prokuratoren bis Caligula. Ohne daß sich ihr Anteil signifikant verändert hätte, blieben die Italiker von Claudius bis zum Ende des 2. Jhs. immer leicht in der Mehrzahl und dominierten auf den italischen und römischen Posten. Dagegen wandelte sich die Rekrutierung der Provinzialen erheblich. Von Claudius und Nero wurden zahlreiche Orientalen berufen. Sie stellten dann zwischen 20% und 25% der Prokuratoren bis Hadrian, unter den letzten Antoninen aber nahm ihr Anteil dann tendentiell ab. Sie saßen nur auf Stellen in Rom und in den griechischsprachigen Provinzen. Ungefähr genauso viele Prokuratoren kamen aus dem Westen, vor allem aus der Narbonensis und Spanien. Ihr Anteil blieb im 2. Jh. stabil bei rund 20%. Die Afrikaner, die erst seit Hadrian belegt sind, kamen hauptsächlich aus Africa Proconsularis und waren am Ende des 2. Jhs. zahlreicher vertreten als die Orientalen. Bis zum Ende des 2. Jhs. stellten die am wenigsten zivilisierten Gebiete, zumal die Grenzprovinzen, fast überhaupt keine hohen ritterlichen Beamten.

Die Verbindungen von Septimius Severus und Caracalla mit Afrika und Syrien sowie ihre generelle Politik modifizierten die geographische Aufteilung. Der Anteil der Italiker und der Ritter aus dem Westen ging deutlich zurück (weniger als 30% bzw. rund 10% der bekannten Prokuratoren des 3. Jhs.), während Afrikaner und Orientalen jeweils 30% stellten. Damals wurden zum ersten Mal Orientalen auf Stellen in den westlichen Provinzen gesetzt. Außerdem gelangten ehemalige Armeeangehörige, die aus den Grenzprovinzen stammten, zu verantwortungsvollen Posten.

Das Verlangen nach Macht und die Aussicht auf Reichtum, aber auch der Zuwachs an Würde waren die Beweggründe für einen Ritter, in den Dienst des Kaisers zu treten. In julisch-claudischer Zeit konnte ein Ritter „sich enthalten, [senatorische] Ehren anzustreben" und gleichzeitig „der Macht von Konsularen gleichkommen": „Der schnellste Weg, an Geld zu kommen, lief [...] über Prokurationen, indem man die Angelegenheiten des Kaisers verwaltete." [Tac. ann. 16. 17. 3]. Man darf sich aber von den taciteischen Formulierungen nicht täuschen lassen, die den senatorischen Ärger widerspiegeln und nur für einen Teil der Ritter richtig waren. Einige zogen es vor, nicht in den Senat einzutreten. Aber diese Entscheidung betraf nur wenige Personen und die Alternative existierte eigentlich nur zu Beginn der Kaiserzeit. Für die meisten Ritter war die prokuratorische Karriere die einzig mögliche Laufbahn mit Aufstiegschancen. Zwar waren die Befugnisse der höchsten Ritter denen von Senatoren vergleichbar, und das Vertrauen des Kaisers konnte ihnen sogar höhere Macht verleihen, doch ist es genauso richtig, daß die meisten ritterlichen Beamten Senatoren unterstellt waren und daß sich ihr Ehrgeiz darauf bezog, daß sie selbst oder ihre Söhne in den Senat einziehen konnten.

Die Basiswerte der Bezüge blieben bis zur Krise des 3. Jhs. ein fester Bezugswert. Aber diese Stagnation wurde durch die Veränderung der Stellung gewisser Posten innerhalb der Skala korrigiert. Neugeschaffene Posten konnten früheren, weniger gut bezahlten Stellen entsprechen. Andere konnten in eine höhere Kategorie übergehen, und Marc Aurel schuf die *tricenarii*. Der Preisanstieg und die Geldentwertung wurden durch Geschenke in Naturalien und Bezahlung der Bezüge in Gold kompensiert, was für den Beginn des 3. Jhs. durch den Marmor von Thorigny belegt ist. Obwohl die halblegalen oder illegalen Einkünfte, die sich aus der Machtstellung ergaben, möglicherweise die wichtigste Bereicherungsquelle waren, darf man die Höhe der Grundgehälter wohl nicht unterschätzen, wie es oft geschieht. Die Bezüge eines *ducenarius* entsprechen dem Einkommen aus einem

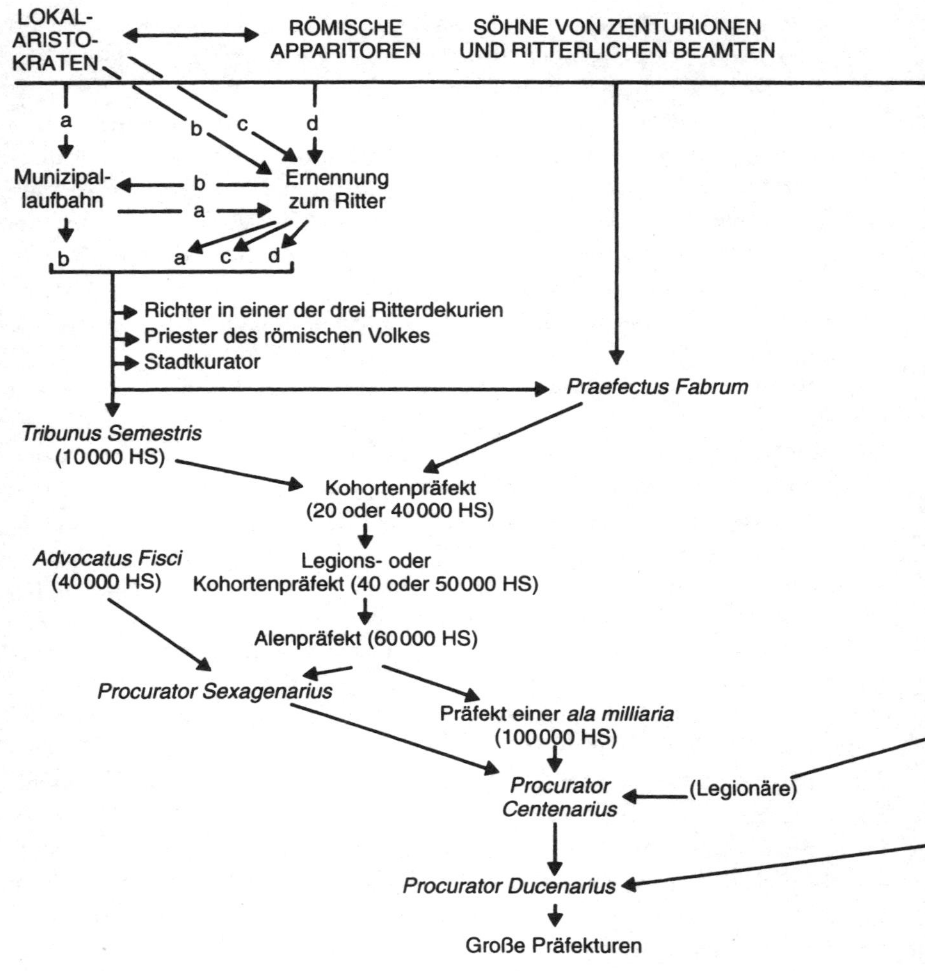

Die ritterliche Laufbahn um 150 (vereinfachtes Schema)

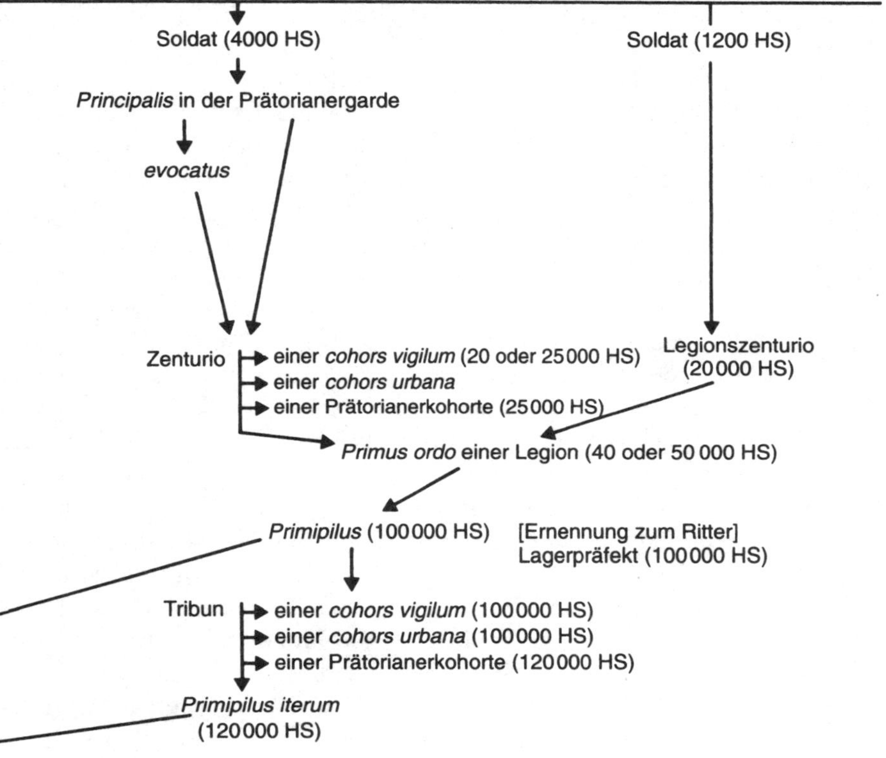

Anm.: Die – häufig umstrittenen – Jahresbezüge nach H.-G. Pflaum [623] und B. Dobson [522]

Grundbesitz im Wert von rund vier Millionen Sesterzen, und damit einem faktisch wesentlichen höheren Zensus (wenn man die unrentablen Prestigegüter mitberücksichtigt [S. 343]). Das Gehalt allein konnte das Gesamteinkommen eines Ritters mittleren Vermögens verdoppeln.

Das Sozialprestige, das mit den Ämtern verknüpft war, wog schwer, vor allem für diejenigen, die nicht auf eine Beförderung in den Senatorenstand hoffen konnten. Bei einigen übertraf die Sorge um den Rang die materiellen Interessen. Als Fronto den Anwalt und Historiker Appian dem Antoninus Pius für eine Prokuratorenstelle vorschlug, bekräftigte er, daß Appian „diese Ehrenstelle zu erreichen begehrt, um in seinem hohen Alter seine Würde zu erhöhen, und nicht aus Ehrgeiz oder aus Begierde nach einem Prokuratorengehalt" [Fronto, p. 170N; 621, S. 200ff.]. Er erinnerte den Kaiser daran, daß er die Würde eines seiner Freunde „geschmückt" habe, indem er ihn nacheinander zu zwei Prokurationen berufen hatte, auf die dieser sofort verzichtete. Appian wollte auf seine alten Tage keine Beamtenkarriere mehr einschlagen, und Frontos anderem Protégé war es auch nur um die Ehrenstellung gegangen, die eine Prokuration verlieh, selbst wenn sie gar nicht wirklich ausgeübt wurde. Seit dem 2. Jh. gab es also faktisch Prokurationen ehrenhalber. Es fehlt eine Studie über die Verleihung des Rangs eines Beamten ehrenhalber. Aber es scheint so, daß dieses für die Spätantike typische Phänomen schon vorher existierte. Wahrscheinlich spätestens seit der Severerzeit wurde der Titel *vir egregius* Honoratioren verliehen, die keinerlei ritterliche Karriere machten. Diese Gruppe ist in der zweiten Hälfte des 3. Jhs. gut belegt, und eben zu dieser Zeit konnte der Rang des *centenarius* oder *ducenarius* gleichfalls ein Ehrentitel sein. Der Bischof von Antiochia in den Jahren 260–270, Paul von Samosata, verdankte seinen Titel *ducenarius* zweifellos eher der Freundschaft der palmyrenischen Königin Zenobia als einer Beamtenkarriere.

Selbst nachdem der Zuwachs an Stellen und ihre Hierarchisierung erlaubten, strukturierte Karrieren zu durchlaufen, gab es keinen streng festgelegten *cursus*. Während manche Ritter ihr ganzes Leben im Dienst des Kaisers verbrachten, scheinen andere nur einen oder zwei Posten bekleidet zu haben (was dennoch kein Zwischenspiel sein muß; sie konnten ja viele Jahre über dieselbe Verantwortung innehaben). Unsere Unkenntnis der tatsächlichen Dauer von Karrieren macht es unmöglich, ihren Ablauf vernünftig einzuschätzen. Die übliche Verweildauer auf demselben Posten scheint sich in der Größenordnung von drei Jahren bewegt zu haben. Allerdings sind Prokuratoren und Präfekten wesentlich länger auf derselben Stelle belegt, besonders zu Beginn der Kaiserzeit. Der erste *praefectus annonae* war 40 Jahre im Amt. Ein Präfekt von Tiberius regierte Ägypten 16 Jahre lang. Unter Antoninus Pius hatte der Jurist Volusius Maecianus nur vier

Posten in 23 Jahren inne, wobei seine Präfektur der Annona allein mindestens acht Jahre dauerte. Manche Ritter waren dauerhaft im Dienst des Kaisers beschäftigt und machten im 2. und 3. Jh. eine kohärente Karriere. Daher kann man die Ansicht einiger Forscher schwerlich teilen, nach denen keine Beförderungsrichtlinien mit Versetzungen nach bestimmten Zeiten festgelegt gewesen seien. Natürlich entschied der Kaiser über die Geschwindigkeit einer Karriere und ihren Erfolg [Pflaum 896], genauso wie er Berufungen außerhalb des normalen Rahmens durchführen oder unübliche Gehälter gewähren konnte.

Die meisten hohen ritterlichen Beamten stammten aus den städtischen Aristokratien. Ab dem 2. Jh. hatten die meisten dieser Honoratioren vorher zwei oder (immer häufiger) drei *militiae* absolviert, ebenso die Zenturionensöhne, die in den Ritterstand aufgenommen worden waren. Je nach dem Alter, das sie zu Beginn ihrer Dienstzeit hatten, und deren Länge, zählten sie zwischen 30 und 40 Jahre, als sie ihren ersten Posten erhielten, den eines Adjutanten eines Ritters oder Senators (*adiutor*) oder die Stelle eines *procurator sexagenarius*. Andere waren älter und absolvierten nur einen verkürzten Kriegsdienst oder wurden davon ganz befreit: Manche waren erst spät zu Rittern aufgestiegen oder hatten sich zunächst mit in erster Linie prestigeträchtigen Funktionen begnügt. Andere hatten zuvor eine juristische Karriere gemacht, wie die *advocati fisci*, die von Hadrian eingerichtet worden waren und nicht vor den Fünfzigern auf Prokurationen gelangten. Diese Karrieren ohne militärische Vorgeschichte oder nach nur einer einzigen *militia* machen ein Viertel der bekannten kompletten *cursus* nach Traian aus.

Eine kleine Zahl von Berufssoldaten gelangte auf Prokurationen. Eine spezielle Laufbahn betraf die Prätorianer der kaiserlichen Garde, die nach ihrer Weiterverpflichtung bis zum Zenturionat gelangten oder schon als Zenturio einstiegen. Nach einer Etappe in einer Legion als Primipil (erster Zenturio), dann drei Tribunaten bei den Truppen Roms (als Äquivalent der ritterlichen *militiae*) und häufig einem zweiten Primipilat wurden sie Prokuratoren. Mittlerweile weit in den Vierzigern kamen sie direkt auf *ducenarii*-Stellen. Doch ihre Karriere war selten glanzvoll. Diese Personengruppe stellte ein Fünftel der Prokuratoren von Hadrian bis Commodus, deren Karriere genau bekannt ist, aber nur wenig mehr als 10% für die darauffolgende Periode, denn ab Septimius Severus zog man ihnen häufig ehemalige Soldaten aus den Legionen vor.

Vor den Reformen von Claudius gelangten Primipilen zum Militärtribunat und zu ritterlichen Ämtern. Diese Art von Beförderung verschwand dann, und sie ist erst im Lauf des 2. Jhs. wieder belegt. Sie ist sehr selten bis zu den Reformen des Septimius Severus, der die Ausnahmestellung der Prätorianergarde erheblich verringerte. Nach den bekannten *cursus* war der

Aufstieg zu den Ritterämtern damals sehr eigenwillig geregelt: Er betraf vor allem ehemalige Militärpolizisten (*frumentarii*). Nach der Severerzeit blieben die Militärs aus der Truppe auch nach ihrem Aufstieg zum Ritter im Heer; doch da es kaum genaue Quellen gibt, weiß man über ihre Laufbahn sehr wenig. Diese Offiziere stammten häufig aus den Donauprovinzen und nahmen seit Gallienus die zentrale Rolle ein; später stellten sie die Kaiser. Doch weder durch ihre soziale Herkunft noch durch ihre Laufbahn repräsentierten sie in irgendeiner Weise den Ritterstand.

Wie groß auch immer die Macht und die Chance auf Reichtum bei der Ritterlaufbahn war, der Eintritt in den Senatorenstand stellte eine echte Beförderung dar, die mit Sicherheit von der Mehrzahl der Ritter für sich selbst oder ihre Kinder erstrebt wurde [zu den Modalitäten, S. 390]. Beim heutigen Forschungsstand ist es nicht möglich, das Schicksal von Familien hoher ritterlicher Beamten global zu betrachten. Der Aufstieg in den Senatorenstand gelang, wie es aussieht, nur einer Minderheit. Während einigen Söhnen von Prokuratoren und Präfekten die Lust (oder Begabung) fehlte, Karriere zu machen, würden genauere Forschungen vielleicht ritterliche Dynastien entdecken, bei denen der Dienst für den Kaiser Tradition war, wie die *Baebii Iuncini* aus Messina (Sizilien). Ihr erstes bekanntes Mitglied machte Karriere unter Nero und den Flaviern und ein gleichnamiger Nachkomme wurde Präfekt von Ägypten im Jahr 213 [Pflaum 854, Nr. 121 und Suppl. Nr. 251].

7.4.3 Der Senatorenstand und die Senatoren

Der relative Quellenreichtum (ab dem 2. Jh. im wesentlichen epigraphischer Natur) hat aus dem römischen Senat und den *clarissimi* das Lieblingsgebiet prosopographischer Studien gemacht, die sich auf den Senat in einer bestimmten Epoche konzentrieren [844; 848; 853; 856], auf bestimmte Funktionen [418; 851 a], die senatorische Laufbahn [857; 867] oder die geographische Herkunft von *clarissimi* [849]. Dank einer maßvollen Verwendung der Prosopographie (die heute von den meisten Wissenschaftlern anerkannt wird) hat man eine recht genaue Vorstellung von der Ergänzung des Senats und den Betätigungsfeldern der *clarissimi*.

7.4.3.1 Die Ergänzung des Senatorenstandes

Die Reformen vom Beginn der Kaiserzeit hatten die Bedingungen für eine stabile Existenz des Standes geschaffen. Die senatorische Würde wurde drei Generationen lang weitergegeben. Die Söhne von Senatoren hatten de facto Vorrang beim Einzug in den Senat. Zu allen Zeiten garantierte ein glänzender Name eine glänzende Karriere, fiel man nicht gerade in völlige Ungunst. Und trotzdem: Selbst wenn man sich vergegenwärtigt, daß das Quellenmaterial unzureichend ist und das Phänomen übertreibt, bleibt unbezweifelbar, daß der Senat sich regelmäßig und ziemlich schnell erneuerte. Ein Erneuerungssatz von rund 30% pro Generation erscheint als wahrscheinlich: Man kennt kaum eine senatorische Familie über mehr als drei Generationen. Neben Dynastien, die sich lange Zeit hielten, manchmal mehrere Jahrhunderte lang, gibt es unzählige Persönlichkeiten ohne bekannte senatorische Herkunft oder Familien, die nur über zwei Generationen belegt sind [Jacques 870, und in: 816, Bd. I, S. 81–225].

Es gibt zahlreiche Erklärungen für diese Schwäche eines theoretisch vererbbaren Standes, und mehrere Faktoren könnten hier gleichzeitig mitspielen. Prozesse, Zerschlagungen von (mehr oder weniger realen) Komplotten und Bürgerkriege führten zur Ausschaltung von Senatoren und manchmal auch ihrer Familien. Man darf aber die zahlenmäßige Bedeutung dieser gewaltsamen Eliminationen nicht überbewerten, die den Senat gewiß nicht entvölkert haben (Septimius Severus ließ zu Beginn seiner Herrschaft wohl 5% der Senatoren aburteilen). Vor allem in der Zeit von Tiberius bis zum Bürgerkrieg 69–70 veränderten ständige Krisen die Zusammensetzung des Senats grundlegend, indem sie die großen alten Familien verschwinden ließen, die die Agonie der Republik überlebt hatten. Auf der anderen Seite spielte die Gunst beim Kaiser auch eine große Rolle. Eine Familie, die der Prinzeps von Verantwortung und Ehren fernhielt, verschwand rasch im Hintergrund.

Besonders in stabilen Zeiten (wie dem 2. Jh.) waren wirtschaftliche und demographische Faktoren von zentraler Bedeutung. Die senatorischen Familien scheinen sich aufgrund einer geringen Fruchtbarkeit nur mit Schwierigkeiten erneuert zu haben. Doch lag das nicht nur an der Fruchtbarkeit. Selbst wenn Söhne das Erwachsenenalter erreichten und den Fortbestand der Familie sicherten, konnte es geschehen, daß sie nicht lang genug lebten, um zu den großen Verantwortlichkeiten zu gelangen (die man häufig erst mit mehr als 40 Jahren erhielt), die allein den Glanz und das politische Fortbestehen der Familie sicherten. So konnte eine Familie zwar weiterexistieren, mußte dabei aber zusehen, wie ihr Kapital an Würde, ihre Freundschaften und Klienteln zerbröckelten. Der senatorische Rang zwang zu einer ruinösen Lebensführung. Der Wohnsitz Rom erleichtete die Verwaltung der Domänen nicht, die ja oft in den Provinzen lagen. Die Anfänge einer Karriere zwangen zur Übernahme großer Ausgaben, und nicht alle Senatoren wurden später auf lukrative Stellen berufen. Der wirtschaftliche Verschleiß konnte also rasch erfolgen und später verhindern, daß Nachkommen in den Senat gelangten (selbst wenn ihr Vermögen über dem Zensus blieb). Unter

Augustus und im 1. Jh. sind Fälle bekannt, daß man sich aus dem öffentlichen Leben zurückzog oder weigerte, sich in der Karriere zu engagieren, was durch politische Opposition, Philosophie oder intellektuelle Betätigung begründet wurde. Dieser Verzicht stand im Widerspruch zum aristokratischen Wertesystem, das dazu zwang, Karriere zu machen, um den Ruhm der *gens* aufrechtzuerhalten und, wenn möglich, zu erhöhen. Daher wird dieses Phänomen des freiwilligen Verzichts wohl immer eine untergeordnete Rolle gespielt haben. Insbesondere läßt sich die beständige Erneuerung des Senats nicht durch eine systematische Verweigerung der Senatorensöhne erklären, selbst wenn sie dazu imstande waren [K. Hopkins 791].

Die Aufnahme in den Senatorenstand durch den Kaiser bestätigte den persönlichen Erfolg oder, häufiger, den Aufstieg einer Familie. Der direkte Eintritt in den Senat (*adlectio*) ehrte manchmal bedeutende Honoratioren, aber er betraf vor allem Ritter, die schon weit in der ritterlichen Laufbahn fortgeschritten waren. Schon zu alt dafür, die senatorische Laufbahn ab der Quästur zu durchlaufen, wurden sie mit dem Rang eines gewesenen Magistrats aufgenommen (je nach Alter als Quästorier, Tribunizier oder Ädilizier, oder häufiger als Prätorier, da diese Position direkt die Übernahme von Verantwortungen erlaubte). Ab Domitian konnte der Kaiser als nunmehriger *censor perpetuus* jederzeit (und nicht nur anläßlich einer Zensur) Adlektionen vornehmen. Dieses Verfahren scheint ab Marc Aurel häufiger vorzukommen, es wird aber wohl nie mehr als zwei oder drei Personen pro Jahr betroffen haben. Man darf es auf gar keinen Fall für ein Mittel der Kaiser halten, um das Gleichgewicht des Senats zu beeinflussen. Vielmehr erlaubte es, tüchtige Leute zu befördern und sie an anderer Stelle einzusetzen, wenn ihre Kompetenzen im Ritterstand nicht voll auszuschöpfen waren. Die ritterliche Laufbahn bot nämlich kaum Möglichkeiten für Ritter mit militärischer Begabung. Die Adlektion dagegen eröffnete ihnen Legionskommandos, später Statthalterschaften in strategisch wichtigen Provinzen. Andererseits wurde der große Jurist Volusius Maecianus nach der Präfektur Ägyptens um das Jahr 163 unter die Prätorier adlektiert, weil ihm die notwendigen militärischen Fähigkeiten für die Prätoriumspräfektur abgingen. Obwohl man die, die am höchsten in der Gunst standen, in den Dreißigern unter die prätorischen Senatoren adlektierte, waren die Adlektierten meist doch reife Männer: Der spätere Kaiser Pertinax wurde mit 45 Jahren Senator, und zwar nur als Tribunizier oder Ädilizier. In der Severerzeit konnte die Adlektion eine Belohnung zum Zeitpunkt des Eintritts in den Ruhestand darstellen, ohne daß sie eine weitere Karriere zur Folge gehabt hätte [Pflaum 854, Suppl. Nr. 237 A].

Üblicher war der Aufstieg von Söhnen großer Ritter. Sie erhielten den breiten Purpurstreifen in jungen Jahren und begannen ihre Karriere in

Konkurrenz zu den Senatorensöhnen. Auch große Honoratioren wurden geadelt, oft am Ende eines langen familiären Aufstiegs. Es gibt viele Senatoren, deren Vorfahren als städtische Magistrate oder Provinzpriester belegt sind, und zwar bisweilen über mehrere Jahrhunderte.

7.4.3.2 Die geographische Herkunft der Senatoren

Man kann mit mehr oder weniger großer Genauigkeit die Herkunft von rund der Hälfte der bekannten Senatoren bestimmen. Der Unsicherheitsfaktor ist also groß und die regionale Ungleichheit des Quellenmaterials deformiert unser Bild. Zwar bieten die Zahlen und Proportionen aus den prosopographischen Forschungen eine solide Basis, um die Politik der einzelnen Kaiser einzuschätzen und die langsame Integration der Provinzialen zu verfolgen, doch sie dürfen niemals als Ergebnis einer statistischen Gesamterhebung betrachtet werden.

Der Senatorenstand war eine sehr eng begrenzte Schicht. Wie auch immer die Bedeutung langfristiger historischer Phänomene aussah, das Eingreifen des Kaisers und freundschaftliche Verbindungen spielten eine zentrale Rolle. Einige Kaiser erscheinen als Neuerer, aber keiner zerstörte das Gleichgewicht des Senats. Die Zensuren von Claudius und später Vespasian, die Gallier aus den Drei Gallien bzw. Orientalen in den Senat einziehen ließen, verleihen eher einer den Provinzialen gewogenen Geisteshaltung Ausdruck, als daß sie die Gelegenheit für zahllose Neu-Aufnahmen gewesen wären [864].

Schon seit der julisch-claudischen Zeit war Italien nicht mehr allein an der Ergänzung des Senats beteiligt. Doch blieb es bis zum Ende des 1. Jhs. Heimat von mehr als drei Vierteln der Senatoren. Der Bruch wurde unter Traian deutlich, der wahrscheinlich weniger als die Hälfte der neuen Senatoren aus Italien berief. Im 2. Jh. scheint der Anteil der Italiker stabil gewesen zu sein (rund 55%). Nachdem er sich unter Septimius Severus und Caracalla verringert hatte, blieb er ungefähr bei 45% während des 3. Jhs. Die regelmäßige Berufung neuer italischer Familien in den Senat (auch durch Kaiser, die die Provinzialen begünstigten) zeigt das Bestreben, der Halbinsel eine absolute Vorrangstellung zu erhalten, die in keiner Weise im Verhältnis zu ihrem demographischen oder wirtschaftlichen Gewicht stand.

Es zeigen sich regionale Differenzen, die von der unterschiedlichen kaiserlichen Politik und der relativen Bedeutung der jeweiligen Gebiete abhängen [Zusammenfassungen verschiedener Qualität in: 849, Bd. II]. Die alten, eigentlich römischen *gentes* waren schon während der Bürgerkriege am Ende der Republik geschwächt worden und verschwanden dann fast sämtlich im 1. Jh.; Rom selbst stellte kaum mehr Senatoren. Auf der italischen

Halbinsel gewannen Latium und Kampanien die Oberhand. Latium, das eng mit der Geschichte Roms verbunden war, stellte zahlreiche Senatoren ganz zu Ende der Republik. Sein Anteil war dann bescheidener, blieb aber beachtlich, vor allem im 1. Jh. Für die Kampaner gab es die meisten Berufungen zu Beginn der Kaiserzeit, und unter Traian kam es zu einer neuen Eintrittswelle. Aus der restlichen Halbinsel, wo der Aufstieg seltener war, erfolgten die meisten Beförderungen vor 69; die Gunst der Flavier, die ja aus dem Sabinerland stammten, erstreckte sich fast nur auf Zentralitalien. Ganz anders war die Situation der Zisalpina. Als Heimat von zahlreichen Senatoren (mehr als 300 sind bekannt) löste sie in gewisser Weise die Halbinsel ab; dies gilt vor allem für die 10. Region (Venetien-Istrien), aus der mehr als die Hälfte der zisalpinen Senatoren stammten. Die Eintritte geschahen besonders in der Zeit von Claudius (wo sie noch die Traditionalisten schockierten) bis zum Ende des 2. Jhs.

Die Integration von Provinzialen in den Senat erscheint als komplexes Phänomen. Sowohl zwischen den großen Zonen des Reiches als auch auf regionaler Ebene kann man große Unterschiede beobachten. Ungeachtet aller chronologischen Differenzen konzentrierte sich die Herkunft der meisten Senatoren auf eng begrenzte Regionen. In den europäischen Provinzen des Westens stehen die mittelmeerischen Zonen (die fast ein Monopol haben) dem Landesinneren und den Randgebieten gegenüber. Im gallisch-spanischen Raum sind die Narbonensis, die Bätika und die Küste der Tarrakonensis (mit dem Ebro-Tal) wichtiger als mehrere italische Regionen, und die Aufnahmen datieren im wesentlichen ins 1. Jh. (für die Narbonensis sogar schon vor 69). Aber während diese intensiv kolonisierten und romanisierten Provinzen die ersten großen Kontingente provinzialer Senatoren stellten, konnten später annektierte Provinzen an dieser Entwicklung nicht teilhaben. Die Berufung von Senatoren aus den Drei Gallien blieb stets eine Ausnahme (doch das spärliche Quellenmaterial läßt das Phänomen vielleicht krasser erscheinen, als es war), genauso wie die von Bewohnern der Grenzprovinzen (wo das Material manchmal sehr dicht ist).

Hinsichtlich der Zahl der bekannten Senatoren läßt sich Nordafrika mit der Zisalpina vergleichen, aber das überreiche Quellenmaterial dürfte das (im übrigen unbestreitbare) Phänomen etwas verzerren. Zwar erreichte schon 80 ein Cirtaer das Konsulat, doch erfolgten die zahlenmäßig signifikanten Aufnahmen nach Hadrian. Das unter Marc Aurel erreichte Niveau (15% der Senatoren dieser Zeit mit bekanntem Ursprung) hielt sich unter den Severern, die fast niemanden außer ihren Mitbürgern aus Lepcis Magna förderten.

Der Eintritt von Orientalen in den Senat ging sehr langsam vonstatten. Bis 69 sind nur einige Persönlichkeiten bekannt, die häufig von Italikern abstammten. Die Zensur von Vespasian und Titus läutete eine stete Aufwärtsentwicklung ein, die nach zahlreichen Berufungen unter Traian zur Verdopplung des Orientalenanteils im Senat zwischen Hadrian und Severus Alexander führte, unter dem er dann ein Drittel erreichte. Die regionalen Unterschiede waren genauso deutlich wie im Westen: Die meisten Aufsteiger stammten aus Westanatolien, ferner aus Syrien und Athen, während riesige Gebiete kaum oder überhaupt nicht zum Zuge kamen (wie Kreta-Kyrenaika, Thrakien, Kappadokien, Arabien, Palästina oder Ägypten; die ersten Ägypter überhaupt gelangten erst 212 in den Senat).

Die griechischen bzw. hellenisierten Städte Anatoliens stellten ein Kontingent, das fast genauso groß war wie das Afrikas und das zu mehr als der Hälfte aus der Provinz Asien stammte. Über drei Jahrhunderte kann man eine sehr deutliche Entwicklung verfolgen. Vor 73 waren die neuen Senatoren vor allem Bürger der römischen Kolonien (wie Alexandria Troas oder Antiochia in Pisidien), deren Landbesitz über mehrere Provinzen verteilt war. Von Vespasian bis Hadrian wurden schwerreiche Magnaten berufen, die Grundbesitz in Asien oder Galatien hatten und häufig von alten Königs- oder Fürstenhäusern abstammten. Die große Öffnung ab Antoninus Pius nützte vor allem den reichen Honoratioren der großen Städte wie Ephesos. Die ersten syrischen Senatoren verdankten ihren Aufstieg wahrscheinlich ihren Verbindungen zu den Flaviern, die sie beim Jüdischen Krieg oder Vespasians Machtergreifung geknüpft hatten. In der Folge waren sie nicht sehr zahlreich im Senat vertreten, bis die Gunst der severischen Kaiserinnen und Prinzessinnen, die ja aus Emesa stammten, zu zahlreichen Berufungen führte.

7.4.3.3 Die Assimilation der neuen Senatoren

Hat die allmähliche Diversifizierung der Herkunft und der Eintritt zahlreicher Senatoren aus den Provinzen dem Senat seinen Zusammenhalt geraubt, hat ihn dies in ein Konglomerat ohne Solidarität verwandelt und von den römischen Traditionen entfremdet? Das könnte man befürchten, wenn, wie Plinius der Jüngere behauptet, die Provinzialen Rom und Italien „nicht als ihre Heimat, sondern als Herberge oder Absteige ansehen", was Traian dazu brachte, ihnen vorzuschreiben, mindestens ein Drittel ihres Bodenbesitzes in Italien zu haben [epist. 6. 19] (diese Verpflichtung wurde von Marc Aurel erneuert, der aber den Anteil italischer Güter auf ein Viertel senkte). In Wahrheit tendierten die Senatoren dazu, einen Reichsadel zu bilden. Wenn eine Familie auf dem höchsten Niveau fortbestand, verlor die Herkunft rasch an Bedeutung, wie das Heiratsverbindungen, die Verteilung des Landbesitzes und (bei Provinzialen) die Aufnahme in italische Städte beweisen. Im übrigen geschahen die Berufungen nie in einem solchen Ausmaß, daß sie einen Bruch verursacht hätten, und die Neulinge bekannten sich zu den Werten und Traditionen des Senats, wie das die Beispiele Tacitus und Plinius der Jüngere zeigen.

Der Beschluß Traians über den senatorischen Landbesitz, der parallel zur Designation zahlreicher Provinzialen (vor allem Orientalen) erfolgte, förderte deren Assimilation und glich zugleich in gewisser Weise die Provinzialisierung des Senats aus. Die Neulinge hatten weder Zeit noch Mittel (angesichts der hohen Kosten zu Beginn der Karriere), um vor der Prätur in Italien zu investieren. Andere werden erst einmal abgewartet haben, ob sie in Rom Erfolg haben würden und solange ihre Landkäufe aufgeschoben haben. Dagegen investierten die Familien von hohen ritterlichen Beamten aus den Provinzen vor dem Eintritt in den Senatorenstand in italischen Bodenbesitz. Senatoren provinzialer Herkunft übernahmen in italischen Städten, wo sie Besitzungen hatten, das Patronat und sogar städtische Ehrenämter. Es gibt keinen Grund, von der Abwesenheit zahlreicher Provinzialen bei den Senatssitzungen oder einen raschen Rückzug auf ihre Landgüter auszugehen [Talbert 352]. Bei den Senatoren der ersten Generation blieb der Bodenbesitz geographisch konzentriert (wie bei Plinius dem Jüngeren, der keine Provinzdomänen hatte). Verbindungen wurden häufig mit *clarissimi* der Herkunftsprovinz oder wenigstens -region geknüpft (z. B. ehelichte eine Schwester von Cassius Dio, der aus Nikaia in Bithynien stammte, einen *clarissimus* aus Ephesos). In der Folge verteilten sich die Besitzungen durch Mitgiften, Erbschaften und Käufe; zahlreiche Italiker investierten ihrerseits in den Provinzen. Provinzialen und Italiker scheinen sich ohne Schwierigkeiten zusammengeschlossen zu haben. So gab Manius Acilius Glabrio, der angeblich von Aeneas abstammte und im Jahr 193 den Thron zurückwies, seine Tochter einem Senator aus Ephesos in die Ehe, dessen Vermögen seine *novitas* wohl ausglich [vgl. die Bemerkungen in 855, solange eine Monographie aussteht].

Man hat bisweilen (fälschlicherweise) behauptet, daß einer der Gründe für die Schwächung des Reiches darin zu suchen sei, daß die Elite der Provinzialfamilien in den Senat aufgenommen wurde, was indirekt die Städte habe ausbluten lassen, die so ihrer reichsten Bewohner beraubt worden seien. Abgesehen davon, daß diese Berufungen nur eine winzige Zahl von Familien in wenigen Städten pro Generation betraf, hielten die Senatoren ja ihre Verbindungen zur Heimatstadt aufrecht, wo sie als Euergeten oder Patrone belegt sind. Sie blieben dort Großgrundbesitzer, wie z. B. am Ende des 2. Jhs. und im 3. die *Arrii* in Numidien oder die *Bruttii Praesentes* in Süditalien.

Tabelle 3
Clarissimi und Senatoren mit Amt pro Jahr (2. und 3. Jh.)

	Rom	Italien	Provinzen
Traian			
vorbereitende Ämter	3 *triumviri capitales* 4 *quattuorviri viarum curandarum* 10 *decemviri stlitibus iudicandis* 3 *triumviri monetales* - - - - - - - - - - - - - - - - - -		20 bis 26 (?) Legionstribunen
zusammen	20 *vigintiviri* 1 *praefectus feriarum Latinarum causa* 6 *seviri equitum Romanorum*		
Magistraturen	9 oder 10 Quästoren 1 *ab actis senatus* 10 Volkstribunen 6 Ädilen 18 Prätoren 6 bis 8 Konsuln		10 oder 11 Quästoren (in zehn Provinzen)
Prätorische Ämter	2 *praefecti frumenti dandi* 3 *praefecti aerarii militaris* 2 *praefecti aerarii Saturni*	ca. 7 *curatores viarum* einige Stadtkuratoren	13 (14?) Legaten von Prokonsuln (manchmal von der Prätur) 2 *iuridici* 28 Legionslegaten (4 davon auch Statthalter) 8 Prokonsuln 12 *legati Augusti propraetore* einige Stadtkuratoren
Konsularische Ämter	1 *curator aquarum* 2 *curatores operum publicorum* 1 *curator alvei Tiberis et cloacarum* 1 Stadtpräfekt		2 Prokonsuln 9 *legati Augusti propraetore*
Veränderungen:			
a) Marc Aurel			
Magistraturen	+1 Prätor +2 Konsuln		
Prätorische Ämter		4 *iuridici* ca. 5–10 Stadtkuratoren	ein Dutzend (?) Stadtkuratoren und -korrektoren +2 Legionslegaten/Statthalter –1 *legatus Augusti propraetore*
Konsularische Ämter	+1 *praefectus alimentorum*	einige Stadtkuratoren	+1 *legatus Augusti propraetore*
b) Beginn des 3. Jhs.			
	+1 Prätor –2 *praefecti frumenti dandi* +1 *curator Miniciae*	+1 *iuridicus* ca. 10–15 Stadtkuratoren	Gründung von Provinzen ohne Veränderung der Gesamtzahl der Legaten

7.4.3.4 Die innere Schichtung des Senatorenstandes

Der Rang der einzelnen Senatoren war genau festgelegt durch seine Anciennität im Senat und die Magistraturen, die er bekleidet hatte. Doch seine Position wurde auch durch Priestertümer und die Ämter, die er vom Senat oder Kaiser übertragen bekommen hatte, definiert. Zwar gab es einen genau hierarchisierten *cursus* (der im Vergleich zu dem der Ritter nicht sehr differenziert war), doch nicht alle durchliefen ihn in derselben Geschwindigkeit und nicht alle wurden vom Kaiser in gleicher Weise beansprucht. Die Ehrenstellung hing direkt mit der *dignitas* der Familie zusammen, vor allem mit ihrem Alter und den Ehren, die unmittelbare Vorfahren und Verwandte erlangt hatten. Die Unterscheidung zwischen Plebejern und Patriziern, ein Erbe aus den ältesten Zeiten der Republik, bestand weiter; bestimmte Priestertümer konnten ausschließlich von Patriziern bekleidet werden. Aufgrund des Aussterbens der alten Familien mußten die Kaiser Plebejer in den Patriziat erheben; die unmittelbaren Vorfahren der Glücklichen, die „in die patrizischen Familien adlektiert" wurden, hatten sich meist glanzvoll ausgezeichnet.

Die Erblichkeit des Senatorenstands über drei Generationen impliziert die potentielle Existenz von erwachsenen *clarissimi*, die nicht in den Senat hatten eintreten wollen. Die Dürftigkeit der Quellen erlaubt keine genaue Kenntnis dieser Personengruppe. Solange eine brauchbare Studie fehlt, kann man nur vermuten, daß sie nicht sehr zahlreich waren und daß keine große Schicht von *clarissimi* neben der eigentlich senatorischen existierte.

Ab den Flaviern nahm ein *clarissimus* normalerweise vor dem 20. Geburtstag eine der Stellen des Vigintivirats wahr. Dabei handelte es sich um Ämter ohne besondere Verantwortung, die aber klar hierarchisch gegliedert waren (so stellten die Patrizier und ganz wenige Plebejer die *triumviri monetales*, dagegen die Neulinge ohne große Zukunft die *triumviri capitales*). Danach leistete er als Legionstribun Wehrdienst, und zwar im allgemeinen nicht länger als ein Jahr. Neulinge, die den breiten Purpurstreifen später erhielten, kandidierten sofort für die Quästur. Manche von ihnen hatten vorher die ritterlichen *militiae* absolviert.

Die Quästur konnte man ab dem Alter von 24 Jahren in Rom oder einer Provinz bekleiden; sie eröffnete den Eintritt in den Senat. Auf sie folgten zwei Magistraturen, nämlich Volkstribunat oder Ädilität (davon waren die Patrizier befreit) und (nach dem 29. Geburtstag) die Prätur. Der Kampf um die ersten beiden Magistraturen hielt sich in Grenzen, denn es gab 20 Quästoren sowie zehn Tribunen bzw. sechs Ädilen. Während des 1. Jhs. wurde auch der Zugang zur Prätur sehr erleichtert: Die Zahl der jährlichen Prätorenstellen wuchs von acht auf zwölf unter Augustus, dann auf normalerweise 17 oder 18 ab den Flaviern. Trotz der derzeit herrschenden Meinung [jüngst Talbert 352, S. 18] muß es wohl große Unterschiede beim Karrierebeginn gegeben haben. Als Günstlinge des Kaisers oder Familienväter wurden einige Senatoren schon vor den rechtlich festgesetzten Altersgrenzen Magistrate. Der Kaiser konnte einen Kandidaten offiziell unterstützen oder seine Karriere durch interne Adlektionen beschleunigen, die den begünstigten Senator von ein oder zwei Magistraturen dispensierten. Es ist aber wenig wahrscheinlich, daß man fast immer Magistrat *anno suo* wurde (d. h. mit dem Mindestalter). Nicht alle *clarissimi* traten mit 24–25 Jahren in den Senat ein. So absolvierte Marcus Statius Priscus die ritterlichen *militiae* und war als Prokurator tätig, ehe er den breiten Purpurstreifen erhielt und um 145–148 Quästor wurde, mit mehr als 30 Jahren [ILS 1092]. Die Prätur erreichte man oft erst spät. Obwohl Septimius Severus mit einem Konsular verwandt war, wurde er erst mit 33 Prätor und Quintus Iulius Maximus sollte diese Stelle gerade antreten, als er mit 45 Jahren starb [AE 1967, 130; 3. Jh.].

Die Prätur ermöglichte den Zugang zu Ämtern, die vom Senat (rund zwanzig, normalerweise für ein Jahr) bzw. dem Kaiser (rund fünfzig, für zwei oder drei Jahre, manchmal auch erheblich länger) vergeben wurden. Die prätorische Etappe führte zu einer klaren Differenzierung zwischen den Karrieren der einzelnen Senatoren. Von Augustus bis zu den Severern wurde das Konsulat nach und nach immer leichter erreichbar, da man in einem Jahr immer mehr Suffektenkonsuln [S. 66] ernannte (neben den beiden ordentlichen Konsuln gab es vor 69 selten mehr als 2 Suffekten, 4 bis 6 unter Traian, rund 8 unter Marc Aurel und 10 unter den Severern). Doch das Konsulat war den Prätoriern keineswegs sicher. Das Alter, in dem man Konsul wurde, schwankte erheblich. Manche Patrizier bekleideten es *anno suo*, mit 32–33 Jahren. Plebejer aus guter Familie oder mit glanzvoller Laufbahn durften darauf mit 38–40 Jahren hoffen. Die meisten erreichten es erst in den Vierzigern, unvermögende oder adlektierte Neulinge noch viel später. Für viele Senatoren stellte das Konsulat das Ende der Karriere dar, denn zu keinem Zeitpunkt existierten mehr als etwa 20 konsularische Ämter.

Unter Augustus waren rund 130 Senatoren gleichzeitig aktiv, als Magistrate oder als Inhaber der Ämter, die vom Senat oder Kaiser vergeben wurden. Die Zahl der Posten nahm kaum zu (weniger als 160 zu Beginn des 2. Jhs.) und überstieg 200 unter den Severern nicht (inklusive Stadtkurationen sowie kurzen Missionen). Folglich hatten weniger als ein Drittel der Senatoren gleichzeitig eine spezielle Aufgabe inne. Nicht alle Senatoren engagierten sich in gleicher Weise in Verwaltung und Armee des Reiches. Gemäß der durchlaufenen Karriere können vier Typen unterschieden werden.

Außer im Fall politischer Ungnade war das Konsulat der kleinen Gruppe von Senatoren hoher Abstammung sicher, bei denen das Prestige eine wenig anstrengende und vor allem stadtrömische Karriere garantierte. Hierher gehören vor allem die Patrizier, die nicht mehr als 10 bis 12% der Senatoren ausmachten. Im 2. Jh. absolvierten sie immer seltener ein Militärtribunat oder dienten in den kaiserlichen Provinzen. Sie hatten schon seit ihrer Jugend Priestertümer inne und durchliefen keine prätorische Karriere oder bekleideten höchstens ein oder zwei Ämter (und zwar vor allem solche, die vom Senat vergeben wurden). Ohne echte Erfahrung kamen sie zwischen 32 und 36 zum Konsulat und besetzen dann römische Kuratorenstellen, während sie auf das Prokonsulat Afrikas oder Asiens warteten. Die Laufbahn von altadeligen Plebejern konnte ein paar Posten mehr umfassen, ohne sich aber wirklich zu unterscheiden.

Am anderen Ende der Skala fanden sich viele Senatoren (vielleicht die meisten), die niemals vom Kaiser berufen wurden. Ihre Karriere beschränkte sich auf Magistraturen sowie auf ein oder zwei Aufenthalte in einer senatorischen Provinz als Legat eines Prokonsuls oder als Prokonsul. Da sie häufig spät zu den drei ersten Magistraturen gelangten, erreichten sie das Konsulat meist nicht. Sie widmeten sich den Senatssitzungen, dem Gerichtssaal und ihren Besitzungen und verfügten deswegen über großes Prestige in ihrer Heimatregion. So gehörten sie zur sozialen Elite des Reiches, ohne wirklich Teil seiner Führungsschicht zu sein. In dieser Gruppe findet man Neulinge, aber auch Mitglieder senatorischer Familien, die nicht vom Kaiser gefördert wurden, weil es ihnen an Talent oder zielsicherem Auftreten mangelte.

Zwischen diesen beiden Kategorien mit sehr unterschiedlichem Prestige standen die Senatoren, die ihre Aufträge vom Kaiser erhielten. Ab der Mitte des 2. Jhs. bekleideten sie normalerweise das Konsulat, wenn sie lang genug lebten, aber erst nach einer prätorischen Karriere von sehr unterschiedlicher Länge. Ohne eine klare Grenze ziehen zu können, lassen sich zwei Gruppen unterscheiden. Einige Senatoren erhielten prätorische Ämter nur vom Kaiser. Manchmal kamen sie nach nur zwei Posten zum Konsulat. Diejenigen, die im Militärwesen am aktivsten waren, verwalteten danach bis zu drei Provinzen, die anderen begannen ihre konsularische Karriere mit einer römischen Kuratorenstelle. Rund 15 Jahre nach dem Konsulat wurden sie Prokonsuln von Asien oder Afrika, manchmal auch Stadtpräfekten. Sie waren Plebejer – häufig Neulinge oder adlektierte Ritter – und widmeten als hohe Staatsbeamte dem Kaiser einen Großteil ihres Lebens, wobei aber zwischen den einzelnen Ämtern Unterbrechungen von mehreren Jahren liegen konnten (diese lassen sich in den Inschriften, die die Laufbahn wiedergeben, normalerweise nicht feststellen). Die Senatoren der anderen

Gruppe wurden vom Kaiser weniger beansprucht. Sie waren auch Legaten und prätorische Prokonsuln in den senatorischen Provinzen, was beweist, daß der Kaiser zeitweise auf ihre Dienste verzichten konnte, und ihre Laufbahn war oft zivilerer Natur. Zwischen zwei Posten konnten mehrere Jahre vergehen. Nicht alle erreichten das Konsulat oder konsularische Ämter.

Das Auswahlverfahren begünstigte Abkunft und soziale Unterstützung. Selbst wenn der Kaiser Neulinge auszeichnete, so galt doch seine offizielle Unterstützung meist den Söhnen der großen Familien. Im übrigen war die Karriere kein Selbstzweck, sondern die Methode, um zum Konsulat zu gelangen. So konnte man das Handicap einer unbedeutenden Abkunft durch langen Dienst in Provinzen, die für einen mittelmeerischen Aristokraten wenig anziehend waren, ausgleichen. Die Senatoren waren also prinzipiell keine Spezialisten. Und die meisten ihrer Aufgaben setzten auch nicht voraus, daß sie es gewesen wären. Gleichwohl ist kaum vorstellbar, daß die Senatoren, die lange Jahre im Dienste des Kaisers standen (also eine Minderheit) sich nur durch die Unterstützung ihrer Freunde und Verwandten ausgezeichnet hätten, und genausowenig, daß ihre Fähigkeiten nicht erkannt (entweder am Ende ihrer Jugend oder zum Zeitpunkt ihrer Prätur) und dann bei ihren Tätigkeiten nicht eingesetzt worden wären. Schließlich zeigen die Karrieren der Senatoren, die regelmäßig vom Kaiser eingesetzt wurden, deutlich eine militärische, juristische oder finanztechnische Spezialisierung.

Aber die Bedingungen, unter denen man zu den Ehrenämtern gelangte, insbesondere die Trennung zwischen den Diensten für den Kaiser und dem Erhalt des Konsulats, machten unmöglich, daß sich eine generelle Staatsministermentalität bildete oder daß der kaiserliche Dienst automatisch mit dem Senatorenrang verbunden worden wäre. Ein Neuling, der zu konsularischen Ämtern gelangt war, vererbte seinen möglichen Söhnen ein Kapital an Prestige und Verbindungen, das sie davon befreite, denselben beschwerlichen Weg zum Konsulat einschlagen zu müssen. Das senatorische Wertesystem, das großen Wert auf die *dignitas* legte, erklärt die allmähliche Kaltstellung der Senatoren, ohne daß man zusätzlich ein bewußtes Zurücktreten der *clarissimi* als Gruppe oder auch eine systematische Feindschaft der Kaiser gegenüber den großen Familien, insbesondere den patrizischen, in Erwägung ziehen müßte. Der Widerwille hochrangiger Senatoren gegen lästige Aufgaben, die nichts zu ihrem Glanz beitrugen (und auch noch das Konsulat verzögerten) und ihre unzureichenden Kenntnisse (besonders in militärischer Hinsicht) zwangen ab Marc Aurel dazu, in Krisen vorrangig auf Neulinge und adlektierte Ritter zurückzugreifen. Unter den Severern saßen Ritter auf normalerweise senatorischen Posten, und zwar sowohl vorübergehend und ausnahmsweise als auch (seltener) endgültig (ihnen wurden neugeschaffene Provinzen und Legionen unterstellt). Seit Gallienus schloß man Senatoren von militärischen Ämtern und den Statthalterschaften der meisten kaiserlichen Provinzen aus, und zwar zugunsten von ritterlichen Offizieren aus der Armee. Die Trennung zwischen Ehrenstellung und Karriere macht gleichfalls begreiflich, daß die *clarissimi* stets ihr Sozialprestige wahrten. Auch nach Gallienus nahm der Senatorenstand die erste Position ein, und die Ritter bemühten sich nach wie vor, daß sie selbst oder ihre Kinder in diesen aufrückten, obwohl dies dann mit dem Verlust der realen administrativen und militärischen Macht verbunden war.

7.5 Die Zwischenkategorien

Obwohl man keine reichsweite oder städtische „Mittelklasse" ausmachen kann, gibt es verschiedene Gruppen am Rand der städtischen Aristokratien (die man durch ihre Rolle bei der Verwaltung der Stadt und ihr Einkommen, das vor allem aus Grundbesitz kommt, definieren sollte), die eine mittlere Position einnehmen und manchmal echte Autonomie und wirklichen Einfluß besaßen.

Ein wesentliches Verdienst der Cambridger Schule war zweifellos, den Begriff der „Handelsbourgeoisie" endlich zu eliminieren, trotz der „modernistischen" Reaktionen [etwa D'Arms 802]. Die wichtigsten Geschäfte wurden sicher nicht von Händlern und professionellen Finanziers kontrolliert. Die ethische Verurteilung von Handelsgewinnen (die man gewiß je nach Region differenziert betrachten müßte) betraf diejenigen, die hauptberuflich und professionell tätig waren, nicht aber Investoren und die, die „Geschäfte machten". Obwohl die Angehörigen der oberen Stände Gewinne aus verschiedenen Geschäften zogen, ist ihre persönliche Beteiligung schwer greifbar, ebenso wie der Teil ihres Einkommens, der (direkt oder indirekt) mit dem Handel zusammenhing. Manche Aristokraten waren veritable Finanzunternehmer, andere besaßen Schiffe, und deren Freigelassene erscheinen als Frachtschiffer oder Händler. Plutarch betrachtete es als normal, daß man seine Sklaven als Bauern, Transporteure und Händler einsetzte [*De liberis educandis* 7]. Aber im allgemeinen werden sich die Aristokraten darauf beschränkt haben, zu investieren oder einfach nur Geld zu verleihen, anstatt in den Ablauf von Bank- und Handelsgeschäften einzugreifen [Andreau 937].

Die echten Berufshändler und -banker waren häufig von niedriger Rechtsstellung und geringem Vermögen. Wie Caecilius Iucundus aus Pompeii waren die professionellen Geschäftsleute lokale Finanziers, die sich auf Operationen vor Ort oder in nächster Umgebung beschränkten, weil ihnen ihr geringes Vermögen keinen größeren Aktionsradius erlaubte [Andreau 936, 938]. Schiffsladungen gehörten mehreren Kaufleuten, was auf begrenzten finanziellen Spielraum schließen läßt (darauf deuten auch die häufig begegnenden Händlervereinigungen hin, wie z. B. beim bätischen Ölhandel). Man begegnet zahlreichen Freigelassenen und auch Sklaven, deren Verhältnisse zu ihren Patronen sich enorm unterschieden haben werden und die jedenfalls nicht alle Trimalchios gewesen sein können, d. h. unabhängige Freigelassene und Sesterzenmillionäre. Im Orient scheint das Finanzvolumen der Händler und mehr noch der Frachtschiffer sehr niedrig gewesen zu sein [Pleket 1026].

Aber es wäre verkehrt, aus berechtigter Reaktion gegen modernistische Übertreibungen vereinfachend die Welt des Handels und des Transports exzessiv abzuwerten, indem man ihre Vielfalt leugnet und ihre gesellschaftliche Randlage überschätzt. Auch wenn Händler und Reeder sicher nicht den Führungsschichten des Reiches angehörten und viele von ihnen sich wahrscheinlich in Abhängigkeit von großen Persönlichkeiten befanden, so hatte ihre Elite doch ein wirtschaftliches Niveau erreicht, das dem der städtischen Honoratioren vergleichbar war, und sie spielten mitunter eine wichtige Rolle im städtischen Leben, insbesondere in Handelszentren wie Lugdunum. Der sklavische Makel schloß Freigelassene von der Verwaltung der Stadt aus und beschränkte ihre Tätigkeit im öffentlichen Leben auf die Priestertümer des Kaiserkults (*augustales*) oder auf die Ehrenämter der Kollegien. Viele Freigeborene waren aufgrund ihrer beruflichen Aktivität vom Dienst für die Stadt befreit. Man begegnet aber doch manchen, die der sozialen Elite ihrer Stadt und dem Dekurionenstand angehören. In der Mitte des 2. Jhs. war Publius Aufidius Fortis Magistrat in Ostia und Dekurio in Hippo Regius (Annaba/Bône). Die genaue Art seiner Verwicklung in den Handel ist uns unbekannt, aber sie kann nicht bezweifelt werden: Einerseits bestand eine Verbindung zwischen ihm und einem der großen Getreidehäfen von Africa Proconsularis, andererseits war er in Ostia Patron der Getreidemesser und *quinquennalis perpetuus* der Getreidehändler [Meiggs 953, S. 185, 560]. Manche Händler gehörten sogar dem Ritterstand an, wie Gaius Sentius Regulianus, der in Lugdunum *diffusor* für bätisches Öl, Weinhändler und Reeder auf der Saône war [ILS 7490]. Der Vater des Kaisers Vespasian war *publicanus* in Asien gewesen, dann Geldleiher und Händler bei den Helvetiern; doch seine Frau war Tochter eines Ritters und Schwester eines Senators, was seinen Söhnen den Eintritt in den Senatorenstand ermöglichte.

In einer Welt, in der die Stadt der normale Lebensrahmen war, erscheinen Händler als sehr beweglich und schon allein dadurch als Randgruppe. Thaemus Iulianus, Dekurio in Canotha (im syrischen Hauran), war Händler in Lugdunum unter Septimius Severus [ILS 7529; Jones 949]. Zahlreiche Spanier sind in Gallien und Italien belegt, während die Händler, die mit Britannien Handel trieben und ihre Votive im Heiligtum der Göttin Nehalennia (an der Rheinmündung) niederlegten, aus dem ganzen Norden Galliens kamen [AE 1973, 362; 365; 375; 385].

Eine der Barrieren, die der Verfestigung dieser Gruppe entgegenstand, war zweifellos ihre soziale Mobilität. Wirtschaftlicher Erfolg wurde normalerweise durch den Kauf von Land besiegelt, was das Vermögen ehrbar machte und das Ende der unternehmerischen Tätigkeiten bedeutete. So erwarb sich der Vater des Dichters Horaz, ein Freigelassener, ein Vermögen und gab seinen Beruf als Geldeintreiber auf, als er nach Rom zog. Reichgewordene Freigelassene wollten für ihre Söhne die Aufnahme in die lokale Aristokratie oder in den Ritterstand, was nur durch den Verzicht auf Handwerk und Ladentheke geschehen konnte. Das Geschäft wurde dann u. U. von ihren Freigelassenen weitergeführt, ohne daß man genau weiß, ob der Patron oder sein Sohn weiterhin finanziell am Unternehmen beteiligt war [Andreau 938].

Die römischen Magistrate, die Statthalter und die hohen Beamten hatten zahlreiche Helfer, nämlich Schreiber, Boten, Liktoren und Herolde, die in Rom in Dekurien eingeteilt waren. Man weiß sehr wenig über den Besetzungsmodus dieser Stellen (wahrscheinlich irgendwie käuflich), ihre Dauer und die tatsächliche Arbeitsbelastung, die sie mit sich brachten [Purcell 954]. Zumindest in bestimmten Fällen scheint der Wunsch nach einem Titel, der eine angesehene Sozialposition einbrachte, entscheidend gewesen zu sein: Manche Apparitoren bezahlten Ersatzleute [954, S. 129 u. Anm. 15] und andere sammelten Posten. Diese Stellen dienten offensichtlich auch zum Aufstieg und zur Integration in die Gesellschaft Roms, schließlich führten sie zu Kontakten mit der Führungsschicht und setzen Rom als Wohnsitz voraus. So zogen diese Posten manche Honoratioren italischer Städte an, egal ob Ritter oder nicht, die das städtische Milieu verlassen wollte. Am Ende des 2. Jhs. wurde Quintus Petronius Macer, ein Honoratior von Faesulae (Etrurien), Schreiber bei den Quästoren, ehe er auf seine alten Tage eine Ritterlaufbahn antrat; sein Enkel brachte es zum Senator [Jacques 851a, S. 139–141, 278–80]. Den Händlern verliehen diese Posten eine Würdenstellung, die ihnen ansonsten von den höheren Ständen verwehrt wurde. Lucius Marius Phoebus, wahrscheinlich ein Freigelassener, handelte mit bätischem Öl und wurde in Rom Bote der Volkstribunen [ILS 7489; um 165–180]. Viele dieser Subalternbeamten waren Freigelassene, sowohl des Kaisers als auch von Privatpersonen. Eine Stelle als Apparitor entfernte nicht den Sklavenmakel, aber dokumentierte in Rom den Erfolg (wie es in den Städten die Augustalität tat) und stellte eine Brücke zu den höheren Ständen dar, die unter Umständen in der zweiten Generation erreicht werden konnten.

7.6 Die „Sklavenhalterordnung“: Sklaverei und andere Arbeitskräfte

Die Historiker haben die Sklaverei lange Zeit als einen Schandfleck der griechisch-römischen Welt angeprangert, akzeptierten sie aber gleichzeitig als notwendiges Übel für die Entfaltung der Zivilisation oder minimierten ihre Rolle, sofern sie sich kein übertrieben optimistisches Bild von ihr machten. Dagegen stand sie im Zentrum der marxistisch gefärbten Arbeiten: Die „Produktionsweise der Sklavenhaltergesellschaft“ charakterisiere die römische Welt, deren Entwicklung sich aus der „Krise der Sklavenhalterordnung“ ergebe [Historiographisches bei Finley 907]. Die Sklaverei konditioniere die ganze Zivilisation [Boulvert-Morabito 904]. Ohne von den grundsätzlichen Positionen (manche würden sagen: Vorurteilen) abzurücken, haben jüngere Arbeiten diese Theorie differenziert und gegen die Quellen geprüft [Staerman 913]. Obwohl M. Finley anerkennt, daß sich die Sklavenwirtschaft nur in Griechenland, Sizilien und Italien richtig entfaltete, stellt auch er die Sklaverei ins Zentrum seines Sozialmodells. Ideologische Standpunkte und das Fehlen eindeutiger Quellen erklären die unvereinbaren Gegensätze, die man in der Literatur findet – und der Versuch, hier zwischen ihnen zu vermitteln, müßte fehlschlagen [für die Republik, Nicolet 54, S. 207ff.].

7.6.1 Die Zahl der Sklaven

Obwohl die Höhe des Sklavenanteils an der Gesamtbevölkerung allein nicht ausreicht, um zu entscheiden, ob eine Sklavenwirtschaft vorliegt oder nicht, bleibt die Frage zentral – doch leider unlösbar. Im 2. Jh. soll Pergamon rund 40000 Sklaven gezählt haben, die ein Drittel der erwachsenen Gesamtbevölkerung ausgemacht hätten [Gal. 5.49]. Zwar darf man diese einzige statistische Information nicht als Größenordnung zurückweisen, doch kann man sie genausowenig extrapolieren. Alle Hochrechnungen bleiben hypothetisch und Zweifeln unterworfen. Für die Stadt Rom etwa wurden zwischen 130000 und 400000 Sklaven geschätzt. Manche Abschätzungen können zumindest als wahrscheinlich angesehen werden, wie die zwei bzw. drei Millionen, die Beloch [773] bzw. Brunt [779] für Italien zu Beginn der Kaiserzeit vermuteten. Sicher sind nur die großen geographischen und sozialen Unterschiede, die mittlerweile allgemein anerkannt sind, wenn auch die einzelnen Gelehrten daraus ganz unterschiedliche Folgerungen ziehen.

Die Anzahl der Sklaven, die früher direkt mit dem römischen Imperialismus zusammenhing, wurde in der Folge von der Wirtschaftsform bestimmt. Die Massen, die bei den Eroberungen am Ende der Republik versklavt worden waren, brachte man nach Italien und Sizilien, wo sie einen wirtschaftlichen Wandel ermöglichten. Im Jahr 8 v. Chr. hinterließ ein Freigelassener bei seinem Tod 4116 Sklaven, neben 250000 Stück Vieh und 60 Millionen Sesterzen in bar [Plin. nat. 33. 135]. Das Ende der großen Kriege ab Augustus, die niedrige Reproduktionsziffer mißhandelter Sklaven sowie Freilassungen mußten zu Beginn der Kaiserzeit zu einer Verringerung der Gesamtzahl führen, die aber nicht quantifizierbar ist. Die Veränderungen in der Landwirtschaft und in der Produktion, die man möglicherweise mit Sklavenmangel in Verbindung bringen könnte, lassen sich nicht vor der Mitte des 1. Jhs. erkennen. Wie die Entwicklung im einzelnen auch aussah, die Sklaverei spielte in Italien und den am längsten hellenisierten Regionen mindestens bis zum 3. Jh. eine zentrale Rolle.

Zwar wurde die Sklavenwirtschaft mit Sicherheit in den römischen Siedlungskolonien eingeführt, doch verbreitete man sie nicht über die gesamte römische Welt, entweder weil andere Ausbeutungsformen als genauso rentabel galten oder weil nicht genug Sklaven zur Verfügung standen. Neben der allgemeinen Verwendung von Sklaven als Domestiken steht ihr vielfältiger Einsatz in den verschiedenen Produktionsbereichen. Nur Ägypten bietet genug Quellenmaterial für einen quantitativen Ansatz. Die Sklaven dürften dort nicht mehr als 10% der Bevölkerung ausgemacht haben und spielten wohl keine größere Rolle in der landwirtschaftlichen Produktion [788; 903]. In Kleinasien muß man wohl unterscheiden zwischen riesigen ländlichen Gebieten, die von freien Menschen oder solchen in einer gewissen Abhängigkeit [S. 410] bebaut wurden, und einigen Großstädten mit handwerklicher Produktion (wie Pergamon), wo die Sklavenarbeit eine wichtige Stellung einnahm. Der vor allem städtische Charakter der Sklaverei dürfte in zahlreichen Regionen ähnlich gewesen sein. Aber man muß jedes vereinfachende Schema vermeiden, denn dieses wäre nur eine Projektion von Unwissen und Hypothesen. In der Mitte des 2. Jhs. etwa wurden die tripolitanischen Ländereien von Apuleius' Frau von Hunderten von Sklaven bebaut, während andere afrikanische Quellen in anderen Regionen auf die Dominanz freier Arbeit auf dem Land schließen lassen.

Umstritten ist auch, ob dort, wo die Sklavenwirtschaft vorherrschte, der Besitz von Sklaven in allen sozialen Schichten verbreitet war. Die riesigen städtischen *familiae*, wie die 400 Sklaven in der römischen *domus* des Pedanius Secundus im Jahr 61 [Tac. ann. 14. 43], waren zunächst Statussymbole, die den Reichtum der Führungsschicht dokumentierten und mehr noch ihre Mentalität. Der Anschaffungspreis und die Unterhaltskosten machten es unmöglich, daß (wie J. Carcopino es aufgrund der Satiren glaubte) bis auf die Allerärmsten jeder mindestens einen Sklaven gehabt hätte (Arme konnten sich zwar ein ausgesetzes Kind großziehen, aber die Unterhaltskosten blieben natürlich).

Der Preis von Sklaven schwankte erheblich, je nach ihrer Qualifikation. Die Autoren des 1. Jhs., die sich für Extremfälle interessierten und übertriebene Verschwendung anprangern wollten, nennen riesige Beträge, die aber sicher authentisch sind. So zahlte in einer kleinen italischen Stadt ein Arzt 50000 HS für seine Freiheit [ILS 7812]. Die üblichen Preise lagen weit darunter. Zu Beginn des 3. Jhs. nahmen die Juristen einen Standardpreis von 2000 HS an und die meisten bekannten Zahlen bewegen sich zwischen 800 und 2700 HS [Duncan-Jones 959]. So verkaufte man in Dakien unter Antoninus Pius ein kleines Mädchen für 820 HS, eine Kreterin für 1680 HS und einen griechischen Jungen für 2400 HS [FIRA III, S. 283ff.]. Der Preis des Jungen entsprach dem Bruttolohn von 960 Arbeitstagen in den Bergwerken der Region, der Preis des Mädchens dem von 330 Tagen. Ein Durchschnittssklave war in Ägypten nicht mehr wert als drei bis vier Esel oder ein Kamel. Der relative Preis von Sklaven war also nicht sehr hoch. Trotzdem lag ein solcher Kauf und der weitere Unterhalt eines Sklaven (rund 300 HS pro Jahr) außerhalb der Möglichkeiten des größten Teils der Bevölkerung, dessen jährliches Familieneinkommen weniger als 1000 HS betrug. Selbst ein Vermögen von 100000 HS, das ehrbarem Wohlstand entsprach, erlaubte nicht mehr als den Besitz von ein paar Sklaven.

7.6.2 Die Herkunft der Sklaven

Die verschiedenen Quellen der Sklaverei sind wohlbekannt. Aber die Gelehrten sind sich uneins über ihren jeweiligen prozentualen Anteil in der Kaiserzeit, sobald die Massenversklavungen anläßlich von Kriegen selten geworden waren (wie z. B. die 97000 Juden beim Krieg 66–70, laut Flavius Josephus [bell. Iud. 6. 420]). Die Größenordnung der Importe von außerhalb des Reiches ist nicht abschätzbar. Die innere Produktion ist am besten bekannt, nämlich Sklaven, die auf den Besitzungen geboren wurden (*vernae*), ausgesetzte sowie von ihren Eltern verkaufte Kinder.

Columella riet, eine Sklavin, die Mutter von drei Kindern war, von jeder Arbeit zu befreien und sie freizulassen, wenn sie noch fruchtbarer war [1. 8. 19]. Kinder waren Teil der Produktion der Domänen und wurden so zahlenmäßig erfaßt [Petron. 53]. Die Sklavenproduktion könnte neben der Schweinezucht eine der Aktivitäten der toskanischen Villa von Settefinestre im 2. Jh. gewesen sein [A. Ricci, in: 816, Bd. III, S. 83ff.]. Die *vernae* waren hochgeschätzt. Vorzugsweise zog man sie für Aufgaben heran, die Initiative und Verantwortung erforderten. Diese Gunst erklärt den großen Anteil der *vernae* bei den inschriftlich bekannten Sklaven und macht auch die erwähnten Anreize zur Vermehrung begreiflich. Man kann also nicht als gesichert ansehen, daß Sklavenzucht deswegen systematisch betrieben worden wäre, um einen möglichen Mangel auf dem Markt auszugleichen.

Der Verkauf von Kindern scheint eine Sitte in gewissen Regionen gewesen zu sein, z. B. in Kleinasien [1022]. Das römische Recht kannte Verkäufe auf begrenzte Zeit, doch war es sicherlich schwierig, seine Freiheit wiederzuerlangen, wenn man als Kleinkind für 25 Jahre verkauft worden war. Obwohl Piraterie und Wegelagerei nicht mehr massenweise Sklaven lieferten wie am Ende der Republik, nährten sie doch weiterhin den Markt. Ausgesetzte Kinder wurden zum Eigentum des Finders. Diese *alumni* sind epigraphisch in allen Regionen belegt, doch läßt sich dieses Phänomen aus sozioökonomischer Sicht schwer einschätzen. Sie waren anscheinend in Bithynien zu Beginn des 2. Jhs. und vor allem in Ägypten sehr zahlreich [902]. Obwohl die Unterhaltskosten auch einen solchen Sklaven letzten Endes recht kostspielig machten, ermöglichte diese Erwerbungsform Armen, einen Sklaven zu besitzen, den sie sich aus finanziellen Gründen nicht kaufen konnten.

7.6.3 Die verschiedenen Arbeitskräfte und die Wirtschaft

7.6.3.1 Sklaven

Sklaven erscheinen auf allen Ebenen des Wirtschaftslebens, doch wenige Aktivitäten sind speziell ihnen vorbehalten. Neben dem Hauspersonal sind nur die Verwalter der Grundbesitzer gemeinhin Sklaven oder Freigelassene, nämlich die Prokuratoren (Sklaven oder Freigelassene) und rangniedrigeren *vilici* und *actores* (Sklaven).

Pauschal formuliert hatten die Domestiken (von der Amme bis zum Küchenjungen in einem großen Haushalt) die günstigste materielle Situation und die größten Chancen, freigelassen zu werden. Die großen *familiae* zählten mehrere hundert Personen und waren hierarchisch genau organisiert, wie die der *Volusii Saturnini*, großen Senatoren zu Beginn der Kaiserzeit. Die Inschriften ihres Kolumbariums an der Via Appia nennen 38 verschiedene Positionen: verschiedene Arten von Domestiken im engeren Sinne, dazu Kassierer, Sekretäre, Ärzte, Sklaven-Erzieher und Priester der Hauskulte.

Die Sklaven stellten im wesentlichen die Arbeitskraft in den großen landwirtschaftlichen und handwerklichen Betrieben, deren Organisation zur Rationalisierung tendierte und die der Definition der „Sklavenwirtschaft“ zugrunde liegen. Zu Beginn der Kaiserzeit beschäftigten die großen italischen Villen und die wichtigsten Werkstätten von Arretinum mehr als 50 Personen [977; 911; P. Pucci, in: 815, Bd. II]. Die Lebensbedingungen waren dort unterschiedlich. Noch zu Beginn des 2. Jhs. schufteten die landwirtschaftlichen Arbeiter auf einigen toskanischen Domänen in Ketten, während Schäfer über eine große Unabhängigkeit verfügten. Zweifellos durften nur Fachkräfte und Verwalter von landwirtschaftlichen Besitzungen mit ihrer Freilassung rechnen. Der Einsatz von Sklaven beschränkte sich nicht auf große Einheiten. Er wurde üblich, sobald der Bauernhof das Niveau eines Familienbetriebs verließ, und kleine und mittlere Einheiten mit ein paar Sklaven waren zweifellos für die Wirtschaft der Kaiserzeit typischer als Großbetriebe.

Dazu kamen die Sklaven, die für ihren Eigentümer eine Einkommensquelle darstellten, ohne daß dieser direkt mit ihren Aktivitäten zu tun hatte. Sie waren oft auf eigene Rechnung als Handwerker oder Freiberufler aktiv, andere arbeiteten als Angestellte. So zeigt eine Töpferrechnung aus La Graufesenque Sklaven, die von ihrer Eigentümerin einem Töpfer für einen Monat vermietet worden waren [Pucci, in: 816, Bd. III]. Am Ende des 1. Jhs. bekam ein ägyptischer Student einen Sklaven anvertraut, dessen Einkommen als Zimmermann seine Bedürfnisse decken sollte [902].

7.6.3.2 Lohnarbeiter

Die oft turbulenten Diskussionen über die „Sklavenhalterordnung“ und seine „Krise“ zeigten, wie verschieden, aber auch miteinander verzahnt die verschiedenen Arten der Ausbeutung menschlicher Arbeit waren. Selbst die entwickeltsten Formen der Sklavenausbeutung (wie etwa die italische Villa) beschäftigten freie Lohnarbeiter [977]. Aber diese lieferten nur zusätzliche Arbeitskraft für große Arbeiten. Es handelte sich dabei um Kleinbauern der Umgebung, Bewohner der Nachbarstädte und saisonale Wanderarbeiter (wie den organisierten Trupps von Erntehelfern in Afrika und Numidien).

Reichsweit kann der Einsatz von Lohnarbeitern gewiß nicht als eine allgemein verbreitete Ersatzlösung angesehen werden. Doch es mag sein, daß man die Rolle von dauerhaften Lohnarbeitern oft unterschätzt hat, da dieser Typ von Arbeitskraft schlecht zu den verschiedenen theoretischen Modellen paßt und vor allem nur von verschiedenartigen und verstreuten Quellen dargestellt wird [924; 941]. Um die Mitte des 1. Jhs. vertraute ein Großgrundbesitzer auf Euboia seine Herden nicht Sklaven, sondern Lohnarbeitern an, freien Bewohnern der Polis [Dion Chrys., *Euboikos*]. Waren die aufsässigen Leinenweber, die zu Beginn des 2. Jhs. nicht die notwendigen 2000 HS bezahlten konnten, um Bürger von Tarsos zu werden, kleine Handwerker oder Lohnarbeiter [Dion Chrys., or. 34]? Täfelchen aus Dakien aus dem 2. Jh. enthalten Arbeitsverträge von Bergleuten mit einer Laufzeit von mehreren Monaten [FIRA III, S. 466].

7.6.3.3 Die verschiedenen Formen des Kolonats

Die Frage nach der Rentabilität von Sklavenarbeit (die mit der Präferenz anderer Ausbeutungsformen verbunden ist) erscheint so, wie sie lange Zeit gestellt wurde, als künstliches Problem [975]. So schrieb man dem massiven Sklaveneinsatz den reichsweiten Erfolg der toskanischen Keramik am Beginn der Kaiserzeit zu, genauso aber auch ihre Unfähigkeit, mit der gallischen Produktion, die auf kleinen Einheiten basierte, zu konkurrieren, ebenso Aufschwung wie Untergang der italischen Villa. Die Realität erscheint komplexer, selbst in den theoretischen und engagierten Werken der Agrarschriftsteller, nach denen die Ausbeutung des Landes viele Faktoren berücksichtigen muß, nämlich Lage und Fruchtbarkeit der Ländereien, verfügbare Arbeitskraft, Produktionsart und Situation des Grundbesitzers. Die große Sklavendomäne (die sich selbst versorgte und für den Markt produzierte) stellte ein Ideal dar, das nur den Reichsten vorbehalten war; daher der Lobeshymnus auf die mittelgroße Villa von rund fünfzig Hektar, auf der man teilweise spekulativen Anbau betrieb [976]. Aber zahlreiche Bedingungen mußten gegeben sein, damit diese Villa rentabel war, nämlich direkte Verwaltung durch den Eigentümer bzw. durch einen sehr fähigen Vertreter und konkurrenzfähige Produkte, die sich bequem verkaufen ließen. Ansonsten rieten die Agrarschriftsteller dazu, auf Kolonen zurückzugreifen.

Man meinte lange Zeit, die Entwicklung des Kolonats sei die Konsequenz der Krise der italischen Sklavenwirtschaft und stehe in Zusammenhang mit einem Produktionswandel. In Provinzen wie Afrika sollte die Überlegenheit des Kolonats, der traditionellen und dominanten Ausbeutungsform, die Dynamik der Landwirtschaft erklären. Das Wort *colonus* bezeichnete (neben Bewohnern von Kolonien) Bauern im allgemeinen und Pächter im speziellen; es hat also sehr unterschiedliche Bedeutungen. Nicht alle Kolonen waren kleine Pächter, die einen bestimmten Anteil ihrer Ernte abführen mußten, Frondienste leisteten und für immer an ihren Rechtsstatus gekettet waren.

In Italien zeigen die literarischen Quellen (die die Zeit zwischen dem Ende der Republik und dem Beginn des 2. Jhs. abdecken) die Koexistenz von sehr verschiedenen Betriebssystemen seit dem Beginn unserer Zeitrechnung [De Neeve 928]. Wenn ein Grundbesitzer auf die direkte Verwaltung seiner Ländereien verzichtete, konnte er weiterhin einen Teil bewirtschaften und den Rest vermieten, oder auch eine Domäne verpachten, und zwar entweder en bloc oder parzelliert in einzelne Pachtstellen. Die pachtenden Kolonen konnten kleine, freie Bauernfamilien sein, oder auch reiche Persönlichkeiten (*conductores* genannt), wie derjenige, der eine Domäne von Plinius dem Jüngeren für 400000 HS jährlich pachtete [epist. 10. 8].

Sie bewirtschafteten den Boden mit Sklaven oder vermieteten ihn an Kleinbauern weiter. Bald erscheint der Kolonat als eine der Formen spekulativer Landwirtschaft auf großen und mittleren Einheiten (die sogar von Stadtbewohnern betrieben wurde), bald zeigt sich in ihm die Aufgabe dieses Wirtschaftstypus. Seit dem Ende der Republik waren Sklaven und Freigelassene auf eigenständigen Pachtstellen installiert. Diese Sklaven vom Quasi-Kolonen-Typ wurden in der Kaiserzeit anscheinend immer zahlreicher [Veyne 916].

Es gab verschiedene Pachtformen (feste Pacht in Naturalien oder Bargeld, Ernteteilung), und das Engagement der Eigentümer an der Bewirtschaftung schwankte erheblich. Während die einen reine Rentiers waren, stellten die anderen Sklaven, Tiere und Gerät und überwachten die Arbeit der Kolonen genau (direkt oder über Verwalter). Domänen wurden normalerweise nur auf fünf Jahre verpachtet, was die Pachtnehmner nicht zu Investitionen anspornte. Man weiß nicht, ob Kleinpächter längere Verträge bekommen konnten, die ihnen eine etwas sichere Situation garantiert hätten. Einige jedenfalls waren feste Pächter, manchmal über mehrere Generationen, wie diejenigen, die Columella den Spekulanten aus der Stadt vorzuziehen empfiehlt [1.7. 3]. Die Grundbesitzer scheinen sich um die Anwerbung der Kolonen und ihr Verbleiben auf den Pachtstellen gekümmert zu haben und nicht um ihre Vertreibung. Seit dem 1. Jh. benützten sie die Verschuldung der Kolonen, um sie und ihre Nachkommen zu halten, aber sie ließen ihnen auch regelmäßig die Pachtrückstände nach [Colum. 1.7. 2f.], wie später Plinius der Jüngere, die seine finanziellen Verluste und die „Armut der Kolonen“ beklagt [epist. 3.19. 5ff.; 9.37. 2f.; 10.8.5].

Für Africa Proconsularis ist der Status der kaiserlichen Domänen (der im wesentlichen auch für die Kolonen der großen Privatdomänen gelten sollte) durch wichtige Inschriften des 2. und 3. Jhs. bekannt [925; 929; vgl. Bd. II]. Er wurde durch die *lex Manciana* und kaiserliche Verordnungen (besonders von Hadrian) geregelt, wird aber viele traditionelle afrikanische Elemente fortgeführt haben. Wenn wir einmal Unterschiede im Status außer acht lassen (die Regelungen von Henchir Mettich nennen drei Arten von Bauern), so läßt sich ganz allgemein feststellen, daß die afrikanischen Kolonen als privilegierte Pächter erscheinen: Der bei der Ernteteilung abzuführende Anteil ist festgelegt; seine regelmäßige Entrichtung schützte den Kolonen vor Vertreibung und verlieh ihm die erbliche *possessio* über seine Pachtstelle; es stand ihm frei zu gehen, und er konnte seine Pachtstelle auch wirklich abgeben.

Solche Sicherheiten dürften von einem Mangel an Arbeitskraft hervorgerufen worden sein. Das spiegeln auch die Frondienste (sechs Tage pro

Jahr) wider, die anläßlich der großen Arbeiten auf dem ausgedehnten Gemeinschaftsgut fällig waren, das neben den Pachtstellen der Kolonen lag. Es war auf fünf Jahre an einen *conductor* verpachtet, der auch die fälligen Pachtzinsen von den Kolonen eintrieb.

War diese Betriebsorganisation auch in anderen Regionen verbreitet? Man könnte sie auf den asiatischen Domänen der Verwandten von Marc Aurel wiederfinden [Brougthon, in: 962]. Inschriften nennen dort drei Arten von Partnern: Bauern, die in Dörfern wohnen, Sklaven, die Vertreter der Eigentümer waren (Prokuratoren und *actores*), und *conductores*-Pächter [z. B. IGR IV 889].

7.6.3.4 Andere Formen der Abhängigkeit [vgl. Bd. II]

Als Varro die verschiedenen Arten landwirtschaftlicher Arbeiter in der Mitte des 1. Jhs. v. Chr. aufzählt, erwähnt er auch „diejenigen, die wir 'Zahlungsunfähige' (*obaerarii*) nennen und die in Asien noch zahlreich sind, ebenso in Ägypten und Illyrien" [1. 17. 2]. Ein Jahrhundert später spricht Columella von den „gebundenen" (*nexi*) Bürgern, die Seite an Seite mit Sklaven auf den großen (wahrscheinlich italischen) Domänen arbeiten [1. 3. 12]. Obwohl die Schuldknechtschaft für Bürger eigentlich nicht mehr existierte, konnte der Einsatz der eigenen Arbeitskraft doch die einzige Möglichkeit zur Begleichung einer Schuld sein.

Rom fand in eroberten Regionen verschiedene Arten von Abhängigkeit vor, die nicht in die Rubriken „Freiheit" und „Sklaverei" eingeordnet werden konnten. Der Einfachheit halber sprechen wir normalerweise von „Leibeigenschaft". Die vorrömischen Ausprägungen sind oft kaum bekannt, wie etwa der Status und die wirtschaftliche Rolle der „Klienten" der gallischen Adeligen. Ihre Entwicklung während der Kaiserzeit bleibt meist im dunkeln.

Zu Beginn der Kaiserzeit beschreibt Strabon Heiligtümer in Pontos und Kappadokien mit riesigen Territorien, die von Hierodulen („heilige Sklaven" oder besser „Leibeigene der Gottheit") bewirtschaftet wurden. Es gab 6000 in Komana in Pontos und ebenso viele im gleichnamigen Heiligtum von Kappadokien, 3000 in Venasa [12. 2. 3 und 5; 12. 3. 34]. Der Hohepriester war ihr Herr, doch besaß er nicht das Recht, sie zu verkaufen. Weiter westlich in Kleinasien kennen wir durch Strabon und Inschriften „heilige Dörfer", deren Einwohner, zumindest ursprünglich, einer Gottheit unterworfen waren. Rom versuchte nicht, diese seinem Recht fremden Gegebenheiten systematisch zu verändern. So bezogen sich Valerian und Gallienus in der Mitte des 3. Jhs. auf den Status, der dem syrischen Heiligtum von Baitokaike durch einen Seleukidenkönig verliehen worden war

[H. Seyrig, in: Syria 1951, S. 191ff.]. Die Entwicklung während der Kaiserzeit ist kaum bekannt, wurde aber sicherlich durch die Beseitigung der Priesterstaaten, die Ausbreitung des kaiserlichen Landbesitzes und Städteneugründungen beeinflußt. Sie verlief gewiß sehr unterschiedlich, von der Integration der Landbewohner in städtische Gemeinschaften bis zur Aufrechterhaltung einer Abhängigkeit, die schwer in juristische Begriffe zu fassen ist [Debord 806].

8 Die Wirtschaft

Die Diskussion über Natur und Wesen der römischen Wirtschaft [S. 317 ff.] prägt fast immer (explizit oder implizit) die Studien über das Wirtschaftsleben. Es gibt unüberwindliche Meinungsverschiedenheiten über das Gesamtvolumen der Güterproduktion, die Formen und den Umfang ihrer Verbreitung und ganz allgemein über die wirtschaftliche Aussagekraft der erhaltenen Quellen und Zeugnisse.

Der größte Teil der landwirtschaftlichen Produktion floß der Selbstversorgung zu oder wurde in den Siedlungen der Umgebung konsumiert. Die Bedürfnisse nach gewerblichen Erzeugnissen befriedigte im wesentlichen das lokale und regionale Handwerk, zumal die geringe Kaufkraft der meisten Menschen den potentiellen Umfang des Handels beschränkte. Ein Teil der verhandelten Produkte stammte von den Kaisergütern und aller Wahrscheinlichkeit nach auch aus den Steuerabgaben (jedoch ist die Größenordnung der Naturalsteuern unbekannt). Diese Tatsachen, die eine allzu „modernistische“ Haltung Lügen strafen, zwingen aber andererseits nicht dazu, einige „primitivistische“ Auswüchse zu akzeptieren. Unter Titus nämlich verzehrte man in Pompeii (in der Nähe von Puteoli/Pozzuoli, Italiens Haupthafen zu dieser Zeit) Korn und Hülsenfrüchte aus Ägypten. Man benutzte gallische Keramik aus La Graufesenque (Südfrankreich) und Lampen aus Norditalien – alles Produkte von recht geringem Wert, deren Verhandelung über große Entfernungen einen realen Warenaustausch auf Reichsebene beweist. Aber auch in Berenike (Bengasi, Libyen), fernab der großen Handelswege, war die Produktpalette in der Hohen Kaiserzeit breiter gefächert als im Hellenismus, und die Waren kamen aus dem ganzen Mittelmeerraum [J. Lloyd, in: 957, S. 49 ff.].

Rom und das Heer waren die Hauptverbraucher. Man darf aber auch die großen Metropolen (gerade des Orients) nicht vergessen, die von der Lokalproduktion allein nicht leben konnten. Dazu kamen die Bedürfnisse, die mit einer „zivilisierten“ Lebensart und der ostentativen Demonstration des Sozialstandes verbunden waren. Die Ernährungsweise der besseren Leute mußte mittelmeerisch sein und Wein sowie Olivenöl umfassen, und das auch in den Gebieten, wo dies nicht produziert werden konnte. Im Athen der Mitte des 2. Jhs. konsumierten reiche Leute Fischkonserven und Öl aus Spanien sowie italischen Wein, obwohl es gleichartige lokale Produkte gab [Lukian. nav. 23, archäologisch bestätigt].

Das Handelsvolumen läßt sich nicht genau abschätzen, und noch weniger weiß man, welchen Anteil es an der Gesamtproduktion hatte und welche Einkünfte dadurch erzielt wurden. Einige Güter, wie Textilien und

Metallwaren, entziehen sich jeder quantitativen Abschätzung, während die Methoden der Archäologie zur Überschätzung der Keramik führen; Gleiches gilt für die in Amphoren transportierten Lebensmittel und teuren Stein. Aber das uns erhaltene Material läßt auf umfangreiche Handelsbewegungen schließen und erlaubt, trotz Unsicherheiten und Verzerrungen Tendenzen festzustellen. Hier sollen nur einige ausgewählte Punkte betrachtet werden; für eine detaillierte Darstellung der Wirtschaft der einzelnen Regionen sei auf Band II dieses Werkes verwiesen.

8.1 Staat und Wirtschaft

Das begrenzte Quellenmaterial führt zu Meinungsverschiedenheiten über das Ausmaß kaiserlicher Eingriffe in die Wirtschaft und über die Stellung des freien Unternehmertums. Manche Gelehrte glauben, daß man bestimmte Bereiche kontrollieren wollte und daß planwirtschaftliche Tendenzen immer weiter zugenommen hätten, während andere meinen, daß man die Wirtschaft weitgehend sich selbst überließ. Diese Opposition zwischen staatlichem Liberalismus und Interventionismus ist natürlich anachronistisch. Die Kaiser hatten es sich zur Aufgabe gemacht, das römische Volk vor Mangel zu bewahren, was in Zusammenhang stand mit seiner Vorrangstellung und Konsequenz seiner Weltherrschaft war. So kam es zur Getreideversorgung für Rom (die im Zentrum der Diskussion um den kaiserlichen Interventionismus steht), zur *annona militaris* (bei der man sich aus Quellenmangel häufig auf Hypothesen beschränken muß [Remesal 1031]) und auch zu verschiedenen Maßnahmen zugunsten Italiens. Wenn das Interesse der Gemeinschaft auf dem Spiel stand, griff man ohne weiteres zu forciertem Dirigismus, wie dies die pedantisch genaue Regelung des Ölhandels in Attika durch Hadrian zeigt [ARS 232]: Um die Versorgung Athens zu gewährleisten, Spekulation zu verhindern und gleichzeitig das Einkommen der Stadt zu sichern, wurde der Export eines Drittels des Öls untersagt. Bei Produktion und Verkauf wurden zahlreiche aufwendige Kontrollen eingeführt.

Die Intention hinter der Getreideversorgung Roms ist umstritten, vor allem aufgrund einer ersten Unbekannten: des Bedarfs der Stadt. Verbrauchte sie jährlich 150000 bis 200000 t Getreide [Garnsey 1019], rund 270000 t [Rickmann 1032, 1033] oder 400000 t [Casson 1014]? Die niedrige Schätzung wird von den Anhängern der interventionistischen These unterstützt, da man ja dann die Bedürfnisse im wesentlichen durch Naturalsteuern und die Produktion der kaiserlichen Domänen hätten decken können. Die hohen Ansätze dagegen setzen voraus, daß der freie Markt (der sehr wohl belegt ist) eine zentrale Stellung einnahm. Weitere Unbekannte: Welche Rolle spielten in Naturalien entrichtete Steuern und welcher Anteil wurde direkt für die Getreideversorgung Roms und die *annona militaris* verwendet und blieb so der Geldwirtschaft entzogen? Im Gegensatz zu K. Hopkins [1023] weist P. Garnsey diesen Direktlieferungen eine zentrale Rolle zu. In Krisenzeiten schritten die Kaiser zu massiven Aufkäufen, Preiskontrollen und Eingriffen in den Markt. Für H. Pavis d'Escurac [439] existierte der private Sektor nur theoretisch, zumal wegen der Preiskontrolle. Doch L. Casson hat den punktuellen und wenig effektiven Charakter der kaiserlichen Interventionen aufgezeigt. Er glaubt, daß sogar ein Großteil der ägyptischen Produktion auf den Markt gelangte. Die Kontrolle wird jedoch ab dem 1. Jh. mit der Ausdehnung der Kaiserdomänen zugenommen haben, und mit ihr der Teil der Produktion, der dem Handel entzogen war. Die kaiserlichen Maßnahmen gaben vor allem Anreize. Steuerliche und rechtliche Privilegien für Händler und Transportunternehmer (die man seit Claudius ausdehnte) und eine intensivere Nutzung der kaiserlichen Domänen erschienen als die beste Garantie für eine geregelte Versorgung Roms. Wenn auch Konvois ab Alexandria und (seit Commodus) ab Afrika organisiert wurden, kann man nicht von einer „staatlichen Handelsflotte" sprechen.

Kaiserliche Interventionen, die von Dirigismus zeugen, fallen hauptsächlich in die Zeit der schlimmsten Krisen, als die Stabilität der Gesellschaft und des ganzen Staates gefährdet war. Daher ihr konservativer Charakter. Augustus versuchte mehrfach, den Wucher zu bekämpfen und die Verschuldung von Einzelpersonen zu lindern. Im Jahr 33 verlieh Tiberius zinslos 100 Millionen Sesterzen, um den völligen Ruin von verschuldeten Gutsbesitzern zu verhindern (deren Situation man indirekt mit ungeschickten Maßnahmen verursacht hatte, die zu ihren Gunsten gedacht gewesen waren) [Demougin 883, S. 115ff.]. Man hat die Edikte Domitians über den Weinbau häufig kommentiert (bis zur Überinterpretation), insbesondere das, welches seine Ausbreitung in Italien verbot und die Vernichtung der Hälfte der Anbaufläche in den Provinzen vorschrieb. Handelte es sich um eine protektionistische Maßnahme, die eine gewisse Spezialisierung in der Landwirtschaft zum Ziel hatte, indem sie den Provinzboden für die Getreideversorgung reservierte und die gewinnbringendste Kultur Italien vorbehielt? Für A. Tchernia [991, S. 221ff.] spiegeln diese Edikte zunächst die Lebensfähigkeit der italischen Weinwirtschaft wider, die wegen Überproduktion wohl schwierige Zeiten erlebt hatte. Sie passen eher zu den traditionellen Vorrechten Italiens, ganz wie die Maßnahmen Traians, bei denen man unmittelbare Motive und mögliche ökonomische Folgen nicht verwechseln darf: Indem er die Senatoren dazu verpflichtete, ein Drittel ihrer Güter in Italien zu haben, wollte der Kaiser vor allem die Integration der

Provinzialen voranbringen und den italischen Charakter des Senats aufrechterhalten. Seine Alimentationsstiftungen hatten zunächst einen demographischen Zweck und nur die reichsten Grundbesitzer profitierten von dauerhaften Darlehen (man weiß übrigens nicht, ob die Begünstigten sie überhaupt wollten und ob sie diese in ihre Domänen investierten) [Veyne 798; Duncan-Jones 959].

Unbezweifelbar spielten die Vorteile, die (seit Vespasian?) kaiserlichen Kolonen bewilligt wurden, wenn sie Brachland urbar machten und Obstbäume pflanzten, eine wichtige Rolle beim Aufstieg Nordafrikas und beim Übergang von einer im wesentlichen von der Getreidewirtschaft geprägten Landwirtschaft zu diversifizierteren und mittelfristig lohnenderen Bebauungsformen. Doch die Regelungen, die man aus den Herrschaftszeiten von Traian, Hadrian und Septimius Severus kennt, bezeugen vor allem die Sorge der Kaiser darum, möglichst viel Kapital aus ihren Domänen zu schlagen.

In den Städten kann man nicht von einem „staatlichen Sektor" sprechen. Doch griffen die Gemeinden gemäß den Polistraditionen in das Wirtschaftsleben ein. Eine systematische Untersuchung des Quellenmaterials wäre notwendig. Die städtischen Besitzungen waren oft sehr groß. Neben Ländereien besaßen die Städte Werkstätten, vor allem Töpfereien und Schmieden [AE 1984, 490–492; Emerita in Lusitanien]. In einigen östlichen Städten, wie etwa Pergamon, hatte eine staatliche Bank (die von Konzessionären betrieben wurde) das Geldwechselmonopol. In Mylasa war der Geldwechsel von der Stadt vermietet worden [Bogaert 940]. Höchstwahrscheinlich, weil es nicht genug Großkaufleute gab, aber auch aufgrund der Polistraditionen organisierten die Städte eine Getreideversorgung und versuchten, ihre Verpflegung durch kaiserliche Gunst zu sichern. So erlaubte Hadrian Tralleis den Kauf von 60000 Scheffel ägyptischen Korns; Ephesos gestand er Priorität beim Getreideankauf in Alexandria zu, sobald die Bedürfnisse Roms gedeckt waren [M. Wörrle, Chiron 1 (1971) 325–340].

Ferner zeigte sich im Orient ab dem 2. Jh. das Bemühen um eine bessere Nutzung der öffentlichen Länderen. Dion Chrysostomos riet zu einer großzügigen Vergabe von öffentlichem Land in Euboia, um die Entvölkerung und Verarmung Griechenlands zu stoppen. Es handelte sich dabei nicht um ein utopisches Programm: Im Jahr 158 bot ein Gesetz von Gazoros (Makedonien) die Nutzung öffentlicher Ländereien an, wenn sie mit Weinstöcken und Obstbäumen bepflanzt würden, und legalisierte frühere mißbräuchliche Inbesitznahmen [BCH 86 (1962) 57–63]. Ungefähr zu Beginn des 3. Jhs. gestattete ein Erlaß des Prokonsuls von Asien, der wahrscheinlich einen Beschluß der Stadt Thisbai aufgriff, den Bürgern den Gebrauch von öffentlichen Ländereien, wenn sie Wein und Obstbäume pflanzten und einen Pachtzins entrichteten [962, Bd. IV, S. 477]. Die Vergünstigungen für die Bauern, wenn sie sich um die Urbarmachung kümmerten, und die Rechte, die den Nutzern zugebilligt wurden, erinnern an die Zugeständnisse, die man den Kolonen der kaiserlichen Domänen in Afrika machte [S. 409]. Die Städte wollten wahrscheinlich auch ihre Einkünfte erhöhen; schwerer aber dürften politische und soziale Sorgen gewogen haben, die mit einer Bevölkerungszunahme oder dem Anwachsen des Großgrundbesitzes und der Vertreibung der kleinen und mittleren Bauern zusammenhingen.

8.2 Die Wirtschaftsformen

8.2.1 Die Veränderungen in der Landwirtschaft

Da hier die regionalen Unterschiede von großer Bedeutung sind, beschränkt sich dieses Kapitel auf einige grundlegende Punkte. Zweifellos kam es zu einem landwirtschaftlichen Aufschwung in vielen Gebieten des Reiches. Die Luftbildarchäologie und die Prospektion haben z. B. gezeigt, daß Steppen und Halbwüsten im nördlichen Afrika urbar gemacht wurden. Die optimale Ausnutzung der Wasserressourcen erlaubte die Ansiedlung von Nomaden, z. B. im Süden der Großen Syrte, oder die Entwicklung der Landwirtschaft. Parallel dazu erfolgte ein Bevölkerungswachstum, wie im numidischen Grenzgebiet. Dank der Obstwirtschaft wurden sogar einige relativ unfruchtbare Gegenden gewinnbringend landwirtschaftlich genutzt. Die relativ gut bewässerten Djebel Tripolitaniens bepflanzte man mit Ölbaumen, ebenso die Steppen der Byzazene (Zentraltunesien). An der Nordflanke des Reiches, von Britannien bis Dakien und Mösien, sind die quantitativen und qualitativen Fortschritte in der Landwirtschaft genauso offensichtlich.

Anfänglich könnte dieser Aufschwung mit der Notwendigkeit verknüpft gewesen sein, die Steuer in Naturalien oder Geld zu entrichten [Hopkins 1023]. Aber man darf in der landwirtschaftlichen Entwicklung nicht nur eine Folge des römischen Steuerdrucks sehen. Schließlich registrierten die Volkszählungen die Erntemengen, und die Steuerveranlagung wird sich an der Produktionszunahme orientiert haben. Seit Beginn der Kaiserzeit gedieh eine klar exportorientierte Landwirtschaft in der Narbonensis, der Bätika und dem westlichen Teil der Tarrakonensis. Die architektonische Entwicklung der Villen in der Picardie seit den Flaviern läßt vermuten, daß der Produktionsüberschuß nicht nur der Steuer zufloß. Schon die Entwicklung des Warenaustausches, der in den drei Jahrhunderten bei der Herkunft der weithin verhandelten Güter tiefgreifende Veränderungen erlebte, setzt die

Existenz einer gewissen Marktwirtschaft und einer relativen Konkurrenz voraus, zumindest bei der Versorgung Roms und der großen Mittelmeerstädte.

Die Hauptnutznießer dieser Veränderungen waren die großen und mittleren Grundbesitzer, die Investitionen vornehmen konnten, über große Überschüsse verfügten und Pachtzins in Naturalien bezogen. Die Villen scheinen in den reichen Getreide- (Berry, Picardie, Pannonien) und Obstanbaugebieten (in Spanien und Südgallien) weithin dominiert zu haben. Aber das Beispiel Africa Proconsularis zeigt, daß auch die Kleinbauern, ob Eigentümer oder Kolonen, ihren Anteil am landwirtschaftlichen Aufschwung haben konnten.

Andere Gebiete nahmen an dieser Entwicklung nicht teil oder entwickelten sich (zumindest im Verhältnis) rückläufig. Die „Dekadenz" Italiens und Griechenlands war seit Beginn der Kaiserzeit ein Gemeinplatz. Neuere Forschungen jedoch haben diesen Verfall entdramatisiert; man bestimmte seine Grenzen und betrachtete die Chronologie und die regionalen Unterschiede genauer, und so erscheint dieses Phänomen eher als Entwicklung. Nach dem 1. Jh. versorgte Italien weiterhin größtenteils Rom, z. B. mit Wein. Die Grundbesitzer wandten sich in Kontinentalgriechenland zu Beginn der Kaiserzeit, in Italien am Ende des 1. Jhs. oder während des 2. einer extensiveren Nutzung zu, die vor allem auf der Viehzucht basierte, welche sehr hohe Gewinne bringen konnte.

8.2.2 Die gewerblichen Waren

Die antiken Schriftsteller interessierten sich mehr für Kuriositäten sowie seltene und teure Gegenstände als für das alltägliche Wirtschaftsleben. Als Ausnahmen können die kleine Geographie der Qualitätskeramik bei Plinius dem Älteren [nat. 35. 160] sowie Strabons [12. 8. 14] Auskünfte über den Marmor-Export von Dokimeia-Synnada in Phrygien gelten. Für sehr viele Waren hat man nur einen Katalog, aus dem man ihre tatsächliche Bedeutung nicht ablesen kann. So spielten Textilien ganz sicher eine wichtige Rolle. Aber in welcher Größenordnung bewegte sich die Produktion von Städten, die für ihre Wolle berühmt waren, wie Canusium in Apulien oder Laodikeia in Asien? Die Weber bildeten eine wichtige Gruppe in Tarsos (Kilikien) zu Beginn des 2. Jhs.; aber man kennt weder die Organisation der Produktion noch die Absatzgebiete der Stoffe.

Die Archäologie bevorzugt Produkte aus haltbaren Materialien, wie Tonwaren (Ziegel, Amphoren, Geschirr unterschiedlicher Qualität) oder Marmor. Inschriften, die in den Ton eingedrückt oder in den Marmor eingeschnitten wurden, sind zwar oft nur schwierig interpretierbar, gewähren aber Einblick in die Organisation der Produktion. Wenn man auch die wirtschaftliche Bedeutung dieser Gegenstände nicht überbewerten sollte, darf man sie doch als kostbare Zeugnisse einer bestimmten Form gewerblicher Aktivitäten betrachten (die uns sonst im wesentlichen unbekannt bleiben). Weitverbreitete Objekte aus der Massenproduktion kennen wir am besten, denn vor allem sie wurden mit Stempeln versehen. Natürlich sind sie nicht typisch für die Produktion insgesamt. Das Handwerk in der Region oder vor Ort (oder sogar im eigenen Haus) befriedigte die allermeisten Bedürfnisse. Es wäre allerdings übertrieben, der Massenproduktion nur eine Außenseiterposition, ohne echte wirtschaftliche Bedeutung und ohne Auswirkungen auf die lokale und regionale Produktion, zuzuweisen.

8.2.2.1 Die Qualitätskeramik

In Italien waren die großen Töpferzentren in Städten angesiedelt: Pisa, Puteoli, Ostia und Rom selbst. In Arretium/Arezzo (Etrurien), dem Hauptzentrum der italischen *terra sigillata* zu Beginn der Kaiserzeit, hat man mehr als 90 Werkstätten von sehr unterschiedlicher Größe identifiziert. Man kann die Kapazität der Betriebe anhand der Signaturen abschätzen, die zur selben Werkstätte gehören. Aber nur die Arbeiter (meist Sklaven), die die Formen für die dekorierten Gefäße fertigten, und die, die glattes Geschirr mit der Scheibe töpferten, haben signiert. Hauptsächlich waren die Werkstätten kleine Unternehmen mit weniger als zehn signierenden Töpfern. Betriebe, bei denen mehr als 20 signierende Arbeiter belegt sind, gibt es selten, und 60 ist das Maximum – und nicht alle waren zur selben Zeit aktiv [Pucci, in: 815, Bd. II, S. 99–121; ferner „La produzione della ceramica aretina", in: Dial. di Arch. 1973, S. 255–293; Prachner 911]. Ab 15 v. Chr. wurden die Formen stark standardisiert, die Techniken vereinheitlicht und die Zahl der Typen verringert, ohne daß man wüßte, warum. Einige Dekorkünstler – oder ihre Formen – kamen in mehreren Werkstätten zum Einsatz. Bestimmte Betriebe arbeiteten zusammen; so brannte derselbe Ofen für mehrere Produzenten. Aber man kennt den Hintergrund dieser Zusammenschlüsse nicht, die anscheinend eher kurzfristig waren und die Hypothese einer allgemeinen kooperativen Organisation nicht bestätigen. Möglicherweise haben nur die größten Betriebe alle Produktionsschritte, von der Lehmgrube bis zum Brennofen, vorgenommen. Kleinere Unternehmen hätten nur bestimmte Arbeitsgänge durchgeführt oder als Zulieferer fungiert [Pucci].

Die Verbindungen zwischen Hersteller und Händler sind unbekannt. Verkauften die Kaufleute einfach nur die Ware weiter? Kontrollierten sie die Produktion in irgendeiner Hinsicht und diktierten so den Töpfern ihre

Regeln? Oder waren die Großproduzenten gleichzeitig Händler, die auch noch die Gefäße der kleinen Werkstätten verkauften? Manche Gesellschaften werden Lager in den wichtigsten Handelszentren unterhalten haben. Einige Fabrikanten zeigten dynamischen Geschäftssinn: Ateius von Arretium gründete Filialen in Pisa, dann in Lugdunum (und vielleicht auch noch im heutigen Nordostfrankreich).

Ab 15 n. Chr. und vor allem ab 30 führte die Konkurrenz zwischen den gallischen und norditalischen Gefäßen zu einer deutlichen Veränderung der Produktion. Die Zahl der Werkstätten nahm ab, dafür wurden sie wahrscheinlich größer. Die Vereinheitlichung nahm zu; schließlich ging die Formenpalette noch mehr zurück, und die Qualität der Produkte wurde schlechter.

Die gallische *terra sigillata* wurde im wesentlichen auf dem Land in Dörfern hergestellt. Die Struktur der Produktion scheint sich sehr stark von der italischen unterschieden zu haben, und man hat darin die Erklärung für den Sieg der gallischen Keramik über die italische sehen wollen. A. Grenier [in 962] stellte die italischen Betriebe, die Sklavenarbeit ausbeuteten, den gallischen Werkstätten gegenüber, die von bescheidener Größe waren, von freien Handwerkern betrieben wurden, sich häufig zusammenschlossen und sehr mobil waren. In La Graufesenque beweisen die Stempel die Existenz von mehr als 400 Werkstätten zwischen dem Beginn des 1. Jhs. und der Mitte des 2. Jhs., von denen die Hälfte in der zweiten Hälfte des 1. Jhs. aktiv war. Über ihre Größe weiß man wenig. Die Stempel lassen nicht spezialisierte Sklavenarbeit erkennen. Doch gilt dies auch für die späten italischen Werkstätten, und in La Graufesenque kamen sicher Sklaven zum Einsatz. Die Zusammenarbeit ist vor allem für den Brennvorgang belegt, dank der sogenannten „Töpferrechnungen". Jede Ofenladung brannte 10000 bis 40000 Gefäße, die mit den Namen vieler Fabrikanten gekennzeichnet waren [Pucci, in: 816, Bd. II, S. 703ff.]. In Lezoux waren die Öfen zahlreicher und kleiner, was auf weniger ausgeprägte Zusammenarbeit schließen läßt.

Die gallischen Handwerker scheinen sehr mobil gewesen zu sein. Ihre Ortsveränderungen, die durch die Präsenz ihrer Stempel an verschiedenen Fundorten belegt werden, waren häufig und komplex. Einige Töpfer zogen von La Graufesenque nach Lezoux. Les Martres de Veyres entwickelte sich um 75 mit der Ankunft von Handwerkern aus Lezoux; doch fand 40 Jahre später eine massive Bewegung in die Gegenrichtung statt. Töpfer aus Zentralgallien ließen sich in der Region von Metz und in Britannien nieder. Diese relative Instabilität läßt vermuten, daß ihnen die Lehmgruben nicht gehörten und die Werkstatteinrichtung wohl auch nicht; wahrscheinlich schlossen sie Verträge mit Grundeigentümern oder Händlern. Die Töpfer waren vermutlich nicht Herr über ihre Produktion, und folglich auch nicht die Hauptnutznießer des Erfolgs ihrer Ware. Auf alle Fälle kontrollierten sie nicht den Vertrieb, der wohl in den Händen von Zwischenhändlern lag – was das offensichtliche Fehlen von Konkurrenz zwischen den Werkstätten einer Siedlung oder einer Region erklärt. In Pompeii fand man eine Kiste, in der sich 90 Schalen aus La Graufesenque von zehn verschiedenen Werkstätten sowie Lampen aus Norditalien befanden. An Stützpunkten wurden Lager eingerichtet. So fand man in Lingon (Département Vendée) ein Depot, in dem Keramiken verschiedenen Ursprungs vermischt waren.

Für F. Mayet [1004] läßt sich der Aufstieg der spanischen *terra sigillata* aus Tritium Magallum, die am Ende des 1. Jhs. die gallische Keramik aus Spanien und Mauretania Tingitana verdrängte, nur durch die zentrale Rolle der Kaufleute erklären. Die Standardisierung der Formen, die Uniformität der Techniken und die Gleichartigkeit der Qualität sei von den Händlern erzwungen worden, die vielleicht auch in die Produktion investierten.

8.2.2.2 Amphoren und Ziegel

Die Herstellung von Amphoren hängt mit dem umfangreichen Handel mit Wein, Olivenöl und Fischkonserven zusammen. Am besten ist Produktion der Amphoren in der Bätika bekannt, wo sie zwischen Sevilla und Córdoba am schiffbaren Lauf von Guadalquivir und Genil gefertigt wurden. Doch die Interpretation der Hunderten von Stempeln bleibt umstritten. Manchmal werden sie auf den Ölproduzenten (oder den Ernteaufkäufer) verweisen, manchmal auf den Hersteller des Behältnisses. Die Produktion geschah in unterschiedlichem Rahmen. Einige Siedlungen dokumentieren die Koexistenz zahlreicher Werkstätten. So besaß La Catria in der Mitte des 2. Jhs. mehrere Dutzend Betriebe. Einige Werkstätten waren auch mit den Villen der Täler verbunden und produzierten vorrangig für den Grundbesitzer. Wahrscheinlich wurden sie oft von seinen Vertretern geführt oder unterstanden seiner direkten Kontrolle [Remesal Rodriguez 989]. Ab der Mitte des 2. Jhs. verlief die Konzentration der Amphorenherstellung parallel zur Entwicklung der großen Domänen (von denen einige Senatoren gehörten).

Die *Laecanii*, eine senatorische Familie der claudischen Zeit, besaßen in Istrien riesige Domänen mit Öl- und Weinanbau. Auf den Stempeln finden sich neben ihrem Namen die von mehr als 30 Personen, die möglicherweise einfache Töpfer waren oder vielleicht eher Verwalter bzw. Leiter von Werkstätten mit gewisser Autonomie [F. Tassaux 872]. Auf den Amphoren aus Tripolitanien beziehen sich die Marken auf lokale Aristokraten, von denen mehrere am Ende des 2. und zu Beginn des 3. Jhs. in den Senat eintreten. Die Amphorenherstellung war sicherlich Teil der Produktion ihrer

Domänen [D. Manacorda, Prosopografia e anfore tripolitane: nuove osservazioni, in: 972, S. 483–500].

Die Entwicklung des Städtewesens zog den Aufstieg der Ziegeleien nach sich. In der Umgebung von Rom entwickelte sich eine Massenproduktion. Auf den Domänen von Annius Verus, Stadtpräfekt unter Hadrian, wurden pro Jahr mehr als eine Million Ziegel hergestellt. Die steigende Nachfrage durch den Wiederaufbau Roms unter Nero und die Bauten der Flavier führte zu einer Konzentration der *figilinae* (Lehmgruben und eventuell Töpferwerkstätten). Ihre Eigentümer waren oft von sehr hohem Sozialniveau (Kaiser, deren Familienangehörige, Senatoren und hochrangige Ritter). Aufgrund von Erbschaften und Konfiskationen war die Ziegelindustrie zu Beginn des 3. Jhs. in Rom fast ein kaiserliches Monopol. Aber die Rolle des Großgrundbesitzer in Herstellung und Handel ist unklar. Nach T. Helen [1003] war der tatsächliche Hersteller der *officinator*, der meistens unabhängig vom Eigentümer der Lehmgruben war, welcher nur das Rohmaterial lieferte. Auch für P. Setälä [1009] war der Eigentümer nur ein Verpächter. Nach M. Steinby dagegen hatten die Eigentümer direkt an der Produktion Anteil und ließen sie von ihren Vertretern überwachen. Sie beaufsichtigten Lagerung und Verkauf und schrieben sogar den Gebrauch ihrer Produkte vor, wenn sie staatliche Verantwortung trugen [1010; „I senatori e l'industria laterizia urbana", in: 849, Bd. II, S. 227–237].

Trotz ihres geringen Werts waren die römischen Ziegelsteine und Dachziegel weit über Rom und Ostia hinaus verbreitet. Sie wurden nach Sardinien und Nordafrika verkauft. Um 160 baute man eine Villa in Tripolitanien mit Ziegeln, die aus den Domänen von Domitia Lucilla, der Mutter Marc Aurels, stammten [AE 1967, 537]. Man darf die wirtschaftliche Bedeutung dieser Exporte nicht überschätzen: Sie sind nur Konsequenz von Wirtschaftsströmen in die andere Richtung. Das Schwergut diente Schiffen, die Ostia verließen, als Ballast und konnte so sehr billig transportiert werden. Außerdem waren diese Produkte wettbewerbsfähig, zweifellos aufgrund des geringen Herstellungspreises, den die Massenproduktion ermöglichte. Dies trift noch mehr auf die Ziegel aus Aquileia zu, die im 1. Jh. nach Norikum exportiert wurden. Hier kann man nicht von Ballast sprechen; schließlich mußten die Gespanne (die Metalle herabtransportiert hatten) die Alpenpässe mit dieser Ladung wieder hinauffahren [Alföldy 569].

8.2.2.3 Bergwerke und Steinbrüche

Seit julisch-claudischer Zeit hatten die Kaiser auf die meisten Bergwerke und die wichtigsten Steinbrüche mit Qualitätsstein die Hand gelegt. Obwohl ihre Produktion in erster Linie den Bedürfnissen der Kaiser zukam, gelangte ein großer Teil in den Handel, und diese besonders schweren Materialen erfuhren eine weite Verbreitung.

Der Betrieb der Bergwerke unterschied sich nach Ort und Zeit, und man kann nicht die genauen Auskünfte, die die Regelungen von Vipasca (Aljustrel in Portugal) [Domergue 602] bieten, verallgemeinern. Dort wurden die Kupfer- und Silberadern von Kolonen abgebaut, die anscheinend kleine oder mittlere Unternehmer waren und teilweise zusammenarbeiteten. Der freigelassene kaiserliche Prokurator übte eine minutiöse Kontrolle aus und kassierte die Hälfte des abgebauten Metalls (oder seines Wertes?) sowie zahlreiche Gebühren und Pachtgelder. Die Eisenminen Norikums dagegen wurden im 2. Jh. an *conductores* vermietet. Diese Geschäftsleute waren anscheinend auch für den Transport des Erzes bis Aquileia verantwortlich. In Bosnien hat man wohl unter Septimius Severus die Verpachtung zugunsten des Abbaus durch Kolonen unter direkter Kontrolle aufgegeben [Dusanić 603]. In den dakischen Goldminen nennen die Einstellungsverträge der freien Arbeiter den *conductor*, aber man kennt seine Rolle nicht [Mrózek 1005a].

Der Abbau und Handel von Marmor und Granit ist dank der archäologischen Zeugnisse und der Rechnungsvermerke, die im Steinbruch oder Lager direkt in den Stein geschrieben wurden, gut bekannt. Die zunehmende Verbreitung des Städtewesens und des Luxus führten zum massiven Abbau und Export bestimmter Sorten, selbst wenn der Transport schwierig war, wie bei dem Stein von Dokimeia-Synnada im östlichen Asien oder dem aus der ägyptischen Wüste. Die wichtigsten Steinbrüche im Westen befanden sich in Luna/Carrara (dessen weißer Marmor bis zum Ende des 2. Jhs. weite Verbreitung im Westen fand) und in Simitthus/Chemtou (Tunesien). Im Orient fungierten Griechenland und die Ägäisinseln die Hauptlieferanten, neben Ägypten und Kleinasien, der am besten dokumentierten Region [Monna und Pensabene 1005; Dworakowska 1001]. Bestimmte Sorten waren so verbreitet, daß sie schon banal wurden, wie der Marmor von Prokonnesos (einer Insel des Marmarameeres), der seine mindere Qualität dadurch ausgleichen konnte, daß er einfach zu transportieren war.

Aufgrund seiner hohen Qualität wurde der Marmor von Dokimeia bei Synnada in Asien schon seit Augustus massiv abgebaut, trotz der großen Entfernung zum Meer. Bis zum Beginn der byzantinischen Zeit gewann man dort 1,6 bis 2,5 Millionen Kubikmeter Stein. Die Förderung wurde streng überwacht. Inschriften auf den Blöcken geben die genaue Abbaustelle an, die Namen des Verantwortlichen und der Werkstatt, zu der er gehörte, sowie den des überwachenden Zenturionen, ferner verschiedene Kontrollmarken. In Synnada fügte man noch den Namen des für die Versendung verantwortlichen Prokurators und die Nummer des Warenpostens hinzu. Gleichartige Inschriften, die auf griechischem bzw. afrikanischem Marmor gefunden wurden, lassen auf eine vergleichbare Organisation in allen großen kaiserlichen Steinbrüchen schließen.

Die Massenproduktion legte Normierung und Vorfertigung nahe. Blöcke und Säulen hatten Standardgrößen. Man versandte roh vorgearbeitete Sarkophage, z. B. aus Prokonnesos, Thasos und Attika. In der Nähe der Steinbrüche oder in den Verschiffungshäfen saßen Bildhauerwerkstätten [Ward-Perkins 1038; P. Pensabene, in: 816, Bd. III, S. 285–430]. Ein Schiffswrack von Saint-Tropez enthielt Säulen und Architekturteile aus Luna. Ein anderes Wrack in Kalabrien war mit Blöcken, Altären, Säulen und Kapitellen aus prokonnesischem und phrygischem Marmor beladen. In Ostia und Rom wurden die Lager von der kaiserlichen Verwaltung geführt. Aber ansonsten läßt die weite Verbreitung private Zwischenhändler, ja sogar Handelsnetze vermuten. Die Zuordnung der Sarkophage (die ab dem 2. Jh. in Mode kamen) spiegelt sicherlich eher eine Aufteilung der Märkte als Geschmacksunterschiede wider. Die attischen Sarkophage, die im 3. Jh. weite Verbreitung genossen, besaßen anscheinend eine Monopolstellung in Griechenland und der Kyrenaika. Man findet sie auch in Kleinasien und Syrien, nicht aber in Alexandria. Im Westen gibt es sie häufig in Rom, und sie gelangen bis nach Gallien, Spanien und in die Nordadria. Die prokonnesischen Sarkophage beherrschen den Markt in Alexandria und im Schwarzmeerraum. Sie sind in Kleinasien, Syrien und im Adriaraum verbreitet, aber in Rom selten.

8.2.3 Die Verbreitung der Güter

Große Mengen wurden manchmal über weite Distanzen transportiert. Gebiete mit starker Militärbesatzung und Großstädte (wie Karthago, Alexandria, Antiochia oder Ephesos) zählten Zigtausende von Verbrauchern. Zumal Rom war ein Markt von einer Größe, die bis zum 19. Jh. im Mittelmeerraum unerreicht bleiben sollte. Der römische Scherbenhügel, genannte Monte Testaccio, besteht nur aus einem Teil der Amphoren, die von Augustus bis 255 in Rom ankamen, enthält aber dennoch die Fragmente von über 50 Millionen Amphoren, die zu mehr als drei Vierteln Öl aus der Bätika transportierten [Rodríguez Almeida 1034]. Die Getreideversorgung Roms erforderte Schiffe in einer Größenordnung, wie sie erst im 15. Jh. wieder erreicht wurde [Pomey und Tchernia 1027].

Man weiß nicht, welchen Anteil der Handel (im engeren Sinn) an der Versorgung Roms hatte. Neben der offiziellen Getreideverteilung muß ja auch der Selbstverbrauch berücksichtigt werden. C. R. Whittaker [1039] glaubt, daß ein großer Teil der landwirtschaftlichen Produkte, die man in Rom konsumierte (vielleicht von mehr als 40% der Bevölkerung) nicht über den Markt liefen. Die provinzialen Aristokraten mit Wohnsitz in Rom oder Italien, die in Übersee Besitzungen hatten, sollen Erzeugnisse ihrer Domänen in die Stadt transportiert haben, wo sie von ihren riesigen *familiae* verzehrt oder an Klienten verteilt worden seien. Nur der Rest sei auf den Markt gekommen, und zwar zu einem Preis, der in keinem Verhältnis zu den Selbstkosten stand. Diese Hypothese ist verführerisch, basiert aber leider mehr auf Postulaten als auf Belegen und kann jedenfalls nur für Rom gelten.

Im Laufe des 2. Jhs. „hörten Italien und der Mittelmeerraum auf, im Mittelpunkt des europäischen Handels zu stehen; diese Stellung nahm die neue kontinentale Route ein, die Germanien direkt mit Pannonien und den Gebieten der unteren Donau und des Orients verband“ [so Petit 56, S. 344]. Jüngere Forschungen haben gottseidank diese Ansicht korrigiert, nach der sich der Schwerpunkt des römischen Handels an die Nordgrenze verlagert habe. Rhein und Donau bildeten zweifellos eine wichtige Handelsachse. Die nordgallischen Händler waren von Britannien bis nach Pannonien aktiv. Die Orientalen hatten über das Schwarze Meer Zugang zu den Donauprovinzen. Man sollte aber den Umfang dieser Handelsbeziehungen, die sich vor allem auf Halbluxusgüter bezogen (Qualitätskeramik, Glas, wahrscheinlich Textilien), nicht überschätzen, wenn man ihnen die des Mittelmeerraums gegenüberstellt, wo die meisten Schwergüter (Getreide, Wein, Öl, Fischkonserven, Marmor) und kostbaren Waren (Erzeugnisse aus Fernost, die oft in Syrien oder Alexandria weiterverarbeitet wurden) verhandelt wurden.

Die wichtigsten Seerouten waren diejenigen, die nach Rom führten. Sie liefen nach Puteoli, später Ostia, beides sowohl Import- als auch Umschlaghäfen. Von Spanien aus gab es neben der Direktroute über die Straße von Bonifacio die Möglichkeit, an der Küste entlangzusegeln, von wo die gallischen Flußwege abgingen. Nach den archäologischen Quellen führte die meistbefahrene Flußroute in Gallien von Arelate/Arles nach Lugdunum/Lyon, einem Handelszentrum, und erreichte dann eher via Aventicum/Avenches und das Schweizer Plateau den Rhein als über die Saône (doch könnte dieses Bild von der großen Zahl gründlicher schweizerischer Ausgrabungen konditioniert sein). Ab dem Ende des 1. Jhs. wurde die Straße zwischen Rom und Nordafrika immer wichtiger, die in Hippo/Annaba (Bône), in Häfen der Byzazene und Tripolitaniens und vor allem in Karthago begann. Im Orient gab es neben der Direktroute nach Rom von Alexandria aus, die die Getreideflotten einschlugen, einen Weg, der an den Nordküsten entlangführte. Aquileia, am nördlichen Ende der Adria gelegen, war ein sehr wichtiger Umschlagplatz, der mit dem Orient genauso in Verkehr stand wie mit Afrika, mit Spanien und, teilweise über die Alpenpässe, mit Gallien. Von dort aus erreichten die Erzeugnisse des Mittelmeerraums die Donauprovinzen, vor allem über die Save [so 1024; 1025].

Man hat den Außenhandel des Reiches wohl lange Zeit überschätzt. Handelsverkehr mit dem germanischen Barbaricum ist belegt. Doch darf man seinen Umfang nicht überschätzten. Wenn Bernstein als geradezu märchenhaftes Material galt, welche wirtschaftliche Bedeutung kann sein Handel dann gehabt haben? Wichtiger war der Verkehr mit dem Orient. Der gigantische Wert der importierten Waren hat die Menschen der Antike beeindruckt. Aber woher bezieht Plinius seine Informationen, wenn er behauptet, daß Indien, das Seidenland und Arabien jährlich dem Reich jeweils 100 Millionen Sesterzen entzogen? Über die syrischen Karawanenstädte (ab dem 2. Jh. vor allem Palmyra) und Ägypten (vom Roten Meer aus) kamen Erzeugnisse mit extrem hoher Gewinnspanne an: Edelsteine, Perlen, chinesische Seide, Gewürze (vor allem aus Indien) und Parfums (insbesondere aus Arabien). Die Archäologie bestätigt den 'Periplus des Roten Meeres': Der Handel mit Südindien war defizitär, und die Käufe wurden teilweise mit Silbermünzen beglichen. Jedoch hielt sich das Defizit in Grenzen, da man auch Produkte des Reiches verkaufte: Wein, Sklaven, Textilien und alexandrinische und syrische Handwerksprodukte, ferner Metalle und Rohglas. Vor allem aber lag der Fernhandel weitgehend in den Händen von Reichsangehörigen, die folglich daraus den meisten Profit gezogen haben dürften, zumal die Weiterverarbeitung der Handelsgüter (die ihren Teil zu den astronomischen Preisen beitrug, die Plinius der Ältere in seinem 12. Buch aufführt) in Alexandria und den syrischen Städten erfolgte [Raschke 1029; Sidebotham 1037].

8.3 Die großen Produktionsgebiete

Die ausgewerteten Quellen klären uns vor allem über den Westen auf, und jede Bilanz ist nur ein Provisorium: Die letzten Jahrzehnte haben den Umfang der Produktion Nordafrikas erwiesen und so das Interesse auf den Mittelmeermarkt zurückgelenkt. Hoffentlich werden uns laufende Forschungen eine bessere Einschätzung der Bedeutung des Orients ermöglichen.

8.3.1 Italien

Die „Dekadenz" Italiens war ein Gemeinplatz der Antike. Neuere Forschungen haben diese Vorstellung weitgehend in Frage gestellt, indem sie die wirtschaftliche Entwicklung entdramatisierten, die Chronologie genauer bestimmten und die Grenzen des italischen Niederganges bestimmten, der mehr relativ als absolut war [815; 816; Tchernia 991 – allzu optimistisch?].

Die Regierungszeit von Augustus erlebte eine weite Verbreitung italischer Produkte, in den Gebieten mit militärischer Belegung, in den wenig entwickelten Regionen im Westen, aber auch im Osten, wo die Turbulenzen der untergehenden Republik das wirtschaftliche Gleichgewicht schwer erschüttert hatten. Der Wein wurde nicht mehr so stark exportiert wie am Ende der Republik. Doch hielten sich Anbaugebiete von Qualitätswein in Etrurien, Latium-Kampanien und Apulien. Neue kamen in Norditalien, in Adria-Nähe, hinzu (Aemilia, Picenum). Apulisches Öl kaufte man am Ende der Republik im ganzen Westen und in Griechenland. Dann trat das nordadriatische Öl die Nachfolge an (Ostvenetien, Istrien), das zwischen 25 und 50 weite Verbreitung fand. Die rote, „arretinische“ *terra sigillata*, die in Arretium/Arezzo, aber auch in Pisa, Kampanien und Norditalien hergestellt wurde, verhandelte man im ganzen Reich, vor allem in den dreißig Jahren nach 15 v. Chr. [Aber s. u.: Seit kurzem weiß man, daß ein Teil der „arretinischen“ Ware in Lugdunum/Lyon hergestellt wurde]. Auch kaufte man in der ganzen römischen Welt die in Latium und Kampanien gefertigten Lampen.

Diese Dynamik kann den Aufstieg der Konkurrenz, vor allem im Westen, nicht verdecken. Schon seit Beginn der Kaiserzeit liefen die Handelsströme in beide Richtungen; so kamen in Rom billiger Wein aus der Tarrakonensis und Öl sowie Fischkonserven aus der Bätika an. Im Laufe des 1. Jhs. sollte sich das Verbreitungsgebiet der italischen Erzeugnisse verkleinern. Die nach 15 n. Chr. hergestellte *terra sigillata* wurde fast ausschließlich in den westlichen Mittelmeerraum, an die Donau und nach Griechenland exportiert. Nach 30 führte man eine häufig ziemlich minderwertige Produktion in Etrurien und Puteoli (die vor allem in Afrika und der Provence Verbreitung fand) und in der Zisalpina (die in erster Linie in die Alpen und an die mittlere Donau ging) fort. Man muß jeden Schematismus vermeiden: Zwischen 60 und 80 wurde massiv italische *terra sigillata* nach Griechenland exportiert, und sie konnte dort sogar neue Märkte erobern, wie Argos, wo sie vorher kaum belegt ist. Der Niedergang der italischen *terra sigillata* war anscheinend erst nach dem Beginn des 2. Jhs. endgültig besiegelt. Zerbrechliche Töpferwaren und Glas für den italischen Markt sowie Lampen, die bis ins 2. Jh. hinein nach Afrika exportiert wurden, sollten sich halten. Gleichzeitig drehte sich die Bilanz zugunsten der Güter aus den Provinzen um, wie gallische und orientalische *terra sigillata* von besserer Qualität, gallische Weine oder spanisches Öl und Konserven.

A. Tchernia hat sich bemüht zu zeigen, daß der Weinanbau im Italien des 2. Jhs. in beträchtlichem Umfang fortbestand. Aber der Export der italischen

Spitzenweine, der nie ganz versiegte, war nun mengenmäßig sehr eingeschränkt, und obwohl der italische Wein Rom noch immer weitgehend versorgt haben dürfte, gibt es dafür wenig Belege. Im 2. Jh. und zu Beginn des 3. verändert sich in mehreren Regionen die bäuerliche Landschaft, und A. Carandini und C. Panella zögern nicht, zu diesem Zeitpunkt für Zentralitalien den Beginn der „Spätantike" [in: 816, Bd. III] anzusetzen: Villen verschwinden, anderen betreiben eine extensivere Landwirtschaft, die wahrscheinlich auf der Schweinezucht und dem Getreideanbau basierte und eine größere Nutzfläche erforderte. Die Entwicklung verläuft keineswegs einheitlich. Sie scheint in erster Linie die Zonen zu betreffen, in denen eine exportorientierte, spekulative Landwirtschaft entstanden war, wie in Kampanien oder an der etrurischen Küste. In der zweiten Hälfte des 2. Jhs. war in Cosa nur ein Drittel, in Pyrgi nur ein Fünftel der früheren Villen übrig. Dafür bezog man neue Villen nördlich von Rom (Veii, Cures) [Potter 988]. Gleichzeitig läßt sich ein verstärkter Rückgriff auf lokale und regionale Waren feststellen, der in Aquileia fühlbar war, dem großen Umschlaghafen für Norditalien und die Nordprovinzen, wo die Fern-Importe im 2. und 3. Jh. deutlich zurückgingen [M.-T. Cipriano, in: 816, Bd. III, S. 139–145].

8.3.2 Gallien und Spanien

Die Gebiete in Mittelmeernähe erlebten seit dem Beginn der Kaiserzeit eine wirtschaftliche Blüte. Unter Augustus war Wein aus Katalonien (Läetanien) und der Tarrakonensis in Rom gängig. Schon seit der ersten Hälfte des 1. Jhs. exportierte die Bätika ihre Fischsoßen und -konserven im großen Stil (ebenso Mauretania Tingitana auf der anderen Seite der Straße von Gibraltar), dazu Olivenöl, dessen Massenproduktion im Tal des Baetis (Guadalquivir) konzentiert war, und Wein. Die Bergwerke im Süden waren sehr aktiv. Ein Schiff, das vor der Küste von Port-Vendres (im äußersten Südosten Frankreichs) im Jahr 41/42 sank, belegt diesen Aufschwung [1016]: Es transportierte hauptsächlich Nichteisenmetalle, Öl, Wein und Fisch.

Seit dem Beginn unserer Zeitrechnung wurde „arretinische" *terra sigillata* in Lugdunum/Lyon von Filialen der etrurischen Werkstätten hergestellt, die erst kürzlich durch chemische Analysen von der italischen Ware unterschieden werden konnte. Diese Produktion war vor allem für die Soldaten in Germanien bestimmt. 60% der *terra sigillata* aus dem Lager Haltern, die man für etrurisch hielt, kommt aus Lyon [M. Picon, Recherches sur les céramiques d'Ateius trouvées en Gaule, RCRF 1972/73, S. 128ff.; S. von Schnurbein, Die unverzierte Terra sigillata aus Haltern, Münster 1982]. Unter Tiberius entwickelte sich eine eigenständige gallische Produktion im

Süden des Zentralmassivs, in Montans, Banassac und vor allem in La Graufesenque in der Nähe von Millau. Kurz darauf beginnt die Produktion in Lezoux, das etwas weiter nördlich liegt. Diese gallische Qualitätskeramik verdrängt nicht nur die italische (und die Produktion der italischen Filialen) aus Gallien und dem Rheinland, sondern findet sogar in der zweiten Hälfte des 1. Jhs. weite Verbreitung im gesamten Mittelmeerraum. Ihr Markt war allerdings höchst unsicher: Von Claudius bis Vespasian wird sie massiv nach Spanien exportiert. Danach verschwindet sie dort zugunsten der spanischen *terra sigillata* aus Tritium Magallum (in La Rioja), deren Höhepunkt unter den Flaviern und Traian erreicht wird [F. Mayet 1004].

Die Entwicklung des Weinanbaus in Südgallien fällt in die Zeit nach 50. Der gallische Wein ist in Rom am Ende des 1. Jhs. und zu Beginn des 2. marktbeherrschend. Um 75 ist der Wein in Ostia zu 40% gallisch, zu weniger als 30% italisch und zu weniger als 15% spanisch. In den Ebenen der Bätika erlebte die flavische Zeit den Aufstieg der Villen, deren landwirtschaftliche (und wohl auch handwerkliche) Überschüsse in erster Linie von Armeekreisen absorbiert wurden.

In der Antoninenzeit kam es bei den wichtigsten Handelsgütern zu einer Veränderung. Im Ostia des 2. Jhs. trinkt man in erster Linie gallischen Wein, und der verdrängt die spanischen und italischen Weine auch aus dem Rheinland und aus Britannien. Der tarrakonensische Wein verschwindet aus Ostia am Ende des 1. Jhs. [L. Anselmino, in: 816, Bd. III, S. 45–81]. Doch der Aufschwung der spanischen Villa deutet auf den Fortbestand einer blühenden Landwirtschaft hin [Gorges 979]. Die Mitte des 2. Jhs. ist die große Zeit der bätischen Produkte, vor allem des Öls, das man zu dieser Zeit im ganzen europäischen Westen weithin verhandelte (wobei die Militärregionen des Rheinlands und Britanniens zusammen mit Rom die Hauptabnehmer bleiben) und dem man sogar im Osten begegnet, nicht nur in Ägypten, sondern auch dort, wo selbst Öl erzeugt wurde, wie in Athen [E. Lyding Will, in: 972, S. 393ff.].

La Graufesenque (das auf den südlichen Märkten afrikanischer bzw. lokaler Konkurrenz ausgesetzt war) tritt zurück vor Lezoux und den Nachbarzentren, deren Blüte am Ende des 1. Jhs. (Vichy) oder unter den Antoninen (Les Martres-de-Veyres, Toulon-sur-Allier) anzusetzen ist. Obwohl man der gallischen *terra sigillata* sogar im Orient begegnet (z. B. in Antiochia, besonders zwischen 90 und 140), wird sie im 2. Jh. vor allem im nördlichen Teil des Reiches, von Britannien bis Dakien, verkauft. Lezoux blieb im 2. Jh. das wichtigste Zentrum, mußte aber mit den Herstellern konkurrieren, die näher am Limes lagen, nämlich in den Argonnen und in Trier (Belgien), sowie vor allem in Rheinzabern (Obergermanien). Dazu kamen noch die Werkstätten, deren Produkte im Donauraum regionale Verbreitung genossen, wie die von Westerndorf und Pfaffenhofen [A. King, in: 966, S. 55ff.].

Verschiedene Erzeugnisse machten in severischer Zeit eine Absatzkrise durch und mehr noch während des zweiten Viertels des 3. Jhs. Sie könnten lokalen Produktionen oder Erzeugnissen aus anderen Regionen (insbesondere Nordafrika) das Feld geräumt haben. Es ist schwierig, die Frage zu beantworten, ob dieser Wandel von Veränderungen bei den Produzenten oder den Verbrauchern herrührt oder ob er die allgemeinen Probleme des Reiches widerspiegelt. Sowohl die Herstellungsstätten [M. Ponsich und M. Tarradell 1006] als auch Ostia belegen den Zusammenbruch der Fischsoßenherstellung an den Küsten der Bätika und von Mauretania Tingitana zu Beginn des 3. Jhs. In Ostia nimmt der Anteil des gallischen Weins deutlich ab. Zwar wird spanisches Öl immer noch in ganz Nordwesteuropa verkauft, doch muß es den mittelmeerischen Markt mit den afrikanischen Ölen teilen. Herstellung und Verbreitung der gallisch-germanischen *terra sigillata* ging in der ersten Hälfte des 3. Jhs. zurück, obwohl Lezoux bis Severus Alexander weiter produzieren konnte, also länger, als man früher glaubte. Generell scheint der Niedergang der Produktion deutlich vor den ersten großen Invasionen erfolgt zu sein. Rheinzabern etwa wurde 257/260 zerstört, doch die Produktion hatte sich schon zuvor nach Trier verlagert und verfügte nur noch über einen begrenzten Markt.

8.3.3 Nordafrika

Die Forschungen der letzten Jahrzehnte haben den Aufschwung Nordafrikas seit dem Ende des 1. Jhs. nachweisen können, was das anachronistische Bild einer ausbeuterischen „Kolonialwirtschaft" – noch vor kurzem von einigen verteidigt – endgültig unhaltbar machte [A. Deman, Matériaux et réflexions pour servir à une étude du développement et du sous-développement dans les provinces de l'Empire romain, ANRW II. 3 (1975) S. 3–97; dazu die berechtigte Kritik von J.-M. Lassère, in: REA 81 (1979) S. 67–104]. Die Archäologie spielte dabei eine zentrale Rolle: Obwohl die afrikanische Keramik eine beispiellose Verbreitung fand, gibt es keinerlei literarische Erwähnung dieser Tatsache. Es können nicht alle Fragen als gelöst betrachtet werden. So müssen die Datierungen der Keramik und der Amphoren noch genauer werden. Zahlreiche Produktionsstätten sind noch immer unbekannt. Auch ist unklar, welche Produkte in bestimmten afrikanischen Amphoren transportiert wurden, so daß man den Beginn des massiven Ölexports aus Afrika nicht recht datieren kann. Zwar darf der Wert der Waren, deren Reste die Archäologie wiederfindet, zumal der Keramik, nicht überschätzt werden, doch es steht die Existenz einer Massenproduktion zweifelsfrei fest. Ihre Bedeutung wuchs im 2. Jh., und ihre Verbreitung kann nicht nur durch die Weitergabe von Naturalsteuern oder durch die Überschüsse der kaiserlichen bzw. aristokratischen Domänen erklärt werden. Der Siegeszug der afrikanischen Töpfereien ist ein Indiz für eine wirtschaftliche Blüte auch in anderen Bereichen [A. Carandini, in: 1020, S. 145ff.], die sich gleichfalls im Aufschwung der Städte und (ab Hadrian) in der Aufnahme von Afrikanern in die Führungsschicht des Reichs widerspiegelt.

In julisch-claudischer Zeit tritt Afrika vor allem als Großproduzent von Getreide in Erscheinung. Das Handwerk war aber noch unterentwickelt, und so importierte man gallische und italische Keramik. Es existierten jedoch bereits Hinweise auf Diversifikation, nämlich der Export tripolitanischen Öls (das in Pompeii eindeutig belegt ist) und einer Keramik mittlerer Qualität [C. Panella, Ostia 3, 2 (1973) 671ff.]. Die flavische Zeit erlebt eine sehr deutliche Zäsur und den Beginn des unaufhaltsamen Aufstiegs der afrikanischen Erzeugnisse. Bemerkenswert dabei: Während die europäischen Keramiken, die weithin exportiert wurden, hauptsächlich qualitativ hochwertige *terra sigillata* waren, drängte Afrika zunächst mit durchschnittlichen und sogar sehr mäßigen Produkten auf den Markt; dann erst kam die feine *terra sigillata*. In der zweiten Hälfte des 1. Jhs. begann der Export von ziemlich mittelmäßigem Geschirr und Küchengefäßen nach Italien, während europäische Keramiken in den Jahren 70 bis 80 aus Afrika verschwanden. Ab Domitian wurde die *terra sigillata* A weithin exportiert. Doch der große Aufschwung der afrikanischen Exporte fällt ins 2. Jh.; in dieser Zeit waren in Karthago, wie die letzten Grabungen gezeigt haben, fast nur noch afrikanische Produkte in Gebrauch.

Die Verbreitungsgebiete der Waren, die in den Fernhandel gelangten, sind nicht immer leicht bestimmbar. Tripolitanien nimmt einen eigenen Platz ein, seine Amphoren (mit Öl und vielleicht mit Wein und Garum) haben einen fast konstanten Anteil in Ostia (ca. 5% der Funde), fanden aber in der Severerzeit im ganzen Mittelmeerraum zunehmend Verbreitung. Die Amphoren, die man in den Häfen des heutigen Tunesien herstellte, waren mit Fischkonserven, aber auch, spätestens seit dem 2. Jh., mit Öl aus dem Hinterland gefüllt. Man weiß wenig über den Handel mit numidischem Öl, dessen Existenz durch die zahlreichen Ölmühlen auf dem Land belegt ist. Der Wein (und nicht das Öl, wie man lange Zeit glaubte) von Tubusuctu in Mauretania Caesariensis wurde im 3. Jh. weithin exportiert.

Hinsichtlich der *terra sigillata* unterscheidet man A (aus der Umgebung von Karthago), A/D, die ab 190/200 verbreitet wurde, und C, die wenig jünger ist und aus dem heutigen Zentraltunesien stammt.

Ostia bietet als Getreideeinfuhrhafen wahrscheinlich ein extremes Bild hinsichtlich des Eindringens der anderen afrikanischen Produkte. In der zweiten Hälfte des 2. Jhs. ist dort das feine Tafelgeschirr zu zwei Dritteln afrikanisch; um 230/240 ist es dann ausschließlich afrikanisch. Um 160/180 gibt es fast genauso viele Amphoren aus Afrika wie aus Spanien (24% bzw. 26%); in den Schichten der Jahre 230/240 dominieren die afrikanischen mit 45% des Fundmaterials (dagegen weniger als 10% aus Spanien). Zu diesem Zeitpunkt überflügelte der Wein aus Mauretania Caesariensis den gallischen. Wenn sie auch weniger exklusiv sind und erst später vorkommen, so sind afrikanische Waren überall im Mittelmeerraum belegt und (etwas sporadischer) auch in den Nordwestprovinzen. Im 2. Jh. war in der Villa von Settefinestre (etrurische Küste) ein großer Teil des Küchengeschirrs afrikanisch, ebenso die Amphoren, die die spanischen und gallischen verdrängten. In Turris Libisonis (Sardinien) ist die Keramik um 150/175 zu 30–40% afrikanisch, je nach Sorte, während spanische und gallische Amphoren noch die Mehrheit stellen. Um 225/230 dagegen dominieren afrikanische Produkte in allen Bereichen [C. Panella, in: 816, Bd. III, S. 251 ff.; 431 ff.].

Auf den ersten Blick scheint die Krise des Reiches in der Mitte des 3. Jhs. die afrikanischen Exporte nicht zu beeinträchtigen. Unter Gallienus gelangte Wein aus Tubusuctu und Keramik bis nach Meroë (Sudan). Mit C erreichte die afrikanische *terra sigillata* ihre größte Verbreitung. Sie dominierte sogar im Orient und erreichte Euphrat und Schwarzes Meer, während die asiatische Konkurrenz verschwand. Quantitative Abschätzungen zeigen aber, daß man Verbreitungsgebiet und Umfang der Exporte nicht verwechseln darf [E. Fentress und Ph. Perkins, Counting African Red Slip Ware, in: A. Mastino (Hg.), L'Africa romana 5 (1988) 205–214]: Die Mengen, die von bestimmten Märkten des westlichen Mittelmeerraums absorbiert wurden, scheinen seit dem Beginn des 3. Jhs. zurückgegangen zu sein. Der Export in den Orient hat bestenfalls die Verkaufsausfälle im Westen ausgeglichen.

8.3.4 Der Orient

Zum jetzigen Zeitpunkt kann man die Entwicklung der orientalischen Provinzen nur schwer einschätzen. Ein Großteil ihrer Produktion bestand aus vergänglichen Gütern, und außerdem sind die archäologischen Untersuchungen noch zu lückenhaft. Die julisch-claudische Zeit erscheint oft als eine Phase des Stillstands oder Wiederaufbaus. Der wirtschaftliche Aufschwung ist ab 60 fühlbar und mehr noch im 2. Jh. Die Verbreitung der asiatischen Keramiken spiegelt diese Blüte zweifellos nur undeutlich wider: Eine *terra sigillata*, die in Ephesos oder Tralleis hergestellt wurde (B orientalisch) fand weite Verbreitung. Danach triumphierte die Keramik von Çanderli (bei Pergamon), die im gesamten mittleren Orient dominierte und von dort bis nach Italien und weiter in den Westen gelangte, aber nur in geringen Mengen. Die Tonwaren weisen vor allem auf die Handelströme der anderen Güter hin. In allen Epochen wurden die ägäischen Spitzenweine (von den Inseln und der Küste Asiens) exportiert, aber in begrenzter Menge. Die jüngsten Grabungen in Ostia haben einen Zustrom ägäischer Weine zu Beginn des 3. Jhs. gezeigt, der um 230/240 den gleichen Umfang hatte wie die gallischen und mauretanischen Weine zusammen.

Bibliographie

Allgemeine bibliographische Instrumente

Hierzu sei auf [54], Bd. I, S. 7–9, verwiesen. Weiteres findet sich bei:

[1] Petit P., Guide de l'étudiant en histoire ancienne, Paris ³1969.

[2] Christ K., Römische Geschichte. Einführung, Quellenkunde, Bibliographie, Darmstadt 1980.

[3] Crawford M. (Hg.), Sources for ancient history, Cambridge 1983.

Zur Historiographie

[4] Bravo B., Philologie, histoire, philosophie de l'histoire, Breslau 1968 (= Hildesheim 1988).

[5] Momigliano A., Essays in ancient and modern historiography, Oxford 1977.

[6] Momigliano A., Contributi alla storia degli studi classici e del mondo antico, Rom 1955–1987.

[7] Flach D., Einführung in die römische Geschichtsschreibung, Darmstadt ²1992.

Lexika und Nachschlagewerke

Allgemeines

- Daremberg Ch. und E. Saglio, Dictionnaire des antiquités grecques et romaines, Paris 1877–1919 (= Graz 1962–63). [veraltet, aber für Realien und Institutionen immer noch nützlich]
- Pauly, A. und G. Wissowa, Real-Encyclopädie der classischen Altertumswissenschaft, Stuttgart (später München) 1893–1980. [Einige Artikel werden in der Bibliographie an einschlägiger Stelle zitiert. In diesem gigantischen Nachschlagewerk finden sich insbesondere ausführliche Informationen zu den Autoren, zum Staatsrecht, zur Prosopographie und zur Geographie.]
- Der Kleine Pauly, München 1975.
- Das Lexikon der Alten Welt, Zürich 1965.
- Oxford Classical Dictionary, Oxford 1996.

Sprachen

[8] Thesaurus Linguae Latinae, Leipzig 1900ff. [Bislang sind A-M, O sowie Teile von P publiziert. Für die anderen Buchstaben kann man die Zettelkästen in München einsehen.].

[9] Forcellini E., Totius Latinitatis Lexicon, Padua ⁴1857/58 .

[10] Ernout A. und A. Meillet, Dictionnaire étymologique de la langue latine, Paris ⁵1979.

[11] Glare P. G. (Hg.), Oxford Latin Dictionary, Oxford 1982 [gegenwärtig das beste lateinische Wörterbuch]

[12] Liddell H. G. und R. Scott, A Greek-English Lexicon (1843), Oxford ⁹1996 [mit neuem Supplement].

Topographie

Rom

[13] Coarelli F., Rom. Ein archäologischer Führer, Freiburg 1975.

[14] L'Urbs. Espace urbain et histoire. Ier siècle avant J.-C. – IIIe siecle après J.-C., Rom 1987.

[15] Scagnetti Fr. und G. Grande, Pianta topographica a colori di Roma antica, Rom 1979.

In Band II findet sich eine ausführlichere Bibliographie.

Italien und die Provinzen

[16] Enciclopedia dell'arte antica classica e orientale, Rom 1958–1970.

[17] Stillwell R., The Princeton Encyclopedia of Classical Sites, Princeton 1976.

[18] Kiepert H., Formae orbis antiqui, Berlin 1893–1914.

[19] Stier H. E., Großer Atlas zur Weltgeschichte, Braunschweig ^{9}1976.

[20] Bengtson H., Großer historischer Weltatlas, 1. Teil, Vorgeschichte und Altertum, München ^{6}1978.

[21] Cornell T. und J. Matthews, Atlas of the Roman world, Oxford 1982.

[22] Beltrán Lloris F. und F. Marco Simón, Atlas de historia antigua, Saragossa 1987.

Die einzelnen Bändes des Corpus Inscriptionum Latinarum enthalten oft hervorragende Karten (nach Kiepert). Der Band II enthält auch hierzu eine umfangreichere Bibliographie.

Quellen

Griechische und lateinische Autoren

Sieht man von einigen ganz besonders schwierigen Fällen ab (z. B. dem Corpus der Gromatici veteres), stehen heute für alle durch Handschriften überlieferten Quellentexte zuverlässige Editionen zur Verfügung. Solche finden sich insbesondere bei *Teubner* und *Oxford* (beide ohne Übersetzung), *Tusculum* (mit dt. Übersetzung, aber meist ohne Textkritik), *Budé* (mit Textkritik, frz. Übersetzung und oft Kommentar), *Loeb* (mit engl. Übersetzung, ebenfalls meist ohne Textkritik), *Scrittori Greci e Latini* (mit Textkritik, ital. Übersetzung und Erläuterungen) sowie *Schriften und Quellen der alten Welt* (mit Textkritik, dt. Übersetzung und Erläuterungen, kurz: SQAW). Zahlreiche deutsche Übersetzungen klassischer Werke sind in der *Bibliothek der Alten Welt* bei *Artemis* erschienen. Unten werden nur die übersetzten Texte aufgeführt. Ein Verzeichnis zuverlässiger Editionen bietet der Index-Band zum Thesaurus Linguae Latinae, das Tusculum-Lexikon, München 1982, informiert rasch auch über obskurere Autoren.

Lateinische Autoren

Apuleius: Apologie, Florida (R. Helm, Berlin 1977), Metamorphosen (Tusculum)

Aulus Gellius: Noctes Atticae (F. Weiss 1987/76, Nachdruck Darmstadt 1992)

Aurelius Victor: Cäsarenleben (Tusculum)

Columella: De re rustica (Tusculum)

Eutrop: Breviarium historiae Romanae (A. Forbiger 1865)

Florus: Epitome bellorum omnium annorum DCC (W. M. Pahl 1834/35)

Frontin: Strategemata (SQAW), De aquis urbis Romae (Übers. in: Frontin-Gesellschaft (Hg.), Sextus Iulius Frontinus, curator aquarum. Wasserversorgung im antiken Rom, München 1989, S. 79–120)
Fronto: Korrespondenz (Loeb, engl.)
Historia Augusta (Artemis)
Juvenal: Satiren (Tusculum)
Makrob: Saturnalia (P. V. Davies 1969, engl.)
Martial: Epigramme (R. Helm 1957)
Orosius: Historiae adversus paganos (Artemis)
Petron: Satyricon (Tusculum)
Plinius der Ältere: Naturgeschichte (Tusculum)
Plinius der Jüngere: Korrespondenz (Tusculum), Panegyricus für Trajan (W. Kühn 1965)
Pomponius Mela: Chorographia (K. Brodersen 1994)
Pseudo-Hygien: De munitionibus castrorum (A. von Domaszewski 1887)
Sueton: Cäsarenleben (M. Heinemann [7]1986)
Tacitus: Annalen, Historien, Germania, Agricola (alle bei Tusculum)
Varro: Res rusticae (G. Große 1788 bzw. Budé, frz.)
Velleius Paterculus: Römische Geschichte (M. Giebel 1989)

Griechische Autoren

Aelius Aristides: Reden (C. A. Behr Leiden 1981–1986, engl.; auf dt.: Heilige Reden: H. O. Schröder 1986; Romrede: R. Klein 1983)
Arrian: Anabasis, Indische Geschichte (Tusculum)
Cassius Dio: Römische Geschichte (Artemis)
Dion Chrysostomos: Reden (W. Elliger 1967)
Epiktet: Werke (Tusculum, Auswahl)
Flavius Josephus: Jüdischer Krieg (O. Michel/O. Bauernfeind 1959), Jüdische Altertümer, kleine Werke (H. Clementz, diverse Nachdrucke)
Herodian: Römische Geschichte (F. L. Müller 1996)
Lukian von Samosata: Werke (Chr. M. Wieland 1788/89)
Marc Aurel: Selbstbetrachtungen (Tusculum)
Menander Rhetor: (D. A. Russel/N. G. Wilson 1981, engl.)
Neues Testament: zahllose Übersetzungen
Pausanias: Beschreibung Griechenlands (Artemis)
Philon von Alexandria: Werke (L. Cohn u. a. 1962–64)
Philostratos: Leben des Apollonios von Tyana (Tusculum)
Plutarch: Moralia (15 Bände bei Loeb; wichtig insb. Band 10 mit „*An seni res publica gerenda sit*", S. 73ff. und „*Praecepta gerendae rei publicae*", S. 155ff.)
Strabon: Geographie (A. Forbiger 1911–1914)

Zur Textüberlieferung

• Reynolds, L. D. und N. G. Wilson, Scribes and Scholars, Oxford [2]1984.
• Tradizione dei classici, trasformazioni della cultura, in: A. Giardina (Hg.), Società Romana e Impero tardoantico, Bd. IV, Rom 1986.

Juristische Quellen

- Corpus Iuris Civilis. I. Digesta, Ed. Th. Mommsen und P. Krüger, Berlin [11]1908. II. Codex Iustinianus, Ed. P. Krüger, Berlin [9]1915 [zahlreiche Nachdrucke]. Die Mommsen-Krüger-Edition der Digesta ist mit engl. Übersetzung erschienen: A. Watson, Philadelphia 1985.
- Crawford M. H., Roman Statutes, London 1996.
- Fontes Iuris Romani Anteiustiniani. [2]I. Leges, Ed. S. Riccobono, [2]II. Auctores, Ed. J. Baviera und J. Furlani, [2]III. Negotia, Ed. V. Arangio-Ruiz, Florenz 1968–70. [= FIRA]
- Gaius, Institutionen, Ed. bei „Budé" mit (problematischer) frz. Übersetzung.
- Girard P. F. und F. Senn, Les lois des Romains, Camerino 1977.
- Johnson A. C. (Hg.), Ancient Roman Statutes, Austin 1961. (nur engl. Übers.) [= ARS]

Epigraphische Quellen

Die systematische Publikation aller lateinischen Inschriften in einer Sammlung (dem CIL) endete im frühen 20. Jh.; mittlerweile ist jedoch wieder ein Band erschienen. Für die griechische Epigraphik fehlt eine Sammlung von solchem Umfang ganz. Deswegen erscheinen in den letzten Jahrzehnten immer mehr regional beschränkte Sammlungen, welche in folgendem Buch erfaßt sind:

[23] Bérard Fr. (Hg.), Guide de l'épigraphiste, Paris [2]1988.

Lateinische Inschriften

[24] Corpus Inscriptionum Latinarum [= CIL], Berlin 1863ff. [mit lat. Kommentar, ohne Übersetzung. 17 Volumina, jeweils mit mehreren Bänden]

[25] Dessau H., Inscriptiones Latinae Selectae [= ILS], Berlin 1892–1916. [diverse Nachdrucke]

[26] L'Année épigraphique [= AE]. [Diese Zeitschrift erscheint in Paris seit 1888 und verzeichnet neue Inschriften zur römischen Geschichte]

[27] Roman inscriptions. [Berichte über die wichtigsten epigraphischen Neuentdeckungen in JRS, letztmalig 1986]

[28] Cagnat R., Cours d'épigraphie latine, Paris [4]1914 (= Rom 1964).

Griechische Inschriften

[29] Dittenberger W., Orientis Graeci Inscriptiones Selectae [= OGIS oder OGI], Leipzig 1903–1905.

[30] Cagnat R., Inscriptiones Graecae ad res Romanas pertinentes [= IGR oder IGRR], Paris 1906–1927.

[31] Supplementum epigraphicum Graecum [= SEG], Leiden 1923–1971, Amsterdam seit 1979.

[32] Guarducci M., Epigrafia greca, Rom 1967–1978.

[33] Bulletin épigraphique, 1938–1984 von J. und L. Robert in der REG und (ab 1972) in eigenen Bänden publiziert. Um diese sehr genauen und kritischen Berichte über gefundene, publizierte oder untersuchte griechische Inschriften zu benutzen, kann man den Index du Bulletin épigraphique heranziehen, der seit 1972 vom Institut Fernand-Courby publiziert wird. Seit 1984 erscheint das Bulletin, das jetzt andere Herausgeber hat, wieder in der REG.

Numismatik

[34] Christ K., Antike Numismatik. Einführung und Bibliographie, Darmstadt ²1972.
[35] Grierson P., Bibliographie numismatique, Brüssel 1979.
[36] Dentzer J. (Hg.), Numismatique antique, problèmes et méthodes, Nancy 1974.
[37] Mattingly H. und E. A. Sydenham, Roman Imperial Coinage, London 1923ff.
[38] Mattingly H., Coins of the Roman Empire in the British Museum, London 1923ff.
[39] Robertson A. S., Roman Imperial Coins in the Hunter Cabinet, Oxford 1962ff.
[40] Giard J.-P., Catalogue des monnaies de l'Empire romain, 2 Bde., Paris 1988.
[41] Sutherland C. H. V., The cistophori of Augustus, London 1970.
[42] Sutherland C. H. V., Coinage in Roman Imperial Policy 31 BC – AD 68, London 1954.
[43] Sutherland C. H. V., The Emperor and the Coinage. Julio-Claudian Studies, London 1976.

Geschichtswerke, Handbücher, Textsammlungen

Unter den älteren Werken über die römische Geschichte sind aus historiographischer und genereller Perspektive immer noch interessant:

[44] Gibbon E., The History of the Decline and Fall of the Roman Empire (1776–1788). [Dieser Klassiker ist zwar ins Deutsche übersetzt, sollte aber unbedingt im englischen Original gelesen werden, am besten in der Ausgabe von J. B. Bury]
[45] Mommsen Th., Römische Geschichte (Bd. I-III: 1854–1856, 9. Aufl. 1902–04, Bd. V: 1885, 5. Aufl. 1904) [Wohlfeiler Nachdruck bei dtv].

Neuere Handbücher

[46] Bengtson H., Grundriß der römischen Geschichte mit Quellenkunde, München 1982.
[47] Calderini A., I Severi. La crisi dell'impero nel III secolo, Bologna 1959.
[48] Cambridge Ancient History, Bd. X, The Augustan Empire (44 BC – AD 70), 1934; Bd. XI, The Imperial Peace (AD 70–192), 1936; Bd. XII: The Imperial Crisis and Recovery (AD 193–324), 1939. [Diese Bände werden zur Zeit neu bearbeitet]
[49] Garnsey P. und R. Saller, The Roman Empire. Economy, Society and Culture, London 1987.
[50] Garzetti A., L'impero da Tiberio agli Antonini, Bologna 1960.
[51] Goyau G., Chronologie de l'Empire romain, Paris 1898.
[52] Le Gall J. und M. Le Glay, L'Empire romain, Bd. I, Le Haut-Empire. De la bataille d'Actium (31 av. J.-C.) à l'assassinat de Sévère Alexandre (235 apr. J.-C.), Paris 1987.
[53] Mazzarino S., L'impero romano, Rom 1976.
[54] Nicolet Cl., Rome et la conquête du monde méditerranéen, Bd. I, Les structures de l'Italie romaine; Bd. II, Genèse d'un empire, Paris ²1989.
[55] Nony P. und M. Christol, Des origines de Rome aux invasions barbares, Paris 1974.

[56] Petit P., La paix romaine, Paris 1967.
[57] Petit P., Histoire générale de l'Empire romain, Paris 1978.
[58] Piganiol A., Histoire de Rome, Paris ^{5}1962.
[59] Rémondon R., La crise de l'Empire romain, de Marc Aurèle à Anastase, Paris 1964.
[60] Storia di Roma, II, 1: La repubblica, 2: I principi e il mondo, Ed. Einaudi 1991.

Staats- und Privatrecht

[61] Bleicken J., Verfassungs- und Sozialgeschichte des römischen Reiches, Bd. I, Paderborn ^{2}1981.
[62] De Ruggiero E., Dizionario epigrafico di antichità romane, Rom 1886ff. [Der zuletzt (1983) erschienene Faszikel geht bis „Lycia"]
[63] Gaudemet J., Les institutions de l'Antiquité, Paris ^{2}1982.
[64] Gaudemet J., Le droit privé romain, Paris 1974.
[65] Girard P.-F., Manuel élémentaire de droit romain (1895), Paris 1978.
[66] Hammond M., The Antonine Monarchy, Rom 1959.
[67] Humbert M., Institutions politiques et sociales de l'Antiquité, Paris ^{2}1986.
[68] Jones A. H. M., Studies in Roman Gouvernment and Law, Oxford 1960.
[69] Kaser M., Das römische Privatrecht, 2 Tle., München ^{2}1971, ^{2}1975.
[70] Kunkel W., Römische Rechtsgeschichte, Köln 1972.
[71] Martino F. de, Storia della costituzione romana, Bd. IV, Neapel 1962–1965.
[72] Meyer E., Römischer Staat und Staatsgedanke, Zürich ^{4}1974.
[73] Mommsen Th., Römisches Staatsrecht, Berlin 1887 [diverse Nachdrucke; Quellenregister von J. Malitz, München 1979].
[74] Monier R., Cours élémentaire de droit romain, Paris 1970.

Forschungsberichte und Kongreßakten

[75] Aufstieg und Niedergang der römischen Welt [= ANRW], hg. von H. Temporini und W. Haase, II. Prinzipat, 1974ff. [Zusammenfassungen und Forschungsberichte zu den wichtigsten Bereichen der Forschung. Sehr uneben, aber nützlich.]
[76] Akten der internationalen Kongresse für Klassische Archäologie.
[77] Akten der internationalen Kongresse für griechische und lateinische Epigraphik.
[78] Akten der internationalen Kongresse für Numismatik.
[79] Akten der internationalen Kongresse für Papyrologie.
[80] Akten der internationalen Historiker-Kongresse.
[81] Bulletins d'Histoire romaine, in: Revue Historique.
[82] Chroniques, in: Rev. du droit franç. et étrang.

Quellensammlungen

[83] Sherk R. K., Rome and the Greek East to the Death of Augustus, Cambridge 1984.
[84] Jacques F., Les cités de l'Occident romain (Ier s. av. J.-C. – VIe s. apr. J.-C.), Paris 1990.
[85] Petit P., Le premier siècle de notre ère, Paris 1968.
[86] Étienne R., Le siècle d'Auguste, Paris ^{2}1989.
[87] Braund D. C., Augustus to Nero. A Sourcebook on Roman History 31 BC – AD 68, London 1984.

[88] Sherk R. K., The Roman Empire: Augustus to Hadrian, Cambridge 1988.
[89] Ehrenberg V. und A. H. M. Jones, Documents illustrating the Reigns of Augustus and Tiberius, Oxford [2]1976. [lat. und griech. Quellen ohne Übersetzung]
[90] Charlesworth M. P., Documents illustrating the Reigns of Claudius and Nero, Cambridge 1951. [lat. und griech. Quellen ohne Übersetzung]
[91] Smallwood E. M., Documents illustrating the Principates of Nerva, Trajan and Hadrian, Cambridge 1966. [lat. und griech. Quellen ohne Übersetzung]
[92] Levick B., The Government of the Roman Empire. A Sourcebook, London 1985.
[93] Buckland W. W., A Textbook of Roman Law from Augustus to Justinian, Cambridge [3]1963.

Die Triumviratszeit

Viele Titel, insbesondere die älteren, finden sich in Kienast [169].

Allgemeines

[94] Aigner H., Die Soldaten als Machtfaktor in der ausgehenden römischen Republik, Innsbruck 1974.
[95] Bengtson H., Die letzten Monate der römischen Senatsherrschaft, ANRW I. 1 (1972) 967–981.
[96] Betti E., La crisi della repubblica e la genesi del principato in Roma, Rom 1982.
[97] Botermann H., Die Soldaten und die römische Politik in der Zeit von Caesars Tod bis zur Begründung des Zweiten Triumvirats, München 1968.
[98] Christ K., Krise und Untergang der römischen Republik, Darmstadt 1993.
[99] Fadinger V., Die Begründung des Prinzipats. Quellenkritische und staatsrechtliche Untersuchungen zu Cassius Dio und der Parallelüberlieferung, Berlin 1969.
[99a] Girardet K., Die Entmachtung des Konsulates im Übergang von der Republik zur Monarchie und die Rechtsgrundlagen des augusteischen Prinzipats, in: W. Görler und S. Koster (Hg.), Pratum Saraviense, Festschrift für P. Steinmetz, Stuttgart 1990, S. 89–126.
[100] Grant M., From Imperium to Auctoritas, Cambridge [2]1969.
[101] Grenade P., Essai sur les origines du principat. Investiture et renouvellement des pouvoirs impériaux, Paris 1961.
[102] Gruen E. S., The Last Generation of the Roman Republic, Berkeley 1974.
[103] Hackl U., Der Revolutionsbegriff und die ausgehende römische Republik, RSA 9 (1979) 95–103.
[103a] Haller B. C., Asinius Pollio als Politiker und zeitkritischer Historiker. Ein Beitrag zur Geschichte des Übergangs von der Republik zum Prinzipat in Rom (60 bis 30 v. Chr.), Münster 1967.
[104] Hinard Fr., Les proscriptions de la Rome républicaine, Rom 1985.
[105] Jal P., La guerre civile à Rome: étude littéraire et morale, Paris 1963.
[106] Millar F., The Mediterranean and the Roman Revolution: politics, war and the economy, P&P 102 (1984) 3–24.
[106a] Nicolet Cl., Autour de l'imperium, Cahiers du Centre G. Glotz 3 (1992) 163–166.

[107] Polverini L., L'aspetto sociale del passaggio dalla repubblica al principato, Aevum 38 (1964) 241–285; 39 (1965) 77–100.
[108] Reinhold R., M. Agrippa. A Biography, New York 1933.
[109] Ridley R. T., The economics of civil war, Helikon 20/21 (1980/81) 27–41.
[110] Rilinger R., Die Interpretation des Niedergangs der römischen Republik durch „Revolution" oder „Krise ohne Alternative", AKG 64 (1982) 279–306.
[111] Roddaz J. M., Marcus Agrippa, Rom 1984.
[112] Schneider Chr., Das Problem der Veteranenversorgung in der späten römischen Republik, Bonn 1977.
[113] Seager R., The crisis of the Roman Republic, Cambridge 1969. [Aufsatzsammlung]
[114] Syme R., The Roman Revolution, Oxford 1939. [Die dt. Übersetzung Stuttgart 1957 ist, da ohne Fußnoten, zu meiden]
[115] Valvo A., Le vicende del 44–43 a. C. nella tradizione di Livio e di Dionigi su Spurio Melio, CISA 3 (1975) 157–183.
[116] Volponi M., Lo sfondo italico della lotta triumvirale, Genua 1975.
[117] Wallmann P., Zur Zusammensetzung und Haltung des Senats im Jahre 32 v. Chr., Historia 25 (1976) 305–312.
[118] Wallmann P., Das Abkommen von Philippi, ein Diktat des Antonius, SO 51 (1976) 121–129.

Caesar Octavian

[119] Alföldi A., Oktavians Aufstieg zur Macht, Bonn 1976.
[120] Barnes T. D., The Victories of Augustus, JRS 64 (1974) 21–26.
[121] Becker I., Oktavians Kampf gegen Antonius und seine Stellung zu den ägyptischen Göttern, Das Altertum 11 (1965) 40–47.
[122] Béranger J., L'accession d'Auguste et l'idéologie du privatus (1958), in: [303], S. 243–258.
[123] Carter J. M., The Battle of Actium. The Rise and Triumph of Augustus Caesar, London 1970.
[124] Gesche H., Hat Caesar den Octavian zum magister equitum designiert? (Ein Beitrag zur Beurteilung der Adoption Octavians durch Caesar), Historia 22 (1973) 468–478.
[125] Hahn I., Augustus und das politische Vermächtnis Caesars, Klio 67 (1985) 12–28.
[126] Hölscher T., Denkmäler der Schlacht von Actium. Propaganda und Resonanz, Klio 67 (1985) 81–102.
[127] Korfmacher W. C., Actium – and after, CB 49 (1973) 40–44.
[128] Levi M. A., Ottaviano Capoparte, Florenz 1933.
[129] Palmer R. E. A., Octavian's first attempt to restore the constitution (36 BC), Athenaeum 56 (1978) 315–328.
[130] Schmitthenner W., Oktavian und das Testament Caesars. Eine Untersuchung zu den politischen Anfängen des Augustus, München ^{2}1973.
[131] Wilcken U., Der angebliche Staatsstreich Octavians im Jahre 32 vor Christus (1925), in: [173], S. 38–71.

Die Gegner von Caesar Octavian

[132] Bengtson H., Zur Geschichte des Brutus, München 1970.

[133] Bengtson H., Zum Partherzug des Antonius, München 1974.

[134] Buchheim H., Die Orientpolitik des Triumvirn M. Antonius. Ihre Voraussetzungen, Entwicklung und Zusammenhang mit den politischen Ereignissen in Italien, Heidelberg 1960.

[135] Hadas M., Sextus Pompey, New York ²1966.

[136] Hayne L., Lepidus' role after the ides of March, AClass 14 (1971) 109–117.

[137] Johnson J. R., The authenticity and validity of Anthony's will, AC 47 (1978) 494–503.

[138] Massaro G. D., A proposito della guerra „piratica" contro Sesto Pompeo. Nota su Strabone V, 4, 4; VI, 1, 6; VI, 2, 3; VI, 2, 4, AFlPer 22, ser. 8 (1984/85) 289–299.

[139] Rossi R. F., Marco Antonio nella lotta politica della tarda repubblica, Triest 1959.

[140] Schieber A. S., Antony and Parthia, RAS 9 (1979) 105–124.

[141] Schor B., Beiträge zur Geschichte des Sex. Pompeius, Stuttgart 1978.

[142] Stewens W., Marcus Brutus als Politiker, Zürich 1963.

Staatsrecht

[143] Anello P., La fine del secondo triumvirato, Miscellanea E. Manni, Bd. 1, Rom 1980, S. 103–114.

[144] Bane R., The Composition of the Roman Senate in 44 BC, Ann Arbor 1971.

[145] Bayet J., Les sacerdoces romains et la prédivinisation impériale (1955), in: J. Bayet, Croyances et rites dans la Rome antique, Paris 1971, S. 275–336.

[146] Bayet J., Prodromes sacerdotaux de la divinisation impériale (1958), in: J. Bayet, Croyances et rites dans la Rome antique, Paris 1971, S. 337–352.

[147] Benario H. W., Octavian's status in 32 BC, Chiron 5 (1975) 301–309.

[148] Boulvert G., État et institutions révolutionnaires. À propos de la révolution romaine, Index 7 (1977) 119–124.

[149] Bringmann K., Das Problem einer römischen Revolution, GWU 31 (1980) 354–377.

[149a] Bringmann K., Das zweite Triumvirat. Bemerkungen zu Mommsens Lehre von der außerordentlichen konstituierenden Gewalt, in: P. Kneißl und V. Losemann (Hg.), Alte Geschichte und Wissenschaftsgeschichte. Festschrift für K. Christ, Darmstadt 1988, S. 22–38.

[150] Broughton T. R. S., Patterson M. L., The Magistrates of the Roman Republic, New York 1951–1952; Supplement 1960; Supplement Atlanta 1986.

[151] Deininger J., Von der Republik zur Monarchie: Die Ursprünge der Herrschertitulatur des Prinzipats, ANRW I. 1 (1972) 982–997.

[152] De Visscher F., Les pouvoirs d'Octavien en 32 av. J.-C. (1938–1949), in: F. de Visscher, Nouvelles études de droit romain public et privé, Mailand 1949, S. 1–26.

[152a] Girardet K., Der Rechtsstatus Oktavians im Jahre 32 v. Chr., RhM 133 (1990) 322–350.

[152b] Girardet K., Per continuos decem annos (res gestae divi Augusti 7, 1). Zur Frage nach dem Endtermin des Triumvirats, Chiron 25 (1955) 147–161.

[153] Knibbe D., Quandocumque quis triumvirorum reipublicae constituendae... Ein neuer Text aus Ephesos, ZPE 44 (1981) 1–10.
[154] Kolbe W., Von der Republik zur Monarchie (1931), in: [173], S. 72–99.
[155] Kolbe W., Der zweite Triumvirat (1914), in: [173], S. 12–37.
[156] Millar F., Triumvirate and principate, JRS 63 (1973) 50–67.
[157] Orth W., Der Triumvir Oktavian. Bemerkungen zu den Inschriften aus Aphrodisias, Epigraphica Anatolica 3 (1984) 61–82.
[158] Scardigli B., La sacrosanctitas tribunicia di Ottavia e Livia, AFLS 3 (1932) 61–64.
[159] Schumacher L., Die imperatorischen Akklamationen der Triumvirn und die Auspicia des Augustus, Historia 34 (1985) 191–222.

Augustus

Eine Auswahl der wichtigsten Arbeiten über Augustus findet sich in ANRW II. 1 (1974) 3ff. und II. 2 (1975) 55ff., ferner bei Kienast [169]. Einige zentrale Artikel sind samt einer Bibliographie in Schmitthenner [173] abgedruckt. In der folgenden bibliographischen Auswahl sind vor allem Titel nach 1970 aufgeführt.

Allgemeines

[160] Kaiser Augustus und die verlorene Republik, Berlin 1988.
[161] Binder G. (Hg.), Saeculum Augustum. I. Herrschaft und Gesellschaft, Darmstadt 1987; II. Religion und Literatur, Darmstadt 1988; III. Kunst und Bildersprache, Darmstadt 1991.
[162] Christ K., Die schwere Ungerechtigkeit gegen Augustus. Mommsen und Wilamowitz, in: Scritti Momigliano, S. 89–100.
[163] Csillag P., The Augustan laws on family relations, Budapest 1976.
[164] Dessau H., Geschichte der römischen Kaiserzeit. Bd. I., Berlin 1924.
[165] Fabbrini F., L'impero di Augusto come ordinamento sovranazionale, Mailand 1974.
[166] Gardthausen V., Augustus und seine Zeit (1891), Nachdruck Aalen 1964. [mit bibliogr. Ergänzungen]
[167] Guia M. A., Augusto nel libro 56 della Storia romano di Cassio Dione, Athenaeum 69 (1983) 439–456.
[168] Guizzi F., Il principato tra „res publica" e potere assoluto, Neapel 1974.
[169] Kienast D., Augustus. Prinzeps und Monarch, Darmstadt 1982.
[170] Manuwald B., Cassius Dio und Augustus. Philologische Untersuchungen zu den Büchern 45–56 des Dionischen Geschichtswerkes, Wiesbaden 1978.
[171] Millar F. (Hg.), Caesar Augustus, Seven Aspects, Oxford 1984.
[172] Premerstein A. von, Vom Werden und Wesen des Prinzipats, München 1937.
[172a] Reinhold M., From Republic to Principate. An Historical Commentary on Cassius Dio's Roman History Books 49–52 (36–29 BC), Atlanta 1988.
[172b] Rich J. W., Cassius Dio. The Augustan Settlement (Roman History 53–55.9), Warminster 1990.
[173] Schmitthenner W. (Hg.), Augustus, Darmstadt 1969.
[174] Siber H., Das Führeramt des Augustus, Leipzig 1940.

[175] Stahlmann I., Imperator Caesar Augustus. Studien zur Geschichte des Prinzipatsverständnisses in der deutschen Altertumswissenschaft, Darmstadt 1988.
[176] Werner R., Wesen und Voraussetzungen des augusteischen Prinzipats, GWU 29 (1978) 277–294.

Staatsrecht

[177] Alföldy G., Die Ablehnung der Diktatur durch Augustus, Gymnasium 79 (1972) 1–12.
[178] Birch R. A., The settlement of 26 June AD 4 and its aftermath, ClQ 75 (1981) 443–456.
[179] Borgo A., Augusto e l'istituzione del principato. Osservazioni a Tacito, Ann. 1, 1–10, Vichiana 15 (1986) 74–97.
[180] Charbonnel N., À propos de l'inscription de Kymé et des pouvoirs d'Auguste dans les provinces au lendemain du règlement de 27 av. n. è., RIDA 26 (1976) 177–225.
[181] Christ K., Zur Dialektik des Augusteischen Prinzipats, in: Scritti A. Guarino, Bd. III, Neapel 1984, S. 1003–1017.
[182] Cuff P. J., The settlement of 23 BC. A note, RFIC 101 (1973) 466–477.
[183] Degrassi A., I nomi dell'imperatore Augusto. Il praenomen imperatoris, in: Studi Volterra, Bd. V, Mailand 1971, S. 573–593. [wieder in A. Degrassi, Scritti vari, Bd. IV, Rom 1971]
[184] Gallo F., L'uomo e il diritto. A proposito di una rivisitazione di Augusto, SDH 51 (1985) 215–256.
[185] Gelzer M. G., Das erste Consulat des Pompeius und die Übertragung der großen Imperien (1943), in: M. G. Gelzer, Kleine Schriften, Bd. II, Wiesbaden 1963, S. 187–200.
[186] González J., The first oath pro salute Augusti found in Baetica, ZPE 1988, S. 113–127.
[187] Hoyos D., The legal powers of Augustus. Some modern views, Ancient Society Resources for Teachers 13 (1983) 5–57.
[188] Kienast D., Nerva und das Kaisertum Traians, Historia 17 (1968) 51–71.
[189] Kienast D., Der augusteische Prinzipat als Rechtsordnung, ZRG 101 (1984) 115–141.
[190] Koenen L., Eine Berechnung der Regierungsjahre des Augustus vom Tode Caesars. Zur Datierung der Gesprächssituation von Tacitus' Dialogus (17, 3), ZPE 13 (1974) 228–234.
[191] Kromayer J., Die rechtliche Begründung des Prinzipats, Marburg 1888.
[192] Lacey W. K., Octavian and the Senate, January 27 BC, JRS 64 (1964) 176–184.
[193] Lacey W. K., Augustus and the Senate, 23 BC, Antichthon 19 (1985) 57–67.
[194] Nesselhauf H., Von der feldherrlichen Gewalt des römischen Kaisers, Klio 30 (1937) 306–322.
[195] Orestano R., Rivisitazione di Augusto, Labeo 27 (1981) 54–98.
[196] Sattler P., Augustus und der Senat. Untersuchungen zur römischen Innenpolitik zwischen 30 und 27 vor Christus, Göttingen 1960.

[197] Swan P. M., *Προβάλλεσθαι* in Dio's account of elections under Augustus, CQ 32 (1982) 436–440.
[198] Syme R., Imperator Caesar: a study in nomenclature (1958), in: R. Syme, Roman Papers, Bd. I, Oxford 1979, S. 360–377.

Ideologie

[199] Boschung D., Tumulus Iuliorum – Mausoleum Augusti. Ein Beitrag zu seinen Sinnbezügen, HASB 6 (1980) 38–41.
[200] Bosworth A. B., Augustus and August. Some pitfalls of historical ficton, HSPh 86 (1982) 151–170.
[201] Buchner E., Die Sonnenuhr des Augustus, Mainz 1982.
[202] Frisch P., Zu den Elogien des Augustusforums, ZPE 39 (1980) 91–98.
[203] Hahn I., Augustus und das politische Vermächtnis Cäsars, Klio 67 (1985) 12–28.
[204] König I., Der doppelte Geburtstag des Augustus, 23. und 24. September (Suet. Aug. 51. 1), Epigraphica 34 (1972) 3–15.

Die julisch-claudische Familie

[205] Forni G., Gaio Cesare, nipote e figlio adottivo di Augusto, onorato in Assisi, AFLM 16 (1983) 505–512.
[206] Humphrey J., The three daughters of Agrippina Maior, AJAH 4 (1979) 125–143.
[207] Pani M., Tendenze politiche della successione al principato di Augusto, Bari 1979.
[208] Sidari D., Studi su Gaio e Lucio Caesare, AIV 138 (1979/80) 275ff.

Res Gestae Divi Augusti

Ausgaben

[209] Gagé J., Res gestae divi Augusti, Paris 1977. [dt. Übersetzung bei Tusculum]
[210] Malcovati E., Imp. Caesaris Augusti operum fragmenta, Turin 1969.

Neuere Literatur

[211] Aigner H., Bemerkungen zum Kapitel 17 der RGDA, GB 8 (1979) 173–183.
[212] Alonso Núñez J. M., The Res Gestae Divi Augusti as a work of historiography, in: Scritti Guarino, Bd. I, Neapel 1984/85, S. 357–366.
[213] Braccesi L., Un'ipotesi sull'elaborazione delle Res Gestae Divi Augusti, GIF 25 (1973) 25–40.
[214] Braunert H., Zum Eingangssatz der Res Gestae Divi Augusti, Chiron 4 (1974) 343–358.
[215] Braunert H., Omnium provinciarum populi Romani fines auxi. Ein Entwurf, Chiron 7 (1977) 207–217.
[216] Canali L., Il manifesto del regime augusteo, RCCM 15 (1973) 151–175.
[217] Cartledge P., The second thoughts of Augustus on the Respublica in 28/27 BC, Hermathema 119 (1975) 30–40.
[218] Diesner H. J., Augustus und sein Tatenbericht. Die Res Gestae Divi Augusti in der Vorstellungswelt ihrer und unserer Zeit, Klio 67 (1985) 35–42.
[219] Hellegouarc'h J. und C. Jodry, Les Res Gestae d'Auguste et l'Historia romana de Velleius Paterculus, Latomus 39 (1980) 803–816.

[220] Heuss A., Zeitgeschichte als Ideologie. Komposition und Gedankenführung der Res Gestae Divi Augusti 24, in: Festschrift E. Burck, Amsterdam 1975, S. 96–108.
[221] Hoben W., Caesarnachfolge und Caesarabkehr in den RGDA, Gymnasium 85 (1978) 1–19.
[222] Humphrey J. und M. Reinhold, Res Gestae 4.1 and the ovations of Augustus, ZPE 57 (1984) 60–62.
[223] Kornemann E., Mausoleum und Tatenbericht des Augustus, Leipzig 1921.
[224] Koster S., Das „Präskript" der RGDA, Historia 27 (1978) 241–246.
[225] Kroemer D., Textkritisches zu Augustus und Tiberius (RG 34 – Tac. Ann. 6.30.3), ZPE 28 (1978) 127–144.
[226] Lacey W. K., Laurel bushes again, Res Gestae 37.2, LCM 7 (1982) 118.
[227] Lauffer S., Annos undeviginti natos, in: Festschrift H. Bengtson, Wiesbaden 1983, S. 174–177.
[228] Linderski J., Rome, Aphrodisias and the Res Gestae, JRS 74 (1984) 74–80.
[229] Ramage E. S., The date of Augustus' Res Gestae, Chiron 18 (1988) 71–82.
[230] Reinhold M., Augustus' conception of himself, Thought 55 (1980) 36–50.
[231] Sablayrolles R., Espace urbain et propagande politique. L'organisation du centre de Rome par Auguste (RG 19–21), Pallas 28 (1981) 59–77.
[232] Toth E., Protulique fines Illyrici ad ripam fluminis Danuvii, AArchSlov 28 (1977) 278–287.
[233] Vanotti G., Il testo greco delle Res Gestae di Augusto. Appunti per una interpretazione politica, GIF 27 (1975) 306–325.
[234] Wigtil D. N., The Translator of the Greek Res Gestae of Augustus, AJPh 103 (1982) 189–194.
[235] Yavetz Z., The Res Gestae and Augustus' public image, in: Millar [171], S. 1–36.

Laudatio Agrippae (P. Colon. inv. nr. 4701)

Ausgabe

[236] Koenen L., Die „laudatio funebris" des Augustus für Agrippa auf einem neuen Papyrus (P. Colon. inv. nr. 4701), ZPE 5 (1970) 217–283.
[237] Gronewald M., Ein neues Fragment der Laudatio funebris des Augustus auf Agrippa, ZPE 52 (1983) 61–62.

Literatur

[238] Badian E., Notes on the Laudatio of Agrippa, CJ 76 (1980) 95–107.
[239] Bringmann K., Imperium proconsulare und Mitregentenschaft im frühem Prinzipat, Chiron 7 (1977) 219–238.
[240] Fraschetti A., Morte dei „principi" ed „eroi" della famiglia di Augusto, AION (archeol.) 6 (1984) 151–189.
[241] Gray E. W., The Imperium of M. Agrippa. A note on P. Colon. inv. nr. 4701, ZPE 6 (1970) 227–238.
[242] Haslam M. W., Augustus' funeral ovation for Agrippa, CJ 75 (1980) 191–199.
[243] Koenen L., Summum fastigium. Zu der Laudatio funebris des Augustus (P. Colon. inv. nr. 4701, 11ff.), ZPE 5 (1970) 239–243.

[244] Malcovati E., Il nuovo frammento augusteo della Laudatio Agrippae, Athenaeum 50 (1972) 142–171; 389.
[245] Sherk R. K., The last two lines of the Laudatio funebris for Agrippa, ZPE 41 (1981) 67–69.

Die kaiserliche Macht

Allgemeine Arbeiten

[246] Baldwin B., Power corrupts, and absolute power is even nicer. Some thoughts on recent assessments of the Roman Emperors, LCM 9 (1984) 102–105.
[247] Bleicken J., Prinzipat und Dominat. Gedanken zur Periodisierung der römischen Kaiserzeit, Wiesbaden 1978.
[248] Bringmann K., Das Problem einer „römischen Revolution", GWU 31 (1980) 354–377.
[249] Castritius H., Der römische Prinzipat als Republik, Husum 1982.
[250] Castritius H., Das römische Kaisertum als Struktur und Prozeß, HZ 230 (1980) 89–103.
[251] Ferrary J. L., Le idee politiche a Roma nell'epoca repubblicana, in: L. Firpo (Hg.), Storia delle idee politiche, economiche e sociali, Bd. I, Turin 1982, S. 723–804.
[252] Hermann P. H., Der römische Kaisereid. Untersuchungen zu seiner Herkunft und Entwicklung, Göttingen 1968.
[253] Herzog E. von, Geschichte und System des römischen Staatsrechts, Leipzig 1884–1891. [Nachdruck Aalen 1965]
[254] Heuss A., Th. Mommsen und die revolutionäre Struktur des römischen Kaisertums, ANRW II. 1. 1 (1974) 77–90.
[255] Heuss A., Th. Mommsen und das 19. Jahrhundert, Kiel 1956.
[256] Heuss A., Der Caesarismus und sein antikes Bild, in: Festschrift K. D. Erdmann, Neumünster 1980, S. 13–40.
[257] König I., Exire de imperio, cedere imperio, in: Scritti A. Guarino, Bd. I, S. 295–314.
[258] Kolbe W., Von der Republik zur Monarchie (1931), in: [173], S. 72–99.
[259] Kunkel W., Römische Rechtsgeschichte, Köln [7]1973.
[260] Kunkel W., Über das Wesen des Augusteischen Prinzipats, Gymnasium 68 (1961) 353–370.
[260a] Kunkel W., in: ZRG (romanistische Abteilung) 1958, S. 302–352.
[261] Lübtow U. von, Das römische Volk, sein Staat und sein Recht, Frankfurt 1955.
[262] Mitchell T. N., The inevitability of the principate, Thought 55 (1980) 18–35.
[263] Nörr D., Imperium und Polis in der hohen Prinzipatszeit, München 1966.
[264] Pani M., Principato e società a Roma dai Giulio-Claudi ai Flavi, Bari 1983.
[265] Pelham H. F., Essays on Roman History, Oxford 1911.
[266] Ridley R. T., The extraordinary commands of the late Republic. A matter of definition, Historia 30 (1981) 280–297.
[267] Schulz O. Th., Das Wesen des römischen Kaisertums der ersten zwei Jahrhunderte, Paderborn 1916.
[268] Siber H., Römisches Verfassungsrecht in geschichtlicher Entwicklung, Lahr 1952.

[269] Suerbaum W., Vom antiken zum frühmittelalterlichen Staatsbegriff. Über Verwendung und Bedeutung von respublica, regnum, imperium und status von Cicero bis Jordanis, Münster 1977.
[270] Timpe D., Untersuchungen zur Kontinuität des frühen Prinzipats, Wiesbaden 1962.
[271] Vittinghoff F., Arcana imperii: zur politischen Integration sozialer Systeme in der hohen römischen Kaiserzeit, in: Gedenkschrift Stier, 1980, S. 21–31.
[272] Wallace-Hadrill A., Civilis princeps. Between citizen and king, JRS 72 (1982) 32–48.
[273] Wickert L., Artikel „Princeps (civitatis)", RE XXII 2 (1954) 1998–2296.
[273a] Wickert L., in: ANRW II. 1 (1974) 3–76.
[274] Yuge T., Die römische Kaiseridee. Zur Herrschaftsstruktur des römischen Reiches, Klio 62 (1980) 439–444.

Befugnisse, Titulatur

[275] Anello P., La seconda tribunicia potestas di Traiano, in: Studi E. Manni, Rom 1973, S. 15–53.
[276] Baumann R. A., Tribunician sacrosanctity in 44, 36 and 30 BC, RhM 124 (1981) 166–183.
[277] Flach D., Tacitus in der Tradition der antiken Geschichtsschreibung, Göttingen 1973.
[278] Christ K., Leges super principem, Labeo 28 (1982) 298–303.
[279] Chastagnol A., Un chapitre négligé de l'épigraphie latine, la titulature des empereurs morts, REL 62 (1984 [1986]) 275–287.
[280] De Visscher F., La „Tribunicia potestas" de César à Auguste, SDHI 5 (1939) 101–122.
[281] Gschnitzer F., Prokonsuln und Legaten. Zur institutionellen Vorgeschichte des römischen Kaisertums, JHAW 1982, S. 91–92.
[282] Hock R. P., Dio 53, 17, 10 and the tribunician day during the reign of Septimius Severus, SO 59 (1984) 115–119.
[283] Jones B. W., Designation to the Consulships under the Flavians, Latomus 31 (1972) 849–853.
[284] Kneißl P., Die Siegestitulatur der römischen Kaiser. Untersuchungen zu den Siegerbeinamen des ersten und zweiten Jahrhunderts, Göttingen 1969.
[285] König I., Der Titel proconsul von Augustus bis Trajan, GNS 21 (1971) 42–54.
[286] Lacey W. K., Summi fastigii vocabulum: the story of a title, JRS 69 (1979) 28–34.
[287] Musca D. A., Le denominazioni del principe dei documenti epigrafici romani. Contributo alla storia politico-sociale dell'Impero, 2 Bde., Bari 1979–1982.
[288] O'Neal W., Maius Imperium, RSCL 27 (1979) 390–394.
[289] Palma A., Le curae pubbliche. Studi sulle strutture amministrative romane, Neapel 1980.
[290] Rathbone D. W., The dates of the recognition in Egypt of the emperors from Caracalla to Diocletianus, ZPE 62 (1986) 101–131.
[290a] Scheid J., L'investiture impériale d'après les actes des arvales, Cahiers du Centre G. Glotz 3 (1992) 221–237.
[291] Strack P. L., Zur tribunicia potestas des Augustus, Klio 14 (1939) 358–381.

[292] Syme R., Some imperial salutations, Phoenix 33 (1979) 308–329.

[293] Tibiletti G., Il trionfo, la porta e l'arco prima di Augusto, RSA 6/7 (1976/77) 11–19.

Lex de imperio Vespasiani (ILS 244)

Ältere Literatur

[294] Grenzheuser B., Kaiser und Senat in der Zeit von Nero bis Nerva, Münster 1964. [erfaßt die Literatur bis 1964]

Neuere Literatur

[295] Brunt P., Lex de Imperio Vespasiani, JRS 67 (1977) 95–116.

[296] Levi M. A., La legge dell'iscrizione CIL VI 930, Athenaeum 16 (1958) 85–91.

[297] Lucrezi F., Leges super principem. La „monarchia costituzionale" di Vespasiano, Neapel 1982.

[298] Lucrezi F., Al di sopra e al di sotto delle leggi, in: Scritti A. Guarino, Bd. II, Neapel 1984, S. 683–690.

[299] Parsi B., Désignation et investiture de l'empereur romain, Paris 1963.

[300] Sargenti M., Considerazioni sul potere normativo imperiale, in: Scritti A. Guarino, Bd. VI, Neapel 1984, S. 2625–2651.

[301] Spordone F., Leges super principem, Index 12 (1983/84) 349–353.

Ideologische Aspekte des Prinzipats

[302] Béranger J., Recherches sur l'aspect idéologique du principat, Basel 1953.

[303] Béranger J., Principatus. Études de notions et d'histoire politique dans l'Antiquité gréco-romaine, Genf 1973.

[304] Béranger J., Imperium, expression et conception du pouvoir impérial, REL 55 (1977) 325–344.

[305] Fears J. R., Princeps a diis electus, Rom 1977.

[306] Fears J. R., Rome. The ideology of imperial power, Thought 55 (1980) 98–109.

[307] Kloft H., Liberalitas principis. Herkunft und Bedeutung. Studien zur Prinzipatsideologie, Köln 1970.

[308] Kloft H., Aspekte der Prinzipatsideologie im frühen Prinzipat, Gymnasium 91 (1984) 306–326.

[309] Lieberg G., Die Ideologie des Imperium Romanum mit einer Schlußbetrachtung über Ideologie und Krise, in: G. Alföldy (Hg.), Krisen in der Antike. Bewußtsein und Bewältigung, Düsseldorf 1975, S. 70–98.

[310] Wallace-Hadrill A., The Emperor and his virtues, Historia 30 (1981) 298–319.

Widerstand gegen das Kaisertum

[311] Bauman R. A., Impietas in principem. A Study of Treason against the Roman Emperor with special reference to the First Century AD, München 1975.

[312] Dietz K., Senatus contra principem. Untersuchungen zur senatorischen Opposition gegen Kaiser Maximinus Thrax, München 1980.

[313] Fanizza L., Senato e principe in età tiberiana. I profili costituzionali, Labeo 27 (1981) 36–53.

[314] Le Gall J., Le serment à l'empereur. Une base méconnue de la tyrannie impériale sous le Haut-Empire, Latomus 44 (1985) 767–783.

[315] Levick B., Abdication and Agrippa Postumus, Historia 21 (1972) 674–697.

[316] Royo M., L'empereur et le philosophe. Attitudes face au pouvoir impérial à la fin du Ier siècle après J.-Chr., STHist 1985, 1, S. 6–15.
[317] Scheid J., La mort du tyran. Chronique de quelques morts programmées, in: Du châtiment dans la cité, Rom 1984, S. 177–190.
[318] Tabacco R., Il tiranno nelle declamazioni di scuola in lingua latina, Turin 1985.
[319] Vittinghoff F., Der Staatsfeind in der römischen Kaiserzeit. Untersuchungen zur Damnatio memoriae, Bonn 1936.
[320] Vogel-Weidemann V., The opposition under the early Caesars. Some remarks on its nature and aims, AClass 22 (1979) 91–107.
[321] Wistrand E., The stoic opposition to the principate, StudClas 18 (1979) 93–101.
[322] Zecchini G., La Tabula Siarensis e la „dissimulatio“ di Tiberio, ZPE 66 (1986) 23–29.

Institutionen des römischen Volkes

Komitien

[323] Astin A. E., Nominare in accounts of elections in the Early Principate, Latomus 28 (1969) 863–874.
[324] Béranger J., La démocratie sous l'Empire romain: les opérations électorales de la Tabula Hebana et la destinatio (1957), in: J. Béranger, Principatus, Genf 1973, S. 209–242. [frz. Übersetzung der Tabula Hebana S. 238ff.].
[325] Brunt P. A., The lex Valeria Cornelia, JRS 51 (1961) 71–83.
[326] De Visscher F., Tacite et les réformes électorales d'Auguste et de Tibère, in: Studi V. Arangio-Ruiz, Bd. II, Neapel 1953, S. 419–434.
[327] Evans J. R., The role of suffragium in imperial political decision-making: a Flavian example, Historia 27 (1978) 102–128.
[328] Flach D., Destinatio und nominatio im frühen Prinzipat, Chiron 6 (1976) 193–203.
[329] Frei Stolba R., Untersuchungen zu den Wahlen in der frühen Kaiserzeit, Zürich 1967.
[330] Holladay A. J., The election of magistrates in the early principate, Latomus 37 (1978) 874–893.
[331] Jones A. H. M., The elections under Augustus, JRS 45 (1955) 9–21. [wieder in: Studies in Roman government and law, Oxford 1960, S. 43ff.]
[332] Lacey N. K., Nominatio and the elections under Tiberius, Historia 12 (1963) 167–175.
[333] Levick B., Professio, Athenaeum 69 (1981) 378–388.
[334] Levick B. W., Imperial Control of the Elections under the Early Principate: commendatio, suffragatio and nominatio, Historia 16 (1967) 207–230.
[335] Oliver J. H. und R. E. A. Palmer, Text of the Tabula Hebana, AJPh 75 (1954) 225–249.
[336] Pani M., Comitia e senato. Sulla trasformazione della procedura elettorale a Roma nell'età di Tiberio, Bari 1974.
[337] Pani M., Ancora sulle elezioni nel primo principato, Quaderni di Storia 10 (1979) 305–311.
[338] Shotter D. C. A., Elections under Tiberius, CQ n. s. 16 (1966) 321–332.

[339] Siber H., Zur Wahlreform des Tiberius, in: Festschrift Koschaker, Bd. I, Weimar 1939, S. 171–217.
[340] Simpson C. J., Tacitus and the praetorian elections of AD 14, PP 36 (1981) 295–311.
[341] Tibiletti G., Principe e magistrati repubblicani, Rom 1953.

Magistrate

[342] Eck W., Senatorial self-representation: developments in the Augustan period, in: [171], S. 129–167.
[343] Vitucci G., Ricerche sulla praefectura urbi in età imperiale (sec. I-III), Rom 1956.

Senat

[344] Bleicken J., Senatsgericht und Kaisergericht. Eine Studie zur Entwicklung des Prozeßrechts im frühen Prinzipat, Göttingen 1962.
[345] Brunt P., The role of the senate in the Augustan regime, CQ 34 (1984) 423–444.
[346] Chastagnol A., L'Histoire Auguste et le problème du quorum sénatorial (Alex. Sever. 16, 1), in: Bonner Historia Augusta Colloquium 1982–1983, Bonn 1985, S. 131–148.
[347] Fanizza L., Il senato e la prevenzione del crimen repetundarum in età tiberiana, Labeo 23 (1977) 199–214.
[348] Jones A. H. M., Imperial and senatorial jurisdiction in the early principate, Historia 3 (1954/55) 464–488.
[349] Nicolet Cl., La Tabula Siarensis, la lex de Imperio Vespaniani et le ius relationis de l'empereur au Sénat, MEFRA 100 (1988) 827–866.
[350] Oliver J. H. und R. E. A. Palmer, Minutes of an act of the Roman Senate, Hesperia 24 (1955) 320–349.
[351] Oliver J. H., The epistle of Claudius which mentions the proconsul Iunius Gallio, Hesperia 40 (1971) 239–240.
[352] Talbert R. J. A., The senate of Imperial Rome, Princeton 1984.

Justiz

Zahlreiche Übersichten und Bibliographien bietet ANRW II. 13–15, seit 1976.

[353] Bringmann K., Zur Gerichtsreform des Kaisers Augustus, Chiron 3 (1973) 235–244.
[354] Jones A. H. M., The Criminal Courts of the Roman Republic and the Principate, Oxford 1973.

Die kaiserliche Regierung

[355] Millar F., The Emperor in the Roman World (31 BC – AD 337), London ^{2}1983.
[356] Bleicken J., Zum Regierungsstil des römischen Kaisers. Eine Antwort auf Fergus Millar, Wiesbaden 1982.
[357] Hopkins K., Rules of evidence, JRS 67 (1977) 178–186.

Justiz

[358] Bretone M., Geschichte des römischen Rechts, München 1992.
[359] Galsterer H., Roman law in the provinces: some problems of transmission, in: [3], S. 13–28.
[360] Kelley J. M., Princeps Iudex. Eine Untersuchung zur Entwicklung und zu den Grundlagen der kaiserlichen Gerichtsbarkeit, Weimar 1957.
[361] Pieler P. E., Kaisergericht und kaiserliche Gerichtsorgane von Augustus bis Justinian. Studien zur Gerichtsorganisation des Imperium Romanum, Wien 1982.

Gesetzgeberische Maßnahmen

[362] Beuner M., The Emperor says. Studies in the Rhetorical Style in Edicts of the Early Empire, Göteborg 1975.
[363] Coriat J.-P., Le prince législateur. La technique législative des Sévères et les méthodes de création du droit impérial à la fin du principat, Rom 1997.
[364] Cugusi P., Evoluzione e forme dell'epistolografia latina nella tarda repubblica e nei primi due secoli dell'Imperio, con cenni sull'epistolografia preciceroniana, Rom 1983.
[365] D'Ors A. und F. Martin, Proposito libellorum, AJPh 100 (1979) 11–124.
[366] Drew-Bear Th., P. Hermann und W. Eck, Sacrae litterae, Chiron 7 (1977) 355–383.
[367] Giodice-Sabbatelli V., „Constituere": dato semantico e valore giuridico, Labeo 27 (1981) 338–357.
[368] Halfmann H., Itinera principum: Geschichte und Typologie der Kaiserreisen im Römischen Reich, Stuttgart 1986.
[369] Honoré T., Emperors and Lawyers, London 1981.
[370] Mourgues J. L., The so-called letter of Domitian at the end of the Lex Irnitana, JRS 77 (1987) 78–87.
[371] Nörr D., Zur Reskriptenpraxis in der hohen Prinzipatszeit, ZSS 98 (1981) 1–46.
[372] Palazzolo N., Le modalità di trasmissione dei provedimenti imperiali nelle provincie, Iura 28 (1977) 40–94.
[373] Stroux J., Eine Gerichtsreform des Kaisers Claudius, München 1929.
[374] Thomas Y., Le droit entre les mots et les choses. Rhétorique et jurisprudence à Rome, APD 23 (1978) 93–114.
[375] Williams W., Epigraphical texts of imperial subscripts: a survey, ZPE 66 (1986) 181–207.
[376] Williams W., The libellus procedure and the Severan papyri, JRS 64 (1974) 86–103.
[377] Williams W., Individuality in the Imperial constitutions, JRS 66 (1976) 67–83.
[378] Williams W., The publication of imperial subscripts, ZPE 40 (1980) 283–294.

Kaiserliche Verwaltung

[379] Amarelli F., Consilia principum, Neapel 1983.
[380] Brunt P., The administration of Roman Egypt, JRS 65 (1975) 124–147.
[381] Brunt P., Princeps and equites, JRS 73 (1989) 42–75.

[382] Carney T. F., Bureaucracy in Traditional Society. Romano-Byzantine Bureaucracies viewed from within, Lawrence 1971. [Zusammenfassung in Phoenix 1974, S. 379–382]
[383] Chantraine H., Freigelassene und Sklaven im Dienst der römischen Kaiser. Studien zu ihrer Nomenklatur, Wiesbaden 1967.
[384] Chantraine H., Zur Nomenklatur und Funktionsangabe kaiserlicher Freigelassener, Historia 24 (1975) 603–616.
[385] Corbier M., Ti. Claudius Marcellinus et la procuratèle du patrimoine, ZPE 43 (1981) 75–87.
[386] Crook J., Consilium principis. Imperial Counsels and Counsellors from Augustus to Diocletian, Cambridge 1955.
[387] Devreker J., La continuité dans le consilium principis sous les Flaviens, AncSoc 8 (1977) 223–243.
[388] Eck W., Einfluß korrupter Praktiken auf das senatorisch-ritterliche Beförderungswesen in der hohen Kaiserzeit, in: W. Schuller (Hg.), Korruption im Altertum, München 1982, S. 135–151.
[389] Eck W., Sozialstruktur und kaiserlicher Dienst, in: P. Neukam (Hg.), Struktur und Gehalt, München 1983, S. 5–24.
[390] Eck W., Augustus' administrative Reformen: Pragmatismus oder systematisches Planen?, AClass 29 (1989) 105–120.
[391] Eck W., Die Ausformung der ritterlichen Administration als Antisenatspolitik?, in: Entretiens sur l'Antiquité classique 33, Vandœuvres-Genf 1987.
[392] Eder W., Servitus publica, Wiesbaden 1980.
[393] Hirschfeld O., Die kaiserlichen Verwaltungsbeamten bis auf Diocletian, Berlin ²1905.
[394] Nicolet Cl., Rendre à César. Économie et société dans la Rome antique, Paris 1988.
[395] Pflaum H. G., Principes de l'administration impériale, Bulletin de la Faculté de Lettres de Strasbourg 37 (1958/59) 171–195.
[396] Pflaum H. G., Tendances politiques et administratives au IIe siècle de notre ère, REL 42 (1964) 112–121.

Geldpolitik

[397] Bay A., The letters S. C. on Augustan aes coinage, JRS 62 (1972) 111–122.
[398] Burnett A., The authority to coin in the late Republic and early Empire, NC 137 (1977) 37–63; JRS 68 (1978) 173.
[399] Callu J.-P., La politique monétaire des empereurs romains de 238 à 311, Rom 1969.
[400] Callu J.-P., Approches numismatiques de l'histoire du IIIe siècle (238–311), ANRW II. 2 (1975) 594–613.
[401] Crawford M., Finance, Coinage and Money from the Severans to Constantine, ANRW II. 2 (1975) 560–593.
[402] Les „dévaluations" à Rome. Époque républicaine et impériale, Rom 1978.
[403] Giard J. B., A survey of numismatic research 1966–1971. I. Ancient Numismatic, New York 1973, S. 309ff.
[404] Hadas-Lebel M., La fiscalité romaine dans la littérature rabbinique jusqu'à la fin du IIIe siècle, REJ 143 (1984) 5–29.

[405] Jones A. H. M., Inflation under the Roman Empire (1952–1953), in: A. H. M. Jones, The Roman Economy. Studies in Ancient Economy and Administrative History, Oxford 1974, S. 187–227.
[406] Kraft K., S(enatus) C(onsulto), JNG 12 (1962) 7–49. [= 173, S. 363–403].
[407] Kunisz A., Recherches sur le monnayage et la circulation monétaire sous le règne d'Auguste, Warschau 1976.
[408] Levick B., Propaganda and the Imperial coinage, Antichthon 16 (1982) 104–116.
[409] Lo Cascio E., State and coinage in the Late Republic and the Early Empire, JRS 71 (1981) 76–86.
[410] Sutherland C. H. V., Roman history and Coinage 44 BC – AD 69: 50 Points of Relation from Julius Caesar to Vespasian, Oxford 1987.
[411] Sutherland C. H. V., The purpose of Roman imperial coin types, Rev. Num. 16 (1983) 73–82.
[412] Wallace-Hadrill A., Image and Authority in the Coinage of Augustus, JRS 76 (1986) 66–87.

Wirtschafts- und Steuerpolitik

[413] Bellen H. B., Die Verstaatlichung des Privatvermögens der römischen Kaiser im 1. Jahrhundert nach Christus, ANRW II. 1 (1974) 91–112.
[414] Boochs W., Die Finanzverwaltung im Altertum, St. Augustin 1985.
[415] Bradley K. R., The vicesima libertatis. Its history and significance, Klio 66 (1984) 175–182.
[416] Brunt P., The „fiscus" and its development, JRS 56 (1966) 75–91.
[417] Brunt P., The revenues of Rome, JRS 71 (1981) 161–172.
[418] Corbier M., L'aerarium Saturni et l'aerarium militare. Administration et prosopographie sénatoriale, Rom 1974.
[419] Corbier M., Dévaluation et fiscalité (161–235), in: [402], S. 273–309.
[420] Corbier M., Fiscalité et monnaie. Problèmes de méthode, DArch. 9/10 (1976/77) 504–541.
[421] Corbier M., L'aerarium militare, in: Armées et fiscalité dans le monde antique, Paris 1977, S. 199–234.
[422] Lo Cascio E., Patrimonium, ratio privata, res privata, AIIN 3 (1971/72 [1975]) 55–121.
[423] Masi A., Ricerche sulla res privata del princeps, Mailand 1971.
[424] Neesen L., Untersuchungen zu den direkten Staatsabgaben der römischen Kaiserzeit (27 v. Chr.–284 n. Chr.), Bonn 1980.
[425] Noe E., La fortuna privata del Principe e il bilancio dello stato romano: alcune riflessioni, Athenaeum 65 (1987) 27–66.
[426] Royers P. D., Domitian and the finances of state, Historia 33 (1984) 60–78.
[427] Soraci R., L'ordinamento tributario romano durante il regno di Giordano III, QC 2 (1980) 177–219.
[428] Valera G., Erario e fisco durante il principato: stato della questione, in: Storia della società italiana, Bd. II, Mailand 1983, S. 301–327.
[429] Wachtel K., Freigelassene und Sklaven in der staatlichen Finanzverwaltung der römischen Kaiserzeit von Augustus bis Diokletian, Berlin 1966.

Regierung: Rom und Italien

[430] Baillie Reynolds P. K., The Vigiles of Imperial Rome, Oxford 1926.

[430a] Sablayrolles R., Libertinus miles: les cohortes des vigiles, Rom 1996.

[431] Eck W., Organisation und Administration der Wasserversorgung Roms, in: Wasserversorgung im Antiken Rom, München 1982, S. 63–77.

[432] Fabre G. und J. M. Roddaz, Recherches sur la familia de M. Agrippa, Athenaeum 60 (1982) 84–112.

[433] Heinzmann M., Untersuchungen zur Geschichte und Verwaltung der stadtrömischen Wasserleitungen, Wien 1975.

[434] Le Gall J., Le Tibre, fleuve de Rome dans l'Antiquité, Paris 1953.

[435] Nicolet Cl., Plèbe et tribus: les statues de Lucius Antonius et le Testament d'Auguste, MEFRA 97 (1985) 799–839.

[436] Nippel W., Aufruhr und Polizei in der späten Republik und in der frühen Kaiserzeit, in: E. Olshausen, Der Mensch in seiner Umwelt, Stuttgart 1983, S. 86–136.

[437] Nippel W., Policing Rome, JRS 74 (1984) 20–29.

[438] Tagliaferro Boatwright M., Hadrian and the City of Rome, Princeton 1987.

[439] Pavis d'Escurac H., La préfecture de l'annone. Service administratif impérial d'Auguste à Constantin, Paris 1974.

[440] Robinson O., The watersupply of Rome, SDHI 46 (1980) 44–86.

[441] Robinson O., Fire prevention at Rome, RIDA 24 (1977) 377–388.

[442] Virlouvet C., Famines et émeutes à Rome des origines de la République à la mort de Néron, Rom 1985.

[443] Yavetz Z., La plèbe et le prince. Foule et vie politique sous le Haut-Empire romain, Paris 1984.

Die Religionen

Es sei auf die Überblicksdarstellungen und die Bibliographien in ANRW II. 16–27 (traditionelle Kulte, Judentum, Christentum) verwiesen. Hier werden nur grundlegende oder neue Titel verzeichnet.

Allgemeines

[444] Bayet J., Histoire politique et psychologique de la religion romaine, Paris 1956.

[445] Beaujeu J., La religion romaine à l'apogée de l'Empire, I. La politique religieuse des Antonins (96–192), Paris 1955.

[446] Boissier G., La religion romaine d'Auguste aux Antonins, Paris 1874.

[447] Latte K., Römische Religionsgeschichte, München 1960.

[448] Le Gall J., La religion romaine de l'époque de Cato l'Ancien au règne de l'empereur Commode, Paris.

[449] Le Glay M., La religion romaine, Paris 1971.

[450] Liebeschuetz J., Continuity and Change in Roman Religion, Oxford 1979.

[451] MacMullen R., Paganism in the Roman Empire, New Haven 1981.

[452] Momigliano A., Roman religion in the empire (1987), [6], Bd. VIII, S. 239–259.

[452a] Rüpke J., Kalender und Öffentlichkeit, Berlin 1995.

[453] Scheid J., Religion et piété à Rome, Paris 1985.

[454] Toutain J., Les cultes païens dans l'Empire romain, Paris 1906, 1917.

[455] Veyne P., Besänftigungsmittel, in: Ph. Ariès und G. Duby (Hg.), Geschichte des Privaten Lebens, Bd. I, Frankfurt 1989, S. 203–227.
[456] Wardman A., Religion and statecraft among the Romans, London 1982.
[457] Wissowa G., Religion und Kultus der Römer, München [2]1912. [Nachdruck 1971]

Kult und Ritual

[458] Beard M., Rituel, texte, temps, in A. M. Blondeau und K. Schipper, Essais sur le rituel, Bd. I, Paris 1988, S. 15–29.
[458a] Beard M., Writing and Religion: Ancient Literacy and the Function of the Written Word in Roman Religion. Question: What was the Role of Writing in Graeco-Roman Paganism?, in: Literacy in the Roman World, Ann Arbor 1991, S. 35–58.
[459] Gagé J., Apollon romain. Essais sur le culte d'Apollon et le développement du „ritus Graecus" à Rome des origines à Auguste, Paris 1955.
[460] Scheid J., Romulus et ses frères. Le collège des frères arvales, modèle du culte public dans la Rome des empereurs, Rom 1990.
[461] Scheid J., Contraria facere: renversements et déplacements dans les rites funéraires, AION 6 (1984) 117–139.
[462] Hinard F. (Hg.), La mort au quotidien dans le monde romain, Paris 1995.

Ferner sei auf die einschlägigen Artikel bei Daremberg-Saglio und in der RE verwiesen.

Tempel, Heiligtümer, Bildnisse

[463] Gros P., Aurea templa. Recherches sur l'architecture religieuse de Rome à l'époque d'Auguste, Rom 1976.
[464] Hölscher T., Staatsdenkmal und Publikum vom Untergang der Republik bis zur Festigung des Kaisertums in Rom, Konstanz 1984.
[465] Koeppel G. M., Die historischen Reliefs der römischen Kaiserzeit, I-III, BJ 183 (1983); 184 (1984) 1–65; 185 (1985) 143–213.
[466] Martin H. G., Römische Tempelkultbilder, Rom 1987.
[467] Sauron G., Le message symbolique des rinceaux de l'Ara Pacis Augustae, CRAI 1982, S. 81–101.
[468] Sauron G., Le message esthétique des rinceaux de l'Ara Pacis Augustae, RA 1988, S. 3–40.
[469] Scott Ryberg J., Rites of the State Religion in Roman Art, Rom 1955.
[470] Torelli M., Typology and structure of Roman historical reliefs, Ann Arbor 1982.
[470a] Zanker P., Augustus und die Macht der Bilder, München 1997.

Kult der Divi

Allgemeines

[471] Le culte des souverains dans l'Empire romain, Genf 1973.
[472] Fears J. Rufus, Princeps a Diis electus: the Divine Election of the Emperor as a Political Concept at Rome, Rom 1977.
[473] Fishwick D., Genius and numen, HThR 62 (1969) 356–367.

[474] Fishwick D., The Imperial Cult in the Latin West. Studies in the Ruler Cult of the Western Provinces of the Roman Empire, 4 Bde., Leiden 1987–1992.

[475] Fraschetti A., Roma e il principe, Rom 1990.

[476] Fraschetti A., Commemorare il principe. Ricerche preliminari sui calendari di epoca Augusto-Tiberiana, in: Ph. Gignoux, La Commémoration, Paris 1988, S. 115–140.

[477] North J., Praesens deus, JRS 65 (1975) 171–177.

[478] Price S., Rituals and Power. The Roman Imperial Cult in Asia Minor, Cambridge 1984.

[479] Price S., Gods and Emperors: the Greek language of the Roman Imperial Cult, JRS 104 (1984) 79–95.

Kaiserbestattungen

[480] Arce J., Funus Imperatorum: los funerales de los imperatores romanos, Madrid 1988.

[481] Fraschetti A., Osservazioni sulla Tabula Siarensis, Epigraphica 50 (1988) 47–60.

[482] Lebek W., Welttrauer um Germanicus: das neuaufgefundene Originaldokument und die Darstellung des Tacitus, A&A 46 (1990) 93–102.

[483] Gonzales J. und J. Arce, Estudios sobre la Tabula Siarensis, Madrid 1988.

[484] Jolivet V., Les cendres d'Auguste. Note sur la topographie monumentale du Champ de Mars septentrional, Archeologia Laziale 9, Rom 1988, S. 89–96.

[485] Kierdorf W., „Funus" und „Consecratio". Zu Terminologie und Ablauf der römischen Kaiserapotheose, Chiron 16 (1986) 43–189.

[486] Versnel H. S., Destruction, devotio and despair in a situation of anomy: the mourning for Germanicus in triple perspective, in: Perennitas. Studi in onore di A. Brelich, Rom 1980, S. 541–618.

[486a] Eck W., Das s. c. de Cn. Pisone patre und seine Publikation in der Baetica, Cahiers du Centre G. Glotz 4 (1993) 189–203 [Mittlerweile ist diese wichtige Inschrift publiziert: W. Eck, Das senatus consultum de Cn. Pisone patre, München 1996].

Priester

[487] Beard M., Writing and ritual. A study of diversity and expansion in the arval acta, PBSR 1985, 114–162.

[488] Beard M. und J. North, Pagan Priests. Religion and Power in the Ancient World, London 1989.

[489] Hoffman Lewis M., The Official Priests of Rome under the Julio-Claudians, Rom 1955.

[490] Scheid J., Les frères arvales. Recrutement et origine sociale sous les Julio-Claudiens, Paris 1975.

[491] Scheid J., Le collège des frères arvales. Étude prosopographique du recrutement (69–304), Rom 1990.

[492] Schumacher L., Prosopographische Untersuchungen zur Besetzung der vier hohen römischen Priesterkollegien im Zeitalter der Antonine und Severer (96–235 nach Christus), Diss. Mainz 1973. [nachgedruckt in ANRW II. 16, 1978].

[493] Syme R., Some Arval Brethren, Oxford 1982.

Ägyptische und orientalische Religionen

Hierzu sind zahlreiche Studien in der von M. J. Vermaseren herausgegebenen Reihe „Études préliminaires aux Religions orientales dans l'Empire romain“ erschienen.

[494] Beck R. L., Planetary Gods and Planetary Orders in the Mysteries of Mithras, Leiden 1988.

[495] Bianchi U. und M. J. Vermaseren (Hg.), La soteriologia dei culti orientali nell'impero romano, Leiden 1982.

[495a] Bowersock G. W., Martyrdom & Rome, Cambridge 1995.

[496] Cumont F., Les religions orientales dans le paganisme romain (1929), Nachdruck Paris 1963.

[497] Fox R. L., Pagans and Christians in the Mediterranean World from the Second Century AD to the Conversion of Constantine, London 1986.

[498] Gordon R. L., Mithraism and Roman Society. Social factors in the explanation of religions, Religion. Journal of Religion and Religions 2/3 (1972/73) 92–121.

[499] Gordon R. L., Mystery, Metaphor, and Doctrine in the Mysteries of Mithras, in: J. R. Hinnells (Hg.), Studies in Mithriasm, Rom 1994, S. 103–124.

[500] Juster J., Les Juifs dans l'Empire romain: leur condition juridique, économique et sociale, Paris 1914.

[501] Keresztes P., The Imperial Gouvernment and the Christian Church, ANRW II. 23 (1979) 247–386.

[502] Malaise M., La piété personnelle dans la religion isiaque, in: H. Limet, J. Ries (Hg.), L'expérience de la prière dans les religions, Löwen 1980, S. 83–117.

[503] Malaise M., Contenu et effets de l'initiation isiaque, AC 50 (1981) 483–498.

[504] Moreau J., La persécution du christianisme dans l'Empire romain, Paris 1956.

[505] Sherwin-White A. N., Roman Society and Roman Law in The New Testament, Oxford 1963.

[506] Simon M. und A. Benoît, Le judaïsme et le christianisme antique d'Antiochus Epiphane à Constantin, Paris 1968.

[507] Speidel M. P., The Religion of Jupiter Dolichenus in the Roman Army, Leiden 1978.

[508] Turcan R., Mithra et la mithriacisme, Rom 1993.

[509] Turcan R., Les cultes orientaux dans l'Empire romain, Paris 1989.

Die Armee

Handbücher und Aufsatzsammlungen

[510] Le Bohec Y., Die römische Armee von Augustus bis Konstantin, Stuttgart 1993.

[511] Watson G. R., The Roman Soldier, New York ^{2}1981.

[512] Webster G., The Roman Army, London ^{2}1974.

Es gibt zahllose Aufsatzsammlungen zur römischen Armee, insbesondere zum Limes, so u. a.:

[513] Actes du IXe Congrès international d'études sur les frontières romaines, Bukarest 1974.

[514] Studien zu den Militärgrenzen Roms, I. Köln 1967; II. Köln 1977.

[515] Akten des 11. internationalen Limeskongresses, Budapest 1977.

[516] Roman Frontier Studies, Oxford 1980.

[517] Mitchell St. (Hg.), Armies and Frontiers in Roman and Byzantine Anatolia, Oxford 1983.
[518] Freeman P. und D. Kennedy (Hg.), The Defence of the Roman and Byzantine East, Oxford 1986.
[519] Studien zu den Militärgrenzen Roms, III. Stuttgart 1986.

In „Aufstieg und Niedergang der römischen Welt" finden sich wichtige Arbeiten, darunter:

[520] Birley E., The Religion of the Roman Army (1895–1977), ANRW II. 16.2 (1978) 1506–1541.
[521] Daris S., Le truppe ausiliare Romane in Egitto, ANRW II. 10.1 (1988) 724–742.
[522] Dobson B., The significance of the centurion and the primipilaris in the Roman Army and Administration, ANRW II. 1 (1974) 392–434.
[523] Forni G., Estrazione etnica e sociale dei soldati delle legioni, ANRW II. 1 (1974) 339–391.
[524] Mann J. C., The Frontiers of the Principate, ANRW II. 1 (1974) 508–533.
[525] Saddington D. B., The development of the Roman Auxiliary Forces from Augustus to Trajan, ANRW II. 3 (1975) 176–201.
[526] Speidel M. P., The rise of the ethnic units in the Roman Imperial Army, ANRW II. 3 (1975) 202–231.
[527] Speidel M. P., Nubia's Roman Garrison, ANRW II. 10.1 (1988) 767–798.
[528] Mitford T. B., Cappadocia and Armenia Minor: Historical Setting of the Limes, ANRW II. 7.2 (1980) 1169–1229.
[529] Mitford T. B., Legionaries from Asia Minor, ANRW II. 7.2 (1980) 730–746.

Aufsatzsammlungen einzelner Gelehrter

[530] Alföldy G., Römische Heeresgeschichte, Amsterdam 1987.
[531] Birley E., The Roman Army. Papers 1929–1986, Amsterdam 1988.
[532] Domaszewski A. von, Aufsätze zur römischen Heeresgeschichte, Köln 1972.
[533] Gilliam J. F., Roman Army Papers, Amsterdam 1986.
[534] Kraft K., Gesammelte Aufsätze zur Militärgeschichte, Darmstadt 1973.
[535] Speidel M. P., Roman Army Studies, I. Amsterdam 1984; II. Amsterdam 1992.

Truppenkörper und Struktur der Armee

[536] Breeze D. J., Pay Grades and Rank below the Centurionate, JRS 61 (1971) 130–135.
[537] Cheesman G. L., The auxilia of the Roman Imperial Army (1914), Nachdruck New York 1971.
[538] Dąbrowa E., Cohortes Ituraeorum, ZPE 63 (1986) 221–230.
[539] Dobson B., Die Primipilares. Entwicklung und Bedeutung. Laufbahnen und Persönlichkeiten eines römischen Offizierranges, Köln 1978.
[540] Domaszewski A. von, Die Rangordnung des römischen Heeres, 5. Aufl., erw. v. B. Dobson, Köln 1981.
[541] Durry M., Les cohortes prétoriennes (1939), Nachdruck Paris 1968.
[542] Freis H., Die cohortes urbanae, Bonn 1967.
[543] Holder P. A., Studies in the Auxilia of the Roman Army from Augustus to Trajan, Oxford 1980.

[544] Keppie L., The Making of the Roman Army: From Republic to Empire, London 1984.
[545] Kienast D., Untersuchungen zu den Kriegsflotten der römischen Kaiserzeit, Bonn 1966.
[546] Parker H. M. D., The Roman Legions, Nachdruck mit bibliogr. Ergänzungen Chicago 1980.
[547] Passerini A., Le coorti pretorie, Rom 1938.
[548] Passerini A., Artikel „Legio", in: E. de Ruggiero (Hg.), Dizionario Epigrafico IV (1949) 549–627.
[549] Reddé M., Mare Nostrum, Rom 1986.
[550] Ritterling E., Artikel „Legio", in: RE XII (1925) 1211–1829.
[551] Saddington D. B., The Development of the Roman Auxiliary Forces from Caesar to Vespasian (49 BC – AD 79), Harare 1982.
[552] Saxer R., Untersuchungen zu den Vexillationen des Römischen Kaiserheeres von Augustus bis Diokletian, Köln 1967.
[553] Speidel M., Die Equites Singulares Augusti. Begleittruppe der römischen Kaiser des zweiten und dritten Jahrhunderts, Bonn 1965.
[554] Starr Ch. G., The Roman Imperial Navy (1941), Nachdruck Westport 1975.

Juristische, wirtschaftliche und soziale Aspekte

[555] Armées et fiscalité dans le monde antique. Paris 1977.
[556] Campbell J. B., The Emperor and the Roman Army. 31 BC – AD 235, Oxford 1984. [vgl. die Rezension von G. Alföldy, Gnomon 57 (1985) 440–446].
[557] Clauss M., Untersuchungen zu den principales des römischen Heeres, Bochum 1973.
[558] Dobson B., The Centurionate and Social Mobility during the Principate, in: Recherches sur les structures sociales dans l'Antiquité classique, Paris 1970, S. 99–116.
[559] Forni G., Il reclutamento delle legioni da Augusto a Diocletiano, Mailand 1953. [ergänzt von 523]
[560] Gilliam J. F., Dura Rosters and the Constitutio Antoniniana, Historia 14 (1965) 74–92.
[561] Kraft H., Zur Rekrutierung der Alen und Kohorten an Rhein und Donau, Bern 1951.
[562] MacMullen R., Soldier and Civilian in the Later Roman Empire, Cambridge, Ma. 1967.
[563] Mann J. C. und M. M. Roxan, Legionary Recruitment and Veteran Settlement during the Principate, London 1983.
[564] Nesselhauf H., Das Bürgerrecht der Soldatenkinder, Historia 8 (1959) 434–442.
[565] Wierschowski L., Heer und Wirtschaft. Das römische Heer der Prinzipatszeit als Wirtschaftsfaktor, Bonn 1984.
[566] Wolff H., Zu den Bürgerrechtsverleihungen an Kinder von Auxiliaren und Legionaren, Chiron 4 (1974) 479–510.

Die einzelnen Grenzabschnitte [vgl. auch Band II]

[567] Alföldy G., Die Hilfstruppen in der römischen Provinz Germania inferior, Bonn 1968.
[568] Alföldy G., Die Legionslegaten der römischen Rheinarmeen, Köln 1967.

[569] Alföldy G., Noricum, London 1974.
[570] Artikel „Limes“ (von mehreren Autoren), in: E. de Ruggiero (Hg.), Dizionario Epigraphico IV, 1959–1985.
[571] Baatz D., Der römische Limes, Berlin 1993.
[572] Breeze D. J. und B. Dobson, Hadrian's Wall, London ^{2}1980.
[573] Demougeot E., La formation de l'Europe et les invasions barbares, I. Des origines germaniques à l'avènement de Dioclétien, Paris 1969.
[574] Eck W., Bemerkungen zum Militärkommando in den Senatsprovinzen der Kaiserzeit, Chiron 2 (1972) 429–436.
[575] Fentress E. W. B., Numidia and the Roman Army. Social, Military and Economical Aspects of the Frontier Zone, Oxford 1979.
[576] Le Bohec Y., La troisième légion Auguste, Paris 1989.
[577] Le Bohec Y., Les unités auxiliaires de l'armée romaine en Afrique Proconsulaire et Numidie sous le Haut Empire, Paris 1989.
[578] Le Roux P., L'armée romaine et l'organisation des provinces ibériques, Paris 1982.
[579] Luttwak E. N., The Grand Strategy of the Roman Empire from the First Century A. D. to the Third, Baltimore 1981.
[580] Mócsy A., Pannonia and Upper Moesia. A History of the Middle Danube Provinces of the Roman Empire, London 1974.
[581] Mor M., Two legions – the same fate? (The disappearance of the Legions IX Hispana and XXII Deiotariana), ZPE 62 (1986) 267–278.
[582] Stein E., Die kaiserlichen Beamten und Truppenkörper im römischen Deutschland unter dem Prinzipat, Wien 1932.

Die Kontrolle über das Reich

Volkszählungen, Kadastrationen

[583] Aichinger A., Grenzziehung durch kaiserliche Sonderbeauftragte in den römischen Provinzen, ZPE 48 (1982) 193–204.
[584] Bleicken J., „In provinciali solo dominium populi Romani est vel Caesaris“. Zur Kolonisationspolitik der ausgehenden Republik und frühen Kaiserzeit, Chiron 4 (1974) 359–414.
[585] Bosio L., La Tabula Peutingeriana, Rimini 1983.
[585a] Bordersen K., Terra Cognita, Studien zur römischen Raumerfassung, Hildesheim 1995.
[586] Structures agraires en Italie centro-méridionale. Cadastres et paysages ruraux. Rom 1987.
[587] Clavel-Lévêque M. (Hg.), Cadastres et espace rural, Paris 1983.
[588] Dilke O. A. W., The Roman Land Surveyors, Newton Abbot 1971.
[589] Dilke O. A. W., Archaeological and epigraphic evidence of Roman land surveys, ANRW II. 1 (1974) 564–592.
[590] Heinrichs F. T., Die Geschichte der gromatischen Institutionen, Wiesbaden 1974.
[591] Jacques F., Les cens en Gaule au IIe siècle et dans la première moitié du IIIe siècle, Ktema 2 (1977) 284–328.

[592] Kolendo J., Témoignages épigraphiques de deux opérations de bornage de territoires en Mésie inférieure et en Thrace, Archeologia 26 (1975) 83–94.
[593] Le Glay M., Les „censitores provinciae Thraciae", ZPE 43 (1981) 175–184.
[594] Nicolet Cl., L'inventaire du monde. Géographie et politique aux origines de l'Empire romain, Paris 1988.
[595] Piganiol A., Les documents cadastraux de la colonie romaine d'Orange, Paris 1962.
[596] Sherk R. T., Roman geographical exploration and military maps, ANRW II. 1 (1974) 534–562.
[597] Trousset P., Nouvelles observations sur la centuration romaine à l'est d'El Jem, AntAfr 11 (1977) 175–207.
[598] Trousset P., Les bornes du Bled Segui. Nouveaux aperçus sur la centuration romaine du Sud tunisien, AntAfr 12 (1978) 125–177.
[599] Wallace S. L., Taxation in Egypt from Augustus to Diocletian, Princeton 1938.

Kaiserdomänen

[600] Corbier M., Fiscus and Patrimonium: The Saepinum Inscription and Transhumance in the Abruzzi, JRS 73 (1983) 126–131.
[601] Crawford D. J., Imperial Estates, in: [961], S. 35–76.
[602] Domergue C., La mine antique d'Aljustrel (Portugal) et les tables de bronze de Vipasca, Paris 1983.
[603] Dusanić S., Aspects of Roman Mining in Noricum, Pannonia, Dalmatia and Moesia Superior, ANRW II. 6 (1977) 52–94.
[604] Parassoglou G., Imperial Estates in Roman Egypt, Amsterdam 1978.

S. a. Boulvert [606] und Kolendo [925]

Provinzial- und Regionalverwaltung

S. a. die Bibliographie zur Gesellschaft und zur Prosopographie sowie Band II.

Das Personal und die Institutionen

[605] Bosworth A. B., Vespasian and the Provinces: Some Problems of the Early 70's AD, Athenaeum 51 (1973) 49–78.
[606] Boulvert G., Esclaves et affranchis impériaux sous le Haut-Empire romain. Rôle politique et administratif, Neapel 1970.
[607] Brunt P. A., Charges of Provincial Maladministration under the Early Principate, Historia 10 (1961) 189–227.
[608] Burton G. P., Proconsuls, Assizes and the Administration of Justice under the Empire, JRS 65 (1975) 92–106.
[609] Burton G. P., The Issuing of Mandata to Proconsuls and a new Inscription from Cos, ZPE 21 (1976) 63–68.
[609a] Chastagnol A., Les légats du proconsul d'Afrique, Libyca 6 (1958) 7–19. [Wieder in A. Chastagnol, L'Italie et l'Afrique au Bas-Empire, Lille 1987, S. 67–82.]
[610] Christol M., Essai sur l'évolution des carrières sénatoriales dans la seconde moitié du IIIe siècle apr. J.-C., Paris 1986.
[611] De Laet S. J., Portorium. Étude sur l'organisation douanière chez les Romains, surtout à l'époque du Haut-Empire, Brügge 1949.

[612] Eck W., Über die prätorischen Prokonsulate in der Kaiserzeit. Eine quellenkritische Überlegung, Zephyrus 23/24 (1972/73) 233–260.

[613] Gaudemet J., La jurisdiction provinciale d'après la correspondance entre Pline et Trajan, RIDA 1964, S. 335–354.

[614] Liebs D., Das ius gladii der römischen Provinzgouverneure in der Kaiserzeit, ZPE 43 (1981) 217–223.

[615] MacMullen R., Judicial Savagery in the Roman Empire, Chiron 16 (1986) 147–166.

[616] MacMullen R., Corruption and the Decline of Rome, London 1988.

[617] Millar F., Some Evidence on the Meaning of Tacitus Annals XII 60, Historia 13 (1964) 180–187.

[618] Millar F., The Development of Jurisdiction by Imperial Procurators, Historia 14 (1965) 362–367.

[619] Mitchell St., Requisitioned Transport of the Roman Empire: a new Inscription from Pisidia, JRS 66 (1976) 106–131.

[620] Morris J., Leges annales under the Principate, Listy Filologické 87 (1964) 316–337; 88 (1965) 22–45.

[620a] Nicolet Cl., Le Monumentum Ephesinum et la délimitation du portorium d'Asie, MEFRA 105 (1993) 929–959.

[621] Pflaum H.-G., Les procurateurs équestres sous le Haut-Empire romain, Paris 1950.

[622] Pflaum H.-G., Légats impériaux à intérieur des provinces sénatoriales, in: Hommages à Albert Grenier, Brüssel 1962, S. 1232–1242.

[623] Pflaum H.-G., Abrégé des procurateurs équestres, Paris 1974.

[624] Szramkiewicz R., Les gouverneurs de provinces à l'époque augustéenne. Contribution à l'histoire administrative du Principat, 2 Bde., Paris 1976.

S. a. Demougin [883] und Weaver [921].

Italien

[625] Camodeca G., Nota critica sulle „Regiones Iuridicorum" in Italia, Labeo 22 (1976) 86–95.

[626] Corbier M., Les circonscriptions judiciaires de l'Italie de Marc Aurèle à Aurélien, MEFRA 87 (1973) 609–690.

[627] Eck W., Die regionale Organisation der italischen Iuridikate, ZPE 18 (1975) 155–166.

[628] Eck W., Die staatliche Organisation Italiens in der hohen Kaiserzeit, München 1979.

[629] Lo Cascio E., Curatores viarum, praefecti e procuratores alimentorum: a proposito dei distretti alimentari, Studi di antichità, Lecce 1980, S. 237–275.

[630] Simshäuser W., Iuridici und Munzipalgerichtsbarkeit in Italien, München 1973.

[631] Thomsen R., The Italic Regions from Augustus to the Lombard Invasion, Kopenhagen 1947. [= Nachdruck Rom 1966]

Die Provinzen

[632] Albertini E., Les divisions administratives de l'Espagne romain, Paris 1923.

[633] Alföldy G., Fasti Hispanienses. Senatorische Reichsbeamte und Offiziere in den spanischen Provinzen des römischen Reiches von Augustus bis Diokletian, Wiesbaden 1969.

[634] Birley A. R., The Fasti of Roman Britain, Oxford 1981.
[635] Bowersock G. W., Augustus and the Greek World, Oxford 1965.
[636] Deininger J., Die Provinziallandtage der römischen Kaiserzeit von Augustus bis zum Ende des dritten Jahrhunderts n. Chr., München 1965.
[637] Dopico Caínzos M. D., Los conventus iuridici. Origen, cronología y naturaleza histórica, Gerion 4 (1986) 265–283.
[638] Eck W., Die Statthalter der germanischen Provinzen vom 1.-3. Jahrhundert, Bonn 1985.
[639] Habicht Ch., New Evidence on the Province of Asia, JRS 65 (1975) 64–91.
[640] Magie D., Roman Rule in Asia Minor to the End of the Third Century after Christ, 2 Bde., Princeton 1950.
[641] Pflaum H.-G., Le marbre de Thorigny, Paris 1948.
[642] Pflaum H.-G., Les fastes de la province de Narbonnaise, Paris 1978.
[643] Rémy B., L'évolution administrative de l'Anatolie aux trois premiers siècles de notre ère, Lyon 1986.
[644] Tranoy A., La Galicie romaine. Recherches sur le nord-ouest de la péninsule Ibérique dans l'Antiquité, Paris 1981.
[645] Vogel-Weidemann U., Die Statthalter von Africa und Asia in den Jahren 14–68 n. Chr. Eine Untersuchung zum Verhältnis Princeps und Senat, Bonn 1982.

Direktverwaltung

[646] Demougin S., À propos d'un préfet de Commagène, ZPE 43 (1981) 97–109.
[647] Gerov B., Zum Problem der Strategien im römischen Thrakien, Klio 52 (1970) 123–132.
[648] Gerov B., Zur inneren Organisation des römischen Thrakiens, in: Studia V. Besevliev, Sofia 1978, S. 475–485.
[649] Leveau Ph., L'aile II des Thraces, la tribu des Mazices et les praefecti gentis en Afrique du Nord, AntAfr 7 (1973) 153–191.
[650] Mócsy A., Zur Geschichte der peregrinen Gemeinden in Pannonien, Historia 6 (1957) 488–498.

Vassallenstaaten

[651] Angeli Bertinelli M. G., I Romani oltro l'Eufrate nel II secolo d. C. (le province di Assiria, di Mesopotamia e di Osroene), ANRW II. 9.1 (1976) 3–45.
[652] Bowersock G. W., Eurycles of Sparta, JRS 51 (1961) 112–119.
[653] Bowersock G. W., Roman Arabia, Cambridge, Ma. 1983.
[654] Braund D., Rome and the friendly King, London 1984.
[655] Chaumont M. L., L'Arménie entre Rome et l'Iran, I. De l'avènement d'Auguste à l'avènement de Dioclétien, ANRW II. 9.1 (1976) 71–194.
[656] Frankfort Th., Le royaume d'Agrippa II et son annexion par Domitien, in: Hommages à A. Grenier, Bd. II, Brüssel 1962, S. 659–672.
[657] Frézouls E., Les Baquates et la province romaine de Tingitane, BAM 2 (1957) 65–116.
[658] Grant M., Herod the Great, London 1971.
[659] Lemosse M., La position des foederati au temps du droit classique, in: Studi E. Volterra, Bd. II, Mailand 1969, S. 147–155.

[660] Letta C., La dinastia dei Cozzii e la romanizzazione delle Alpi occidentali, Athenaeum 54 (1976) 37–77.
[661] Liebmann-Frankfort Th., Les étapes de l'intégration de la Cappdoce dans l'Empire romain, in: Hommages à Cl. Préaux, Brüssel 1978, S. 416–425.
[662] Mitford T. B., Roman Rough Cilicia, ANRW II. 7.2 (1980) 1230–1261.
[663] Sullivan R. D., The dynasty of Commagene, ANRW II. 8 (1978) 732–798; The dynasty of Emese, S. 198–219; The dynasty of Judaea in the First Century, S. 296–354.
[664] Sullivan R. D., Dynasts in Pontus, ANRW II. 7.2 (1980) 913–930.

Die Bürgerrechte

[665] Alföldy G., Notes sur la relation entre le droit de cité et la nomenclature dans l'Empire romain, Latomus 25 (1966) 37–57.
[666] Biezunska-Malowist I., Les citoyens romains à Oxyrhynchos aux deux premiers siècles de l'Empire, in: Hommages à Cl. Préaux, Brüssel 1978, S. 741–747.
[667] Chastagnol A., Les modes d'accès au Sénat romain au début de l'Empire: remarques à propos de la Table claudienne de Lyon, Bul. Soc. nat. Antiq. France 1971, S. 282–310.
[668] Condurachi E., La costituzione Antoniniana e la sua applicazione nell'Impero Romano, Dacia 2 (1958) 281–316.
[669] Dondin-Payre M., Recherches sur un aspect de la romanisation de l'Afrique du Nord: l'expansion de la citoyenneté romaine jusqu'à Hadrien, AntAfr 17 (1981) 93–132.
[670] Follet S., Athènes au IIe et au IIIe siècles. Études chronologiques et prosopographiques, Paris 1976.
[671] Forni G., Le tribù romane, Bd. III. 1: Le pseudo-tribù, Rom 1985.
[672] Frézouls E., À propos de la tabula Clesiana, Ktema 6 (1981) 239–252.
[673] Gerov B., Römische Bürgerrechtsverleihung und Kolonisation in Thrakien vor Trajan, StudClas 3 (1961) 107–116.
[674] Holtheide B., Bürgerrechtspolitik und römische Neubürger in der Provinz Asia, Freiburg 1983.
[675] Jones C. P., A new letter of Marcus Aurelius to the Athenians, ZPE 8 (1971) 161–183.
[676] Minnen P. van, A change of names in Roman Egypt after AD 202? A note on P. Amst. I 72, ZPE 52 (1986) 87–92.
[677] Modrzejewski J., Entre la cité et le fisc: le statut grec dans l'Egypte romaine, in: Symposium 1982, Valencia 1985, S. 241–280.
[678] La nozione di „Romano" tra cittadinanza e universalità., Neapel 1984.
[679] Pavis d'Escurac H., Affranchis et citoyenneté: les effets juridiques de l'affranchissement sous le Haut-Empire, Ktema 6 (1981) 181–192.
[680] Roussel P. und H. Seyrig, Un Syrien au service de Rome et d'Octave, Syria 15 (1934) 33–74.
[681] Schulz F., Roman registers of birth and birth certificates, JRS 32 (1942) 78–91; 33 (1943) 55–64.
[682] Sasse Chr., Die Constitutio Antoniniana. Eine Untersuchung über den Umfang der Bürgerrechtsverleihung auf Grund des Pap. Gießen 40, Wiesbaden 1958.

[683] Sasse Chr., Literaturübersicht zur Constitutio Antoniniana, Journ. Jur. Pap. 1962, S. 109–149; 1963, S. 329–365.
[684] Seston W. und M. Euzennat, La citoyenneté romaine au temps de Marc Aurèle et de Commode d'après la „Tabula Banasitana", CRAI 1961, S. 317–324. [= W. Seston, Scripta varia, Rom 1980, S. 77–84]
[685] Seston W. und M. Euzennat, Un dossier de la chancellerie romaine: la „Tabula Banasitana"; étude de diplomatique, CRAI 1971, S. 468–490. [= W. Seston, Scripta varia, Rom 1980, S. 85–107]
[686] Sherwin-White A. N., The Tabula of Banasa and the Constitutio Antoniniana, JRS 63 (1973) 86–98.
[687] Sherwin-White A. N., The Roman Citizenship, Oxford ²1973. [grundlegend]
[688] Visscher F. de, Les édits d'Auguste découverts à Cyrène, Löwen 1940.
[689] Visscher F. de, Le statut juridique des nouveaux citoyens romains et l'inscription de Rhodos, AC 1944, S. 11–35; 1945, S. 29–59.
[690] Vittinghoff F., Römische Kolonisation und Bürgerrechtspolitik unter Caesar und Augustus, Wiesbaden 1951.
[691] Wolff H., Die Constitutio Antoniniana und Papyrus Gissensis 40 I, Köln 1976.

S. a. Gilliam [560], Nesselhauf [564], Reinhold [831], Vittinghoff [744], Wolff [566].

Die Gemeinden

Peregrine Gemeinden

[692] Bernhardt R., Imperium und Eleutheria. Die römische Politik gegenüber den freien Städten des griechischen Ostens, Hamburg 1971.
[693] Bernhardt R., Die immunitas der Freistädte, Historia 29 (1980) 190–207.
[694] Draye H., Die civitates und ihre capita in Gallia Belgica während der frühen Kaiserzeit, AncSoc 2 (1971) 66–76.
[695] Jones A. H. M., The Cities of the Eastern Roman Empire, Oxford ²1971.
[696] Kahrstedt U., Das wirtschaftliche Gesicht Griechenlands in der Kaiserzeit, Bern 1954.
[697] Marcillet-Jaubert J., Les inscriptions d'Altava, Aix-en-Provence 1968.
[698] Mócsy A., Zur Geschichte der peregrinen Gemeinden in Pannonien, Historia 6 (1957) 488–498.
[699] Nörr D., „Imperium" und „Polis" in der hohen Prinzipatszeit, München 1966.
[700] Reynolds J., Aphrodisias and Rome, London 1982.
[701] Rüger C. B., Germania Inferior. Untersuchungen zur Territorial- und Verwaltungsgeschichte Niedergermaniens in der Prinzipatszeit, Bonn 1968.
[702] Wilmanns J. C., Die Doppelurkunde von Rottweil und ihr Beitrag zum Städtewesen in Obergermanien, Epigraphische Studien 12 (1981) 1–182.

S. a. Magie [640], Sherwin-White [837], Tranoy [644], Wilkes [729a].

Kolonien und Munizipien; das latinische Recht

[703] Alföldy G., Latinische Bürger in Brigantium und im Imperium Romanum, Bayerische Vorgeschichtsblätter 51 (1986) 187–220.
[704] Berchem, D. van: Avenches, colonie latine?, Chiron 11 (1981) 221–228.

[705] Bernhardt R., Immunität und Abgabenpflichtigkeit bei römischen Kolonien und Munizipien in den Provinzen, Historia 21 (1982) 343–352.

[706] Braunert H., Ius Latii in den Stadtrechten von Salpensa und Malaca, in: Corolla Swoboda, Graz 1966, S. 68–93.

[707] Galsterer H., Untersuchungen zum römischen Städtewesen auf der iberischen Halbinsel, Berlin 1971.

[708] Galsterer H., La loi municipale des Romains. Chimère ou réalité?, RHDFE 1987, 2, S. 181–203.

[709] Galsterer-Kröll B., Untersuchungen zu den Beinamen der Städte des Imperium Romanum, Epigrapische Studien 9 (1972) 44–155.

[710] Galsterer-Kröll B., Zum ius Latii in den keltischen Provinzen des Imperium Romanum, Chiron 3 (1973) 277–306.

[711] Gascou J., La politique municipale de l'Empire romain en Afrique proconsulaire de Trajan à Septime Sévère, Rom 1972.

[712] Gascou J., La politique municipale de Rome en Afrique du Nord, ANRW II. 10. 2 (1982) 136–320.

[713] Gascou J., La Tabula Siarensis et le problème des municipes romains hors d'Italie, Latomus 45 (1986) 541–554.

[714] Gonzalez J., Tabula Siarensis, Fortunales Siarenses et municipia civium Romanorum, ZPE 55 (1984) 55–100.

[715] Gonzalez J. und M. Crawford, The Lex Irnitana: a new copy of the Flavian Municipal Law, JRS 76 (1986) 147–243.

[716] Humbert M., Le droit latin impérial: cités latines ou citoyenneté latine?, Ktema 6 (1981) 207–226.

[717] Keppie L., Colonisation and Veteran Settlement in Italy, 47 BC – 14 AD, Rom 1983.

[718] Le Roux P., Municipe et droit latin en Hispania sous l'Empire, RHDFE 1986, 3, S. 325–350.

[719] Levick B., Roman Colonies in Southern Asia Minor, Oxford 1967.

[720] Levick B., Artikel in RE Supplement XI (1968): Antiocheia (Nr. 15), S. 49–61; Komama, S. 859–871; XII (1970): Parlais, S. 990–1006.

[721] Mackie N., Local Administration in Roman Spain AD 14–212, Oxford 1983.

[722] Maurin L., Saintes antique, Saintes 1978. [mit einem Überblick zum latinischen Recht und zu den Institutionen der Städte Galliens]

[723] Meloni P., La Sardegna romana. I cenrali abitati e l'organizzazione municipale, ANRW II. 11. 1 (1988) 491–551.

[724] Panciera S., Ficolenses Foederati, Riv. Stor. dell'Ant. 6/7 (1976/77) 195–213.

[725] Pflaum H.-G., La romanisation de l'ancien territoire de la Carthage punique à la lumière des découvertes épigraphiques recéntes, AntAfr 4 (1970) 75–117. [= L'Afrique romaine, Paris 1978, S. 300–344]

[726] Veyne P., Foederati: Tarquinies, Camérinum, Capène, Latomus 19 (1960) 429–436.

[727] Veyne P., Le Marsyas „colonial" et l'indépendance des cités, RPh 35 (1961) 87–98.

[728] Vittinghoff F., Römische Stadtrechtsformen der Kaiserzeit, ZRG 68 (1951) 435–462.

[729] Vittinghoff F., Zur römischen Munizipalisierung des lateinischen Donau-Balkanraumes. Methodische Bemerkungen, ANRW II. 6 (1977) 3–51.
[729a] Wilkes J. J., Dalmatia, London 1969.
[730] Wilson R. J. A., Towns of Sicily during the Roman Empire, ANRW II. 11.1 (1988) 90–206.
[731] Wolff H., Kriterien für lateinische und römische Städte in Gallien und Germanien und die „Verfassung" der gallischen Stammesgemeinden, BJ 176 (1976) 45–54.
[732] Wolff H., Civitas und Colonia Treverorum, Historia 26 (1977) 204–242.

Struktur der Städte; Dörfer und Gaue

[733] Camodeca G., L'ordinamento in regiones e i vici di Puteoli, Puteoli 1 (1977) 62–98.
[734] Chevallier R., Cité et territoire. Solutions romaines aux problèmes de l'organisation de l'espace. Problématique 1948–1973, ANRW II. 1 (1974) 649–788.
[735] Frere S., Civitas. A Myth?, Antiquity 35 (1961) 29–36.
[736] Gascou J., L'emploi du terme respublica dans l'épigraphie latine d'Afrique, MEFRA 91 (1979) 383–398.
[737] Gascou J., Pagus et castellum dans la Confédération Cirtéenne, AntAfr 19 (1983) 175–207.
[738] Laffi U., Adtributio e contributio. Problemi del sistema politico-amministrativo dello stato romano, Pisa 1966.
[739] Mann J. C., Civitas, another Myth, Antiquity 34 (1960) 222–223.
[740] Mitchell St., Iconium and Ninica. Two Double Communities in Roman Asia Minor, Historia 28 (1979) 409–438.
[741] Picard G., Le Pagus dans l'Afrique romaine, Karthago 15 (1969/70) 3–12.
[742] Rüger C. B., Gallisch-germanische Kurien, Epigraphische Studien 9 (1972) 251–260.
[743] Suceveanu A. L. und M. Zahariade, Un nouveau „vicus" sur le territoire de la Dobroudja romaine, Dacia 30 (1986) 109–120.
[744] Vittinghoff F., Die rechtliche Stellung der canabae legionis und die Herkunftsangabe castris, Chiron 1 (1971) 299–318.

S. a. Jones [695], Mócsy [580], [650].

Städtische Verwaltung

[745] Abbot F. und A. Johnson, The Muncipal Administration in the Roman Empire, Princeton 1926. [= Nachdruck 1968; sehr veraltet, die Sammlung originalsprachlicher Quellen ist aber immer noch nützlich]
[746] Burton G. P., The Curator Rei Publicae: Towards a Reappraisal, Chiron 9 (1979) 465–487.
[747] Camodeca G., Ricerche sui curatores rei publicae, ANRW II. 13 (1980) 453–534.
[748] Castrén P., Ordo populusque pompeianus, Polity and Society in Roman Pompeii, Rom 1975.
[749] Déclareuil J., Quelques problèmes d'histoire des institutions municipales au temps de l'Empire romain, Paris 1911. [immer noch wichtig]

[750] Duthoy R., Curatores rei publicae en Occident durant le Principat, AncSoc 10 (1979) 171–238.
[751] Garnsey P., Honorarium decurionatus, Historia 20 (1971) 309–325.
[752] Garnesy P., Taxatio and Pollicitatio in Roman Africa, JRS 61 (1971) 116–129.
[753] Garnsey P., Aspects of the Decline of the Urban Aristocracy in the Empire, ANRW II. 1 (1974) 229–252.
[754] Gascou J., Les curies africaines: origine punique ou italienne?, AntAfr 10 (1976) 33–48.
[755] Gascou J., La carrière de Marcus Caelius Phileros, AntAfr 20 (1984) 105–120.
[756] Grelle F., Munus publicum. Terminologia e sistematiche, Labeo 7 (1961) 308–329.
[757] Jacques F., Le Privilège de Liberté. Politique impériale et autonomie municipale dans les cités de l'Occident romain (161–244), Rom 1984.
[758] Jacques F., La questure municipale dans l'Afrique du Nord romaine, Bull. archéo. du CTHS, NS 17B (1984) 211–224.
[759] Johnston D., Munificence and Municipia. Bequests to Towns in classical Roman law, JRS 75 (1985) 105–125.
[760] Jones A. H. M., The Greek City from Alexander to Justinian, Oxford 1940.
[761] Kotula T., Les curies municipales en Afrique romaine, Breslau 1968.
[762] Langhammer W., Die rechtliche und soziale Stellung der Magistratus municipales und der Decuriones in der Übergangsphase der Städte von sich selbstverwaltenden Gemeinden zu Vollzugsorganen des spätantiken Zwangstaates (2.–4. Jahrhundert der römischen Kaiserzeit), Wiesbaden 1973.
[763] Liebenam W., Städteverwaltung im römischen Kaiserreiche, Leipzig 1900. [= Rom 1967; noch immer das ausführlichste Handbuch]
[764] Liebenam W., Artikel „Comitia" in RE IV, Sp. 679–715 und „Duoviri" in RE V, Sp. 1798–1842.
[765] Nörr D., Origo. Studien zur Orts-, Stadt- und Reichszugehörigkeit in der Antike, Tijds. v. Rechtsg. – Rev. d'Hist. du droit 31 (1963) 525–600.
[766] Nörr D., Artikel „Origo" in RE Supplement X (1965), Sp. 433–473.
[767] Pippidi D. M., À propos des tribus d'Istros à l'époque romaine, in: Hommages à Cl. Préaux, Brüssel 1978, S. 464–469.
[768] Robert Louis. Das immense Lebenswerk dieses Gelehrten ist auf unzählige Artikel, Miszellen und Fußnoten verteilt, unterrichtet aber in einzigartiger Weise über das Leben der Städte des römischen Ostens. Für einen ersten Zugang sind die vier Bände Opera Minora Selecta, Amsterdam 1969–1974, und die fünf Index-Bände des Bulletin épigraphique, Lyon 1972–1983, zu empfehlen.
[769] Sherk R. K., The Municipal Decrees of the Roman West, New York 1971.
[770] Souris G. A., The Size of the provincial Embassies to the Emperor under the Principate, ZPE 48 (1982) 235–244.
[771] Veyne P., Ordo et populus; génies et chefs de file, MEFR 73 (1961) 229–274.
[772] Wegener E. P., The boulae and the Nomination to the archai in the metropoleis of Roman Egypt, Mnemosyne 4 (1948) 15–42; 115–132; 297–326.

S. a. Eck [628] und Jarrett [889].

Die Bevölkerung des Reiches

[773] Beloch K. J., Die Bevölkerung der griechisch-römischen Welt, Leipzig 1886. [immer noch wichtiges Standardwerk]
[774] Maier F. G., Römische Bevölkerung und Inschriftenstatistik, Historia 2 (1953/54) 318–351 [zu methodischen Problemen, ebenso wie folgender Aufsatz]
[775] Étienne R., Démographie et épigraphie, Atti III. Congresso Int. Epigrafia, Rom 1959, S. 414–424.
[776] Salmon P., Population et dépopulation dans l'Empire romain, Brüssel 1974. [Überblick über Literatur und Forschungsmeinungen]
[777] Thomas Y., Bd. I, Das Altertum, in: A. Burgière (Hg.), Geschichte der Familie, Frankfurt 1996.
[778] Alföldy G., Bevölkerung und Gesellschaft der römischen Provinz Dalmatien, Budapest 1965.
[779] Brunt P. A., Italian Manpower (225 BC – 14 AD), Oxford 1971.
[780] Duncan-Jones R., City Population in Roman Africa, JRS 53 (1963) 85–90. [auch in 959]
[781] Duncan-Jones R., Human Numbers in Towns and Town-Organisations of the Roman Empire: the Evidence of Gifts, Historia 13 (1964) 199–208. [auch in 959]
[782] Duncan-Jones R., Age rounding, illiteracy and social differentiation in the Roman Empire, Chiron 7 (1977) 333–353.
[783] Duncan-Jones R., Demographic Change and Economic Progress under the Roman Empire, in: Tecnologia, economia e società nel Mondo Romano, Como 1980, S. 45–66.
[784] Dupâquier J., Sur une table (prétendument) florentine d'espérance de vie, Annales ESC 28 (1973) 1066–1076.
[785] Frier B., Roman Life Expectancy: Ulpian's Evidence, HSCP 86 (1982) 213–251.
[786] Frier B., Roman Life Expectancy: The Pannonian Evidence, Phoenix 37 (1983) 328–344.
[787] Gilliam J. F., The Plague under Marcus Aurelius, AJPh 82 (1961) 225–251.
[788] Hombert M. und Cl. Préaux, Recherches sur le recensement dans l'Égypte romaine, Leiden 1952.
[789] Hopkins K., The Probable Age Structure of the Roman Population, UN Pop. Stud. 20. 2. Nov. 1966, S. 245–264.
[790] Hopkins K., Contraception in the Roman Empire, Comp. Studies in Society and History 8 (1965/66) 124–151.
[791] Hopkins K., Death and Renewal. Sociological Studies in Roman History, Cambridge 1983.
[792] Lassère J.-M., Ubique populus. Peuplement et mouvements de population dans l'Afrique romaine de la chute de Carthage à la fin de la dynastie des Sévères (146 a. C. – 235 p. C.), Paris 1977.
[793] Saller R. P. und B. D. Shaw, Tombstones and Roman Family Relations in the Principate, JRS 74 (1984) 124–156.
[794] Saller R. P., Men's Age at Marriage and its Consequences in the Roman Family, CPh 82 (1987) 21–34.
[795] Shaw B. D., The Age of Roman Girls at Marriage: Some Reconsiderations, JRS 77 (1987) 30–46.

[796] Syme R., Marriage Ages for Roman Senators, Historia 36 (1987) 318–332.
[797] Thomas Y., Vitae necisque potestas. Le père, la cité, la mort, in: Du châtiment dans la cité, Rom 1984, S. 499–548.
[798] Veyne P., Les alimenta de Trajan, in: Les empereurs romains d'Espagne, Paris 1965, S. 163–179.
[799] Veyne P., La famille et l'amour sous le Haut-Empire romain, Annales ESC 1978, S. 35–63.

Die Gesellschaft

Studien über mehrere soziale Kategorien [einige dieser Arbeiten betreffen auch die Wirtschaft]

[800] Alföldy G., Römische Sozialgeschichte, Wiesbaden 1984.
[801] Alföldy G., Die römische Gesellschaft, Stuttgart 1986. [Aufsatzsammlung]
[802] D'Arms J. H., Commerce and Social Standing in Ancient Rome, Harvard 1981.
[803] Brandt R. und J. Slofstra (Hg.), Roman and Native in the Low Countries. Spheres of Interaction, Oxford 1983.
[804] Cotton H., Documentary Letters of Recommandation in Latin from the Roman Empire, Königstein 1981.
[805] Daube G., The Defence of Superior Orders in Roman Law, Oxford 1976.
[806] Debord P., Aspects sociaux et économiques de la vie religieuse dans l'Anatolie gréco-romaine, Leiden 1982.
[807] Demougin S., Uterque ordo. Rapports entre l'ordre sénatorial et l'ordre équestre sous les Julio-Claudiens, in: [849], Bd. I, 73–104.
[808] Duthoy R., Scénarios de cooptation des patrons municipaux en Italie, Epigraphica 46 (1984) 23–48.
[809] Duthoy R., Le profil social des patrons municipaux en Italie sous le Haut-Empire, AncSoc 15–17 (1984–86) 121–154.
[810] Favory F., Validité des concepts marxistes pour une théorie des sociétés de l'Antiquité, Klio 63 (1981) 313–330.
[811] Foraboschi D., Movimenti e tensioni sociali nell'Egitto romano, ANRW II. 10. 1 (1988) 807–840.
[812] Gardner F., Women in Roman Law and Society, London 1986.
[813] Garnsey P., Social Status and Legal Privilege in the Roman Empire, Oxford 1970.
[814] Gaudemet J., Le statut de la femme dans l'Empire romain, Études de droit romain 3 (1979) 225–258.
[815] Giardina A. und A. Schiavone (Hg.), Società romana e produzione schiavistica, 3 Bde., Rom 1981.
[816] Giardina A., Società romana e Impero tardoantico, 4 Bde., Rom 1986. [grundlegend]
[817] Grassl H., Sozialökonomische Vorstellungen in der kaiserzeitlichen griechischen Literatur (1.–3. Jh. n. Chr.), Wiesbaden 1982.
[818] Harmand L., Le patronat sur les collectivités publiques des origines au Bas-Empire, Paris 1957.
[819] Hopkins K., Elite Mobility in the Roman Empire, P&P 32, XII (1965) 12–25.
[820] Kolb F., Zur Statussymbolik im antiken Rom, Chiron 7 (1977) 239–259.

[821] Kolendo J., La répartition des places aux spectacles et la stratification sociale dans l'Empire romain, Ktema 6 (1981) 301–315.
[822] Levick B., The senatusconsultum from Larinum, JRS 73 (1983) 97–115.
[823] MacMullen R., Enemies of the Roman Order. Treason, Unrest and Alienation in the Empire, Cambridge, Ma. 1966.
[824] MacMullen R., Roman Social Relations, 50 BC to AD 284, Yale 1974.
[825] Mangas J., Hospitium y patrocinium sobre colectividades publicas: terminos sinonimos? (Da Augusto a fines de los Severos), DdHA 9 (1983) 165–184.
[826] Marrou H. I., Geschichte der Erziehung im klassischen Altertum, Freiburg 1957.
[827] Mazza M., Lotte sociali e restaurazione autoritaria nel III secolo d. C., Rom 1973.
[828] Nicolet Cl., Les ordres romains, recrutement et fonctionnement, in: Des ordres à Rome, Paris 1985, S. 7–21.
[829] Pippidi M. (Hg.), Assimilation et résistance à la culture gréco-romaine dans le monde ancien, Bukarest 1976.
[830] Pomeroy S. B., Women in Egypt. A Preliminary Study based on Papyri, ANRW II. 10. 1 (1988) 708–723.
[831] Reinhold M., Usurpation of Status and Status Symbols in the Roman Empire, Historia 20 (1971) 275–302.
[832] Robertis F. M. de, Lavoro e lavoratori nel mondo romano, Bari 1967.
[833] Rostovtzeff M., Gesellschaft und Wirtschaft im römischen Kaiserreich, 2 Bde., Leipzig 1929.
[834] Sainte-Croix G. E. M. de, The Class Struggle in the Ancient Greek World from the Archaic Age to the Arab Conquests, London 1981. [vgl. Rez. P. A. Brunt, JRS 72 (1982) 158–163]
[835] Saller R. P., Personal Patronage under the early Empire, Cambridge 1982.
[836] Schtaerman E. M., Die Krise der Sklavenhalterordnung im Westen des römischen Reiches, Berlin 1964.
[837] Sherwin-White A. N., The Letters of Pliny: A Historical and Social Commentary, Oxford 1966.
[838] Sherwin-White A. N., Racial Prejudice in Imperial Rome, Cambrigde 1967.
[839] Studien zur antiken Sozialgeschichte. Festschrift Friedrich Vittinghoff, Köln 1980.
[840] Syme R., The Augustan Aristocracy, Oxford 1986.
[841] Veyne P., Brot und Spiele, Frankfurt 1988.
[842] Warmington B. H., The Municipal Patrons of Roman North Africa, PBSR 22 (1954) 39–55.

Prosopographie

Zahlreiche administrative und soziale Studien bauen auf der Prosopographie auf. Hier werden nur die wichtigsten Hilfsmittel genannt. Einen analytischen Überblick bietet:

[843] Pflaum H.-G., Les progrès de la recherche prosopographique concernant l'époque du Haut-Empire durant le dernier quart de siècle (1945–1970), ANRW II. 1 (1974) 113–135.
[844] Barbieri G., L'albo senatorio da Settimio Severo a Carino, Rom 1952.
[845] Degrassi A., I fasti consolari dell'Impero Romano dal 30 avanti Cristo al 613 dopo Cristo, Rom 1952.

[846] Demougin S., Prosopographie des chevaliers romains Julio-Claudiens, Paris 1992.
[847] Devijver H., Prosopographia militiarum equestrium quae fuerunt ab Augusto ad Gallienum, Bd. I-IV, Löwen 1976–1987.
[848] Eck W., Senatoren von Vespasian bis Hadrian. Prosopographische Untersuchungen mit Einschluß der Jahres- und Provinzialfasten der Statthalter, München 1970. [teilweise nachgedruckt in Chiron 12 (1982) 281–362; 13 (1983) 147–237]
[849] Epigrafia e ordine senatorio, I-II (Tituli 4 und 5), Rom 1982. [Band II bietet einen Überblick – von sehr unterschiedlichem Wert – über die senatorischen Familien nach ihrer geographischen Herkunft]
[850] Groag E. und A. Stein, später L. Petersen, Prosopographia Imperii Romani, 2. Auflage, Berlin 1933–1987. [Bislang liegen A-O vor; für das Weitere muß man auf die 1. Auflage von 1898 oder aber auf die RE, insbesondere die jüngeren Supplement-Bände, zurückgreifen]
[851] Halfmann H., Die Senatoren aus dem östlichen Teil des Imperium Romanum bis zum Ende des 2. Jahrhunderts n. Chr., Göttingen 1979.
[851a] Jacques F., Les curateurs des cités dans l'Occident romain de Trajan à Gallien. Études prosopographiques, Paris 1983.
[852] Jarrett M. G., An Album of the Equestrians from North Africa in the Emperor's Service, Epigraphische Studien 9 (1972) 146–232.
[853] Lambrechts P., La composition du Sénat romain de l'accession au trône d'Hadrien à la mort de Commode (117–192), Anvers 1936. [= Rom 1972]
[854] Pflaum H.-G., Les carrières procuratoriennes équestres sous le Haut-Empire romain, 3 Bde., Paris 1960, Suppl. IV, Paris 1982.
[855] Raepsaet-Charlier M.-Th., Prosopographie des femmes de l'ordre sénatorial (Ier-IIe s.), 2 Bde., Löwen 1987.
[856] Stech B., Senatores Romani qui fuerint inde a Vespasiano usque ad Traiani exitum, Berlin 1912.

S. a. Hoffman Lewis [489], Scheid [490], [491], Schumacher [492], Syme [493].

Die Führungsschichten

Der Senatorenstand

[857] Alföldy G., Consuls and Consulars under the Antonines: Prosopography and History, AncSoc 7 (1976) 263–299. [bietet die wesentlichen Ergebnisse von 858]
[858] Alföldy G., Konsulat und Senatorenstand unter den Antoninen. Prosopographische Untersuchungen zur senatorischen Führungsschicht, Bonn 1977.
[859] Birley E., Senators in the Emperor's Service, Proc. of the Brit. Acad. 39 (1953) 197–214.
[860] Campbell B., Who were the viri militares?, JRS 65 (1975) 11–31.
[861] Chastagnol A., La naissance de l'ordo senatorius, MEFRA 85 (1973) 583–607.
[862] Chastagnol A., Latus clavus et adlectio. L'accès des hommes nouveaux au Sénat sous le Haut-Empire, RHDFE 53 (1975) 375–394.
[863] Chastagnol A., Les femmes de l'ordre sénatorial: titulature et rang social à Rome, Rev. hist. 262 (1979) 1–28.
[864] Devreker J., L'adlectio in senatum de Vespasien, Latomus 39 (1980) 70–87.

[865] Devreker J., Les Orientaux au Sénat romain d'Auguste à Trajan, Latomus 41 (1982) 492–516.
[866] Drew-Bear T., W. Eck und P. Hermann, Sacrae litterae, Chiron 7 (1977) 355–383.
[867] Eck W., Sozialstruktur des römischen Senatorenstandes der hohen Kaiserzeit und statistische Methode, Chiron 3 (1973) 375–394.
[868] Eck W., Beförderungskriterien der senatorischen Laufbahn, ANRW II. 1 (1974) 158–228.
[869] Fabia Ph., La table claudienne de Lyon, Lyon 1929.
[870] Jacques F., L'éthique et la statistique. À propos du renouvellement du Sénat romain (Ier-IIIe siècles de l'Empire), Annales ESC 1987, S. 1287–1303.
[871] Nicolet Cl., Le cens sénatorial sous la République et sous Auguste, JRS 66 (1976) 20–38.
[872] Tassaux F., Laecanii: Recherches sur une famille sénatoriale d'Istrie, MEFRA 94 (1982) 227–269.

S. a. die Abschnitte „Verwaltung" und „Prosopographie", sowie Hopkins [791]

Ritter und Honoratioren

[873] Alföldy G., Flamines provinciae Hispaniae citerioris, Madrid 1973.
[874] Alföldy G., Die Stellung der Ritter in der Führungsschicht des Imperium Romanum, Chiron 11 (1981) 169–215.
[875] Alföldy G., Drei städtische Eliten im römischen Hispanien, Gerion 2 (1984) 193–238.
[876] Balla M., Equites romani Daciae, Acta Classica 13 (1978) 51–58.
[877] Bassignano M. S., Il flaminato nelle province Romane dell'Africa, Rom 1974. [Vgl. Rez. H.-G. Pflaum, Athenaeum 54 (1976) 152–163 = L'Afrique romaine, S. 393–404]
[878] Bowersock G. W., Greek Sophists in the Roman Empire, Oxford 1969.
[879] Burnand Y., Domitii Aquenses. Une famille de chevaliers romains de la région d'Aix-en-Provence, mausolée et domaine, Paris 1975.
[880] Burnand Y., Les juges des cinq décuries originaires de Gaule romaine, in: Mélanges W. Seston, Paris 1974, S. 59–72.
[881] Demougin S., Splendidus eques romanus, Epigraphica 37 (1975) 174–187.
[882] Demougin S., Les juges des cinq décuries originaires de l'Italie, AncSoc 6 (1975) 143–202.
[883] Demougin S., L'ordre équestre sous les Julio-Claudiens, Rom 1988.
[884] Drew-Bear M., Les conseillers municipaux des métropoles au IIIe siècle après J.-C., Chronique d'Égypte 59 (1984) 315–332.
[885] Drinkwater J. F., The rise and fall of the Gallic Iulii. Aspects of the Development of the Aristocracy of the Three Gauls under the Early Empire, Latomus 37 (1978) 817–850.
[886] Duncan-Jones R. P., Equestrian Rank in the African Provinces: an Epigraphic Survey, PBSR 35 (1967) 147–188.
[887] Jacques F., Ampliatio et mora. Evergètes récalcitrants d'Afrique romaine, AntAfr 9 (1975) 159–180.
[888] Jarrett M. G., The African Contribution to the Imperial equestrian service, Historia 12 (1963) 209–226.

[889] Jarrett M. G., Decurions and priests, AJPh 92 (1971) 513–538.

[890] Kunkel W., Herkunft und soziale Stellung der römischen Juristen, Graz ²1967.

[891] Ladage D., Städtische Priester- und Kultämter im Lateinischen Westen des Imperium Romanum zur Kaiserzeit, Köln 1971.

[892] Nicolet Cl., Eques Romanus ex inquisitione: à propos d'une inscription de Prousias de l'Hypios, BCH 91 (1967) 411–422.

[893] Nicolet Cl., Tribunus militum a populo, MEFR 79 (1968) 29–76.

[894] Pflaum H.-G., Nouvelle inscription sur la carrière de Suétone l'historien, CRAI 1952, S. 76–85.

[895] Pflaum H.-G., Les juges des cinq décuries originaires d'Afrique romaine, AntAfr 2 (1968) 153–195. [= L'Afrique romaine, Paris 1978, S. 245–287].

[896] Pflaum H.-G., Une lettre de promotion de l'empereur Marc Aurèle pour un procurateur ducénaire de Gaule narbonnaise, BJ 171 (1971) 349–366. [= La Gaule et l'Empire romain, Paris 1981, S. 12–29]

[897] Rossner M., Asiarchen und Archiereis Asias, StudClas 16 (1974) 101–142.

[898] Rupprecht G., Untersuchungen zum Dekurionenstand in den Nordwestlichen Provinzen des römischen Reiches, Kallmünz 1975.

[899] Stein A., Der römische Ritterstand, Ein Beitrag zur Sozial- und Personengeschichte des römischen Reiches, München 1927.

[900] Syme R., Helvetian Aristocrats, MH 34 (1977) 129–140.

[901] Torelli M., Per una storia della classe dirigente di Leptis Magna, RAL 38 (1973) 377–400.

S. a. Castrén [748], Duncan-Jones [959], Jacques [757], Pflaum [641].

Zwischenkategorien und die kleinen Leute

Sklaven und Freigelasssene

[902] Biezunska Malowist I., Les esclaves nés dans la maison du maître (oikogeneis) e le travail des esclaves en Égypte romaine, StudClas 3 (1961) 147–162.

[903] Biezunska Malowist I., L'esclavage dans l'Égypte gréco-romaine. II: Période romaine, Breslau 1977. Erweiterte Ausgabe: La schiavitù nell'Egitto greco-romano, Rom 1984.

[904] Boulvert G. und M. Morabito, Le droit de l'esclavage sous le Haut-Empire, ANRW II. 14 (1982) 98–182. [umfangreiche Bibliographie]

[905] Duthoy R., La fonction sociale de l'Augustalité, Epigraphica 36 (1974) 134–154.

[906] Duthoy R., Les Augustales, ANRW II. 16. 2 (1978) 1254–1309.

[907] Finley M., Ancient Slavery and modern Ideology, London 1979.

[908] Garnsey P., Independent Freedmen and the Economy of Roman Italy under the Principate, Klio 63 (1981) 359–371.

[909] Mangas J., Esclavos y libertos en la España Romana, Salamanka 1971.

[910] Morabito M., Les réalités de l'esclavage d'après le Digeste, Paris 1981.

[911] Prachner G., Die Sklaven und Freigelassenen im arretinischen Sigillatagewerbe, Wiesbaden 1980.

[912] Serrano Delgado J. M., Status y promoción social de los libertos en Hispania Romana, Sevilla 1988.

[913] Staerman E. M. und M. K. Trofimova, La schiavitù nell'Italia imperiale, Rom 1975.

[914] Straus J., L'esclavage dans l'Égypte romaine, ANRW II. 10.1 (1988) 841–911.
[915] Veyne P., Vie de Trimalcion, Annales ESC 16 (1961) 213–247.
[916] Veyne P., Le dossier des esclaves-colons romains, RH 265, S. 3–25.
[917] Wallon H., Histoire de l'esclavage dans l'Antiquité, 3 Bd., Paris 1847 und 1879. [Nachdruck Paris 1988]
[918] Boulvert G., Domestique et fonctionnaire sous le Haut-Empire romain. La condition de l'affranchi et de l'esclave du Prince, Paris 1974.
[919] Boulvert G., La carrière de Tiberius Claudius Augusti libertus Classicus (AE 1972, 574), ZPE 43 (1981) 31–41.
[920] Pflaum H.-G., La carrière de l'affranchi impérial Saturninus. Sous-procurateurs provinciaux équestres et procurateurs provinciaux d'extraction affranchie, REL 47 bis (1969) 297–310.
[921] Weaver P. R. C., Familia Caesaris, a social study of the Emperor's Freedmen and Slaves, Cambridge 1972.

Ländliche Gesellschaften

[922] Burian J., Latrones. Ein Begriff in römischen literarischen und juristischen Quellen, Eirene 21 (1984) 17–23.
[923] Frend W. H. C., A third-century inscription relating to angareia in Phrygia, JRS 46 (1956) 46–56.
[924] Garnsey P. (Hg.), Non-slave labour in the Graeco-Roman World, Cambridge 1980.
[925] Kolendo J., Le colonat en Afrique sous le Haut-Empire, Paris 1976.
[926] Kolendo J., Le problème du développement du colonat en Afrique romaine sous le Haut-Empire, in: Terre et paysans dépendants dans les sociétés antiques, Paris 1979, S. 391–417.
[927] MacMullen R., Peasants during the Principate, ANRW II. 1 (1974) 253–261.
[928] Neeve, P. W. de, Colonus. Private Farm-tenancy in Roman Italy during the Republic and the early Principate, Amsterdam 1984.
[929] Flach D., Die Pachtbedingungen der Kolonen und die Verwaltung der kaiserlichen Güter in Nordafrika, ANRW II. 10.2 (1982) 427–473.
[930] Les potiers gaulois. Les dossiers de l'Archéologie 1974.
[931] Roussel P. und F. de Visscher, Les inscriptions du temple de Dmeir, Syria 23 (1942/43) 173–200.
[932] Shaw B. D., Bandits in the Roman Empire, P&P 105 (1984) 3–52.
[933] Stoian I., De nouveau sur la plainte des paysans du territoire d'Histria, Dacia 3 (1959) 369–390.
[934] Svencickaja I. S., Some problems of agrarian relations in the province of Asia, Eirene 15 (1977) 27–54.

Städtische Gesellschaften

[935] Alföldy G., Zur Inschrift des Collegium Centonariorum von Solva, Historia 15 (1966) 433–444.
[936] Andreau J., Les affaires de Monsieur Jucundus, Rom 1974.
[937] Andreau J., Modernité économique et statut des manieurs d'argent, MEFRA 97 (1985) 373–410.
[938] Andreau J., La vie financière dans le monde romain. Les métiers des manieurs d'argent (IVe siècle av. J.-C. – IIIe siècle apr. J.-C.), Rom 1987.

[939] Ausbüttel F., Untersuchungen zu den Vereinen im Westen des römischen Reiches, München 1982.
[940] Bogaert R., Banques et banquiers dans les cités grecques, Leiden 1968.
[941] Brunt P. A., Free Labour and Public Works at Rome, JRS 70 (1980) 81–100.
[942] Buckler W. H., Labour Disputes in the Province of Asia, in: Anatolian Studies presented to Sir W. M. Ramsay, Manchester 1923, S. 27–51.
[943] Clemente G., Il patronato nei collegia dell'Impero Romano, Stud. Clas. e Or. 21 (1972) 142–229.
[944] Cracco Ruggini L., Le associazioni professionali nel mondo romano-bizantino, in: Sett. di stud. sull'alto medioevo, 18, 1, Spoleto 1971, S. 59–193.
[945] Cracco Ruggini L., La vita associativa nelle città dell'Oriente greco: tradizioni locali e influenze romane, in: [829], S. 463–491.
[946] Cracco Ruggini L., Nuclei imigrati e forze indigene in tre grandi centri commerciali dell'Impero, in: [1011], S. 55–78.
[947] Jacques F., Humbles et notables. La place des humiliores dans les collèges de jeunes et leur rôle dans la révolte africaine de 238, AntAfr 15 (1980) 217–230.
[948] Jaczynowska M., Les associations de la jeunesse romaine sous le Haut-Empire, Breslau 1978.
[949] Jones C. P., A Syrian in Lyon, AJP 99, S. 336–353.
[950] Kampen N., Image and Status: Roman Working Women in Ostia, Berlin 1981.
[951] Kneissl P., Mercator – negotiator, Römische Geschäftsleute und die Terminologie ihrer Berufe, MBAH 2. 1 (1983) 73–90.
[952] Mazza M., Sul proletariato urbano in epoca imperiale. Problemi del lavoro in Asia Minore, Sicul. Gymnasium 27 (1974) 237–278.
[953] Meiggs R., Roman Ostia, Oxford ²1973.
[954] Purcell N., The apparitores: a Study in Social Mobility, PBSR 51 (1983) 125–173.
[955] Robertis F. M. de, Storia delle corporazioni e del regimo associativo nel mondo romano, 2 Bde., Bari 1972.
[956] Waltzing J.-P., Étude historique sur les corporations professionnelles chez les Romains depuis les origines jusqu'à la chute de l'empire d'Occident, 4 Bde., Löwen 1895–1900.

Die Wirtschaft

Allgemeine Werke und übergreifende Arbeiten

[957] Barker G. (Hg.), Cyrenaica in Antiquity, Oxford 1985.
[958] Buck D. J. und D. J. Mattingly (Hg.), Town and Country in Roman Tripolitania, Oxford 1985.
[959] Duncan-Jones R., The Economy of the Roman Empire. Quantitative Studies, Cambridge ²1982.
[959a] Duncan-Jones R., Structure and Scale in the Roman Economy, Cambridge 1990.
[960] Finley M., Die antike Wirtschaft, München 1993.
[961] Finley M. (Hg.), Studies in Roman Property, Cambridge 1976.
[962] Frank T., An economic survey of Ancient Rome, 5 Bde., Baltimore 1933–1940. [Nachdruck 1959]

[963] Frederiksen M. W., Theory, Evidence, and the Ancient Economy, JRS 65 (1975) 164–171. [zu 960]
[964] Greene K., The Archaeology of the Roman Economy, London 1986.
[965] Heichelheim F. M., Wirtschaftsgeschichte vom Paläolithikum bis zur Völkerwanderung der Germanen, Slaven und Araber, Leiden 1938.
[966] King A. und M. Henig (Hg.), The Roman West in the Third Century, 2 Bde., Oxford 1981.
[967] Leveau Ph., L'origine des richesses dépensées dans la ville antique, Aix-en-Provence 1985.
[968] Martino F. de, Storia economica di Roma antica, II. L'impero, Florenz 1979.
[969] Mrozek S., Prix et rémunérations dans l'Occident romain, Danzig 1975.
[970] Peacock D. P. S. und D. F. Williams, Amphorae and the Roman Economy, London 1986.
[971] Produción y comercio del aceite en la Antigüedad, I. Primer Congreso internacional, Madrid 1980.
[972] Produción y comercio del aceite en la Antigüedad, II. Segundo Congreso internacional, Madrid 1983.
[973] White K. D., Greek and Roman Technology, London 1984.

S. a. Giardina/Schiavone [815]; Giardina [816]; Nicolet [394]; Rostovtzeff [833].

Landwirtschaft

[974] Agache R., La campagne à l'époque romaine dans les grandes plaines du Nord de la France d'après les photographies aériennes, ANRW II. 4 (1975) 658–713.
[975] Avram A., Zur Rentabilität der Kolonenarbeit in der römischen Landwirtschaft, StudClas 23 (1985) 85–99.
[976] Carandini A., Columella's vineyard and the rationality of the Roman economy, Opus 2 (1983) 177–204.
[977] Settefinestre, una villa schiavistica nell'Etruria Romana, 3 Bde., Modena 1985.
[978] Duncan-Jones R. P., The Price of Wheat in Roman Egypt under the Principate, Chiron 6 (1976) 241–251.
[979] Gorges J. G., Les villes hispano-romaines, Paris 1979.
[980] Kolendo J., L'agricoltura nell'Italia romana, Rom 1980.
[981] Martin R., Recherches sur les agronomes latins et leurs conceptions économiques et sociales, Paris 1971.
[982] Mattingly D. J., Oil fort export? A comparison of Libyan, Spanish and Tunisian olive oil production in the Roman empire, Journal of Roman Archaeology 1 (1988) 33–56.
[983] Meiggs R., Trees and Timber in the ancient Mediterranean World, Oxford 1982.
[984] Noyé Gh. (Hg.), Structures de l'habitat et occupation du sol dans les pays méditerranéens: les méthodes et l'apport de l'archéologie extensive, Rom 1988.
[985] Pelletier A., La superficie des exploitations agraires sur le cadastre d'Orange, Latomus 35 (1976) 582–585.
[986] Percival J., The Roman Villa: An Historical Introduction, London 1976.
[987] Ponsich M., Implantation rurale antique sur le Bas Guadalquivir, Paris, I 1974, II 1979, III 1986.

[988] Potter T. W., The Changing Landscape of South Etruria, London 1979.
[989] Remesal Rodriguez J., La economia oleicola betica: nuevas formas de analisis, AEA 1977/78, S. 87–142.
[990] Thomas E. B., Römische Villen in Pannonien, Budapest 1964.
[991] Tchernia A., Le vin de l'Italie romaine, Paris 1986.
[992] La villa romaine dans les provinces du Nord-Ouest, 1982.
[993] Villeneuve F., L'économie rurale et la vie des campagnes dans le Hauran antique (Ier s. av. J.-C. – VIIe s. apr. J.-C.), une approche, BAH 125 (1985) 64–136.
[994] White K. D., Roman Farming, London 1970.
[995] Wightman E. M., The Pattern of Rural Settlement in Roman Gaul, ANRW II. 4 (1975) 584–657.

Güterproduktion

[996] Bedon R., Les carrières et les carriers de la Gaule romaine, Paris 1984.
[997] Chevallier R., Bibliographie des mines et carrières antiques, 1971.
[998] Comfort H., Artikel „Terra Sigillata" in RE Supplement VII, Sp. 1295ff.
[999] Dore J. und K. Greene, Roman Pottery Studies in Britain and Beyond, Oxford 1977.
[1000] Dubois Ch., Étude sur l'administration et l'exploitation des carrières de marbres, porphyre, granit, etc., dans le monde romain, Paris 1908.
[1001] Dworakowska A., Quarries in Roman Provinces, Breslau 1983.
[1002] Hayes J. W., Late Roman Pottery, London 1972.
[1003] Helen T., Organisation of Roman Brick Production in the First and Second Centuries A. D., Helsinki 1975.
[1004] Mayet F., Les céramiques sigillées hispaniques. Contribution à l'histoire économique de la Péninsule Ibérique sous l'Empire romain, 2 Bde., Paris 1983/84.
[1005] Monna D. und P. Pensabene, Marmi dell'Asia Minore, Rom 1977.
[1005a] Mrózek S., Die Goldbergwerke im römischen Dakien, ANRW II. 6 (1977) 95–109.
[1006] Ponsich M. und M. Tarradell, Garum et industries antiques de salaison dans la Méditerranée occidentale, Paris 1965.
[1007] Popilian G., Un atelier de terra sigillata à Romula, Dacia 16 (1972) 145–161.
[1008] Salomonson J. W., Études sur la céramique romaine d'Afrique, Bull. Ant. Beschaving 43 (1968) 80–154.
[1009] Setälä P., Private Domini in Roman Brick Stamps of the Empire, Helsinki 1977.
[1010] Steinby M., Ziegelstempel von Rom und Umgebung, in: RE Supplement XV (1978) Sp. 1516ff. [s. a. die wichtigen Beiträge dess. in 816 und 849]

S. a. Domergue [602] und Dusanić [603].

Handel und Transport

Fachzeitschriften: Archaeonautica; Münstersche Beiträge zur Antiken Handelsgeschichte (MBAH)

[1011] D'Arms J. H. und E. C. Kopff (Hg.), The Seaborne Commerce: Studies in Archaeology and History, Rom 1980. [grundlegend]

[1012] Baldacci P., Alcuni aspetti dei commerci nei territori cisalpini, Atti CeSDIR 1 (1967/68) 5–50.
[1013] Casson L., Ships and Seamanship in the Ancient World, Princeton 1971.
[1014] Casson L., The role of the State in Rome's Grain Trade, in: [1011], S. 21–33.
[1015] Casson L., Ancient Trade and Society, Detroit 1981. [Aufsatzsammlung]
[1016] L'épave Port Vendres II et le commerce de la Bétique à l'epoque de Claude, 1977
[1017] Desanges J., Les relations de l'Empire romain avec l'Afrique nilotique et érythréenne, d'Auguste à Probus, ANRW II. 10.1 (1988) 3–43.
[1018] Gabler D., Die Unterschiede im Keramikimport der Rhein- und Donauprovinzen, MBAH 4.1 (1985) 3–29.
[1019] Garnsey P., Grain for Rome, in: [1020], S. 118–130.
[1020] Garnsey P. u. a. (Hg.), Trade in the Ancient Economy, London 1983. [wichtig]
[1021] Garnsey P. und C. R. Whittaker (Hg.), Trade and famine in Classical Antiquity, Cambridge 1983.
[1022] Harris W. W., Towards a Study of the Roman slave trade, in: [1011], S. 117–140.
[1023] Hopkins K., Taxes and trade in the Roman Empire (200 BC – AD 400), JRS 70 (1980) 101–125.
[1024] Maselli Scotti F., Terra sigillata della Gallia ad Aquileia, Antichità altoadriatiche 19 (1981) 239ff.
[1025] Panciere S., Strade e commerci tra Aquileia e le regioni alpine, Antichità altoadriatiche 9 (1976) 153–172.
[1026] Pleket H. W., Urban Elites and Business in the Greek Part of the Roman Empire, in: [1020], S. 131–144.
[1027] Pomey P. und A. Tchernia, Le tonnage maximum des navires de commerce romains, Archaeonautica 2 (1978) 233ff.
[1028] Popilian G., La céramique sigillée d'importation découverte en Olténie, Dacia 17 (1973) 179–216.
[1029] Raschke M. G., New Studies in Roman Commerce with the East, ANRW II. 9.2 (1978) 604–1361.
[1030] Recherches sur les amphores romaines, Rom 1972.
[1031] Remesal Rodriguez J., La annona militaris y la exportación de aceite betico a Germania, Madrid 1986.
[1032] Rickman G. E., The Corn Supply of Ancient Rome, Oxford 1980.
[1033] Rickman G. E., The Grain Trade under the Roman Empire, in: [1011], S. 261–275.
[1034] Rodríguez-Almeida E., Il Monte Testaccio. Ambiente, storia, materiali, Rom 1984.
[1035] Rougé J., Recherches sur l'organisation du commerce maritime en Méditerranée sous l'Empire romain, Paris 1966.
[1036] Schleich Th., Überlegungen zum Problem senatorischer Handelsaktivitäten, MBAH 2.2 (1983) 65–90; 3.1 (1984) 37–76.
[1037] Sidebotham St. S., Roman Economic Policy in the Erythra Thalassa. 30 BC – AD 217, Leiden 1986.

[1038] Ward-Perkins J., The Marble Trade and its Organisation: Evidence from Nicomedia, in: [1011], S. 325–338.

[1039] Whittaker C. R., Trade and the Aristocracy in the Roman Empire, Opus 4 (1985) 49–75.

[1040] Wolters R. und Ch. Stoess, Die römischen Münzschatzfunde im Westteil des Freien Germanien, MBAH 4. 2 (1985) 3–41.

Register

Anmerkung: Begriffe und Eigennamen sind in der Regel in der Form (d. h. eingedeutscht bzw. lateinisch oder griechisch) erfaßt, in der sie auch im Haupttext gebraucht werden. Auf mögliche Varianten (wie z. B. *praefectus urbi* – Stadtpräfekt) wird öfters verwiesen. Gleichwohl kann es sich lohnen, bei „c“ Vermißtes unter „k“ bzw. „z“ zu suchen, und umgekehrt; Gleiches gilt natürlich auch für „i“ und „j“.

Karte

Das römische Reich
um das Jahr 200 n. Chr.

Das Römische Reich um das Jahr 200 n. Chr.

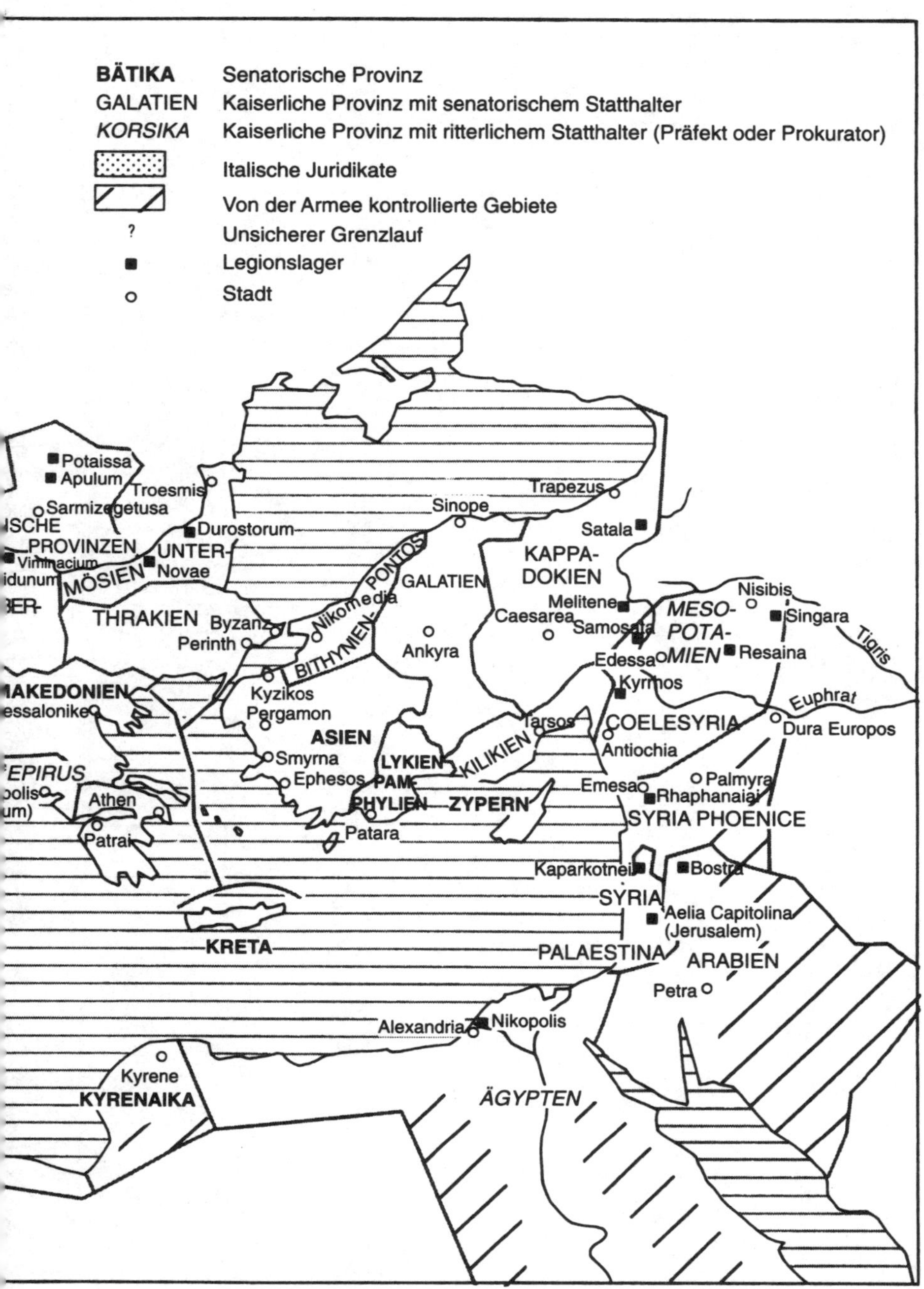
BÄTIKA Senatorische Provinz
GALATIEN Kaiserliche Provinz mit senatorischem Statthalter
KORSIKA Kaiserliche Provinz mit ritterlichem Statthalter (Präfekt oder Prokurator)
Italische Juridikate
Von der Armee kontrollierte Gebiete
? Unsicherer Grenzlauf
Legionslager
Stadt
Potaissa
Apulum
Troesmis
Sarmizegetusa
Durostorum
PROVINZEN
UNTER-
MÖSIEN
Novae
THRAKIEN
Byzanz
Perinth
Nikomedia
PONTOS
BITHYNIEN
Sinope
GALATIEN
Ankyra
Trapezus
Satala
KAPPA-
DOKIEN
Melitene
Caesarea
Samosata
MESO-
POTA-
MIEN
Nisibis
Singara
Tigris
Edessa
Resaina
Kyrrhos
Euphrat
Dura Europos
COELESYRIA
Antiochia
Tarsos
KILIKIEN
Kyzikos
Pergamon
ASIEN
Smyrna
Ephesos
LYKIEN
PAM-
PHYLIEN
ZYPERN
Patara
Emesa
Palmyra
Rhaphanaiai
SYRIA PHOENICE
Athen
Patrai
Kaparkotnei
Bostra
SYRIA
Aelia Capitolina
(Jerusalem)
PALAESTINA
ARABIEN
Petra
KRETA
Alexandria
Nikopolis
Kyrene
KYRENAIKA
ÄGYPTEN